社 会 学 译 丛

社会研究中的基础统计学

（第12版）

杰克·莱文（JACK LEVIN）
[美] 詹姆斯·艾伦·福克斯（JAMES ALAN FOX） 著
大卫·R. 福德（DAVID R. FORDE）
王卫东 等 译

ELEMENTARY STATISTICS IN SOCIAL RESEARCH，12E

中国人民大学出版社
·北京·

序 言

本版中新增的内容： xi

- 第 1 章中新增对元分析的讨论。
- 第 4 章中新增对变异系数概念和计算的介绍。
- 第 7 章中新增对单样本均值检验的介绍。
- 第 7 章中新增对效应规模概念和计算的介绍。
- 第 9 章中新增对曼-惠特尼 U 检验（Mann-Whitney U test）和克鲁斯凯-沃利斯检验（Kruskal-Wallis test）的讨论。
- 第 12 章中新增对深入分析的讨论。
- 拓展了对非抽样误差、标准误、偏相关和多重共线性的讨论。
- 更新了全书中的示例和课后习题部分。
- 增补了使用 2010 年综合社会调查（General Social Survey，GSS）数据子集的上机练习部分。

《社会研究中的基础统计学》第 12 版向社会学及相关的刑事司法学、政治学和社会工作专业的学生们就统计学提供了一个基本的介绍。这本书不是一本对统计方法的全面参考书，恰恰相反，我们的首要目标是它能够为大多数学生所理解，尤其是那些可能并没有很强的数学背景的学生。

经过几个版本后，《社会研究中的基础统计学》基于教师和学生们的反馈进行了改进和完善。在本次修订中，我们增加了几项新技术的内容，包括元分析（第 1 章）、变异系数（第 4 章）、单样本均值检验和效应规模（第 7 章）、曼-惠特尼 U 检验和克鲁斯凯-沃利斯检验（第 9 章）、逻辑斯谛回归（第 11 章）和深入分析（第 12 章）。我们拓展了对几个主题的讨论，包括非抽样误差、标准误、偏相关和多重共线性。我们更新了全书中的示例和课后习题部分。最后，本版增补了使用 2010 年综合社会调查数据子集的上机练习部分，该数据可从 www.pearsonhighered.com/careers 下载。而那些不使用计算机软件进行教学的教师可以简单地跳过这一部分。

本版继续包含了一些教学上的特点。其中最突出的是对于全书中的所有重点都有详细的逐步统计过程的演示。我们也对社会研究中统计方法的原理和使用给予了清楚而富有逻辑性的解释。同时，像在前几版中一样，在每一章的后面都附有大量的习题。学生们有时会因小失大，迷失在统计学的细枝末节中。为了应对这一问题，这本书的每一部分都以一个被我们称为“详细演示”的栏目结束，它将 xii
带领学生们经历一项基于假想数据的研究的整个过程。

在第 1 章的详尽综述之后，这本书被分成五部分。第一部分（第 2～4 章）向学生介绍了描述和比较数据的最常用的方法。第二部分（第 5 章和第 6 章）是一个过渡性的部分，它以对概率的基本概念的讨论开始，然后继续引导学生从了解正态曲线如何作为一个重要的描述工具，一直到以它为基础进行从样本到总体的推广。第三部分（第 7～9 章）以统计推断为核心，涵盖了几种最常用的显著性检验方法。第四部分（第 10～12 章）则包括了获取相关系数的过程，并介绍了回归分析。第五部分包括了一个最重要的章节（第 13 章），在这一章里，学生们将通过例子学到如何将统计方法运用到不同类型的研究问题中。

这本书给学生提供了有关统计学习的背景材料。书后的附录中包含了关于 SPSS 和 StatCrunch™ 的使用介绍、一系列常用的统计表、基础数学知识的复习和一个常用公式列表。学生们还将在本书末尾找到一个统计术语的词汇表以及每章课后习题的答案。

教师资源

针对教师的补编内容包括教师手册、包含每章课后习题逐步计算过程的答案册、综合社会调查的数据集、配套的统计计算器（ABCalc）、展示习题逐步解答过程的 Powerpoint 幻灯片和测验生成器。

教师们需要注册一个通行码才能在线访问补编内容。登录 www.pearsonhighered.com/irc 并在其中注册教师通行码。在完成注册后 48 小时内，您将收到一封包含教师通行码的确认邮件。在收到通行码后，您需要在在线目录中找到对应书籍，然后点击该产品页面左侧的“教师资源”按钮，之后选择补编内容，这时会出现登录页面，您在登录后便可以访问所有 Pearson 教科书的教师资源了。

特别鸣谢

我们非常感谢本书现在和之前各版本的诸位评论人，感谢他们为我们提供了无数富有洞见和十分有益的建议。我们还要感谢那些慷慨地为我们指出本书的问题和插图中存在的错误的教师们。我们感谢 Chris Prener 与 Chris Hovey 为帮助我们更新和改进问题库而进行的杰出工作，我们还要感谢 Adam Stearn，是他构建了本书的几项补编内容。此外，我们在极具天赋的编辑 Jenna Savage 的协助中获益匪浅，我们还想要感谢美国国家民意研究中心（NORC）允许本书使用 2010 年综合社会调查的数据。最后，我们还要感谢我们的个人电脑所起的重要作用，没有“他们”的协助，这一次的修订是不可能完成的。

杰克·莱文

詹姆斯·艾伦·福克斯

大卫·R. 福德

目　录

第二部分　从描述到决策

第三部分　统计决策

第四部分 从决策到相关

第五部分 统计应用

附 录

第1章 为什么社会研究者要使用统计学 1

在我们之中有一些社会科学家。几乎每一天，我们都做出有根据的预测，如预测生活中将要发生的新的情况或者事件。一些时候，这些情况或者事件真的会发生，能够证实或支持我们的预测；但另外一些时候，我们不会总那么幸运，而必须面对预测失误所造成的令人不愉快的后果。

让我们考虑一些熟悉的例子：我们可能会在股票市场中投资，投票给一个承诺要解决内政问题的政治候选人，赌赛马，为了减轻感冒带来的不适而服药，在赌场中掷骰子，预测期中考试的考题，或者接受朋友的建议同意与一个陌生人约会。

有的时候我们会赢，有的时候我们会输。因而，我们可能会在股票市场中做出一次明智的投资，但会因自己的投票决定而后悔；在赌场中赢了钱，但发现吃了不对症的药；在期中考试中很成功，却有一次糟糕的约会；如此等等。不幸的是，我们确实有一些日常预测得不到后来实际情况的支持。

社会研究的本质

同我们每天接触世界的方法一样，社会科学家们试图解释和预测人类的行为。他们也会以一种更
精确、更有条理的方式对社会事实的本质做出“有根据的猜测”。在这个过程中，社会科学家们会检验 2
那些被称为变量的人类行为特性，这些特性会因人而异（如年龄、社会阶级、态度）或因时而变（如失业情况、犯罪率、人口）。

并不是所有的人类行为特性都会发生变化，例如，将你生出来的人的性别为女性，这就是生活中不变的真理。因此，对任何一群人来说，母亲的性别都是一个常量——“女性”。一本生物学的教科书

会花大量的时间来讨论为什么只有女性才能生育，以及在什么条件下生育才有可能，但一个社会科学家会把母亲的性别视作给定的、不值得研究的，因为它从来不发生变化。它也不能被用来解释儿童在精神健康水平上的差异，因为儿童的母亲的性别都是女性。相反，母亲的年龄、种族和精神健康水平则是变量，在任何一群人中，它们都会因人而异，而且是更好地理解儿童发展的关键因素。因此，一个社会研究者也许会研究儿童精神健康水平是如何因他们母亲的年龄、种族和精神健康水平的不同而存在差异的。

除了需要确定变量以外，社会研究者还必须决定研究中的观察单位。通常，社会研究者在个体水平上收集数据。例如，一个社会研究者会通过调查来确定是否年纪大的被调查者通常比年纪小的被调查者更容易成为犯罪的牺牲品。在这个案例中，个体被调查者就是社会研究者观察的单位。

但是，研究者有时也会把研究的焦点放在集体上，也就是说，测量不同的人群整体在不同情况下的变化。例如，一个研究者可能会研究不同城市人口的平均年龄与犯罪率之间的关系。在这个案例中，观察的单位是城市而非个人。

无论是关注个体还是关注集体，社会研究者关于社会事实本质的观点都被称为假设。这些假设经常被表示为两个变量或更多变量——其中至少有一个自变量（假设的原因）和一个因变量（假设的结果）——之间关系的陈述。例如，一个研究者会假设被孤立的儿童会比那些更好地融入同龄群体的儿童看更多的电视。他会在被孤立及合群的儿童中做一个调查来询问他们花在看电视上的时间（被孤立程度是自变量，看电视的行为是因变量）。或许有一个研究者会假设单亲家庭比双亲家庭更多地导致青少年犯罪。他就会调查样本中的犯罪者和无犯罪记录者，确定他们的家庭是否为单亲家庭（家庭结构是自变量，犯罪是因变量）。

因此，不同于自然科学研究者，社会研究者经常通过研究来加深对他们的研究领域中的一些问题的理解。社会研究有多种形式，能被用来探究广泛的问题。社会研究者最常用的检验他们假设的方法有实验法、调查法、内容分析法、参与观察法、二手资料分析法和元分析。例如，一个研究者会通过
3 实验来确定逮捕一个殴打妻子的人能否在将来遏止这种行为，通过抽样调查来调查政治态度，对青年杂志中的价值观相关内容进行内容分析，使用参与观察研究一个极端的政治团体，或者对关于失业情况的政府统计资料进行二手资料分析。以上各种研究策略都将在本章中得到描述和说明。

实验法

不同于日常观察（或者任何其他的研究方法），在实验法中，在研究者对研究情境所能施予的控制程度更高。在一个实验中，研究者能操控实验对象所必须面对的一个或多个自变量。当研究者将自变量施予某一组人（实验组）而不施予另一组人（控制组）时，操控就产生了。在理想的情况下，实验组与控制组之间的原始差异因将实验对象随机地分配到实验组和控制组而被消除。

例如，一个研究者假设挫折会增加攻击性，他会通过扔硬币的方法将实验对象随机分配到实验组和控制组（正面到实验组，背面到控制组），以使得组与组之间在一些重要方面不存在原始差异。研究者会通过要求实验组的成员猜一个很难的谜语、要求控制组的成员猜一个简单的谜语的方法来控制挫折。当所有的实验对象都被给予一段时间来完成他们的猜谜以后，研究者通过要求一个实验对象负责控制对另一个实验对象进行一次“温柔的电击”的方法来测量其攻击性（实际上，那个受电击的实验对象是研究者的“同谋”，他并不会真的受到电击，但控制电击的实验对象不会知道这一点）。如果实验组中愿意实行电击的人多过控制组，那么这个差异应被归为自变量——挫折的效果，从而结论也就是挫折确实会增加攻击性行为。

2011 年，杰克·莱文（Jack Levin）和杰诺韦西（Genovesi）调查了具有广泛吸引力的连环杀人案的不同特点。在一个普通的教室中，研究者随机向 232 名男女学生分发不同版本的以连环杀手传记为主题的电影的评论。下列的自变量被实验控制：杀手的杀人数量（一半的被调查者了解到 3 个受害者被谋杀，另一半的被调查者了解到 30 个受害者被谋杀），折磨方式（1/3 的被调查者了解到杀手对受害者进行了性侵，1/3 的被调查者了解到杀手对受害者进行了身体折磨，1/3 的被调查者了解到杀手没有进行任何折磨就开枪杀死了受害者），受害者性别（一半的被调查者了解到受害者是女性，另一半的被调查者了解到受害者是男性）。在读完一个版本的评论后，研究者会问所有学生"当这部电影公映时你有多想看"，并用一个四点评定量表来测量电影的魅力值。更想看这部电影说明这部电影的魅力值更高。

结果表明，女性被调查者比男性被调查者更加入迷，但在杀手的杀人数量与受害者性别上二者没有明显区别。而且，有各种方式的折磨——无论是性的还是身体的——比仅仅杀戮更加容易使人入迷， 4
至少对男性被调查者来说是这样的。研究发现为女性比男性更容易被连环谋杀的某种保护性魅力刺激提供了部分解释。媒体描述的折磨方式的吸引力，可能部分来源于将对受害者的虐待的、残酷的惩罚视为"禁果"。而这并非巧合，那些由金钱或恐怖动机引起的连环杀人案件几乎从来没有像那些虐待受害者的连环杀人案件那样获得公众和媒体的广泛关注。

调查法

如我们所看见的，实验法能直接地产生研究者想要达到的效果。相反，调查法是回顾性的，自变量对因变量的影响在发生之后，有些甚至是在发生了很久以后才被记录下来。使用调查法的研究者主要是通过自填式问卷、面访、电话访问或线上调查中被调查者的口头报告来重构这些影响与后果的。

调查法缺少实验法的严格控制：变量没有被操控，研究对象也没有被随机分组。因此，它很难建立起因果关系。例如，在一个测量对犯罪行为的恐惧感的调查中，研究者发现那些曾经是犯罪事件的受害者的被调查者比那些没有这种经历的被调查者更害怕在家附近独自行走。由于变量"受害经历"没有被操控，因此在逻辑上我们不能得出结论说受害经历会增加恐惧感。一个替代的解释则认为他们家附近的环境（比如说贫困）同时导致了这一地区居民的恐惧感和街头的犯罪，这样的解释同样是说得过去的。

同时，由于不需要进行实验控制，调查法也具有一些优点。与实验法相比，调查法能够探讨更多的与因变量相关的自变量。因为调查法并不被局限在可以操控一个自变量的实验室环境中，所以调查法更具有代表性，其结果能够被扩展到更大范围的人群。

例如，在 2000 年，斯坦福大学的两个研究人员诺曼·尼（Norman Nie）和卢茨·厄尔宾（Lutz Erbing），由于对评估互联网使用的社会后果感兴趣，而对全美范围内的使用和不使用互联网的成年人进行了一次概率抽样调查。他们调查了全美 2 689 个家庭内的 4 113 个被调查者，要他们报告花多少时间在互联网上以及上网从事何种活动。结果一致显示：经常上网的人（被定义为每周至少花 5 个小时上网的人）比那些不上网的人更加孤立。更精确地说，在经常上网的人中，约 25%的人说他们与家人和朋友在一起的时间变少了，8%的人说他们外出参与社会活动的时间减少了，25%的人说他们的购物时间减少了。另外，还有超过 25%的经常上网的人说，互联网增加了他们在办公室工作的时间。关于互联网使用的唯一的有益变化是，有 14%的经常上网的人说他们花在交通上的时间变少了。

在 2007 年 8 月召开的美国社会学协会会议上，俄勒冈州立大学的斯科特·阿金斯（Scott Akins） 5
展示了他和他的同事对华盛顿州 6 713 名成年居民（其中有 1 690 名认为自己是拉美裔美国人）进行的一项调查的结果。样本成员被询问使用违禁药品的情况和他们的种族认同。此外，他们还被要求说明婚姻状况、受教育水平、社会经济地位和居住地区（城市或者乡村）。

保持其他因素不变，阿金斯和他的合作者确定了违禁药品的使用近期随着拉美裔移民在美国待得越来越久、在文化上越来越适应美国社会而增加。也就是说，在一定程度上，拉美裔移民变得更加适应美国文化，他们用美国的文化信仰、语言和社会模式替代了他们的传统文化信仰、语言和社会模式。特别是，当被询问他们在过去一个月中是否使用过违禁药品时，少于 1%的未适应美国文化的拉美裔美国人表明他们有使用过，而有 7.2%的已适应美国文化的拉美裔美国人（白人中此数据为 6.4%）做出了肯定的回答。

盖洛普民意测验组织也采用调查法开展工作。它每年都会随机抽取美国成年人进行调查，调查他们对从会计师到电话推销员等各种职业的人的诚信和道德程度的看法。从 2011 年 11 月 28 日到 12 月 1 日，盖洛普民意测验组织对美国 1 012 名 18 岁以上的成年人进行了电话访谈，被访者代表了全美 50 个州以及哥伦比亚特区的居民。盖洛普民意测验组织的工作人员询问被访者："请告诉我你是怎么评价这些不同职业领域的人的诚信和道德程度的，非常高、高、平均、低，还是非常低?"

护士在列表中位居榜首，获得了样本中 84%的人的"高"或者"非常高"的诚信和道德程度评价。药剂师位居第二，样本中 73%的人对其诚信和道德程度给予了"高"或者"非常高"的评价。而在列表的另一端，样本中仅有 7%的人给予了国会议员和汽车销售员"高"或者"非常高"的诚信和道德程度评价，表明这些人在美国成年人中的可信度非常低，即使是电话推销员也比这些人获得了稍微高一点的评价——8%。

国会议员长久以来一直拥有很低的诚信和道德程度评价，但是从来没有像 2011 年这么低过。在 2001 年时，样本中 22%的人认为国会议员的诚信和道德程度"低"或者"非常低"；而在 2011 年，国会议员获得了样本中大部分人——大约 64%——的"低"或者"非常低"的诚信和道德程度评价。

内容分析法

作为实验法和调查法的一个替代，内容分析法是研究者借以客观描述先前产生信息的内容的研究方法。进行内容分析的研究者不需要直接观察行为或者询问被抽中的被调查者，相反，他们研究书、杂志、报纸、电影、广播、照片、漫画、信件、对话、政治宣传或者音乐中的内容。

例如，2001 年，詹姆斯·艾伦·福克斯（James Alan Fox）、杰克·莱文和贾森·马扎克（Joson
6 Mazaik）对《人物》杂志封面故事中所出现的名人进行了内容分析。他们试图找出在近 30 年的时间里，美国最流行（每期平均发行量为 3 552 287 册）的名人杂志所选中的名人的特点是如何变化的。通过使用合适的编码表，他们对《人物》杂志从 1974 年创刊到 1998 年共 1 300 多册的封面故事中所出现的名人的特点以及封面的整体风格进行了详细的审查。

研究结果显示，出现在《人物》杂志封面故事中的名人，几十年间明显地向负面的方向发展。在 1974 年创刊的这一年里，只有不到 3%的名人是因吸毒、酗酒、虐待儿童或暴力犯罪等负面的原因而出现的；相反，大部分名人出现在封面故事中是因为他们实现了正面的目标——解决了个人的问题或获得了事业上的成功。从 1988 年开始至接下来的 20 世纪 90 年代，《人物》杂志则表现出基本相反的风格，有几乎一半的封面故事不再聚焦于名人们的正面成就，而是着眼于他们的负面特点。《人物》杂志封面故事中在出现音乐家、运动员和政治人物的同时，也首次出现了谋杀犯和强奸犯。

在过去，针对儿童的各种形式的交流，包括儿童书籍、电视游戏、教育软件、电影、电视节目、广告、音乐录影带、连环漫画和杂志为男性所主导。更具体地说就是，这些媒介倾向于用刻板的方式刻画女性角色，而且她们的代表人数不足。2009 年，布莱克（Black）、马洛拉（Marola）、利特曼

(Littman)、克里斯勒（Chrisler）和内亚斯（Neace）进行了一项检验产品包装——更确切地说，每天早晨当孩子吃早餐时都会放在餐桌旁的谷物盒——上的性别形象的研究。研究者对美国东北部一家大型超市的谷物货架上的217种谷物盒进行了内容分析。1 568个出现在样本盒子上的角色中的每一个都被编码为性别（女性或男性）、物种（人类、动物或物体）、年龄（儿童/青少年、成年人）和活动水平（消极、积极）。

内容分析的结果与其他传播形式中的性别表征研究相似。在谷物盒上，男性角色比女性角色多出一倍。而且，男性比女性更可能被描述为权威人物（成年人而不是儿童）。总之，女性角色未被充分代表，而且与男性相比社会地位较低。

参与观察法

参与观察法是另一种被广泛使用的研究方法，研究者以公开或隐蔽的身份参与到研究对象的日常生活中，在一段较长的时间内，观察发生的事情、人们之间的互动、人们所说的话，有时也向人们提问题。

2005年，社会学家詹妮·弗里（Janese Free）研究非传统学校对问题少年的影响。弗里作为一个参与观察者，在一年内花了大约750小时在新英格兰的一所非传统学校中自愿充当班级助手。这所非传统学校是一所专门针对问题学生的中学，这里的学生都因各种原因，如吸毒、暴力、逃学或者辍学而被传统学校开除。

弗里是一个半参与式观察者，这意味着教师知道她在为研究收集数据，但是学生们并不知道。作 7
为一个班级助手，她参与到学生的校园日常活动（比如上课、休息、健身、吃午餐）中；而作为一个研究者，她观察并记录学生们在这些情境下的行为和互动。为了尽可能地收集到精确的数据，弗里在私下（卫生间、教室休息室和她的车内）会将她观察到的信息记录在一张小纸片上，并将小纸片藏在口袋里以免被学生们看到。最后她把这些笔记都转录成了文本，而后通过编码分析进行了分析，以寻找共同的主题。

这个参与观察者的指导性研究问题之一是“接受非传统学校教育如何影响学生的学业发展和行为发展”。弗里确认了六个对学生发展有影响力的因素（或“主题”），它们是：（1）非传统教育实践；（2）教职工的奉献精神；（3）校园文化和环境；（4）学生的家庭生活；（5）学生的行为、暴力和所受控制；（6）学校纪律处分。在这些重要的影响因素中，弗里坚持认为，非传统教育实践和教职工的奉献精神促进了学生的发展，而校园文化和环境，学生的家庭生活，学生的行为、暴力和所受控制，学校纪律处分是学生发展进步的阻碍。

二手资料分析法

有时，社会研究者可能不自己收集数据，而利用以前别人所收集和整理的数据。这些被称作档案性数据的信息一般来自政府、私人机构甚至大学。社会研究者不是主要的或第一个分析数据的人，他们所做的是检验数据，这种方法被称为二手资料分析法。与收集第一手数据相比，这种方法有一个明显的优点：相对容易和快捷，但仍然可以利用以科学而精细的方式采集来的数据。但另一方面，研究者只能被局限在他可获得的数据上，而对变量如何被定义和测量没有什么发言权。

《美国社会学评论》2008年4月刊中有一篇文章，研究年龄对幸福感的影响。来自芝加哥大学的社会学家杨洋（音译）对来自美国国家民意研究中心的综合社会调查的数据进行了二手资料分析。综合社会调查在1972—2004年间每年都会收集一个包含3 000位被访者的具有代表性的样本的面对面访谈的结果。为了测量他们的幸福感，综合社会调查工作人员询问被访者：“综合来说，这些日子你过得怎么样，是非常幸福、比较幸福，还是不太幸福?”

杨洋发现，随着被访者年龄的增加，他们的幸福感程度有所增加，而这支持了人们随着年龄的增长会以积极的方式成长和成熟的观点。而且，幸福感程度在经济繁荣的时期会增加得更快。

不同年代的人在幸福感程度上也存在差异。“婴儿潮”一代——出生在 1946—1964 年——是所有
8 年代的人中幸福感程度最低的。杨洋的研究结果还表明，在 18 岁的被访者中，白人女性是幸福感程度最高的，紧随其后的是白人男性、黑人女性、黑人男性。但是这些种族和性别的差异会随着被访者年龄变大而消失。很明显，人们的幸福感程度会持续增长甚至直到 80 多岁。

在本书中，我们有时也利用档案性数据。例如，在第 2 章，我们将展示和分析出生率、谋杀率、失业人数和收入数据这些来自不同政府机构的资料。表 1-1 提供了一些政府网站的信息，从这些网站上我们可以找到和下载有关健康、住房、人口、犯罪、教育、运输和经济方面的资料，这些资料对社会研究是非常有用的。

表 1-1　包含社会科学数据的政府网站

机构	数据类型	网址
美国联邦统计局（FEDSTATS）	提供超过 70 家联邦机构的数据与报告的链接	www.fedstats.gov
美国人口普查局	人口、家庭、商业、收入、住房、选举	www.census.gov
美国司法统计局（BJS）	被告人、受害者、司法系统	www.bjs.gov
美国劳工统计局（BLS）	就业、失业、物价、工资	www.bls.gov
美国交通统计局（BTS）	旅游、空运、水运、汽车运输、公路、高速公路	www.bts.gov
美国国家卫生统计中心（NCHS）	出生、疾病、伤害、死亡、卫生保健、养老院	www.cdc.gov/nchs/
美国国家教育统计中心（NCES）	初等教育、中等教育、高等教育	www.nces.ed.gov

元分析

元分析是一种利用现有文献开展研究的重要方法。不同于收集新数据或依赖一些没有代表性的研究得出研究结论，研究者会将先前针对同一假设所做的大量研究成果收集起来进行单一统一检验。在进行元分析的时候，研究者可能会在具有有力支持的发现的帮助下结束文献中的争议或者确认某个重要观点的正确性。元分析过程本质上是一个文献研究的过程，这一过程忽略了先前研究者的研究结论。相反，研究者会重新检验先前收集的数据，然后计算出一个被称为效应规模的估计值——一种测量集体中某种关系程度的方法。

社会相互依赖——如学生们合作完成他们的学习目标——是教育研究中最富成果的领域之一。当
9 学生相互依赖学习时，他们只有在小组成功的时候才能在学业上取得成功。与竞争或个人主义的方法相反，社会相互依赖已成为一种在教学过程中——从学前阶段到研究生阶段——被广泛使用的手段。因此，重要的是确定社会相互依赖对学生成绩的影响。

在 2000 年，约翰逊（Johnson）、约翰逊（Johnson）、斯塔纳（Stanne）检测了自 1970 年以来有关教育的文献，关注了 158 个相关的研究。这些研究测试了一种特殊的社会相互依赖（即学生们相互合作）与对照者（即学生们单独工作、相互竞争）的比较效应，测量其对学业成就的影响。结合这 158 个相关研究收集的数据，研究者确定了 8 种不同的合作学习模式，这些模式已经被证明相对于独

立工作更能够对学生的成绩产生显著的正向影响。基于元分析的结果，教师们认为在课堂上使用合作的教学方法更加合适。也有大量的其他证据表明使用社会相互依赖的方法是高效的。

为什么要检验假设

社会科学经常被很不公平地指责为只研究一些显而易见的问题。但是，检验关于社会事实的本质的假设，甚至是那些表现得富有逻辑性的或是不证自明的假设，即使不是必须的，至少也是有价值的。我们的日常观察通常基于狭窄的、有偏见的先入之见和个人体验，这些会导致我们不经批判地接受一些关于社会现象和行为的特性的无效假设。为了演示我们是如何轻易地为先入之见和固有观念所误导的，让我们来考察一下我们是如何看待多重谋杀犯（一次杀害 4 人以上的罪犯）的。按照一般的看法（也是媒体所描述的），多重谋杀犯一般是一些有精神疾病的人，他们疯狂地横冲直撞，通过由宣泄自我冲动引起的攻击来表达他们的愤怒。更进一步而言，通常，多重谋杀犯对受害者来说是完全陌生的人，这些受害者只是非常不走运地在错误的时间身处错误的地点，如商场、城铁或者快餐店。

关于多重谋杀犯的上述看法看上去清晰而明显。但是通过对 1976—2009 年间关于 697 名多重谋杀犯的详细的美国联邦调查局报告的整理，福克斯和莱文发现，多重谋杀犯很少有精神疾病或出于冲动作案，他们通常清楚而准确地知道自己在干什么，而非受魔鬼的声音驱动而杀人。但在公共场合随意开枪是个例外。大多数多重谋杀案发生在家庭和熟人之中。通常情况下，多重谋杀犯会以夫妻和他们的孩子、上司和合作者为目标。大多数多重谋杀犯是讲究方法且有选择性的。他们通常计划他们的行为并且对选择要杀的人非常重视。例如，在办公室谋杀中，多重谋杀犯通常只选择杀死那些他们认为应为其失去一次重要的升职机会或者是被解雇负责的同事和上司。

在最近之前，几乎所有的人甚至包括犯罪学家都忽视了多重谋杀，认为多重谋杀案只是谋杀案的一个特例（尽管从它的定义上来说，它会导致更多的死者），因此没有必要给予特殊的对待，从而用与 *10*
单一谋杀案一样的理论来解释它。从这种观点看，多重谋杀案与单一谋杀案发生在同样的地点，处在同样的环境下，而且基于同样的原因。

通过比较美国联邦调查局关于多重谋杀案与单一谋杀案的报告，我们会得出完全不同的模式。多重谋杀案发生的地点明显不同于单一谋杀案。首先，在大城市里，多重谋杀案不像单一谋杀案发生得那样集中；相反，多重谋杀案更多发生在小城市或者农村。另外，尽管美国南部（尤其是极南部）地区以其高谋杀率著称，但这些地区并没有发生更多的多重谋杀案。与单一谋杀案相比，多重谋杀案的发生更集中在城市中心区的邻里间。而在通常用枪来解决争端的美国极南部地区，多重谋杀案的发生则或多或少地反映了一般的人口分布特征。

因此，我们用不着奇怪在多重谋杀案中选择的武器通常是火器，这种选择的可能性甚至多于单一谋杀案。显而易见，手枪或步枪在多重谋杀案中是最有效的工具。与此相比，用纯身体的力量甚至是刀或钝器同时杀死很多人是很困难的。更进一步，尽管爆炸物可能会导致更多的人死亡（如 1995 年发生于俄克拉何马城联邦大楼的爆炸案），但它因不可预计性而不为大多数的多重谋杀犯所接受，因为他们的目标一般是非常有选择性的。另外，与使用枪支相比，美国人中能熟练使用爆炸物的人要少得多。

关于受害者与杀人犯间关系的发现同关于武器使用的发现一样是有违于我们的直觉的。与普遍的观念相反，多重谋杀犯并不经常攻击只是在“错误”的时间出现在“错误”的地点的陌生人。事实上，差不多 40%的这种犯罪是针对家庭成员的，并且在几乎同样多的案件中，受害者与杀人犯是熟悉的

(例如同事)。众所周知，谋杀经常牵涉到家庭成员，这在多重谋杀中尤其突出。

这些犯罪案发生的情景差异非常大。尽管有超过一半的单一谋杀案发生在受害者和杀人犯的争执中，但激烈的争吵引发多重谋杀案的比例相对少得多。

从杀人犯数据中可以看出不同杀人类型存在着一些突出的差异。与单一谋杀犯相比，多重谋杀犯尤其可能是男性，而且更有可能是白人，并且年龄较大（中年）。而单一谋杀犯主要是年轻的男性，且通常黑人比白人要多一些。

当然，受害者的特点与杀人犯的特点是密切联系的，这显示出多重谋杀犯并不是随意地选择受害者的。例如，多重谋杀的受害者通常是白人，仅仅因为与他们有关或者他们接触的杀人犯也多是白人。同样，与单一谋杀案相比，多重谋杀案的受害者中有更多的女性和年幼的人，这缘自以下事实：一个典型的多重谋杀案多牵涉到一个家庭的主要经济来源人，而这个人杀光了全家人——他的妻子和孩子。

11 社会研究的阶段

系统地检验我们关于社会事实本质的想法，通常需要按下面的步骤仔细地计划和执行研究：

(1) 要研究的问题被精简为一个可检验的假设（例如，单亲家庭比双亲家庭更容易导致青少年犯罪）；

(2) 具备一套合适的研究工具（例如，一份问卷或一份访谈提纲）；

(3) 收集数据（这就是说，研究者会深入田野，进行一次民意测验或调查）；

(4) 针对初始假设，分析数据；

(5) 分析的结果被解释、传递（例如，通过讲座、杂志撰文或出版书籍）给读者。

如我们将在以下章节中所看到的，本书的材料主要关于研究的数据分析阶段（参看上面的第 4 个步骤）。在这个阶段，收集到的数据根据初始假设而被分析。也正是在这个阶段，原始数据被制表、计算、合计、汇总、加工、比较，或者用一个词来说——被组织，从而使得假设的准确性和有效性得到检验。

使用数字来做社会研究

任何从事社会研究的人都知道，数据分析的问题在研究项目的计划阶段就必然会遇到，因为这一问题影响着所有其他的研究阶段。这个问题通常会影响研究设计的形式甚至采用哪些类型的工具来采集数据。出于这个原因，我们始终在寻找能提高数据分析质量的方法和技术。

大多数研究者会肯定测量在数据分析中的重要性。当某些特性被测量后，研究者就可以按照一定的规则分派给它一个数字序列。社会研究者已发展出了针对广泛的社会现象，包括职业声望、政治态度、权威主义、疏离感、社会失范、青少年犯罪、社会阶级、偏见、教条主义、顺从、成就感、民族中心主义、友善、宗教信仰、婚姻调适、职业流动、城市化、社会地位以及生育力等的测量方法。

根据所采用的测量等级，数字序列对于社会研究者来说至少有 3 个方面的重要功能。具体来说，数字序列能被用于：

(1) 对定类等级的测量分门别类；

(2) 对定序等级的测量划分级别和顺序；

12 (3) 对定距和定比等级的测量给定一个得分。

定类等级

测量的定类等级包括命名和标记，就是将案例放到其类别里并计算在每类中发生的频数。为了进行说明，我们可能会使用定类等级的测量来指示每一个被调查者对拉美裔美国人是“有偏见”的还是“包容”的。如表 1-2 所示，我们可能询问某个指定班级的 10 个学生，发现其中 5 个被归入“有偏见”，另外 5 个被归入“包容”。

表 1-2　10 名大学生对拉美裔美国人的态度：定类数据

对拉美裔美国人的态度	频数
1=有偏见	5
2=包容	5
合计	10

在社会研究中，其他的定类尺度有性别（男性、女性）、社会福利状况（接受者、非接受者）、党派（民主党、共和党和自由党）、社会性格（内部取向、其他取向和传统取向）、适应模式（顺应、革新、教条、退却和反叛）以及时间取向（现在、过去和将来），这只是其中的很少一部分。

在处理定类数据时，我们要牢记，必须把每一个案例归入一个——并且只能是一个——类别里。这个要求意味着类别必须是非重叠的，或者说是互斥的。因此，一个被调查者被归入白人后就不能再被归入黑人，任何被调查者在被标为男性后就不能再被标为女性。这个要求同时也意味着这些类别必须是穷尽的，即每一个个案都必须有其位置。举例说明，有一个研究，被调查者的种族分类系统中的类别不是白人就是黑人，假设出现了一个亚裔，我们将如何对他/她进行归类呢？在这种情况下，我们可以将最初的分类系统扩展到包括亚裔。当绝大多数被调查者是白人或黑人时，我们应包括一个“其他”的类别，以应对例外的情况。

读者应注意，定类数据不是用于分级、排序或测量质量的，例如更好或更坏、更高或更低、更多或更少。很明显，对于性别的定类测量并不意味着男性要优于或次于女性。定类数据只是一个标签，有时候通过名字（男性与女性或者是偏见与包容）分类，有时候通过数字（1 与 2）分类，但都是按照给定的性质和特点将案例归入不同的类别群体，以显示其差异或共性为目的。因此，当一个数字被用于标记一个类别（例如，1=白人，2=黑人，3=其他）时，其并不具有定量上的意义。

定序等级

当研究者超出了定类等级的测量，想按照某个特性的程度对案例进行排序时，他就是在做定序等级的测量了。在定序类别中，关系的本质取决于研究者意图测量的特性。让我们举一个熟悉的例子，人们 13
可能会将个人的社会经济地位分成下层、中层和上层。或者是在一个指定的班级中，即使不按照偏见与包容来对学生进行分类，研究者也可以如表 1-3 所示，按照学生对拉美裔美国人偏见的程度对他们进行排序。

表 1-3　10 名大学生对拉美裔美国人的态度：定序数据

学生	等级
纳丁（Nadine）	1=偏见最多
马克斯（Max）	2=偏见第二

续表

学生	等级
雅各伯（Jacob）	3＝偏见第三
塔蒂亚娜（Tatiana）	4＝偏见第四
阿恩（Ahn）	5＝偏见第五
克里斯蒂娜（Christina）	6＝偏见第六
杰登（Jaden）	7＝偏见第七
塔尼莎（Tanisha）	8＝偏见第八
本（Ben）	9＝偏见第九
洪（Hung）	10＝偏见最少

定序等级的测量虽然产生了关于类别间顺序的信息，但是并没有指示出数字间差异的大小。例如，采用定序等级的测量来研究对拉美裔美国人的偏见的社会研究者并不知道一个被调查者的偏见比另一个被调查者的偏见多多少。在前面所给的例子中（见表 1-3），我们不可能确定纳丁比马克斯的偏见多多少，或者是洪比本或塔尼莎的偏见少多少。这是因为在定序尺度中，点或者说等级之间的差距是不可知的或者说是没意义的。所以，不可能对位于这个尺度的某一个点上的案例给出一个得分。

定距/定比等级

与定类和定序等级相比，定距和定比等级的测量不仅告诉了我们类别间的等级顺序，还指出了类别间的确切距离。定距和定比等级的测量通过一些常见的测量单位（如美元或美分、华氏或摄氏温度、英亩或英尺、分钟或秒）在测量尺度的点之间划分出相等的间距。比如，表 1-4 显示了用定距等级测量的大学生对拉美裔美国人的态度。这使我们了解到偏见的大小或程度，而不仅仅是等级。

14

表 1-4　10 名大学生对拉美裔美国人的态度：定距数据

学生	得分
纳丁	98
马克斯	96
雅各伯	95
塔蒂亚娜	94
阿恩	22
克里斯蒂娜	21
杰登	20
塔尼莎	15
本	11
洪	6

注：分数越高，表明对拉美裔美国人的偏见越强。

有些变量的自然形式就是定距/定比等级，如：你体重多少磅，你有多少个兄弟姐妹，或者一个学生完成一场考试需要多长时间。在社会科学中，自然形成的定距/定比等级可能包括监禁期的长度、一个家庭中孩子的数量或者一个人工作的时长（以分钟或小时计算）。

其他的变量是因我们测量它们的方式而变成定距/定比数据的。最典型的是，我们进行的定距/定比测量产生了一组可以进行对比的分值。比如，当前被社会科学家广泛使用的一些测量——如对工作满意度的测量，它被主持美国国家民意研究中心的综合社会调查工作的汤姆·W. 史密斯（Tom W. Smith）使用——就会产生定距变量。在调查过程中，被调查者被要求表示对他们正在从事的职业的满意程度。在 4 点评定量表中，1 代表“非常不满意”，2 代表“有一点不满意”，3 代表“适度满意”，4 代表“非常满意”。根据一组被要求对他们的工作进行打分的被调查者的总的评价——平均满意度得分，这些职业被放在一个从高到低排列的等级列表中。例如，在一项最近的研究中，神职人员这一职业获得了 3.79 分的平均分（几乎是“非常满意”的等级），服务员这一职业获得了 2.85 分的平均分（接近“适度满意”的等级），而物理治疗师这一职业获得了 3.72 分的平均分，屋顶工人这一职业获得了 2.84 分的平均分。

如表 1-5 所示，我们可以按照人们对职业的满意程度对其中 8 种职业进行排序，同时也可以确定彼此之间的差距。这要求我们基于职业满意度是一个连续的测量单位的假设。因此，我们可以说神职人员这一职业是列表中满意度最高的，因为它在测量中获得了最高的得分。我们也可以说作家这一职业只比心理学家这一职业的满意度稍微高一些，但是比酒保和屋顶工人的满意度都高得多，因为后两种职业都获得了非常低的分数。就研究设计的目的而言，这一类信息可能在我们做判断时非常重要，但对定序等级的测量来说是获取不了的。

表 1-5　8 种职业的满意度得分：定距数据

职业	满意度得分
神职人员	3.79
老师	3.61
作家	3.61
心理学家	3.59
屠夫	2.97
收银员	2.94
酒保	2.88
屋顶工人	2.84

除了定比等级认为存在一个绝对或者真实的零点外，定比等级和定距等级是一样的。与定比变量不同的是，定距变量可能有一个人为的零点，也可能根本没有。 15

比如，年龄满足定比等级的条件，因为“0 岁”代表刚出生或完全没有年龄。相反，华氏温标则有一个人工的零点，因为“0 华氏度”不代表没有温度，尽管它不是很温暖。相似地，智商量表没有绝对零点，也就是说，没有一个表示 0 智商的东西，所以它是一个定距量表。因此，我们不能说一个智商为 150 的人比智商为 100 的人聪明 50%。

同样，在职业满意度量表中的 0 分——如果存在的话——表明的是一点都不满意（完全不满意），因此它可能代表了定比量表。而像之前提到的那个职业满意度量表中，并没有一个特定的“0 分”（“1 分”代表“非常不满意”而非完全不满意），因此它是一个定距量表而非定比量表。

但是在研究中，一个数据是定距等级的还是定比等级的没什么区别。许多重要的统计技术假定了刻度之间的标准距离（也就是定距等级），但很少要求刻度之间的有效比率（也就是定比等级）。因此，在本书中，我们只会说明一种统计技术是要求定类等级、定序等级还是定距等级。

测量相同变量的不同方法

如前所述，某些确定的自然发生的变量（如性别或发色）的测量等级是清晰的，而其他变量确实是根据社会研究者如何定义它们而建构起来的。事实上，根据研究目标的不同，相同的变量可以以不同的精确度测量。

例如，图 1－1 说明了对健康问题感兴趣的研究者可以通过不同方式对“疼痛”变量进行测量。在最低的等级——定类等级中，被调查者可以被分为“感到疼痛的”和“没有感到疼痛的”，或者被要求表明他们正在经历的疼痛类型（尖锐的疼痛、钝痛或者抽痛）。当然，疼痛的程度可以以定距等级来测量。

16 更精确地说，疼痛的程度可以用 0～10 的数值来表示，表示一个定距/定比等级的测量。其他的用定距/定比等级测量疼痛的方法包括让被调查者在一条表示从不痛到最痛的连续的直线上标出疼痛的程度。最后，疼痛面容表及其相关评分可以被用来对言语能力有限的儿童或说外语的成年人进行测量。

定类等级

问题：你现在感到疼痛吗？是/否

问题：你怎么形容你现在的疼痛类型？尖锐的疼痛/钝痛/抽痛

定序等级

问题：疼痛的程度是怎么样的？一点儿也不痛/轻微的痛/适度的痛/非常痛

问题：与昨天比起来，现在的疼痛是比较不痛、一样痛还是更痛？

定距/定比等级

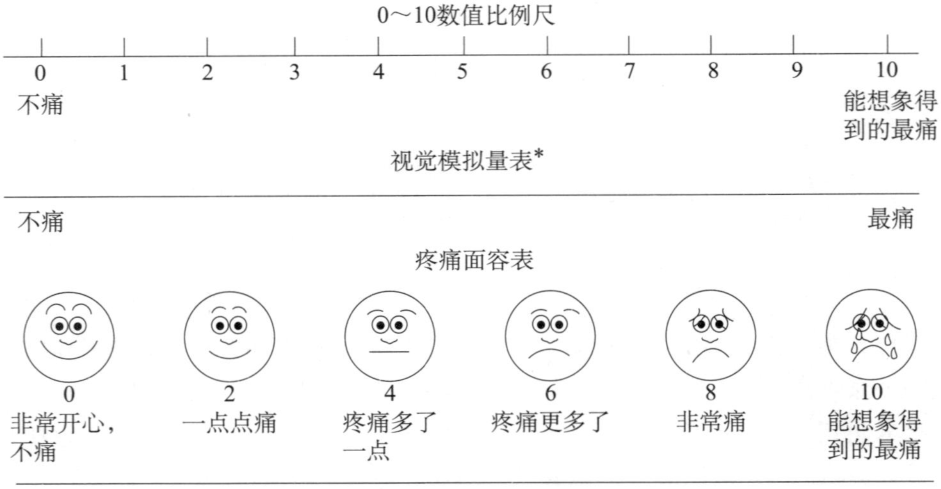

图 1－1　测量疼痛的不同方式

* 请被调查者在这条线上指出他的疼痛与两个端点的关系。量化仅仅是大概的，例如一个位于中点的标记表明疼痛程度大概是最痛的一半。

将一些定序变量当作定距变量对待

定类等级与定序等级之间的差异是非常明显的。例如，“头发的颜色”（金色、红色、棕色和黑色）这一变量是定类等级的，而“头发的性质”（干性、中性和油性）这一变量是定序等级的，要混淆这两种测量的等级是很困难的。

而定序等级与定距等级之间的差异并不总是清楚的。很多时候，一些严格意义上来说应该是定序等级的变量，当它们的各个有序的类别是均等划分的时候，也可以被按照定距变量来对待。事实上，先前的测量职业满意度的例子可以被用来说明这个道理。当将其当作定距变量而非定序变量时，我们有必要假设“非常不满意”和“有一点不满意”之间的距离和“有一点不满意”与“适度满意”、“适度满意”与“非常满意”之间的距离是大致相等的。如果我们不能假设这些点之间的间隔相等，那么职业满意度应该被当作定序变量。 17

举一个另外的例子，表 1－6 中的两个变量（“教授的等级”和“对教授的态度”）都是定序变量：

表 1－6 定序变量

尺度值	教授的等级	对教授的态度
1	杰出教授	非常赞许
2	教授	赞许
3	副教授	有点赞许
4	助理教授	中立
5	高级讲师	有点不赞许
6	讲师	不赞许
7	助教	非常不赞许

“教授的等级”这一变量几乎不可能被误认为定距变量。“高级讲师”与“讲师”在声望、薪水和资质上的差距是非常小的，而“高级讲师”与“助理教授”之间的差距却是实质性的，因为后者一般要求获得博士学位而且会得到高得多的薪水。相反，“对教授的态度”这一变量在测量尺度上的取值是基本平均划分的。“有点不赞许”与“不赞许”之间的差距基本上等同于“有点不赞许”与“中立”之间的差距。事实上，大多数从“强烈赞成”到“强烈反对”的态度尺度都是符合这一点的。

许多研究者并不会在细节上反复斟酌，而会在研究中做出最实际的决定。只要有可能，他们都会将定序变量当作定距变量对待，但这只是在有充分的理由确认尺度的划分基本等距的时候。因此，他们会把“对教授的态度”这一变量当作定距变量，而把“教授的等级”这一变量始终当作定序变量。在本书的后面你将会看到，将基本等距的定序变量当作定距变量对待，可以使研究者运用更多强大的统计方法。

进一步的测量问题

一个变量被以什么等级（定类、定序、定距或定比等级）测量有时是由变量自身的自然特性决定的，完全不受研究者在定义和收集数据时所做决定的影响。比如头发的颜色（黑色、棕色、金色、灰色等）、种族（黑人、白人、亚裔等）、居住地（东北、大西洋中部、南部、中西部、山区或西部等）等毫无疑问是定类等级的变量。但是一个研究者仍然可以扩大这些基本特征的含义以试图提高他的数据的精确度和作用。例如，头发的颜色可以根据色调重新定义（比如，从深黑色到淡金色），以此将数据的测量等级提升到定序等级。同样，为了测量美国南方文化的地理邻近度，可以定义一个定序等级的“南方尺度”变量来区分密西西比州和亚拉巴马州这一极端，其次是肯塔基州和田纳西州，再次是马里兰州和特拉华州，最后是另一个极端康涅狄格州和佛蒙特州。虽然这有点夸张，但一个研究者仍然可以利用一个州的中心位于梅森-迪克森线北部或者南部以及与该线的距离，创造出一个定距等级的“南方尺度”。 18

更常见的是，在某些情况下，需要降低变量的测量等级，尽管这样可能会降低其精确度。例如，为了提高应答率，一个电话访谈者可能会将定距变量“年龄”重新定义为一个定序变量，比如幼儿、儿童、青少年、青年、中年和老年。

研究者时常遇见的另一个重要的测量差别在于离散与连续变量。离散数据只包含特定的值。比如，家庭规模只能被表示成从 1 开始的整数（不存在有 3.47 人的家庭，只可能有 1、2、3、4 或更多人）。因此，家庭规模代表了一个离散的定距等级测量。而且，定类变量（如新英格兰地区：马萨诸塞州、康涅狄格州、罗得岛州、佛蒙特州、缅因州和新罕布什尔州；性别：男性或女性；宗教：新教徒、天主教徒、犹太教徒、穆斯林、印度教徒等）按照其本质来说总是离散的。

此外，连续型变量表现出无穷大范围的可能值，虽然我们测量它们的方式似乎是离散的。比如，体重可能包含任何数值，如 143.415 4 磅[①]。有些体重秤可以把重量测量到最接近的整数磅（143 磅），有些体重秤可以把重量测量到最接近的半磅（143.5 磅），而另一些体重秤甚至可以把重量测量到最接近的十分之一磅（143.4）。然而，不管我们使用什么样的测量装置，体重都是一个自然的连续值。同样，年龄是一个连续变量，理论上从刚出生开始就可以以纳秒为单位来测量。然而，我们习惯用整数（对成年人以“年”计算，对婴儿以“周”计算）来记录这个变量。如前所述，将年龄连续值划分为诸如幼儿、儿童、青少年、青年、中年和老年等类别也是常见的做法。

统计学的功能

当研究者们使用数字，即对他们的数据以定类、定序或定距尺度加以测量从而进行量化研究时，他们就基本上把统计学当作描述或决策的工具了。下面让我们来更进一步地探讨统计学的这些重要功能。

19 ### 描述

为了得出结论或结果，社会研究者经常研究成百上千甚至更多的个人或群体。作为一个极端的例子，美国人口普查局对美国的人口进行了一次普查，这次普查涉及了数以百万计的个人。尽管可以借助许多复杂的方法，但对社会研究项目产生的大量数据进行描述和总结仍然是一项艰巨的任务。

举一个熟悉的例子，80 个学生的考试分数列在表 1-7 中。你能从这些分数中看出什么模式来吗？你能只用几个字或者几句话来描述这些分数吗？你能说出这些分数从总体上来说到底是高还是低吗？

你对这些问题的回答应该是“不能”。我们可以用最基本的描述统计方法来更清楚、更精确地描述表 1-7 中考试分数的分布特性，从而使得整体的趋势和群体的特性能被迅速地揭示出来，并能很容易地被呈现给每个人。首先，这些分数可以按顺序（从最高到最低）重新排列，并且归并成较少的几个类别。如表 1-8 所示，分组频数分布（这个在第 2 章中将被详细讨论）展示了各个类别的分数范围以
20 及每一类别的学生频数（f）。这种形式易于解读，例如，有 17 个学生的分数在 60 到 69 分之间，而只有 2 个学生的分数在 20 到 29 分之间。

另外一种有用的方法（在第 2 章中将被解释）是通过图形方式重新编排分数的。如图 1-2 所示，分数的类别在图中沿着一条线（被叫作水平轴）被排列（从 20～29 到 90～99），而它们的频数则沿着另一条线（被叫作垂直轴）标识。这种编排产生了一种相当简单的可视化图形，从中我们可以看出大多数的分数落在 50 到 79 分之间，而很高或很低的分数相对要少很多。

---

① 1 磅约为 0.45 千克。——译者注

表 1-7　80 个学生的考试分数

72	49	81	52	31
38	81	58	68	73
43	56	45	54	40
81	60	52	52	38
79	83	63	58	59
71	89	73	77	60
65	60	69	88	75
59	52	75	70	93
90	62	91	61	53
83	32	49	39	57
39	28	67	74	61
42	39	76	68	65
58	49	72	29	70
56	48	60	36	79
72	65	40	49	37
63	72	58	62	46

表 1-8　80 个学生的考试分数：分组频数分布

分数	频数（f）
90～99	3
80～89	7
70～79	16
60～69	17
50～59	15
40～49	11
30～39	9
20～29	2
	$N=80$

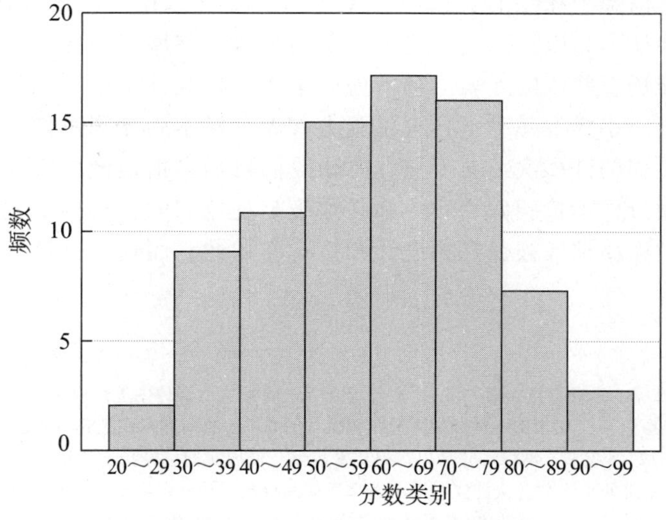

图 1-2　80 个学生考试分数的条形图

如我们将要在第 3 章中阐述的，一种非常方便且有用的统计方法——你或多或少对它已有所了解——就是问：这 80 个学生的平均分数是多少？均值（算术平均值）的计算方法是将所有的分数加起来，然后将总和除以学生的数量，它可以对群体的整体趋势或班级的表现给出一个清晰的描述。在这个例子中，均值恰好是 60.5，与大多数学生所熟悉的班级平均水平相比，这个分数相当低。很明显，这 80 个学生在这次考试中整体表现较差。

再考虑一下这个类比。假如一个朋友打电话给你，想让你和一个“完美相配”的人约会。在你决定是否和这个“完美相配”的陌生人约会之前，你可能会有许多问题想问。了解一些特征诸如这个人的年龄对你的决定可能有至关重要的作用，而其他的特征比如头发长度、眼睛的颜色等可能就没有那么有用了。

在某些方面，面对大量的数据，比如表 1-7 中的数据，就像面对盲目的约会前景。为了试图描述这些盲数据，统计学家们不仅使用频数分布表（比如表 1-8），而且使用许多综合测量方法。像数据中
21 的最大值、最小值这样的统计数字的信息量会少一些，而像均数、中位数这样的统计数字对数据的分布就非常有说服力。

回到刚刚那个问题可能的解决方案，你的朋友可能会用电子邮件给你发一张与你“完美相配”的约会对象的照片，这可能是很有帮助的——当然，在某种程度上只有在这张照片质量高（比如光线良好、没有失真）的时候。同样，像图 1-2 描述的分布只有在图被精确绘制且无失真的情况下才能帮助研究者了解数据。

因此，在统计工具（例如分组频数分布、图形以及均值）的帮助下，我们可以探索和描述分数分布（例如，表 1-7 中的分数）的模式或趋势，而这对寻求因果关系的观察者来说是很有可能被忽视的。在本书中，所谓统计学可以被定义为一套将定量数据（即一系列数据）简化成更少量、更方便、更容易理解的描述性术语的工具。

决策

为了进行假设检验，超出单一描述的范畴通常是必要的，而做出推理也通常是必要的。这就是说，在我们研究的大群体中的一个占较小比例的样本的数据的基础上做出决策。由于考虑到成本、时间以及需要充分监督等因素，在许多时候可以预先排除对整个群体（社会研究者将这个从中抽取样本的大群体称作“总体”）进行普查的可能性。

让我们再一次回到之前那个相亲的类比，“盲约会”和“盲数据”的比较在另一方面也是成立的。一次、两次或者几次约会还不足以让你判断这个人是不是那个你愿意与之共度余生的人。只有和这个人有足够的接触，你才能透过肤浅的外表了解到他的本质。在统计学中，我们通过从总体中抽取的一个样本来了解总体的特征。小样本几乎不具有说服力，而大样本则允许我们对总体进行概括。许多数据，就像与潜在的人生伴侣的许多次约会一样，能让我们更加自信地做出决定。如我们将在第 6 章看到的，社会研究者每次通过样本检验假设时，都必须确定把他们的发现推广到总体中是否准确。抽样不可避免地会导致误差，即使抽样被良好地设计和执行亦如此。而这正是进行概括或者说从样本推断总体时的问题所在[①]。

---

① 关于抽样误差的概念将在第 6 章进行更详细的讨论。为了理解从一个更大的群体中进行抽样时误差的不可避免性，下面的演示也许会有帮助。参考表 1-7，它提供了 80 个学生的考试分数。遵循随机（例如，通过闭着眼睛点选的办法）原则，从整个名单中抽取一个包含 5 个分数的样本，将这 5 个分数加起来，再将总分除以 5 得到平均分。前面我们已经指出全班 80 个学生的平均分为 60.5，而你的样本的平均分将会或多或少异于全班的平均分。从群体中随机选择不同的分数，从而得到更多的样本并重复以上操作。非常一致的是，你将会发现你的样本的平均分总是稍稍不同于全班 80 个学生的平均分。这就是我们所说的“抽样误差”的含义。

统计学在以高度的可信性从小样本推广到大总体时是非常有用的。为了更好地理解统计决策以及从样本推断总体的概念，让我们来检查一下用来检验以下假设的假设性研究的结果： 22

假设：男大学生比女大学生更有可能尝试吸食大麻。

研究者决定在一所注册人数为 20 000 人（10 000 男性，10 000 女性）的城市大学里检验他们的假设。由于时间和成本限制，他们不可能访问校园里的每个学生，但是可以从注册办公室得到大学全体学生的名单。这个名单里的 1%的学生（一半是男性，一半是女性）被选取作为样本，并随后被研究小组的成员访问。访问者们逐个询问样本中的 200 个成员是否尝试过吸食大麻，然后记录下性别（男性或者女性）。当结束所有的访问并将结果返回研究办公室后，研究者将所有关于吸食大麻问题的回答按性别制成表格，其内容如表 1-9 所示。

表 1-9　大麻使用情况的分性别回答：案例Ⅰ

大麻使用	被调查者的性别	
	男	女
吸食过大麻的人数	35	15
没吸食过大麻的人数	65	85
总计	100	100

应注意到，从这 200 个学生的样本得出的结果与假设的方向是一致的：100 名男性中有 35 人尝试吸食过大麻，而 100 名女性中只有 15 人尝试吸食过大麻。非常清楚，在这个小样本中，男性比女性更有可能尝试吸食大麻。但是，就我们的目的而言，更重要的问题是，这个在大麻使用上的性别差异是否大到足以让我们非常自信地将它推广到大学全部的 20 000 名学生中。这个结果是否真实地代表了总体中男性与女性的差异？还是说我们偶然获得的两性间的差异从严格意义上来说是出于抽样误差——每次从大总体中抽取小样本时都会发生的误差？

为了说明从小样本推广到大总体时所出现的问题，假设研究者获得了如表 1-10 所示的结果。注意，这个结果仍然是符合假设的方向的：30 名男性和 20 名女性曾尝试过吸食大麻。但是，我们仍然愿意将这个结果推广到大学生总体中去吗？是否这种程度的差异（男性比女性多 10 人）只是出于偶然？我们能否自信地说这种相对较小的差异反映了这所大学里男女之间的真实差异？

表 1-10　大麻使用情况的分性别回答：案例Ⅱ 23

大麻使用	被调查者的性别	
	男	女
吸食过大麻的人数	30	20
没吸食过大麻的人数	70	80
总计	100	100

让我们做进一步说明。假设这些社会研究者得到了如表 1-11 所示的数据。表中所示的男女间的差异已很小，但仍然符合假设的方向：26 名男性和 24 名女性尝试过吸食大麻——男性只比女性多 2 人。我们中间有多少人愿意声称这个发现体现了男女之间真实的总体性差异，而不是偶然或抽样误差的产物呢？

表 1－11　大麻使用情况的分性别回答：案例Ⅲ

大麻使用	被调查者的性别	
	男	女
吸食过大麻的人数	26	24
没吸食过大麻的人数	74	76
总计	100	100

我们该如何划分这个标准呢？样本的差异要大到什么程度才足以让我们认为它是显著的或者说是真实的呢？在统计学的帮助下，我们能非常容易地、比较有自信地在样本与总体的关系上做出决策。为了说明问题，如果使用一个在本书后面将会讨论的显著性统计检验（例如，卡方检验，见第 9 章），我们就会知道上面的这些结果中只有表 1－9 中的结果能够推广到 20 000 名大学生的总体中去——100 名男性中有 35 人尝试过吸食大麻，而 100 名女性中只有 15 人尝试过吸食大麻，这是一个高度可信到足以应用于总体的发现，是一个统计上的显著差异。我们的统计检验告诉我们，统计结果只有 5%的概率是错的。相反，运用同样的统计标准，表 1－10 和表 1－11 的结果显示非显著，这说明表中的数据可能是抽样误差的结果，而不是大麻使用的真实性别差异的结果。

就我们当前的内容而言，统计学是一套决策技术，它帮助研究者从样本推断到总体，并以此检验关于社会事实的本质的假设。

24

关于舍入问题的一个重要注释

如果你像大多数学生一样，那么舍入问题一定让你很迷惑。当然，当答案正好是一个整数时总是让人很高兴，因为用不着考虑舍入了。但在另外一些时候，当你遇到诸如 34.233 33 或者是 7.126 534 这样的数字时，决定在舍入时保留多少位数就成为一个问题。

在需要舍入的时候，你可以应用如下规则：将最终答案舍入到比它的原始数字多两位小数。如果原始数字都是整数（如 3、6、9、12），那么将你的最终答案舍入到保留两位小数（如 4.45）；如果原始数字有一位小数（如 3.3、6.0、9.5、12.8），那么将你的最终答案舍入到保留三位小数（如 4.456）。注意，关于如何进行舍入的说明会在本书的附录 E 中提供。

本书的许多问题在得出最终答案前需要一些中间步骤。当使用计算器时，一般在整个计算过程中（即中间步骤）是不需要舍入计算结果的。你的计算器经常会得出比你最终需要的多得多的位数。一条关于中间步骤的普遍规则是，除非到了决定你最终答案的时候，否则不要进行舍入。

当然，这作为一条经验性的规则，必须依赖于一定程度的良好判断。举一个极端的例子，当你在计算把一枚导弹发射到月球上去的弹道或推力的时候，你不会希望只保留两位小数，因为在这种情况下，即使是一点点不精确也可能导致灾难。此外，当你在统计课上解题的时候，学会方法比得到精确答案更重要。有些时候，你的答案可能会与班上同学的答案或书上的答案有细微不同。例如，有可能你的答案是 5.55，而你同学的答案是 5.56，这时有可能你们两个都是正确的。因为这个差异是细微的，而且非常有可能是由于你们使用了不同内存容量的计算器，或者采用了不同的计算顺序。

在本书里，我们通常遵循这条经验性的规则。但在一些演示中，出于让计算更清楚的目的，我们在一些中间步骤上进行了舍入——但仅限于不影响最终结果的有效性的程度。

▶ 小结

在第一章中，我们把对未来事件的日常预测与社会研究者使用统计来检验关于社会事实本质的假设的工作经验联系起来。几乎每天，每个人都会对未来生活中的事件进行有根据的预测。可是，不同于那些偶然的和有偏见的日常观察，社会研究者试图寻找系统的证据来支持他们的观点。出于这个目的，基于他们特别的研究目标，他们可能会决定进行调查、实验、参与观察、内容分析、二手资料分析或者元分析。根据特定的测量水平，社会研究者经常使用一系列数字对他们的数据进行分类（定类等级）、排序（定序等级）或者赋值（定距/定比等级）。最后，社会研究者能够在数据分析的阶段利用 25
统计学的两种主要功能——描述（即将定量数据简化为几个更方便的描述性术语）和决策（即从样本推断总体）。

▶ 重要术语

Hypothesis	假设	Meta-analysis	元分析
Variable	变量	Measurement	测量
Experiment	实验法	Level of measurement	测量等级
Survey	调查法	Nominal	定类等级
Content analysis	内容分析法	Ordinal	定序等级
Participant observation	参与观察法	Interval/Ratio	定距/定比等级
Secondary analysis	二手资料分析法		

▶ 课后习题

1. 一位社会研究者加入了一个光头党团体以了解他们发展成员的策略，这位社会研究者所采用的研究方法被称作：

a. 实验法　　b. 元分析　　c. 内容分析法

d. 参与观察法　　e. 二手资料分析法

2. 一位研究者花了几个月的时间在一家快餐店工作，目的是了解在服务行业中工作是什么样子的，他进行的是什么类型的研究？

a. 实验研究　　b. 内容分析　　c. 二手资料分析

d. 参与观察　　e. 调查研究

3. 在一项研究中，心理学家将研究对象分成了不同的组，让他们分别服用安慰剂和一种实验药物。这种研究类型是什么？

a. 实验研究　　b. 内容分析　　c. 二手资料分析

d. 参与观察　　e. 调查研究

4. 一位研究者对媒体如何报道家暴事件很感兴趣，于是他分析了一座大城市里一年的新闻。这是一种什么类型的研究？

a. 实验研究　　b. 内容分析　　c. 二手资料分析

d. 参与观察　　e. 调查研究

26 5. 有人按生活节奏从最慢到最快对一些城市进行了排序，这是在哪一个测量等级上进行的操作？

a. 定类　　b. 定序　　c. 定距

6. 一位研究者按被调查者对事故受害者的同情程度对一组被调查者进行打分（0 到 10 分），他是在哪一个测量等级上进行工作的？

a. 定类　　b. 定序　　c. 定距

7. 一位社会研究者基于对国家的国民生产总值的贡献程度给各行业排序，这个研究的测量等级是什么？

a. 定类　　b. 定序　　c. 定距

8. 一位社会学家从中学教师那里收集了他们工作满意度的信息，对于以下几项，请说明其测量等级——定类、定序、定距：

a. 你教授哪一科？数学、科学、社会科学、英语或其他？

b. 你班上有多少个学生？

c. 用 5 点量表（从非常好到非常不好）来衡量，你觉得你的工作怎么样？

d. 你从事教学工作几年了？

9. 一位政治科学家用一系列问题来测量个体的政治活跃度。对于以下几项，请说明其测量等级——定类、定序、定距：

a. 在最近一次选举中你是否投票了？是或否？

b. 你认同哪个政党？民主党、共和党或无党派？

c. 你参加选举投票的频率是怎样的？从不、很少、有时或总是？

d. 在一个 0～10 的量表中，你认为你的观点有多“极端”（0 代表和主流一致，10 代表十分激进）？

e. 你的学位是什么？学士学位、硕士学位或博士学位？

f. 你是学校运动队的教练吗？是或否？

10. 将一个由某个医院的 25 名病人组成的样本推广到全院数百名病人的总体中去的统计方法被称为：

a. 描述　　b. 决策　　c. 内容分析

d. 实验　　e. 二手资料分析

11. 一位社会学家为了调查运动暴力的各个方面而从事一系列研究。请识别以下每一个研究情境中的研究方法（实验法、调查法、内容分析法或参与观察法）以及自变量和因变量。

a. 男性和女性体育记者是以同样的方法描写竞技体育项目（如橄榄球）的吗？为了回答这个问
27 题，社会学家收集了一些报纸上男女记者对“超级碗”的每日报道，并比较了描写比赛的报道中所使用的形容词的攻击性。

b. 儿童在观看了竞技性和非竞技性运动后会有不同的反应吗？为了回答这个问题，社会学家把一些在学儿童随机指派去看一场曲棍球（竞技性）比赛或游泳（非竞技性）比赛的录像带，然后观察儿童在看过录像带后的玩耍过程中所表现出的攻击性。

c. 球迷们在他们支持的队伍失败或获胜后会更具攻击性吗？为了回答这个问题，社会学家在一个以宽银幕转播本地大学队比赛的运动酒吧里度过了整个周六。他穿上了队服并成为人群中的一员。同时，他也观察当球队获胜或失败时他身边的争吵和斗殴到了何种程度。

d. 个人的攻击性水平会影响他喜欢观看某种类型的运动吗？为了回答这个问题，社会学家在随机抽取的成年人样本中分发了问卷。除一般的背景性资料以外，问卷还包括一系列测量攻击性的问题（如“你多久与邻居或朋友发生一次激烈的争吵？”），以及被调查者喜欢观看的运动项目的清单。

12. 确认在以下所示的每一个问卷问题中的测量等级是定类、定序还是定距的。

a. 你的性别：

(1) ____男

(2) ____女

b. 你的年龄：

(1) ____20 岁以下

(2) ____20～29 岁

(3) ____30～39 岁

(4) ____40～49 岁

(5) ____50～59 岁

(6) ____60～69 岁

(7) ____70 岁及以上

c. 家庭中与你同住的有多少人？____

d. 请说明你母亲的最高受教育程度：

(1) ____未受过教育

(2) ____小学

(3) ____高中

(4) ____技校

(5) ____大学肄业

(6) ____大学毕业

(7) ____职业学校毕业

e. 你的年收入为：____（请注明）

f. 你的宗教倾向是：

(1) ____新教

(2) ____天主教

(3) ____犹太教

(4) ____其他（请注明）

g. 你父母的社会阶层属于： 28

(1) ____上层

(2) ____中上层

(3) ____中层

(4) ____中下层

(5) ____下层

h. 你父母现住在以下哪个地区？

（1） ____东北部

（2） ____南部

（3） ____中西部

（4） ____西部

（5） ____其他（请注明）

i. 通过在下面合适的位置画一个“×”来说明你的政治倾向。

自由____：____：____：____：____保守

1　2　3　4　5

13. 对于以下项目，指出它们的测量等级是定类、定序还是定距的。

a. 一个裁缝在裁衣服时利用一把卷尺来做精确的裁剪。

b. 跑步者的速度被一个手持秒表的裁判以秒为单位来计算。

c. 根据出席人数，一本音乐杂志的编辑正在汇编本年度十大摇滚音乐会排行榜。

d. 一名动物学家正在计算自己在一个划定的野生动物保护区里所看到的狮子、老虎和大象的数量。

e. 一名便利店的收银员被要求做一份月末在架货物的清单。

f. 一所小型大学的学生生活导师正在统计住在学校宿舍中的一年级、二年级、三年级以及高年级学生的人数。

g. 一位父亲利用一把码尺测量他的孩子每年长高了多少。

h. 在一场田径赛中，半英里跑的参赛者按照第一名、第二名、第三名进行排序。

14. 一位政治科学家为了了解更多关于她所在的城镇中参与选举投票的人口的信息进行了一系列研究。请说明在以下的每一个研究情境中的研究策略（实验、调查、内容分析、参与观察或者二手资料分析）：

a. 参与投票的男性多于女性吗？为了回答这个问题，研究者分析了来自一个主要的民意调查组织的数据。

b. 有多少居住在养老院的老年人参与了投票？为了回答这个问题，研究者考察了当地的养老院且询问了那里的老年居住者，以此了解有多少人参与了最近一次选举投票。

c. 选举的过程是如何组织的？在选举日，研究者来到一个投票站，假装自己是一名投票者，同时观察选民如何快速有效地进行投票。

d. 如果选民对候选人有足够的了解，他们会更可能去投票吗？为了回答这个问题，研究者随机抽取了两组年满 18 岁的市民，向其中一组提供了候选人的详细信息，对另一组则没有提供信息，然后比较两组人在选举日的投票率。

29 15. 一位研究者根据消耗了多少自然资源来给国家排序，那么他是在什么等级上进行研究的？

a. 定类　　b. 定序　　c. 定距

16. 根据权力集中的情况可以将政府分为三种类型——单一制政府、联邦政府和邦盟。这是一种什么等级的测量？

a. 定类　　b. 定序　　c. 定距

17. 一位社会学家为了测量家庭规模大小，对人生不同方面的影响进行了一项调查。在以下每一个问卷问题中，请说出他是在什么等级（定类、定序、定距）上进行测量的：

a. 家庭规模会影响人在学校的表现吗？学生被要求圈出他们许多科目的等级（A、B、C、D或F）。

b. 家庭规模会因社会经济地位不同而不同吗？父母们被要求提供他们的年收入信息（以美元为单位）。

c. 父母的健康会因家庭规模的不同而不同吗？父母被要求评价自己的整体健康水平（从1到5，1代表非常健康，5代表非常不健康）。

d. 家庭规模的影响会因种族和民族的不同而不同吗？被调查者被要求说明自己是黑人、白人、拉美裔美国人、亚裔美国人或者其他。

18. 为了更好地了解流浪汉的生活，一位研究者决定伪装成流浪汉在大街上过一周。下列哪项能说明这种研究策略？

a. 元分析　b. 内容分析　c. 实验

d. 参与观察　e. 二手资料分析

19. 一位心理学家对研究人们如何经历悲伤十分感兴趣。请说明在下列每一种情境中，她所使用的研究策略（实验、调查、内容分析或参与观察）：

a. 为了了解人们如何应对失去挚爱的人，这位心理学家随机选择了一些人，分发问卷让他们提供有关他们个人悲痛经历的信息。

b. 这位心理学家参加了一个悲伤辅导会，假装自己是哀悼者之一（在取得了悲伤心理治疗师的允许之后）。用这个办法，她能够获得人们如何表达他们的悲伤的一手资料。

c. 悲伤心理治疗师为这位心理学家提供了许多匿名的日记（人们被鼓励用意识流的方法写下他们的思想和情感，以表达他们的悲痛）。然后，心理学家通过阅读日记条目，试图找到人们经历悲伤的方式。

▶ 上机练习 30

1. 请识别以下这些来自综合社会调查的变量的测量等级（定类、定序、定距/定比）：

a. SEXEDUC　b. TVHOURS　c. RELIG　d. NEWS

2. 请识别以下这些来自综合社会调查的变量的测量等级（定类、定序、定距/定比）：

a. PRES08　b. POLVIEWS　c. SEX　d. MARITAL

3. 请识别以下这些来自综合社会调查的变量的测量等级（定类、定序、定距/定比）：

a. JOBSAT　b. INCOME06　c. INCOME16　d. PRESTG80

4. 最初被用来进行综合社会调查的研究方法是：

a. 实验法　b. 调查法　c. 内容分析法

d. 元分析　e. 二手资料分析

5. 当你分析综合社会调查的数据时，你使用的研究方法是：

a. 实验法　b. 调查法　c. 内容分析法

d. 元分析　e. 二手资料分析

6. 获取关于综合社会调查中的数据测量等级的信息可以通过：

a. 编码本（codebook）　b. 频率分布表　c. 综合社会调查网站

d. 以上均可　e. 以上均不可

31

详细演示　一项针对学生的调查

本书的每一章都集中阐述一个专门的主题，但同时，如俗话所说的“由树见林”也是非常重要的。因此，在每部分的末尾，我们都会把最常用的统计方法应用到一套从一个假想调查得出的数据上。这个持续的过程将演示社会研究者是如何从抽象的观念出发到最后确认或推翻有关人类行为的具体假设的。要记住，这里以及本书后面部分的“详细演示”不是一个要你做的练习，而是社会研究者实际操作的概括性演示。

由于许多原因，调查法是被社会研究者用来收集数据的最常用方法。通过仔细设计的调查工具——一份由被调查者填写的问卷，或通过电话或当面访问的访谈提纲，研究者们可以得出符合他们研究兴趣的回答。“直接从马嘴里说出”这句格言对社会研究者和民意调查者来说与对赌肯塔基赛马比赛的输赢来说一样正确。

一份相当简单但真实的用来研究高中学生吸烟与饮酒情况的调查工具陈列如下。研究的最终目的并不仅仅是知道这些学生抽烟、喝酒到了哪种程度，而是找出能解释一些学生抽烟、喝酒而另一些学生却不这样做的原因。在本书后面的内容中，我们会应用各种统计方法以分析说明调查的结果。但现在，预先知道我们将分析什么类型的信息是非常有用的。

假设这个简单的调查问卷被一个假想的（但是典型的）城市高中的 250 名 9～12 年级的学生填写。在这一章，我们介绍了测量的等级。要注意，在这个调查中有许多变量是定类的——被调查者在过去的一个月里是否抽烟、喝酒，以及被调查者的一些个人特性，如性别、种族等。另一些变量是以定序等级测量的——被调查者与同龄群体的融入程度、被调查者参与体育运动的程度以及学业表现。还有一些变量是以定距等级测量的——每天的吸烟数量，以及在学校的年级。

为了体验数据收集方法的第一步，你可以自己决定如何进行这一调查或其他类似调查。但如电视中的烹饪节目一样，我们在第一部分的末尾会提供“预先做好的”统计结果以展示这些统计方法在理解人们行为方面的作用。如人们经常所说的，掌握细节并不重要，重要的是看见更全面的图景。

学生调查

请尽可能诚实地回答下列问题。不要留下你的名字以使回答保持彻底的私密性和匿名性。

1. 你目前上几年级？____

2. 你将自己的学业表现归入哪一类？

____优秀，大多数成绩是“A”

____良好，大多数成绩是“B”

____一般，大多数成绩是“C”

____低于平均水平，大多数成绩是“D”

3. 在过去的一个月，你是否吸过烟？

____是　　　　____否

4. 如果你是一个吸烟者，那么你一般平均每天吸多少支烟？

每天____支

5. 在过去的一个月，你是否曾饮用过啤酒、葡萄酒或烈性酒？

____是　　　　____否

6. 如果在过去的一个月，你曾饮用过啤酒、葡萄酒或烈性酒，那么有多少次？

____次

7. 就你的朋友圈而言，下面哪种描述最符合你的情况？ 32

____我有很多关系密切的朋友

____我有一些关系密切的朋友

____我只有一个关系密切的朋友

____我没有真正关系密切的朋友

8. 你父母中是否有人吸烟？

____是 ____否

9. 你参加体育锻炼的情况是：

____非常频繁

____经常

____很少

____从不

10. 你当前的年龄是____岁

11. 你的性别是：

____男 ____女

12. 你认为你的种族或民族是：

____白人 ____黑人 ____拉美裔美国人

____亚裔美国人 ____其他

第一部分　描述统计

第2章 组织数据 35

收集数据对那些希望更多地了解有关人类行为的知识的社会研究者来说，意味着需要做出巨大的努力。对接受福利的人、大学生、吸毒成瘾的人、股票经纪人、美国中产阶级或其他的被调查者进行访问或者从他们那里获取信息需要有一定的远见和详细的计划。如果没有足够的时间花在数据采集现场的话，那么还需要对数据采集进行仔细的控制。

但是，数据的收集只是统计分析的开始。它提供了社会研究者们用来分析数据、获取结果以及检验关于社会现实本质的假设的原始材料。

定类数据的频数分布

木匠将木头变成家具，厨师将食物原料变成餐桌上的菜肴。通过类似的过程，社会研究者在被称为“公式”或“统计技术”的“处方”的帮助下，试图将原始数据转换成一套有意义、有组织的，能用来检验假设的测量标准。 36

社会科学家们能做些什么来组织从他们的研究主题出发收集到的一堆原始数据呢？他们应如何着手将这一堆原始数据转换成一种易于理解的简要形式呢？第一步就是以表格的形式来建立一个频数分布。

假设有一个研究早期社会化的研究者对研究小男孩对于挫折的反应感兴趣。当拿走小男孩的玩具时，他们是会表示愤怒，还是会哭？有多大的概率他们会寻找替代的玩具？会有一些小男孩出现退缩反应吗？这个研究者对 50 名两岁的小男孩进行了实验，先给他们一个颜色鲜艳的玩具，然后拿走。

让我们查看一下表 2－1 中定类数据的频数分布。首先要注意这个表的最上方有一个表序和一个表题以便给读者清楚地展示数据的内容——“表 2－1　小男孩们对拿走他们玩具的反应”。这是一个标准的安排：每个表都必须有一个清楚的表题，并且当它们成序列出现时，必须同时标以数字序号。

表 2－1　小男孩们对拿走他们玩具的反应

反应	频数（f）
哭	25
表示愤怒	15
退缩	5
寻找替代的玩具	5
	$N=50$

定类数据的频数分布由两列构成。如表 2－1 所示，左边的一列指明呈现的是何种特性（反应），并包含了分析的类别（哭、表示愤怒、退缩、寻找替代的玩具）。相邻的一列（标以频数或 f）指明每一类别中小男孩的数量（分别为 25、15、5、5）以及小男孩的总数（50）。总数可以以“$N=50$”的形式来表示或在类别下使用“总计”。通过对表 2－1 中频数分布的快速浏览，我们可以清楚地看出反应为哭或表示愤怒的小男孩比反应为退缩或玩别的玩具的小男孩要多。

分布的比较

假设同一个研究者想比较小男孩和小女孩对拿走他们玩具的反应。对频数分布进行比较是一个常用的说明结果和追加信息的手段。具体比较什么内容取决于研究者试图回答什么问题。

在以下这个例子中，研究者决定调查性别差异。小女孩会比小男孩更可能寻找替代的玩具吗？为了回答这个问题，研究者可能会对一个包含 50 个小女孩的群体进行重复实验，然后比较其结果。让我们假设表 2－2 中的数据就是最终获得的结果。如表 2－2 所示，在 50 个小女孩中，有 15 个小女孩的反
37 应是玩其他的玩具，而 50 个小男孩中只有 5 个如此。

表 2－2　儿童对拿走他们玩具的反应的分性别比较

反应	性别	
	男	女
哭	25	28
表示愤怒	15	3
退缩	5	4
寻找替代的玩具	5	15
总计	50	50

比例和百分比

当研究者研究相同规模的分布时，频数可以被用来在组间进行比较。因而，研究者可以直接对寻找替代玩具的小男孩和小女孩的数目进行比较，因为在实验中两个性别正好都有 50 个人。但是，要研究的分布正好有相同数量的案例一般是不可能的。

为了更普遍地使用，我们需要一种将分布的频数按其规模进行标准化的方法，即一种不用考虑分布的总频数差异而进行比较的方法。两种最常用也最有用的将分布的频数按其规模进行标准化并进行比较的方法是比例和百分比。

比例是将某一指定类别下案例的数量与该分布所包含的案例的总数相比较。我们可以通过将某一指定类别下案例的数量 f 除以该分布所包含的案例的总数 N 的方法把任一频数转换成比例 P：

$$P=\frac{f}{N}$$

因此，50 个小女孩中有 15 个寻找替代的玩具可表示为以下比例：

$$\begin{aligned}P&=\frac{15}{50}\\&=0.30\end{aligned}$$

尽管比例是非常有用的，但有很多人更喜欢用百分比的形式来表示数字的相对大小，即每 100 个案例中某一类别的案例发生的频数。为了计算百分比，我们只需要将指定的比例乘以 100。其公式如下：

$$\text{百分比}=(100)\frac{f}{N}$$

因此，50 个小女孩中有 15 个寻找替代的玩具可以表示为 $P=15/50=0.30$ 或百分比＝（100）（15/50）＝30％。这样，有 30％的小女孩通过寻找替代的玩具来娱乐。

为了说明百分比在比较规模较大且数量不相等的分布时的用处，让我们来考察一下两所大学中主修工程学的学生的性别，而这两所大学中主修工程学的学生数量是有很大的差异的。例如，假设 A 大学有 1 352 人主修工程学，而 B 大学只有 183 人主修工程学。

表 2-3 同时给出了 A 大学和 B 大学主修工程学的学生的频数和百分比。我们应该注意到，只靠频数来判定这两所大学中主修工程学的学生的性别差异是很困难的。相反，百分比清楚地显示出 A 大学和 B 大学主修工程学的学生中女性所占的比例是相等的。准确地说，在 A 大学中，20％主修工程学的学生是女性，而在 B 大学中，主修工程学的学生中女性的比例也是 20％。

表 2-3　A、B 两所大学中主修工程学的学生的性别 38

学生的性别	主修工程学			
	A 大学		B 大学	
	f	%	*f*	%
男	1 082	80	146	80
女	270	20	37	20
总计	1 352	100	183	100

比和比率

比是一种较少使用的对分布的规模进行标准化的方法，它直接将归入某个类别（如男性）的案例的数量与归入另一个类别（如女性）的案例的数量相比较。因此，比可以通过以下方法来获得，当 f_1 = 某个类别的频数，而 f_2 =另一个类别的频数时：

$$\boxed{\text{比} = \frac{f_1}{f_2}}$$

假设我们有兴趣确定一所特定的大学中主修社会学的黑人与白人的比，我们应该将被调查者中黑人的数量（$f=150$）与白人的数量（$f=100$）相比，得到 150/100。将分子与分母中的公因子约去，
39 化简为：150/100=3/2（3 个黑人被调查者对 2 个白人被调查者）。研究者可能会通过将这个比的基数（分母）转换为一种更易理解的形式的方法来使它更加清楚。例如，经常被人口学家所使用的性别比，即在某个给定的人口中男性与女性的比，通常就采用每 100 名女性所对应的男性的数量。

例如，假设男性与女性的比为 150/50，即 150 名男性对 50 名女性（或者简化为 3 名男性对 1 名女性）。为了获得性别比的更常规的形式，我们可以将先前计算出来的比乘以 100：

$$\begin{aligned}\text{性别比} &= (100)\frac{f_{\text{男}}}{f_{\text{女}}}\\ &= (100)\left(\frac{150}{50}\right)\\ &= 300\end{aligned}$$

这代表着在人口中每 100 名女性对应着 300 名男性。

另一种被社会研究者更广泛使用的比被称作“比率”。社会学家经常分析人口的出生率、死亡率、犯罪率、失业率、离婚率、结婚率等。但是，不同于大多数比是将某一类别或子群体的案例的数量与另一类别或子群体的案例的数量相比，比率是将实际案例的数量与可能案例的数量相比。例如，为了确定一个给定人口的生育率，我们可以展示出育龄妇女的实际活产数量。同样，为了确定离婚率，我们可以将某一段时间内（比如一年）离婚的人数与结婚的人数相比。比率通常以 1 000 个可能的案例为基数的形式给出。因此，生育率可以用每 1 000 名妇女所生育的数量来表示，离婚率可以用每 1 000 个婚姻中离婚的数量来表示。假设 4 000 名育龄妇女生育了 500 个孩子，则：

$$\begin{aligned}\text{生育率} &= (1\,000)\frac{f_{\text{实际案例}}}{f_{\text{可能案例}}}\\ &= (1\,000)\left(\frac{500}{4\,000}\right)\\ &= 125\end{aligned}$$

这代表着每 1 000 名育龄妇女的实际活产数量为 125。

以每 1 个可能案例或以每 1 000 个可能案例来计算比率是没有特别的差异的。事实上，到底是以“每 1（即，每人）”还是以“每 1 000”，甚至是以“每 100 万”来表示比率只取决于哪种形式的基数是最方便的。例如，公共教育的支出通常以“每 1 名学生”来表示（因为它取决于平均每天的学生数，而学生数在一个学年内会因转学或退学等因素而发生变化）。为了计算出这个比率，我们将用总支出（美元）除以注册学生人数：

$$\text{人均(学生)支出} = \frac{\text{公立学校的总支出}}{\text{注册学生人数}}$$

因此，如果一个城镇为其公立学校花费了 1 400 万美元，总共招收了 2 280 名学生，那么人均（学 40
生）支出为：

$$\frac{\$14\ 000\ 000}{2\ 280} = \$6\ 140$$

与上面的“人均”（或每个学生）相比，有些比率是以每 100 000 为基数的。自杀率是这样来计算的：

$$\text{自杀率} = \frac{\text{自杀人数}}{\text{人口数}} \times 100\ 000$$

假设某个州有 4 600 000 人口，一年中有 562 人自杀。它的每 100 000 人的自杀率应该是：

$$\frac{562}{4\ 600\ 000} \times 100\ 000 = 0.000\ 122 \times 100\ 000$$

$$= 12.2$$

即在每 100 000 居民中有 12.2 人自杀。

应被注意的重要一点是，我们也可以把自杀率表示为“每 1”，而不将得到的比率乘以 100 000。但是，这样一来，自杀率的结果就是 0.000 122。尽管这个数字是正确的，但它由于太小而变得很不方便。所以，我们通过乘以 100 000（小数点向右移了 5 位），将自杀率转换成了一种更易读、更好理解的形式，即将 0.000 122 变成了每 100 000 人中的 12.2。

到目前为止，我们将比率用于在不同的人口中做比较。例如，我们可能会比较黑人和白人的出生率，或者比较中层阶层和下层阶层的女性，或者在宗教团体或全国的人口中进行比较，如此等等。另外一种比率——变化率——可以对同一总体在两个不同时点上进行比较。为了计算变化率，我们将从时间 1 到时间 2 期间的真实变化以时间 1 的水平为基数进行比较。因而，假设在 2000—2010 年间，城镇人口从20 000增长到了 30 000，变化率如下：

$$(100)\left(\frac{f_{\text{时间2}} - f_{\text{时间1}}}{f_{\text{时间1}}}\right) = (100)\left(\frac{30\ 000 - 20\ 000}{20\ 000}\right)$$

$$= 50\%$$

换句话说，在 2000—2010 年间，城镇人口增长了 50%。

注意，变化率也可能是负的，这意味着在某个给定时期内出现了减少。例如，经过一段时间，一个城镇的人口从 15 000 变化到了 12 000，则变化率为：

$$(100)\left(\frac{12\ 000 - 15\ 000}{15\ 000}\right) = -20\%$$

定序与定距数据的简单频数分布 41

因为定类数据是以标签的形式而非等级或尺度的形式，所以定类数据的分布的类别不需要以任何特殊的顺序来排列。因此，表 2-4 所示的关于婚姻状况的数据是以三种虽不同但同样可接受的顺序来呈现的。

与此相比，定序或定距数据的类别或分值代表着某种特性出现的程度。这个类别或分值的简单频数分布表必须反映其顺序。

由于这个原因，定序或定距类别总是按顺序排列的，通常从最高值到最低值，但有时也可能从最低值到最高值。例如，我们可以从高到低列出社会阶层的类别，或者把生物课期中考试的成绩按从最高分到最低分的顺序排列。

打乱定序或定距类别的顺序会降低研究结果的可读性，这可以从表 2－5 中看出。表 2－5 中同时给出了在某所大学中对提高学费建议的态度的频数分布的正确和错误的形式。你认为哪种形式读起来更方便呢？

表 2－4　以三种形式呈现的婚姻状况分布

婚姻状况	频数	婚姻状况	频数	婚姻状况	频数
已婚	30	未婚	20	有婚史	10
未婚	20	有婚史	10	已婚	30
有婚史	10	已婚	30	未婚	20
总计	60	总计	60	总计	60

表 2－5　在某所大学中对提高学费建议的态度的频数分布：正确与错误的形式

对提高学费建议的态度	频数	对提高学费建议的态度	频数
有点赞成	2	强烈赞成	0
比较反对	21	比较赞成	1
强烈赞成	0	有点赞成	2
有点反对	4	有点反对	4
强烈反对	10	比较反对	21
比较赞成	1	强烈反对	10
总计	38	总计	38
错误		正确	

42 定距数据的分组频数分布

定距等级的分值有时候会跨越一个很大的区间（最大值减最小值），从而使得简单频数分布既长又不好读。当出现这种情况时，在每一个分值上的案例会非常少，从而使得整体的模式变得不清楚。例如，表 2－6 中的频数分布包含的分值从 50 一直到 99，其长度占了差不多四列。

为了表现得更清楚，我们可以构建出分组频数分布，即将不同的分值合并成一个小的类别或组，每个类别或组都包含不止一个分值。在分组频数分布中，每一个类别或组都被称为组距，其大小取决于所包含的分值的数量。

原来在表 2－6 中所示的 71 名学生的考试成绩以分组频数分布的形式重新进行了排列，如表 2－7 所示，表中共有 10 个组距，每个组距的大小都是 5。最高的组距（95～99）包含 5 个分值 95、96、97、98 和 99。同样，组距（70～74）的大小也为 5，包含的分值为 70、71、72、73 和 74。

在表 2－7 中，组距的右边是频数。这一列告诉我们在每一组中案例或分值的数量。因此，尽管组距 95～99 跨越了 5 个分值（95、96、97、98、99），但它实际只包含 3 个分值（95、96、98）。

更有意义的一列——尤其是在需要与其他的分布做比较时（例如与不同的学期不同数量的学生的期末考试成绩进行比较）——是百分比列。这一列也被叫作百分比分布。例如，我们可以看到有

4.23%的学生成绩落在了 95～99 这一组距中。

表 2-6　　71 名学生的期末考试成绩的频数分布

成绩	频数	成绩	频数	成绩	频数	成绩	频数
99	0	85	2	71	4	57	0
98	1	84	1	70	9	56	1
97	0	83	0	69	3	55	0
96	1	82	3	68	5	54	1
95	1	81	1	67	1	53	0
94	0	80	2	66	3	52	1
93	0	79	8	65	0	51	1
92	1	78	1	64	1	50	1
91	1	77	0	63	2		$N=71$
90	0	76	2	62	0		
89	1	75	1	61	0		
88	0	74	1	60	2		
87	1	73	1	59	3		
86	0	72	2	58	1		

表 2-7　　71 名学生的期末考试成绩的分组频数分布 43

组距	频数	%
95～99	3	4.23
90～94	2	2.82
85～89	4	5.63
80～84	7	9.86
75～79	12	16.90
70～74	17	23.94
65～69	12	16.90
60～64	5	7.04
55～59	5	7.04
50～54	4	5.63
总计	71	100

注：各百分比累加起来只有 99.99%，而我们将它写作 100%，是因为我们知道有 0.01%在舍入的过程中损失了。

组限

假设你踏上一个数字式体重秤，显示器上的数字为 123。你的体重正好是 123 吗？还是说你的体重约为 123 更为实际？精确地说，你的体重大于 122.5 但小于 123.5，体重秤将它舍入为一个最接近的整数。当我们建构一个体重为 120～129 的组距时，必包含整数周围的不精确因素。因而，这个组距实际上是从 119.5（120 的低端）到 129.5（129 的高端）。组距的真实区间是 119.5～129.5。因此，在现实中，任何正好在 119.5 到 129.5 之间的体重都会被归入这个组距。

同样，任何组距都有一个上组限和下组限。乍一看，任一类别的最大与最小值都正好是它们的上下组限。因而，我们有理由认为组距 60～64 的上下组限分别为 64 和 60。但在这种情况下，我们实际上是错的，因为 64 和 60 并不是组距 60～64 的组限。

不同于一个组距的最大、最小值，组限位于两个相邻组距的中点并被用于弥合它们之间的空隙（见图 2－1）。因此，组距 90～94 的上组限为 94.5，而组距 95～99 的下组限也为 94.5。同样，59.5 同时成为组距 55～59 的上组限和组距 60～64 的下组限。

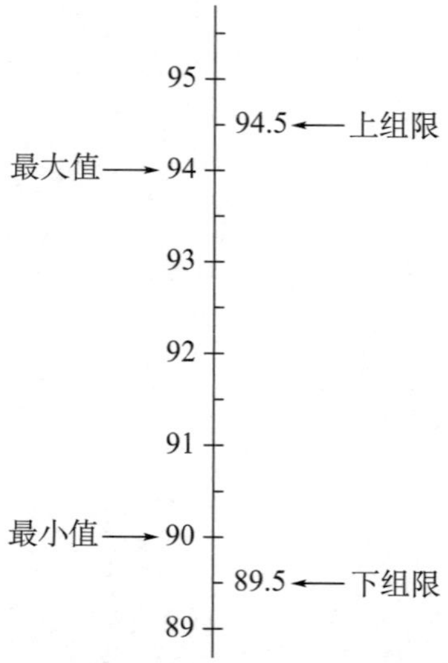

44 **图 2－1　组距 90～94 的最大、最小值和上下组限**

最后，你还可以从图 2－1 中看出，一个组距的上下组限之间的距离决定着组距的大小。即：

$$i = U - L$$

在这里，i＝组距的大小，U＝组距的上组限，L＝组距的下组限。

例如，对于区间 90～94，其组距的大小为 94.5－89.5＝5。这等同于我们通过只计算组距（90，91，92，93，94）中的分值的范围的方法得出的值。为了避免混淆，我们建议你总是通过将上限减去下限的方法来计算组距的大小。

中位点

组距的另一个特性是它的中位点（m），即组距中最居中的数值。寻找中位点的一种便捷的方法是找到一个正好把组距划分成相等的两部分的点。例如，50 是区间 48～52 的中位点，3.5 是区间 2～5 的中位点。在任何组距中，中位点也可通过它的最大值和最小值计算出来。例如，区间 48～52 的中位点是：

$$m = \frac{\text{最小值} + \text{最大值}}{2}$$

$$= \frac{48 + 52}{2}$$

$$= 50$$

45 在某种意义上，中位点可以被看作组距中所有数值的代言者。它是一个可以代表整个组距的数字。

分组的方法

分组只是一种对数据进行分类的特殊方法。如我们先前所讨论的，类别以及分组必须是相互排斥（非重叠）和穷尽的（每个案例都有一个位置）。

初学者在自己试图分组时通常会发现它很难。实际上，它是一种只有在实践中才能得到提高的技巧。但是，有些一般性指导会使得构建组距更加容易。注意，它们只是一些指导，在某些特定的情况下，是可以违反的。

为了以分组频数分布的形式呈现定距数据，社会研究者必须考虑其希望划分的组的数量。一般的建议是最少 3 个或 4 个组，最多不超过 20 个组。在这一问题上，应该记住使用分组频数分布是为了揭示或强调一组模式。过多或过少的分组可能会使得模式变得模糊，从而违背研究者想使分析变得更加清楚的工作目的。另外，将众多个别分值分成不必要的过小的组也会损失掉太多的精确性，这种精确性是通过了解个别分值在分布中的位置而获得的。总而言之，研究者通常是基于数据的情况和个人的研究目的来决定分组的数目的，而需要考虑的因素从一种研究情况到另一种研究情况会有很大的变化。

在决定了分组的数目之后，研究者必须接着构建各个分组区间。有两条指导原则会使这个工作变得容易一些，而且在可能的情况下研究者应尽可能地遵守它们。第一，最好使得分组的大小为整数而非小数，这往往会简化涉及分组大小的计算。第二，通常要使一个分组的最小值正好是组距大小的倍数。例如，在通常情况下，考试成绩会像 90～99、80～89 这样分组，以使得最小值（如 80、90）为 10 的倍数。

累积分布

有的时候，我们需要以累积的形式来呈现频数，尤其是在想对一个案例在整体中的表现进行定位的时候。累积频数（cf）被定义为等于或小于某一个给定分值的案例个数。因此，某一类别（或组距）的累积频数可以通过把这个类别（或组距）的频数与在这个类别之下的所有类别（或组距）的频数相加的方法来获得。在表 2-8 所示的大学入学考试分数中，我们看见与组距 20～24 相连的频数是 3，而 3 也是这一组距的累积频数，因为没有低于 20 的分组了。下一组距 25～29 的频数是 6，而累积频数则为 9（6+3）。因此，我们得以知道有 6 名学生的大学入学考试分数在 25 分到 29 分之间，而有 9 名学生的大学入学考试分数在 29 分以下。我们可以继续这个过程，获取各个组距的累积频数，一直到最高的组距 75～79，它的累积频数 336 等于全部案例的数量，因为没有哪一组的分数高过 79。

表 2-8　336 名学生的大学入学考试分数的累积频数分布 46

组距	频数	百分比	累积频数
75～79	4	1.19	336
70～74	24	7.14	332
65～69	28	8.33	308
60～64	30	8.93	280
55～59	35	10.42	250
50～54	55	16.37	215

续表

组距	频数	百分比	累积频数
45～49	61	18.15	160
40～44	48	14.29	99
35～39	30	8.93	51
30～34	12	3.57	21
25～29	6	1.79	9
20～24	3	0.89	3
总计	336	100	

除了累积频数以外，我们还可以构建一个显示累积百分比（$c\%$）的分布。累积百分比即等于或低于某一分值的案例所占的百分比。为了计算累积百分比，我们对在这一章的前面部分给出的计算百分比的公式做了如下修改：

$$\boxed{c\% = (100)\frac{cf}{N}}$$

在这里，cf＝某一类别的累积频数，N＝案例的总数。

将这一公式应用到表 2－8 的数据中，我们发现，分数为 24 分及以下的学生的百分比是：

$$c\% = (100)(\frac{3}{336})$$
$$= (100)(0.008\,9)$$
$$=0.89$$

分数为 29 分及以下的学生的百分比是：

$$c\% = (100)(\frac{9}{336})$$
$$= (100)(0.026\,8)$$

47

$$=2.68$$

分数为 34 分及以下的学生的百分比是：

$$c\% = (100)(\frac{21}{336})$$
$$= (100)(0.062\,5)$$
$$=6.25$$

基于表 2－8 所得出的累积百分比分布如表 2－9 所示。注意，累积百分比同样可以通过对百分比求和的方法来获取。

表 2－9　336 名学生的大学入学考试分数的累积百分比分布（基于表 2－8）

组距	频数	百分比	累积频数	累积百分比
75～79	4	1.19	336	100.00
70～74	24	7.14	332	98.81
65～69	28	8.33	308	91.67
60～64	30	8.93	280	83.33

续表

组距	频数	百分比	累积频数	累积百分比
55～59	35	10.42	250	74.40
50～54	55	16.37	215	63.99
45～49	61	18.15	160	47.62
40～44	48	14.29	99	29.46
35～39	30	8.93	51	15.18
30～34	12	3.57	21	6.25
25～29	6	1.79	9	2.68
20～24	3	0.89	3	0.89
总计	336	100		

百分比等级

你的统计学老师发回了期中考试试卷。因为知道这门课的成绩有很大一部分取决于这次考试，你慢慢地展开试卷，看到了一个画着一个圈的红色的 77。你是应该暗自高兴并考虑去庆祝一下，还是应该开始考虑付出额外的努力以提高这门课的成绩呢？

按照你在初中或高中所学到的传统标准，你可能会立即将 77 分转换成 C＋，即稍高于平均水平。但是在大学里，至少是在某些课中，考试的评分分布在一条曲线上，传统标准是应该被扔到窗户外面去的。在不知道班上其他同学考得如何的情况下，77 分说明不了什么。如果班上大多数同学得了 50 多分或 60 多分，那么你就可以计划晚上的庆祝活动了；而如果班上大多数同学得了 80 多分或 90 多分，那么你也许要推迟这个聚会了。

从另一个方面而言，77 分的原始分数的好坏取决于这次考试的难易程度。在一次非常难的考试 48
中，77 分应该是一个值得夸奖的分数；而在一次简单的考试中，你也许应该做得更好一点。当然，一次考试的难易程度只能通过班级的整体表现——分数的整体分布来衡量。因此，判定你的 77 分是一个优秀的、良好的、一般的还是很差的分数的唯一办法是将它与全班分数的整体分布相比较。

“77 分在全班处于一个怎样的等级？”你问你的老师。她回答说你的分数高于或等于班上 60％的同学，从而得出你的分数的百分比等级为 60％。

任一给定分数——比如说 77 分——的百分比等级都被定义为在一个分布中等于或低于这个分数的案例的百分比（比如，全班等于或低于 77 分的学生的百分比）。只有在你的老师提供了全部原始分数的情况下，百分比等级才比较容易计算。例如，在下面的 20 个分数的集合中，你的 77 分从最低开始被排在第 12 位。因此，你的百分比等级是 20 中的第 12 位，即 60％。

20中的第12位=60%

94 92 91 88 85 84 80 97 77 76 74 74 71 69 65 62 56 53 48 40

↑ 从最低开始第12位

在分布中有一些分数点的百分比等级非常重要，以至于它们被赋予了专门的名字。十分位点是将分布十等分的点。因此，如果有一个分数正好落在第一个十分位点上（百分比等级＝10），我们就知道正好有 10%的案例的分数等于或低于这个分数；如果有一个分数正好落在第二个十分位点上（百分比等级=20），我们就知道正好有 20%的案例的分数等于或低于这个分数；以此类推。四分位点是将分布四等分的点。如果有一个分数正好落在第一个四分位点上（百分比等级=25），我们就知道正好有25%的案例的分数等于或低于这个分数；如果有一个分数正好落在第二个四分位点上（百分比等级=50），我们就知道有 50%的案例的分数等于或低于这个分数；如果有一个分数正好落在第三个四分位点上（百分比等级=75），我们就知道有 75%的案例的分数等于或低于这个分数（见表 2-10）。最后，如我们将在下一章再次提到的，中位数是将分布两等分的点，一半在其上，一半在其下。因此，中位数对应着 50 的百分比等级，而且也是第 5 个十分位点和第 2 个四分位点。

表 2-10　十分位点和四分位点的百分比等级

组距	十分位点	四分位点
95		
90=	第九个	
85		
80=	第八个	
75		第三个
70=	第七个	
65		
60=	第六个	
55		
50=	第五个	第二个
45		
40=	第四个	
35		
30=	第三个	
25		第一个
20=	第二个	
15		
10=	第一个	
5		

对小数的处理

并不是所有的数据都是以整数的形式出现的。我们现在所学的以及在以后章节里将要学到的方法都是同时适用于整数和小数的，所以这不会对我们造成任何困扰。为了从一开始就熟悉处理小数，让我们考虑构建一个如表 2-11 所示的 2008 年 6 月美国各州失业率数据的频数分布。从原始数据上，我们并不能看出一个全美失业模式的清楚图像。让我们考虑一下极端的情况，数字的范围是从最高的 8.5（密歇根州）到最低的 2.8（南达科他州）。除非我们构建一个分组频数分布，否则很难
49 发现其他的信息。

表 2-11　2008 年 6 月美国各州失业率

州	失业率	州	失业率
亚拉巴马州	4.7	蒙大拿州	4.1
阿拉斯加州	6.8	内布拉斯加州	3.3
亚利桑那州	4.8	内华达州	6.4
阿肯色州	5.0	新罕布什尔州	4.0
加利福尼亚州	6.9	新泽西州	5.3
科罗拉多州	5.1	新墨西哥州	3.9
康涅狄格州	5.4	纽约州	5.3
特拉华州	4.2	北卡罗来纳州	6.0
佛罗里达州	5.5	北达科他州	3.2
佐治亚州	5.7	俄亥俄州	6.6
夏威夷州	3.8	俄克拉何马州	3.9
爱达荷州	3.8	俄勒冈州	5.5
伊利诺伊州	6.8	宾夕法尼亚州	5.2
印第安纳州	5.8	罗得岛州	7.5
艾奥瓦州	4.0	南卡罗来纳州	6.2
堪萨斯州	4.3	南达科他州	2.8
肯塔基州	6.3	田纳西州	6.5
路易斯安那州	3.8	得克萨斯州	4.4
缅因州	5.3	犹他州	3.2
马里兰州	4.0	佛蒙特州	4.7
马萨诸塞州	5.2	弗吉尼亚州	4.0
密歇根州	8.5	华盛顿州	5.5
明尼苏达州	5.3	西弗吉尼亚州	5.3
密西西比州	6.9	威斯康星州	4.6
密苏里州	5.7	怀俄明州	3.2

由于只有 50 个案例，所以我们不需要太多的类别。过多的组距会使得各组距下的案例太少。确定 50
组距的组界是所有问题中最困难的部分。满意的结果来源于大量的实践和试错。并没有什么“正确”的组距设置，但表 2-12 的组距设置可以说是做得较好的。

一旦我们有了频数分布的架构（它的组距和频数），其余的工作就相当明了了。百分比、累积频数、累积百分比可以按通常的方法获得。对于一些其他的计算，比如说，计算中位点，必须记住这些数字是有一位小数位的。小数位在决定组距的大小或者数值的范围时是非常重要的。

表 2-12　2008 年 6 月美国各州失业率的频数分布

组距	频数
8.5～8.9	1
8.0～8.4	0
7.5～7.9	1
7.0～7.4	0
6.5～6.9	6
6.0～6.4	4
5.5～5.9	6
5.0～5.4	10
4.5～4.9	4
4.0～4.4	8
3.5～3.9	5
3.0～3.4	4
2.5～2.9	1
	$N=50$

51 例如，4.0～4.4 的间距的大小是 0.5，因为它包含了从 4.0 到 4.4 之间的分值。在 4.0 到 4.4 之间有 5 个分值，彼此相距 1/10，所以组距的大小为（5）（1/10）=0.5。

对组限的进一步讨论

与分组频率分布相关联的组限可以作为不同类别之间的分隔，以避免特定分数的位置存在任何歧义。正如之前所讨论的，我们可以将组限视为一个区间内的最高可能取值与下一个区间内的最低可能取值之间的中间数值，就像之前展示的对 PSAT 的阐释那样。

假设我们正在构建一个宽度为 20 磅的纽约市消防员体重的分组频数分布。假设体重测量是整磅的而不是带小数的，那么将区间 180～199 和 200～219 隔开的组限是 199.5。然而，如果使用电子秤，就可以进行精确到半磅的测量（例如，184.5、203.0 和 218.5），那么区间将变成 180.0～199.5 和 200.0～219.5，以适应半磅的重量，那么这两个相邻的重量区间将被组限 199.75 隔开。最后，如果使用更精确的以 1/10 磅为单位的磅秤，那么区间将变成 180.0～199.9 和 200.0～219.9，两个区间由组限 199.95 隔开。

有多种可接受的方法能用于建立这些限制，但最好的方法总是涉及准确性和可行性。前面所描述的中位点划分的方法很好地适用于离散测量，比如整数、半位数或十分位数，但是对于具有从一组到下一组的自然的或有意义的特征的情况，替代策略是使用基于其实际意义的组限。

假设我们有一个乳腺癌发病年龄的分组分布（见表 2-13），其中包括一个 50～59 岁的分组。我们可以用该组与其下和其上的两组之间的距离的一半，得到组限 49.5 和 59.5。但是这将带来几个问题。首先，59 岁的人（就像其他年龄段的人一样）会在 60 岁生日到来前把他们的年龄报告为 59 岁。因此，一个 59 岁的病人，她的下一个生日（比如 59.99）实际上不属于 49.5～59.5 的范围，尽管她的年龄是 59 岁。其次，在一般情况下，我们把 50～59 岁的年龄值称为 50 多岁，所以把这个类别扩展到 49.5 似乎有些奇怪。最后，这个区间的中位点是 54.5，尽管在常识中中位点应该是 55。 52

表 2-13 乳腺癌发病年龄的分组分布（基于 150 位病人）

发病年龄	f	%
70～79	9	6
60～69	18	12
50～59	42	28
40～49	51	34
30～39	30	20
总计	150	100

作为这种笨拙方法的替代方案，可 40 岁、50 岁、60 岁和 70 岁作为组限，并将其视为包括自身在内的组下限。也就是说，50～59 这一组的范围是从 50 到（但不包括）60。50 到 60 这一区间的组下限是 50，组上限为 60（或略低于 60），宽度为 10 年，中位点为 55。

让我们考虑另一个例子，回到之前提过的考试分数情况。如表 2-14 所示，有两种建立考试分数的组限的方法，但其中一种明显更优。更优的方法是将最低的分数（例如 80）作为组下限，而将下一个更高类别（例如 90）的最低分数作为非包容的组上限。也就是说，80 多分的范围是从 80 分到 90 分，但不包括 90 分。当然，如果考试分数是整数，那么最终不会有什么不同。但是，如果我们测量课程的综合平均成绩，那么 89.63 的分数是可能的，并且从技术上讲，应该落在 B 等的范围内，而不是 A 等的范围内（尽管一个好心的老师可能会把分数提高一点）。

表 2-14 建立组限的两种方法

分值	可接受的方法		更好的方法	
	组下限	中位点	组下限	中位点
90～100	89.5	94.5	90	95
80～90	79.5	84.5	80	85
70～80	69.5	74.5	70	75
60～70	59.5	64.5	60	65
50～60	49.5	54.5	50	55

是选择使用第一种方法（设置中位点为组限以区分组距）还是选择使用第二种方法（用最低的值作为组下限和下一组的组上限），通常取决于个人偏好、可行性和逻辑意义，没有严格的对与错。对于那些总是整数的数据，比如一个家庭的人数或者每个月的天数，中位点的方法通常是最好的。但是，当处理连续型数据，并在连续数据中有自然断点时，比如距离上次进餐的小时数，最好使用表 2-15 中的断点作为组距（就像公共车库的停车收费一样）：

表 2-15 距离上次进餐的小时数		
距离上次进餐的小时数	**组限**	**中位点**
0～1	0～2	1
2～3	2～4	3
4～5	4～6	5
6～7	6～8	7
8～9	8～10	9

53

可变组距

尽管我们在前面并没有提到这一点，但你可能已经注意到了，目前为止所用到的所有的频数分布的组距的大小都是相等的。但是，在有的时候，这种做法根本不可取。例如，如果一个学生在考试中获得了 100 分的分数，那么最顶端的组距可以扩展到包括它，也就是说，组距是 90～100 而非 90～99。

表 2-16 呈现了家庭收入的普查数据的分布，这是一个收入数据的典型的分布。如表所示，分组频数分布可能会有顶端或末端开放的组限，比如 100 000 美元及以上。这与前面提到的简单分布的主要差异是使用了大小可变的组距。注意，包含了较低收入的组距的大小是 5 000 美元，这个组距大小一直延伸到了较高的收入水平的组距。在整个分布中始终保持固定的 5 000 美元的组距大小将会产生什么样的结果呢？这样，组距 25 000～34 999 美元就包含了 2 个类别，组距 35 000～49 999 美元就包含了 3 个类别，而 50 000～74 999 美元和 75 000～99 999 美元这两个组距都包含了 5 个类别。其结果是，既会使得在较高收入的人群中产生不必要的细致区分，也会使得频数分布变得冗长。按日常生活水平来说，5 000～9 999 美元的组距与 10 000～14 999 美元的组距之间存在很大的差异；与之相比，65 000～69 999 美元与 60 000～64 999 美元之间的差异就相对不那么重要了。

表 2-16 家庭收入的频数分布		
收入类别	**频数（单位：1 000 个家庭）**	**百分比**
100 000 美元及以上	8 391	11.8
75 000～99 999 美元	7 826	11.0
50 000～74 999 美元	15 112	21.3
35 000～49 999 美元	12 357	17.4
25 000～34 999 美元	9 079	12.8
15 000～24 999 美元	9 250	13.0
10 000～14 999 美元	4 054	5.7
5 000～9 999 美元	2 887	4.1
少于 5 000 美元	1 929	2.7
	N=70 885	100.0

在频数分布上出现的这些新的复杂情况不应该使你在应用本章所学到的知识时出现困难。幸运的是，累积分布、百分比等级以及与其相关的计算并没有因频数分布的组距大小不等或组距没有上组限或下组限而发生变化。唯一的变化涉及计算无上组限或无下组限的组距的中位点这个问题，让我们来看一个例子。

表2-17通过将每个类别中最低的数值作为组限展示了家庭收入分布的中位点。例如，在25 000～34 999美元这一收入类别中，将25 000美元和35 000美元作为组限，得出中位点为30 000美元。

表2-17 家庭收入的频数分布（含中位点） 54

收入类别	中位点	频数（单位：1 000个家庭）	百分比
100 000美元及以上	125 000美元	8 391	11.8
75 000～99 999美元	87 500美元	7 826	11.0
50 000～74 999美元	62 500美元	15 112	21.3
35 000～49 999美元	42 500美元	12 357	17.4
25 000～34 999美元	30 000美元	9 079	12.8
15 000～24 999美元	20 000美元	9 250	13.0
10 000～14 999美元	12 500美元	4 054	5.7
5 000～9 999美元	7 500美元	2 887	4.1
少于5 000美元	2 500美元	1 929	2.7
		N=70 885	100.0

但我们该如何处理最高组距（100 000美元及以上）呢？它并没有上组限！我们应该把什么代入公式呢？就通常的情况而言，并不存在解决这个问题的硬性规定。随着收入的增长，收入的组距变得越来越宽。继续这个增长的过程，我们可以假定最高组距——即大多数剩下的家庭的收入——是100 000～149 999美元，这就产生了一个中位点125 000美元。

交互表

到目前为止，我们讨论过的这些频数分布随处可见。美国人口普查局的出版物持续地通过频数分布来描述美国的人口特征，因为想要呈现数以百万计的被观察者的原始数据是完全不可能的。

我们甚至在日报上也看得到频数分布。记者同社会研究者一样，也发现了频数表是一种非常方便的展示形式。大多数的报纸读者能够理解百分比的基本含义（尽管他们可能已忘记了怎样计算它）。一个包含多个变量的频数和百分比的基本表格对一份典型的报纸所需的深度和细节水平来说已经足够了。但是，社会研究者想做的比仅仅描述几个变量的分布要更多一些。他们试图解释为什么一些个体在分布的一端而另一些个体却在另一端。

为了达到这个目的，我们需要将表格扩展到两维甚至更多的维度。所以，一个交叉表格（简称交互表）就是呈现一个变量（通常是因变量）在一个或多个其他变量（通常是自变量）的各个类别上的分布（即频数和百分比）的表格。

假设我们感兴趣的是研究在谋杀案中受害者-罪犯关系的性别差异。首先，我们应该看看 2010 年美国的 14 747 名谋杀案受害者与罪犯关系的总体分布情况，结果如表 2-18 所示。亲密关系类别包括配偶和前任配偶，以及男友或女友；家庭类别包括除配偶以外的所有家庭成员；熟人类别包括朋友（除了男友或女友）、邻居、同事和其他与受害者并非亲属但相识的罪犯；陌生人类别包括所有与受害者并无关联的罪犯。

55 表 2-18　2010 年美国谋杀案中受害者-罪犯关系的频数分布表

关系	频数	百分比
亲密关系	1 969	13.4
家庭	1 915	13.0
熟人	7 180	48.7
陌生人	3 683	25.0
总计	14 747	100.0

简单频数分布显示，超过 1/4 的谋杀案受害者是被与他们亲近的人杀害的——其中有 13.4%是被亲密伴侣杀害的，13.0%是被其他家庭成员杀害的。将近一半（48.7%）的受害者是被熟人杀害的。1/4（25.0%）的受害者是被陌生人杀害的。然而，建立一个简单频数分布表仅仅是分析旅程的开始。例如，我们想要了解的是，什么样的受害者会被陌生人而不是被亲属杀害，以及一般而言，谋杀案中受害者与罪犯的关系会被哪些变量影响。

我们可以用交互表来研究男性和女性受害者在与杀害他们的罪犯的关系上的差异。也就是说，我们可以建立一个同时包含两种变量的频数分布表。如表 2-19 所示的交互表显示，有 496 名男性和
56 1 473名女性是被他们的亲密伴侣杀害的。此外，1 309 名男性和 606 名女性是被家庭成员（除配偶之外）杀害的。接下来，我们看到被熟人杀害的男性有 6 273 名，但被熟人杀害的女性只有 907 名。最后，差异最大的是陌生人谋杀，被陌生人杀害的人中有 3 334 名男性，而只有 349 名女性。

表 2-19　2010 年美国谋杀案中受害者-罪犯关系与性别的交互表

关系	受害者性别		总计
	男性	女性	
亲密关系	496	1 473	1 969
家庭	1 309	606	1 915
熟人	6 273	907	7 180
陌生人	3 334	349	3 683
总计	11 412	3 335	14 747

在本章的前面比较两所大学主修工程学的学生的性别分布时，我们已经提出了交互表的一些基本内容。交互表可以被当作由一系列的频数分布（在这个例子中，是 2 个频数分布）联结起来所构成的一个表格。在这个例子中，我们实际上是将男性受害者与罪犯关系的频数分布与女性受害者与罪犯关系的频数分布并列在了一起。

就一个变量的频数分布而言，百分比能比单独的频数更全面地对结果做出解释。如果我们保持与前面一样的步骤，即把每个频数（f）除以样本的规模（N）：

$$百分比 = (100)\frac{f}{N}$$

由此，我们得到了如表 2－19 所示的两个变量的联合百分比。例如，被亲密伴侣杀害的女性的百分比是通过将被配偶、前任配偶或男友杀害的女性的数量除以受害者总数来获得的：

$$(100)\ \frac{1\ 473}{14\ 747}=10.0\%$$

因此，被亲密伴侣杀害的女性在谋杀案中相对较少。相比之下，近一半的谋杀案的受害者是被熟 57
人杀害的男性，具体来说：

$$(100)\ \frac{6\ 273}{14\ 747}=42.5\%$$

以上计算涉及两个变量的联合百分比，例如，女性受害者与亲密伴侣，以及男性受害者与熟人。每个变量的各自单独的频数分布可以在两维交互表的边缘找到，这被称为边缘分布。也就是说，表 2－20右侧的边缘提供了等同于表 2－19 中所示的受害者-罪犯关系的频数和百分比分布。因为受害者-罪犯关系变量在交互表中是按行排列的，所以它的频数和百分比是以行总计的形式出现的。同样，性别的边缘分布出现在交互表的底部边缘。男性与女性的频数和百分比以列总计的形式出现，因为性别是按列分布的。

表 2－20 中的百分比被称为总体百分比（总体%），因为它们是通过将各个频数除以总体样本规模而获得的：

$$总体百分比 = (100)\frac{f}{N_{总体}}$$

例如，样本中的 3.4%由被亲密伴侣杀害的男性构成，同样，样本中的 6.2%由被熟人杀害的女性构成。

表 2－20　2010 年美国谋杀案中受害者-罪犯关系与性别的交互表（含总体百分比）

	受害者性别		
关系	男性	女性	总计
亲密关系	496 3.4%	1 473 10.0%	1 969 13.4%
家庭	1 309 8.9%	606 4.1%	1 915 13.0%
熟人	6 273 42.5%	907 6.2%	7 180 48.7%
陌生人	3 334 22.6%	349 2.4%	3 683 25.0%
总计	11 412 77.4%	3 335 22.6%	14 747 100.0%

行边缘（行总计）

样本总规模

列边缘（列总计）

但是，这些百分比中有一些模糊不清的东西。例如，被亲密伴侣杀害的男性的百分比（3.4%）较小，可能反映了男性在受害者中的比例较低，或者男性在总样本中被亲密伴侣杀害的比例很低，又或者男性成为亲密伴侣的谋杀目标的可能性较低。

还有其他方法可以解决百分比模糊不清的问题，并能让我们更清楚地了解受害者-罪犯关系与性别之间的联系。替代方法之一是把被亲密伴侣杀害的男性数量除以被亲密伴侣杀害的受害者总数，把被其他家庭成员杀害的男性数量除以被其他家庭成员杀害的受害者总数，以此类推，并且对女性受害者进行比较性计算。换句话说，我们将行中每一个频数除以该行中的所有案例的个数（见表 2－21)。这个百分比被叫作行百分比：

$$\text{行百分比} = (100)\frac{f}{N_{\text{行}}}$$

例如，在被亲密伴侣杀害的受害者中，女性的比例是 74.8%，接近 3/4。这是通过将被亲密伴侣杀害的女性数量除以被亲密伴侣杀害的受害者总数而获得的：

$$(100)\frac{1\,473}{1\,969}=74.8\%$$

58 表 2－21　2010 年美国谋杀案中受害者-罪犯关系与性别的交互表（含行百分比）

关系	受害者性别		总计
	男性	女性	
亲密关系	496	1 473	1 969
	25.2%	74.8%	100.0%
家庭	1 309	606	1 915
	68.4%	31.6%	100.0%
熟人	6 273	907	7 180
	87.4%	12.6%	100.0%
陌生人	3 334	349	3 683
	90.5%	9.5%	100.0%
总计	11 412	3 335	14 747
	77.4%	22.6%	100.0%

如表 2－21 所示，女性约占被其他家庭成员杀害的总数的 1/3，确切地说，是 31.6%。相比之下，女性很少成为陌生人谋杀的目标，这类受害者只占 9.5%。最后，我们还可以看到，在列边缘中，几乎有 8/10，也就是 77.4%的谋杀案受害者是男性，女性则占 22.6%。

行百分比给出了列变量在行变量每一个取值上的分布。行百分比表示在每种类型的受害者-罪犯关系中，受害者的性别分布。并且，每一行中的行百分比相加都等于 100%，包括在交互表的底端作为列边缘的这一行。相反，我们也可以从另一个方向——通过列而不是行来计算百分比。列百分比（列%）就是把该列中的每一个频数除以该列中所有案例的个数：

$$\text{列百分比} = (100)\frac{f}{N_{\text{列}}}$$

例如，被亲密伴侣杀害的男性的百分比是通过除以男性受害者总数获得的：

$$(100)\ \frac{496}{11\ 412} = 4.3\%$$

因此，相当少的男性受害者（4.3%）是被他们的亲密伴侣谋杀的。

表2-22展示了列百分比。与被亲密伴侣杀害的男性受害者的百分比（4.3%）形成鲜明对比的是，多达44.2%的女性受害者是被亲密伴侣杀害的。因此，女性受害者被亲密伴侣杀害的可能性是男性受害者的10倍多。差别不太明显的是，女性受害者被其他家庭成员杀害的可能性约为男性受害者的两倍：女性受害者为18.2%，男性受害者为11.5%。在熟人和陌生人谋杀中，倾向发生了戏剧性的逆转。有55.0%的男性受害者和27.2%的女性受害者被朋友或熟人杀害。此外，29.2%的男性受害者被陌生人杀害，但只有10.5%的女性受害者是被陌生人杀害的。最后，每一列中的列百分比相加都等于100%，包括最右侧的作为行边缘的这一列。因此，列百分比反映了受害者-罪犯关系在男性和女性当中的分布。

表2-22　2010年美国谋杀案中受害者-罪犯关系与性别的交互表（含列百分比） 59

关系	受害者性别		总计
	男性	女性	
亲密关系	496	1 473	1 969
	4.3%	44.2%	13.4%
家庭	1 309	606	1 915
	11.5%	18.2%	13.0%
熟人	6 273	907	7 180
	55.0%	27.2%	48.7%
陌生人	3 334	349	3 683
	29.2%	10.5%	25.0%
总计	11 412	3 335	14 747
	100.0%	100.0%	100.0%

在总体百分比、行百分比、列百分比中做选择

我们现在有了三种百分比——总体百分比、行百分比和列百分比。你也许会疑惑它们当中到底哪一种是正确的。从数学的意义上来说，它们都是正确的，即它们都是通过正确的方法计算得出的。但是从实际意义上说，某种百分比也许是误导性的，甚至是无用的。首先，如我们先前提到的，总体百分比有些时候在意义上是模糊不清的，就像在受害者-罪犯关系与性别的交互表中那样。

对行百分比和列百分比的选择本质上与分析目的更加相关。如果我们想知道各种类型的谋杀（亲密伴侣谋杀、家庭谋杀、熟人谋杀或陌生人谋杀）中受害者的性别，那么我们会比较行百分比。我们会得出这样的结论：谋杀案受害者以男性为主，尤其是随着受害者-罪犯关系的疏远，结果更是如此。

但如果我们想比较男性和女性受害者的差异，那么我们会关注列百分比。我们会得出这样的结论：男性和女性都经常被熟人杀害；此外，女性更容易成为亲密伴侣或其他家庭成员谋杀的目标，而男性更容易被陌生人而非亲密伴侣或其他家庭成员杀害。

幸运的是，有一条经验性的法则指导我们在行百分比和列百分比之间进行选择：假如自变量是行变量，就用行百分比；假如自变量是列变量，就用列百分比。在我们的例子中，我们更关心的是受害者性别对受害者-罪犯关系的影响，因此关注列百分比（因为受害者的性别作为自变量是按列给出的）。表述这条法则的另一种方法可能更有意义：如果我们希望在一个交互表中对行进行比较，那么我们需要使用行百分比；如果我们希望在一个交互表中对列进行比较，那么我们需要使用列百分比。又比如在我们的例子中，我们想要比较男性和女性的受害者-罪犯关系。性别是列变量，列百分比分别给出了男性和女性的受害者-罪犯关系的分布。因而，列百分比应被用来进行性别比较。

在某些案例中，可能不容易区分出哪个是自变量。例如，在表 2－23 中所示的丈夫的政党派别与妻子的政党派别的交互表，没有哪个变量能被清楚地说成是另一个变量的结果（注意：表中每一个单元格中的数字分别代表了频数、行百分比、列百分比、总体百分比）。在某种程度上，丈夫的政党派别与妻子的政党派别是相互影响的，而在很多情况下，政党派别是在这一对夫妇相遇之前很久就已经形成了的。而同样（甚至相反）的政治观点也许会是相互吸引的部分原因。

60 表 2－23 丈夫的政党派别与妻子的政党派别的交互表

频数 行百分比 列百分比 总体百分比	妻子的党派		总计
	民主党	共和党	
丈夫的党派			
民主党	70 70.0% 63.6% 36.8%	30 30.0% 37.5% 15.8%	100 52.6%
共和党	40 44.4% 36.4% 21.1%	50 55.6% 62.5% 26.3%	90 47.4%
总计	110 57.9%	80 42.1%	190 100.0%

61 根据表 2－23 的数据，我们可以计算民主党的丈夫中妻子是民主党的百分比（100 人中有 70 人，行百分比＝70.0%），或者我们可以计算民主党的妻子中丈夫是民主党的百分比（110 人中有 70 人，列百分比＝63.6%）。这两个百分比是否有意义取决于研究者的兴趣。但是，在这样的例子中，没有哪个变量能被单独说成是另一个变量的原因，从而总体百分比（它意味着没有哪个变量是自变量）是被经常使用的。对表 2－23 来说，有 36.8%的婚姻双方都是民主党人（190 对中有 70 对），有 26.3%婚姻双方都是共和党人（190 对中有 50 对）。总的来说，在 63.1%（36.8%＋26.3%）的婚姻中，丈夫和妻子有相同的政党派别。

总而言之，在总体百分比、行百分比、列百分比中做选择的方法如下：

(1) 假如自变量是行变量，就使用行百分比。

(2) 假如自变量是列变量，就使用列百分比。

(3) 假如不能清楚地区分哪个是自变量，就从总体百分比、行百分比、列百分比中选择对特定的研究焦点最富意义的那个。

图形呈现

成列的数字已被认为会引起恐惧、焦虑、厌恶、反感和误解。一些人似乎对以表格形式呈现的统计信息不感兴趣，如果同样的数据是以图形或图片的形式呈现的，那么他们会更加注意。因此，许多商业研究人员和大众作家偏好使用图形而非表格。出于同样的原因，社会研究者们经常借助于可视化的方式——例如饼图、条形图、频数多边形图、折线图和地图——以求增加其研究结果的可读性。

饼图

饼图是一个各块加起来等于100%的圆形图，它是一种最简单的图形呈现方式。饼图尤其适用于呈现定类变量的各个类别的频数或百分比的差异。为了演示，图2-2和图2-3呈现了18岁及以上的成年人的婚姻状况的分布。我们可以看到，有22.6%的成年人独身（从来没结过婚），61.2%的成年人已婚，7.3%的成年人丧偶，8.9%的成年人离异。

在许多情况下，研究者也许想强调饼图中的一个特殊的类别，如研究者也许想强调独身的成年人这一组。为了在饼图中表示强调，我们可以如图2-3所示，将饼图中最应被注意到的一部分分离出来（稍稍地向外移）。

一般来说，把饼图用于那些被按照顺序划分成各类别的数据是不明智的，比如从“低于高中学历”到“研究生学历”的受教育水平。即使在饼图上也按照受教育水平的递进顺序排列，但最终最高的类别（例如“研究生学历”）之后将不合逻辑地紧跟着最低的类别（例如“低于高中学历”）。 62

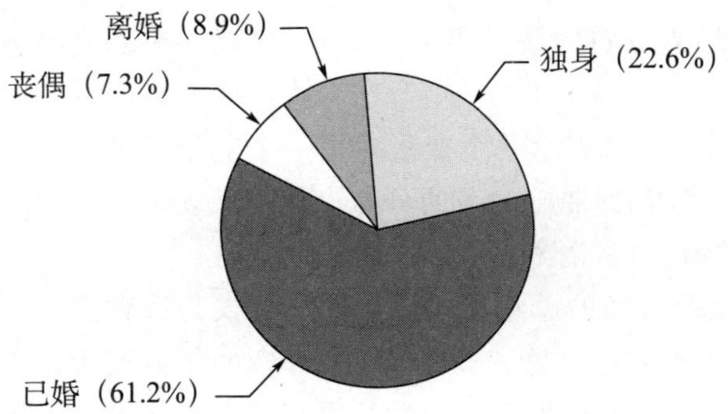

图2-2 婚姻状况的饼图

资料来源：美国人口普查局。

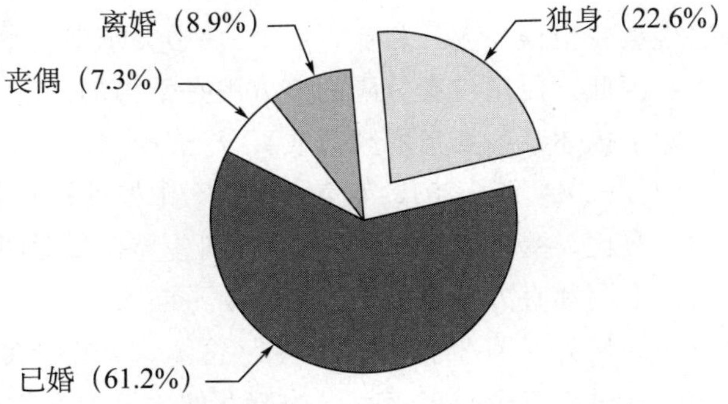

图2-3 婚姻状况的饼图（带分离块）

资料来源：美国人口普查局。

条形图

饼图只能为分成少数几类的数据提供一种快速而简单的图形演示（事实上，一些计算机作图软件限制了饼图分块的数目）。与之相比，条形图和直方图可以容纳任意测量等级的任意数量的类别，因此在社会研究中的运用更为广泛。

图 2－4 演示了一个包含了表 2－18 所示的 2010 年美国谋杀案中受害者-罪犯关系的频数分布数据的条形图。条形图根据以下标准形式制成：一条水平基线（或 x 轴），沿着它的外部标明分值或类别（在这个例子里，是受害者-罪犯关系的类别）；在左侧有一条垂直线（或 y 轴），标明每个分值或类别的百分比（或频数）。（分组数据、组距的中位点或组距本身沿着垂直基线标明。）如我们在图 2－4 中所看到的，条形越高，这个类别所占的百分比越大。

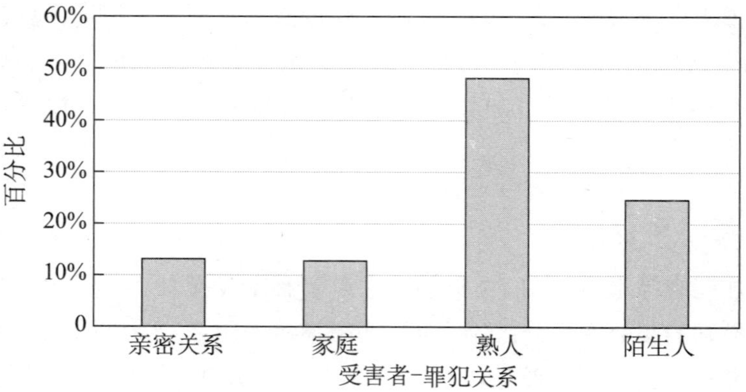

63 **图 2－4　2010 年谋杀案中受害者-罪犯关系的条形图**

术语“条形图”和“直方图”经常可以互换使用，尽管这两种图形技术之间有一个虽小但重要的区别。条形图通常被用于展示离散变量的频数或百分比分布，特别是在定类等级上。由于类别之间缺乏连续性，条形图中条形之间的间隔强调了差异，而非在一个尺度上的连续性。相反，直方图被用于展示连续型测量，特别是在定距等级上；直方图中的条形被连接起来，以强调在一个尺度上的点的连续性。定序等级的数据则可以用它们中的任何一种进行展示，这取决于研究人员是希望强调连续性（直方图）还是希望强调离散性（条形图）。

图 2－5 中关于社会学课堂上的学生专业分布的条形图 2－5（a），条形之间存在分隔，因为连续性的出现会完全误导人。相反，图 2－5 中关于学生平均绩点分布的条形图 2－5（b）则是一个真实的连续体，因此，使用没有分隔的直方图是恰当的。

除了描述某些变量的频数或百分比分布外，条形图还可以表示一个变量对另一个变量的影响。例如，图 2－6 展示了 2010 年美国谋杀案中按性别划分的受害者-罪犯关系的分布，使用了表 2－22 中展示的百分比。受害者-罪犯关系的性别差异在条形图中变得非常清晰。

条形图和直方图还能被用来描绘不同人口子群体或跨时间的总量或比率，而非仅仅是频数或百分比分布。例如，图 2－7 中生育率（每 1 000 名妇女生育的数量，见表 2－24）按母亲的年龄展示。这些比率通过将某个特定年龄组的妇女的生育数量除以这个年龄组妇女的总数再乘以 1 000 获得。由于两个极端类别的比率非常小，所以它们的条形几乎看不见了。因此为了提高图形的整体可读性，我们应在每一个条形上标上它的数值（在任何情况下这都是一个好主意）。

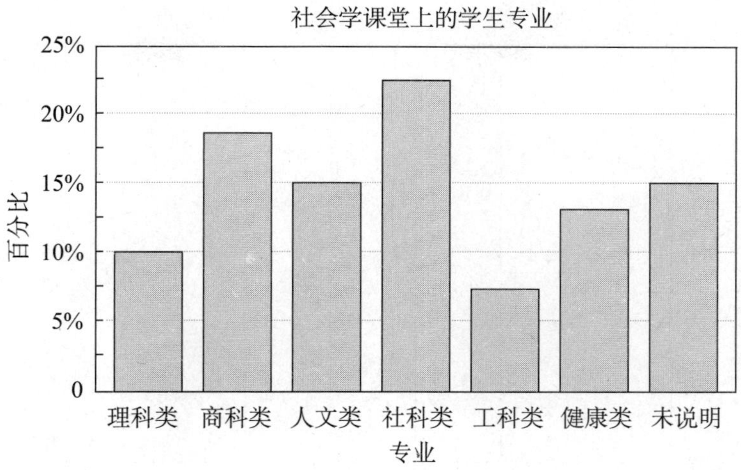

(a)

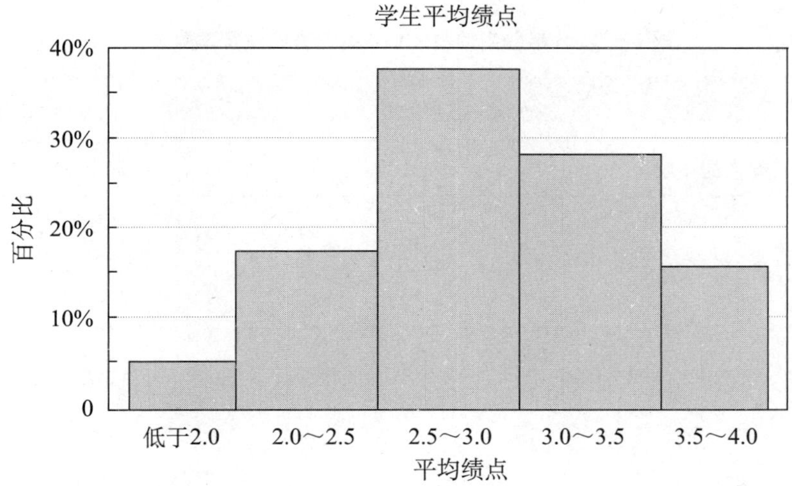

(b)

图 2-5　比较条形图与直方图 64

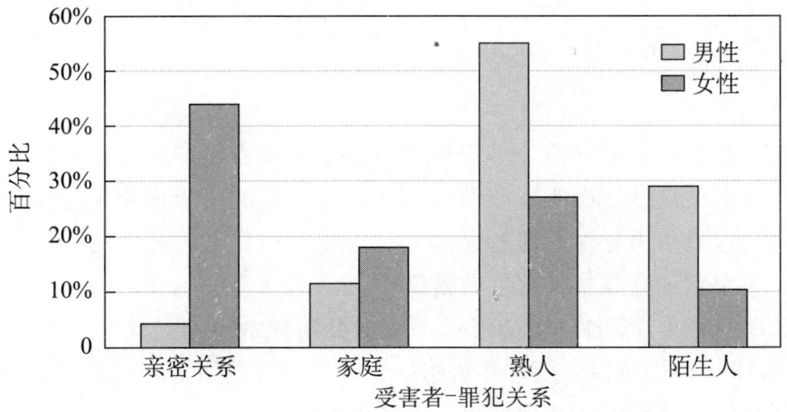

图 2-6　2010 年美国谋杀案受害者-罪犯关系分性别条形图

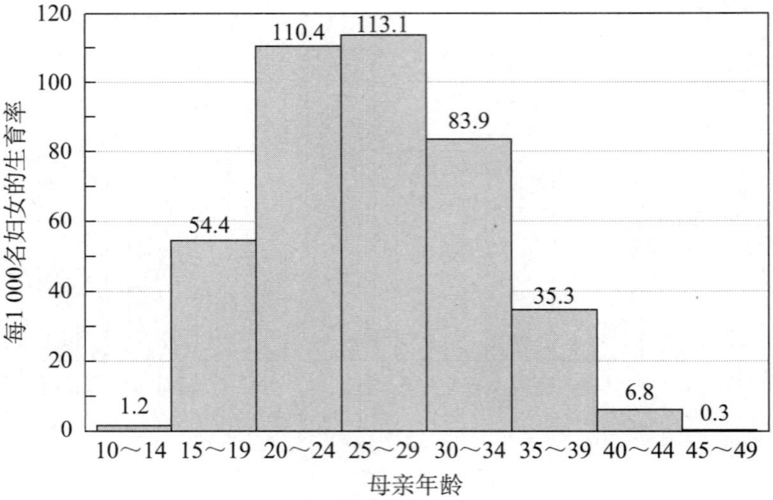

图 2-7　分年龄组的每 1 000 名妇女的生育率直方图

65

表 2-24　分母亲年龄的生育率

母亲的年龄	生育率（‰）
10～14	1.2
15～19	54.4
20～24	110.4
25～29	113.1
30～34	83.9
35～39	35.3
40～44	6.8
45～49	0.3

频数多边形图

另一种常用的图形是频数多边形图。尽管频数多边形图可容纳多种类别，但是像直方图一样，它倾向于强调在一个尺度上的连续性而非离散性。因此，它主要被用于描绘定序或定距数据。这是因为在频数多边形图中，频数表示为坐标上的各个值或是组距的中位点。相邻的点被一条直线连接，而两端的点落在基线上。每个点的高度指代发生的频率。

表 2-25 展示了一个班上 71 名学生的考试成绩的分组频数分布，这个分布的频数多边形图如图 2-8所示。从图 2-8 中，我们可以看到，各组组中值位置的点被用来表示各组的频数，相邻的点用直线相连，两端的点连到水平基线上，从而形成一个多边形。

表 2-25　学生考试成绩的分组频数分布

组距	频数	累积频数
95～99	3	71
90～94	2	68
85～89	4	66
80～84	7	62
75～79	12	55
70～74	17	43
65～69	12	26
60～64	5	14
55～59	5	9
50～54	4	4
	$N=71$	

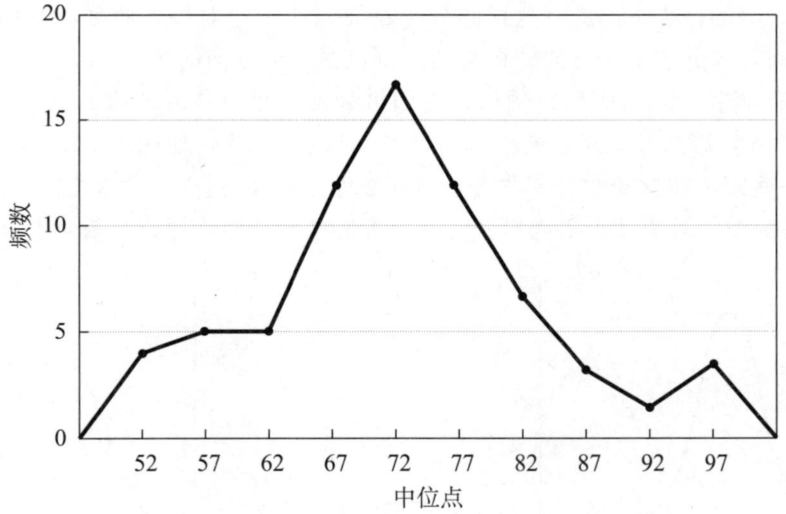

图 2-8　学生考试成绩分布的频数多边形图

为了画出累积频数（或累积百分比），可以构建一个累积频数多边形图。如图 2-9 所示，累积频数为一系列水平坐标轴上方的点的垂直高度所表示。不像一般的频数多边形图，在累积频数多边形图中，连接各点的线不能落在水平坐标轴上。因为累积频数指代的是连续增加的部分，任何给定的频数都不可能少于（并且通常多于）它前面的累积频数。另外不同于一般频数多边形图的是，累积频数多边形图中代表各组的点是放在上组限的位置而非组中值的位置上的。这是因为累积频数表示的是等于或低于某一组距的所有案例的数量。

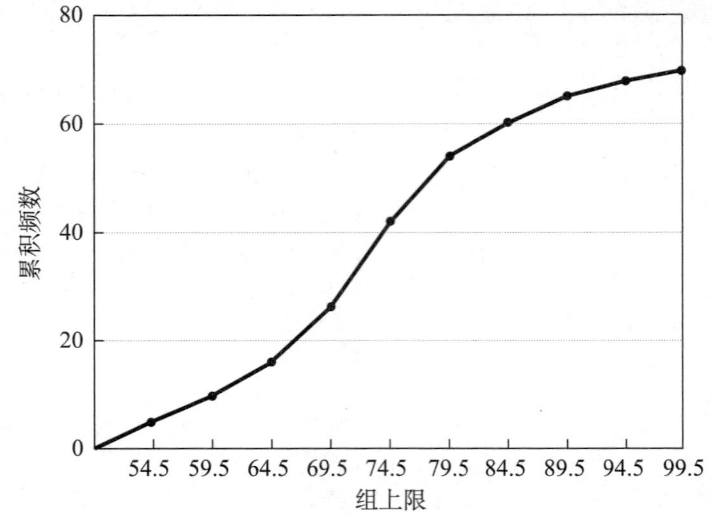

67 **图 2-9　学生考试成绩分布的累积频数多边形图**

频数分布的形状

频数多边形图能帮助我们将频数分布的多种形状可视化。一些分布是对称的——将曲线从中间折叠起来将得到两个相等的一半。因此，这样的分布在高低两个方向包含的极值有相同的数量。其他的分布被称作偏态分布，即其中一个方向的极端的案例比另一个方向的多。

在对称分布中有很多不同的类型。例如，它们可能在峰度（或称峭度）上不同。一些对称分布，如图 2-10（a)，非常陡峭或者说高（被称为高峰态）；另外一些，如图 2-10（b)，非常平坦（被称为低峰态）；还有一些既不非常陡峭又不非常平坦（被称为常峰态）。一种常峰态的对称分布，如图 2-10（c）所示的正态分布，对于社会研究有着特殊的重要性，我们将在第 5 章对它进行详细讨论。

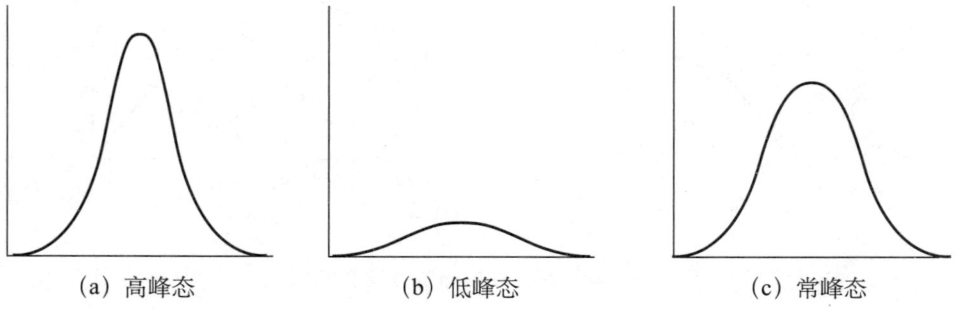

68 **图 2-10　对称分布中峰态的一些变化**

偏态分布或者说不对称分布也有很多不同的类型。当存在偏度从而导致分值在一个方向上堆积起来时，这个分布就被称作有“尾巴”。这个“尾巴”的位置标示出了相对少的极端值所处的位置，从而决定了偏度的方向。

图 2-11（a）为负向偏态（向左偏，向图中水平轴上的较低的数值倾斜），因为它的左边有一个比右边长得多的“尾巴”。这个分布显示出大多数被调查者获得了高分值，只有一小部分获得了低分值。如果这是一次期终考试成绩的分布，那么我们可以说大多数学生考得非常好而只有一小部分考得较差。

接下来，看一下图 2－11（b），它的“尾巴”在右。由于偏度指的是较长的“尾巴”的方向，因此我们可以说这个分布是正向偏态的（向右偏，向图中水平轴上的较高的数值倾斜）。这种情况说明，学生的期终考试成绩是很差的，只有一小部分考得非常好。

最后，让我们看一下图 2－11（c），它包含两个相等的“尾巴”。在这种情况下，两个方向都有相同数量的极端值。这个分布一点儿也不偏，而是非常对称的。如果这是期终考试成绩的分布，那么我们可以说大多数学生的成绩相对平均，而只有一小部分相当高或相当低。

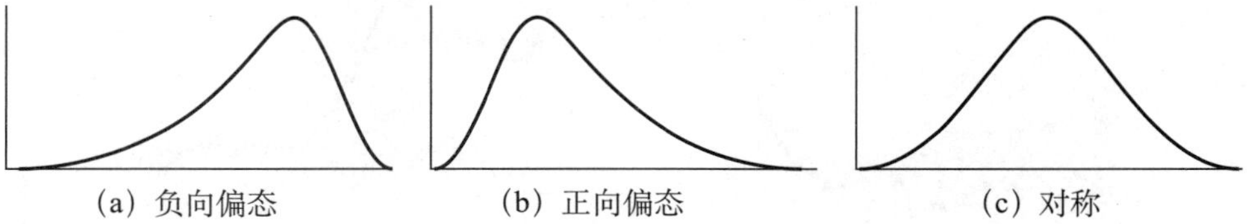

图 2－11　三种不同偏态方向的分布 69

折线图

在前面，我们已经看到条形图可以用频数或百分比的形式来展示一个分布跨群体、跨地区或者跨时间的总量或比率。频数多边形图同样可以被调整用来显示跨群体或者跨时间的总量或比率，而这种方法被称作折线图。简而言之，频数多边形图显示的是一个变量的一组分值的频数分布，而折线图显示的是一个或多个变量跨组或跨时间的变化。

在折线图中，数量或比率被描成点，而这些点被线段连接起来。例如，图 2－12 的折线图展示了我们前面以条形图的形式展现的分年龄组的生育率。通过比较图 2－12 和图 2－7，我们可以看到采用不同的方法几乎没有导致任何差别。

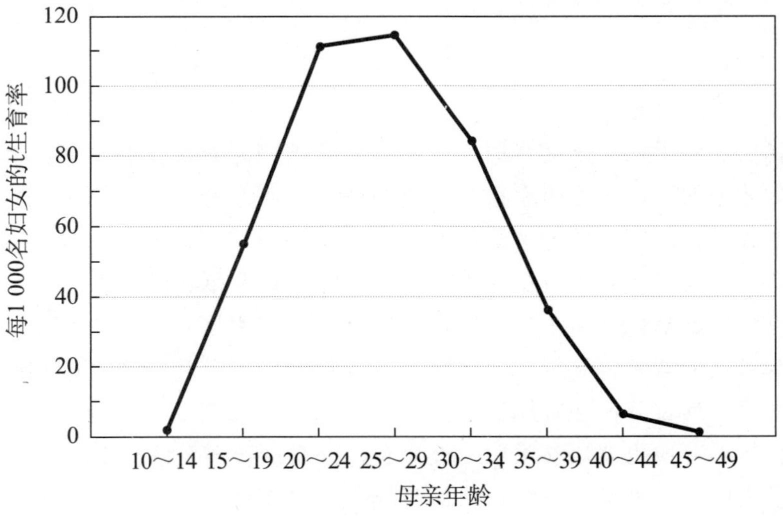

图 2－12　分年龄组的每 1 000 名妇女的生育率折线图

虽然进行分组比较（如生育时的年龄组）时采用折线图或条形图都可以，但是时间趋势数据更多采用折线图来描述。例如，图 2－13 展示了 1950—2010 年美国的谋杀率（每 100 000 名居民中被谋杀的人数）。从图中我们可以清楚地看到，在 20 世纪 60 年代中期谋杀率有一个突然而急剧的上升，上升的趋势持续到1980年，然后下降直到80年代中期，在80年代晚期又有一个回升，在经济衰退之前的90年代又有一次下降，自2005年以来，又下降了更多。当然，社会研究者是有责任解释这个走势的。相关文献指出的原因有种族暴力的增加、毒品使用的增加和强效可卡因的出现、刑罚的变化、警察执法方式的改变、青少年人口数量的变化，以及枪支获取途径的增加。

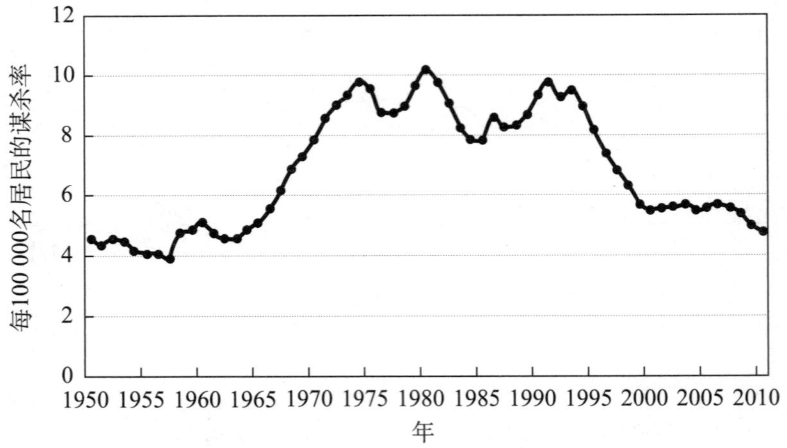

70 **图 2-13　1950—2010年美国谋杀率折线图**

地图

过去，社会研究者们主要使用饼图、条形图、频数多边形图和折线图。近些年来，随着计算机作图软件的成熟，研究者们开始使用其他的图形呈现方式。特别是，随着政府收集和发布的数据（如人口普查数据）以及按地址或地点编码的数据的大量使用，地图这一图形呈现方式变得非常流行。地图提供了一种无与伦比的揭示数据的地理分布模式的方法。

71 ▶ 小结

在这一章中，我们介绍了社会研究者用来组织他们从被调查者那里收集到的大量原始数据的一些基本方法。处理定类数据的第一步是用表格的形式构造一个频数分布，以展示在定类等级上的变量的所有种类的数量，或者对相同变量的各个组进行比较。不同组或不同时期的比较还可以通过比例、百分比和比率来进行。至于定序和定距数据，则描述了简单、分组和累积频数（和百分比）分布的特性。频数和百分比分布可以扩展到包括两个甚至更多的维度。交互表展示了一个变量（通常是因变量）基于另一个或更多的变量（通常是自变量）的各个种类的频数或百分比分布。有三种计算交互表中的百分比的方法：行百分比、列百分比和总体百分比。在行百分比和列百分比中做出选择取决于交互表中自变量如何放置。总体百分比也偶尔被采用，但只有在行变量和列变量都无法被识别为自变量的时候。数据也可以用图形呈现的方式来增加研究结果的可读性。饼图的效用有限，适用于对较少类别的定类数据进行简单描述。条形图和直方图由于可容纳任意数量的类别而被更广泛地使用。频数多边形图尤
72 其适用于描述定序和定距数据，因为它强调了坐标刻度的连续性。折线图在追踪历时性趋势时尤其有用。最后，地图被用于呈现数据的地理分布模式。

▶ 重要术语

Frequency distribution	频数分布	Cross-tabulation	交互表
Percentage distribution	百分比分布	Total percent	总体百分比
Proportion	比例	Row percent	行百分比
Percentage	百分比	Column percent	列百分比
Ratio	比	Pie chart	饼图
Rate	比率	Bar graph	条形图
Grouped frequency distribution	分组频数分布	Histogram	直方图
Class interval	组距	Frequency polygon	频数多边形图
Class limit	组限	Cumulative frequency polygon	累积频数多边形图
Midpoint	中位点	Kurtosis	峰度
Cumulative frequency	累积频数	Skewness	偏度
Cumulative percentage	累积百分比	Negatively skewed distribution	负向偏态分布
Percentiles	百分比等级	Positively skewed distribution	正向偏态分布
Deciles	十分位点	Line chart	折线图
Quartiles	四分位点	Maps	地图
Median	中位数		

▶ 课后习题

1. 一个关于严重疾病的交互表中疾病的分布是：
   a. 按照第二个变量，如性别、年龄或种族的类别分别呈现的
   b. 以表格的形式呈现的
   c. 以图形的形式呈现的
   d. 以饼图的形式呈现的
2. 频数分布能被用于：
   a. 比较暴力犯罪行为中的性别差异
   b. 展示一门社会学课程中所有学生的期中考试成绩
   c. 展示校园中所有学生对多元化的态度
   d. 以上都是
3. 当总频数不同时，以下哪种方式不被用于在分布间进行比较？
   a. 比例　　b. 比率　　c. 比　　d. 组限

4. 依照定义，组距包含不止一个：

a. 分值　　b. 分数　　c. 被调查者　　d. 类别

73 5. 以下哪一种方式被用于对期终考试中的一个分数针对全班的整体分布进行比较？

a. 中位点　　b. 组距　　c. 组限　　d. 百分比等级

6. 分数分布的峰态也被叫作：

a. 峰度　　b. 偏度　　c. 中位点　　d. 均值

7. 在 2001 年，50 个州各自被判死刑的人数的频数分布最好以以下哪种形式来描绘？

a. 直方图　　b. 条形图　　c. 频数多边形图　　d. 折线图

8. 偏度的方向取决于以下哪种相对位置？

a. 分布的峰值　　b. 分布的中位点　　c. 分布的“尾巴”　　d. 分布的组限

9. 为了显示从 1980 年到现在出生率的逐年变化，一个研究者可能会使用：

a. 饼图　　b. 条形图　　c. 折线图　　d. 频数多边形图

10. 请从下面呈现 173 名电视观众和 183 名非电视观众的成就的表格中找出：(a) 高成就的非电视观众的百分比；(b) 高成就的电视观众的百分比；(c) 非电视观众中高成就者的比例；(d) 电视观众中高成就者的比例。

成就	观看状态	
	非电视观众	电视观众
高成就	93	46
低成就	90	127
总计	183	173

74 11. 请从下面代表某一特定社区的黑人和白人儿童家庭结构的表格中找出：(a) 黑人儿童中身处双亲家庭的百分比；(b) 白人儿童中身处双亲家庭的百分比；(c) 双亲家庭中黑人家庭的比例；(d) 双亲家庭中白人家庭的比例。

家庭结构	儿童的种族	
	黑人	白人
单亲家庭	53	59
双亲家庭	60	167
总计	113	226

12. 从下面表格中可以看出随机样本中男性和女性的惯用手情况，请找出 (a) 男性左撇子的百分比，(b) 女性左撇子的百分比，(c) 男性中左撇子的比例，以及 (d) 女性中左撇子的比例。(e) 关于性别和左撇子的流行，你能得出什么结论？

惯用手	性别	
	男性	女性
左手	15	8
右手	86	114
总计	101	122

13. 作为一项公共健康调查的一部分，研究者随机抽取了一组大学生样本以询问他们每周的饮酒习惯，得到了以下数据：

性别	饮酒程度		
	从不	每周＜3 次	每周≥3 次
男性	116	88	49
女性	164	104	32

a. 在该案例中，是否有自变量和因变量？如果有，那么它们分别是什么？如果没有，那么为什么没有？

b. 样本中报告不饮酒的人的百分比是多少？

c. 在报告饮酒的男性中，每周饮酒少于三次的人的百分比是多少？

d. 在报告饮酒的女性中，每周饮酒少于三次的人的百分比是多少？

e. 报告每周至少饮酒三次的男性的百分比是多少？

f. 报告每周至少饮酒三次的女性的百分比是多少？

g. 样本中报告每周至少饮酒三次的人的百分比是多少？

14. 一名研究者从急诊室的工作人员那里收集信息，询问他们是否曾在工作时被病人或病人的家 75
属袭击过，以下是他收集到的数据：

职位	遇袭情况	
	未被袭击过	曾被袭击过
护士	62	36
医生	24	3

a. 在该案例中，是否有自变量和因变量？如果有，那么它们分别是什么？如果没有，那么为什么没有？

b. 样本中报告曾被袭击过的人的百分比是多少？

c. 报告曾被袭击过的护士的百分比是多少？

d. 报告曾被袭击过的医生的百分比是多少？

15. 一名研究者从随机抽取的不同社会阶层的消费者那里收集信息，询问他们在过去一年里是否购买过一辆新车，以下是他收集到的数据：

社会阶层	新车购买情况	
	未购买	购买过
上层	23	10
中层	21	6
下层	12	1

a. 在该案例中，是否有自变量和因变量？如果有，那么它们分别是什么？如果没有，那么为什么没有？

b. 在过去一年里，报告购买过新车的消费者的百分比是多少？

c. 在过去一年里，报告购买过新车的社会上层消费者的百分比是多少？

d. 在过去一年里，报告购买过新车的社会中层消费者的百分比是多少？

e. 在过去一年里，报告购买过新车的社会下层消费者的百分比是多少？

f. 社会阶层对购买新车的影响是什么？

16. 在一个有 125 名男性、80 名女性的小组中，性别比是多少（每 100 名女性所对应的男性的数量）？

17. 在一个有 15 名黑人儿童和 20 名白人儿童的小组中，黑人与白人的比是多少？

18. 假如 3 500 名育龄妇女生产了 300 个活产婴儿，生育率是多少（每 1 000 名育龄妇女）？

19. 人口从 1960 年的 15 000 增长到 2000 年的 25 000，变化率是多少？

20. 税收从每年 320 亿美元增加到每年 370 亿美元，变化率是多少？

76 21. 一名研究者在一特定高中针对高年级学生进行了一项关于饮酒的流行情况的研究，向 45 名学生询问了他们上周的饮酒次数。将以下频数分布（饮酒次数）转化为一个包含四个组距的分组频数分布，并（a）确定组距的大小，（b）指出每个组距的上、下组限，（c）找出每个组距的中位点，（d）算出每个组距的百分比，（e）算出每个组距的累积频数，（f）算出每个组距的累积百分比。

饮酒次数	频数
7	5
6	9
5	6
4	11
3	4
2	3
1	3
0	4
	$N=45$

22. 心理变态核查表（PCL-R）是一种用于识别心理变态者的测量工具，得分从 0 到 40（得分在 30 以上表示心理变态）。一名对监狱中的精神病的流行感兴趣的法医心理学家，对 74 名随机抽取的囚犯进行了 PCL-R 测试，并获得了以下得分分布。将其转换为包含 5 个组距的分组频数分布，并（a）确定组距的大小，（b）指出每个组距的上、下组限，（c）找出每个组距的中位点，（d）算出每个组距的百分比，（e）算出每个组距的累积频数，（f）算出每个组距的累积百分比。

得分	频数
39	4
38	4
35	2
32	3

续表

得分	频数
31	4
27	9
26	7
25	6
21	13
20	10
17	5
15	7
	$N=74$

23. 下面是对 240 个家庭的户主的社会阶层与其住房是租住还是自有的交互表： 77

社会阶层	住房拥有状态		
	租住	自有	总计
下层	62	18	80
中层	47	63	110
上层	11	39	50
总计	120	120	240

a. 自变量和因变量各是什么？
b. 计算交互表的行百分比。
c. 样本中拥有住房的人的百分比是多少？
d. 样本中租房的人的百分比是多少？
e. 在被调查者中，下层拥有住房的人的百分比是多少？
f. 在被调查者中，中层租房的人的百分比是多少？
g. 哪个阶层有更高的租房倾向？
h. 哪个阶层有更高的拥有住房的倾向？
i. 从社会阶层与住房拥有状态的关系中能得出什么结论？

24. 被调查者被问及他们对被判谋杀罪的人处以死刑的态度，以及对无法挽救的疾病患者实行安乐死的看法，从而形成了下面的交互表：

安乐死	死刑		
	赞成	反对	总计
赞成	63	29	92
反对	70	18	88
总计	133	47	180

a. 自变量和因变量各是什么？

b. 计算交互表的总体百分比。

c. 样本中同意死刑的人的比例是多少？

d. 样本中同意安乐死的人的比例是多少？

e. 对死刑和安乐死都同意的人的比例是多少？

f. 对死刑和安乐死都反对的人的比例是多少？

g. 对死刑和安乐死同意一种而反对另一种的人的比例是多少？

h. 从变量之间的关系中能得出什么结论？

25. 以下是随机抽样的对 18 岁及以上的居住在芝加哥的受访者的性取向的调查的交互表：

性取向	性别		
	男性	女性	总计
异性恋	87	106	193
同性恋	14	9	23
双性恋	6	3	9
总计	107	118	225

78 a. 在该案例中，是否有自变量和因变量？如果有，那么它们分别是什么？如果没有，那么为什么没有？

b. 计算交互表中的列百分比。

c. 异性恋的百分比是多少？

d. 女性同性恋的百分比是多少？

e. 双性恋的百分比是多少？

f. 男性异性恋的百分比是多少？

g. 从性取向的性别分布中能得出什么结论？

26. 一个 18 岁以上的女性随机样本被问及她们是否认为自己抑郁。以下是她们的抑郁状况与婚姻状况的交互表：

抑郁状况	婚姻状况				
	独身	已婚	离异	丧偶	总计
抑郁	24	37	11	3	75
不抑郁	113	82	68	14	277
总计	137	119	79	17	352

a. 计算交互表中的总体百分比。

b. 认为自己抑郁的女性的百分比是多少？

c. 认为自己不抑郁的女性的百分比是多少？

d. 认为自己不抑郁的离异女性的百分比是多少？

e. 认为自己抑郁的独身女性的百分比是多少？

f. 哪种婚姻状况与最高的自认抑郁百分比相联系？

27. 用一张饼图来描述下列统计学课上学生的大学专业信息：

专业	频数	百分比
社会工作	12	24
刑法	9	17
政治学	6	12
社会学	24	47

28. 使用条形图来描绘以下数据：

国际学生原国籍	频数
加拿大	5
中国	7
英国	2
德国	5
希腊	3
其他	4
	$N=26$

29. 以直方图和频数多边形图来表示下面智商得分的分布： 79

组距	频数	组距	频数
130～144	3	85～99	34
115～129	11	70～84	16
100～114	37	65～69	2
			$N=103$

30. 以直方图和折线图的形式来展示下面的自杀率（每 100 000 居民）：

年龄	自杀率
15～24	13.1
25～34	15.7
35～44	15.2
45～54	16.4
55～64	17.0
65～74	19.7
75～84	25.2
85＋	20.8

31. 38 名毕业成绩在班上属于前 5%的高中高年级学生的学术能力评估测试（SAT）分数的分布如下：

SAT 分数	频数
750～800	1
700～740	2
650～690	3
600～640	5
550～590	10
500～540	8
450～490	4
400～440	3
350～390	2
	$N=38$

a. 对每一组距，确定其大小、中位点、上下组限、累积频数、百分比及累积百分比。

b. 画一张直方图和一张频数多边形图来展示 38 名学生的 SAT 分数的分布。

c. 画一张累积频数多边形图来展示 SAT 分数的累积频数分布。

32. 在一张空白的美国地图上，借助表 2-11 的数据，根据以下要求，来展示失业率：(a) 将失业率为 6.0 及以上的州描上阴影；(b) 将失业率为 5.0～5.9 的州画上右对角线；(c) 将失业率为 5.0 以下的州留白。

80 ▶ 上机练习

1. 从综合社会调查数据中找出有效的 2010 年赞成死刑犯安乐死（CAPPUN）的受访者的百分比。接下来，找出报告自己身体健康（HEALTH）的受访者的百分比。选择另一个变量，并对它的某些特征进行阐释。提示：为了获得具有全国代表性的评估，必须对数据集进行加权分析。通过选择 DATA，然后选择 WEIGHT CASES，最后选择 WTSSALL 来对案例进行加权。在 SPSS 中可以通过点击 ANALYZE，然后点击 DESCRIPTIVE STATISTICS，最后点击 FREQUENCIES 来获得。

2. 从综合社会调查数据中找出有效的对自己的工作和家务（SATJOB）非常满意的美国人的比例。然后算出报告 2010 年家庭收入低于 50 000 美元的人的累积百分比（INCOME06）。为什么你认为 2010 年的一项调查报告的家庭收入应使用 2006 年的美元水平？选择另一个变量，并对它的某些特征进行阐释。提示：为了获得具有全国代表性的评估，必须对数据集进行加权分析。通过选择 DATA，然后选择 WEIGHT CASES，最后选择 WTSSALL 来对案例进行加权。在 SPSS 中可以通过点击 ANALYZE，然后点击 DESCRIPTIVE STATISTICS，最后点击 FREQUENCIES 来获得。

3. 用综合社会调查数据绘制一张关于被调查者自我报告的婚姻幸福感的饼图（HAPMAR）。务必在饼图中提供标题、来源，并显示百分比。

4. 用综合社会调查数据绘制一张美国人每月在晚间拜访朋友的次数（SOCFRND）的条形图。务必在条形图中提供标题、来源并显示百分比。

5. 美国联邦调查局收集了美国的犯罪信息并每年发布一次。利用下表中的数据，用 SPSS 绘制一个 1987—2010 年间美国暴力犯罪率的折线图。

年份	暴力犯罪率	年份	暴力犯罪率
1987	612.5	1999	523.0
1988	640.6	2000	506.5
1989	666.9	2001	504.5
1990	729.6	2002	494.4
1991	758.2	2003	475.8
1992	757.7	2004	463.2
1993	747.1	2005	469.0
1994	713.6	2006	479.3
1995	684.5	2007	471.8
1996	636.6	2008	458.6
1997	611.0	2009	431.9
1998	567.6	2010	403.6

81 第3章 对集中趋势的测量

第3章 对集中趋势的测量

众数
中位数
均值
如何计算复杂公式
逐步演示3.1：众数、中位数和均值
从简单频数分布计算众数、中位数和均值
众数、中位数和均值的比较
小结
重要术语
课后习题
上机练习

有许多领域的研究者用“平均”这个词来问这样的问题：高中和大学毕业生的平均收入是多少？十几岁的少年平均每日抽多少烟？女大学生的平均分是多少？平均而言，有多少机动车事故是由饮酒和吸毒直接造成的？

将一组数据描述为一个整体的一种有用的方法是找到一个单独的数字来表示这组数据的平均值或典型值。在社会研究中，这个值被称为对集中趋势的测量，因为它通常位于大多数数据集中的分布的中间或中心。

外行人在使用“平均”这个词时通常是含糊甚至混淆的。社会研究者对“平均”的概念则要精确得多：它在数字上表现为几种不同的对平均或集中趋势的测量中的一种，而且这些测量对同一个数据集会得出非常不同的数值。在这里，只讨论三种最常见的对集中趋势的测量：众数、中位数和均值。

82 众数

众数（Mo）是一个分布中最常见、最典型且最普通的值。例如，在美国，新教徒要比其他任何宗教的教徒都多，所以，我们把这种宗教视为众数。同样，在某一所大学中，工程学是最普遍的主修专业，那么它也可以被视为众数。众数是例如宗教信仰和大学主修专业这样的定类变量唯一的测量集中趋势的方法。它能被用来描述任何分布中的最普遍的值，而不论其测量等级是什么。

要得到众数，就要找到在一个分布中最常出现的类别或分数。众数能通过简单观察得到，而不需要计算。例如，在一组分数①、2、3、①、①、6、5、4、①、4、4、3中，众数是1。因为1出现的次数要多于数组中任何其他的分数（它出现了4次）。请注意不要误解：众数不是最常出现的分数的频数（频数=4），而是最常出现的分数的值（众数=1）。

一些频数分布包含两个或更多的众数。例如，在下面的一组数据中，分数2和6都是最经常出现的：6、6、7、2、6、1、2、3、2、4。从图形上而言，这个分布有两个频数最大点，从而表现为驼峰状。这种分布被称为双众数，这是相对于最常见的只有一个隆起或频数最大点的单众数分布而言的。

例如，图3-1呈现了英语和西班牙语期末考试的分数情况。英语分数是单众数的，即成绩水平聚集在一个单一的众数周围。而西班牙语分数是双众数的，即成绩水平聚集在两个众数周围。很明显，在西班牙语课上，有很多学生理解了，但也有很多学生没有理解。

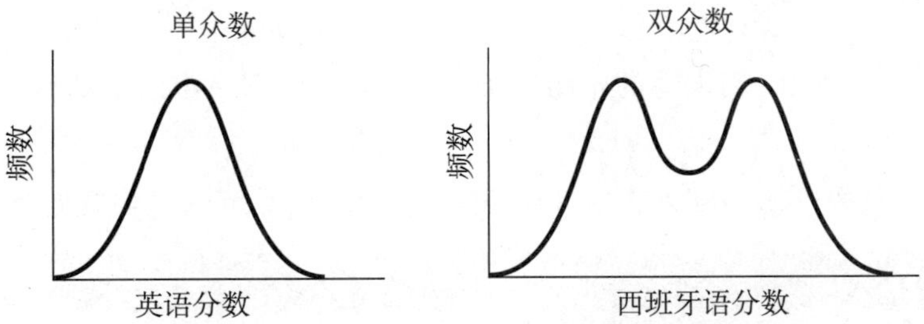

图3-1　考试分数的单众数分布和双众数分布

中位数

当定序或定距数据被按大小进行排序后，就有可能定位它的中位数（Mdn），即分布中最居中的点。因此，中位数被视作将分布分成两个相等部分的测量集中趋势的方法，这正如中间的分隔带将高速公路分成两个部分一样。

中位数的位置可以通过观察或公式计算来定位： 83

$$\text{中位数的位置} = \frac{N+1}{2}$$

如果我们有奇数个案例，那么中位数是正好落在分布正中的案例。由此，16是11、12、13、⑯、17、20、25的中位数。这是一个将分布的数量等分的案例，在中位数的两侧各有3个案例。按照公式(7+1)/2，我们可以看出无论是从分布的哪一端开始，中位数16都是第4个。

在案例的个数为奇数的情况下，中位数总是两侧各有50%的案例的点。而在有偶数个案例的情况下，会有两个居中的案例。例如，数字16和17是下列数据居中的案例：11、12、13、⑯、⑰、20、25、26。通过公式(8+1)/2=4.5，中位数正好落在第4和第5个案例的中间。在这个分布中，最居中的点是16.5，因为它位于16和17，即数组中第4和第5个分数的中间。同样，数据2、5、⑧、⑩、11、12的中位数是9，也是因为它位于两个居中的案例的中间，即(6+1)/2=3.5。

另外一种情况也必须加以解释和说明——我们可能会被要求从几个居中的相同数值中计算出中位数。答案很简单——这个数值就是中位数。因此，在数据11、12、13、⑯、⑯、⑯、25、26、27中，中位数是16，尽管它出现了不止一次。

最后，假如数据不是从低到高（或从高到低）按序排列的，你应该在找它们的中位数之前先对它们进行排序。因此，在数据 3、2、7 中，中位数是 3，即在把数据排列成 2、③、7 之后居中的分数。

均值

目前我们最常用的测量集中趋势的方法是均值 $\overline{X}$。它的计算方法是将一组数累加起来再除以数字的个数。因此，我们将均值更正式地定义为一组数字的总和除以数组中数字的总数。其公式为：

$$\overline{X} = \frac{\sum X}{N}$$

在这里，$\overline{X}$＝均值，$\sum$ ＝ 总和(用大写的希腊字母 $\sum$ [①]表示)，X＝数组中的原始分数，N＝数组中分数的总数。

利用前面的公式，我们可以得知列在表 3-1 中的 8 个被调查者的平均智商是 108。

84 表 3-1 计算均值：一个演示

被调查者	X（智商）
基尼（Gene）	125
斯蒂夫（Steve）	92
鲍伯（Bob）	72
米切尔（Michael）	126
琼（Joan）	120
吉姆（Jim）	99
简（Jane）	130
玛莉（Mary）	100
	$\sum X = 864$

$$\overline{X} = \frac{\sum X}{N} = \frac{864}{8} = 108$$

不同于众数，均值并不总是最常出现的分数。不同于中位数，均值并不必须是那个在分布中最居中的点。那么，均值意味着什么呢？它应该如何被解释呢？

如我们将要看到的，均值可以被看作一个分布的“重心”。它在含义上类似于跷跷板或杠杆的支点（见图 3-2）。四个重块被放在了杠杆上。标着 11 的重块有 7 个单位（英寸、英尺或任何其他的度量），它被放在支点的右边。它平衡了左边的三个标着 1、2、2 的分别有 3、2、2 个单位的重块。在数据的分布中，均值扮演了支点的角色：它是分布中平衡着在其两侧的分数的点。

为了理解均值的特性，我们必须首先理解“离差”的概念。离差代表着任何原始分数相对于均值的距离与方向，正如我们注意到图 3-2 中的某一个重块在支点右边 7 个单位的位置上。

为了得到某一原始分数的离差，我们只需简单地将分数与均值相减：

$$离差 = X - \overline{X}$$

---

① 大写的希腊字母西格玛 $\sum$，被叫作累加符，在本书中将会多次出现。它代表着我们必须将其后的数据加起来。在这个例子中，$\sum X$ 指代将原始数据加起来。

在这里，X=分布中的任意原始分数，$\overline{X}$ = 分布的均值 。

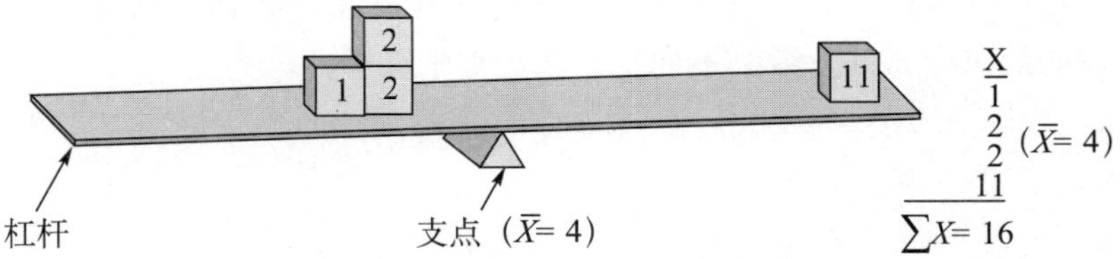

图 3-2 用杠杆与支点类比均值

对于表 3-2 中的原始分数 9、8、6、5、2 来说，$\overline{X} = 6$ 。9 正好位于均值 6 上方 3 个单位的位置（$X - \overline{X} = 9 - 6 = +3$）。同样，2 位于均值 6 下方 4 个单位的位置（$X - \overline{X} = 2 - 6 = -4$）。

表 3-2　一组原始数据 X 的离差 85

X	$X - \overline{X}$		
9	+3	+5	
8	+2		
6	0		$\overline{X} = 6$
5	−1	−5	
2	−4		

因此，分布中离差（$X - \overline{X}$）越大，原始分数距均值距离越远。

考虑到均值是分布的平衡点，我们现在可以说落在均值一侧的离差的和的绝对值等于落在均值另一侧的离差的和的绝对值。让我们回到这一组数 9、8、6、5、2，它们的均值为 6。如果在这个分布中均值是重心的话，那么不考虑负号，正向离差（原始分数 8 和 9 的离差）的和与负向离差（原始分数 5 和 2 的离差）的和是相等的。如表 3-2 所示，低于均值的离差的和（−5）的绝对值等于高于均值的离差的和（+5）的绝对值。

举另外一个例子，4 是数据 1、2、3、5、6 和 7 的均值。我们可以看到，低于这个分数的离差的和是−6，而高于它的离差的和是+6。在第 4 章和第 5 章我们将进一步阐述离差的概念。

加权均值

研究者有时会发现计算“均值的均值”是很有用的，也就是说，计算几个不同的数组的总体均值。例如，三个不同班级的学生们在社会学导论这门课的期末考试中获得了以下平均分数：

第一班：$\overline{X}_1 = 85 \qquad N_1 = 28$

第二班：$\overline{X}_2 = 72 \qquad N_2 = 28$

第三班：$\overline{X}_3 = 79 \qquad N_3 = 28$

三个班级注册的学生人数正好一样，使得计算总体均值（也就是计算三个均值的均值）变得非常容易：

$$\frac{\overline{X}_1 + \overline{X}_2 + \overline{X}_3}{3} = \frac{85 + 72 + 79}{3}$$

$$= \frac{236}{3}$$

$$= 78.67$$

86 在大多数情况下，组的规模是不同的。例如，让我们重新看一下社会学导论这门课各班的情况，很少有可能出现注册这门课程的不同班级的人数正好一样的情况。更有可能出现的情况是这三个班参加社会学导论这门课的期末考试的人数是不同的。在这种情况下：

第一班：$\overline{X}_1 = 85 \quad N_1 = 95$

第二班：$\overline{X}_2 = 72 \quad N_2 = 25$

第三班：$\overline{X}_3 = 79 \quad N_3 = 18$

当组的规模不同时，你不能通过只把它们的均值加起来除以 3 来计算将所有组合并后的总体均值（假如采用“非加权”的过程来处理当前的例子，我们将错误地得出均值的均值近似为 79 的结果）。相反，你必须根据每组的规模 N 对它的均值进行加权。加权均值的计算方法可以是首先将每组的均值乘以各组的大小，然后加起来得出一个总数，再除以所有组的总数：

$$\boxed{\overline{X}_w = \frac{\sum N_{组}\overline{X}_{组}}{N_{总}}}$$

在这里，$\overline{X}_w$ ＝加权均值，$\overline{X}_{组}$＝某一特定组的均值，$N_{组}$＝某一特定组的大小，$N_{总}$＝各组总的大小。

在前面的例子中，

$$\begin{aligned}\overline{X}_w &= \frac{N_1\overline{X}_1 + N_2\overline{X}_2 + N_3\overline{X}_3}{N_{总}} \\ &= \frac{95(85)+25(72)+18(79)}{138} \\ &= \frac{8\ 075+1\ 800+1\ 422}{138} \\ &= \frac{11\ 297}{138} \\ &= 81.86\end{aligned}$$

我们由此确定了期末考试三个班总的平均成绩为 81.86 分，最大的一个班的均值有最大的权重。

当计算大小各异的不同地理区域数据的均值时，加权均值显得尤为有用。例如，表 3－3 展示的是 2002 年新英格兰地区六个州内各州的黑人百分比和居住人口（以千人为单位）。在这六个州当中，通常使用的（未加权）黑人比例均值是 4.1％。

87 然而，这种计算方法意味着每个州贡献的比重都一样大，好像它们都有同样的居住人口数量一样。因此，黑人比例均值使得像马萨诸塞州和康涅狄格州这样的人口大州显得影响过小，而像新罕布什尔州和佛蒙特州这样的人口小州发挥的影响则过大。

表 3－3 新英格兰地区六州的黑人百分比和居住人口情况

州	黑人百分比	居住人口（单位：千人）	居住人口×黑人百分比
康涅狄格州	10.0％	3 461	34 610.0
缅因州	0.6％	1 294	776.4
马萨诸塞州	6.7％	6 428	43 067.6
新罕布什尔州	0.9％	1 275	1 147.5
罗得岛州	5.8％	1 070	6 206.0

续表

州	黑人百分比	居住人口（单位：千人）	居住人口×黑人百分比
佛蒙特州	0.6%	617	370.2
总计	24.6%	14 145	86 177.7
均值	4.1%		6.09%

在加权均值公式中，我们可以用居住人口数作为权重来解决数据中因缺乏相对性而产生的问题。用权重（即各个州黑人百分比的值）乘以每一个州的居住人口数，然后将结果除以六个州的总人口。使用表格中给出的数据，可得：

$$\bar{X}_w = \frac{\sum 居住人口 \times 黑人百分比}{\sum 居住人口}$$

$$= \frac{86\ 177.7}{14\ 145}$$

$$= 6.09\%$$

比起未经加权的均值，6.09%这个加权均值使得我们对新英格兰地区的人口多样性有了更好的认识。更普遍地说，每当我们使用来自大小差别较大的州、市或其他单位的数据时，聪明的人都会考虑对数据进行加权，就像我们在前文中对几个尺度差异较大的单位进行研究时一样。

如何计算复杂公式

当你打开一本食谱来寻找制作巧克力蛋糕的方法时，制作配方乍一看像是一团乱麻。但当你一步一步地沿着制作蛋糕的步骤来看时，你通常会发现它比看上去要容易些。同样，在这本书的后面，你将会遇到的一些统计“配方”看上去也会像一团乱麻，或者至少非常复杂。我们的建议是按照公式一步一步地计算，也就是说，执行一系列小的运算步骤以得出最终的结果。在本书中，我们将通过逐步演算来演示计算过程，力图不将焦点放在其到底是有四步、六步还是七步上，而是放在从一步到另一步的过程上。现在，让我们回顾一下计算众数、中位数和均值的步骤。

88

逐步演示 3.1　众数、中位数和均值

假设有一个向本地的邻里进行募捐的机构的志愿者。她收到了以下捐献（以美元为单位）：

5　10　25　15　18　2　5

第一步　将数字从高到低排列。

25
18
15
10
5
5
2

第二步 找到频数最大的数字。

众数＝5 美元

第三步 找到最居中的数字。由于有 7 个（奇数个）数，从任一端开始的第四个数就是中位数。

中位数＝10 美元

第四步 确定数字的总和。

25
18
15
10
5
5
2

$\sum X=80$ 美元

第五步 将总和除以数字的数量得到均值。

$$\overline{X}=\frac{\sum X}{N}=\frac{80\text{ 美元}}{7}=11.43\text{ 美元}$$

因而，众数、中位数和均值提供了邻里慈善募捐的非常不同的图景。众数显示出邻里捐款是非常少的，而中位数和均值则显示出邻里捐款总体上看更慷慨些。

89

从简单频数分布中计算众数、中位数和均值

在第 2 章中，我们看到了一组原始数据是如何按简单频数分布被重新整理的，即一个展示不同数值的出现频数的表格。应该注意到的重要一点是，简单频数分布并没有改变数据，而只是以另一种形式来显示它们。因此，从简单频数分布中获取的众数、中位数和均值也没有改变，而只是计算方法不同而已。

让我们看看下列代表 25 个成年人的初婚年龄的样本的原始数据：

18 18 19 19 19 19 20 20 20 21 21 22
22 23 23 24 25 26 26 26 27 27 29 30 31

有更多的被调查者在 19 岁时初婚，因此众数＝19。最居中的数值（从任一端数第 13 个数字）是 22，因此中位数＝22。最后，数字加起来等于 575，因此均值＝575/25＝23。

这些数据能以下面的简单频数分布的形式重新排列（见表 3－4）：

表 3－4 简单频数分布表

X	频数（f）
31	1
30	1
29	1

续表

	X	频数（f）
	28	0
	27	2
	26	3
	25	1
	24	1
	23	2
	22	2
	21	2
	20	3
众数→	19	4
	18	2

在数值和频数被分别列出的情况下，众数是表格中频数这一列中数字最大的这一行对应的数据。因此，前面所示的简单频数分布的众数=19。当然，这同从原始数据中得出的众数是一样的。

为了从这个简单频数分布中找出中位数，我们从确定中位数的位置开始。共有25个初婚年龄的样本数据（共有14个数值，从18到31）。当$N=25$时，

$$\begin{aligned}中位数的位置 &= \frac{25+1}{2}\\ &= \frac{26}{2}\\ &= 13\end{aligned}$$

在这个简单频数分布中，中位数显示为第13个数字。为了帮助定位第13个数字，我们建构了一个累积频数分布，如表3-5中的第三列所示（对于较少的数字，这个过程可通过心算完成）： 90

表3-5 累积频数分布表

	X	频数（f）	累积频数（cf）
	31	1	25
	30	1	24
	29	1	23
	28	0	22
	27	2	22
	26	3	20
	25	1	17
	24	1	16
	23	2	15
中位数→	22	2	13
	21	2	11
	20	3	9
	19	4	6
	18	2	2

从最小的数字（18）开始，我们将频数加起来直到代表分布中第 13 个数的分值。这是通过找出累积频数大于等于 13 的最小数值来实现的。

在这个初婚年龄的分布中，数值 18 的累积频数是 2，这意味着两个最年轻的被调查者的初婚年龄是 18 岁。数值 19 的累积频数是 6，这意味着有 6 个被调查者初婚年龄是 19 岁或 19 岁以前。继续这个过程，我们最终得出数值 22 是累积频数大于或等于 13 的最小数值，这意味着有 13 个被调查者的初婚年龄是 22 岁或 22 岁以前。因此，中位数，即第 13 个数，为 22，这同从原始数据中获得的结果相符。最后要注意的是，中位数不是数值中最居中的那个（这里有 14 个数值，22 不是列中最居中的那个）。

为了获取均值，我们首先需要计算数字的总和。在一个简单频数分布中，这可以非常有效率地实现。例如，我们可能会注意到，有两个数字为 18，4 个数字为 19，如此等等。因而，不是要把 18 加两次和把 19 加四次，我们可以首先在相加之前把 18 乘以 2，把 19 乘以 4。这就是说，我们可以把数值乘上它们各自的频数，然后把得数加起来以得到数值的总和。如同原始数据的公式中一样，我们把总数除以数值的数量来确定均值。

因此，下面的公式提供了一种更有效且更节省时间的从简单频数分布中计算均值的方法：

$$\boxed{\overline{X}=\frac{\sum fX}{N}}$$

91 在这里，$\overline{X}$=均值，X=分布中的一个数值，f=X 出现的频数，N=数值的总数量。

在表 3－6 中，第三列（表头为 fX）包含了数值乘以它们的频数的得数。将 fX 这一列加起来，我们得到 $\sum fX=575$。

表 3－6 从简单频数分布中计算均值

X	**频数（f）**	**fX**
31	1	31
30	1	30
29	1	29
28	0	0
27	2	54
26	3	78
25	1	25
24	1	24
23	2	46
22	2	44
21	2	42
20	3	60
19	4	76
18	2	36
		$\sum fX=575$

因而，

$$\bar{X}=\frac{\sum fX}{N}=\frac{575}{25}=23$$

这个结果同从原始数据中得到的均值完全相符。

众数、中位数和均值的比较

当社会研究者在一个特定的研究情境下需要选定一种集中趋势的测量方法时，他是应该采用众数、中位数还是均值呢？其决定牵涉到以下几个因素：测量的等级、数据分布的形状、研究目的。

测量的等级

由于众数只需要计算频数，因此它可以被应用于定类、定序或者定距等级的任何数据集。例如，我们会确定一个对宗教信仰（天主教、新教和犹太教）的定类等级的测量中最集中的一个类别为新教，因为最多的被调查者认为自己是新教徒。同样，我们可能会得知在某一所大学中，最多数量的学生的平均成绩是 2.5（众数＝2.5）。 92

中位数需要对类别从高到低进行排序。出于这个原因，它只能从定序或定距数据中获取，而不能来自定类数据。例如，我们可能会发现在一个小城市中牙医年收入的中位数是 77 000 美元。这个结果给了我们一个检验我们数据的集中趋势的有意义的方法。与之相比，当不能进行排序时，计算宗教信仰、性别、国家和地区的中位数几乎是没有任何意义的。

均值的使用被严格地限制在定距数据范围内。将它应用到定序或定类数据将会产生一个无意义的结果，通常对集中趋势不具有任何指示性。计算宗教信仰或性别的均值有什么意义呢？尽管没有这么明显，但计算定序数据的均值同样是不合适的。

数据分布的形状

数据分布的形状是另一个可能会影响研究者选择集中趋势的测量方法的因素。在一个完美的单众数对称分布中，众数、中位数和均值是相等的，因为频数最大的点（众数）也就是最居中的点（中位数），同时也是“重心”（均值）。如图 3-3 所示，各种集中趋势的测量将在最居中的点，即对称分布的顶点重合。

当社会研究者面对的是一个对称分布时，他们对集中趋势的测量方法的选择主要基于其特殊的研究目的以及数据的测量等级。但当他们面对的是一个偏态分布时，这个决定很大程度上受到数据分布的形状的影响。

如图 3-4 所示，在一个偏态分布中，众数、中位数和均值并不重合，尽管它们的相对位置保持为一个常数——从“顶点”向“尾巴”移动，而其顺序总是从众数到中位数，再到均值。众数位于曲线的峰顶，因为它是频数最高的一个分值所处的点。与之相比，均值是最接近底部的，因为其所处的位置极值相对较少。出于这个原因，图 3-4（a）中的正向偏态分布中均值位于高分值部分；图 3-4（b）中的负向偏态分布中均值则位于低分值部分。均值受两端极值的变化的影响很大，而中位数受极值的变化的影响很小，甚至一点也不受影响。这是因为均值考虑了分布中的所有分值，而中位数（从定义上而言）只关心分布中最居中位置的分值。如下所示，从分布 A 中的极值 10 变化到分布 B 中的极值 95 完全没有改变中位数的值（中位数=7.5），而均值则从 7.63 变化到了 18.25。

分布 A：5 6 6 7 8 9 10 10　中位数=7.5　$\overline{X}$=7.63

分布 B：5 6 6 7 8 9 10 95　中位数=7.5　$\overline{X}$=18.25

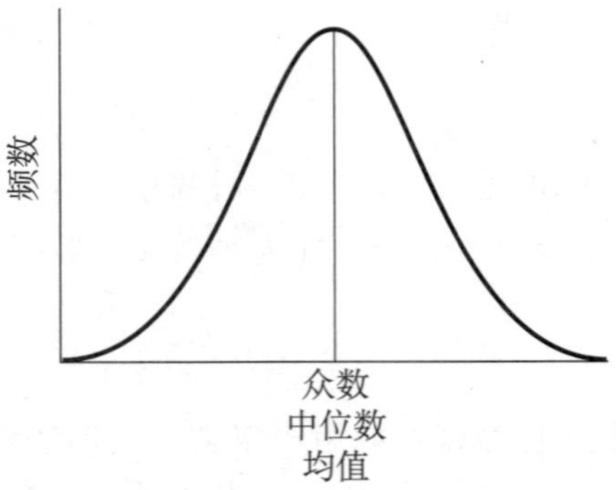

93 图 3-3　一个众数、中位数和均值相同的单众数对称分布

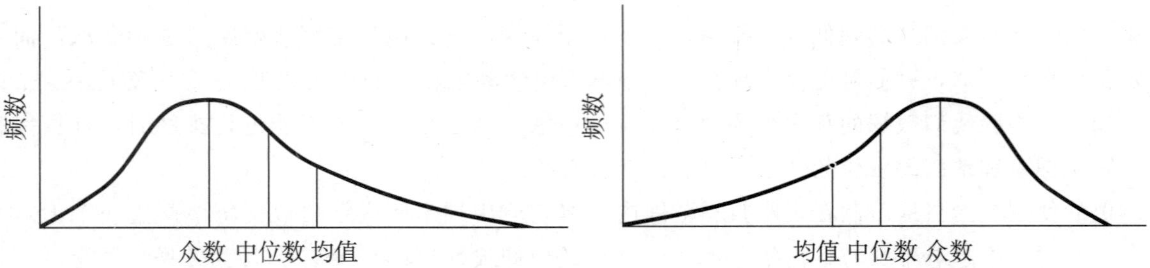

(a) 正向偏态分布　(b) 负向偏态分布

图 3-4　集中趋势测量的相对位置

在一个偏态分布中，中位数总是落在均值和众数之间的某个位置上。正是这个特性使得中位数成为最受欢迎的对偏态分布的集中趋势的测量方法，让我们转到表 3-7 看一下一个小公司雇员的平均年薪。假如我们是这个公司雇佣的公关人员，想给公司树立一个正面的公众形象，我们可能计算均值以显示出雇员的平均所得为 50 000 美元，这要相对高一些。但是，假如我们是想提高工资水平的工会代表，我们可能会采用众数，以显示出最常见的收入只有 30 000 美元。最后，假如我们是想准确地报告这个公司雇员的平均工资的社会研究者，我们会明智地采用中位数（40 000 美元），因为它正好落在其他集中趋势测量值的中间，从而就工资结构给出了一个更均衡的图像。最能被接受的方法是报告以上三个集中趋势的测量结果，从而容许听众自己判断结果。非常不幸的是，很少有社会研究者——更不用说公关人员或工会代表——会报告对不止一个集中趋势的测量。甚至更不幸的是，一些研究报告没有专门说明到底是哪一种集中趋势的测量方法——众数、中位数还是均值——被用来计算这一组分数的平均水平。而没有这一类信息，想要对如表 3-7 中的发现进行合理的解读将是不可能的。

表 3-7　对年薪的偏态分布的集中趋势的测量　单位：美元 94

120 000	
60 000	
40 000	均值＝50 000
40 000	中位数＝40 000
30 000	众数＝30 000
30 000	
30 000	

前面提到过有一些频数分布是双众数的，因为它们包含两个频数最大的点。为了准确地描述双众数分布，通常把两个众数都标出来。而使用中位数或均值将会掩藏这类分布的这个重要特征。

假设有这种情况，一个社会研究者对 20 名低收入的被调查者进行了访问，以确定他们理想的家庭规模的概念。每一个被调查者都被问道："假如你能确实地决定你的家将有多大，包括所有的大人和孩子，在你理想的家庭中，你希望有多少个人？"

1 2 2 2 3 3 3 3 4 5 6 6 7 7 7 7 8 8 9

（3 3 3 3：众数；7 7 7 7：众数）

如上所示，关于家庭规模的偏好为一个宽广的区域，从独身（1）到拥有一个大家庭（9）。无论是使用均值（均值＝4.85）还是使用中位数（中位数＝4.5），我们都可能会得出被调查者理想的家庭规模为 4 或 5 个人。但是，如果知道分布为双众数分布，那么我们会看出这群被调查者中实际存在两种偏好，一种是小家庭（众数＝3），另一种是大家庭（众数＝7）①。

研究目的 95

到目前为止，我们从测量的等级和分布的形状上讨论了如何选择集中趋势的测量方法。我们现在要问：社会研究者要用这种集中趋势的测量方法来干什么？他们是想要寻找一种简单、快捷但粗略的描述性测量方法，还是想要处理研究者们通常采用的双众数分布？在研究者所遇到的大多数情况下，众数只被用作集中趋势的初级测量指标，因为它能通过对数据的粗略扫视而获得。研究者如果想要精确地测量集中趋势，那么通常就要在中位数和均值之间做出选择了。

为了描述一个偏态分布，社会研究者通常会选择中位数，因为它容易对极端值给出一个均衡的图像（均值则相反，它容易被极端值扭曲）。另外，中位数有时被用作将分布划分成两个包含同样的被调查者数量的类别的点。例如，我们可能会通过所偏好的家庭规模的中位数将被调查者分成两个部分，即喜欢小家庭的人和喜欢大家庭的人。

对于至少是大致对称的分布的精确测量，均值往往比中位数更可取，因为均值可以很容易地用于更高级的统计分析，例如在本书后面几章中介绍的统计分析。此外，均值比中位数更稳定，因为它从任何给定总体中抽取的不同样本之间的差异更小。均值的这个优势——尽管可能还没有被学生理解或

① 有些时候分布会是近似于双众数的。例如，假设再多一个被调查者报告理想的家庭规模为 3 而不是 2，就只会有一个众数（众数＝3）。但由于与认为 7 个人是理想家庭规模的人数差不多，7 将会近似于但不是确切地成为一个众数。在这种情况下，明智的做法是报告分布有两个众数，尽管一个比另一个要少一点。

欣赏——将在以后关于统计的决策功能的讨论中表现得更加明显。

▶ 小结

在这一章当中，我们介绍了三个集中趋势的测量指标，它们体现的是一个数据集的平均或典型情况。众数是最常出现的种类或分数，中位数是一个分布中最中间的点，而均值则是用一组数据之总和除以这组数据的总个数。在研究项目当中，我们应当选取这三种集中趋势的测量方法中的哪一个，取决于三个条件：测量的等级、数据分布的形状和研究目的。众数可以被用于定类、定序或定距数据，对于展示双峰分布特别有用，能够提供快速、简洁但粗糙的集中趋势测量。中位数可以被用于定序或定距数据，尤其适用于展示偏态分布，能够提供精确的集中趋势测量。此外，中位数有时还可以被用于更加高级的统计操作，或将分布划分为两个类别（比如高和低）。均值只能被用于定距数据，尤其适用于展示单峰对称分布，能够提供精确的集中趋势测量。此外，均值也常常被用于更高级的统计操作，包括随后章节中我们会讨论的统计决策。

96

▶ 重要术语

Central tendency	集中趋势	Median	中位数
Mode	众数	Mean	均值
Unimodal distribution	单众数分布	Deviation	离差
Bimodal distribution	双众数分布	Weighted mean	加权均值

▶ 课后习题

1. 本章中所说的测量方法被称为对集中趋势的测量是因为它们：
   a. 落向分布的中心，那是大多数数字所在的位置
   b. 是我们理解统计的中心
   c. 位于组距的中位点
   d. 以上都是
2. 哪一种集中趋势的测量方法代表了分布中频数最大的点？
   a. 众数　　b. 中位数　　c. 均值
3. 哪一种集中趋势的测量方法代表了分布中的平衡点？
   a. 众数　　b. 中位数　　c. 均值
4. 哪一种集中趋势的测量方法在数字被从大到小排列后正好将分布分成两半？
   a. 众数　　b. 中位数　　c. 均值
5. 离差指的是原始数据离均值的：
   a. 距离　　b. 方向　　c. 距离和方向　　d. 频数
6. 一个收入的分布是高度偏斜的，哪一种集中趋势的测量方法最适用于描述收入的特性？

a. 众数　　　　　　　　b. 中位数　　　　　　　c. 均值

7. 一个关于对堕胎合法化态度的分布有两个频数最大点，显示出有许多人强烈反对堕胎合法化，也有许多人强烈支持。哪一种集中趋势的测量方法最适用于描述对堕胎合法化态度的特性？

a. 众数　　　　　　　　b. 中位数　　　　　　　c. 均值

8. 有一个近似于正态曲线的儿童同情心得分的分布。哪一种集中趋势的测量方法最适用于描述儿童同情心得分的特性？

a. 众数　　　　　　　　b. 中位数　　　　　　　c. 均值

9. 下面是七部电影及其评级的列表： 97

《鼠来宝 3》	G
《老雷斯的故事》	PG
《饥饿游戏》	PG-13
《逃离德黑兰》	R
《电锯惊魂 5》	R
《黑天鹅》	R
《杀手乔》	NC-17

a. 找出电影评级的众数。

b. 找出电影评级的中位数。

c. 解释为什么对电影评级计算中位数是最适合的？

10. 阿尼塔（Anita）患有多重人格障碍（现在被称作分离性身份识别障碍）。以下表格提供了与她的 6 个不同人格相关的信息：

姓名	IQ	性别	种族	年龄	出现频率
贝蒂（Betty）	104	女	白人	32	非常频繁
罗莎（Rosa）	98	女	拉美裔	37	很少
约翰（John）	76	男	白人	16	有时
查尔斯（Charles）	112	男	黑人	44	经常
安（Ann）	137	女	白人	33	非常少
科琳（Colleen）	106	女	白人	24	很少

计算出每一个变量（IQ、性别、种族、年龄和出现频率）的最适合的集中趋势的测量方法。

11. 一家本地疗养院的一位护工被指控有虐待居住在院内的老年人的行为。以下表格提供的是站出来发声的 9 位受害者的有关信息：

姓名	年龄	健康状况	虐待类型	虐待持续时间（月）
S. 巴福尔（Balfour，S）	68	尚可	身体虐待	1
R. 恩格尔（Enger，R）	79	尚可	主动忽视	4
C. 布拉德肖（Bradshaw，C）	73	较差	经济虐待	15

续表

姓名	年龄	健康状况	虐待类型	虐待持续时间（月）
L. 马库斯（Marcus，L）	82	较好	语言情感虐待	8
K. 麦卡尼（McCarthy，K）	87	较差	经济虐待	2
R. 康利（Conley，R）	74	尚可	主动忽视	1
D. 奎恩（Quinn，D）	91	较差	经济虐待	7
J. 斯坦恩（Stein，J）	70	较好	被动忽视	6
M. 马提内兹（Martinez，M）	84	较差	经济虐待	5

计算出每一个变量（年龄、健康状况、虐待种类和虐待时长）的最适合的集中趋势的测量方法。

98 12. 一个研究者有兴趣研究一个减肥组织的 5 位顾客在体验数周的减肥项目后的效果。体重减少的数量（磅）如下：

13　12　6　9　10

计算体重减少的数量的中位数和均值。

13. 一组高中学生被调查对包括酒精在内的各种药物的使用情况。当被问及在前 6 个月他们有多少次豪饮时，其回答为：

4　2　0　2　1　3　0　1　7　5　3

计算他们自己报告的数字的中位数和均值。

14. 5 名被告分别被判处下列刑期（年）：

4　5　3　3　40

a. 找出众数、中位数和均值。

b. 哪一种方法是这些数字的最准确的集中趋势的测量方法？

15. 一家小公司的 7 名雇员的时薪（美元）如下：

18　16　20　12　14　12　10

找出众数、中位数和均值。

16. 假设第 15 题中的这家小公司以 24 美元的时薪雇用了另一名雇员，那么现在时薪（美元）如下：

18　16　20　12　14　12　10　24

找出众数、中位数和均值。

17. 当 10 名长期精神病患者被问到过去一个月中家人来探望过多少次时，他们的回答如下：

4　0　6　1　0　0　3　5　4　2

找出众数、中位数和均值。

18. 以下数据代表的是每个城市街区内拥有未注册枪支的持枪者家庭户数：

2　7　3　6　5　7　0　9　6　1　4　7　5　2　9　3　4　1　8

a. 找出众数、中位数和均值。

b. 重新整理数据，使其成为一个简单频数分布，并重新计算众数、中位数和均值。

99 19. 参照第 14 题所给出的刑期，计算这 5 个被告的离差（针对均值）。这些离差对于刑期说明了什么？

20. 参照第 15 题所给出的时薪，计算这 7 名雇员的离差（针对均值）。这些离差对于雇员的时薪说明了什么？

21. 下面的数字代表了 20 个家庭的孩子数量：

2　0　2　1　5　3　4　0　1　1　2　1　3　2　4　6　3　2　0　2

a. 找出众数、中位数和均值。

b. 以简单频数分布的形式重新排列这些数字，再重新计算众数、中位数和均值。

22. 一位研究者请一组患有精神疾病的患者以 1～10 的尺度描述他们目前感受到的压力程度，10 代表压力最大。患者们提供了以下答案：

3　6　4　4　7　9　1　2　3　4　2　4　6

计算均值和众数。

23. 一位教授调查他统计学专业的学生过去一周在课外花了多少个小时工作。学生们提供了以下答案：

3　4　8　3　2　5　6　3　4　5　3　4　5　1　2　3　4

计算众数、中位数和均值。

24. 一位研究者考察一座城市中数个不同人口普查分区的失业率。结果如下：

5.6　6.8　12.4　2.3　4.1　22.4　8.8　9.2　7.2　9.7　7.4　5.2　5.6

计算众数、中位数和均值。

25. 一个学区统计了学区中 9 所小学各自的学生数量。9 所小学分别录取了如下数量的学生：

486　792　352　425　197　384　623　409　348

计算中位数和均值。

26. 一家生产圣诞玩具的公司将工人分成四个小组以比较四种不同的生产流程的产量。如下所示，经过一个月对生产的测量，流程 4 的工人是四个小组中产量最高的（数字越大代表组装的圣诞玩具越多）。

流程 1：$\bar{X}_1=20$　$N_1=10$

流程 2：$\bar{X}_2=15$　$N_2=14$

流程 3：$\bar{X}_3=18$　$N_3=15$

流程 4：$\bar{X}_4=22$　$N_4=8$

使用加权均值，确定这四个小组联合起来的总平均产量。 100

27. 一位研究者询问了一家小公司里的 40 名员工过去 6 个月中有多少天因生病而没有工作，以下是询问结果。

无法工作天数	f
7	4
6	2
5	5
4	12
3	8
2	6
1	3
	$N=40$

计算这个分布的众数、中位数和均值。

28. 30 名学生对老人的态度的分数以简单频数分布的形式陈列如下（高得分代表对老人更正面的态度）：

态度值	f
7	3
6	4
5	6
4	7
3	5
2	4
1	1
	$N=30$

找出众数、中位数和均值。

29. 以下是在最近一次美国大选中投票给共和党的 46 个人的社会阶层频数分布。

社会阶层	f
上层	17
中上层	12
中层	6
中下层	7
下层	4
	$N=46$

101 根据社会阶层衡量方式的不同（定类、定序或定距），计算适用于描述给定分布的集中趋势的测量值。

30. 一组研究发作性睡病（一种症状为在日间突然睡着的睡眠障碍）的心理学家决定在一天的时间里跟踪 20 名患病志愿者，并记录他们各自睡着的次数。他们收集到的数据被整理为如下简单频数分布：

睡着的次数	f
7	2
6	1
5	3
4	5
3	3
2	4
1	2
	$N=20$

找出众数、中位数和均值。

31. 以下简单频数分布展示的是 40 个人的打分情况，他们被要求在 1～7 的范围内评价他们对干细胞研究的态度（1 代表对干细胞研究态度最肯定，而 7 代表最否定）。

对干细胞研究的态度	f
7	8
6	5
5	7
4	6
3	4
2	3
1	7
	$N=40$

找出众数、中位数和均值。为了使均值有意义，你必须先做什么假设？

32. 46 个成年人宗教信仰程度的分值如下（高分代表更强的宗教感情），从下面的简单频数分布中计算众数、中位数和均值。

分值	f
10	3
9	4
8	6
7	8
6	9
5	7
4	5
3	2
2	1
1	1
	$N=46$

33. 一个由 10 名成年人组成的焦点小组被选择来评价一名候选人在总统选举辩论中的表现。他们被要求就知识和演讲风格两个方面的特性对候选人进行评价，并采用量表的形式进行评分，1 代表很糟，10 代表非常好。对候选人的评价结果如下： *102*

评价者	知识评价	演讲风格评价
A	7	5
B	8	6
C	9	5
D	3	5
E	5	6
F	8	7
G	9	6
H	4	5
I	8	6
J	7	5

a. 找出知识评价的众数、中位数和均值。

b. 找出演讲风格评价的众数、中位数和均值。

c. 候选人的哪一种特性的评价更高？

34. 下面是一家小公司 39 名办公室人员的受教育水平的分组频数分布：

受教育水平	f
研究生	3
大学毕业	5
大学肄业	11
高中毕业	14
高中肄业	6
	$N=39$

根据受教育水平的测量等级（定类、定序或定距），计算适用于描述给定分布的集中趋势的测量值。

▶ 上机练习

1. 从综合社会调查中找出人们每天看电视的平均时长。找出每天看电视时长（TVHOURS）的众数、中位数和均值。提示：打开 FREQUENCIES 程序中的 STATISTICS 选项，以获取选定变量的众数、中位数和均值。通过检查 DATA 和 WEIGHT CASES，验证数据集的权重为 V5。

2. 过去一年，美国人发生性行为的频率是怎样的？使用综合社会调查的数据来找到人们报告的过去一年性行为情况（SEXFREQ）的中位数和众数。你是否应该计算出这个变量的均值？为什么应该/不应该？

103 3. 用恒定美元（即价值固定在“2000 年”的美元）计算，一个美国家庭的收入是多少？收入可以用综合社会调查的信息估计，然后再将其转换为恒定美元（CONINC）价值。这个变量的测量等级是什么？哪种集中趋势的测量方法适用于这种变量？

4. 在综合社会调查的受访者的母亲当中，最高的受教育年限是多少年？使用综合社会调查的数据，分析目前的教育情况（MAEDUC）。这个变量的测量等级是什么？哪种集中趋势的测量方法适用于这种变量？

5. 使用综合社会调查的数据，找到美国人兄弟姐妹数量（SIBS）的众数、中位数和均值。

第4章 对变异性的测量

104

在第 3 章中，我们看到众数、中位数和均值能够简单地以一个数字来概括一个分布的平均或典型特征。但是，当只采用其中的一个时，对任何一种集中趋势的测量都只会产生数据的一个不完全的图像，因此会在对数据进行说明的同时又导致误导和扭曲。

为了演示这种可能性，让我们考虑一下夏威夷州的檀香山和亚利桑那州的菲尼克斯这两个地方，它们几乎有相同的 75℉（华氏度）的日平均气温。我们能因此而断定这两地的气温基本一致吗？或者是否有可能其中的一个城市全年更适合游泳及其他户外活动呢？

如图 4－1 所示，檀香山的气温全年变化很轻微，通常为 70℉～80℉。与之相比，菲尼克斯的气温则因季节不同而不同，从一月的低至 40℉到七八月的 100℉。不用说，菲尼克斯的游泳池中的人不会是全年爆满的。

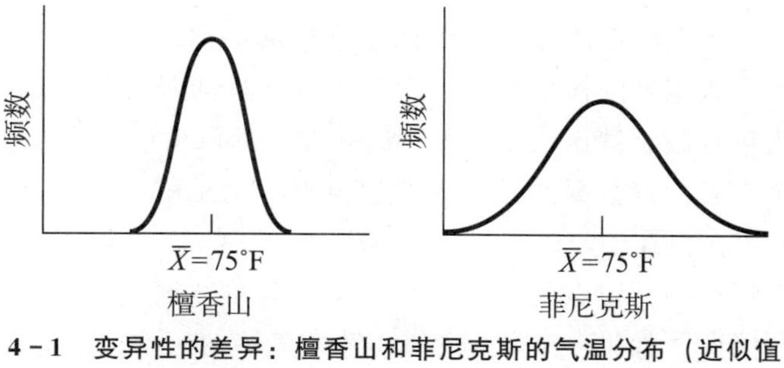

图 4－1　变异性的差异：檀香山和菲尼克斯的气温分布（近似值）

105

考虑另外一个例子。假设法官 A 和法官 B 对他们相信犯了袭击罪的被告判处的刑期平均都为 24 个月。人们会很容易被这个统计误导，认为这两个法官在量刑的理念上有相同的基本观点。假设我们进一步得知法官 A 相信判决的完全公平性，对所有犯有袭击罪的被告都给予 24 个月的刑期，而法官 B 则根据被告在法庭上的举止及以前的犯罪记录分别给予被告从 6 个月直至 6 年的刑期。假如你是一个律师，想要设法使你的客户的案子由两个法官中的一个进行审理，你会选哪一个呢？

可以看到除了对集中趋势的测量以外，我们还需要有一个描述分数是如何围绕着分布的中心散布的指标。总而言之，我们需要一个对变异性（也被叫作离散性、宽度、散布性）的测量。回到早先的例子，我们可以说菲尼克斯的气温的分布比檀香山的气温的分布有更大的变异性。同样，我们可以说法官 A 判决的分布比法官 B 判决的分布有更小的变异性。这一章只讨论对最常见的变异性的测量：全距、四分位差、方差和标准差。

全距

为了得到一个对变异性快捷但粗略的测量，我们可以计算所谓的全距（R），即一个分布中最大值与最小值之间的差距。例如，如果檀香山的年最高温度为 89℉，而最低温度为 65℉，那么檀香山温度的全距是 24℉（89－65＝24）。如果菲尼克斯的年最高温度为 106℉，而最低温度为 41℉，那么菲尼克斯温度的全距是 65℉（106－41＝65）。公式为：

$$\boxed{R = H - L}$$

106 在这里，R＝全距，H＝分布中的最高值，L＝分布中的最低值。

全距的优点——计算起来简单快捷——也是它最主要的缺点。这就是说，由于全距只完全依赖于两个数值——给定数据中的最大值和最小值，因此全距通常只能给出一个分布的变异性的粗略的情况。

例如，A 教授有一个年龄分别为 18、18、19、19、20、20、22 和 23 的 8 个学生的讨论会，B 教授有一个年龄分别为 18、18、19、19、20、20、22 和 43 的 8 个学生的讨论会。A 教授因而声称他的学生的全距是从 18 到 23（或者是 5 岁的全距），B 教授因而声称他的学生的全距是从 18 到 43（或者是 25 岁的全距）。但是，除了一个学生以外，这两个班的学生的年龄分布是一样的。全距非常清楚地被那个学生影响甚至扭曲了。任何一种受某个案例的值的影响如此之大的测量都不可能对变异性有精确的把握，因而在大多数情况下，只能被视为一种初步的或者非常粗略的指标。

四分位差

正如我们所看到的，全距完全取决于分布中两个最极端的值——最大值和最小值。虽然在一个非常小（比如只有 10 或 15 个数据）的样本中，全距作为变异性测量的指标的有用性可能不会降低。但是，当样本的大小增加到包含数百甚至数千个案例时，全距的取值或者说大小只可能保持不变或增大。因此，如果描述的是一个有着大量数据的样本的取值范围，全距就会失去其绝大部分的可靠性，并仅仅成为对变异性的一个粗略的测量。

在第 2 章中，我们介绍了四分位点的概念，它被定义为将数据按大小顺序排列后，可将其分成数量相等的四部分的隔点。因此，如果一个数据被确定位于第一四分位点（$Q1$），那么我们便知道 25%

的案例取值等于或低于它；如果一个数据被确定位于第二四分位点（$Q2$），那么我们便知道50%的案例取值等于或低于它；而如果一个数据被确定位于第三四分位点（$Q3$），那么我们便知道75%的案例取值等于或低于它。

使用四分位点而不是最大值和最小值，我们便可以计算出一个测量变异性的指标"四分位差"（IQR）——不同于全距，四分位差的大小并不取决于最极端的数据——它可以敏锐地测量出大多数数据集中在中心附近的分布。同时，像全距一样，四分位差的取值越大，说明数据的取值范围或者说变异性越大。

根据定义，四分位差包含着当数据按大小顺序排列后，位于正中间的50%的数值。四分位差是通过计算第一和第三四分位点之间的差得到的。

$$\boxed{IQR = Q3 - Q1}$$

在这里，$Q1$是使25%的案例取值等于或低于它的数值，而$Q3$是使75%的案例取值等于或低于它的数值。

考虑下列一个数据集，它来自大学历史课的一次期中考试成绩，包含20个数据，并已按从大到小 107
的顺序排列：

94　92　91　88　85 | 84　80　79　77　76　74　74　71　69　65 | 62　56　53　48　40

$Q3$　　　　　　　　　　　　　　　$Q1$

为了计算四分位差，你必须首先确定$Q1$和$Q3$的位置：对于上述20个数据，使用其按从大到小的顺序排列后得到的数列，来找到使25%（第5个数后）和75%（第15个数后）的数据落在其下的隔点是非常容易的。

不过，在更为复杂的情况中，应用下列公式可能会对你非常有帮助：

$Q3$的位置$=0.75(N+1)$

$Q1$的位置$=0.25(N+1)$

因此，第三四分位点，即有3/4（或75%）的数据等于或低于它，落在第15个数（84）与第16个数（85）之间。简单来说，任何取值落在两个数据之间的四分位点，都将被视为落在两个数据的中点，或者说与两边邻接的数据有相同距离的点上。因此，$Q3=84.5$。而在另一端，第一四分位点，即有1/4（或25%）的数据等于或低于它，落在第5个数（62）与第6个数（65）之间的中点上。因此，$Q1=63.5$。所以四分位差等于21。

$$\begin{aligned} IQR &= Q3 - Q1 \\ &= 84.5 - 63.5 \\ &= 21 \end{aligned}$$

现在让我们讨论一下，如果我们想要比较上述的有20个数据的期中考试成绩与相同班级的只有19个数据的期末考试成绩的变异性的差异（20个学生中有1人——在期中考试中得到48分的那位——在期末考试前退课了，仅留下其余的19人）。我们会问，学生们在期末考试中的成绩是否会比期中考试中的成绩更加集中地分布在中心附近？学生们在期中考试中的成绩是否比在期末考试中的成绩更分散？为了回答这些问题，我们需要计算出期末考试中19人成绩的四分位差。

94　90　87　85　$\overline{82}$　80　80　79　78　78　77　76　74　73　$\overline{72}$　71　67　56　40

$Q3$　　　　　　　　　　　　　　　$Q1$

在这个案例中，

$$\begin{aligned} Q3\text{的位置} &= 0.75(19+1) \\ &= 15 \end{aligned}$$

$Q1$ 的位置 $= 0.25\ (19+1)$

$= 5$

108 $Q3$ 和 $Q1$ 被分别确定取值为 82 和 72。因此：

$$IQR = Q3 - Q1$$
$$= 82 - 72$$
$$= 10$$

因为最高分和最低分在两次考试——期中考试与期末考试——中完全一致（它们在两次考试中都为 94 分和 40 分），所以全距（$R=54$）在期中考试与期末考试中相同，这错误地反映出变异性或者取值范围在两次考试中没有区别。四分位差则给出了不同的解释。它反映出在期中考试中位于正中间的 50%分数的取值范围（$IQR=21$）要远大于期末考试（$IQR=10$）。通过对四分位差的比较，我们可以得出结论说期中考试成绩的变异性要大于期末考试成绩的变异性。鉴于全距缺乏可靠性，大学很少——如果有的话——报告其大一新生们 SAT 考试成绩的全距，它们（连同美国新闻和世界报道）更倾向于报告正中间的 50%分数的范围。

方差和标准差

在第 3 章中，离差的概念被定义为任一给定的原始数据到其均值的距离和方向。为了计算离差，我们被告知要用任一原始分数减去其均值（$X-\overline{X}$）。如果我们现在希望得到一种将分布中的每个数据（而不仅仅是两个数值）都考虑在内的对变异性的测量方法，那么我们可能会试图将所有离差加在一起。但是，实际离差的总和 $\sum(X-\overline{X})$，始终为 0。正负偏差自行相互抵消，因此不能用于描述或比较分布的变异性。

为了解决这个问题，我们可以对到均值的实际离差求平方和 $\sum(X-\overline{X})^2$。虽然还有其他方法（例如，取绝对值）可以避免到均值的正离差和负离差相互抵消，但是在求和之前对离差求平方有一些更为可取的优点。其中最直接的是，求平方会导致对变异性的测量对极端值的影响更为敏感。例如，当我们对离差求平方时，五个偏离均值一个单位远的数据是无法与一个偏离均值五个单位远的数据相比的。因此，在计算方差和标准差时，极端值被给予了更大的重视。

对离差求平方的另一个优点涉及均值在与数据比较时体现出的“重心”特质。举一个基本的例子，表 4-1 中显示的数据 1、2 和 6 的均值为 3，而中位数为 2。如果要计算每个数据偏离集中趋势的程度，那么实际上就总体距离而言，中位数更接近于每个数据；而就总体距离的平方而言，均值更为接近每个数据。因为我们通常更喜欢用均值来测量集中趋势（除非数据存在严重的偏态），所以我们也应该选择最适合均值的变异性测量，即一种基于到均值的离差的平方的测量。

109 **表 4-1　数据举例**

数据	到中位数的距离	到均值的距离	到中位数的距离的平方	到均值的距离的平方
1	1	2	1	4
2	0	1	0	1

续表

数据	到中位数的距离	到均值的距离	到中位数的距离的平方	到均值的距离的平方
6	4	3	16	9
总计	5	6	17	14

注：到中位数/均值的距离不考虑方向或符号。

如表 4-2 所示，利用 6 个失业者获得失业救济金的周数，对离差求平方的过程消除了负号，因为平方后数字总是正数。在对到均值的离差的平方求和后，我们可以将此总和除以 N 来根据所涉及的数据数量对其加以修正。这是离差的平方的均值，不过其更常见的名称是方差，由符号 s^2 表示。方差的计算公式为：

$$s^2 = \frac{\sum (X - \overline{X})^2}{N}$$

在这里，s^2 = 方差，$\sum (X - \overline{X})^2$ = 到均值的离差的平方和，N = 数据总数。

根据表 4-2 所示继续，我们会得出方差为：

$$s^2 = \frac{\sum (X - \overline{X})^2}{N} = \frac{52}{6} = 8.67$$

表 4-2　对离差求平方（此处 $\overline{X}$=5）

X	$X-\overline{X}$	$(X-\overline{X})^2$
9	+4	16
8	+3	9
6	+1	1
4	−1	1
2	−3	9
1	−4	16
	0	$\sum (X-\overline{X})^2 = 52$

然而，出现了一个更进一步的问题。作为对离差求平方的直接结果，测量的单位被改变了，这使得方差难以解释。方差是 8.67，但是 8.67 是什么？方差被解释为表示我们数据的任何单位的平方。在这个案例中，我们将出现“平方周”！ 110

为了将变异性的测量放在正确的视角下，即返回我们原始的测量单位，我们采用方差的平方根。这就引出了标准差——一种变异性测量方法。它通过将到均值的离差求平方后相加，除以 N 然后开平方得到，由符号 s 表示，标准差的计算公式为：

$$s = \sqrt{\frac{\sum (X - \overline{X})^2}{N}}$$

在这里，s = 标准差，$\sum (X - \overline{X})^2$ = 到均值的离差的平方和，N = 数据总数。

逐步演示 4.1　标准差

利用失业星期数的数据，计算标准差的步骤如下：

第一步　计算分布的均值。

X
9
8
6
4
2
1
$\sum X = 30$

$$\bar{X} = \frac{\sum X}{N}$$

$$= \frac{30}{6}$$

$$= 5$$

第二步　将每个原始数字减去均值，得到离差。

X	$X-\bar{X}$
9	+4
8	+3
6	+1
4	−1
2	−3
1	−4

111 **第三步**　将每个离差取平方，然后相加。

X	$X-\bar{X}$	$(X-\bar{X})^2$
9	+4	16
8	+3	9
6	+1	1
4	−1	1
2	−3	9
1	−4	16
		$\sum (X-\bar{X})^2 = 52$

第四步　除以 N 再取平方根。

$$s = \sqrt{\frac{\sum (X-\bar{X})^2}{N}}$$

$$= \sqrt{\frac{52}{6}}$$

$$= \sqrt{8.67}$$

$$= 2.94$$

现在我们可以说这 6 个失业救济的领取者的标准差为 2.94 个星期。这就是说，这个分布中的数字平均偏离均值大约 3 个星期。例如，在这个分布中，2 低于均值，但只低约 1 个标准差。

从原始数据中计算方差和标准差的公式

到现在为止，我们通过离差（$X-\overline{X}$）来计算方差和标准差。有一种更容易的计算这些统计量的方法，尤其是借助于计算器的帮助。这种方法直接使用原始数据。用原始数据计算方差和标准差的公式为：

$$s^2=\frac{\sum X^2}{N}-\overline{X}^2$$

$$s=\sqrt{\frac{\sum X^2}{N}-\overline{X}^2}$$

在这里，$\sum X^2$ =原始数据的平方和（将每个原始数据先取平方，然后相加），N=数据总数，$\overline{X}^2$=均值的平方。

逐步演示 4.2　从原始数据中计算方差和标准差 112

使用原始数据来计算 s^2 和 s 的过程可通过失业星期数的数据 9、8、6、4、2 和 1 来演示。

第一步　将每个数取平方然后相加。

X	**X²**
9	81
8	64
6	36
4	16
2	4
1	1
	$\sum X^2=202$

第二步　获取均值，然后取平方。

X
9
8
6
4
2
1
$\sum X=30$

$$\overline{X}=\frac{\sum X}{N}=\frac{30}{6}=5$$

$$\overline{X}^2=25$$

第三步 将第一步和第二步的结果代入公式。

$$s^2 = \frac{\sum X^2}{N} - \overline{X}^2$$

$$= \frac{202}{6} - 25$$

$$= 33.67 - 25$$

$$= 8.67$$

$$s = \sqrt{\frac{\sum X^2}{N} - \overline{X}^2}$$

$$= \sqrt{\frac{202}{6} - 25}$$

$$= \sqrt{8.67}$$

$$= 2.94$$

如第三步所示，将失业星期数的数据应用到原始数据的公式中与通过离差来计算得出了一样的结果。

113

从简单频数分布中计算方差和标准差

在上一章，我们看到了如何进行对以简单频数分布展现的分布的集中趋势的测量。而方差和标准差可通过类似的方式获取。

让我们回到下面代表 25 个成年人的初婚年龄的原始数据：

18 18 19 19 19 19 20 20 20 21 21 22

22 23 23 24 25 26 26 26 27 27 29 30 31

从原始数据中，我们可以计算出方差 $s^2 = 14.56$，标准差 $s = 3.82$。

这些数据可以用下面的简单频数分布的形式重新排列（见表 4-3）：

表 4-3 简单频数分布

X	f	X	f
31	1	24	1
30	1	23	2
29	1	22	2
28	0	21	2
27	2	20	3
26	3	19	4
25	1	18	2

为了从简单频数分布中获取方差和标准差，我们应用以下公式：

$$s^2 = \frac{\sum fX^2}{N} - \overline{X}^2$$

$$s = \sqrt{\frac{\sum fX^2}{N} - \overline{X}^2}$$

在这里，X＝数值，f＝数值的频数，N＝案例的数量，$\overline{X}$＝简单频率分布的均值。

114

逐步演示 4.3　从简单频数分布中计算方差和标准差

为了得到方差和标准差，我们必须首先按上一章所列出的步骤计算均值。

第一步　将每一个数值（X）乘以它的频数（f）得到 fX 的结果，然后将 fX 这一列相加。

X	频数（f）	fX
31	1	31
30	1	30
29	1	29
28	0	0
27	2	54
26	3	78
25	1	25
24	1	24
23	2	46
22	2	44
21	2	42
20	3	60
19	4	76
18	2	36
		$\sum fX = 575$

第二步　将每一个数值取平方（X^2）乘以它的频数（f）得到 fX^2 的结果，然后将 fX^2 这一列相加。

X	频数（f）	fX	fX^2
31	1	31	961
30	1	30	900
29	1	29	841
28	0	0	0
27	2	54	1 458

续表

X	频数（f）	fX	fX^2
26	3	78	2 028
25	1	25	625
24	1	24	576
23	2	46	1 058
22	2	44	968
21	2	42	882
20	3	60	1 200
19	4	76	1 444
18	2	36	648
			$\sum fX^2 = 13\ 589$

115 **第三步** 获取均值并对它取平方。

$$\overline{X} = \frac{\sum fX}{N} = \frac{575}{25} = 23$$

$$\overline{X}^2 = (23)^2 = 529$$

第四步 利用前面的步骤得出的结果计算方差。

$$s^2 = \frac{\sum fX^2}{N} - \overline{X}^2 = \frac{13\ 589}{25} - 529 = 543.56 - 529 = 14.56$$

第五步 计算标准差（方差的平方根）。

$$s = \sqrt{\frac{\sum fX^2}{N} - \overline{X}^2} = \sqrt{\frac{13\ 589}{25} - 529} = \sqrt{543.56 - 529} = \sqrt{14.56} = 3.82$$

最后，应注意到从简单频数分布中计算出来的方差和标准差与从原始数据中计算出来的是完全一致的。

标准差的含义

前面我们提到标准差比方差更具可解释性，因为它的单位与实际单位是一致的。但即便如此，计算标准差所需要的步骤还是会让读者对它的含义有种不容易理解的感觉。例如，假设我们得知某个分布的标准差为4，这个数字所指的是什么呢？我们现在能对这个分布确切地说出什么我们以前说不出的内容吗？

第5章将试图澄清标准差的全面含义。就目前而言，我们主要应注意到标准差代表着一个分布的“平均”变异性，因为它测量了相对于均值的平均离差。虽然求标准差的过程涉及了求平方和取平方 116
根，但其目的主要在于排除负号并回到更方便的测量单位——数据的原始单位。

我们也注意到了，一个分布围绕均值的变异性越大，标准差也越大。因而，$s=4.5$ 比 $s=2.5$ 显示出更大的变异性。例如，亚利桑那州的菲尼克斯的气温分布比同期夏威夷州的檀香山的气温分布的标准差要大。

让我们再一次考虑前面提到过的关于罪犯刑期的案例，来看一看方差和标准差对于理解和解释一个分布的重要性。表4-4展示了两组各6名犯了抢劫罪的被告被各自的法官所做的判决。首先要注意到标准差相对于方差的优点。尽管方差和标准差在解释变异性或离散性上有同样的能力，但标准差具有更切实的可解释性。在这个案例中，标准差是以月为单位来表示的，这对我们来说是有意义的，而方差是以月的平方来表示的，这使得方差对我们来说更难理解。

让我们回来比较这两位法官，我们看到A法官相对于B法官有更大的均值以及较小的方差和标准差。有人可能会说，至少仅从数据上而言，A法官要更严厉但更公平，B法官要更宽容但量刑不一。对一个律师而言，你最好选择A法官。尽管你可能会预计一个更长的刑期（因为A法官的均值更大），但你不会冒被B法官做出严厉的判决的风险。

现在，让我们向这个难题中加入新的一点。B法官的判决的高变异性并非看上去那么没道理。长刑期被给予了那些有着更多的犯罪记录的被告，而短刑期被给予了那些初次或第二次犯罪的被告（在后面的章节里，我们将考虑测量变异性来源的技术）。因此，对一个律师来说，你对法官的选择将依赖 117
于你的委托人的犯罪史。假如他有很少或根本没有犯罪史，你将会倾向于选择B法官，因为你预计，相比似乎更刻板的A法官，B法官将会判处被告一个更短的刑期。但是，如果你的委托人是一个惯犯，那么你将会倾向于选择A法官，因为A法官似乎相对更多地关注当前的案件，而较少关注被告的背景。

表4-4 两位法官对抢劫罪的判决月数

法官A	法官B
34	26
30	43
31	22
33	35
36	20

续表

法官 A	法官 B
34	34
$\overline{X}=33.0$	$\overline{X}=30.0$
$s^2=4.0$	$s^2=65.0$
$s=2.0$	$s=8.1$

因此，标准差是一个描述分布的变异性程度或比较分布变异性的有用的工具。它也经常被用来考察一个分布中数值的相对位置。从这个意义上而言，标准差是一个标准，通过它我们可以估计一个数值（例如你的考试分数）在整个分布（例如全班的考试分数）中的相对位置。

为了理解标准差的这个含义，让我们首先用在一个房间里放置一棵植物作为类比。如果我们想讨论一棵植物与起居室的墙之间的距离，那么我们可能会想用英尺①作为测量距离的单位（例如，"起居室中的这棵植物位于离墙 5 英尺的位置"）。但是，我们应如何测量包含一组被调查者的从低到高排列（升序）的分数的频数多边形图坐标的宽度呢？与之相关，我们如何找出一种测量任何原始分数相对于它的均值的距离的方法，即一种允许在一个分布内部和不同的分布之间进行比较的标准方法呢？如果我们谈论的是植物，那么我们可能会发现一棵植物离起居室的墙 5 英尺，一棵植物离厨房的墙 10 英尺。在英尺这个概念上，我们有一个标准化的测量单位，由此我们可以以一种有意义的方式进行比较。但我们应如何对原始数据进行比较呢？例如，我们能对英语考试中的 85 分和德语考试中的 80 分进行比较吗？到底哪一个分数要高呢？稍微一想就可以发现它取决于在每个班上其他学生的表现如何。

一种给出坐标宽度的粗略的指标是全距，因为它给出了沿着坐标最高分与最低分之间的距离。但是全距不能有效地用于对一个分数相对于它的均值进行定位，因为——除了它的其他弱点以外——全距覆盖了坐标的整个宽度。与之相比，标准差要小于全距，并且通常远小于坐标的整个宽度。

如同我们以英尺或码②为单位来测量地毯一样，我们可以以标准差为单位来绘制坐标。例如，我们会将标准差和均值相加，以找出哪一个原始数据正好位于距均值一个标准差的位置。因此，如图 4-2所示，如果 $\overline{X}=80$ 且 $s=5$，那么原始数据 85 正好位于均值之上一个标准差的位置（80+5=85），即+1 个标准差的位置。方向为正是因为高于均值的离差都是正的，所有低于均值的离差都是负的。

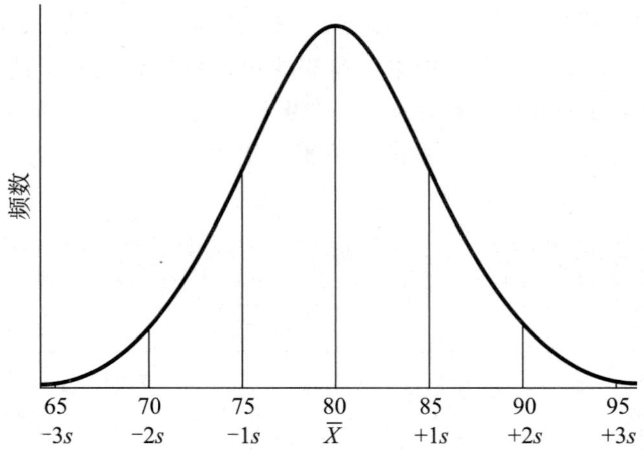

图 4-2　当标准差（s）为 5，均值（$\overline{X}$）为 80 时，以标准差为单位来分割坐标

① 1 英尺约等于 0.304 8 米。——译者注

② 1 码等于 3 英尺，约等于 0.914 4 米。——译者注

让我们通过把原始数据 85 加上一个标准差来继续扩展这个坐标线。这个步骤将得到 90，它正好位于均值之上两个标准差的位置（85＋5＝90）。同样，我们将 90 加上一个标准差将得到 95，它表示原始数据正好位于均值之上三个标准差的位置；我们将 80 减 5、75 减 5、70 减 5，将分别得到－1 个 118
标准差、－2 个标准差、－3 个标准差。

以标准差为单位分割坐标的过程在很多方面类似于以英尺为单位测量树与墙之间距离的过程。但是，这个类比至少在一个重要的方面是不一致的：英尺和码是常数（1 英尺永远等于 12 英寸，1 码永远等于 3 英尺），而标准差的值在不同的分布之间是变化的。否则，我们将不能如前面所演示的那样用标准差来比较分布的变异性（如表 4－4 中判决的分布）。出于这个原因，我们必须计算我们所处理的分布的标准差的大小。同样出于这个原因，通常以标准差为测量单位要比以英尺或码为测量单位更加难以理解。

如我们在下一章中将看到的，标准差在解释一种被我们称为正态分布的数据时具有重要的意义。实际上，除非一个分布是高度偏态的，否则将有约 2/3 的数字落在均值左右各一个标准差的范围内。有些时候，这个范围被称作标准域，因为它被认为包含了接近一般（或者标准）情况的案例。例如，儿童的阅读速度正好落在均值上，从严格的意义上说，处于平均水平；但儿童的阅读速度在任何方向上接近均值，更精确地说，在距均值一个标准差之内的位置上，也会被认为在标准域之内。因此，如果一个给定的年龄组的平均阅读速度是每分钟 120 个字，标准差为每分钟 25 个字，那么标准域将会被定义为每分钟 95～145 个字，并且会有约占这个年龄组的 2/3 的儿童的阅读速度位于标准域内（见图 4－3）。在第 5 章我们将继续讨论标准差的概念。

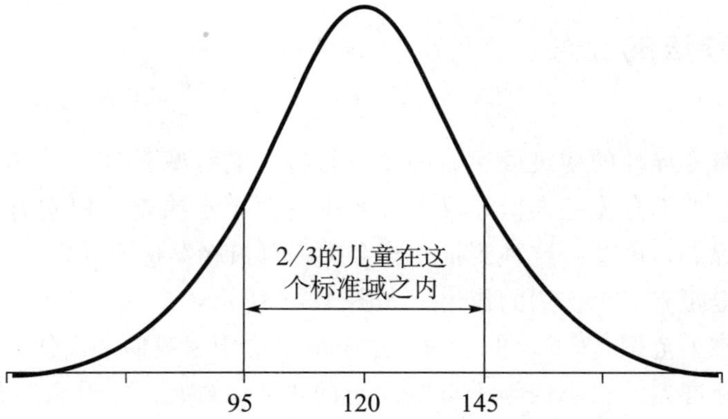

图 4－3　阅读速度的分布（其中 $\bar{X}=120$，$s=25$） 119

变异系数

在某些情况下，社会研究者需要比较已被测量的两个或多个使用不同单位的特征的变异性。例如，研究者可能会研究某一特定公司员工每小时工资和每周工作小时数的变异性。在哪个特征——每小时平均工资（$\bar{X}=22$ 美元）或每周平均工作小时数（$\bar{X}=35$ 小时）——中存在着更大的分散性或者说宽度？

第一步是计算工资的标准差（$s=10.50$ 美元）和工作小时数的标准差（$s=10$ 小时）。直接使用标准差来比较以两个完全不同的单位——美元和小时——来衡量的数据的分散性或者说宽度是有问题的。这就像试图比较以磅为单位和以千克为单位的重量的变异性。标准差的值将根据测量单位的不同而有所不同。

相比之下，变异系数（CV）基于标准差的大小，但其取值与研究者采用的测量单位无关。CV 表示标准差占样本均值的百分比。

因此：

$$\boxed{CV = 100(\frac{s}{\bar{X}})}$$

对于每小时工资：

$$CV = 100\left(\frac{10.5}{22}\right)$$
$$= 100(0.4773)$$
$$= 47.73\%$$

120 对于每周工作小时数：

$$CV = 100\left(\frac{10}{35}\right)$$
$$= 100(0.2857)$$
$$= 28.57\%$$

用 CV 进行比较的结果表明，每小时工资的变异性（标准差几乎是平均工资的 48%）大于每周工作小时数的变异性（标准差几乎是平均工作小时数的 29%）。显然，工人们的工资到平均工资比他们的工作小时数到平均工作小时数分散得更远。

对变异性测量方法的比较

全距通常被当作分布变异性的初级或粗略的测量指标。它计算快捷而简单，但不太可靠，它被应用于定距和定序变量。虽然四分位差类似地仅由分布中的两个点决定，但它有着代表一个数据集的中间部分而非极端数据的优点，因此，这种测量并不会为一对极端案例或异常值所扭曲。

在标准差计算上，全距有一个实用的作用。如图 4 - 2 所示，在一个分布中，6 个标准差几乎覆盖了从最大值到最小值的整个范围（$-3s$ 到 $+3s$）。这个事实给予了我们一个估计（不是计算）标准差的便利方法。通常而言，标准差的大小约等于全距大小的 1/6。例如，如果全距是 36，标准差就会被期望落在 6 附近；如果全距等于 6，标准差就会约等于 1。

这个法则对于那些希望找出其答案是否接近正确的读者来说具有相当的重要性。举一个极端的例子，如果全距等于 10，而我们计算出的标准差等于 12，那么我们应该在某些方面犯了错，因为标准差不可能大于全距。需要提醒的是：1/6 法则通常应用在我们有大量案例的时候。当案例较少时，通常会出现少于 6 个标准差来覆盖分布的情况。

鉴于全距和四分位差是从两个数值中计算出来的，而方差和标准差都是考虑了分布中的每一个数值的，因此，计算标准差成为获取某些其他统计指标的初始步骤，尤其是在统计决策的过程中。在下面的章节中，我们将详细地讨论标准差的各个特性。

除了是一种测量变异性的可靠指标以外，标准差也有它的缺点。与对其他的变异性的测量相比，标准差的计算要更加困难和费时。但是，这个缺点越来越为统计计算中高速计算器和电脑使用的增加所克服。同时，方差和标准差是定距数据的特性，因而不能被用于定类和定序数据——而这两类数据是社会研究者经常需要处理的。

分布的可视化 121

当我们试图描述一个熟人的外表时，我们会倾向于强调身高、体重、年龄和头发长短等诸如此类的特征。同样，当社会研究者试图描述数据的分布时，会倾向于指出它们的集中趋势、离散性、偏态或者其他特性。但是，俗话说一张图抵得上一千句话。在试图对一个人的外表形成一个印象的时候，他的一张照片要比关于他的各种特征的一个列表要有用得多。同样，对一个分布的图形展示要比统计数据列表有用得多。

近些年来，绘制箱图已成为一种能同时描述一个分布的多个数字特征的流行的图形技术。例如，下面给出了从一个用来测量耐性的实验中得出的待机时间（分钟）的数据集。在研究中，被调查者拨打一个“吹嘘得太过以至于不像是真的”的高清晰电视机的报纸广告中提供的免费电话号码。这些对“销售”的询问被接线员置于无限期的待机状态中，直到致电者在沮丧中挂机为止。

3　7　2　1　4　3　8　3　5　7　4　5　6　7　6　5　4　3　9　5

通过我们学到的公式和方法，我们能计算出待机时间的均值是 4.85 分钟，而中位数为 5.0 分钟。这两个集中趋势的测量值近似地显示出这个分布是相当对称的。从变异性上而言，待机时间的全距从最短 1 分钟到最长 9 分钟。标准差为 2.03 分钟，显示出有约 2/3 的致电者等待了两侧距均值各约两分钟的时间（或者从 2.82 到 6.88）。

所有这些细节能够在如图 4－4 所示的箱图中被展示出来。尽管具体的图形取决于个人的趣味和偏好（如大多数艺术品一样），但箱图一般以一条从最小值延伸到最大值的线来表示全距。图中的矩形箱子代表均值之上一个标准差到均值之下一个标准差的区间。此外，横穿箱子的直线代表中位数，箱子中的圆圈代表均值。（除了标准差以外，其他的一些测量，如第一和第三四分位点，也可以在箱图中表示出来。） 122

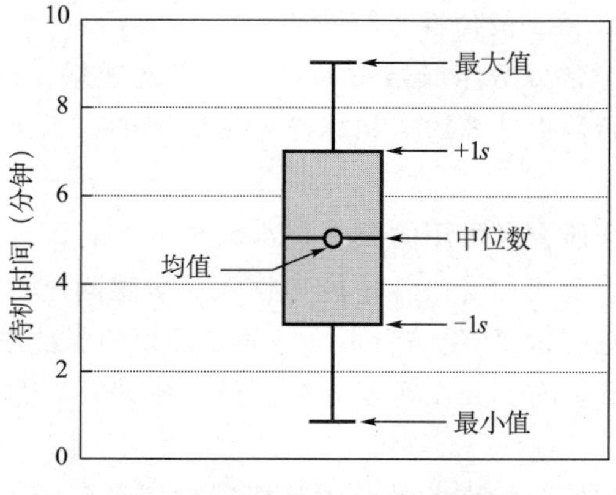

图 4－4　待机时间分布的箱图

当我们在第 2 章首先遇到统计图形的时候，条形图被用于对两个分布进行比较（例如，不同性别的受害者与罪犯之间的关系）。条形图对于定类变量而言是好用的，但对于如待机时间这样的定距变量，我们能找到更好的办法。正如我们可以比较两张并排放在一起的人的照片一样，我们可以并排呈现两个箱图以获得对组间差异的更全面的理解。图 4－5 展示出如下面分男性和女性的待机时间数据：

男性：5　2　7　9　3　4　3　1　3　8

女性：3 5 7 4 5 6 7 6 5 4

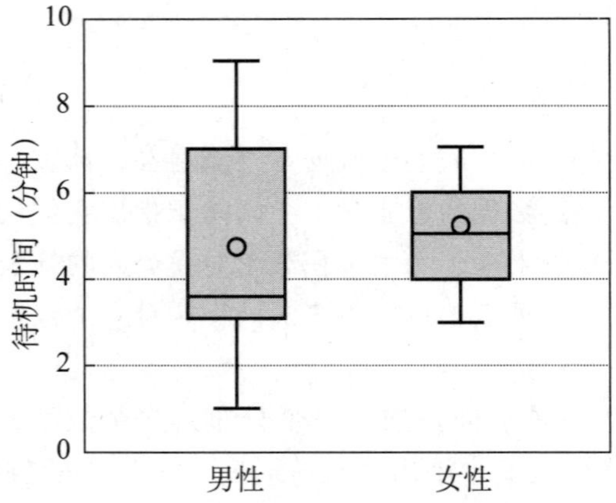

图 4-5 男性和女性的待机时间分布的箱图

我们看到，平均而言，无论是从待机时间的均值还是从中位数来说，女性都更有耐心。而男性的耐心水平的差异性则大得多。这就是说，就代表了均值上下各一个标准差的矩形箱子来看，男性的要比女性的长得多。另外，在待机时间的全距上，男性也比女性要大得多。我们从均值和中位点的相对位置上也可以看到男性待机时间的分布有一定程度的偏态，而女性则没有。

123

从分组频数分布中计算均值和标准差

第 3 章和本章重点强调计算定距数据的均值和标准差，无论数据是以其原始形式呈现，还是方便紧凑地排列在简单频数分布中。可以通过直接处理 N 个案例的集合（在使用原始数据的情况下）或通过使用数值及其频数（在简单频数分布的情况下）来进行对集中趋势和离散性这些重要测量的计算。无论使用哪种方法，计算出的 $\overline{X}$ 和 s 的值都是相同的。

回顾第 2 章，社会研究者经常以分组频数分布的形式呈现数据，以总结和简化大量的数值集合。在这种情况下，基于最初的原始数据计算均值和标准差是明智的，因为分组过程模糊了同一组距内包含的数值之间的区别。

然而，在某些情况下，社会研究者可用的只有分组频数分布，因此不可能求助于精确的原始数据来计算均值和标准差。例如，涉及诸如受访者年龄和收入等敏感问题的调查通常会提供一组类别的回答选项（即不同的年龄和收入范围），使受访者不必披露其确切的年龄或收入。或者，你可能会在期刊文章或政府报告中遇到分组频数分布。在没有实际数据值的情况下，如何仅使用可用的分组频数分布来确定均值和标准差呢？

计算一个分组频数分布的均值和标准差的公式可以通过用组距的组中值（m）取代简单频数分布公式中的数值（X）的方法来近似获得。具体而言，对于分组数据：

$$\overline{X}=\frac{\sum fm}{N}$$

$$s=\sqrt{\frac{\sum fm^2}{N}-\overline{X}^2}$$

为了详细说明，假设一项对100名孕妇年龄的调查使用了一组年龄范围作为回答选项，并得到了以下样本数据（见表4－5）：

表4－5　100名孕妇的年龄的分组频数分布

孕妇的年龄	频数（f）
[15，20)	7
[20，25)	36
[25，30)	23
[30，35)	18
[35，40)	10
[40，45)	6
	100

可以通过表4－6获得用于计算孕妇年龄的均值和标准差的必要计算值。 124

表4－6　100名孕妇的年龄的统计值

孕妇的年龄	均值（m）	频数（f）	fm	fm^2
[15，20)	17.5	7	122.5	2 143.75
[20，25)	22.5	36	810	18 225.00
[25，30)	27.5	23	632.5	17 393.75
[30，35)	32.5	18	585	19 012.50
[35，40)	37.5	10	375	14 062.50
[40，45)	42.5	6	255	10 837.50
		100	2 780	81 675.00

使用公式：

$$\overline{X}=\frac{\sum fm}{N}$$

$$=\frac{2\ 780}{100}$$

$$=27.8$$

和

$$s=\sqrt{\frac{\sum fm^2}{N}-\overline{X}^2}$$

$$=\sqrt{\frac{81\ 675}{100}-(27.8)^2}$$

$$=\sqrt{816.75-772.84}$$

$$=\sqrt{43.91}$$

$$=6.63$$

最后，重要的是要记住这些结果只是近似值，因为组中值充当了其各自组距中所有数值的代表。如果研究者在研究中获得了所有女性的确切年龄，那么最好使用针对原始数据的一般公式来计算。然而，在大多数情况下，这种基于分组频数分布的近似估计产生了相当好的结果。

▶ 小结

在第 3 章中，我们讨论了对一个分布中的数据如何围绕中心聚集的测量。尽管众数、中位数和均
125 值具有巨大价值，但除了集中趋势外还有更多关于分布的知识需要学习。在本章中，我们介绍了三种对变异性的测量——全距（包括四分位差）、方差和标准差，它们可用于表示一个分布中的数据如何分散在中心周围。正如集中趋势的指标一样，每种变异性测量指标都有其独特的弱点和优势。全距是一个快速但非常粗略的变异性指标，可以通过计算分布中最大和最小值之间的差来轻松确定。而四分位差测量分布中中间一半数据的分散性，即第一和第三四分位点之间的范围。方差可以提供对数据分散性更精确的测量，即到均值离差平方的均值。方差及其平方根，也就是标准差，是两种可靠的、在定距等级上的变异性测量，能被用在更多的高级的描述和决策运算中。例如，除了能够比较不同分布之间的变异性外，标准差还可以用于将一个分布中每个数据的相对位置标准化。实际上，我们是在一个分布中以标准差为单位绘制坐标线，以确定任一数据与均值之间的距离长短的。此外，变异系数有助于我们在比较以不同单位测量的分布的变异性时解释标准差的意义。标准差的全部意义将在随后从样本推广到总体的讨论中被继续探索。

▶ 重要术语

Variability	变异性	Standard deviation	标准差
Range	全距	Coefficient of variation	变异系数
Inter-quartile range	四分位差	Box plot	箱图
Variance	方差		

▶ 课后习题

1. 对数字如何围绕分布的中心散布的一种测量指标是：
   a. 方差　　b. 标准差　　c. 全距　　d. 以上都是
2. 关于变异性测量的相对大小，下面的陈述中哪个最正确？
   a. 标准差一般要大于方差　　b. 方差一般要大于标准差
   c. 方差和标准差一样大　　d. 四分位差一般要大于全距
3. 一个分布相对于均值的变异性越大，什么也越大？
   a. 全距　　b. 四分位差　　c. 方差　　d. 以上都是

126 4. 多少个标准差接近于覆盖分布的整个全距？
   a. 2　　b. 4　　c. 6　　d. 8

5. 所谓的标准域中约有所有数字的 2/3 落在：

a. 均值之上和之下一个标准差内
b. 分布的最大值与最小值之间
c. 均值之上两个标准差
d. 接近于四分位差的范围

6. 方差和标准差都假定数据是：

a. 定类数据
b. 定序数据
c. 定距数据
d. 正态分布

7. 到均值的离差平方的均值被称为：

a. 方差
b. 中位数
c. 标准域
d. 四分位差

8. 一个通过描述分布中的均值、中位数和全距来将分布可视化的简单图形被称为：

a. 线图
b. 箱图
c. 饼图
d. 直方图

9. 一个算术班上的两个学生比较了他们在 5 次小测验中的成绩：

A 学生	B 学生
4	6
9	5
3	7
8	5
9	6

同时考虑集中趋势和变异性的概念，找出哪个学生在测验中表现得更好，哪个学生在测验中表现得更稳定。

10. 在一个用来测量对移民的态度的量表测试中，两个大学班级的得分如下：

A 班级	B 班级
4	4
6	3
2	2
1	1
1	4
1	2

通过计算每个班的全距、四分位差和标准差，来比较这两个班级的成员对移民的态度的变异性。 127
哪个班级的态度得分具有更大的变异性？

11. 一个研究者对于 5 个人在数个星期有组织的减肥计划后体重减少的效果感兴趣。体重减少的数据（单位：磅）如下：

13　12　6　9　10

计算体重减少数据的全距、四分位差、方差和标准差。

12. 在一场总统选举辩论中，一个由 10 名成年人组成的焦点小组被选中来评价一位总统候选人的表现。焦点小组的每一名成员都对总统候选人的总体表现进行评分，1 代表“很糟”，10 代表“很好”。这位总统候选人获得的评分如下：

4　5　8　7　9　8　7　3　6　7

计算评分的全距、四分位差、方差和标准差。

13. 一组高中学生被调查对包括酒精在内的各种药物的使用情况。当被询问在前六个月里他们有多少次处于醉酒状态时，他们的回答是：

4　2　0　2　1　3　0　7　5　3

计算这些自我报告数字的全距、四分位差、方差和标准差。

14. 在一次对权威主义的测量中（高得分代表更倾向于偏见、自我中心主义和对权威的服从），7名学生的得分如下：

1　6　6　3　7　4　10

计算权威主义得分的全距、四分位差、方差和标准差。

15. 在一个包含20个项目的对自我评价的测量中（高得分代表更高的自我评价），5名少年的得分如下：

16　5　18　9　11

计算这些自我评价得分的全距、四分位差、方差和标准差。

16. 以下是10名警察接受关于如何处理与精神病患者的接触的培训的小时数：

4　17　12　9　6　10　1　5　9　3

计算全距、四分位差、方差和标准差。

17. 一位对公园使用感兴趣的研究者每个月都会询问附近居民，他们每月通常会去一个邻近家的公园几次。居民们对每月去公园次数的回答如下：

6　8　12　4　3　2　16　10　8

计算这个分布的全距、方差、标准差。

128 18. 由12名学生组成的小组向他们的教授提供了关于课程质量评估的反馈，评估范围从0（差）到10（优秀）。反馈如下：

8　6　7　9　8　9　9　9　7　8　10　6

计算这个分布的全距、方差、标准差。

19. 研究者对因在工作中受伤而损失的时间感兴趣。她调查了一组工人补偿金的受益人，询问他们因受伤而无法工作多少星期。15名受益人提供的星期数如下：

6　4　12　42　7　21　16　8　10　35　27　7　6　4　3

计算这个分布的全距、方差、标准差。

20. 一座当地城市正在考虑建造一条新列车线以缓解其高速公路上的交通拥堵。为了调查有多少人会使用这条新列车线，一名政府工作人员出去采访随机抽出的通勤者。10名表示他们会使用列车而不是开车上班的通勤者每周驾驶的里程数（英里）如下：

150　750　300　425　175　600　450　250　900　275

计算这个分布的全距、四分位差、方差和标准差。

21. 一位对非语言交流感兴趣的心理学家决定对目光接触进行非正式研究。一般而言，目光接触往往伴随着情感联系，她相信大多数人会因与陌生人保持超过一定时间的目光接触而感到不舒服。为了测试这一点，她在一条拥挤的街道上散步，并计算在不同陌生人移开视线之前，她可以与之保持目光接触的秒数。她得到的秒数如下：

3.2　2.1　1.7　1.1　2.6　2.2　3.1　1.9　1.7　4.7　2.3　1.6　2.4

计算目光接触时长的全距、四分位差、方差和标准差。

22. 从下面的一个统计课班级的40名学生在某一星期内学习的小时数的分布中计算出方差和标准差：

X	频数（f）
10	1
9	0
8	2
7	4
6	7
5	11
4	5
3	3
2	4
1	2
0	1
	$N=40$

23. 从下面的 18 名初中男生在一个周六晚上看电视小时数的频数分布中计算其标准差： 129

X	频数（f）
5	3
4	5
3	6
2	2
1	2
	$N=18$

24. 从下面 25 名大学生对于死刑的态度的频数分布中计算出其方差和标准差（使用 7 点量表；更高的得分代表对死刑更赞成）：

X	频数（f）
7	2
6	3
5	5
4	7
3	4
2	3
1	1
	$N=25$

25. 从下面 35 名在成年人刑事法庭被审判和判刑的少年犯的年龄频数分布中计算出其方差和标准差：

X	频数（f）
17	12
16	7
15	5
14	4
13	3
12	1
11	2
10	1
	$N=35$

130 26. 从下面 40 名高中教师对互联网审查的态度的频数分布中计算出其方差和标准差（使用 7 点量表；更高的得分代表对互联网审查更赞成）：

X	**频数（f）**
7	4
6	4
5	7
4	8
3	6
2	5
1	6
	$N=40$

27. 在第 3 章的第 27 题中，你求出了下面数据的众数、中位数和均值：一位研究者曾在一家小公司询问 40 名员工，关于他们在最近 6 个月内因病请假而无法工作多少天。

无法工作天数	**频数（f）**
7	4
6	2
5	5
4	12
3	8
2	6
1	3
	$N=40$

计算这个分布的方差和标准差。

28. 从下面 78 名曾作为家庭暴力受害者的大学生的朋友数量（从 1 到 6）的简单频数分布中计算出其方差和标准差：

X	**频数（f）**
6	2
5	7
4	16
3	27
2	15
1	11
	$N=78$

131 29. 一位社会学家对美国人观看晚间新闻播报（晚上 10 点或 11 点）的频率感兴趣。她随机抽取

了 100 个家庭，给他们的电视机配备了电子监控设备，然后确定了他们在 10 月某一周内观看晚间新闻播报的天数。其结果显示在下面的频数分布中：

观看天数	频数 (f)	观看天数	频数 (f)
0	26	4	5
1	24	5	6
2	18	6	5
3	13	7	3
			$N=100$

30. 从下面 50 名工人的职业声望分数的分组频数分布中计算其均值和标准差：

组距	频数 (f)
70～84	3
55～69	9
40～54	14
25～39	16
10～24	8
	$N=50$

▶ 上机练习

1. 使用综合社会调查的信息，探究美国人兄弟姐妹（SIBS）数量的分布情况。提示：在 FREQUENCIES 程序中打开 STATISTICS 选项，查看所选变量的全距和标准差。记得通过 WTSALL 对案例进行加权。需要注意的是，SPSS 在计算方差和标准差时使用 N-1 而不是 N。计算中的这一细微差别将在第 6 章中详细说明。

2. 在第 3 章中，你被要求计算美国人每天看电视时长的众数、中位数和均值。现在，计算每天看电视时长（TVHOURS）的全距、标准差和方差。

3. 从综合社会调查来看，对用打屁股来管教孩子的行为的态度（SPANKING）最适合用哪些集中趋势和变异性的测量方法来分析？

4. 哪些集中趋势和变异性的测量方法最适合分析受访者的收入（RINCOM06）？分析综合社会调查数据以计算此信息。

5. 找到最合适的集中趋势和变异性的测量方法，来分析一个你自选的变量。

详细演示　　**描述数据**　　132

在第 1 章的结尾，我们假设了在一个典型的城市高中里对 250 名 9～12 年级的学生的调查。调查问卷询问了学生吸烟和饮酒的情况，以及其他的一些变量。在试图理解影响吸烟和饮酒的因素之前，我们有必要对调查中的变量——吸烟和饮酒的程度以及其他一些学业的、社会的以及背景性的特征进行描述。让我们先看一下我们感兴趣的主要变量——吸烟和饮酒的频数分布和条形图。

吸烟的程度通过两个问题来评估——被调查者在过去的一个月里是否吸过烟，如果是，通常一天吸多少支烟。假设 250 名学生中有 95 名学生说他们不吸烟；而在那些吸烟的学生中，回答覆盖的范围很广，从有很多学生每天只吸一支、两支或三支烟到有一些学生每天要吸两包甚至更多烟。由于每天吸烟的数量有许多可能的值——从不吸烟的 0 开始一直往上，所以用分组频数分布来展现这些数据是比较方便的。

每日吸烟数量

数量	频数（f）	百分比（%）
0	95	38.0
1～9	45	18.0
10～19	58	23.2
20～29	33	13.2
30～39	15	6.0
40＋	4	1.6
总计	250	100.0

如下图所示，38%的学生在过去的一个月中根本不吸烟，可被视作不吸烟者；18%的学生每天吸少于半包烟，可被视作少量吸烟者；另外 23.2%的学生每天吸烟半包至一包，可被视作中度吸烟者；剩下的 20.8%（将最后三类合并）的学生每天吸烟至少一包，可被视为重度吸烟者。

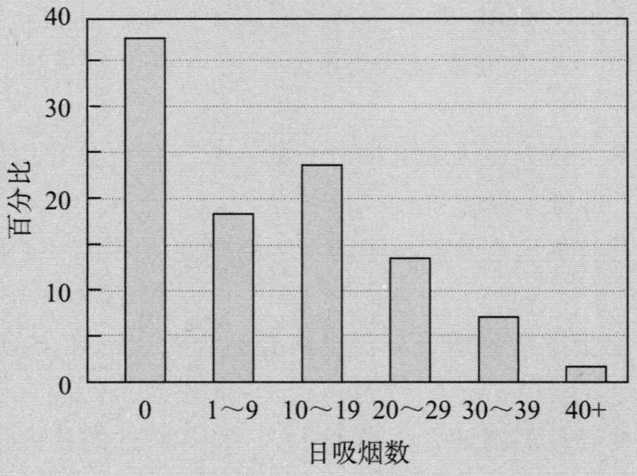

酒精使用情况（一个月中饮酒的次数）可以用简单频数分布的形式表示，其值从 0 到 5。有稍超过一半的学生每月饮酒不超过一次（20.8%没有饮酒，30.8%只饮酒一次，见下图）。在另一个极端，只有 5%的学生报告每月饮酒 4 次或以上（或者至少每周一次）。

每月饮酒次数		
次数	频数（f）	百分比（%）
0	52	20.8
1	77	30.8
2	82	32.8
3	26	10.4
4	9	3.6
5	4	1.6
总计	250	100.0

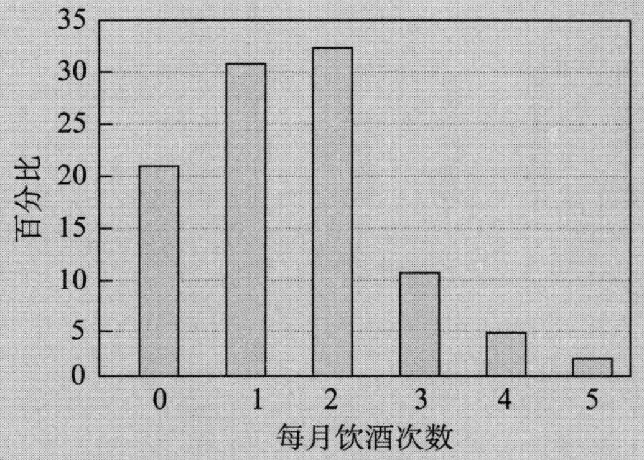

吸烟和饮酒的分布能够以条形图的形式呈现。吸烟的分布的峰值为 0，代表相对多的不吸烟的人这一组。因此，分布严重向右倾斜。不同于吸烟的情况，看上去不存在一个定义清晰的不饮酒的组在分布中占主导地位。尽管并不完美，但饮酒这个变量在分布的形状上要比吸烟更加对称。在下一步的分析中，我们将把是否吸烟和吸烟者每天吸多少支烟分开处理。换句话说，我们将检查吸烟的两个特性：是否吸烟和吸烟者吸烟的程度。与之相比，对饮酒的分析将包括所有的被调查者，甚至包括那些在一个月中没有饮酒的人。 133

我们可以通过集中趋势和变异性进一步描述这些变量。只考虑 155 个吸烟者，我们看到均值是每天吸 16.99 支烟，稍高于众数和中位数。分布仍然有一点偏态——有一些重度吸烟者在高端。对于饮酒这个变量，均值是每月 1.58 次，中位数为 1（每月一次），众数为 2（每月两次）。

如下表所示，每日吸烟数量（只针对吸烟者）和每月饮酒次数的标准差非常不同，反映了其分布是不同的类型。由于吸烟（从只有几支到超过 40 支）相对于饮酒（从 0 次到 5 次）的高变异性，因此吸烟的标准差在许多时候要大于饮酒的标准差。我们还可以说，约 2/3 的吸烟者在均值左右各一个标准差的范围内（16.99 ± 10.4，代表约 2/3 的吸烟者每天吸烟 7～27 支）。至于饮酒，约 2/3 的饮酒者在 1.58 ± 1.16 的范围内。在本书的下一部分，我们将对这样的区间进行更多的讨论。

我们可能想要描述男女学生在吸烟和饮酒上的差异。如下图所示，不吸烟者中男性的百分比（47.3%）比女性的百分比（28.5%）更高，并且有更大百分比的女性可被视作重度吸烟者。至于饮 134

酒，性别差异则相反。有更大百分比的女性在一个月内没有饮酒（26.8%对14.2%），而男性更倾向于中度或频繁饮酒。在本书的第三部分，我们将回到这个议题，并试图确定这个性别差异的大小能否真的代表城市高中学生总体上的性别差异。

变量	N	均值	中位数	众数	方差	标准差
吸烟（只针对吸烟者）	155	16.99	15	15	108.5	10.4
饮酒	250	1.58	1	2	1.35	1.16

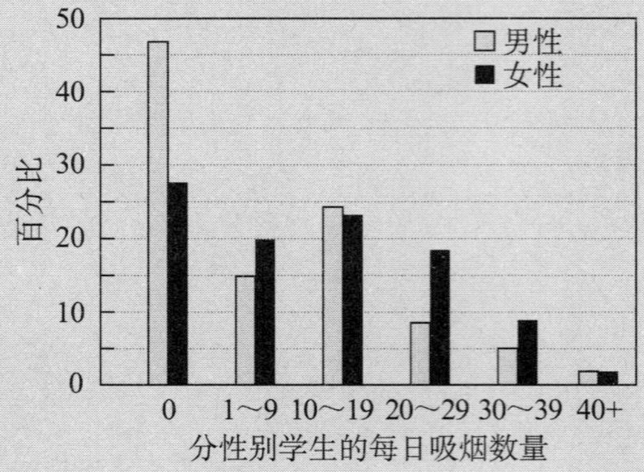

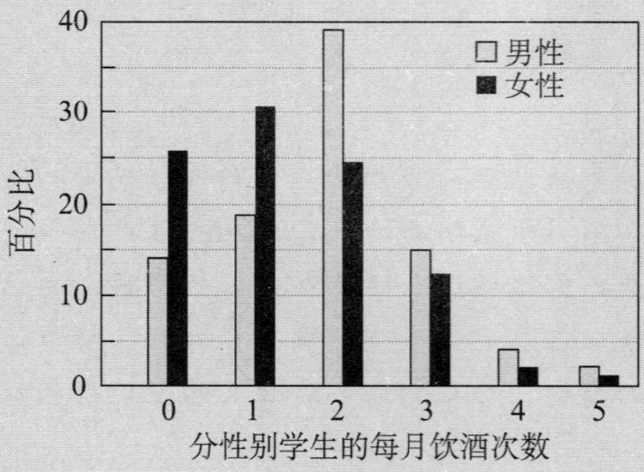

最后，对一些背景性变量进行描述统计也是非常有用的。如下表所示，由于年龄是以定距等级测量的，因此我们不仅可以构建一个简单频数分布，还可以计算三个集中趋势的测量指标。在调查中，16岁的学生比其他年龄的要多（众数＝16），但均值要更高一点。对于参与体育运动的情况，众数和中位数都是“有时”，而均值因变量为定序等级而不能计算。变量“种族”是以定类等级测量的，我们可以看出众数是“白人”，但没有中位数和均值。最后，“父母是否吸烟”是定类变量，大多数学生的父母不吸烟。

在这一部分，我们对这些及其他背景性变量不做更多的分析。但在书的最后两部分，我们将检验吸烟和饮酒的性别差异，以及诸如年龄、参与体育运动的情况等变量同吸烟和饮酒的关系。

变量	组	百分比	均值	中位数	众数
年龄	19	2.4	16.1	16	16
	18	15.6			
	17	20.0			
	16	26.0			
	15	21.2			
	14	14.8			
参与体育运动的情况	经常	17.2	—	有时	有时
	有时	34.8			
	很少	32.4			
	从不	15.6			
种族	白人	62.4	—	—	白人
	黑人	17.6			
	拉美裔	12.8			
	亚裔	4.0			
	其他	3.2			
父母是否吸烟	是	26%	—	—	否
	否	74%			

第二部分 从描述到决策

第 5 章 概率与正态曲线 137

在第一部分中，我们集中讨论了描述变量的方法。尤其是我们开始从分布上对变量进行描述性分析——对数据进行分类并对频数作图。这能让我们看到模式和趋势，看到频数最高的情况和最极端的情况。我们通过对集中趋势和变异性的测量，对这些分布进行了进一步概括。

到现在为止，我们对变量的解释与结论都仅来自我们所观察到的数据。我们收集关于变量的信息，然后使用诸如百分比和均值等一系列统计量来描述所获信息。从现在开始，我们的方法将会有一定程度的不同。我们将首先对变量提出一定的理论、前提或假设，然后用我们观察到的数据来检验它们。

统计决策——通过数据分析来检验假设的过程——的基础是概率。尽管我们使用得非常频繁，但概率是一个很难掌握的概念。我们会问这样的问题："在这次考试中我有多大的可能得到一个 A?""这个婚姻有多大的可能持续下去?""如果我抽一张牌，那么它比 5 小的机会有多少?""这支队伍在巡回赛中获胜的机会有多少?"在日常的谈话中，我们会凭借模糊的主观直觉来回答这些问题，如"可能" 138
"有相当大的机会"或者"不太可能"。研究者们尝试运用概率这一概念以更加精确科学的方式回答以上问题。概率分为两种类型，一种基于理论的数学推导得出，另一种基于系统的观察得出。

理论上的概率既反映了偶然性或随机性的运作结果，也反映了我们对事件做出的某些假设。举一个最简单的例子，我们知道在抛掷硬币时正面朝上的概率是 0.5，这是在非常合理的假设情况下发生的，即这枚硬币两面重量相等，所以两面有同等的朝上的可能。与之相似，当你毫无头绪地面对一道有五个选项的单选题时，你可能有 0.2 的概率回答正确。当然，这需要假定五个选项是正确答案的可能性是等同的。

经验概率是我们基于观察而确定或估计出的值。基于长期的人口数据，生男孩的概率约为 0.51。

尽管存在两种可能的结果（暂且不论双胞胎或三胞胎的可能性），但出生人口中的男性还是略多于女性。

经验概率实质上是基于大量观察得出的百分比。通过对过去几年数百场职业足球比赛的观察，我们得到了一个“事实”，即主场球队获胜的概率约为 0.6（10 场比赛中的 6 场获胜方为主场球队）。如果我们的百分比是基于大量观察得出的，那么我们可以有把握地将经验概率当作相当好的对事实的估计。

在两种类型中，概率（P）在 0 到 1 之间变动，尽管有时候会用百分比而不是用小数来表示概率的水平。例如，0.5 的概率（或 5/10 的机会）有时候被称作 50%的机会。尽管百分比可能在日常语言中使用得多一些，但小数的形式更适合在统计中使用。

0 概率意味着某件事是不可能发生的；接近于 0 的概率，如 0.01、0.05 或 0.1，意味着几乎不可能发生。而另一个极端，1 的概率则意味着确定性，而如 0.90、0.95、0.99 等概率代表着非常有可能发生。

有一些概率非常容易计算：多数人知道在掷硬币时正面朝上的概率是 0.5。但是，更复杂的情况涉及不同的基本概率定律的应用。正如我们必须学基本算术运算一样，我们也必须学一些基本的概率运算，以使得我们能够计算更复杂和更有趣的概率。

概率的法则

概率指的是任意给定结果或事件发生的相对可能性，也就是说，某个结果或事件的概率就是这个结果或事件可能发生的次数相对于任何结果或事件可能发生的总次数：

$$\boxed{\text{概率} = \frac{\text{结果或事件可能发生的次数}}{\text{任何结果或事件可能发生的总次数}}}$$

139 例如，假设一个陪审团由 5 名男性和 7 名女性组成。另外，假设法庭书记员通过从 12 张分别印有陪审员姓名的索引卡中随机抽取 1 张来选择陪审团主席。$P(\mathrm{F})$表示陪审团主席是女性的概率：

$$\begin{aligned} P(\mathrm{F}) &= \frac{\text{女性陪审员的人数}}{\text{陪审员的总人数}} \\ &= \frac{7}{12} \\ &= 0.58 \end{aligned}$$

一个事件不发生的概率被称为概率的逆法则，为用 1 减去事件发生的概率。因此，用 P（$\bar{\mathrm{F}}$）表示陪审团主席不是女性的概率（F 上这个横线象征着“不”或相反）：

$$\begin{aligned} P(\bar{\mathrm{F}}) &= 1 - P(\mathrm{F}) \\ &= 1 - 0.58 \\ &= 0.42 \end{aligned}$$

举另外一个例子，假设一个市警察局能够侦破 60%的命案。因此，命案的侦破概率 $P(\mathrm{C})=0.60$（或简写为 0.6）。对于特定的一起命案，比如今年的第一起，它无法被侦破的概率$P(\bar{\mathrm{C}})=0.4$。

概率的一个重要特性表现在加法法则中，其表述为：包含任意几个不同的、单独的结果的概率等于它们各自概率的和。也就是说，事件 A 或事件 B 发生的概率为：

$$P(\text{A 或 B}) = P(\text{A}) + P(\text{B})$$

例如，假设在一级谋杀案件中的一名被告有 0.52 的概率被按照起诉量刑定罪，有 0.26 的概率被判轻罪，有 0.22 的机会被判无罪。那么，这名被告被判有罪的概率就是用被按照起诉量刑定罪的概率加上被判轻罪的概率，即 0.52+0.26=0.78。需要注意的是，这个答案同时也符合逆法则，即被判有罪的概率（无罪的逆）为 1−0.22=0.78。

加法法则总是假定所考虑的结果是互斥的——也就是说，没有两个结果可以同时发生。更确切地说，任何一个结果的发生（比如，在一级谋杀案件起诉中的定罪）都会排除任一其他结果发生的可能性，反之亦然。

在确定结果互斥的前提下，我们可以说一个事件所有可能的结果的概率加起来等于 1。在这里，将陪审团可能做出的三种判决的概率加总，我们发现：

$$\begin{aligned} P(\text{被按照起诉量刑定罪}) + P(\text{被判轻罪}) + P(\text{被判无罪}) &= 0.52 + 0.26 + 0.22 \\ &= 1 \end{aligned}$$

这意味着某些结果必然会发生：如果不是被按照起诉量刑定罪，那么就会是被判轻罪或被判无罪。

概率的另外一个重要的特性是乘法法则，其适用于联合起来获得两个或更多结果的情况。乘法法 140
则认为独立的结果联合起来获得的概率等于它们各自的概率的乘积。因此，事件 A 和事件 B 同时发生的概率是：

$$P(\text{A 和 B}) = P(\text{A}) \times P(\text{B})$$

所谓独立的结果的意思是，一个结果的发生不会影响另一个结果发生的可能性。不同于加法法则考虑的是事件 A 或事件 B 发生的概率，乘法法则关注的是事件 A 和事件 B 同时发生的概率。

让我们回到那个破案率为 60%的市警察局的例子，本年任意两起命案都被侦破的概率是：

$$\begin{aligned} P(\text{命案 A 和命案 B 都被侦破}) &= P(\text{A 被侦破}) \times P(\text{B 被侦破}) \\ &= 0.6 \times 0.6 \\ &= 0.36 \end{aligned}$$

把这个例子再扩展一下，任意三起命案都被侦破的概率就是它们各自被侦破的概率的乘积：

$$\begin{aligned} P(\text{命案 A、B 和 C 都被侦破}) &= P(\text{A 被侦破}) \times P(\text{B 被侦破}) \times P(\text{C 被侦破}) \\ &= 0.6 \times 0.6 \times 0.6 \\ &= 0.216 \end{aligned}$$

为了让计算更有效，我们必须假设这三起命案是互相独立的。如果这三起命案被认为是一个身份不明的连环杀手制造的一系列命案中的一部分，那么无论是独立性假设还是计算本身都缺乏有效性。

最后，乘法法则应用得更为广泛，而不仅仅是重复像侦破命案这样的事件。更确切地说，乘法法则能让我们计算任意数量的相互独立的结果的联合概率。假设一位检察官正在处理两件案子，一件是抢劫案，一件是绑架案。根据以前的经验，她感觉到她有 80%的机会使得抢劫案的罪犯被宣判有罪，而有 70%的机会使得绑架案的罪犯被宣判有罪。因此，她使得这两件案子都被宣判有罪的概率是 $(0.7)\times(0.8)=0.56$（稍高于一半）。

概率的分布

在第一部分，我们遇到的是以针对特定值的频数或百分比的形式表现的数据的分布。例如，表2-8

141 呈现了 336 名学生的大学入学考试分数的累积频数分布。分数的可能值被用类别来代表，频数和百分比代表着分数在群体中的相对发生率。

概率分布非常类似于频数分布，但它是基于理论（概率论）而不是我们在现实世界中所观察到的情况（经验数据）。在概率分布中，我们确定一个变量可能的取值并计算其各自的概率。概率代表各个值的可能性，类似于频数分布中的百分比。

假设我们要抛掷两枚硬币，并让 X 代表得到正面的次数。变量 X 有 3 个可能的值：0、1、2。其取决于我们得到 0 次、1 次或 2 次正面。0 次正面（$X=0$）的概率为：

$$\begin{aligned} P(0\text{ 次正面}) &= P(\text{第一次是反面}) \times P(\text{第二次是反面}) \\ &= 0.5 \times 0.5 \\ &= 0.25 \end{aligned}$$

我们将得到的硬币反面朝上的概率相乘是因为掷两枚硬币是独立的。

同样，对于 2 次正面（$X=2$）的概率：

$$\begin{aligned} P(2\text{ 次正面}) &= P(\text{第一次是正面}) \times P(\text{第二次是正面}) \\ &= 0.5 \times 0.5 \\ &= 0.25 \end{aligned}$$

确定两次中有一次正面的概率（$X=1$）需要进一步考虑。有两种方法可得到有一次正面的结果：第一次正面第二次反面（记为 HT），或者第一次反面第二次正面（记为 TH）。由于这两种可能的结果是互斥的（它们不可能同时发生），我们可以把它们各自的概率加起来，即：

$$\begin{aligned} P(1\text{ 次正面}) &= P(\text{HT 或 TH}) \\ &= P(\text{HT}) + P(\text{TH}) \end{aligned}$$

同前面一样，单独的一次抛掷是独立的。因此，我们可以将第一次是正面的概率乘上第二次是反面的概率，得到第一次正面第二次反面的概率 P（HT）；我们也可以将第一次是反面的概率乘上第二次是正面的概率，得到第一次反面第二次正面的概率 P（TH）。即：

$$\begin{aligned} P(\text{HT}) + P(\text{TH}) &= P(\text{H})P(\text{T}) + P(\text{T})P(\text{H}) \\ &= (0.50) \times (0.50) + (0.50) \times (0.50) \\ &= 0.25 + 0.25 \\ &= 0.5 \end{aligned}$$

变量 X 的完全概率分布概括在表 5-1 中。注意，概率加起来应等于 1。概率分布大多数可以用我们在第 2 章中所学到的频数分布的图形画出来。在一个概率分布的条形图中，变量的值放在水平线上，
142 而概率则沿着纵轴排列（见图 5-1）。我们会发现分布是对称的，因为人们认为硬币正面或反面朝上是同等可能的。

表 5-1　抛掷两枚硬币正面朝上的次数的概率分布

X	**概率（P）**
0	0.25
1	0.50
2	0.25
总计	1.00

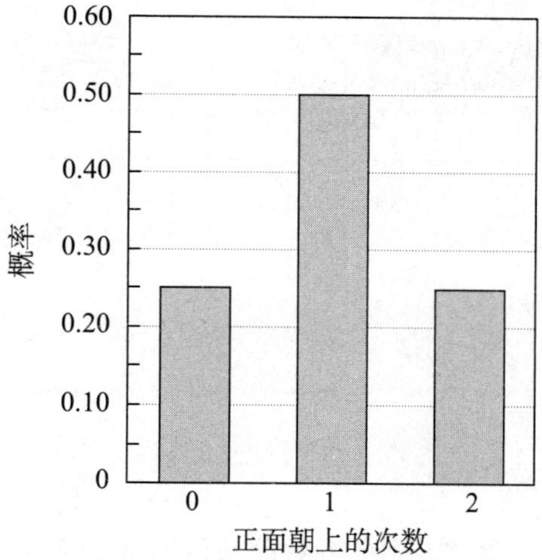

图 5－1　抛掷两枚硬币正面朝上的次数的概率分布

我们可以通过一组三起命案来建立一个破案数量的概率分布，从某种意义上而言，这与抛掷两枚硬币的简单事例是相似的，除了形状将不再是对称之外，因为破案与未破案并不像一枚硬币的正面或反面朝上那样是同等可能的。在三起命案中，决定破案数量的概率分布是容易控制的。当数量超过三起时，虽然逻辑不变，但是步骤会变得更加麻烦。虽然有一些其他可选择的方法可以解决这种更大的问题，但是它们超出了这次概率介绍的范围。

表 5－2 展示的是破案（C）和未破案（N）所有可能的组合。对三起命案分别来说，$P(\text{C})=0.6$ 且 $P(\text{N})=0.4$。由于独立结果的乘法法则，事件 C 和事件 N 任意一种排列的概率可以被表示为它们各自概率的乘积。最终，这八个互不相同的结果组合是互斥的。也就是说，对于这三起命案来说，无 143
论哪个组合出现都会排除掉另外七个组合出现的可能。作为这些组合互斥的结果，可供选择的组合的概率是可以相加的，并且全部八个可能的组合的概率相加等于 1。

表 5－2　破案和未破案所有可能的组合

组合	结果	概率
A	NNN	$P(\text{NNN})=P(\text{N})\times P(\text{N})\times P(\text{N})=0.4\times0.4\times0.4=0.064$
B	CNN	$P(\text{CNN})=P(\text{C})\times P(\text{N})\times P(\text{N})=0.6\times0.4\times0.4=0.096$
C	NCN	$P(\text{NCN})=P(\text{N})\times P(\text{C})\times P(\text{N})=0.4\times0.6\times0.4=0.096$
D	NNC	$P(\text{NNC})=P(\text{N})\times P(\text{N})\times P(\text{C})=0.4\times0.4\times0.6=0.096$
E	CCN	$P(\text{CCN})=P(\text{C})\times P(\text{C})\times P(\text{N})=0.6\times0.6\times0.4=0.144$
F	CNC	$P(\text{CNC})=P(\text{C})\times P(\text{N})\times P(\text{C})=0.6\times0.4\times0.6=0.144$
G	NCC	$P(\text{NCC})=P(\text{N})\times P(\text{C})\times P(\text{C})=0.4\times0.6\times0.6=0.144$
H	CCC	$P(\text{CCC})=P(\text{C})\times P(\text{C})\times P(\text{C})=0.6\times0.6\times0.6=\underline{0.216}$
		1

根据这些概率，我们可以在表 5－3 中就变量 X 构造一个理论上的概率分布，变量 X 是一组三起命案中破案的数量。当然，X 有四个可能的值，范围从 0（所有案件都没有被侦破）到 3（所有案件都被侦破）。在构造概率分布中，我们可以将侦破一起案件的三种途径（组合 B 到 D）相加，也可以将侦

破两起案件的三种途径（组合 E 到 G）相加。

表 5-3　三起命案侦破数量的概率分布

X	$P(X)$
0	0.064
1	0.288
2	0.432
3	0.216
总计	1.000

概率分布和频数分布的差异

搞清楚概率分布与我们在第 2 章中提到的频数分布的差异是非常重要的。再看一下图 5-1，它呈现了抛掷两枚硬币正面朝上的次数的概率分布。这是一个完美的对称分布，两次正面朝上的概率为 0.25，
144 与没有正面朝上的概率相等。更进一步，它显示出两次中有一次正面朝上的概率是 0.5。这个分布是基于概率论得出的，它描述了当我们抛掷两枚硬币时将会发生的情况。

现在让我们观察一些数据。抛掷两枚硬币然后记录下正面朝上的次数。再重复这个过程 9 次，有多少次你得到了 0 个、1 个和 2 个正面呢？我们自己的将两枚硬币抛掷 10 次的结果如表 5-4 所示。

表 5-4　对两枚硬币抛掷 10 次的结果的频数分布

正面朝上的数量	频数（f）	百分比（%）
0	3	30.0
1	6	60.0
2	1	10.0
总计	10	100.0

这是一个频数分布，而不是一个概率分布。它是基于对两枚硬币抛掷 10 次的实际观察得到的。尽管这些百分比（30%、60%和 10%）看上去像是概率，但它们不是。百分比的分布不等于在前面的表 5-1中所给出的概率分布。概率分布是理论性或理念性的：它描绘了在一个完美的世界中百分比应该是多少。不幸的是，我们并没有得到一个完美的结果，例如，0 个正面朝上的结果要比两个正面朝上的结果多一些。问题在于，在仅仅抛掷 10 次硬币的情况下，任何事情都是有可能发生的。事实上，我们有可能得到比这更偏态的结果。

假设我们可以重复抛掷更多次。把两枚硬币抛掷 1 000 次的结果呈现在表 5-5 中的频数分布中。

这个频数分布（$N=1\ 000$）看上去要好一些。为什么？是因为我们这一次比抛掷 10 次时的运气要好一点吗？从某种意义上而言，它是个运气的问题，但不完全是。如我们前面所说的，在只抛掷 10 次的情况下，几乎所有可能的情况都会发生——你甚至会遇上连一次正面朝上也没有的情况。但当我们重复抛掷 1 000 次的时候，从长期的趋势来看，结果会变得稳定一些。会出现 0 个正面朝上，也会出现 1 个或 2 个正面朝上。当我们把这两枚硬币抛掷无限次的时候，概率的法则变得明显了。我们的运气——如果你想这样称呼它的话——变得稳定了。

表 5-5	对两枚硬币抛掷 1 000 次的频数分布	
正面朝上的数量	频数 (f)	百分比 (%)
0	253	25.3
1	499	49.9
2	248	24.8
总计	1 000	100.0

概率分布实质上是无限次抛掷的频数分布。因此，虽然我们可能永远不能观察到这个无限次抛掷的频数分布，但我们知道它看上去像图 5-1 一样。 145

概率分布的均值和标准差

回到表 5-4 中的对两枚硬币做 10 次抛掷的频数分布，让我们来计算正面朝上的数量的均值。

$$\begin{aligned}\overline{X} &= \frac{\sum X}{N}\\ &= \frac{0+0+0+1+1+1+1+1+1+2}{10}\\ &= 0.8\end{aligned}$$

结果有点低。图 5-1 显示的抛掷两枚硬币的概率分布清楚地显示均值应该为 1.00。这就是说，对于抛掷两枚硬币来说，从长期的趋势来看，你应该期望平均有一个正面朝上。然而，注意，当 $N=$ 1 000时，频数分布看起来似乎更加符合这个期望。对于表 5-5 来说：

$$\begin{aligned}\overline{X} &= \frac{\sum fX}{N}\\ &= \frac{(253)(0)+(499)(1)+(248)(2)}{1\,000}\\ &= 0.995\end{aligned}$$

又一次地，我们的“运气”从长期来看变得稳定了。

你也许会怀疑为什么概率分布会有均值。因为概率分布的均值就是从长期的趋势而言我们所期望的平均值，所以它有时被叫作期望值。在我们这个抛掷两枚硬币正面朝上的例子中，均值是 1。我们使用希腊字母 μ 来代表概率分布的均值（这里 $\mu=1$），以区别于 $\overline{X}$——频数分布的均值。频数分布的均值是我们从一组观察数据及它们的频数中计算出来的。而概率分布的均值是从分布应该怎样的理论中得出的一个数。

概率分布也有一个标准差，以符号 σ 代表，它是希腊字母中与 s 相对应的。在此之前，我们都是用 s 来表示标准差的。但是从现在起，s 将代表从研究中得出的一组观察数据的标准差，而 σ 将代表不能直接观察的理论分布的标准差。同样，s^2 将代表一组观察数据的方差，σ^2 将代表理论分布的方差。我们将在接下来的章节里经常遇到 μ、σ 和 σ^2，重要的是要记住 $\overline{X}$、s 和 s^2（观察数据的描述性测量）与 μ、σ 和 σ^2（理论分布的特性）之间的差别。

一个概率分布的均值、方差和标准差是从事件 X 可能的值及与其相联系的概率 $P(X)$ 中计算出来的。 146

$$\mu = \sum XP(X)$$

$$\sigma^2 = \sum (X-\mu)^2 P(X)$$

$$\sigma = \sqrt{\sum (X-\mu)^2 P(X)}$$

在这里，这个总和遍布了所有事件 X 可能的取值。运用这些公式，举个例子，我们可以确定一组三起命案破案数量的概率分布的均值、方差和标准差如下：

$$\begin{aligned}\mu &= \sum XP(X) \\ &= 0(0.064) + 1(0.288) + 2(0.432) + 3(0.216) \\ &= 0 + 0.288 + 0.864 + 0.648 \\ &= 1.8\end{aligned}$$

$$\begin{aligned}\sigma^2 &= \sum (X-\mu)^2 P(X) \\ &= (0-1.8)^2(0.064) + (1-1.8)^2(0.288) + (2-1.8)^2(0.432) + (3-1.8)^2(0.216) \\ &= (-1.8)^2(0.064) + (-0.8)^2(0.288) + (0.2)^2(0.432) + (1.2)^2(0.216) \\ &= 3.24(0.064) + 0.64(0.288) + 0.04(0.432) + 1.44(0.216) \\ &= 0.207 + 0.184 + 0.017 + 0.311 \\ &= 0.72\end{aligned}$$

$$\begin{aligned}\sigma &= \sqrt{\sum (X-\mu)^2 P(X)} \\ &= \sqrt{0.72} \\ &= 0.848\,5\end{aligned}$$

因此，虽然对于任何一组三起命案来说，警方可以侦破的数量 $X = 0$、1、2 或 3，但从长远来说，我们可以预计到每三起命案的平均侦破数量为 1.8 起，标准差为 0.85。

作为一种概率分布的正态曲线

在前面，我们看到频数分布呈现出不同的形状或形式。有一些是完美对称的或者说是无偏的，另外一些是正向或者负向偏态的，还有一些有不止一个峰，如此等等。这对于概率分布也是成立的。

在差异众多的分布中，有这样一种分布，如果仅从“曲线”的角度来说，大多数学生对它已经很熟悉了。这个分布通常被称作“正态曲线”，它是从数学方程中得出来的理论或理想模型，而非来自真实的研究和数据采集。但是，正态曲线对研究者的用处能够从它在实际研究中的应用看到。

147 例如，如我们将看到的，正态曲线能够用来描述数据的分布、解释标准差，以及描述概率。在下面的章节中，我们将看到正态曲线是统计决策——研究者将他的研究结果从样本推广到总体——的核心元素。在开始讨论统计决策的技术之前，我们首先需要了解正态曲线的性质。

正态曲线的性质

正态曲线有哪些性质？这些性质与其他分布的性质有什么区别？如图 5－2 所示，正态曲线是一种平滑的对称曲线，它的形状使得许多人想起了钟的形状，从而它被广泛地称作钟形曲线。正态曲线最突出的特性也许是它的对称性：假如我们将曲线从中部的最高点对折，我们将得到相等的两半，每一半都是另一半的镜像。

另外，正态曲线是单众数的，它只有一个峰值或者说频数最高点——这个点在曲线的正中，集众数、中位数和均值于一体（同学们也许会想起在一个偏态分布中，均值、众数和中位数不在一点的情况——见第 3 章）。从正态曲线圆形的中央峰值开始，曲线向两个尾部逐渐下降，向两侧无限延伸并向水平轴不断接近，但并不会真的到达水平轴。

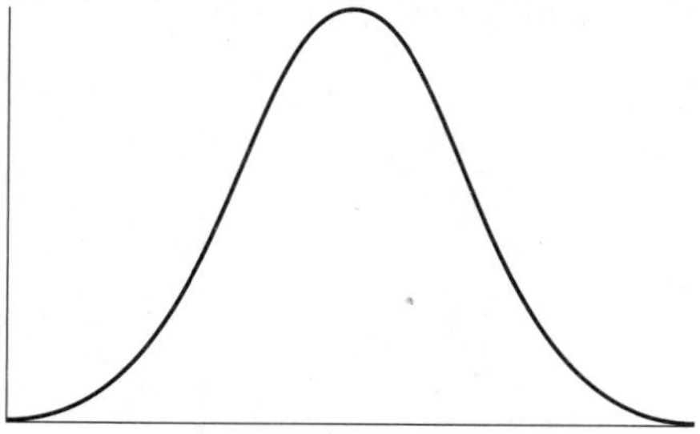

图 5－2　正态曲线的形状

正态曲线的模型与现实

作为一种概率分布，正态曲线是一种理论模型。我们也许会问：真实的数据（即研究者从实际研究过程中收集的数据）的分布在何种程度上接近或近似于正态曲线的形式？为了便于描述，让我们假 148
设所有社会的、心理的和物理的现象都是正态分布的。这个假设的世界会是什么样的？

就人的物理特性而言，大多数成年人的身高在 5～6 英尺的范围内，只有很少的人非常矮（低于 5 英尺）或者非常高（高于 6 英尺）。如图 5－3 所示，智商同样是可以预测的——大部分人的智商得分落在 85 至 115 之间。我们将看到得分在两端逐渐下降，会有一些得分高于 145 的天才，同样也会有一些得分低于 55 的人。同样，相对少的人会被当作政治极端主义者（无论是左翼还是右翼的），而大多数人会被视作政治温和派或走中间道路的人。最后，甚至连过道由于人流量所造成的磨损的模式也是近似正态分布的——大多数磨损发生在过道中间，而向两侧逐渐减少。

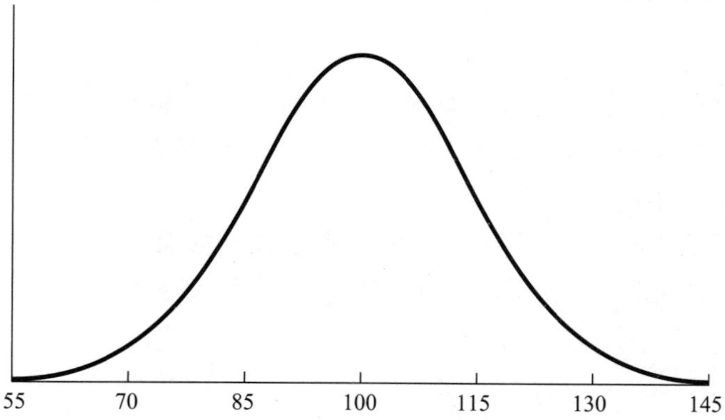

图 5－3　智商的分布

到了现在，一些读者也许已经注意到了这个假设的正态曲线的世界与我们的真实世界并没有明显的不同。诸如身高、智商、政治取向以及过道磨损等特性都是近似于理论上的正态分布的。由于许多现象具有这种特性——因为它在自然界中发生很频繁（并且因为其他原因会很快显而易见）——众多领域的研究者们把正态分布广泛地应用到他们收集和分析的数据上。

但是要注意到，社会科学中的一些变量是不符合正态分布的理论想象的。许多分布是偏态的；另一些分布不止有一个峰值；还有一些分布是对称的，但不是钟形的。作为一个明显的例子，让我们考虑一下全世界的财富分布。众所周知，“无产者”的数量远多过“有产者”。因此，如图 5－4 所示，财富的分布（以人均收入代表）是高度偏态的，以至于世界上的一小部分人口拥有大部分的收入。同样，人口学专家告诉我们，美国将很快变成一个由年轻人和老人构成的国家。从经济学的角度而言，这种 149

年龄分布代表着相对少的一部分由中年人构成的劳动力负担了不成比例的退休者和学龄前儿童。

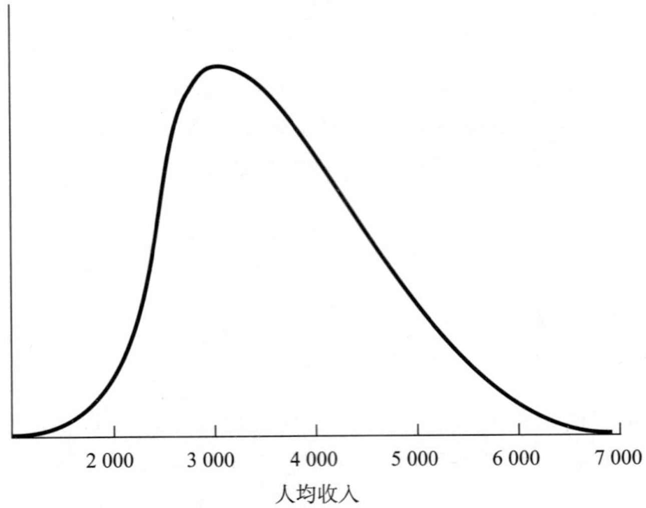

图 5－4　全球各国人均收入的分布（以美元为单位）

在我们有充分的理由认为，在与常态发生根本性的背离的情况下——如年龄和收入的例子——正态曲线不能作为我们获得的数据的模型。因此，它不能被随意应用于研究者所遇到的所有分布上，而必须通过谨慎的判断后才能采用。幸运的是，统计学家发现大量社会研究者感兴趣的现象是呈正态曲线的形式的。

正态曲线所覆盖的面积

要记住，正态曲线是一个理想或理论上的分布（概率分布）。因此，我们以 μ 表示它的均值，以 σ 表示它的标准差。正态分布的均值在它的正中心（见图 5－5）。标准差（σ）是均值（μ）与正态曲线反 S 部分中的一点在水平轴上的距离。

为了将正态分布用于解决问题，我们必须熟悉正态曲线下的面积：位于正态曲线和水平轴之间的面积包含了 100％或所有的在正态分布中的案例。图 5－5 表明了这种特性。

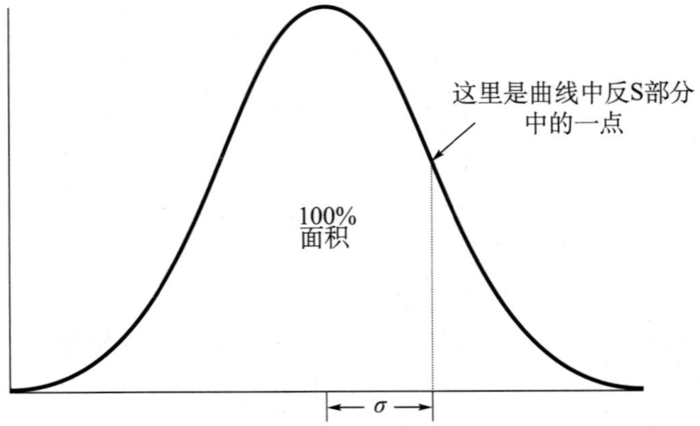

图 5－5　正态曲线下的总面积

我们可以通过从水平轴上的任意两点垂直上升到曲线所形成的两条直线来围出总面积的一个部分。

例如，以均值为一个起点，我们可以在均值（μ）上画一条垂线，另一条垂线画在均值之上 1σ（1 个标准差的距离）处。如图 5－6 所示，正态曲线的围出部分是总频数的 34.13%。 150

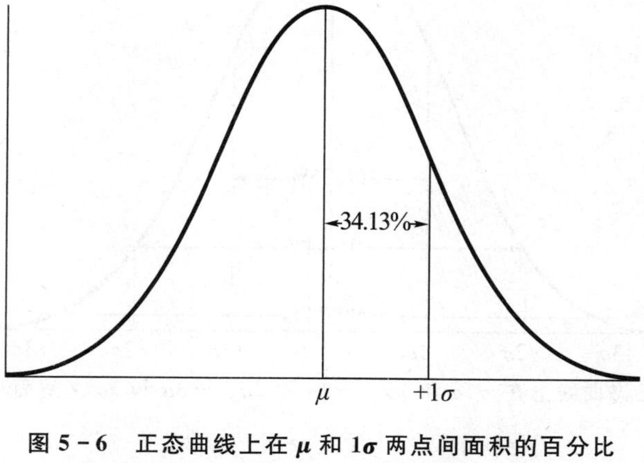

图 5－6　正态曲线上在 μ 和 1σ 两点间面积的百分比

用同样的办法，我们可以说在正态曲线之下 47.72%的案例位于均值与均值之上 2σ 的区间，有 49.87%的案例位于均值与均值之上 3σ 的区间（见图 5－7）。 151

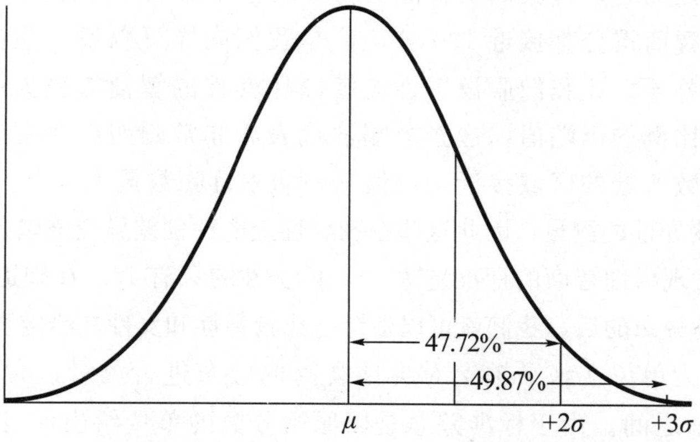

图 5－7　正态曲线上在 μ 和 2σ、μ 和 3σ 两点间总面积的百分比

如我们将看见的，以标准差为单位，从均值到距均值任意距离的区间占正态曲线的总面积为一个恒定的比例。这一点对均值和标准差为任意值的正态分布都成立，并可应用于所有符合正态分布的数据。因此，在均值与均值之上 1σ 之间在正态曲线上的面积总是占总案例的 34.13%，而无论我们讨论的是身高、智商、政治取向还是过道磨损的模式的分布。在每一个案例中，最基本的要求是这些数据都是符合正态分布的。

正态曲线的对称性使得我们得出了另外一点重要结论，即均值之上任意给定的标准距离与均值之下同样的标准距离包含了相同的比例。因此，如果位于均值及之上一个标准差所包含的面积占 34.13%，那么位于均值及之下一个标准差所包含的面积同样也占 34.13%；如果位于均值及之上两个标准差所包含的面积占 47.72%，那么位于均值及之下两个标准差所包含的面积同样也占 47.72%；如果位于均值及之上三个标准差所包含的面积占 49.87%，那么位于均值及之下三个标准差所包含的面积同样也占 49.87%。换句话说，如图 5－8 所示，正态曲线 68.26%（34.13%＋34.13%）的面积落在距均值 -1σ 与 1σ 之间；95.44%（47.72%＋47.72%）的面积落在距均值 -2σ 与 2σ 之间；99.74%或者说几乎所有的案例（49.87%＋49.87%）的面积落在距均值 -3σ 与 3σ 之间。可以说，6 个标准差实际上基本包括了所有（超过 99%）正态曲线下的案例。

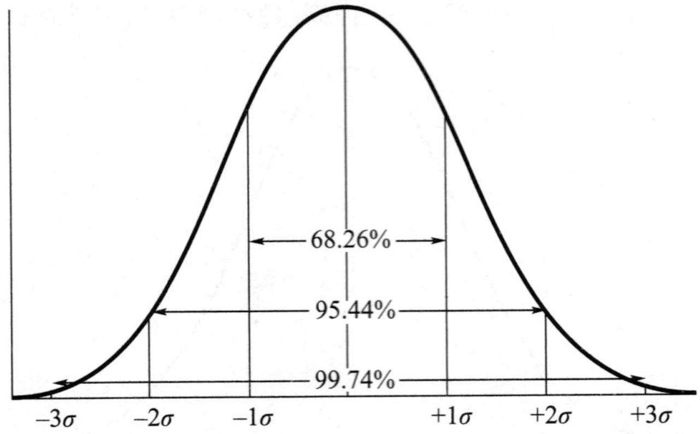

图 5-8　正态曲线上在 -1σ 和 1σ、-2σ 和 2σ、-3σ 和 3σ 之间面积的百分比

对标准差的详细阐述

正态曲线的一个重要功能是帮助解释或阐述标准差的含义。为了理解这个功能是如何实现的，让我们来看一下一些研究者是如何告诉我们在智商上的性别差异的。不管男性沙文主义者是如何声称的，152 有证据显示男性和女性的智商得分都接近 100 分。但是我们同样可以说，这些智商得分就围绕着均值的变异性而言有着显著的差异。让我们假设男性的智商比女性的智商有更大的异质性。这就是说，男性的智商的分布包含更大比例的极端值，这些极端值代表着非常聪明或非常愚钝的人；而在女性智商的分布中，更大比例的分数所处的区域接近于均值——居中且频数最大的点。

由于标准差是一种对变异性的测量，因此这些在变异性上的性别差异应该以各个智商得分分布的 σ 值来反映。因此，我们可能会发现男性智商的标准差为 15，但女性的只有 10。在知道了每组智商分数的标准差且确定了每组分数都是正态分布的后，我们就可以估计与比较男性和女性在给定智商得分区域的百分比了。

例如，通过以标准差为单位在水平轴上对男性智商的分布进行测量，我们知道有 68.26%的男性的智商在距均值 -1σ 与 1σ 之间。由于标准差总是以原始分数的单位给出而且 $\sigma=15$，因此我们可以知道这些点分别是原始分数 115 和 85 在分布曲线上所处的点（$\mu-\sigma=100-15=85$，$\mu+\sigma=100+15=115$）。因此 68.26%的男性的智商得分落在 85～115 范围内。

将这些点移到离均值更远处，我们会发现，如图 5-9 所示，99.74%（或者实际上几乎全部）的男性的智商落在 55～145（-3σ 与 3σ 之间）范围内。

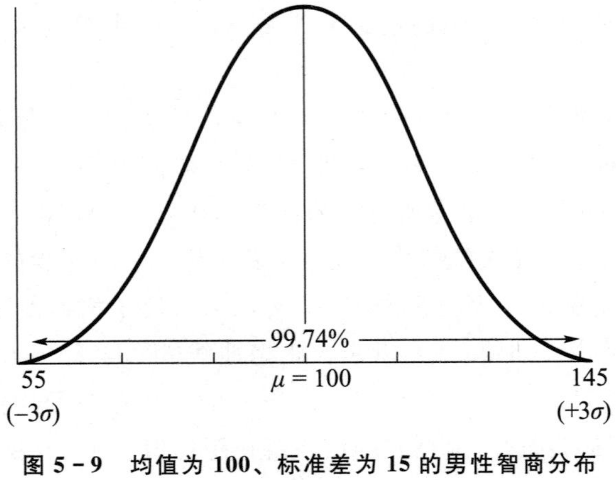

图 5-9　均值为 100、标准差为 15 的男性智商分布

以同样的方式，接下来看图 5-10 所示的女性智商分布，我们看到 99.74%案例落在 70～130（-3σ 与 3σ 之间）范围内。与男性相比，女性智商分数的分布可被视作具有相对的同质性，即在任意两个方向上都只有较低比例的极端值。这种差异可以通过比较标准差的大小和智商落在距均值 -3σ 与 3σ 之间的范围来反映。

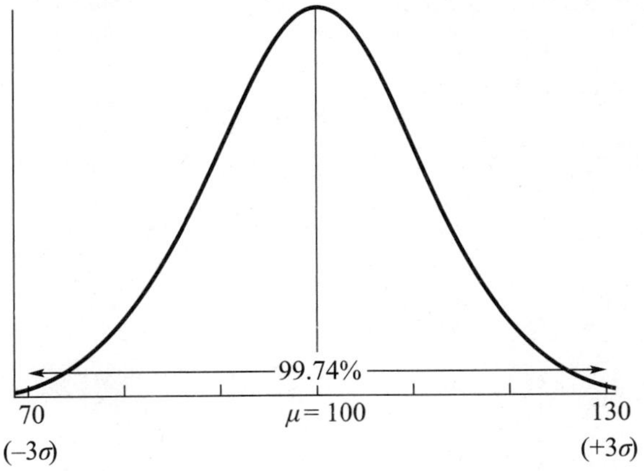

图 5-10　均值为 100、标准差为 10 的女性智商分布

对附录 C 中表 A 的使用 153

在对正态分布的讨论中，到目前为止我们针对的只是那些距均值的距离正好是标准差的倍数的情况。这就是说，它们正好位于均值之上或之下一、二或三个标准差的位置。现在问题来了：当要确定位于任意两个分值之间的案例所占的百分比时，我们该如何做？比如说，我们要确定落在均值及之上 1.4σ 之间的案例的频数所占的百分比。如图 5-11 所示，均值之上 1.4σ 的百分比明显要大于均值之上
1σ 的百分比而小于均值之上 2σ 的百分比。因此，我们知道从这一点到均值的距离所覆盖的面积要大于 154
正态曲线总面积的 34.13%而小于 47.72%。

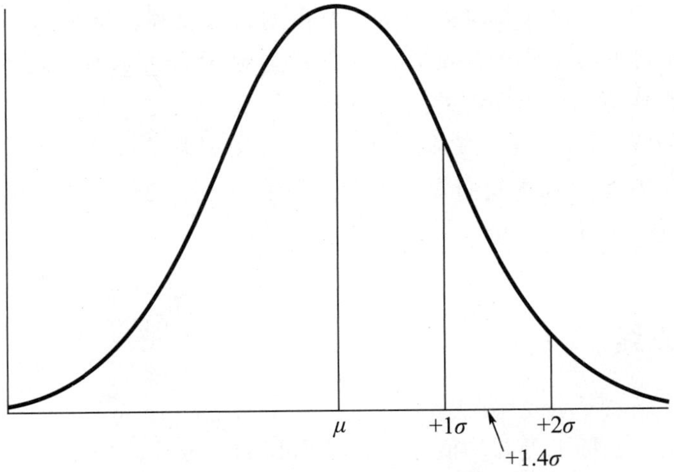

图 5-11　原始分数位于 μ 之上 1.4σ 的位置

为了确定这一区间的确切百分比，我们必须使用附录 C 中的表 A“正态曲线下面积的百分比”。这个表显示了正态曲线下的百分比：(1) 在均值与不同 σ 值之间的百分比（在 b 列），(2) 从分布尾部到给定值的区间所占的百分比（在 c 列）。σ 值（从 0.00 到 4.00）在最左边的一列（在 a 列）被标为 z，

并被给予了两位小数位。

注意，正态曲线的对称性使得表 A 有可能只从均值的一边给出百分比，这就是说，只有一半曲线（50%）。表 A 中的值代表任意一边。表 5－6 是表 A 的一部分：

表 5－6　正态曲线下面积的百分比（部分）

(a) z	(b) 均值与 z 之间的面积	(c) z 以外的面积
0.00	0.00	50.00
0.01	0.40	49.60
0.02	0.80	49.20
0.03	1.20	48.80
0.04	1.60	48.40
0.05	1.99	48.01
0.06	2.39	47.61
0.07	2.79	47.21
0.08	3.19	46.81
0.09	3.59	46.41

155 当理解并学会使用表 A 后，我们可能会首先试图确定均值与距其 1 个标准差之间的案例所占的百分比（原因是我们已经知道落在这两点间的总面积为 34.13%）。看表 A 的 b 列，我们看到正好有总频数的 34.13%落在均值与均值之上 1 个标准差（z）之间。同样，我们看到在均值与均值之上 2 个标准差之间正好包括了正态曲线总面积的 47.72%。

但是如何找出均值与距其 1.4 个标准差的案例所占的百分比呢？这是图 5－11 中的问题，它使得我们必须使用统计表。b 列中与 1.4 个标准差对应的内容显示为正态曲线之下总面积的 41.92%。最后，我们如何确定超出距均值 1.4 个标准差的案例所占的百分比呢？如果没有统计表的帮助，那么我们可以将我们先前得出的答案从 50%中减掉，因为 50%正好是均值任意一侧的面积。但这个答案已经在表 A 中的 c 列给出了，在这一列中我们看到落在该数字——距均值 1.4 个标准差——之外的案例的百分比正好为 8.08%(50－41.92＝8.08)。

标准分与正态曲线

我们现在准备来找出任意标准差与均值之间占总面积的百分比。但是，至少有一个更重要的问题需要回答：我们如何确定任意给定的原始分数的标准差？即我们如何将原始分数——我们最初从被调查者那里获取的分数——转换成以标准差为单位的分数？如果我们希望把英尺转换成码，那么我们只需要将英尺数除以 3，因为 1 码有 3 英尺。同样，如果我们希望把分钟转换成小时，那么我们只需要将分钟数除以 60，因为 1 小时有 60 分钟。以同样精确的方式，我们可以通过将原始分数距均值的距离除以标准差来把任意原始分数转换成以标准差为单位的 σ 值。为了演示，让我们假设在一个 μ 为 13、σ 为 2 的分布中，有一个原始分数 16。计算原始分数和均值的差异得到一个离差（16－13），我们看到原始分数 16 位于均值之上 3 个原始分数单位。将这个原始分数的距离除以 $\sigma=2$，我们可以看到这个原始分数位于均值之上 1.5 个（一个加半个）标准差。换句话说，在这个特别的分布中，原始分数 16 距离均值的标准距离是 1.5 个标准差。我们应注意到，不管是怎样的测量情境，1 码总是有 3 英尺，1 小时总是有 60 分钟。而标准差并不具有这些标准测量的恒常性，它是随着分布而变化的。因此，在将任意原始分数转换成以标准差为单位之前，我们必须通过计算、估计或者赋值来知道分布的标准差。

我们刚才演示的过程——找到距均值的标准距离——产生了一个值，它被称作 z 分数或者标准分，它指代的是在一个分布中任意给定的原始分数以标准差为单位距均值的距离大小和方向（注意，它在附录 C 中的表 A 的最左边这一列中被标为 z）。因此，一个＋1.4 的 z 分数代表原始分数位于均值之上 1.4σ（或差不多 $1\frac{1}{2}\sigma$），而一个－2.1 的 z 分数代表原始分数位于均值之下 2.1σ（见图 5－12）。 156

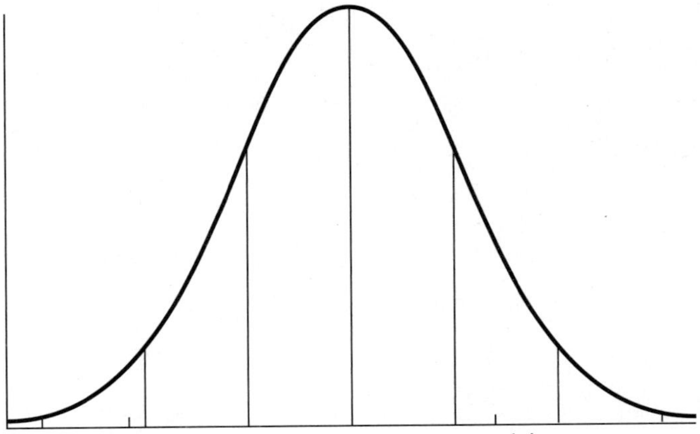

图 5－12　正态分布中 $z=-2.1$ 和 $z=+1.4$ 的位置

我们获得 z 分数的办法是先得到离差（$X-\mu$），它代表原始分数距均值的距离，然后将离差除以标准差。计算公式为：

$$\boxed{z=\frac{X-\mu}{\sigma}}$$

在这里，μ＝分布的均值，σ＝分布的标准差，z＝标准分。

例如，假设我们研究在一个大型机构中的家庭医护人员的年收入的分布，其均值为 20 000 美元，标准差为 1 500 美元。在确定年收入的分布是正态分布的情况下，我们可以将这个分布中的一个原始分数 22 000 美元，以下面的方式转换为标准分：

$$z=\frac{22\,000-20\,000}{1\,500}$$
$$=+1.33$$

因此，22 000 美元的年收入比平均年收入 20 000 美元高出 1.33 个标准差（见图 5－13）。

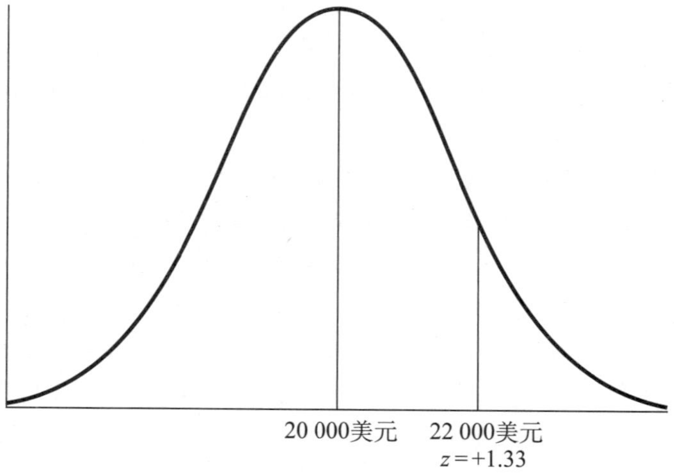

图 5-13　均值为 20 000 美元、标准差为 1 500 美元时原始分数 22 000 美元的位置

157 举另外一个例子，假设我们在处理一组正态分布的数据，其代表着城市工人对工作的满意度。分数范围为 0～20，分数越高代表对工作的满意度越高。

让我们假设这个分布的均值是 10，标准差是 3。为了确定 3 分距离均值 10 分有多少个标准差，我们得到这个分数与均值之间的差异，即：

$$X-\mu=3-10$$
$$=-7$$

然后除以标准差：

$$z=\frac{X-\mu}{\sigma}$$
$$=\frac{-7}{3}$$
$$=-2.33$$

因此，如图 5-14 所示，原始分数 3 落在均值之下 2.33 个标准差的位置。

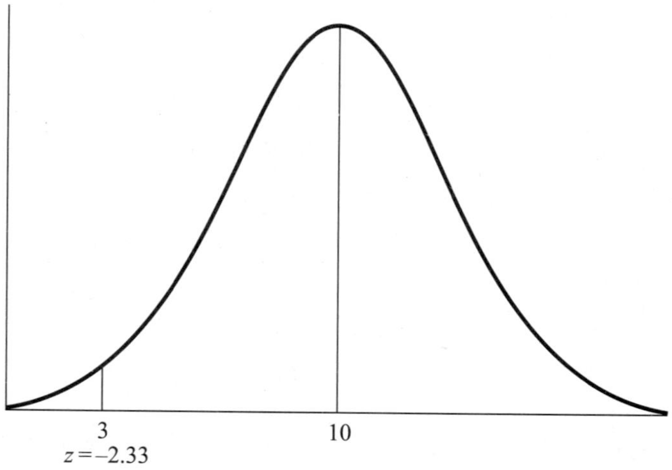

图 5-14　均值为 10、标准差为 3 时原始分数 3 的位置

通过正态曲线获取概率

如我们现在将看见的，正态曲线能与 z 分数和附录C的表A相结合来确定一个分布中任意原始分数的概率。在本文中，正态曲线就是一种可以确定水平轴上不同点的概率的分布。如前面提到过的，正态曲线是曲线下的面积等于100%的概率分布。它包含一个围绕着均值的中央区域，那是分数的出现频率最高的地方；同时包含着朝向两侧的一个较小的区域，那是一个逐渐扁平化的区域，是包含着极高或极低分数的较小的区域。以概率论的术语来说，在水平轴上，从均值向任意两个方向，概率逐渐降低。因此，说正态曲线上总频率的68.26%落在距均值 -1σ 与 $+1\sigma$ 之间即等于说任意原始分数落在这一区间的概率近似于68%；同样，说总频率的95.44%落在距均值 -2σ 与 $+2\sigma$ 之间即等于说任意原始分数落在这一区间的概率近似于95%；如此等等。 158

这同我们在抛掷硬币的操作中所看到的概率或者相对频率是同样的概念。但是，要注意的是，与正态曲线的面积相联系的概率总是相对于100%而言的，因为正态曲线下的总面积正好为100%（例如68%、95%、99%等）。

逐步演示 5.1　正态曲线下的概率

为了把概率应用到正态分布中，让我们回到先前在131页提过的一个例子。我们被要求把一个大型机构中的家庭医护人员的年收入分布的原始分数转换成 z 分数，我们假定其分布为正态分布。这个收入分布的均值为20 000美元，标准差为1 500美元。

通过计算 z 分数的公式，我们前面已经知道22 000美元的年收入比均值20 000美元高出1.33个标准差，即： 159

$$z=\frac{22\,000-20\,000}{1\,500}$$

$$=+1.33$$

现在让我们来确定一个数字落在20 000～22 000美元范围内的概率。换句话说，在任意选择的情况下，只做一次尝试，从机构里选出一个家庭医护人员，他的收入落在20 000～22 000美元范围内的概率是多少？这个问题在下面以图形的方式给出了演示（我们通过曲线的阴影部分的面积来说明这个问题），并可以借助于 z 分数的公式和附录C中的表A分两步来解决。

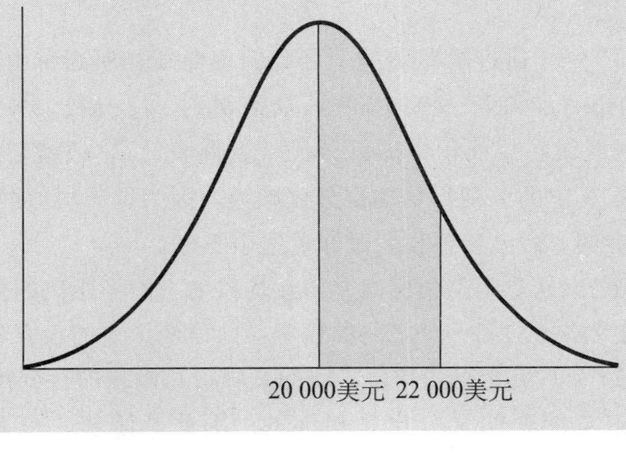

第一步 将原始分数（22 000 美元）转换为 z 分数。

$$z=\frac{X-\mu}{\sigma}$$

$$=\frac{22\ 000-20\ 000}{1\ 500}$$

$$=+1.33$$

因此，原始分数 22 000 美元位于均值之上 1.33 个标准差的位置。

第二步 使用表 A，找到曲线上落在 z 分数（$z=+1.33$）与均值之间的面积占总面积的百分比。

160 在表 A 的 b 列中，我们发现 40.82%的家庭医护人员的收入落在了均值与均值以上 1.33 个标准差之间。所以，如下图所示，有 40.82%的家庭医护人员的收入为 20 000～22 000 美元。因此，通过将小数点向左移两位，我们看到，$P=0.408\ 2$ 是我们得到的一个人的年收入会落在这两个数字之间的概率。

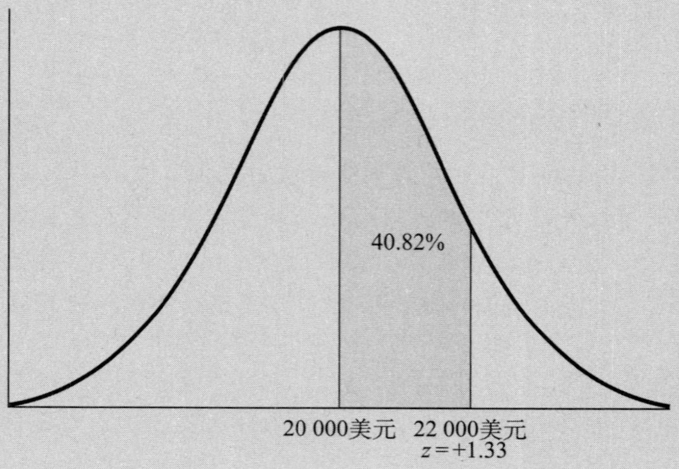

在前面的例子里，我们被要求确定均值与某个特定的标准差之间的区间的概率。但是在很多时候，我们会被要求确定在分布的两个尾部的任意一个方向上超出某个特定的原始分数的区域所占面积的百分比，或者说得到这些值的概率。例如，在当前的例子中，我们会希望获得年收入为 22 000 美元及以上的概率。

这个问题可以如图 5－15 一样通过图形来演示（我们用曲线的阴影部分来表示）。在这个例子中，我们按照逐步演示 5.1 中的第一步和第二步来操作，从而得到了 z 分数，并得到了 20 000 美元与 $z=+1.33$ 之间在正态曲线下的区域在总面积中的百分比（查询表 A）。但就目前的例子来说，我们必须更进一步，从 50%中将从表 A 中的 b 列得出的百分比减掉，因为位于均值两边任意一边的百分比正好为 50%。幸运的是，表 A 中的 c 列已经替我们做好了这个工作。

161 前面已提到过，在均值之上任意距离的标准差与在均值之下同样距离的标准差所包含的比例相等。因此，我们获取位于在均值及之下的某一点之间的概率与前面例子中的步骤是一样的。

例如，z 分数-1.33（18 000 美元）与均值之间的区域占总面积的百分比与 z 分数$+1.33$（22 000 美元）与均值之间的区域占总面积的百分比是相等的。因此，任选一个家庭医护人员，其收入为

18 000～20 000 美元的概率 $P=0.4082$。同样，超出 -1.33 个标准差（18 000 美元及以下）占总频率的百分比与超出 $+1.33$ 个标准差（22 000 美元及以上）占总频率的百分比是相等的。因此，我们得知一个大型机构的家庭医护人员的年收入为 18 000 美元及以下的概率 $P=0.0918$。

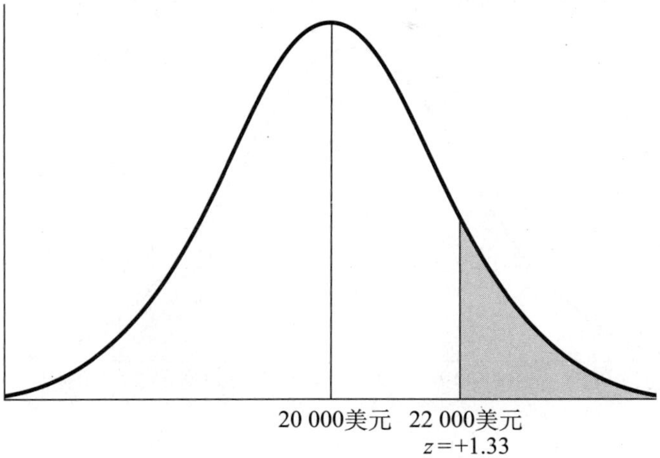

图 5－15 我们试图确定的概率在正态曲线面积中所占的比例

我们可以利用表 A 得到正态曲线下多个区间的概率。例如，我们已经确定了收入为 18 000 美元及以下和 22 000 美元及以上的概率都约等于 0.09。为了得到收入为 18 000 美元及以下或 22 000 美元及以上的概率，我们可以利用加法法则像下面一样简单地将它们各自的概率相加：

$$\begin{aligned} P &= 0.0918 + 0.0918 \\ &= 0.1836 \end{aligned}$$

同样，我们可以通过将均值两侧各 1.33 个标准差的概率相加，得到任意一个家庭医护人员的收入为 18 000～22 000 美元的概率，即：

$$\begin{aligned} P &= 0.4082 + 0.4082 \\ &= 0.8164 \end{aligned}$$

注意，0.816 4 加 0.183 6 等于 1.00，代表了正态曲线之下所有可能的结果。 162

乘法法则在正态曲线上的应用可以通过计算任意四个家庭医护人员的收入都为 22 000 美元及以上的概率来演示。我们已经知道任意一个家庭医护人员的收入至少为 22 000 美元的概率 $P=0.0918$，因此：

$$\begin{aligned} P &= 0.0918 \times 0.0918 \times 0.0918 \times 0.0918 \\ &= (0.0918)^4 \\ &= 0.00007 \end{aligned}$$

通过应用乘法法则，我们看到，随机抽出四个家庭医护人员，其收入都为 22 000 美元及以上的概率只有十万分之七。

通过正态曲线基于概率获取分值

在之前的章节中，我们运用关于均值和正态分布变量的标准差（比如家庭医护人员的原始收入）去确定在正态曲线上的特定的区域。这些区域可以反过来被用来计算关于分布的各类百分比或概率，比如确定收入为 22 000 美元及以上的家庭医护人员的百分比。

运用表 A 将 z 分数转化为总面积中不同部分的步骤可以颠倒为从特定的区域或百分比来计算分数的值。我们无须通过查询表 A 就知道有 50%的家庭医护人员的收入为 20 000 美元及以上。由于形状的对称性，将分布分成两半的收入的中位数与均值相等。但是，如果我们想知道在图 5－16 中的阴影部分，即界定了所得收入的人中前 10%的收入水平呢?

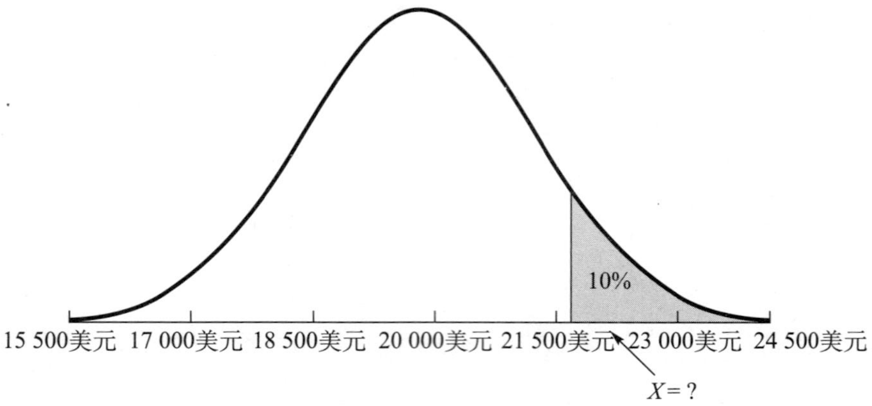

图 5－16　求前 10%的家庭医护人员的所得收入

前 10%的临界值可以通过在表 A 中寻找特定区域（比如尾部最高的 10%）对应的 z 分数的值，
163 然后把 z 分数转化为与它等同的原始分数（收入）获得。特别地，我们大致浏览 c 列就可以定位 z 以外的面积最接近 10%的区域。显然，有 10.03%的区域在分数为 1.28 的 z 之外。然后我们可以运用一个改良过的常用 z 分数公式在给定一个特定 z 值的情况下求 X。

$$\boxed{X = \mu + z\sigma}$$

为了求得均值为 20 000 美元、标准差为 1 500 美元时前 10%的临界值，我们从表 A 中得出 $z=1.28$，于是有：

$$\begin{aligned} X &= 20\ 000 + 1.28(1\ 500) \\ &= 20\ 000 + 1\ 920 \\ &= 21\ 920 \end{aligned}$$

因此，基于均值为 20 000 美元、标准差为 1 500 美元的家庭医护人员收入分布的正态形状，我们可以确定前 10%的人获得的收入在 21 920 美元以上。

逐步演示 5.2　通过正态曲线基于概率获取分值

假设有数据显示，一家特定的救护公司从接到 911 报警电话到人员到达现场的响应时间是一个均值为 5.6 分钟、标准差为 1.8 的正态分布。现在老板想知道所有呼叫中的 3/4（75%）被响应所要求的响应时间为多久，也就是说，75%的响应时间落在哪个值以下。

第一步　从表 A 中得到一个最接近能分割出 75%面积的 z 分数。

正如下图所示，代表 75%的响应时间的区域包括了在均值与 $z=0.67$ 之间的 25%的区域以及均值之下的 50%的区域。在表 A 的 b 列中寻找最接近 25 的面积，我们可以看到，当 $z=0.67$ 时，能在总面积中分割出 24.86 的面积。

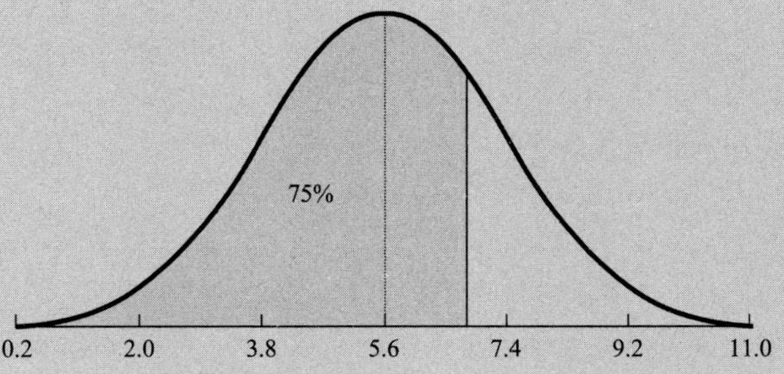

第二步 将 z 分数转化为与它等同的原始分数。 164

$$
\begin{aligned}
X &= \mu + z\sigma \\
&= 5.6 + 0.67(1.8) \\
&= 5.6 + 1.2 \\
&= 6.8
\end{aligned}
$$

因此，我们可以说大约 3/4 的 911 医疗求救呼叫是在 6.8 分钟之内得到响应的。相反地，1/4 的呼叫的响应需要超过 6.8 分钟的时间。

▶ 小结

在这一章里，我们讨论了概率的概念——任一给定的结果或事件发生的相对可能性。概率是统计决策的基础，被表示为一个结果或事件发生的次数相对于任意结果或事件发生总次数的比。概率的取值范围从 0（不可能发生）到 1（确定会发生）。概率可以按照加法法则相加起来，以确定几个不同结果中得到任一结果的可能性；也可以按照乘法法则相乘，以确定获得独立结果组合的可能性。正如我们在之前的章节中看到的，频数的分布是基于现实世界中真实的观察得到的。相反，概率的分布是理论化和理想化的——它具体化了在一个完美的世界中应该得到的百分比。所以，我们确定了一个变量可能的取值，并且计算了与每一个变量相关联的概率。类似于频数分布中的百分比，我们在概率分布中得到的概率代表了每个取值出现的可能性（而不是出现的频数）。

被统称为正态曲线的理论模型对现实研究情境中的应用来说是一种特别有用的概率分布。正态曲线因对称的钟形而闻名。它可以用来描述分数的分布、解释标准差，以及陈述概率的意义。我们可以和标准分一起来确定在正态曲线上与离均值任意标准距离有关的面积所占的百分比，以及在一个分布中得到任意原始分数的概率。在接下来的章节中，我们将看到正态曲线是统计决策中的一个基本要素。

▶ 重要术语

Probability	概率	Independent outcomes	独立的结果
Converse rule	逆法则	Normal curve	正态曲线
Addition rule	加法法则	Area under the normal curve	正态曲线下的面积
Mutually exclusive outcomes	互斥的结果	z score (standard score)	z 分数（标准分）
Multiplication rule	乘法法则		

165 ## ▶ 课后习题

1. 某事件发生的相对可能性被称作事件的：

a. 标准差　　b. 正态曲线下的面积　　c. 概率　　d. 以上都是

2. 概率的取值范围是：

a. 0 到无穷　　b. 0 到 1.0　　c. 1.0 到 100.0　　d. −1.0 到 +1.0

3. 一位犯罪调查专家正在努力将两个连环杀手绳之以法——一个以妓女为目标，另一个以大学生为目标。这位专家根据他以前的经验得知，他有 50%的机会逮住谋杀妓女的凶手，有 65%的机会逮住谋杀大学生的凶手。为了计算他逮住所有凶手的概率，必须把这两个概率：

a. 相加　　b. 相减　　c. 相乘　　d. 相除

4. 概率分布基于：

a. 真实观察　　b. 概率理论　　c. 加法法则　　d. 乘法法则

5. 一所大学确定了 74%的学生更喜欢小型研讨式课堂而不是大型讲座式课堂，那么某个特定的学生支持大型讲座式课堂的概率是多少？

6. 在一次掷一个包含数字 1～6 的标准的六面骰子时，出现以下结果的概率为多少？

a. 一个 2　　b. 一个 3 或者一个 4

c. 一个奇数　　d. 除了 5 之外的任何数字

7. 等式 $z=0.49$ 指的是某个特定的原始分数位于：

a. 低于分布中 49%的分数

b. 均值之下约 0.5 个标准差

c. 均值之上约 0.5 个标准差

d. 均值之下约 0.5 个标准差与均值之上约 0.5 个标准差之间

8. 在一组正态分布的分数中，以下部分所占面积的百分比为多少？

a. 在均值与均值之下一个标准差的分数之间

b. 在均值之下一个标准差的分数与均值之上一个标准差的分数之间

c. 在均值与均值之下两个标准差的分数之间

d. 在均值之下三个标准差的分数与均值之上三个标准差的分数之间

166 9. 下面关于正态曲线的描述哪个不是真的？

a. 它是有偏的　　b. 它是一个概率分布

c. 它的总面积包含 100%的案例　　d. 众数、中位数和均值相等

10. ________指的是在一个分布中某个原始分数离均值有多远；而________指的是分数在总体上如何围绕着均值散布。

a. 标准差；z 分数　　b. z 分数；标准差　　c. 概率；z 分数　　d. 标准差；概率

11. 等式 $z=-1.33$ 指的是某个特定的原始分数位于：

a. 均值之下 1.33 个标准差　　b. 均值之下 1.33 个 z 分数

c. 均值之下 1.33 个百分比等级　　d. 标准差之下 1.33 个 z 分数

12. 收入为 40 000～50 000 美元的概率 $P=0.33$ 代表的是：

a. 百分数　　b. 表示为比例的概率　　c. 发生的频数　　d. z 分数

13. 下表反映了在一个社会学概论的班上注册的学生情况。以下列出了他们的年级和是否主修社会学。

学生	年级	是否主修社会学
1	二年级	是
2	四年级	否
3	三年级	是
4	一年级	否
5	一年级	是
6	二年级	是
7	二年级	是
8	三年级	否
9	二年级	是
10	二年级	否

从这个班上随机抽取，下列事件发生的概率是多少？

a. 抽到一个二年级的学生

b. 抽到一个主修社会学的学生

c. 抽到一个一年级或二年级的学生

d. 抽到一个不是一年级的学生

14. 10 位政治家被问到他们对实施安乐死的观点。以下列出了他们所属的政党： 167

政治家	政党	是否支持安乐死
1	共和党	否
2	民主党	否
3	民主党	是
4	共和党	否
5	共和党	否
6	民主党	否
7	民主党	是
8	民主党	是
9	共和党	否
10	民主党	是

从这组政治家中随机抽取，下列事件发生的概率是多少？

a. 抽中一个共和党政治家

b. 抽中一个支持安乐死的民主党政治家

c. 抽中一个不支持安乐死的政治家

d. 抽中一个不支持安乐死的共和党政治家

15. 一组住户被问及他们是否支持在他们的街区建立流浪汉收容所。他们还被问及他们在这个街区居住了多久（短期居住定义为少于三年，长期居住定义为三年或三年以上）。

住户	街区居住时长	是否支持建立收容所
1	短期	是
2	短期	否
3	长期	是
4	长期	否
5	短期	是
6	短期	是
7	长期	否
8	短期	是
9	短期	是
10	短期	否

从这组住户中随机抽取，下列事件发生的概率是多少？

a. 抽中一个短期住户

b. 抽中一个不支持建立收容所的住户

168 c. 抽中一个支持建立收容所的长期住户

d. 抽中一个不支持建立收容所的短期住户

16. 假设在某州监狱中的犯人有 16％患有精神疾病。那么下列各种情况发生的概率是多少？

a. 某个特定的犯人没有患有精神疾病

b. 三个犯人都没有患有精神疾病

17. 调查显示，在无家可归的成年人中大约有 25％是退伍军人。那么以下情况发生的概率是多少？

a. 某个无家可归的人不是退伍军人

b. 两个任意的无家可归的人都是退伍军人

18. 假设有某一种基因特质，男性为携带者的概率为 20％（$P=0.20$），女性为携带者的概率为 15％（$P=0.15$），且这种特质只会被父母都是携带者的孩子继承。一个孩子出生时带有这种基因特质的概率是多少？

19. 一名参加古代史期中考试的学生遇到了两个在他缺席的一堂课上讲述的问题，所以他决定用随机猜测的方法给出答案。一个问题是判断题，另一个问题是有 5 个选项的单选题。下面情况发生的概率各是多少？

a. 判断题的答案正确

b. 单选题的答案正确

c. 判断题和单选题的答案都正确

d. 判断题和单选题的答案都不正确

e. 判断题的答案正确，单选题的答案不正确

f. 判断题的答案不正确，单选题的答案正确

20. 假设你买了一张彩票，上面有两个数字（每个都在 0 到 9 之间）和一个字母，例如：

3　7　P

a. 你猜对第一个数字的概率是多少？

b. 你猜对第二个数字的概率是多少？

c. 你没猜对第一个数字的概率是多少？

d. 你第一个数字和第二个数字都猜对的概率是多少？

e. 你猜对字母的概率是多少？

f. 你全都猜对（数字和字母）的概率是多少？

21. 某个社区想处理本地高中中的种族冲突问题。镇长决定建立一个三人居民委员会来提出建议。为了保证选择过程的完全公平，镇长决定随机地选择委员会成员，并任命第一个被选中的人为主席。这个社区的种族结构为50％的白人、30％的黑人和20％的拉美裔。下面各种情况的发生概率是多少？

a. 主席是白人居民

b. 主席是黑人居民

c. 主席是白人或拉美裔居民

d. 委员会的三名成员都是黑人

22. 从一整副标准的52张扑克牌中随机抽1张牌，下面各种情况发生的概率是多少？ 169

a. 抽中方块8

b. 抽中方块8或红心8

c. 抽中一张8

d. 抽中一张红牌

e. 抽中一张花牌（J、Q、K）

f. 抽中从6到9中的一张

g. 抽中一张奇数牌

23. 假设有31％的民主党人和63％的共和党人支持在美国境内建设更多核电站。现在假如在一个房间里有40个共和党人和35个民主党人，那么：

a. 从房间里随机选出一个共和党人的概率是多少？

b. 从房间里随机选出一个民主党人的概率是多少？

c. 随机选出一个支持建设更多核电站的共和党人的概率是多少？

d. 随机选出一个支持建设更多核电站的民主党人的概率是多少？

e. 随机选出一个民主党人和一个共和党人且两人都支持建设更多核电站的概率是多少？

f. 随机选出两个共和党人且两人都不支持建设更多核电站的概率是多少？

24. 研究显示，6/10的婚姻以离婚结束。那么下面各种情况发生的概率是多少？

a. 某对新婚夫妻将婚姻维持到“直到死亡将他们分开”

b. 两对在集体婚礼上结婚的夫妻最终都离婚了

25. 假设有2％被判有罪的人事实上是无辜的。

a. 如果一个人被判有罪，那么他真的有罪的概率是多少？

b. 如果两个人被判有罪，那么他们都真的有罪的概率是多少？

c. 如果三个人被判有罪，那么他们都真的有罪的概率是多少？

d. 如果四个人被判有罪，那么他们都真的有罪的概率是多少？

26. 在任意正态分布中，总面积的百分之多少落在以下各区间内？

a. 位于均值（μ）与均值之上一个标准差（$+1\sigma$）的数值之间

b. 位于均值之下一个标准差（-1σ）的数值与均值之上一个标准差（$+1\sigma$）的数值之间

c. 位于均值与均值之上两个标准差（$+2\sigma$）的数值之间

d. 位于均值之下两个标准差（-2σ）的数值和均值之上两个标准差（$+2\sigma$）的数值之间

27. 学术能力评估测试（SAT）按正态分布进行了标准化，其均值 $\mu=500$，标准差 $\sigma=100$。SAT 分数的多少百分比落在以下各区间内？

a. 500～600 分　　b. 400～600 分　　c. 500～700 分

d. 300～700 分　　e. 高于 600 分　　f. 低于 300 分

170 28. 对于以上 SAT 分数，确定下面各个分数相对于均值的 z 分数（即标准偏差的数值和方向）：

a. 500　　b. 400　　c. 650

d. 570　　e. 750　　f. 380

29. 利用问题 28 中计算出的 z 分数查表 A，看有多大百分比的 SAT 分数落在：

a. 500 分及以上　　b. 400 分及以下

c. 500～650 分　　d. 570 分及以上

e. 250～750 分　　f. 380 分及以上（提示：曲线的两侧各占面积的 50%）

30. 智商分数符合均值 $\mu=100$、标准差 $\sigma=15$。基于这个分布，确定：

a. 智商分数为 100～120 分的百分比

b. 随机抽中一个人，其智商分数为 100～120 分的概率

c. 智商分数为 88～100 分的百分比

d. 随机抽中一个人，其智商分数为 88～100 分的概率

e. 智商分数为 110 分及以上的百分比

f. 随机抽中一个人，其智商分数为 110 分及以上的概率

g. 随机抽中两个人，其智商分数都为 110 分及以上的概率

h. 智商分数 125 对应的百分比等级

31. 假设有一家大型州立大学，做研究助理的研究生被按小时付酬。从校办公室中得到的数据显示，付给全校做研究助理的研究生的每小时报酬近似于一个均值为 1 200 美元、标准差为 2.50 美元的正态分布。请确定：

a. 每小时报酬为 15 美元及以上的研究生助理的百分比

b. 从个人档案中随机抽取一个研究生助理，其每小时报酬为 15 美元及以上的概率

c. 每小时报酬为 10～12 美元的研究生助理的百分比

d. 从个人档案中随机抽取一个研究生助理，其每小时报酬为 10～12 美元的概率

e. 每小时报酬为 11 美元及以下的研究生助理的百分比

f. 从个人档案中随机抽取一个研究生助理，其每小时报酬为 11 美元及以下的概率

g. 从个人档案中随机抽取一个研究生助理，其每小时报酬在两个方向都为极端值——低于 10 美元或高于 14 美元的概率

h. 从个人档案中随机抽取两个研究生助理，其每小时报酬低于平均水平（均值）的概率

i. 从个人档案中随机抽取两个研究生助理，其每小时报酬都为 13.5 美元及以上的概率

171 32. 假定缓刑监督官的工作个案数量的均值是 115 个罪犯，标准差为 10。假设个案的规模是正态分布的，请确定：

a. 某个特定的缓刑监督官的工作量为 90～105 的概率

b. 某个特定的缓刑监督官的工作量大于 135 的概率

c. 四个缓刑监督官的工作量都大于 135 的概率

33. 假定一组精神病患者的智商平均数为 105，标准差为 7。现假设它是正态分布的，请确定：

a. 智商分数为 100～110 分的精神病患者所占的百分比

b. 随机抽取一个精神病患者，其智商分数为 100～110 分的概率

c. 智商分数为 90～105 分的精神病患者所占的百分比

d. 随机抽取一个精神病患者，其智商分数为 125 分及以上的概率

e. 智商分数为 125 分及以上的精神病患者的百分比

f. 随机抽取一个精神病患者，其智商分数为 125 分及以上的概率

g. 随机抽取两个精神病患者，两者智商分数都为 125 分及以上的概率

34. 一家大型汽车公司宣称其新型汽车的平均油耗（mpg）值为 25。这家公司也承认，基于不同的因素，有些汽车的 mpg 值会有所变化，mpg 表现的标准差为 4mpg。假设你受雇于一家消费者保护组织，负责进行常规性的汽车驾驶测试。在从生产线上随机抽取了四辆汽车后，你的组织发现它们的 mpg 表现都很差，都为 20mpg 及以下。

a. 假设该公司宣称的是真的（$\mu=25$，$\sigma=4$），那么在随机抽取一辆汽车时，其 mpg 表现差（20mpg 及以下）的概率是多少？

b. 假设该公司宣称的是真的（$\mu=25$，$\sigma=4$），那么在随机抽取五辆汽车时，其 mpg 表现都很差（20mpg 及以下）的概率是多少？

c. 在你的组织观察到这五辆测试车的表现的情况下，你对该公司所宣称的 mpg 表现得出了什么样的结论？

35. 在一处城市贫困地区，个体收入是按正态分布的，均值为 21 000 美元，标准差为2 000美元。那么收入落在以下区域的概率是多少？

a. 19 000～21 000 美元

b. 19 000～23 000 美元

c. 17 000～25 000 美元

d. 超过 23 000 美元

e. 不足 17 000 美元

f. 15 000～27 000 美元

36. 对于问题 35 中列出的收入分布，请确定以下每个收入所对应的 z 分数：

a. 12 500 美元

b. 22 600 美元

c. 19 850 美元

d. 6 050 美元

e. 32 000 美元

f. 21 050 美元

▶ 上机练习

172

1. 教育是一个重要的社会问题。运用综合社会调查数据，找到完成学业的最高年级（EDUC）的均值和标准差。

a. 运用这个均值和标准差计算，美国人中有望完成 16 年或以上教育的百分比是多少？

b. 美国人中有望完成 10 年或以下教育的百分比是多少？

c. 在美国随机抽取一个人，其接受过超出 12 年（13 年或更多）的学校教育的概率是多少？

2. 运用频数分析步骤（ANALYZE、DESCRIPTIVE STATISTICS、FREQUENCIES），要求根据综合社会调查中的数据画一个能直观反映看电视时长（TV HOURS）的柱状图，并且上面覆盖着正态曲线（来自图表按钮）和均值及标准差（来自统计按钮）。

a. 评价实际分布与正态曲线的接近程度。

b. 基于正态分布（运用 z 分数和表 A），一个人每天看电视时长为 3 小时或 3 小时以上的概率是多少？

c. 将从正态分布中得到的概率和实际报告中每天看电视时长在 3 小时或 3 小时以上的人所占的比例进行比较。

3. 运用频数分析步骤（ANALYZE、DESCRIPTIVE STATISTICS、FREQUENCIES），要求根据综合社会调查中的数据画一个兄弟姐妹数量的柱状图，并且上面覆盖着正态曲线（来自图表按钮）和均值及标准差（来自统计按钮）。

a. 评价实际分布与正态曲线的接近程度。

b. 基于正态分布（运用 z 分数和表 A），一个人拥有 6 个或 6 个以上兄弟姐妹的概率是多少？

c. 将从正态分布中得到的概率和实际拥有 6 个或 6 个以上兄弟姐妹的人所占的比例进行比较。

第6章 样本与总体 173

社会研究者总是试图得到关于大量个体的结论。比如说，研究者会对全体3亿美国公民感兴趣，或者对某个工会的1 000名会员、住在美国南部某个城镇的10 000名非裔美国人、当前在一所东部大学里注册的25 000名学生感兴趣。

在此之前，我们一直假定社会研究者调查了他试图了解的整个群体。这个群体被认为是一个总体或一个领域，包含一组至少拥有一个共同特征的个体，共同特征包括共同的公民权、志愿组织的会员资格、种族、大学入学资格等。因此，我们会说美国人的总体、工会会员的总体、在一个南部城镇上的非裔美国人的总体或者大学生的总体等。

由于社会研究者是在有限的时间、精力和经费条件下进行研究的，因此他们很少对给定总体的每 174
一个成员进行研究。相反，研究者只会研究一个样本——总体中较少数量的个体。通过抽样这一过程，社会研究者试图将研究结果从样本（一个小群体）推论到从中抽样的总体（一个大群体）。

例如，最近几年，抽样技术已经使得政治民意测验专家可以只基于数百名登记选民的样本就对选举的结果做出相当准确的预测。因此，具有主要政治力量的候选人已经习惯于通过对选民态度的抽样调查来监控他们竞选策略的效果了。

抽样是我们日常生活中不可缺少的一部分。除了对我们周围的人进行抽样以外，还有什么别的方法能使我们获得其他人的大量信息呢？例如，我们可能会通过随意地与同学讨论政治话题，来了解同学们的一般的政治观点与立场；我们也可能仅通过与少数几个同学事先沟通，来确定班上的同学对某门考试的准备情况；我们甚至会在发现几个熟人通过投资赚了钱之后决定投资股票市场。

研究中的误差

社会研究者的抽样方法通常比我们在日常生活中使用的方法更科学，考虑得更深入。然而，即使使用最有效的研究设计，误差也会出现。事实上，误差可以被看作一个无论研究何时实施都很可能出现的存在，但我们可以减少误差直至它不会影响研究结果的价值。

许多误差来自收集或处理数据时对错误程序的使用。尤其是在研究者处理大量数据的时候，他们会在输入数字、分析结果、绘制图表、展示结果的时候犯错。虽然电脑软件的使用已经极大地减少了程序错误的普遍性，但是它们仍是误差的一种可能来源，继而可能会导致令人困惑和引起误解的结论。

数据收集的过程充满了可能的误差。如果有很多潜在的受访者拒绝合作，那么他们在一项研究中的缺答会成为误差的一个重要来源。那些接受了访问的受访者可能在很重要的方面与拒访者存在不同。例如在政治调查中，那些拒访者可能并未对一个社会问题形成自己的观点，由此导致受访者样本的观点比大多数人的观点更为极端。或者，调查者使用的程序可能无法联系到人群中能够代表整体的那一部分。举个例子，缺乏充分的培训或对访问员的监督，会导致那些难以接触到的个体不能被充分代表。例如，他们可能住在没有电梯的楼房的三层，或者他们可能在很长一段时间内不在常住地。

误差也可能出现在那些愿意参与但拒绝回答一些敏感问题的受访者中。举个例子，他们可能不想
175 透露他们的年龄或收入。结果就是，调查者可能会只询问他们出生的年份而非直接询问年龄。此外，调查者可能会把最敏感的问题放在访问的最后，目的是保证在询问这些困难的问题之前尽可能地获得更多的信息，并且让受访者在被请求透露如年龄或收入这样的个人信息之前保持轻松愉快。

甚至当受访者愿意回答这些问题的时候，他们可能也不会完全诚实。受访者告知调查者的信息也可能受到给出一个社会期望的回答的趋势的影响，即给出那些他们相信会让自己看起来很不错的答案，即使那并不是真的。或者，他们可能想通过给出一些他们认为调查者想听到的回答来取悦调查者。

那些担心自己年龄的人可能会说出一个能使他们比实际更年轻的出生日期。或者，他们可能愿意表明自己的收入，但是将自己置于一个能显得他们比常人赚得更多的职业类别。如果他们在面对访问员或填写问卷时被问及是否参与了非法或不道德的行为（例如，欺诈或使用违禁药物），那么他们可能会给出一个假的答案。此外，虽然被请求回忆在过去一段时间中参与的活动（例如，看病的次数、上家教课的次数、过去一年的旷课次数）的受访者可能会愿意分享这些信息，但是他们也许会根据错误的记忆提供不准确的数据。问卷中选项的字词表意模糊也是有可能的，所以受访者会误解那些他们需要去回答的问题。这种误差很容易减少（即使不能完全消除），可以通过在进行正式调查之前在一小组个体中测试问卷或者访谈提纲，以掌握他们给出可信回答的意愿和能力。

抽样方法

社会研究者的抽样方法通常比我们在日常生活中使用的方法更科学，考虑得更深入。其首要关

心的是样本是否充分地代表了整个总体，从而可以准确地推广到总体。为了进行这样的推断，研究者以总体中的每一个成员是否有同样的机会被抽选进样本为标准来选择合适的抽样方法。如果总体的每个成员被给予了均等的进入样本的机会，那么采取的是随机抽样，否则就是非随机抽样。

非随机抽样

偶遇抽样（也被称为方便抽样）是最普遍的非随机抽样方法，它与我们日常抽样程序的差别最小，因为它仅仅基于研究者是否方便。这就是说，研究者只把最方便的案例纳入了样本而排除了不方便的案例。大多数学生能回忆起至少几次这样的情况，即一位正在做研究的老师，让班上的每一位同学参加一个实验或者填写一份调查问卷。这种形式的偶遇抽样在心理学中尤其普遍，使得一些观察者将心理学视作“大学二年级学生的科学”，因为有太多的大学生被当作了研究对象。

一种新的偶遇抽样的方法是利用互联网来获取公众关于广泛议题的观点，这些议题既有琐碎的也 176
有严肃的。在多数情况下，这些调查展现出了对于它们自身不科学的基础的否认。显然，我们很难从一个在网页上或通过邮件（有时不止一次）表达观点的志愿受访者的样本来推论总体。

另外一种非随机抽样的类型是配额抽样。在这种抽样的过程中，总体的不同特性，如年龄、性别、社会阶层或种族，被按照在总体中所占的比例抽取。例如，假设我们被要求从58%为男性、42%为女性的大学新生中抽取一个配额样本。通过配额抽样，调查者被给定了一个要调查的学生的配额，以使得样本的58%为男性、42%为女性。样本中包含了与其所代表的总体一样的百分比。如果样本大小为200人，那么会有84名女性和116名男性被选中。尽管在这个样本中性别可能被很好地代表了，但是其他一些特性，如年龄或种族可能没有被很好地代表。配额抽样的不足恰好在于除了被用来设定配额的因素以外，其他的因素缺乏控制。

第三种非随机抽样方法被称作判断抽样或目的抽样。在这种类型的抽样中，逻辑、常识或者合理的判断被用来选取一个能够代表总体的样本。例如，当采用判断抽样来选取反映中产阶级价值观的杂志时，我们可能会出于本能地选择《读者文摘》《人物》或者《大观》，因为这些杂志中的文章似乎描绘了大多数中产阶级美国人的渴望（例如，美国梦的实现、经济上的成功等）。同样，在对州选举结果的预测中，我们应该对那些传统上能决定州选举结果的地区进行民意调查。

随机抽样

如前面所说的，随机抽样给予了总体中的每一个成员均等的被选入样本的机会[①]。随机抽样的这个特性要求总体的每一个成员在抽样前必须被确定，通常是通过获取一个列出了总体的每一个成员的清单来满足这个要求。我们稍稍一想就会发现获得这样一个总体成员的完整清单不会是一个容易的任务，尤其是在研究一个巨大而复杂的总体时。举一个相对简单的例子，我们从哪里可以获得一所大型大学的当前注册学生的清单呢？那些做过尝试的社会研究者会证明它的难度。而一个更费力的任务是尝试找到一个大城市里所有居民的清单。我们怎样才能肯定我们得到的清单包括了所有的人，甚至那些不希望被确认的人呢？

简单随机抽样——最基本的抽样方法——可以通过一个我们熟悉的过程来实现：将所有人的名字写在不同的纸条上，折起来放进一顶帽子，然后从帽子里只抽出一些名字。在每张纸条上都有一个且

① 有些时候，总体中的一些成员被给予了更大的被抽中的机会。这种不均等在数据分析中能得到弥补，所以，这种抽样仍然被认为是随机的。

177 只有一个人名的前提下，这个过程理论上给予了总体的成员均等的被抽中的机会。出于几点原因（包括研究者将会需要一顶超大的帽子），社会研究者通常试图不用从一顶帽子中抽名字的办法来进行随机抽样。他们会使用随机数表，如附录 C 中的表 B。随机数表中的一部分如表 6-1 所示。

表 6-1 随机数表（部分）

行	1	2	3	4	5	6	7	8	9	10	11	12	13	14	15	16	17	18	19	20
1	0	6	9	0	6	2	8	5	3	6	9	6	4	3	3	2	8	1	2	0
2	4	9	6	8	5	5	3	0	7	8	9	2	9	2	2	1	0	1	1	0
3	9	4	6	2	2	3	8	6	7	8	4	0	1	1	1	7	0	3	7	0
4	9	5	0	4	6	2	2	4	6	4	0	9	6	7	4	8	0	0	7	4
5	2	0	3	2	7	6	6	2	3	9	7	5	1	4	8	8	7	9	7	5

随机数表用于产生一系列没有特定的模式或顺序的数字。因此，使用随机数表产生代表性样本的过程近似于将纸条放进帽子然后闭着眼睛从里面抽取名字的过程。

为了利用随机数表来抽取一个简单随机样本，社会研究者首先要获得一个包括总体成员的清单，然后给每个成员分配一个识别码。例如，如果对在社会学概论课上注册的 500 名学生进行研究，那么研究者需要首先从任课老师那里获取一个学生清单，然后给每个学生分配一个在 001 到 500 之间的识别码。在准备好这个清单后，研究者再开始使用随机数表随机抽取样本中的成员。例如，研究者试图抽取一个 50 人的样本以代表全班 500 人的总体。研究者可以从任意数字进入随机数表（例如，闭着眼睛点选一个数字），并向任意方向每次移动三位数字，抽取合适的数字，直到抽够 50 名样本成员。看一下我们前面给出的这部分随机数表，我们可以随意地从第 1 列第 5 行的交汇处开始，然后从左向右移动，选中每一个在 001 到 500 之间的数字。从第 1 列第 5 行产生的第一个三位数字是 203。因此，编号为 203 的学生为第一个被纳入样本的总体成员。继续从左向右移动，我们看到下一个出现的三位数字是 276，所以编号为 276 的学生被抽中了。继续这个过程，直到样本中的 50 个成员都被选出。同学们要注意的是：在使用随机数表时，如果同一个数字第二次被选中或出现超出需要范围的数字，就要将其忽略掉。

所有随机抽样的方法都是刚才所演示的简单随机抽样方法的一种变化。例如，系统抽样就不需要使用随机数表，因为它是按固定间隔抽取总体列表的成员的。在采用系统抽样时，每 n 个成员中有一个被纳入总体的样本。例如，当从 10 000 名公屋承租人中抽取 1 个样本时，我们可以首先排出一个承租人的列表，然后从任意位置开始，列表中每 10 个承租人就有 1 个被抽中，从而形成一个1 000人的承租人样本。

178 系统抽样的优点是它不需要随机数表。因此，这种方法比简单随机抽样省时，尤其是在从大的总体中抽样时。而从负面来说，当采取系统抽样时，我们假设了总体成员在列表中的位置不会影响其随机性。如果这个假设没有被重视，那么将会导致某些总体成员被过度抽取，而其他成员则被相对忽略。例如，在下列情形下就可能发生上述情况：从一个在街角的房屋（通常这样的房屋比街区的其他房屋要贵）被放在固定位置的列表中进行系统抽样，或者因从电话簿中以固定距离抽样而导致与一些特定种族相联系的名字被忽略。

简单随机抽样的另一种变化，即分层抽样，需要把总体分成更具同质性的子群体或称层，然后进行简单随机抽样。例如，假设我们想研究某个城市的总体对各种生育控制器具的接受程度。因为对生育控制的态度是随着宗教信仰和社会经济地位的变化而变化的，所以我们需要对总体在这些变量上进行分层，从而在对生育控制的态度上形成更具同质性的子群体。更精确地说，我们将总体分成天主教徒、新教徒和犹太教徒以及上层阶级、中层阶级和下层阶级。我们的分层过程将会产生如下子群体或层：

上层阶级新教徒
中层阶级新教徒
下层阶级新教徒
上层阶级天主教徒
中层阶级天主教徒
下层阶级天主教徒
上层阶级犹太教徒
中层阶级犹太教徒
下层阶级犹太教徒

在确定了我们的子群体或层以后，我们接下来就对每一个子群体或层（例如，下层阶级新教徒、中层阶级天主教徒等）进行简单随机抽样，直到我们对整个总体进行了抽样。这就是说，每一个子群体或层出于抽样的目的被当作一个完整的总体，并被进行简单随机抽样。具体而言，每一个子群体或层中的每一个成员都被给予了一个识别码，并被列进清单，然后我们利用随机数表进行抽样。作为这个过程的最后一步，从每个子群体或层中抽出的成员被合并在一起，以产生一个代表整个总体的样本。

分层基于这样一种想法，即一个同质性的群体会比一个异质性的群体需要更小的样本。例如，研究在市区街道上行走的个人会比研究住在中产阶级城郊社区的个人需要更大的样本。人们会发现，行走在市区街道的个人会有各种可能的特性。相反，住在中产阶级城郊社区的个人通常在受教育程度、收入、政治取向、家庭规模以及对工作的态度等一些特性上具有更大的一致性。

从表面上看，分层抽样与前面讨论的非随机的配额抽样有着惊人的相似性，因为两种方法都要求 179
样本的特性与总体保持一样的比例。因此，如果总体的32%是由中层阶级新教徒组成的，那么样本的32%必须从中层阶级新教徒中抽取；同样，如果总体的11%是由下层阶级犹太教徒组成的，那么样本的11%必须有同样的构成；等等。在分层抽样中，一种例外的情况是会有一些特定的子群体或层在样本中被不成比例地更充分地代表了，从而使得对它可以进行更详尽的分析。这样的情况的一个例子是：亚裔美国人在给定的总体中只占一小部分，但为了更详细地了解他们的特点，从而对他们过度地进行抽取。

尽管配额抽样和分层抽样表面上有相似性，但它们实际上是不同的。配额样本的成员不管按什么方法抽取都是由调查者主观选出的，而分层样本的成员是在随机的基础上选出的（一般是将随机数表应用到总体成员的清单之上而抽取出的）。

在结束抽样方法这个话题之前，让我们探讨一下被称作“整群抽样”或者“多阶段抽样”的使用非常普遍的随机抽样方法的本质。这种抽样方法通常被用来降低大型调查的成本，这种大型调查需要调查者到许多分散的地点分别进行整群抽样。在应用整群抽样时，至少会需要在两个层次进行抽样：

（1）主要抽样单位或者“群”——它是一个包含某些特性的界限清晰的区域（如一个城市、人口普查区、城市街区等）。

（2）在每个“群”里的样本成员。

为了演示，假设我们需要调查一个大城市居住人口的有代表性的样本。对散布在广大区域里的被调查者进行简单随机抽样、系统抽样或分层抽样都会意味着需要调查者大量地奔走，更不用说时间和金钱的消耗了。但是，通过多阶段抽样，我们把我们的调查限制在住在相对较少的几个区域里的个人。例如，我们首先将街区当作我们的主要抽样单位或者群。接下来，我们获取一个地区内所有街区的清单，从中抽取一个街区的简单随机样本。在抽出了街区的样本后，我们可以以同样的简单随机抽样方法在每个街区抽取个人被调查者（或者户）。更详细地说，被选中的每个街区里的每个个体（或者户）都被列在清单上，在随机数表的帮助下，每个街区的被调查者的样本被选出来。通过采用分群的方法，某位调查者可以驻扎在一个被抽中的街区里，并接触住在这里的多个被调查者。

在更广的尺度上，同样的分群过程可以被应用到全国性的调查中：先将县或市选取为初始首要抽样单位，然后调查每个被选中的县或市的简单随机样本。通过采用这种方法，调查者不需要覆盖每一个县市，而只需要在被随机选取的较少数量的地区进行调查。

180

抽样误差

在本书接下来的部分中，我们将仔细地区分在我们研究的样本与我们想推断的总体之间在各种特性上的差异。为了在统计过程中进行区分，我们不再使用同样的符号来表示总体和样本的均值和标准差。相反，我们必须根据所指的是样本还是总体特性而采用不同的符号。我们将总是以符号 $\bar{X}$ 指代样本均值，而用符号 μ 指代总体均值。样本标准差用符号 s 表示，而总体标准差用 σ 表示。由于总体的分布如同概率分布一样很少能被全面地观察到，因此我们用符号 μ 和 σ 来同时表示总体分布和概率分布。

社会研究者总是试图获取能代表其感兴趣的一个大的总体的样本。由于随机抽样给予了总体成员同样的被纳入样本的机会，它们从长期来说比非随机的抽样方法更能代表总体的特性。正如在第1章里简单讨论过的，只就可能性而言，我们总是能够在样本（随机样本或其他样本）与我们从中抽取样本的总体之间发现一些差异。样本均值（$\bar{X}$）几乎不会与总体均值（μ）完全一样；样本标准差（s）也几乎不会与总体标准差（σ）相等。这被称为抽样误差，这种差异是总会存在的，不管抽样计划设计得多么完美、执行得多么完备，研究者有多么认真仔细，以及在这个过程中不发生任何作弊现象或错误。

尽管你可能会对抽样误差这个词感到陌生，但其实你可能比你以为的更熟悉这个概念。例如，回忆一下关于选举民意调查的情形，它们一般都是从一个相对小的样本推广到整个选民总体的。当报告结果的时候，民意调查专家通常会提供误差的范围。你可能会读到盖洛普或者罗珀预测候选人 X 将会得到 56%的选票，误差范围为±4%。换句话说，民意调查专家确信在整个选民中将有 52%（56%－4%）到 60%（56%＋4%）的人支持候选人 X。为什么他们不能简单地说选票将正好为 56%呢？民意调查专家不能完全确定选票的结果是由于抽样误差的影响。当你学完这一章后，你不但会理解这种影响，而且将学会计算当你从样本推广到总体时的抽样误差。

表 6－2 演示了抽样误差产生的过程。这个表包含了 20 个期末考试分数的总体和从这个总体中随机抽取的三个样本 A、B、C（每个样本的抽取都借助了随机数表的帮助）。正如预期的那样，三个样本的均值确实存在差异，且它们之中没有一个正好与总体均值相等（$\mu=71.55$）。

表 6-2　期末考试分数的总体和三个随机样本 181

总体			样本 A	样本 B	样本 C
70	80	93	96	40	72
86	85	90	99	86	96
56	52	67	56	56	49
40	78	57	52	67	56
89	49	48			
99	72	30			
96	94		$\overline{X}_A=75.75$	$\overline{X}_B=62.25$	$\overline{X}_C=68.25$
	$\mu=71.55$				

均值的抽样分布

考虑到存在抽样误差，学生们也许要问怎么会有可能从样本推断总体呢？为了给出一个合理的答案，让我们考虑一下一位假想中的社会学家对现代美国中能够消除社会孤立的力量的研究。他决定关注的是年轻人（30 岁以下）使用社交网站的情况，他将社交网站作为一种衡量"友谊"的高科技手段。

这位社会学家没有试图去研究成千上万的使用脸谱网或其他社交网络的美国年轻人，而是从总体人口中随机抽取了 200 个样本。他观察了每个样本每天会花多少分钟在使用社交网站上。他发现这 200 个年轻人的样本每天使用社交网站的时间为 0～240 分钟，均值为 101.55 分钟（见图 6-1）。

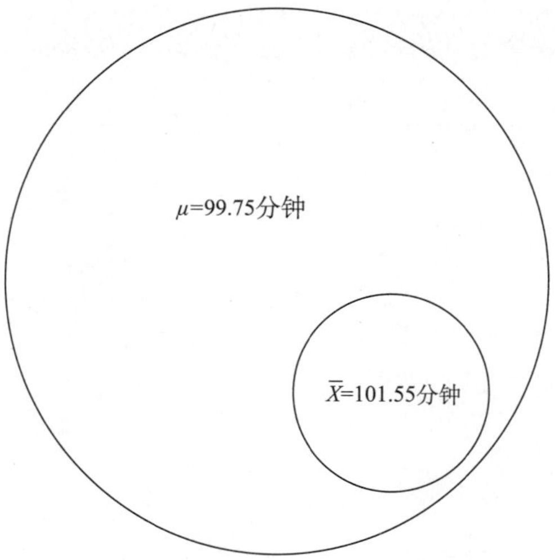

图 6-1　从一个假想总体中抽出的随机样本的平均社交网络用时

注：$\overline{X}=101.55$ 分钟代表了一个包含 200 个人的随机样本，这个样本来自一个总体，该总体的 $\mu=99.75$ 分钟。

可以看出，这位假想中的社会学家有点古怪。他热衷于——或者更应说强迫性地——从总体中抽取
样本。他以极高的热情从总体中继续一个接一个地抽取 200 人的样本，并计算每个样本中的每个人花在 182
社交网站上的平均时间（均值）。我们这位古怪的社会学家继续这个过程，直到他抽取了 100 个分别包含 200 个年轻人的样本。在抽取 100 个随机样本的过程中，他实际上研究了 20 000 个人（200×100=20 000）。

如图 6-2 所示，假设在美国年轻人的总体中，每天的平均社交网络用时（均值）为 99.75 分钟。

同样如图 6－2 所示，假设我们这位古怪的社会学家抽取的样本的均值为 92～109 分钟。按照我们先前的讨论，由于存在抽样误差，这种情况是很容易发生的。

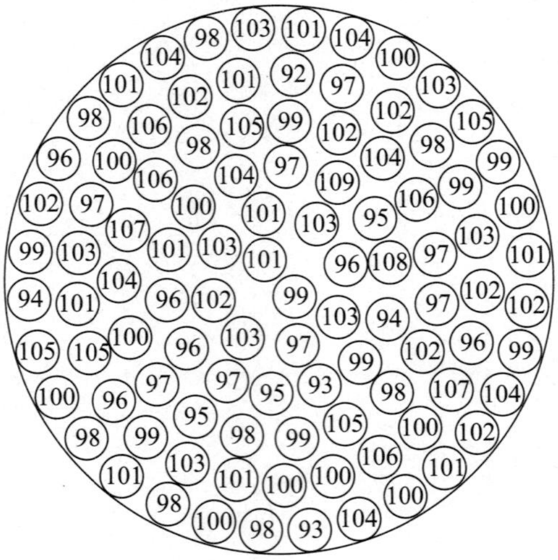

图 6－2　从一个 μ＝99.75 分钟的假想总体中抽出的 100 个随机样本的平均社交网络用时

注：每个 X 代表了一个包含 200 个年轻人的样本，这 100 个 X 的均值是 100.4。

我们可以从样本和总体中获取原始分数的频数分布。以同样的方式，我们可以建构一个均值的抽样分布，即从同一个总体中抽取的大量随机样本的均值的频数分布。表 6－3 以抽样分布的形式呈现了这位社会学家抽取的 100 个样本的均值。如同处理原始分数的分布一样，表 6－3 将均值以从大到小的顺序排列，并在相邻的一列给出了它们的频数。

183 **表 6－3　观察到的 100 个样本（社交网络用时）的均值的抽样分布**

均值	频数	
109	1	
108	1	
107	2	
106	4	
105	5	
104	7	
103	9	
102	9	
101	11	
100	11	100 个样本的均值＝100.4
99	9	
98	9	
97	8	
96	6	
95	3	
94	2	
93	2	
92	1	
	N＝100	

均值的抽样分布的特性

到现在为止，我们还没有直接涉及从样本推广到总体的问题。均值的抽样分布（近似于我们说的这位古怪的社会学家的 100 个样本的均值）的理论模型所具有的一些特定属性，使得它在抽样过程中扮演了重要角色。

在具体讨论从样本推断总体的过程之前，我们必须首先确定均值的抽样分布的特性：

（1）均值的抽样分布近似于正态分布。无论原始分数在从中抽取样本的总体中的分布形状如何，只要样本规模足够大（大于 30），所有均值的抽样分布就都会如此，如果原始分数一开始就是正态分布的，那么无论样本规模多大，样本均值的分布都为正态分布。

（2）均值的抽样分布的均值（均值的均值）与真实的总体均值相等。如果我们从同一个总体中抽取大量的随机样本并计算所有样本均值的均值，那么我们将会得到真实的总体均值。因此，均值的抽样分布的均值与总体均值是相等的。它们可以被看作可互换的值。

（3）均值的抽样分布的标准差比总体标准差要小。即样本均值要比构成样本的数值更加稳定。

均值的抽样分布的最后一个特性使我们能从样本可靠地推断总体。举一个现实生活中的例子，考虑一下你使用数字式体重秤的情况，即使你马上重测，它也会给出你体重的不同读数。很显然，你的 *184*
体重并没有变化，是体重秤的读数变化了。更可能的情况是，这个体重秤对你把脚放在哪里或身体保持什么姿势太敏感了。因此，确定你体重的最好方法也许是称四次然后取均值。记住，平均体重要比任何单独的几次计数更加可靠。换句话说，和构成均值的各个数值相比，均值不那么极端，这也就是为什么均值分布的变异性要比原始分数分布的变异性少。

现在，让我们回到那个古怪的社会学家以及他对社交网络的研究。如图 6－3 所示，抽样分布的变异性总是比总体或者任何单一样本分布的变异性要小。图 6－3（a）展示了社交网络用时的总体分布，其均值（μ）为 99.75 分钟（通常，我们是不会得到这个信息的）。这个分布向右倾斜，表明更多的年轻人花在社交网络上的时间比均值 99.75 分钟要少，但是位于右侧尾部的少数年轻人似乎花了过多的时间在社交网络上。图 6－3（b）展示了一个特定的包含 200 个人的样本的社交网络用时的分布。注意，它的形状与总体分布近似，其均值（$\overline{X}=102$）也接近于总体均值。图 6－3（c）展示了均值的抽 *185*
样分布（基于我们那位古怪的社会学家的 100 个样本）。它看起来是非常正态的而非偏态的，其均值（100.4）几乎与总体均值相等，而且比图 6－3（a）中的总体分布和图 6－3（b）中的样本分布的变异性都要小，这一点可以通过对水平轴的比较看出。如果我们先前说的那位古怪的社会学家永远继续抽取这个包含 200 个人的样本，那么这些样本的均值将会如图 6－3（d）一样呈正态分布。这就是真正的抽样分布。

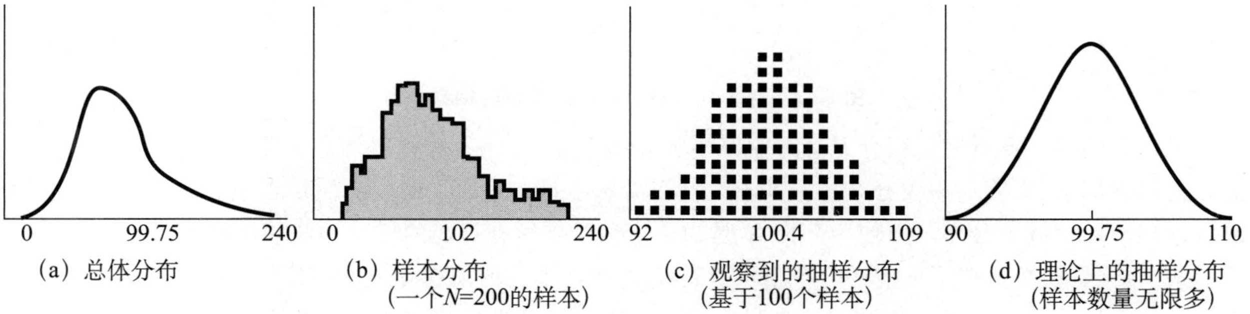

图 6－3　总体、样本和抽样分布

让我们考虑以另外一种方法削减抽样分布的变异性。在总体中，会有许多年轻人很少使用脸谱网和其他社交网站，例如，每天使用少于 30 分钟。怎样才可能获取一个包含 200 人、其均值低于 30 分钟的样本呢？在 $\mu=99.75$ 的情况下，这几乎是不可能的。我们将不得不随机抽取到大量的“科技恐惧者”和少量的“科技狂热者”。概率论的法则使得这种情况极不可能发生。

作为正态曲线的均值的抽样分布

如第 5 章所指出的，如果我们将概率定义为发生的可能性，那么正态曲线将会被当作一种概率分布（我们可以说从均值沿着水平轴向任意两个方向延展，概率将逐渐减少）。

在这种思路下，我们可以在一个给出了均值和标准差的分布中得出不同的原始分数的概率。例如，为了在一个平均时薪为 10 美元、标准差为 1.5 美元的分布中，确定获得一个时薪为 10～12 美元的人的概率，我们首先将原始分数 12 美元转换为 z 分数（+1.33），然后在附录 C 的表 A 中查出落在均值与 1.33 的 z 分数之间分布的百分比。这个区域包含原始分数的 40.82%。因此，经过四舍五入，以 $P=0.41$ 的概率，我们将找出一个人，其时薪为 10～12 美元。如果我们想找出时薪为 12 美元及以上的人的概率，那么我们将需要查表 A 的 c 列，它是通过将 b 列中的结果从 50%——落在均值任意两侧的百分比——中减掉得到的。从表 A 的 c 列中，我们得知 9.18%落在 12 美元及以上。因此，把小数位向左移两位，我们说在 $P=0.09$（100 次中有 9 次机会）的概率下，我们会找到一个人的时薪为 12 美元或更多。

而在当前的章节里，我们不再有兴趣获取原始分数分布的概率。相反，我们将处理样本均值的分布，它是从总体数值中得出的。我们希望对样本均值进行概率描述。

如图 6-4 所示，由于均值的抽样分布呈正态曲线的形式，因此我们可以说随着样本均值的均值（实际的总体均值）向远处伸展，概率将逐渐减小。这一点是可以理解的，因为同学们可能会记起，抽样分布是由于不同的样本均值之间的差异（抽样误差）而产生的。由此，我们会预期大多数的样本均值将落在接近于实际的总体均值的地方，而相对少的样本均值将落在远离实际的总体均值的地方。

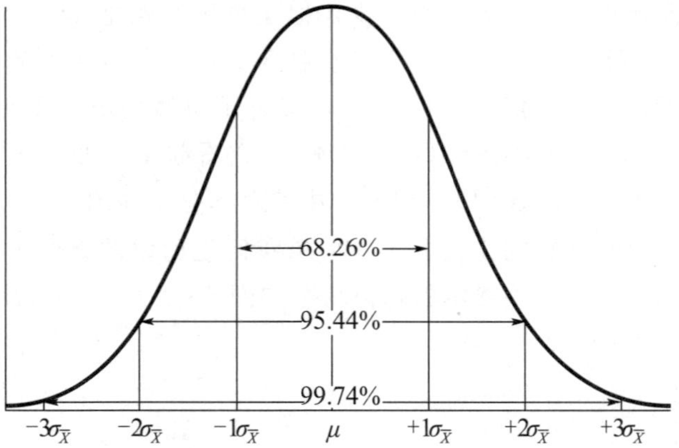

图 6-4　作为一种概率分布的均值的抽样分布

186 最重要的是，要清楚地区分开总体中原始分数的标准差（μ）和样本均值的抽样分布的标准差。因此，我们使用 $\sigma_{\bar{X}}$ 来表示抽样分布的标准差。使用希腊字母 σ 是为了提醒我们抽样分布是一种非观察的或者说理论性的概率分布，而使用下标 $\bar{X}$ 是为了指示这是所有可能的样本均值的标准差。

图 6-4 显示出，在一个抽样分布中，有约 68%的样本均值落在均值的均值（实际的总体均值）的 $-1\ \sigma_{\bar{X}}$ 与 $+1\ \sigma_{\bar{X}}$ 之间。用概率的术语来说，我们可以说任意给定的样本均值落在这个区间的概率 $P=$

0.68。以同样的方法，我们可以得出任意样本均值落在均值的均值的$-2\sigma_{\bar{X}}$与$+2\sigma_{\bar{X}}$之间的概率约为0.95（100 次中有 95 次），如此等等。

由于抽样分布呈现为正态分布的形式，因此我们也可以通过 z 分数和表 A 来求得任意样本均值的概率，而不是局限在标准差的整数倍范围内。在给定了均值的均值（μ）和抽样分布的标准差（$\sigma_{\bar{X}}$）的情况下，其计算过程与前面在第 5 章里讨论过的原始分数的分布的计算过程完全一样，只是在名称上有了一些改变。

例如，假设有一所大学声称它近期的毕业生的平均年收入（μ）为 25 000 美元。我们有理由对此提出疑问，从而决定用一个最近两年毕业的校友的随机样本来检验它。在这个过程中，我们得到的样本均值只有 23 500 美元。我们现在要问：如果实际总体均值真的为 25 000 美元，那么我们有多大的可能性获得一个均值为 23 500 美元及以下的样本呢？这所大学所声称的是真的吗？还是这只是对公众的宣传，以提高入学和捐赠呢？图 6－5 展现了我们要寻求的解决方法的区域。由于这个样本的规模相当大（$N=100$），均值的抽样分布近似正态分布，尽管毕业生个人收入的分布并不是正态的。

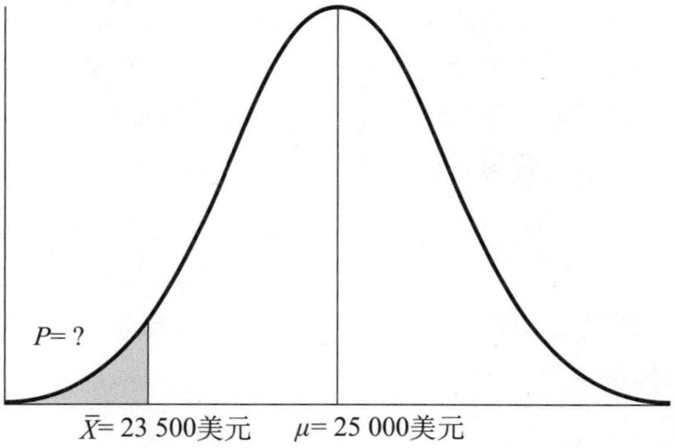

图 6－5　在实际总体均值为 25 000 美元、标准差（抽样分布的）为 700 美元的总体中抽取一个均值为 23 500 美元及以下的样本的概率 187

为了将抽样分布的样本均值转换为距中心的标准差的数量，我们计算 z 分数：

$$z=\frac{\bar{X}-\mu}{\sigma_{\bar{X}}}$$

在这里，$\bar{X}$＝分布的样本均值，μ＝均值的均值（等于大学所声称的实际总体均值），$\sigma_{\bar{X}}$＝均值的抽样分布的标准差。

假设我们知道理论上均值的抽样分布的标准差为 700 美元。按照标准的过程，我们将 23 500 美元的样本均值按下面的方法转换成 z 分数：

$$z=\frac{23\ 500-25\ 000}{700}$$

$$=-2.14$$

上面的结果告诉我们，23 500 美元的样本均值正好落在声称的实际总体均值 25 000 美元之下 2.14 个标准差的位置上。从附录 C 的表 A 的 b 列中我们可以看到，48.38％的样本均值落在 23 500 美元与 25 000 美元之间。表 A 的 c 列给出了在总体均值为 25 000 美元、分布的样本均值落在 23 500 美元及以下的区间的百分比。这个数字为 1.62％。因此，通过四舍五入，当实际总体均值为 25 000 美元时，获得的样本均值为 23 500 美元或以下的概率为 0.02（100 次中有 2 次）。

188 由于从均值为 25 000 美元的总体中随机抽取出该样本的概率如此之小，因此我们可以自信地说，实际总体均值并不真的等于 25 000 美元。这所大学关于近期毕业生年收入的报告的真实性很值得怀疑，它可能反而会成为负面宣传。

均值的标准误

到现在为止，我们一直假设社会研究者真的拥有关于均值的抽样分布的第一手信息。我们假设这些研究者，像我们之前提过的那位古怪的社会学家一样，真的通过从总体中进行随机抽取，收集了大量的样本均值的数据。如果真是这样的话，那么从样本推广到总体将是一个非常简单的任务，因为均值的均值与实际总体均值是相等的。

在实际操作中，当研究者希望从样本推广到总体时，其很少收集超过一个的样本的数据。描绘一个均值的抽样分布需要与研究每一个总体成员一样努力。因此，社会研究者并不真的知道均值的均值，以及它的抽样分布的标准差。但是，一个理论性的抽样分布（如果知道所有可能的样本均值，那么在理论上将存在的分布）的标准差是可以得出的。这个统计量，被称作均值的标准误（$\sigma_{\bar{X}}$），可以通过把总体标准差除以样本规模的平方根来获得，即：

$$\boxed{\sigma_{\bar{X}} = \frac{\sigma}{\sqrt{N}}}$$

例如，标准化的智商测验的总体均值（μ）为 100，总体标准差（σ）为 15。如果抽取一个规模为 10 的样本，那么样本均值的标准误将会是：

$$\begin{aligned}\sigma_{\bar{X}} &= \frac{15}{\sqrt{10}}\\ &= \frac{15}{3.162\ 3}\\ &= 4.74\end{aligned}$$

因此，在智商得分的总体标准差 $\sigma=15$ 的情况下，一个 $N=10$ 的样本的均值的标准误（理论上的标准差）$\sigma_{\bar{X}}=4.74$。

如前面所提到的，研究者如果只调查一个或两个样本，那么根本无法知道与实际的总体均值相等的均值的均值。其只能获取样本均值，这个均值因抽样误差的存在而会不同于实际的总体均值。但是，

189 我们是转了一圈后又回到了我们最初的问题吗？尤其是在知道了样本与总体之间的差异将会不可避免地存在的情况下，怎样才有可能从一个单独的样本均值来估计总体均值呢？

对于大多数学生来说，使用 σ 和 s 这样令人望而却步的符号会使标准差与标准误之间的区别尤其复杂难懂。标准差描绘了一组分数围绕着其均值分布的特征（围绕着总体均值的分数总体或围绕着样本均值的分数样本）。相反，标准误关注的是一种基于样本的概要统计量的变异性，比如，统计量 $\bar{X}$ 是用来估计总体参数的，统计量 μ 却是这个参数的真实数值。这种变异性来源于统计量是从样本而非总体中计算得出的。因此，σ 是分数的总体围绕着 μ 所产生的变异性，s 是分数的样本围绕着 $\bar{X}$ 所产生的变异性，$\sigma_{\bar{X}}$ 反映的是 $\bar{X}$ 可能在何种程度上与 μ 发生偏离。

在那个古怪的社会学家收集了无限多个样本均值的集合的例子中，我们注意到来自 μ 的 $\bar{X}$ 集合的

变异性。严格来说，这就是 $\bar{X}$ 的标准差。但是在实际情况中，我们只有一个样本均值，所以我们依据样本均值与总体均值发生的潜在偏离来关注它的标准误。

这个过程如图 6-6 所示，一个社会研究者想了解一些大的社区中所有居民的年龄总体分布的平均年龄（μ）。最上方右边的是来自一个由 N 个居民组成的均值为 35.8 的随机样本的年龄分布。虽然这个样本均值提供了对于总体平均年龄的最好的估计，但是正如所展示的那样，这个特定的样本均值只是任何可能出现的结果中的一个，具体结果取决于有哪些总体成员被选中。 *190*

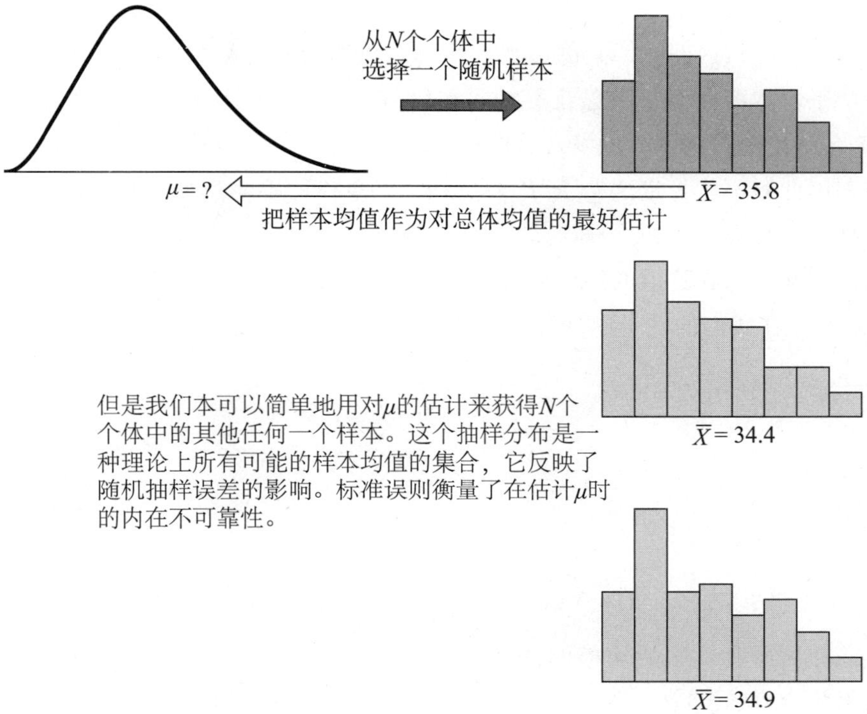

图 6-6　对总体均值的估计

标准误反映的是用像 $\bar{X}$ 这样的样本统计量来估计像 μ 这样的总体参数的不可靠性。标准误越小，$\bar{X}$ 作为对 μ 的估计就越可靠。正如我们在其公式中所看到的，$\sigma_{\bar{X}}$ 的大小取决于两个因素：总体内分数的变异性和样本量大小。总体的同质性越强、样本量越大，我们从样本数据中就能越可靠地估计总体均值。

我们将品尝比萨作为一个类比，可能有助于理解这些因素。假设你要对一块比萨随机咬几口来评估它的品质和美味程度。很显然，从这块比萨上随机咬四口比仅咬两口能给你更丰富的感受，咬六口又比咬四口要好。但是，如果这块比萨只是与“全配料”比萨截然不同的简单的芝士比萨，那么这也很重要。因为就一块芝士比萨而言，咬下的每一口之间区别很小，只是不同部位的酱汁和芝士的量会有不同。因此，它的每一口的味道区别会很小。相反，“全配料”比萨的每一口的区别会很大，这取决于每一口中有没有辣肉肠、洋葱等。

让我们回到社会研究的情境中来。如果尝试去估计一个总体的平均年龄，像标准误 $\sigma_{\bar{X}}$ 所衡量的那样，估计的精确度会因样本量增大而提升。总体中内在的不可靠性也起到了同样的作用。一个由 100 个大学生组成的样本的平均年龄会比一个由镇上 100 个居民组成的样本的平均年龄更加接近总体均值，因为大学生这个总体的年龄相对有更多的相似之处。

实际上，我们已经从我们最初的问题向前走了很远的距离了。在讨论了均值的抽样分布的特性后，我们现在要准备估计总体均值了。在均值的标准误的帮助下，我们可以找到实际总体均值将落入的均值区间，并可以估计总体均值确切地落在这个均值区间的概率。这就是置信区间的概念。

置信区间

为了演示获取一个置信区间（CI）的过程，让我们沿用智商分数的例子。假设一所私立中学的校长想要估计学生的平均智商，而又不想花费时间和精力在对 1 000 名学生进行测试上。于是，这位校长随机抽取了 25 名学生进行测试。她发现她的样本均值为 105。她也认识到，由于 $\overline{X}$ 的值来自一个样本而非学生总体，因此她不能肯定这个 $\overline{X}$ 是否是对学生总体的真实反映。毕竟，如我们已经知道的，如果只从总体中抽取一部分，那么抽样误差将会不可避免。

191 但是，我们确实知道，在均值的抽样分布中，68.26％的随机样本均值将落在实际总体均值的－1与＋1 个标准误之间。在我们的例子中（智商分数的 σ＝15），标准误为：

$$\sigma_{\overline{X}} = \frac{\sigma}{\sqrt{N}}$$

$$= \frac{15}{\sqrt{25}}$$

$$= \frac{15}{5}$$

$$= 3$$

因此，通过将 105 作为所有学生的均值的估计（对实际总体均值的一个估计），我们可以建构一个区间，实际总体均值将会有约 68％（四舍五入后）的机会落在这个区间内。当置信区间为 68％时，这个平均智商的区间的图形如图 6－7 所示。

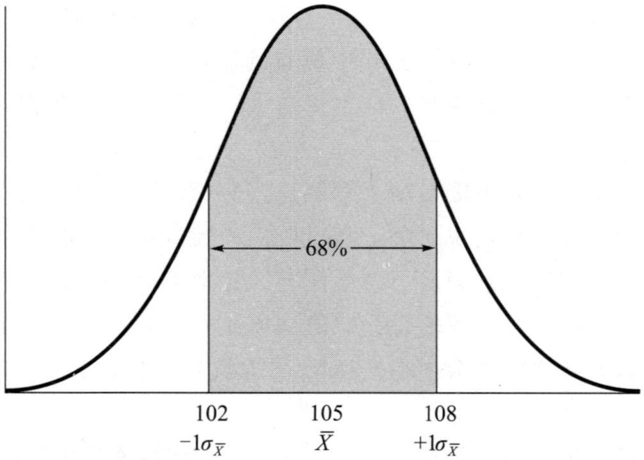

图 6－7　在 $\overline{X}$＝105、$\sigma_{\overline{X}}$ ＝3 的情况下总体均值 68％的置信区间

68％的置信区间可通过以下方式获得：

$$68\% \text{ 的置信区间} = \overline{X} \pm \sigma_{\overline{X}}$$

在这里，$\overline{X}$ = 样本均值，$\sigma_{\overline{X}}$ = 样本均值的标准误。

将这个公式运用到要处理的问题上： 192

68%的置信区间=105±3=102～108

这位校长因此可以有68%的信心得出结论，全校学生的平均智商（μ）为105±3。换句话说，实际总体均值有68%的机会（$P=0.68$）位于102～108这个区间里。这个估计是在不考虑抽样误差，而在一个特定的概率水平（68%）上±3的误差范围，即置信水平上做出的。

从技术上来说，可以构建任何概率水平的置信区间。对社会研究者来说，知道只有68%的机会正确地估计出总体均值（每100次中有68次样本均值会落在102～108之间）是不够自信的。因此，必须使用一个范围更广但同时更不精确的区间，这样才能以更高的概率水平来对总体均值进行精确或真实估计。95%的置信区间就是这样一个标准：在对总体均值进行估计时，确定有95%的机会是正确的，而只有5%的机会犯错（100次中将有95次样本均值落在这个区间内）。但是，即便在95%的置信区间下，我们也应牢记研究者的样本均值100次中会有5次落在这个区间之外。在统计决策中，人们是永远不能知道确切的答案的。

我们怎样得到95%的置信区间呢？我们已经知道，在抽样分布中有95.44%的样本均值将位于距均值的均值$-2\sigma_{\overline{X}}$与$+2\sigma_{\overline{X}}$之间。从表A中，我们可以查出两个方向上1.96个标准误正好覆盖了95%的样本均值（均值的均值的两边各有47.50%）。为了得出95%的置信区间，我们必须将均值的标准误乘以1.96（区间为均值的任意一侧的1.96个$\sigma_{\overline{X}}$单位）。因此：

$$\boxed{95\%\text{ 的置信区间} = \overline{X} \pm 1.96\sigma_{\overline{X}}}$$

在这里，$\overline{X}$ = 样本均值，$\sigma_{\overline{X}}$ = 样本均值的标准误。

如果我们用95%的置信区间来估计学生总体的平均智商，那么：

$$\begin{aligned}95\%\text{ 的置信区间} &= 105 \pm (1.96)(3)\\ &= 105 \pm 5.88\\ &= 99.12 \sim 110.88\end{aligned}$$

因此，这位校长可以有95%的信心确定总体均值位于99.12～110.88的区间内。注意，当被问及她学校的学生的智商是否高于总体均值（总体均值为100）时，她不能得出有95%的置信度的结论。因为基于这些结果，实际的总体均值100正好位于95%的概率范围内。但是，如果就68%的置信区间而言（102～108），这位校长可以有68%的信心断言他的学生的智商高于总体均值。 193

一个更严格的置信区间是99%的置信区间。从附录C的表A中可查出，2.58的z分数代表了曲线两侧各49.50%的面积。将49.50%乘以2得到曲线之下99%的区域，即99%的样本均值将落在这个区间内。按概率术语说，每100个样本均值中将有99个落在距均值$-2.58\sigma_{\overline{X}}$与$+2.58\sigma_{\overline{X}}$之间，反过来说，每100个均值中只会有一个落在这个区间之外。因此：

$$\boxed{99\%\text{ 的置信区间} = \overline{X} \pm 2.58\sigma_{\overline{X}}}$$

在这里，$\overline{X}$ = 样本均值，$\sigma_{\overline{X}}$ = 样本均值的标准误。

以此来估计学生总体的平均智商：

$$\begin{aligned}99\%\text{的置信区间} &= 105 \pm (2.58)(3)\\ &= 105 \pm 7.74\\ &= 97.26 \sim 112.74\end{aligned}$$

因此，基于25名学生的样本，这位校长可以有99%的信心推断全校学生的平均智商在97.26与112.74之间。

应注意到99%的置信区间（97.26～112.74）比95%的置信区间（99.12～110.88）所包含的区间范围更广泛。在正态曲线中，99%的置信区间包含更多的面积，因而也就包含更多的样本均值。这个均值取值的更广泛区间使得我们能更加确信我们准确地估计了实际总体均值，即每100个样本均值中只有1个是位于这个区间之外的。但是，将置信水平从95%升至99%，我们也牺牲了定位总体均值的精确性。在样本规模一定的情况下，社会研究者必须在更高的精确度和更高的置信度之间做出取舍。

估计的精确度由误差范围决定，误差范围是通过将标准误乘以所需置信水平所对应的 z 分数得到的。这个范围是仅由抽样误差导致的样本均值对于总体均值的变化范围的预期。

图6－8比较了68%、95%以及99%的置信水平下的置信区间。包含着实际总体均值的区间的置信水平越大，其所对应的 z 分数就越大，误差范围也越大，置信区间也越宽。

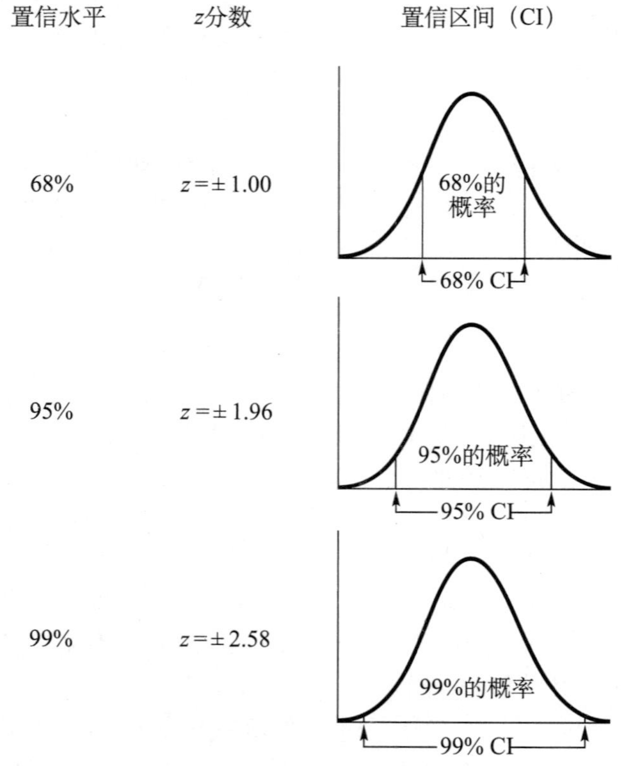

图6－8　置信水平

194 **逐步演示6.1　利用 z 分数计算95%的置信区间**

让我们通过逐步演示来概括得出95%的置信区间的方法。假设有一家汽车公司希望确定一种新型汽车的每加仑汽油行驶英里数的预期值。基于多年的经验，公司的统计专家发现并不是所有的汽车都是一样的，零部件和制造工艺的变化使得它们存在着4mpg（每加仑汽油行驶英里数）的标准差（$\sigma=4$）。为了估计这种新型汽车的平均每加仑汽油行驶英里数，统计专家从生产线上随机抽取了一个100辆汽车的样本，并得出了一个26mpg的样本均值。

我们按照下列步骤来获得这种新型汽车平均每加仑汽油行驶英里数的95%的置信区间。

第一步　获得一个随机样本的均值（在这个例子中，它是给定的）。

$$N=100\quad \bar{X}=26$$

第二步　计算均值的标准误（已知 $\sigma=4$）。 195

$$\sigma_{\bar{X}} = \frac{\sigma}{\sqrt{N}} = \frac{4}{\sqrt{100}} = \frac{4}{10} = 0.4$$

第三步　通过将均值的标准误乘以 95%的置信区间所对应的 z 分数 1.96 来计算误差范围。

$$\text{误差范围} = 1.96\sigma_{\bar{X}} = (1.96)(0.4) = 0.78$$

第四步　将样本均值加减误差范围，从而得出在 95%的置信区间下总体均值预期落在的区间。

$$95\%\ \text{的置信区间} = \bar{X} \pm 1.96\sigma_{\bar{X}} = 26 \pm 0.78 = 25.22 \sim 26.78$$

因此，这位统计专家能够有 95%的信心断定这种新型汽车平均每加仑汽油行驶英里数（μ）在 25.22 到 26.78 之间。

逐步演示 6.2　利用 z 分数计算 99%的置信区间

当将以上数据向他的主管进行汇报以后，这位统计专家被告知 95%的置信度不足以满足可靠性要求。为了达到 99%的置信度，这位统计专家并不需要再次收集数据，而只需要使用 99%的置信区间所对应的 z 分数再进行一次计算。

第一步　计算一个随机样本的均值（与选择 95%的置信区间时一样）。

$$N = 100 \quad \bar{X} = 26$$

第二步　计算均值的标准误（与选择 95%的置信区间时一样）。 196

$$\sigma_{\bar{X}} = \frac{\sigma}{\sqrt{N}} = \frac{4}{\sqrt{100}} = \frac{4}{10} = 0.4$$

第三步　通过将均值的标准误乘以 99%的置信区间所对应的 z 分数 2.58 来计算误差范围（我们开始看出与 95%的置信区间的不同）。

$$\text{误差范围} = 2.58\sigma_{\bar{X}} = (2.58)(0.4) = 1.03$$

第四步 将样本均值加减误差范围，从而得出在99%的置信区间下总体均值预期落在的区间。

$$
\begin{aligned}
99\% \text{ 的置信区间} &= \overline{X} \pm 2.58\sigma_{\overline{X}} \\
&= 26 \pm 1.03 \\
&= 24.97 \sim 27.03
\end{aligned}
$$

因此，这位统计专家有99%的信心判定这种新型汽车平均每加仑汽油行驶英里数（μ）在24.97到27.03之间。在将99%的置信度的结果报告给主管后，主管抱怨虽然现在的区间比以前的要宽，但是精确度降低了。虽然统计专家向主管解释置信水平越高，区间也越大，从而有可能包含99%的样本均值而非只有95%的样本均值，但主管仍然不满意，所以这位统计专家决定再增加样本规模，这样就会降低标准误，从而使置信区间变窄。

t 分布

迄今为止，我们所处理的只是已经知道了均值的标准误或者是可以通过下面的公式从总体标准差中计算出均值的标准误的情况。

$$\sigma_{\overline{X}} = \frac{\sigma}{\sqrt{N}}$$

197 如果对这个问题做现实的考虑，那么我们知道变量的总体标准差（σ）但不知道且需要估计总体的均值（μ）很难说得通。确实，在很少的情况下总体标准差（从而也就是均值的标准误 $\sigma_{\overline{X}}$）是可以知道的。在教育学和心理学的一些领域，一些标准化的量表，如SAT考试和智商测试，其标准差是由测验的设计所确定的。但在通常情况下，我们不仅需要从样本中估计总体均值，而且需要从同一个样本中估计标准误。

为了获得对均值的标准误的估计，有人也许会试图在前面的计算标准误的公式中用样本标准差（s）代替总体标准差（σ）。但是，这种做法有将实际的标准误估计得偏小的倾向。之所以会出现这个问题，是因为样本标准差通常稍小于总体标准差。

回顾第3章的内容，均值是一个分布的均衡点；像图3-2所做的杠杆和支点的类比一样，均值为在一个分布中其上和其下的数字的大小正好相等的点。因此，围绕均值这个点的离差（当然也包括方差和标准差）的平方和要小于其他任何点。

因此，对于从总体中抽取的一个样本，利用样本均值计算出的样本方差和样本标准差（s^2 和 s）比用总体均值（μ）取代样本均值所计算出的结果要小。从某种意义上讲，样本均值好比是专门针对样本定制的衣服，而总体均值则是成衣；尽管总体均值能很好地适用于样本数据，但样本均值要更加完美。因此，样本方差和标准差是总体方差和标准差的轻微有偏估计（偏差趋向于无穷小）。

因此，有必要弥补一下存在的差异，也就是说，稍稍扩大一下样本方差和标准差以获得对总体方差和标准差的更准确的估计。为了达到这个目的，在计算样本方差和标准差时，我们除以 $N-1$ 而不是除以 N。这样，我们就可以得到总体方差和标准差的无偏估计，即：

$$\hat{\sigma}^2 = \frac{\sum (X - \overline{X})^2}{N-1}$$

然后

$$\hat{\sigma}=\sqrt{\frac{\sum(X-\bar{X})^2}{N-1}}$$

希腊字母 σ 上的脱字符号“ˆ”指代它是对总体值的一个无偏样本估计①。注意，对于大样本而言，这个误差是非常细微的（s^2 和 s 几乎等于 $\hat{\sigma}^2$ 和 $\hat{\sigma}$）。这种情况是理所当然的，因为在大样本中，样本均值往往是总体均值的非常可靠（接近）的估计。

虽然以样本规模 N 作为分母来计算的样本方差和标准差与以 $N-1$ 作为分母来计算的总体方差和标准差的样本估计之间的差异在计算上是非常小的，但是这种差异在理论上是非常重要的。这就是说，无论我们是除以 N 还是除以 $N-1$，最终数值结果的差异是非常小的，尤其是在样本规模非常大的时候。但是，计算方差和标准差有两个非常不同的目的：(1) 描述在一个案例或被调查者的样本中的变异性程度；(2) 对从中抽取样本的大的总体的变异程度进行推理或推断。我们接下来给出的一个例子对于理解是非常有帮助的。 198

假设有一名小学教师正在试验一种新的以语言为基础（文字教学法）的数学课程，这门课程主要是通过文字问题和逻辑推理而不是死记硬背数学公式来培养数学技能的。在学年结束以前，她对全班 25 名学生进行了一次测验，以确定他们对通过文字教学法所学知识的掌握程度。她的兴趣不仅在于全班的平均表现（平均分），而且在于这种新方法是否对于一些学生很容易，而对于另一些学生却很难（标准差）。事实上，她怀疑这门课程也许是一门很好的课程，但不适合所有学生。她使用 N 作为分母来计算样本方差（和标准差），因为她只对这个班上的学生感兴趣，而不想推断别的学生。

同时，这个班上的学生也被课程设计公司当作一个“测试案例”。因为从全国学生中实际随机抽取一个四年级学生的样本来组成一个班级并不可行，所以这个班级被当作四年级学生的“良好代表”。当然，课程设计公司的兴趣超出了一个班级的范围。其兴趣在于通过这个包含 25 名四年级学生的样本估计总体的集中趋势和变异性（即推断所有上过这门课程的四年级学生的情况）。这个班的考试分数的样本均值能用来推断总体均值，但样本方差和标准差必须稍做调整。具体而言，使用 $N-1$ 作为分母对存在于整个四年级学生总体中的变异性提供了一个无偏或良好的估计。

就这一点而言，我们的兴趣只在于估计总体标准差。而现在，我们的主要兴趣在于对大小为 N 的样本均值的标准误的估计。然而，我们必须应用同样的校正过程，即通过用 s 取代 σ，$N-1$ 取代 N 来做出对均值的标准误的无偏估计：

$$\boxed{s_{\bar{X}}=\frac{s}{\sqrt{N-1}}}$$

在这里，s 是样本标准差，如第 4 章所说的，它是通过原始分数的分布或者频数分布的形式获得的。从技术上而言，标准误的无偏估计应该以符号 $\hat{\sigma}_{\bar{X}}$ 而非 $s_{\bar{X}}$ 表示。但是，为了简便，$s_{\bar{X}}$ 可以被用来表示标准误的无偏估计，而不会造成混淆。

但是，当我们在估计均值的标准误时，新的问题又出现了。如果我们不知道总体的标准差，那么均值的抽样分布就不再是完全正态的了。因此，下面的比值以标准误的估计作为分母，不完全符合 z 199

① 作为替代，$\hat{\sigma}^2$ 和 $\hat{\sigma}$ 也可以通过将 s^2 和 s 乘以误差校正因子 $N/(N-1)$ 来计算，即：$\hat{\sigma}^2=s^2\left(\frac{N}{N-1}\right)$ 和 $\hat{\sigma}=s\sqrt{\frac{N}{N-1}}$。

分布或者说正态分布。

$$\frac{\overline{X}-\mu}{s_{\overline{X}}}$$

当我们从样本数据中估计标准误时，除了抽样的变异性以外，还会有其他原因给均值的抽样分布带来额外的不确定性。具体来说，当我们估计标准误时，均值的抽样分布比正态分布要宽（更分散），这是因为额外的变异性的存在（即估计均值的标准误时的不确定性）。下面的比值符合一种被称为 t 分布的分布，所以被称作 t 值。

$$\boxed{t=\frac{\overline{X}-\mu}{s_{\overline{X}}}}$$

事实上，存在着一整个的 t 分布族（见图 6－9）。有一种所谓自由度的概念（我们在后面的章节中将经常见到）被用来指明哪一种 t 分布适用于某一情况。自由度（df）被用于指示 t 分布有多么接近于正态分布①。在估计总体均值时，自由度比样本规模小 1，即：

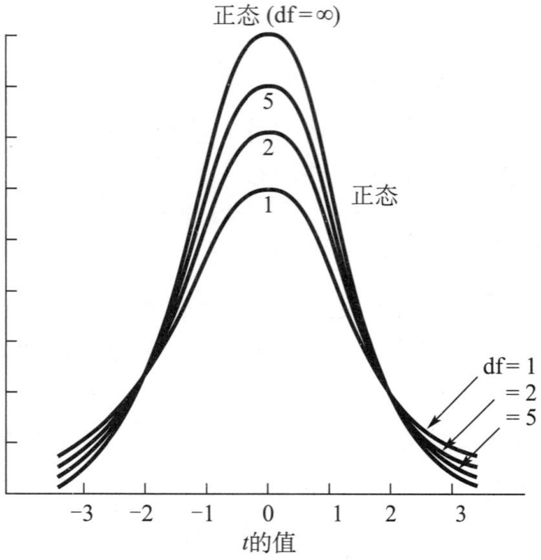

图 6－9　t 分布族

$$\text{df}=N-1$$

样本规模越大，自由度越大，t 分布也越接近于正态分布。这是很容易理解的，因为使用 t 值而非 z 分数所导致的非确定性会随着样本规模的扩大而消失。换句话说，我们对均值的标准误的估计质量或可靠性会随着样本规模的增大而提高，所以 t 值接近于 z 分数。t 值与 z 分数之间的唯一差异在于前者使用的是样本的标准误的估计值。为了强调，我们再一次重复，随着样本规模也就是自由度的增大，t 分

① 另外一种对自由度概念的解释要微妙一些。自由度是自由的、非固定的观测值的个数。当我们通过估计标准误（$s_{\overline{X}}$）来计算样本方差时，我们实际上并没有 N 个自由的观察值。由于样本均值是计算样本标准差的基础，因此它必须被当作一个固定的值。一旦我们有了除最后一个观测值外的所有观测值（$N-1$ 个值），最后一个观测值也就被确定了。例如，对于 2、3、7 这组数据，当我们计算样本标准差时，均值 4 是被给定的。如果有人告诉你三个数的均值是 4，其中两个数是 2 和 3，你就会知道最后一个数必然是 7，这是因为三个观察值的均值为 4，而 $\sum X=12$。

布会变得更加近似于正态分布或 z 分布。

在处理 t 分布时，在附录中我们使用的是附录 C 中的表 C 而非表 A。表 C 不同于表 A，在表 A 200
中，我们只需要找出曲线下 95%和 99%的面积所对应的 z 值，而表 C 是针对特定面积而言的。更详细地说，表 C 是针对不同水平的 α（以希腊字母 α 表示）而给出的。α 值代表的是 t 分布尾部的面积。因此，α 值等于 1 减去置信水平。即：

$$\alpha = 1 - \text{置信水平}$$

例如，对于 95%的置信水平，$\alpha=0.05$；对于 99%的置信水平，$\alpha=0.01$。

要使用表 C（在表头指示了双尾检验的第一页的表——更多的我们会在之后提到）需要两条信息：(1) 自由度（对于估计样本均值而言，其等于 $N-1$）；(2) α 值，即在分布尾部的面积。例如，如果我们想构建样本规模为 20 的 95%的置信区间，那么我们将会有 19 的自由度（df=20－1=19），在两侧尾部的面积 α 等于 0.05，从而在表 C 中的 t 值等于 2.093。

但是，对于自由度并没有出现在表 C 中的大样本，应如何处理呢？例如，一个规模为 50 的样本的
自由度为 49。自由度为 49 且 $\alpha=0.05$ 的 t 值位于 2.021（自由度为 40）与 2.000（自由度为 60）之间。 201
由于这两个值如此接近，因此我们取一个折中的值只会造成很小的实际差异。但是，为了安全的目的，建议选取更为保守的自由度（40）以及更大的 t 值（2.021）。

没有列出所有自由度大于 30 的 t 值的原因在于它们变得非常接近，分开它们就像分开头发丝一样困难。注意，随着自由度的增大，t 值会变得更小，也更倾向于集中。例如，对于 $\alpha=0.05$ 的 t 值，从自由度为 1 时的 12.706 开始，到自由度为 4 时迅速地降为 3.0，至自由度为 60 时逐渐接近 2.000，最终到无穷大的自由度（即一个无穷大的样本）时接近 1.960 的极限。这个极限 1.960 也是我们在表 A 中 0.05 所对应的 z 值。又一次，我们看到随着样本规模的增加，t 分布会变得更加近似于正态分布或 z 分布。

因此，对于估计均值的标准误的情况，我们能使用表中对应的 t 值来构建一个置信区间：

$$\boxed{\text{置信区间} = \bar{X} \pm t s_{\bar{X}}}$$

逐步演示 6.3　　利用 t 值计算置信区间（小样本）

通过逐步演示，让我们看一下如何利用 t 值来构建置信区间。假设有一位研究者想要了解大一新生入学后对大学生活的适应程度。她调查了在一个由 10 名大一新生组成的样本中，这些新生在开学第一周给家里打电话的频繁程度。她收集到的样本数据如下：

X
1
5
2
3
4
1
2
2
4
3

第一步 计算样本均值。

X
1
5
2
3
4
1
2
2
4
3
$\sum X = 27$

$$\bar{X} = \frac{\sum X}{N} = \frac{27}{10} = 2.7$$

第二步 计算样本的标准差（使用原始数据公式）。

X	X^2
1	1
5	25
2	4
3	9
4	16
1	1
2	4
2	4
4	16
3	9
	$\sum X^2 = 89$

$$s = \sqrt{\frac{\sum X^2}{N} - \bar{X}^2} = \sqrt{\frac{89}{10} - (2.7)^2} = \sqrt{8.9 - 7.29} = \sqrt{1.61} = 1.268\ 9$$

第三步 计算均值的标准误的估计值。

$$s_{\bar{X}} = \frac{s}{\sqrt{N-1}} = \frac{1.268\ 9}{\sqrt{10-1}} = \frac{1.268\ 9}{3} = 0.423$$

第四步 从表 C 中查出 t 值。 203

$$\begin{aligned} df &= N-1 \\ &= 10-1 \\ &= 9 \\ \alpha &= 0.05 \end{aligned}$$

因此，

$$t = 2.262$$

第五步 将均值的标准误乘以 2.262 得到误差范围。

$$\begin{aligned} \text{误差范围} &= ts_{\bar{X}} \\ &= (2.262)(0.423) \\ &= 0.96 \end{aligned}$$

第六步 将样本均值加减第五步的得数以找到总体均值在 95%的置信度下所在的区间。

$$\begin{aligned} 95\%\ \text{的置信区间} &= \bar{X} \pm ts_{\bar{X}} \\ &= 2.7 \pm 0.96 \\ &= 1.74 \sim 3.66 \end{aligned}$$

因此，我们能有 95%的信心肯定所有大一新生给家里打电话的平均次数在 1.74 到 3.66 之间。

如果要计算 99%的置信区间。第一步到第三步保持不变。接下来，当 df=9 时，α=0.01（也就是 1−0.99=0.01），从表 C 中，我们可以查出 t=3.250。那么，99%的置信区间为：

$$\begin{aligned} 99\%\ \text{的置信区间} &= \bar{X} \pm ts_{\bar{X}} \\ &= 2.7 \pm (3.250)(0.423) \\ &= 2.7 \pm 1.37 \\ &= 1.33 \sim 4.07 \end{aligned}$$

因此，我们能 99%地肯定总体均值（给家里打电话的平均次数）在 1.33 到 4.07 之间。这个区间比 95%的置信区间（1.74～3.66）要宽一点，但作为交换，我们的估计得到了更高的置信度。

诚然，95%和 99%水平的置信区间并不能对总体均值形成一个特别精确的估计。原因很简单，样本规模只有 10 对产生一个小的标准误来说并不够大。也就是说，如此有限的样本产生的结果在很大程度上取决于抽样的变化。

在估计大一新生给家里打电话的总体平均次数的时候，我们必须假设由所有给家里打电话的大一新生组成的总体是正态分布的，所以 $\bar{X}$ 的抽样分布也是正态的。除了上面提及的不精确的问题之外，样本规模太小也不能确保一个抽样分布是正态的。当样本规模足够大——通常为大于 30——的时候，我们就可以无须担心总体分布的形状而去使用 z 分布（σ 已知）或者 t 分布（更常见的情况是 σ 未知，必须从样本中估计得出）了。 204

逐步演示 6.4　利用 t 值计算置信区间（大样本）

假设一名研究者想要估计一个特定社区中家庭户的平均大小。他从一个包含 120 户的随机样本中获得了以下关于户规模的数据（按照简单频数分布的形式排列），并且想估计总体均值 95%的置信区间。

X	f
1	21
2	32
3	22
4	17
5	13
6	8
7	4
8	3
	$N=120$

这个样本分布是相当右偏的：大的家庭户所占百分比较小，而小的家庭户所占百分比较大。我们可以想象，在此基础上，总体分布也将发生右偏。然而，因为样本规模较大，所以 $\overline{X}$ 的抽样分布的形状将是正态的。因为我们仍然需要估计出标准差（以及均值），所以 t 分布可以被用来从置信区间中推导出 μ。

第一步 计算样本均值。

X	f	fX
1	21	21
2	32	64
3	22	66
4	17	68
5	13	65
6	8	48
7	4	28
8	3	24
	120	384

205

$$\overline{X}=\frac{\sum fX}{N}=\frac{384}{120}=3.2$$

第二步 计算样本的标准差。

X	f	fX	fX^2
1	21	21	21
2	32	64	128
3	22	66	198
4	17	68	272
5	13	65	325
6	8	48	288
7	4	28	196
8	3	24	192
	120	384	1 620

$$s = \sqrt{\frac{\sum fX^2}{N} - \overline{X}^2}$$

$$= \sqrt{\frac{1\ 620}{120} - (3.2)^2}$$

$$= \sqrt{13.5 - 10.24}$$

$$= \sqrt{3.26}$$

$$= 1.806$$

第三步 计算均值的标准误。

$$s_{\overline{X}} = \frac{s}{\sqrt{N-1}}$$

$$= \frac{1.806}{\sqrt{119}}$$

$$= \frac{1.806}{10.909}$$

$$= 0.166$$

第四步 从表 C 中查出 t 值。

$$\mathrm{df} = N - 1$$

$$= 120 - 1$$

$$= 119$$

$$\alpha = 0.05$$

因此: 206

$$t = 2.00$$

注意:因为表 C 不包括自由度 119,我们应该用下一个可获得的最低数字所对应的 t 值(这里自由度=60)。

第五步 将均值的标准误乘以 t 值得到误差范围。

$$\text{误差范围} = ts_{\overline{X}}$$

$$= (2.00)(0.166)$$

$$= 0.312$$

第六步 将样本均值加减第五步的得数以找到总体均值在 95% 的置信度下所在的区间。

$$95\%\ \text{的置信区间} = \overline{X} \pm ts_{\overline{X}}$$

$$= 3.2 \pm 0.31$$

$$= 2.89 \sim 3.51$$

因此,我们能够 95%地确定整个社区家庭户的平均规模在 2.89 到 3.51 之间。

为了构建一个 99%的置信区间,第一步到第三步保持不变。接下来,我们将使用 $\alpha=0.01$ 所对应的 t 值(以及自由度 60,因为实际的自由度 119 表 C 未包括)。则 99%的置信区间为:

$$99\%\ \text{的置信区间} = \overline{X} \pm ts_{\overline{X}}$$

$$= 3.2 \pm (2.660)(0.166)$$

$$= 3.2 \pm 0.44$$

$$= 2.76 \sim 3.66$$

因此，我们可以99%地肯定整个社区家庭户的平均规模在2.76到3.66之间。这个区间比之前要宽，这是因为我们使用了更高的置信度。唯一能够提高置信度且缩小置信区间的途径就是抽取一个更大的样本。

比例的估计

到现在为止，我们一直聚焦于估计总体均值的过程。社会研究者经常需要根据一个严格的随机样
207 本的比例来估计总体比例。一个熟悉的例子就是一个民意调查专家的数据显示有一定比例的选民将支持某个政治主张或候选人。当民意调查专家报告45%的选民将支持某位候选人时，他明白他自己对这个结果不是100%肯定的。一般来说，他有95%或99%的信心肯定他的估计比例将落在一个比例区间（如40%～50%）内。

我们采用刚才估计均值的过程来估计比例。所有的统计量——包括均值和比例——都有它们的抽样分布，并且比例的抽样分布为正态分布。正如我们先前计算均值的标准误一样，我们现在可以计算比例的标准误。其公式为：

$$s_p = \sqrt{\frac{P(1-P)}{N}}$$

在这里，s_p = 比例的标准误（对比例的抽样分布的标准差的估计），P = 样本比例，N = 样本规模。

为了演示，我们假设在一个包含100名大学生的随机样本中有45%报告说他们赞成各种毒品合法化。那么，比例的标准误为：

$$\begin{aligned} s_p &= \sqrt{\frac{(0.45)(1-0.45)}{100}} \\ &= \sqrt{\frac{0.247\,5}{100}} \\ &= \sqrt{0.002\,5} \\ &= 0.05 \end{aligned}$$

在总体均值（μ）和总体标准差（σ）我们都不知道而必须估计的情况下，如果要构建总体比例（π）均值的置信区间，就必须使用 t 分布。但在处理比例时，只有一个量是未知的：我们通过样本比例 P 来估计总体比例 π。因此，我们采用 z 分布而非 t 分布来构建总体比例（π）的置信区间（对于95%的置信区间，$z=1.96$；对于99%的置信区间，$z=2.58$）。

为了算出总体比例95%的置信区间，我们将比例的标准误乘以1.96，然后用样本比例加减这个得数：

$$95\% \text{ 的置信区间} = P \pm 1.96 s_p$$

208 在这里，P = 样本比例，s_p = 比例的标准误。

如果我们要估计大学生中支持毒品合法化的比例，那么：

$$\begin{aligned} 95\% \text{ 的置信区间} &= 0.45 \pm (1.96)(0.05) \\ &= 0.45 \pm 0.098 \\ &= 0.352 \sim 0.548 \end{aligned}$$

我们有 95%的信心说实际的总体比例既不小于 0.352 也不大于 0.548。更精确地说，大学生总体的 35%~55%支持各种毒品合法化。我们有 5%的机会犯错——在 100 次中有 5 次这个置信区间不包括实际的总体比例。

逐步演示 6.5　比例的置信区间

比例的置信区间的最通常的应用是在选举调查中。调查机构通常不仅会报告计划投票给某位特定候选人的被调查者样本的比例（或百分比），而且会报告误差范围，即 z 乘以标准误。

假设本地的一家调查组织通过电话联系了 400 名本地的登记选民，询问他们倾向于投票给候选人 A 还是 B。假设有 60%的选民报告他们将投票给候选人 A。现在让我们用标准误、误差范围和 95%的置信区间来说明对候选人 A 的偏好。

第一步　计算比例的标准误。

$$
\begin{aligned}
s_p &= \sqrt{\frac{P(1-P)}{N}} \\
&= \sqrt{\frac{(0.60)(1-0.60)}{400}} \\
&= \sqrt{\frac{0.24}{400}} \\
&= \sqrt{0.0006} \\
&= 0.0245
\end{aligned}
$$

第二步　通过将比例的标准误乘上 $z=1.96$ 来计算误差范围。

$$
\begin{aligned}
\text{误差范围} &= (1.96)s_p \\
&= (1.96)(0.0245) \\
&= 0.048
\end{aligned}
$$

第三步　通过加减误差范围来计算置信区间。 209

$$
\begin{aligned}
95\%\text{ 的置信区间} &= P \pm (1.96)s_P \\
&= 0.60 \pm 0.048 \\
&= 0.552 \sim 0.648
\end{aligned}
$$

因此，在样本规模为 400 的情况下，调查的误差范围为±4.8%或者说约±5%。根据所得出的置信区间（55%~65%），候选人 A 可以相当有把握地获得超过 50%的选票。

▶ 小结

研究者很少对总体的每一个成员进行直接操作。相反，他们研究的是被称作样本的一小部分个体。本章讨论了从样本推断全部群体（即总体）的核心内容和过程，而这个总体正是社会研究者试图去理解的。如果总体中每一个成员都有均等的机会被纳入样本，那么运用的就是随机抽样方法；否则，运用的就是非随机抽样方法。同时，本章指出，不管随机抽样被设计和执行得多么完美，抽样误差——基于可能性产生的样本与总体间不可避免的差异——都会产生。由于存在抽样误差，因此我们可以讨论均值的抽样分布的特性，其理论上的分布形状为正态曲线，并且均值的抽样分布的均值（均值的均值）等于实际的总体均值。通过均值的标准误，我们可以估计均值的抽样分布的标准差。在拥有以上信息的情况下，我们能够构建均值（或比例）的置信区间，我们有 95%或 99%的信心断定实际的总体均值（或比例）将落在这个区间内。通过这种方法，我们就能够从样本推断总体。在根据样本统计量（如 $\overline{X}$ 和 P）来估计总体参数（如 μ 和 π）时，置信区间会确定一个误差范围。误差范围的大小取决于三个因素：使用的置信水平（95%或 99%）、被分析的变量的标准差大小（s）和样本规模（N）。本章也通过许多不知道总体标准差（σ）而必须通过样本数据进行估计的例子介绍了 t 分布。t 分布将在下一章介绍的假设检验中扮演主要角色。

▶ 重要术语

Population (universe)	总体	Table of random numbers	随机数表
Sample	样本	Random sample	随机抽样
Nonrandom sample	非随机抽样	Simple random sample	简单随机抽样
Accidental	偶遇抽样	Systematic sample	系统抽样
Quota	配额抽样	Stratified sample	分层抽样
Judgment or purposive	判断抽样	Cluster or multistage sample	整群或多阶段抽样
210 Standard error of the mean	均值的标准误	Sampling distribution of means	均值的抽样分布
Confidence interval	置信区间	Margin of error	误差范围
Level of confidence	置信水平	t distribution	t 分布
95% confidence interval	95%的置信区间	Degrees of freedom	自由度
99% confidence interval	99%的置信区间	Alpha (α)	α 值
Primary sampling unit	首要抽样单元	Standard error of the proportion	比例的标准误
Sampling error	抽样误差		

▶ 课后习题

1. 在一个基本的随机样本中：
   a. 一个总体中只有一些成员有资格被纳入样本
   b. 一个总体中有一半成员有资格被纳入样本
   c. 一个总体中的每个成员都有相同的机会被纳入样本
   d. 一些成员比其他成员有更大的机会被纳入样本
2. 实际总体均值所落在的可能的范围被称为：
   a. 抽样误差　b. 随机样本　c. 均值的标准误　d. 置信区间
3. 在哪一种抽样中，总体中的每一个成员被给予了相等的被纳入样本的机会？
   a. 方便抽样　b. 配额抽样　c. 判断抽样　d. 随机抽样

4. 仅仅出于偶然，在样本均值与总体均值之间存在的不可避免的差异被称为：

a. 随机样本　　b. 置信区间　　c. 抽样误差　　d. 概率

5. 一个随机样本的均值的频数分布被称为：

a. 随机样本　　b. 置信区间　　c. 均值的抽样分布　　d. 均值的标准误

6. 为什么均值的抽样分布会呈现出正态曲线的形状？

a. 随机抽样　　b. 概率　　c. 置信区间　　d. 抽样误差

7. α 代表哪个区域的面积？

a. 分布的尾部　　b. 分布的中间

c. 分布中高于均值的部分　　d. 分布中低于均值的部分

8. 假设一个呈正态分布的标准化成就测试成绩的总体标准差（σ）为 7.20。如果我们抽取一个包 211
含 16 个成绩的样本，那么样本均值的标准误（$\sigma_{\bar{X}}$）是多少？

9. 假设问题 8 的随机样本产生了如下观察值：

6	5	6	12	5	10	11	13
12	10	9	20	23	20	28	18

a. 计算均值 95%的置信区间。

b. 计算均值 99%的置信区间。

10. 现在假设我们感到设定 $\sigma=7.20$ 不合适。请使用问题 9 中的数据：

a. 估计样本均值的标准误（$s_{\bar{X}}$）。

b. 计算均值 95%的置信区间。

c. 计算均值 99%的置信区间。

11. 下面的样本是 30 名被调查者在一个 7 点量表中的得分，该量表测量的是民众对一个极端组织是否应该被允许举行游行活动的态度（1=强烈反对，7=强烈赞成），请估计其均值的标准误：

3	5	1	4
3	3	6	6
2	3	3	1
1	2	2	1
5	2	1	3
4	3	1	4
5	2	2	3
3	4		

12. 以下分数来自一个随机样本，请估计其均值的标准误：

6	8	4	3	8	10	17	4	6

13. 一位犯罪学家从目前正被关押的一组个体那里收集了他们因吸毒被逮捕的次数的信息。请从他们的回答中估计均值的标准误：

2	0	3	1	2	3	0	2	0	1	4	7	2	1	2	2	4
0	0	2	2	3	1	0	0	2	4	1	1	2	0	1	3	6

14. 运用问题 13 中的数据，请估计样本均值 95%的置信区间和 99%的置信区间。

15. 作为研究社会资本的一部分，一位社会学家收集了一组社区成员受教育年限的信息。请从他们的回答中估计均值的标准误：

10	12	12	16	18	16	16	16	14	12	13	13	15	14	16	12	12	12
16	12	11	9	22	18	16	18	12	14	15	14	12	12	11	12	16	18

212 16. 运用问题 15 中的数据，请估计样本均值 95％的置信区间和 99％的置信区间。

17. 下面的样本是一次对 10 名政治人物认知测试的 34 个成绩，请估计均值的标准误：

10	1	4	8
10	7	5	5
5	6	6	10
7	6	3	8
5	7	4	7
4	6	5	5
6	5	6	4
7	3	5	4
8	5		

18. 运用问题 17 中的数据，请估计样本均值 95％的置信区间和 99％的置信区间。

19. 下面的样本是 36 名被调查者在一个 7 点量表中的得分，该量表测量的是民众对民权法应该保护性取向（1＝强烈反对，7＝强烈赞成）的态度，请估计其均值的标准误：

1	3	7	4	5	2
2	7	7	4	6	5
1	3	6	5	2	4
3	5	6	1	7	2
7	5	3	1	7	6
3	5	2	2	5	4

20. 运用问题 19 中的数据，请估计样本均值 95％的置信区间和 99％的置信区间。

21. 为了确定某所大学的学生对互助社团的态度，研究者对包含 40 名学生的随机样本进行了一次 11 点量表的调查。调查结果的样本均值为 6（分数越高，表示对互助社团越赞同），标准差为 1.5。

a. 估计均值的标准误。

b. 计算总体均值 95％的置信区间。

c. 计算总体均值 99％的置信区间。

22. 一名研究吸烟的研究者想知道吸烟者第一次吸烟的平均年龄。通过对包含 25 名吸烟者的随机样本的调查，研究者得出的样本均值为 16.8 岁，标准差为 1.5 岁。请估计开始吸烟的总体平均年龄的 95％的置信区间。

23. 一位医学研究者想确定当病人被诊断为患癌症后还能存活多久。通过他所收集的 40 名病人的数据，他发现平均存活时间（直至死亡）为 38 个月，标准差为 9 个月。请在 95％的置信水平下，估计总体平均存活时间。

24. 一位医学研究者想了解市中心的孕妇接受产前检查的情况。她在巴尔的摩街头随机选择了35位带孩子的妇女进行调查，发现她们一次怀孕期间接受产前检查的平均次数为3，标准差为1。请在95%的置信水平下，估计总体每次孕期进行产前检查的平均次数。 213

25. 一位教育研究者想估计某所大学中的学生在他们入校第一年交朋友的平均数量。在询问了一个包含50名结束大一学年的学生的随机样本后，他发现样本均值为3，样本标准差为1。请估计大学生在大一学年交朋友的总体平均数量的95%的置信区间。

26. 一所大学中的本科教育主管想估计教师所需要的平均书本数量。利用书店的数据，她抽取了一个包含25门课程的随机样本，发现样本均值为2.8，样本标准差为0.4。请估计学校教师所需要的平均书本数量的99%的置信区间。

27. 本地警察局试图估计车辆通过本地主要街道的平均速度（μ），通过隐藏的雷达，他们测量了随机抽取的25辆车的速度，样本均值为42英里/小时，标准差为6英里/小时。

a. 估计均值的标准误。

b. 计算总体均值95%的置信区间。

c. 计算总体均值99%的置信区间。

28. 为了估计一所大学里支持在校园里全面禁酒的学生的比例，一位研究者调查了大学里的一个包含200名学生的随机样本。她发现样本中的36%支持禁酒（样本比例=0.36），在这种情况下，计算比例的标准误，以及总体比例95%的置信区间。

29. 一家调查机构通过电话对400名随机选取的球迷进行了调查，询问他们关于对职业棒球运动员进行随机毒品测试的制度的态度，结果发现有68%的球迷赞同这个制度。

a. 计算比例的标准误。

b. 计算总体比例95%的置信区间。

c. 计算总体比例99%的置信区间。

30. 一家大型调查机构举行了一次全国性调查，以确定美国人中有多少百分比的人感到他们的经济状况变好了。调查机构通过电话询问了随机抽取的1 200人是否认为他们当前的经济状况比去年要好，其中有45%的人说他们确实感到他们当前的经济状况比以前要好：

a. 计算比例的标准误。

b. 计算总体比例95%的置信区间。

c. 计算总体比例99%的置信区间。

31. 一所本地学校想调查父母对一项通过取消学生课外体育活动来削减成本的计划的态度。学校委员会没有采取让学生带问卷回家的形式，而是采用了电话调查。在120名被调查的父母中，有74名支持这项取消课外体育活动的计划。 214

a. 计算比例的标准误。

b. 计算总体比例95%的置信区间。

c. 计算总体比例99%的置信区间。

32. 一名政治调查专家调查了一个包含500名登记选民的随机样本，询问他们是倾向于投票给候选人A还是候选人B。她发现有54%的选民倾向于投票给候选人A。在95%的置信区间下，确定这位专家预测候选人A将会获胜是否公正。

33. 和前几代的父母相比，如今很多父母选择推迟生孩子。一名研究者想了解青少年是否和他们上了年纪的父母沟通得很好，他调查了 120 名高中生，他们至少有父母中的一方比他们大 40 岁及以上。研究者发现其中有 35%的学生感到他们不能与父母很好地沟通。

a. 计算比例的标准误。

b. 计算总体比例 95%的置信区间。

c. 计算总体比例 99%的置信区间。

34. 一名环境研究者发现从一座城市中随机抽取的 225 个街区中有 26%遭遇了某种环境灾害。

a. 计算比例的标准误。

b. 计算所有遭遇环境灾害的城市街区比例的 95%的置信区间。

c. 计算所有遭遇环境灾害的城市街区比例的 99%的置信区间。

▶ 上机练习

1. 利用综合社会调查数据，计算人们每周花费在电子邮件上的总体平均时间（EMAILHR）的 95%和 99%的置信区间。提示：ANALYZE、COMPARE MEANS、ONE - SAMPLE T - TEST，然后将选项设置为所需百分比（将测试值保持为 0）。

2. 利用综合社会调查数据，计算美国人的总体平均子女数（CHILDS）的 95%的置信区间。

3. 利用综合社会调查数据，计算美国人中愿意付更高的税来帮助改善环境（GRNTAXES）的百分比的 95%的置信区间。

4. 利用综合社会调查数据，计算美国人中支持要求枪支许可证（GUNLAW）的百分比的 95%的置信区间。

5. 从综合社会调查中选择一个变量，计算它的 95%的置信区间。记住这个变量必须是一个定距变量或二分变量（两个类别）。

215

详细演示　从样本推断总体

在第一部分的结尾，我们描述了对高中学生中吸烟和饮酒情况的调查。我们发现有 62%的被调查者吸烟，并且在吸烟者中，日平均消耗量为 16.9 支。在饮酒方面，被调查者在过去一个月里平均饮酒次数为 1.58 次。

认识到这些被调查者是从一个大的总体中抽取的随机样本，我们可以通过置信区间来估计总体的均值和比例。但是，这个样本能多准确地代表总体呢？从严格意义上而言，这个总体在技术上讲应该是全体高中学生。但假定这所高中在全美城市公立高中中是非常典型的会更加保险一些，这样我们就可以把结果用于推断全美范围内一般的城市公立高中的情况。但是，很难用这所典型的城市高中的学生来代表全体高中学生，尤其是那些在郊区或农村高中的学生，以及私立或教会中学的学生。因此，我们能合理地希望的是这个样本（从一所典型的城市高中里抽取的 250 名学生）能被用来推断普通城市公立高中的学生的情况。

如下表数据所示，整个样本中 62%的学生吸烟。从中我们可以计算出比例的标准误为 3.1%，并随之计算总体吸烟比例的 95%的置信区间。我们发现，在 95%的置信度下，总体比例（π）在 55.9%到 68.1%之间，从而显示出有 56%～68%的城市公立高中学生吸烟。对于吸烟者的日吸烟习惯，我们用95%的置信区间、16.9的样本均值来估计总体均值（μ）。均值的标准误为0.84，从而95%的置信区间为15.3～18.6，显示出城市公立高中学生中的吸烟者每天平均吸15～19支烟。最后，在饮酒方面，均值为1.58，标准误为0.07，从而95%的置信区间为1.44～1.73这个非常狭窄的区间。因此，学生们的平均饮酒次数少于每月两次。

变量	统计量	
是否吸烟	N	250
	百分比	62.0%
	标准误	3.1%
	95%的置信区间	55.9%～68.1%
每日吸烟数量	N	155
	均值	16.9
	标准误	0.84
	95%的置信区间	15.3～18.6
每月饮酒次数	N	250
	均值	1.58
	标准误	0.07
	95%的置信区间	1.44～1.73

在第二部分的结尾，我们也考察了男性学生与女性学生在日吸烟分布上的差异。正如针对全体学生所做的一样，我们也可以分性别计算置信区间。如下表所示，吸烟男性的百分比的置信区间（44.1%～60.1%[①]）完全低于所对应的吸烟女性的百分比的置信区间（63.5%～79.5%）。尽管我们在第三部分将正式学习检验这种差异的方法，但我们仍然可以确定在吸烟的百分比上存在巨大的性别差异。在男女吸烟程度上，我们有95%的信心断定男性吸烟者日吸烟数的总体均值在13.5～18.3之间，同样有95%的信心断定女性吸烟者日吸烟数的总体均值在15.4～20.0之间。由于这两个置信区间是重叠的（比如男性和女性的总体均值都很可能为17），因此我们不能很肯定总体中确实存在性别差异。在第三部分我们将再一次讨论这个问题。 216

变量	统计量	分组	
		男性	女性
是否吸烟	N	127	123
	百分比	52.8%	71.5%
	标准误	4.4%	4.1%
	95%的置信区间	44.1%～61.5%	63.5%～79.5%
每日吸烟数量	N	67	88
	均值	15.9	17.7
	标准误	1.24	1.14
	95%的置信区间	13.5～18.3	15.4～20.0

① 与表中数据不符，原书如此。——译者注

第三部分　统计决策

第7章 均值间差异的显著性检验 219

在第 6 章里，我们看到总体均值和总体比例可以通过从单一样本中获取的信息进行估计。例如，我们想要估计某个城市的社会失范水平、经济上困难的老人的比例或某一美国人群体对种族隔离的平均态度。

尽管对均值和比例进行估计的描述性方法是非常重要的，但它并非统计决策或社会研究的主要目 220
的或活动。恰恰相反，大多数社会研究者主要从事的工作是关于总体均值或总体比例的假设检验，尤其是研究它们在两组或多组数据中有何差异。

例如，有一家本地的饭馆为了促进午餐时间的生意而宣布举行一次活动。为了促销，有 20%的机打餐单将会根据随机的原则印有一颗红星，这标志着这一顿午餐是免费的。你从活动开始后已经在这家饭馆就餐了 4 次，但仍然没有遇上免费午餐。你是否应该怀疑这次促销活动的真实性呢？如果你在就餐 8 次或 16 次后仍然没有遇上免费午餐，那么你又该如何呢？你是开始抱怨，还是将这归咎于坏运气呢？

根据我们在第 5 章里学到的概率法则，你一次就餐而没获得免费午餐的概率是 0.8。按照乘法法则，4 次午餐都没有免费的概率是 $(0.8)^4=0.410$，即出现这种情况并非一点可能都没有。连续 8 次午餐都没有免费的概率是 $(0.8)^8=0.168$，即出现这种情况的可能性更小，但你仍然很难就此决定要向美国商业改进局投诉。但连续 16 次都没有遇上免费午餐是非常不可能的，如果这家饭馆所宣称的 20%的免费午餐机会是真实的，那么其概率应该只有 $(0.8)^{16}=0.028$。

的确，连续 16 次都没有遇上免费午餐是如此得不可能，以至于你怀疑 20%的机打餐单上有幸运红星的假设的真实性。当然，这里仍然有很小的概率是你被坏运气诅咒了，但社会科学家（他们是不相信所谓诅咒的）会得出结论，认为 20%的机打餐单上有幸运红星的假设应该被拒绝。

这就是假设检验的逻辑（尽管不完全是其方法）。我们提出了关于总体的假设，收集样本数据，然后看在总体的假设成立的情况下，出现样本的结果的可能性。一方面，如果样本的结果在总体假设之下看上去是可信的，那么我们将保留假设，并将任何偏离我们预期的情况归结为纯粹由抽样误差所导致的偶然现象。另一方面，如果样本的结果是非常不可信的（例如，少于 5%的概率），那么我们则拒绝原假设。

样本均值和总体均值间差异的检验

在第 6 章中，我们利用来自随机样本的信息——具体来说是 N、$\overline{X}$ 和 s——来估算该样本的总体均值。样本均值 $\overline{X}$ 代表我们对 μ 的最佳估计，而从样本标准差（s）和样本容量（N）估计出的标准误（$s_{\overline{X}}$）使我们能够确定 μ 所在的区间。我们还认为置信区间有时候可以被用来检验某个被认为是正确的 μ 的特殊值的合理性。

有一个更加直接的方法是，我们可以用一个样本均值（$\overline{X}$）和均值的标准误（$s_{\overline{X}}$）来检验关于 μ 的估值。回想一下第 6 章，我们以一所发布了其毕业生平均工资的大学为例，说明了均值的抽样分布的正态曲线性质。在那个例子中，总体标准差 σ 被认为是已知的，但这在现实生活中是不可能的。如
221 果你不知道 μ，那么你通常也不能知道 σ，而只能利用样本标准差 s 来估计样本均值的标准误。

下面看另一个大学的例子，在这个例子中，学校教务声称毕业生的平均起薪是 30 000 美元。她是根据自身对这些毕业生工作情况的认识这一不甚可靠的证据得出这一结论的，而非基于对校友科学的调查。

我们希望通过抽取一个随机样本来检验 $\mu=30\,000$ 这一假设是否成立，样本包含 50 位校友，即我们收集起薪数据的对象。假设我们得到样本均值 $\overline{X}=28\,000$，标准差 $s=4\,000$。由此我们可以估计这个样本均值的标准误。

$$
\begin{aligned}
s_{\overline{X}} &= \frac{s}{\sqrt{N-1}} \\
&= \frac{4\,000}{\sqrt{50-1}} \\
&= \frac{4\,000}{7} \\
&= 571.4
\end{aligned}
$$

因此，尽管我们的样本均值只有 28 000 美元，比学校教务的说法少了 2 000 美元，但据我们所知，这在抽样的结果中是可能发生的。标准误衡量的就是这种差异。

在此，我们没有按照第 6 章中所讲的通过 t 值计算边缘误差来建立置信区间，而是将样本均值与假定的总体均值相比较，从而计算得出以标准误为单位的 t 值。在第 5 章中，我们将均值与原始分数的差值转换成以标准差为单位的 z 分数来与标准正态分布对照。而现在，我们运用 t 值将样本均值 $\overline{X}$ 与假定的总体均值 μ 之间的差异转换成标准误的个数。用于检验样本均值与其假定的总体均值之间差异的 t 值的计算公式如下：

$$t=\frac{\overline{X}-\mu}{s_{\overline{X}}}$$

于是我们就可以计算出 t 值：

$$t=\frac{28\ 000-30\ 000}{571.4}$$

$$=\frac{-2\ 000}{571.4}$$

$$=-3.5$$

因此，根据对 50 位校友的调查得出的样本均值比教务声称的低 2 000 美元，或者说低 3.5 个标准误。我们曾用来构建置信区间的表 C，现在可以被用来评估样本结果，即样本均值的 28 000 美元与学校教务声称的 30 000 美元之间的差异，是随机出现的还是可以被用来质疑教务的声明。在 $\alpha=0.05$、$\mathrm{df}=N-1=49$ 的情况下，我们在表 C 中定位（自由度为 40，因为我们得不到自由度为 49 时的相关数值）t 值为 2.201，它的意思是，单凭样本误差，t 的绝对值大于 2.201 的概率小于 5%。由此，我们可以得出结论，学校教务高估了总体毕业生的起薪水平。值得注意的是，如果我们使用相同的样本数据来构造一个置信区间，那么我们也可以通过不这么直接的方式了解到，学校教务的推测远远超出了 μ 的可能值的范围。 222

两个样本均值间差异的检验

利用毕业生起薪这个例子是为了证明构造置信区间与检验样本均值最基本假设之间的关系。碰巧的是，先前使用的所谓的单样本检验并不特别适用于社会科学，因为社会研究者很少有一个特定的总体均值与样本均值进行比较。更普遍的是，我们通过将两个样本（比如，男性毕业生和女性毕业生的平均起薪样本）的均值进行比较来检验它们有相同的总体均值这一论断是否合理。

在社会科学中，假设通常与群体间的差异有关。当检验这些差异时，社会研究者会思考类似这样的问题：德国人与美国人在服从权威方面有什么不同？新教徒是否比天主教徒的自杀率更高？保守派对子女的管教是否比自由派更严厉？注意，每个研究都涉及两个群体之间的比较：德国人与美国人，新教徒与天主教徒，保守派与自由派。

举一个更具体的例子：假设一个老年医学专家对比较两种提高养老院老年人记忆力的方法很有兴趣，她选取了十个老年人然后把他们随机分成两组，一组实行方法 A，另一组实行方法 B。

进一步考虑，在经过这项提高记忆力的训练后，十个老人都要参加相同的回忆测试。在方法 A 下，五个老年人的样本均值为 82 分，在方法 B 下，五个老年人的样本均值为 77 分。这能说明方法 A 比方法 B 更有效吗？可能能，也可能不能。我们只有得到更多的数据，才能够得出结论。让我们先说一句，这两组老年人的回忆测试分数如表 7－1 所示：

表 7－1　两组老年人人均回忆测试分数 1

方法 A	方法 B
82	78
83	77
82	76
80	78
83	77
均值＝82	均值＝77

223 在方法 A 这一组中，分数都为 80 出头，所以我们对于整体均值接近于样本均值的 82 分非常有信心。相似地，我们也有信心说总体均值接近于方法 B 的样本均值 77 分。考虑到分数，即样本均值的同质性，我们很有可能推断出样本均值之间的差异不仅仅是单纯的巧合或样本误差的结果。实际上，方法 A 似乎比方法 B 更有效。

现在，我们考虑下面两组产生了样本均值 82 和 77 的数据。从表 7－2 中，我们可以清楚地看到，在两组中，回忆测试分数之间都有很大的差异。因此，两个样本均值对总体均值的估计都是不可靠的。考虑到样本分数的异质性和不可靠的样本均值，我们不能因此认为样本均值之间的差异是单纯的巧合或样本误差的结果。实际上，没有充足的证据表明方法 A 比方法 B 更有效。

表 7－2　两组老年人的回忆测试分数 2

方法 A	方法 B
90	70
98	90
63	91
74	56
85	78
均值＝82	均值＝77

零假设：均值间无差异

在统计分析中，把零假设——假设两个样本是从同一个总体中抽取的——作为检验的第一步已是惯例。按照零假设，样本间的任何观察上的差异都被认为是仅由抽样误差造成的偶然现象。因此，两个样本均值间的差异并不代表它们的总体均值上的差异。

在当前情况下，零假设可表示为：

$$\mu_1=\mu_2$$

在这里，μ_1＝第一个总体的均值，μ_2＝第二个总体的均值。

让我们看一下先前所提出的研究问题的零假设。

（1）德国人与美国人在服从权威方面没有显著差异。

（2）新教徒与天主教徒有一样的自杀率。

（3）保守派与自由派以同样的方法管教子女。

应注意，零假设并不否认样本均值存在差异的可能性。相反，它试图通过将它们归于抽样误差来解释均值间的这种差异。例如，按照零假设，如果我们发现一个女教师样本所赚的钱（32 000 美元）比一个男教师样本所赚的钱（33 000 美元）要少，那么我们不会得出结论认为女教师总体比男教师总体赚的钱要少。相反，我们会将所获的样本差异（33 000 美元－32 000 美元＝1 000 美元）看成抽样误差的产物，即从一个总体中抽样不可避免地存在差异。如我们在后面将看到的，零假设与抽样理论有密切的联系。 224

将我们所获的样本均值间的差异归因于抽样误差的结论使得我们保留零假设。使用“保留”这个词并不意味着我们已经证明了或相信总体均值是相等的（$\mu_1=\mu_2$）。从技术上而言，我们只是因缺少反证而不能拒绝零假设。因此，在本书中，当我们不能拒绝零假设时，我们将一直使用“保留零假设”这个说法。

研究假设：均值间存在差异

一般而言（尽管不是必须的），零假设的提出本身就带有拒绝零假设的希冀。对大多数试图建立变量间关系的社会研究者来说，这是很好理解的。这就是说，他们通常更有兴趣寻找差异而不是确定差异不存在。组间的差异——无论是理论上的还是经验观察中的——通常会给研究提供理论基础。

如果我们拒绝了零假设，即发现了均值间无差异的假设站不住脚，我们也就自动接受了存在实际的总体差异的研究假设。这通常是社会研究所希望的结果。当研究假设认为两个样本是从均值不同的总体中抽取的时，它表明了所获样本均值间的差异太大以至于不能用抽样误差来解释。

均值间存在差异的研究假设可表示为：

$$\mu_1\neq\mu_2$$

在这里，μ_1＝第一个总体的均值，μ_2＝第二个总体的均值。

注意：≠读作“不等于”。

下面的研究假设针对的是先前所提出的研究问题。

（1）德国人与美国人在服从权威方面不一样。

（2）新教徒与天主教徒有不一样的自杀率。

（3）保守派与自由派有不同的管教子女的方法。

均值间差异的抽样分布 225

在第 6 章里，我们看到我们那位古怪的社会学家所抽取的 100 个样本的均值可以以均值的抽样分布的形式呈现。同样，现在我们假设这位社会学家一次不是研究一份样本，而是两份，以在二者之间做出比较。

假设这位社会学家正在教授家庭社会学课程，他关心在对子女培养的态度上是否存在性别差异。

具体而言，他想确定男性和女性在子女培养的放任程度上是否存在不同。

为了检验差异，他首先建构了一个多项量表，这个量表包括体罚的合适程度、子女是否从事家务劳动，以及对父母要求的服从等相关问题。他的放任性量表的取值范围为 1（一点也不放任）～100（极端放任）。接下来，他随机选取了 30 个学生父亲和 30 个学生母亲，然后对这 60 个父母进行了儿童放任度量表测试。如图 7-1 所示，我们的这位社会学家发现他的女性样本（$\overline{X}=58.0$）要比男性样本（$\overline{X}=54.0$）更加放任。

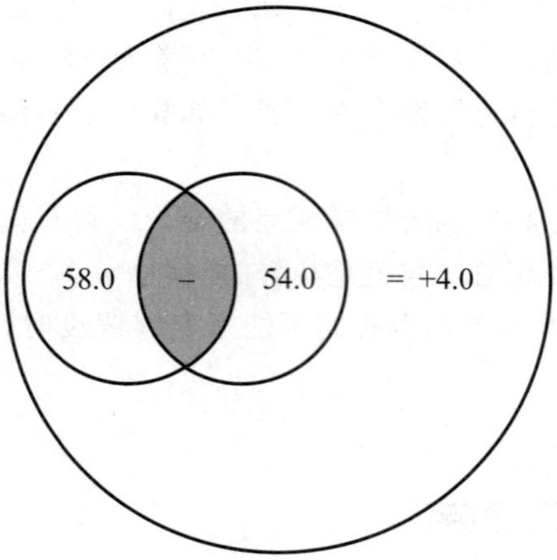

图 7-1　从一个假想的总体中抽取的男性和女性样本在放任程度方面的均值差异

注：＋4.0 代表两个各包含 30 个成员的随机样本均值间的差异。

在我们的这位社会学家得出女性确实比男性更加放任的结论之前，他也许会问：从抽样误差的角度而言，我们可以期望 58.0 与 54.0 之间的差异（58.0－54.0＝＋4.0）完全基于偶然吗？仅仅基于偶然，女性样本会比男性样本包含更多的放任者吗？我们是应该保留没有总体差异的零假设，还是所获的样本差异＋4.0 已经大到足以显示出男性和女性在子女培养态度上的真实差异呢？

226 在第 2 章，我们了解了一个给定总体的原始分数的频数分布，在第 6 章，我们则看到如何构建均值的抽样分布，即样本均值的频数分布。在我们当前所面对的问题中，我们必须进一步将频数分布的含义扩展至均值间差异的频数分布，即从一个给定总体中随机抽取的大量样本的均值之间差异的频数分布。

为了演示样本均值间差异的抽样分布，让我们回到我们那位古怪的社会学家的强迫性行为，他对抽取随机样本的激情又一次驱使他超出了常规限制而继续进行抽样。他不是抽取了一个包含 30 个学生父亲的样本和一个包含 30 个学生母亲的样本，而是一下子抽取了 70 对这样的样本（70 对样本，每对包含 30 个学生父母和 30 个学生母亲），幸亏他在一所很大的学校里教书，才找到了这么多的样本。

对每一对样本，这位社会学家都进行了同样的儿童放任度量表测试。接下来，他计算每个男性样本的样本均值和每个女性样本的样本均值。因此，他的这 70 对样本都有了男性样本均值和女性样本均值。

接下来，他通过将每对样本的女性样本均值减去男性样本均值而得到了均值间差异值。例如，他的第一对样本比较得出了＋4.0 的均值间差异值。他的第二对样本的均值可能会是女性样本均值为 57.0，男性样本均值为 56.0，从而得出＋1.0 的均值间差异值。类似地，第三对样本的均值也许是女性样本均值为 60.0，男性样本均值为 64.0，从而得出－4.0 的均值间差异值。很明显，均值间差异值越大，这两个样本的成员在放任度方面的差别也越大。注意，我们总是用第一个样本的均值减去第二个样本的均值（在当前的例子里，我们用女性样本均值减去男性样本均值）。我们的这位社会学家得出的 70 个均值间差异值如图 7-2 所示。

假设我们知道男性和女性总体在子女培养的放任度上并无差异。假定，对于男女总体，$\mu=57.0$。

如果我们假定零假设是正确的，男性和女性在这个方面是相同的，我们就可以用这位古怪的社会学家所得出的 70 个均值差异值来演示均值间差异的抽样分布。这一点是成立的，因为样本间均值差异的抽样分布基于样本对之间的差异源于抽样误差而非实际的总体差异的假设。

图 7－2 所示的代表均值间差异的 70 个数值在表 7－3 中以均值间差异的抽样分布的形式被予以重新排列。同其他类型的频数分布一样，这些数值被从大到小依序排列，相邻的一列列出了其发生的频数。

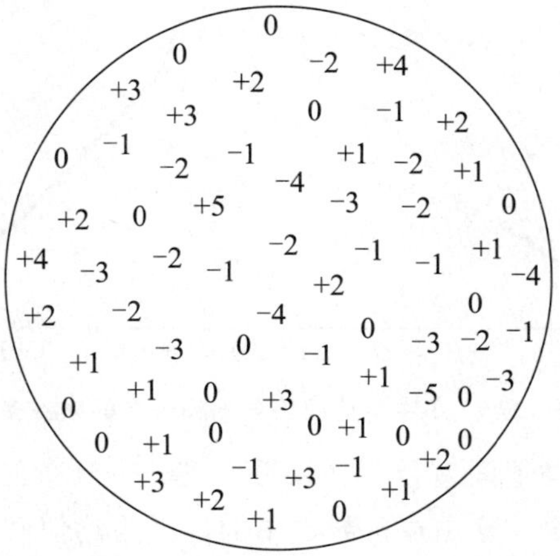

图 7－2　从一个假想的总体中抽取的 70 个男性和女性样本的放任度均值的差异值 227

注：每个数值代表了一个包含 30 名女性的样本和一个包含 30 名男性的样本之间的差异。

表 7－3　70 对随机样本的均值间差异的抽样分布

均值间差异	频数
＋5	1
＋4	2
＋3	5
＋2	7
＋1	10
0	18
－1	10
－2	8
－3	5
－4	3
－5	1
	$N=70$

注：这些差异值包括分数值（例如，－5 包括了－5 到－5.9 的所有取值）。

为了描述均值间差异的抽样分布的关键属性，表 7－3 中的频数分布在图 7－3 中以图形的形式进行了呈现。如图 7－3 所示，我们看到均值间差异的抽样分布近似于均值（均值间差异的均值）为零的正态分布[①]。这是很好理解的，因为分布中的正向和负向的均值间差异倾向于彼此抵消（对于每一个

① 这里假设我们从一个给定的原始分数的总体中抽取了大量随机样本。

负值，倾向于有一个同样大小的正值）。

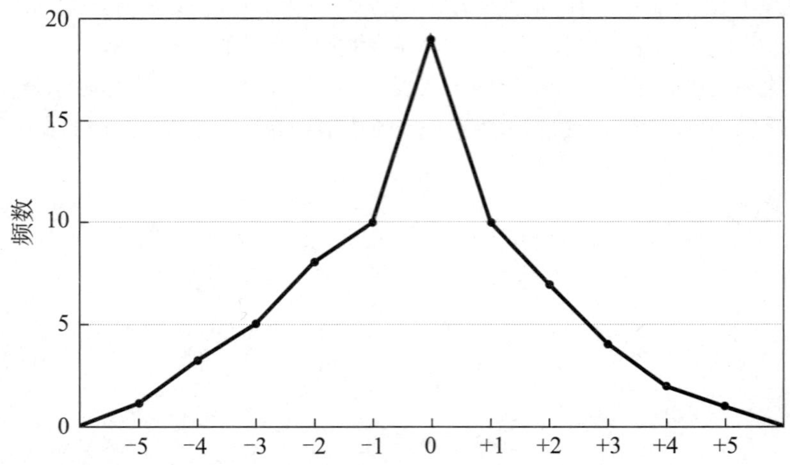

228

图 7－3　表 7－3 中均值间差异抽样分布的频数多边形图

作为正态分布，大多数样本均值间差异落在接近于零——分布的中点——的位置，在均值间差异的均值的两个方向上的极值都极少。这是在预料之中的，因为均值间差异的整个分布是抽样误差的产物而非源于男性与女性之间真实的总体差异。换句话说，如果男性与女性真实的总体均值间差异为零，那么我们也预计样本均值间差异的抽样分布的均值也为零。

均值间差异分布的假设检验

在前面的章节里，我们学习了对原始分数和样本均值的发生次数进行概率描述。在当前的例子里，我们要对均值间差异的抽样分布中的差异值进行概率描述。如前面所指出的，这个抽样分布呈正态分布的形式，因此可以被视为一种概率分布。我们可以说概率将随着离差异的均值（零）变远而逐渐降低。具体而言，如图 7－4 所示，我们可以看见，68.26％的均值间差异落在距差异的均值$+1\sigma_{\bar{X}_1-\bar{X}_2}$与

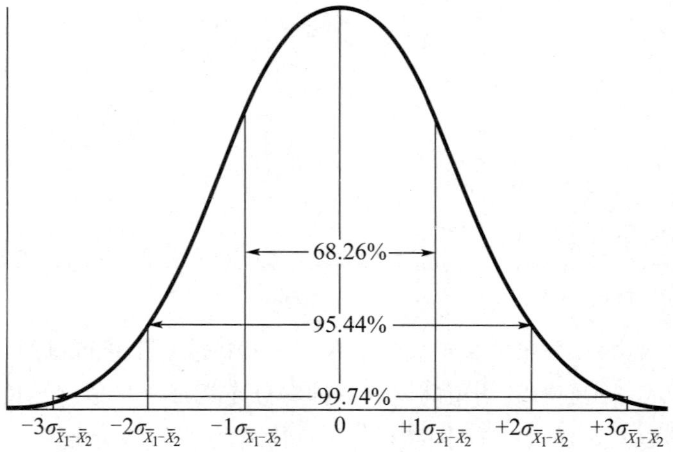

229

图 7－4　作为一种概率分布的均值间差异的抽样分布

$-1\sigma_{\bar{X}_1-\bar{X}_2}$ 之间，$\sigma_{\bar{X}_1-\bar{X}_2}$ 代表 $\bar{X}_1$ 与 $\bar{X}_2$ 之间差异的标准差。用概率的术语来说，这表示样本均值间差异落在这个区间的概率 $P=0.68$。同样，我们可以说任何样本均值间差异落在距差异的均值 $+2\sigma_{\bar{X}_1-\bar{X}_2}$ 与 $-2\sigma_{\bar{X}_1-\bar{X}_2}$ 之间的概率约为 0.95（100 次中有 95 次），以此类推。

差异的抽样分布给两个样本的均值间差异的假设检验提供了一个良好的基础。不同于我们的那位古怪的社会学家那样一个接一个地抽取样本对，大多数研究者会仅研究一对样本并仅基于一个均值间差异来进行推断。

例如，一位研究者想以一种实际可行的方法检验我们的那位古怪的社会学家的假设，或至少其中一个变量。她同意可能存在子女教养态度上的性别差异，不过这种差异是存在于已成为父母的人中而非存在于将成为父母的人中。

她随机选择了 30 位父亲和 30 位母亲（不必是已婚的），并对他们进行了那位古怪的社会学家建构的放任度量表测试。她得到的结果是，母亲的平均放任度得分为 45 分，而父亲的为 40 分。这位研究者的推理如下：一方面，如果获得的均值间差异 5（45－40＝5）位于距平均差异零很远的位置，那么它在均值间差异的抽样分布中只有一个很小的发生概率，我们就拒绝零假设——假设我们所获的均值间差异是抽样误差的结果。另一方面，如果我们的样本均值间差异落在距零很近的位置，那么它发生的概率就大，我们就必须保留零假设而将我们获得的均值间差异只归于抽样误差的结果。

因此，我们要确定所获的样本均值间差异（在这个例子中为 5）距平均差异零有多远。要这么做， 230
我们必须首先把我们的差异值转换成以标准差为单位。

我们可以回忆起，把原始分数转换成以标准差为单位使用了如下公式：

$$z=\frac{X-\mu}{\sigma}$$

在这里，X＝原始分数，μ＝原始分数分布的均值，σ＝原始分数分布的标准差。

同样，我们通过公式将样本均值分布中的均值转换成以标准差为单位：

$$z=\frac{\bar{X}-\mu}{\sigma_{\bar{X}}}$$

在这里，$\bar{X}$＝样本均值，μ＝总体均值（均值的均值），$\sigma_{\bar{X}}$＝均值的标准误（均值的分布的标准差）。

在当前的例子里，我们同样要将样本均值间差异（$\bar{X}_1-\bar{X}_2$）转换为以标准差为单位，公式为：

$$z=\frac{(\bar{X}_1-\bar{X}_2)-0}{\sigma_{\bar{X}_1-\bar{X}_2}}$$

在这里，$\bar{X}_1$＝第一个样本的均值，$\bar{X}_2$＝第二个样本的均值，0＝均值间差异的抽样分布的均值（我们假设 $\mu_1-\mu_2=0$），$\sigma_{\bar{X}_1-\bar{X}_2}$ ＝均值间差异的抽样分布的标准差。

由于均值间差异的分布的均值被设定为 0，因此我们可以从公式中将它忽略掉而不会影响最终的结果，因此：

$$z=\frac{\bar{X}_1-\bar{X}_2}{\sigma_{\bar{X}_1-\bar{X}_2}}$$

关于父亲样本与母亲样本之间放任度的差异，我们必须将其转换成与其等价的 z 分数。

如果均值间差异的抽样分布的标准差 $\sigma_{\bar{X}_1-\bar{X}_2}$ 等于 2（后面我们将更多地讨论如何获得这个值），那 231
么我们得到了如下的 z 分数：

$$z = \frac{45 - 40}{2}$$

$$= \frac{5}{2}$$

$$= +2.5$$

因此，两个样本的均值间差异 5 在均值间差异的抽样分布中落在距平均差异零 2.5 个标准差的位置。

在严格的基于抽样误差的情况下，样本均值间差异为 5 或以上的情况将会有多大的发生概率？从附录 C 的表 A 的 c 列中，我们可以得知 $z=2.5$ 在每个尾部各占了 0.62%的面积或一共占了 1.24%的面积（见图 7-5）。我们考虑双尾，因为这两个样本均值间差异可能在正负任一方向。经过舍入，在严格地基于抽样误差的情况下，样本均值间差异为 5 或以上的情况发生的概率 $P=0.01$。这就是说，因抽样误差而产生的均值间差异（而后呈现于抽样分布）为 5 或以上的情况，在每 100 个均值间差异中只会出现 1 次。在了解这一点之后，我们应该考虑拒绝零假设并且接受父亲与母亲在子女教养的放任度上确实存在总体差异的研究假设吗？100 次中只会发生 1 次，这可需要非常好的运气。

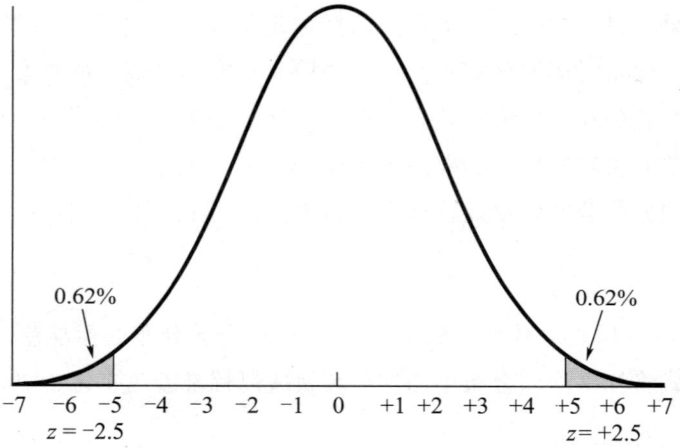

图 7-5　在差异分布中 $z=-2.5$ 和 $z=+2.5$ 所覆盖的面积的百分比的图形表示

232 在这种情况下，大多数人会选择拒绝零假设，尽管这么做可能是错的（别忘了仍有 1%的机会）。但是，我们并不总是能做出清晰明确的判断。例如，如果我们得知在 100 次中由抽样误差而导致的均值间差异发生了 10 次（$P=0.10$）、15 次（$P=0.15$）或 20 次（$P=0.20$），那么我们仍然要拒绝零假设吗？还是说我们应该出于安全考虑将所获的差异归于抽样误差？

我们需要一个稳定的分界点来确定两个样本的均值间差异是否大到了不再能被归为抽样误差的结果，我们需要一种方法来确定什么时候我们的结果才显示出统计上的显著差异。当差异被发现是显著的时，它就被认为是真实存在的，即这种差异是可以从样本推及总体的。由此，统计学上的显著（significant）并不是指格外重要（important），也并不涉及总体差异的大小。在大样本中，一个小的差异可能在统计学意义上是显著的；在小样本中，一个很大的差异也有可能是抽样误差的结果。

显著性水平

为了确定所获得的样本均值是否在统计上显著——确为真实的总体差异而非抽样误差的结果——我们通常习惯于设定一个显著性水平，用希腊字母 α 来表示。α 值是一个概率水平，在这个水平上零假设能够确定地被推翻，研究假设能够确定地被接受。因此，如果概率非常小（例如，小于5%），我们就决定拒绝样本差异是抽样误差的产物的零假设。按照惯例，我们将这个小概率用符号 $P<0.05$ 来表示。

将 $\alpha=0.05$ 作为显著性水平是一个惯例。这就是说，如果一个样本差异发生的机会小于5%，那么我们将拒绝零假设。0.05 的显著性水平在图 7-6 中以图形的形式表示。如图所示，0.05 的显著性水平是在差异的分布的尾部的一小块面积，它们是在曲线下距平均差异零正负 1.96 个标准差的距离之外的面积。在这种情况（显著性水平 $\alpha=0.05$）下，z 分数 ±1.96 被称为临界值；如果我们获得的 z 分数超出了 1.96（即 $z>1.96$ 或 $z<-1.96$），这种情况就被称作是统计上显著的。图 7-6 的阴影部分被称为“临界域”或“拒绝域”，因为在这个区域里的 z 分数会使得我们拒绝零假设（图的两端的部分显示了 0.05 的显著性水平的临界域）。

为了更好地理解为什么这个特殊的点在抽样分布中代表了 0.05 的显著性水平，我们可以在附录 C 的表 A 的 c 列中查一下距均值 1.96 个标准差所对应的总频数的百分比。我们看到，1.96 个标准差在两个方向上各代表 2.5%的样本均值间差异。换句话说，有 95%的差异落在距平均差异零 $-1.96\,\sigma_{\bar{X}_1-\bar{X}_2}$ 与 $+1.96\,\sigma_{\bar{X}_1-\bar{X}_2}$ 之间，只有 5%（2.5%+2.5%=5%）的差异落在这个区间之外。

显著性水平可以设定为任何程度的概率。例如，一个更严格的显著水平是 0.01。在这个设定下，如果所获得的样本差异是抽样误差的结果的概率小于1%，那么零假设将会被拒绝。0.01 的显著性水平代表在两个方向上距平均差异零 2.58 个标准差之外的面积（见图 7-6）。

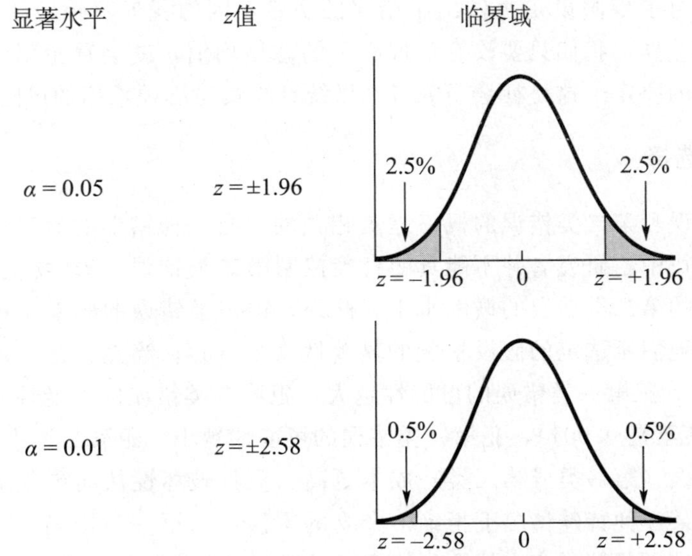

图 7-6　0.05 和 0.01 的显著性水平 233

显著性水平并没有给我们一个关于零假设的正确性的绝对描述。在任何时候，当我们确定以某个显著性水平拒绝零假设时，我们也就有了做出错误决定的可能性。当我们本应保留零假设却拒绝了它时，我们犯了第一类错误（见图 7-7）。第一类错误只可能发生在我们拒绝了一个零假设的时候，它的概率按照我们选定的显著性水平而变化。例如，如果我们在 0.05 的显著性水平上拒绝了零假设，并得出确实存在子女教养态度上的性别差异的结论，那么我们会有 5%的机会犯错。换句话说，我们有 5%（$P=0.05$）的概率犯第一类错误，性别差异其实是根本不存在的。同样，如果我们选择的显著性水平 $\alpha=0.01$，那么我们只有 1%（$P=0.01$）的机会在性别差异上犯错。因此，犯第一类错误的概率用 α 来表示。很明显，我们的显著性水平越严格（位于越远的尾部），犯第一类错误的可能性越小。举一个极端的例子，设定显著性水平为 0.001 意味着第一类错误发生的可能性只有 1‰。

但是，我们的临界值落在曲线的尾部越远的位置，我们犯另外一种错误——第二类错误——的风险越大。这是一种我们本应拒绝零假设却保留了它的错误。第二类错误意味着我们的研究假设可能是正确的，尽管我们已决定拒绝研究假设而保留零假设。减少犯第二类错误的风险的方法之一是增加样本规模，以使得真实的总体差异能够更好地被代表。犯第二类错误的概率用符号 β 来表示。

234

实际 \ 决策	保留零假设	拒绝零假设
零假设为真	正确决策	第一类错误 P（第一类错误）$=\alpha$
零假设为假	第二类错误 P（第二类错误）$=\beta$	正确决策

图 7-7　第一类错误和第二类错误

我们永远无法确定对于零假设是否做出了错误的决定，因为我们只检验了样本均值之间的差异，而不是总体均值之间的差异。我们只要没有掌握实际的总体均值，就会冒犯第一类或第二类错误的风险，这取决于我们所做的决定。这是社会研究者在做统计决策时必须承担的风险。

对显著性水平的选择

我们看到第一类错误和第二类错误的概率是负相关的：当一种错误的概率越大时，另一种错误的概率就越小。在实际操作中，研究者并不能真的直接控制第二类错误（β）发生的可能性。这就是说，研究者不能设定所希望的第二类错误的概率水平。此外，第一类错误的概率是被研究者直接加以定量控制的，因为它正好是他们所选定的假设检验的显著性水平（α）。当然，选定的显著性水平越大（比如说 0.05 甚至是 0.10），犯第一类错误的可能性越大，犯第二类错误的可能性越小。选定的显著性水平越小（比如说 0.01 甚至是 0.001），犯第一类错误的可能性越小，犯第二类错误的可能性越大。

我们根据哪一类错误（第一类或第二类）成本更高、更具破坏性从而更危险来预先确定假设检验的显著性水平。如果在某一种特殊情况下拒绝一个真的零假设（第一类错误）比保留一个假的零假设（第二类错误）造成的后果要糟糕得多，那么我们应通过选择一个小的显著性水平来降低风险（例如 $\alpha=0.01$ 或 0.001），即使以增加犯第二类错误的可能性为代价。但是，如果我们认为犯第二类错误造成的后果更加糟糕，我们就应设定一个较大的显著性水平（$\alpha=0.05$ 或 0.10）以使得犯第二类错误的可

能性较少，即保持一个较低的 β 值。 235

例如，假设有一位研究者在进行关于 SAT 成绩的性别差异的研究。他对一个男性样本和一个女性样本进行了一次 SAT 测验。在确定显著性水平之前，他应该停下来问一下自己：哪一类错误会更糟糕？是基于为过大的抽样误差所扭曲的结果从而声称确实存在性别差异（第一类错误），还是不宣布确实存在于男性总体与女性总体之间的差异（第二类错误）？在这个例子中，第一类错误可能会有大得多的破坏性，甚至可能成为性别歧视的依据。所以，他应该选择一个较小的 α 值（比如说 0.01）。

让我们考虑一个相反的情况——一个在其中第二类错误的破坏性要大得多的例子。假设有一个研究者要检验吸食大麻对 SAT 成绩的影响。他对一个吸食大麻的样本和一个不吸食大麻的样本进行了比较。即使只有轻微的迹象表明吸食大麻会影响人的成绩，这个信息也应被传递出来。我们不会希望一个研究者保留吸食大麻者的总体与不吸食大麻者的总体之间无差异的零假设，而不顾所观察到的样本均值之间的差异——仅仅由于差异不是非常显著。这里的第二类错误对公共健康有着严重的影响。而第一类错误（即当样本均值只是由于偶然而存在，却使得研究者错误地相信吸食大麻确实会影响 SAT 成绩）不是什么严重的问题。在这种情况下，研究者会被建议选择一个较大的 α 水平（比如 0.10）以避免出现严重的第二类错误的风险。这就是说，他在拒绝零假设上应放松一下原本严格的要求。

尽管一些社会科学研究者可能在这一点上有争议，但大多数的社会科学研究者会关注将第一类错误或第二类错误的成本最小化的问题。除了一些相当政治敏感的领域以外，大多数（但绝不是所有）的社会研究涉及的是相对不敏感的议题，所以假设检验上的误差对个人或社会总体不会造成任何大的破坏，而只可能影响研究者个人的职业声誉。事实上，人们偶尔会在杂志上看到一些互相矛盾的研究，其中一部分原因就是检验误差。不过，由于大多数研究是无害的，因此选取一个相对居中的显著性水平——通常为 $\alpha=0.05$——成为一种惯例。

P 值与 α 值之间的差异在哪里？

P 值与 α 值可能有一点让人混淆。为了避免混淆，让我们直接比较这两个量。简单地说：P 值为样本数据零假设为真的概率；α 值则为一个临界值，低于它会被认为概率太小而使得我们拒绝零假设。这就是说，如果 P 值低于 α 值，我们就拒绝零假设，否则就接受零假设。

在假设检验中，研究者要事先确定 α 值。这个选择要基于对第一类和第二类错误的权衡，或简单地按照惯例，即 $\alpha=0.05$。这个 α 值指的是使得我们拒绝零假设的曲线（比如 z 曲线）下尾部区域的大小，即标着 $+z$ 的临界值的右边的区域和标着 $-z$ 的临界值的左边的区域。如图 7-8 所示，在 $\alpha=0.05$ 236
的情况下，这个区域是在 $z=+1.96$ 的右边和 $z=-1.96$ 的左边（在 t 分布中，临界值同时依赖于自由度）。因此，α 值代表着我们能接受出现第一类错误的可能性。

与之相比，P 值为零假设为真的概率。如果这个概率足够小（即零假设非常不可能），我们就倾向于拒绝零假设。不同于 α 值——它是研究者事先确定的——P 值是由数据本身确定的，具体地说，P 值是来自检验统计量的计算值，如 z 分数，而不是由研究者设定的。P 值是在正方向上计算出来的 $+z$ 右边的区域加上在负方向上计算出来的 $-z$ 左边的区域。因而，如果在数据收集之后，我们获得了一个 2.12 的 z 分数，并且我们从附录 C 中的表 A 的 c 列得知 $P=0.034$（在每个尾部各占 0.017）。在这个结果下，我们就能得出结论 $P<0.05$，所以我们拒绝零假设（见图 7-8）。

在实际中，人们通常不会如我们刚才做的一样从表 A 中查找实际的 P 值，而只需要看计算出的 z 值是否超出了选定的 α 水平的临界值即可。注意，确定临界值的最快的办法是看 t 分布表中最底部的一行。这是因为，在自由度无限大的情况下，t 分布等于 z 分布。

如果计算出的 z 值超过了临界值，那么我们只简单地说 $P<0.05$（如果 0.05 是预先选定的显著性
237 水平），并且结果在 0.05 的水平上显著。如果计算出的 z 值没有超过临界值，那么我们说结果（或差异）不显著。换句话说，人们不需要确定 P 的实际值来对假设做出决策。由于在大多数统计软件中，精确的 P 值可以通过详细的公式自动计算，因此在将来，我们可能会看到更多的人给出实际的 P 值，而不是仅说 $P<0.05$。

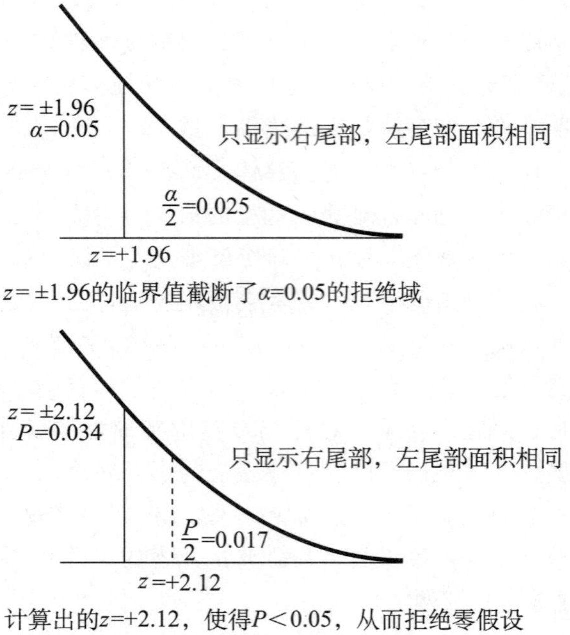

图 7-8　P 值与 α 值之间的差异

均值间差异的标准误

我们对于均值间差异的分布的标准差很少会有第一手的信息。正如均值的抽样分布的例子一样（见第 6 章），在我们抽取大量的样本对的情况下，计算均值间差异的分布的标准差将会是我们的一个主要目的。而且，这个标准差在对均值间差异的假设检验的过程中起着重要的作用，因而是不能忽视的[①]。

幸运的是，我们确实有一种简单的方法，通过它，均值间差异的分布的标准差可以只通过我们所实际抽取的这两个样本而估计出来。均值间差异的抽样分布的标准差的样本估计值被称作均值间差异的标准误，以符号 $s_{\bar{X}_1-\bar{X}_2}$ 表示，公式为：

$$\boxed{s_{\bar{X}_1-\bar{X}_2}=\sqrt{\left(\frac{N_1 s_1{}^2+N_2 s_2{}^2}{N_1+N_2-2}\right)\left(\frac{N_1+N_2}{N_1 N_2}\right)}}$$

---

① 第 6 章指出，实际的总体标准差和标准误通常是不可知的，同样在双样本的例子中，均值间差异的实际标准误也通常是不可知的。不过，在极少的已知两个样本均值标准误的情况下，均值间差异的实际标准误为 $\sigma_{\bar{X}_1-\bar{X}_2}=\sqrt{\sigma_{\bar{X}_1}{}^2+\sigma_{\bar{X}_2}{}^2}=\sqrt{\frac{\sigma_1{}^2}{N_1}+\frac{\sigma_2{}^2}{N_2}}$。

在这里，$s_1{}^2$ 和 $s_2{}^2$ 是我们在第 4 章中介绍过的两个样本的方差：

$$s_1{}^2 = \frac{\sum X_1{}^2}{N_1} - \overline{X}_1{}^2$$

$$s_2{}^2 = \frac{\sum X_2{}^2}{N_2} - \overline{X}_2{}^2$$

对 $s_{\overline{X}_1-\overline{X}_2}$ 的计算合并了来自两个样本的信息。因此，除了各自的样本规模以外，每个样本的方差也被纳入了我们对仅由抽样误差所造成的 $\overline{X}_1$ 与 $\overline{X}_2$ 之间差异的估计。$\overline{X}_1$ 与 $\overline{X}_2$ 之间较大差异产生于：(1) 一个均值非常小；(2) 一个均值非常大；(3) 一个均值相对小而另一个均值相对大。上述任何一种情况发生的可能性是由它们各自样本的规模和方差决定的。

均值间差异的检验 238

假设一位医学社会学家设计了一个针对医疗保健改革支持度的多项量表。她从一个由 25 名自由党人和 35 名保守党人构成的样本中获得了如下数据（见表 7 - 4）：

表 7 - 4　医疗保健改革支持度数据

自由党	保守党
$N_1=25$	$N_2=35$
$\overline{X}_1=60$	$\overline{X}_2=49$
$s_1=12$	$s_2=14$

从这些信息中，我们可以计算出均值间差异的标准误的估计值：

$$\begin{aligned} s_{\overline{X}_1-\overline{X}_2} &= \sqrt{\left(\frac{N_1 s_1{}^2 + N_2 s_2{}^2}{N_1 + N_2 - 2}\right)\left(\frac{N_1 + N_2}{N_1 N_2}\right)} \\ &= \sqrt{\left[\frac{(25)(12)^2 + (35)(14)^2}{25 + 35 - 2}\right]\left(\frac{25 + 35}{25 \times 35}\right)} \\ &= \sqrt{\left(\frac{3\ 600 + 6\ 860}{58}\right)\left(\frac{60}{875}\right)} \\ &= \sqrt{(180.344\ 8)(0.068\ 6)} \\ &= \sqrt{12.371\ 7} \\ &= 3.52 \end{aligned}$$

均值间差异的标准误（我们对于均值间差异的理论抽样分布的标准差的估计）的计算结果为 3.52。为了检验自由党人（均值为 60）与保守党人（均值为 49）在医疗保健改革支持度上的差异，我们可以利用标准误的计算结果将样本均值间的差异转换成 t 分数：

$$\boxed{t = \frac{\overline{X}_1 - \overline{X}_2}{s_{\overline{X}_1-\overline{X}_2}}}$$

则：

$$t = \frac{60-49}{3.52}$$

$$= \frac{11}{3.52}$$

$$= 3.13$$

我们使用 t 分数而非 z 分数是由于我们并不知道自由党人和保守党人的实际总体标准差。由于我
239 们是分别通过 s_1 和 s_2 来估计 σ_1 和 σ_2 的，因此为了弥补，我们采用了自由度为 N_1+N_2-2 的范围更大的 t 分布。对于我们估计的每一个总体标准差而言，我们从案例的总数中失去了一个自由度。而这里，我们有 60 个案例，从中减去 2，得到的自由度为 58。

转到附录 C 的表 C，由于其并没有给出自由度为 58 时的临界值，因此我们采用小于且最接近 58 的自由度为 40 时的临界值。我们计算出的 3.13 的 t 值在除 0.001 的水平以外的所有情况中都超出了标准临界值。因此，我们可以在 0.10、0.05、0.01 这些在研究之初设定的 α 值的水平上拒绝零假设。如果我们由于某些原因设定了 0.001 的 α 值（在这个例子中，选择这样严格的检验似乎没有理由），那么即使 t 值非常大，我们也将不得不保留零假设。由此，我们犯第二类错误的可能性将会变得很高。

逐步演示 7.1　均值间差异的检验

为了对前面论述的检验两个样本均值间差异的过程提供一个逐步的演示，让我们假设我们想要在 $\alpha=0.05$ 的显著性水平上检验男女大学生对毕业后就业前景的关注度没有差异的零假设（$\mu_1=\mu_2$）。为了检验这个假设，假定我们用就业前景关注度量表对一个包含 35 名男大学生的随机样本和一个包含 35 名女大学生的随机样本进行了测量，其中 1 代表"一点也不关注"，10 代表"极度关注"。为计算方便，下面列出了所得的就业前景关注度的数据及其平方：

男大学生（$N_1=35$）		女大学生（$N_2=35$）	
X_1	X_1^2	X_2	X_2^2
8	64	4	16
7	49	3	9
6	36	1	1
10	100	7	49
2	4	6	36
1	1	9	81
4	16	10	100
3	9	4	16
5	25	3	9
6	36	6	36
7	49	4	16
5	25	3	9
9	81	6	36
8	64	8	64
10	100	6	36

240

续表

男大学生（$N_1=35$）		女大学生（$N_2=35$）	
X_1	$X_1{}^2$	X_2	$X_2{}^2$
6	36	7	49
7	49	3	9
4	16	4	16
5	25	6	36
9	81	9	81
10	100	8	64
2	4	4	16
4	16	5	25
3	9	8	64
5	25	2	4
4	16	7	49
8	64	1	1
7	49	5	25
4	16	6	36
9	81	4	16
8	64	8	64
9	81	7	49
10	100	6	36
6	36	4	16
$\sum X_1=217$	$\sum X_1{}^2=1\,563$	$\sum X_2=189$	$\sum X_2{}^2=1\,195$

第一步 计算每一个样本的均值。

$$\overline{X}_1=\frac{\sum X_1}{N_1}=\frac{217}{35}=6.2$$

$$\overline{X}_2=\frac{\sum X_2}{N_2}=\frac{189}{35}=5.4$$

第二步 计算每一个样本的方差。

$$s_1{}^2=\frac{\sum X_1{}^2}{N_1}-\overline{X}_1{}^2=\frac{1\,563}{35}-(6.2)^2=44.66-38.44=6.22$$

$$s_2{}^2=\frac{\sum X_2{}^2}{N_2}-\overline{X}_2{}^2=\frac{1\,195}{35}-(5.4)^2=34.14-29.16=4.98$$

第三步 计算均值间差异的标准误。

241

$$s_{\bar{X}_1-\bar{X}_2} = \sqrt{\left(\frac{N_1 s_1{}^2 + N_2 s_2{}^2}{N_1 + N_2 - 2}\right)\left(\frac{N_1 + N_2}{N_1 N_2}\right)}$$

$$= \sqrt{\left[\frac{35(6.22) + 35(4.98)}{35 + 35 - 2}\right]\left(\frac{35 + 35}{35 \times 35}\right)}$$

$$= \sqrt{\left(\frac{217.7 + 174.3}{68}\right)\left(\frac{70}{1\,225}\right)}$$

$$= \sqrt{\left(\frac{392}{68}\right)\left(\frac{70}{1\,225}\right)}$$

$$= \sqrt{(5.764\,7)(0.057\,1)}$$

$$= \sqrt{0.329\,4}$$

$$= 0.574$$

第四步 用均值间差异的标准误计算 t 值。

$$t = \frac{\bar{X}_1 - \bar{X}_2}{s_{\bar{X}_1-\bar{X}_2}}$$

$$= \frac{6.2 - 5.4}{0.574}$$

$$= 1.394$$

第五步 确定 t 的临界值。

$$\text{df} = N_1 + N_2 - 2$$

$$= 68$$

由于表 C 中没有给出自由度 df 为 68 时的值，因此我们采用小于 68 的最大值 60（df＝60），得出：

$\alpha = 0.05$

表中的 $t = 2.000$

第六步 对计算出的 t 值和查表得出的 t 值进行比较。

因为计算出的 t 值（1.394）在正负两个方向上都没有超出查表得出的 t 值（2.000），所以我们保留总体均值无差异的零假设。也就是说，我们所观察到的男女大学生对就业前景关注度的差异很可能是抽样误差的结果。

因此，尽管样本均值不等（男性为 6.2，女性为 5.4），但它们并没有足够大的差异使得我们可
242 以得出男女大学生对毕业后就业前景的关注度在总体均值上有所差异的结论。当然，我们可能犯了第二类错误（保留了假的零假设），即有可能总体均值间的确是有差异的。但是，样本的结果并没有足够的差异（$\bar{X}_1 - \bar{X}_2$ 并不足够大），并且样本规模没有大到足以让我们推断出差异在总体中也是存在的。

方差不等时的调整

我们前面所讨论的计算均值间差异的标准误的公式合并了两个样本的方差的信息，这样做假定了这两个群体的总体方差是相等的（即 $\sigma_1{}^2 = \sigma_2{}^2$）。当然，我们并不知道这两个总体方差的大小，那么我们该如何判断两者相等的假设是不是合理的呢？

要解答这个难题，就要关注样本的方差——s_1^2 和 s_2^2——是近似的还是悬殊的，毕竟样本方差确实在一定程度上显示了总体方差。如果样本方差就已是悬殊的，那么拿它们来计算总体均值间差异的标准误就像把苹果和橘子混在了一起。

就像我们进行的其他比较一样，判断 s_1^2 和 s_2^2 是否悬殊要依赖于样本大小（或者自由度）。SPSS 和其他软件运用 Levene 检验来评估样本方差之间的差异是否大到了令我们必须放弃总体方差相等的想法的程度。如果不想这样麻烦，那么也有一种简单易行的判断方法，即如果任一样本方差是另一样本方差的两倍以上，那么另行抽样可能是明智的。具体来说，在一个样本方差比另一个样本方差大两倍以上的情况中，标准误由如下公式计算得出：

$$s_{\bar{X}_1-\bar{X}_2}=\sqrt{\frac{s_1^2}{N_1-1}+\frac{s_2^2}{N_2-1}}$$

注意，平方根中的两个样本方差是分开的，而不像在我们通常用来计算均值间差异的标准误的公式中那样是混合起来的。

在方差不能合并的情况下，自由度的公式是相当复杂的，并且通常会计算出分数值。不过，也有一个对自由度来说简便安全的替代方法，即使用较小的 N_1 和 N_2。

举一个例子，假设一位教授调查他的学生完成一项复杂的电脑作业所需的时间，以及他们使用的是 PC 电脑还是 Mac 电脑，所获结果如下（见表 7－5）： 243

表 7－5　学生电脑使用情况

	PC	Mac
样本数量	36	23
样本均值	6.5	5.6
方差	7.8	3.6
标准差	2.8	1.8

从结果中我们可以看到，PC 用户平均多耗时 0.9 小时。在此之所以举这个例子，是因为 PC 用户的数据中存在更大的差异，其样本方差是 Mac 用户样本方差的两倍多。因此，我们要使用替代方法，用不合并样本的公式来直接计算标准误：

$$\begin{aligned}s_{\bar{X}_1-\bar{X}_2}&=\sqrt{\frac{s_1^2}{N_1-1}+\frac{s_2^2}{N_2-1}}\\&=\sqrt{\frac{7.8}{36-1}+\frac{3.6}{23-1}}\\&=\sqrt{0.228+0.165}\\&=\sqrt{0.393}\\&=0.626\end{aligned}$$

t 值的计算和之前相同，只是分母换成了上述通过不合并样本的公式估算出的样本均值间差异的标准误：

$$t=\frac{\bar{X}_1-\bar{X}_2}{s_{\bar{X}_1-\bar{X}_2}}$$

$$= \frac{6.5-5.6}{0.626}$$

$$= 1.457$$

至于自由度，我们选用样本容量较小的 df=23，从附录 C 的表 C 中查询可知，在自由度 df=23、显著性水平 $\alpha=0.05$ 的情况下，我们认为只有当 t 值超出 2.069 时才可以拒绝总体均值相等的零假设。因此，尽管 PC 用户多耗时将近一小时，我们也不能排除这种差异是由抽样误差导致的可能性。

244

相倚样本的比较

到现在为止，我们讨论的是对独立抽取的两个样本（例如，男性和女性，白人和黑人，自由党和保守党）进行比较。在离开这个议题之前，我们必须介绍对两个均值进行比较的一种变化形式，它被称为"事前-事后"或者"固定样本"设计：对单一样本的案例在两个不同的时点上（时间 1 和时间 2）进行测量。例如，一位研究者想要在一个单一样本中测量儿童在看了一个特定的电视节目之前和之后的敌对性。同样，我们也可能想要测量在一场备受关注的谋杀案的审判前后人们对死刑的态度。要记住，对同一样本在两个不同时点进行研究和对同一总体在两个不同时点进行抽样是有着重要的差异的。对同一样本两次测量的均值间差异的 t 检验是假设同样的人被重复检验了，换句话说，每一个被调查者与一个不同时段的自己进行比较。

例如，有一家民意调查机构在 1995 年和 2000 年访问了同样的 1 000 名美国人，以测量他们的态度随时间的变化。由于同一个样本被测量了两次，因此其适用同一样本两次测量的均值间差异的 t 检验。

假设这家民意调查机构在 1995 年对一个包含 1 000 名美国人的样本进行了调查，而在 2000 年对另一个包含 1 000 名美国人的样本进行了同样内容的调查。尽管研究考察的是随着时间而发生的态度变化，但这两个样本是被独立选取的，即在 2000 年对被调查者的选取完全不依赖于该人在 1995 年是否被选取了。尽管同样的总体（全体美国人）被抽样了两次，但具体被调查者是不同的，所以应采用独立组均值间差异的 t 检验。

逐步演示 7.2　同一样本两次测量的均值间差异的检验

相倚样本标准误的计算方法和独立样本的不同。为了给事前-事后比较提供一个逐步演示，让我们假设有一些人为了给高速公路建设让路而被市政府强制迁居。作为社会研究者，我们对于个人被强制迁居对他对邻里的感觉的影响这一课题有研究兴趣（即将其在迁居前对邻里的正向感觉与迁居后对邻里的正向感觉相比较）。在这个例子中，μ_1 是在时间 1（迁居前）对邻里的友善程度的平均分，μ_2 是在时间 2（迁居后）对邻里的友善程度的平均分。因此：

零假设（$\mu_1=\mu_2$）：迁居前与迁居后对邻里的友善程度没有差异

研究假设（$\mu_1\neq\mu_2$）：迁居前与迁居后对邻里的友善程度不同

245 为了检验强制迁居对于对邻里的友善程度的影响，我们访问了由 6 名个人构成的随机样本，在迁居前与迁居后都询问了他们对邻里的态度。我们的访问得出了下列友善程度分数（分数从 1 到 4，分数越高代表友善程度越强）：

被调查者	迁居前 (X_1)	迁居后 (X_2)	差异 ($D=X_1-X_2$)	差异^2 (D^2)
斯蒂芬妮 (Stephanie)	2	1	1	1
迈伦 (Myron)	1	2	−1	1
卡罗尔 (Carol)	3	1	2	4
伊内兹 (Inez)	3	1	2	4
利昂 (Leon)	1	2	−1	1
戴维 (David)	4	1	3	9
	$\sum X_1=14$	$\sum X_2=8$		$\sum D^2=20$

如上表所示，进行事前-事后比较要将我们的注意力集中在时间 1 和时间 2 的差异上，如公式所示，要获得事前与事后分数的差异的分布的标准差：

$$s_D=\sqrt{\frac{\sum D^2}{N}-(\overline{X}_1-\overline{X}_2)^2}$$

在这里，s_D＝事前与事后分数差异分布的标准差，D＝事前的原始分数减去事后的原始分数，N＝样本中被调查者的数量。

由此，我们得到了均值间差异的标准误：

$$s_{\overline{D}}=\frac{s_D}{\sqrt{N-1}}$$

第一步 计算每个时点的均值。

$$\overline{X}_1=\frac{\sum X_1}{N}=\frac{14}{6}=2.33 \qquad \overline{X}_2=\frac{\sum X_2}{N}=\frac{8}{6}=1.33$$

第二步 计算时间 1 与时间 2 之间差异的标准差。 246

$$\begin{aligned}s_D&=\sqrt{\frac{\sum D^2}{N}-(\overline{X}_1-\overline{X}_2)^2}\\&=\sqrt{\frac{20}{6}-(2.33-1.33)^2}\\&=\sqrt{\frac{20}{6}-(1.00)^2}\\&=\sqrt{3.33-1.00}\\&=\sqrt{2.33}\\&=1.53\end{aligned}$$

第三步 计算均值间差异的标准误。

$$s_{\overline{D}}=\frac{s_D}{\sqrt{N-1}}$$

$$=\frac{1.53}{\sqrt{6-1}}$$

$$=\frac{1.53}{2.24}$$

$$=0.68$$

第四步 将样本均值的差异转换成以均值间差异的标准误为单位。

$$t=\frac{\overline{X}_1-\overline{X}_2}{s_{\overline{D}}}$$

$$=\frac{2.33-1.33}{0.68}$$

$$=\frac{1.00}{0.68}$$

$$=1.47$$

第五步 计算自由度。

$$\text{df}=N-1$$

$$=6-1$$

$$=5$$

注意：N 指的是案例或被调查者的总数量，而不是分数的总数量，因为每个案例或被调查者有两个分数。

247 **第六步** 将计算出的 t 分数与在表 C 中查到的 t 分数进行比较。

计算出的 $t=1.47$

表中的 $t=2.571$

$\text{df}=5$

$\alpha=0.05$

为了在 0.05 的显著性水平以及 5 个自由度下拒绝零假设，我们计算出的 t 分数必须至少为 2.571。由于我们的 t 分数只有 1.47，小于表中所需的值，因此我们保留了零假设。我们所计算出的迁居前与迁居后的友善程度的差异很可能是抽样误差的结果。

同一样本两次测量的均值间差异的检验只是相倚样本的 t 检验的几种应用中的一种。只要当一组被抽样本所要提供的信息和另一组样本是相关的时，就需要用到这种相倚样本的 t 检验。比如，要比较一对被分开抚养的双胞胎的成长状况，或者比较女性与其丈夫对于课外项目的公共支出的态度，又或者比较监护和非监护方式对以年龄、种族、性别和犯罪类型分类的少年犯有什么不同影响，这些都需要对成对的被调查主体分数的平均差异做出检验。事实上，使用配对样本在某些方面比使用完全独立的两个样本（即独立样本 t 检验的情况）有更高的可控性。

逐步演示 7.3　配对样本均值间差异的检验

犯罪学家常常会比较有死刑的州与无死刑的州之间的杀人率。当然，州与州之间杀人率差异的影响因素有许多，而并非只有是否将死刑写进法律条文这一项。排除其他变量的干扰的一个方法是，根据地域相似性将一个有死刑的州和一个无死刑的州配对。

下表中展示的是 2005 年七对在死刑态度上相异却在地域及其他重要的人口和社会经济方面情况相似的州每 100 000 人口的杀人率。另外，州与州之间杀人率的差异及差异的平方也已被计算给出。 248

有死刑		无死刑		D	D^2
内布拉斯加州	2.5	艾奥瓦州	1.3	1.2	1.44
印第安纳州	5.7	密歇根州	6.1	−0.4	0.16
南达科他州	2.3	北达科他州	1.1	1.2	1.44
康涅狄格州	2.9	罗得岛州	3.2	−0.3	0.09
新罕布什尔州	1.4	佛蒙特州	1.3	0.1	0.01
肯塔基州	4.6	西弗吉尼亚州	4.4	0.2	0.04
明尼苏达州	2.2	威斯康星州	3.5	−1.3	1.69
	$\sum X_1 = 21.6$		$\sum X_2 = 20.9$	$\sum D = 0.7$	$\sum D^2 = 4.87$

有了这些数据，我们就可以用如下两种假设来检验这两组配对的样本在平均杀人率上的相等性：

零假设（$\mu_1 = \mu_2$）：有死刑和无死刑的州在平均杀人率上没有差异

研究假设（$\mu_1 \neq \mu_2$）：有死刑和无死刑的州在平均杀人率上有差异

第一步　分别计算两组的均值，注意 N 指的是配对组的数量。

$$\bar{X}_1 = \frac{\sum X_1}{N} = \frac{21.6}{7} = 3.09 \qquad \bar{X}_2 = \frac{\sum X_2}{N} = \frac{20.9}{7} = 2.99$$

第二步　计算每对案例之间差异的标准差。

$$s_D = \sqrt{\frac{\sum D^2}{N} - (\bar{X}_1 - \bar{X}_2)^2}$$

$$= \sqrt{\frac{4.87}{7} - (3.09 - 2.99)^2}$$

$$= \sqrt{\frac{4.87}{7} - (0.10)^2}$$

$$= \sqrt{0.70 - 0.01}$$

$$= \sqrt{0.69}$$

$$= 0.83$$

249 **第三步** 计算均值间差异的标准误。

$$s_{\overline{D}}=\frac{s_D}{\sqrt{N-1}}$$
$$=\frac{0.83}{\sqrt{7-1}}$$
$$=\frac{0.83}{2.45}$$
$$=0.34$$

第四步 计算 t 值。

$$t=\frac{\overline{X}_1-\overline{X}_2}{s_{\overline{D}}}$$
$$=\frac{3.09-2.99}{0.34}$$
$$=\frac{0.10}{0.34}$$
$$=0.29$$

第五步 计算自由度。

$$\mathrm{df}=N-1$$
$$=7-1$$
$$=6$$

第六步 将计算出的 t 分数与在表 C 中查到的 t 分数进行比较。

计算出的 $t=0.29$

表中的 $t=2.447$

$\mathrm{df}=6$

$\alpha=0.05$

想要拒绝有死刑和无死刑的州在平均杀人率上没有差异的零假设，计算得出的 t 值应该至少为 2.447。由于我们计算得到的 t 值为 0.29，小于所需 t 值，因此我们只能保留有死刑和无死刑的州在平均杀人率上没有差异的假设。

两个样本比例的检验

在第 6 章，我们学习了如何利用均值和比例的标准误来构建均值和比例的置信区间。在这一章，
250 我们将注意力转到了样本间的差异并计算均值间差异的标准误。从逻辑上来说，我们接下来应该考虑比例间差异的抽样分布了。

比例间差异的检验的重要性远远超出了仅使我们的课本内容对称而完整的愿望。在社会科学中，有许多重要的测量是以比例的形式呈现的。我们常常会对了解两个群体（比如，男性和女性，白人和黑人，北方人和南方人，等等）在一些比例（如赞成一些政治主张的百分比，具有某些特性的百分比，

或者通过了某些考试的百分比）上是否存在差异很有兴趣。

幸运的是，检验两个比例间差异的逻辑与检验均值间差异的逻辑是完全一样的。唯一的变化表现在计算样本比例间差异的标准误的公式和符号上。同前面一样，我们的统计量 z 表示用样本统计量之间的差异除以差异的标准误。

不同于我们以前用来检验均值间差异的 z 公式（知道 s_1 和 s_2），我们使用以下公式：

$$z=\frac{P_1-P_2}{s_{P_1-P_2}}$$

在这里，P_1 和 P_2 代表各自样本的比例。比例间差异的标准误以如下公式得出：

$$s_{P_1-P_2}=\sqrt{P^*(1-P^*)(\frac{N_1+N_2}{N_1N_2})}$$

在这里，P^* 代表联合样本比例：

$$P^*=\frac{N_1P_1+N_2P_2}{N_1+N_2}$$

逐步演示 7.4　比例间差异的检验

我们将通过演示来描述这种检验的必要步骤。一位社会心理学家对个性是如何通过个人所驾驶的汽车来表现的感兴趣。具体地说，他想知道是否男性通过驾驶大型汽车来表现比女性更强的对控制的需要。他抽取了一个包含 18 岁以上的 200 名男性的样本和一个包含 18 岁以上的 200 名女性的样本，并确定他们是否驾驶一辆大型汽车。任何没有汽车的被调查者都会被从样本中剔除，但不会用另一个人来替代。因此，每一种性别被纳入分析的最终样本规模并不等于 200。下面的假设是关于男性拥有大型汽车的总体比例（π_1）和女性拥有大型汽车的总体比例（π_2）的：

零假设（$\pi_1=\pi_2$）：男女拥有大型汽车的比例相等

研究假设（$\pi_1\neq\pi_2$）：男女拥有大型汽车的比例不等 251

这位社会心理学家得到了以下数据：

	男性	女性	全体
样本规模（N）	180	150	330
拥有大型汽车（f）	81	48	129
拥有大型汽车的比例（P）	0.45	0.32	0.39

第一步　计算两个样本的比例和联合样本比例。

$$P_1=\frac{f_1}{N_1}=\frac{81}{180}=0.45 \qquad P_2=\frac{f_2}{N_2}=\frac{48}{150}=0.32$$

$$P^*=\frac{N_1P_1+N_2P_2}{N_1+N_2}$$

$$=\frac{(180)(0.45)+(150)(0.32)}{180+150}$$

$$= \frac{81+48}{180+150}$$

$$= \frac{129}{330}$$

$$= 0.39$$

第二步 计算差异的标准误。

$$s_{P_1-P_2} = \sqrt{P^*(1-P^*)\left(\frac{N_1+N_2}{N_1N_2}\right)}$$

$$= \sqrt{(0.39)(1-0.39)\left[\frac{180+150}{(180)(150)}\right]}$$

$$= \sqrt{(0.39)(0.61)\left(\frac{330}{27\ 000}\right)}$$

$$= \sqrt{\frac{78.507}{27\ 000}}$$

$$= \sqrt{0.002\ 908}$$

$$= 0.053\ 9$$

252 **第三步** 将比例的差异转换成以差异的标准误为单位。

$$z = \frac{P_1-P_2}{s_{P_1-P_2}}$$

$$= \frac{0.45-0.32}{0.053\ 9}$$

$$= 0.241$$

第四步 将计算出的 z 值与表 A（或者表 B 最底部的一行）中的 Z 值相比较。

在 $\alpha=0.05$ 的情况下，临界值 $z=1.96$。由于计算出的 z 值为 2.41，超出了临界值，因此拒绝零假设。由于样本比例间的差异在统计上是显著的，因此这位社会心理学家可以得出结论，认为男性与女性倾向于驾驶大小不同的汽车。

单尾检验

到现在为止，我们所讨论的显著性检验都是双尾检验：我们可以在抽样分布的两侧尾部上拒绝零假设。无论是在正方向还是在负方向上，一个非常大的 t 值都会使得我们拒绝零假设。与之相比，单尾检验，只在抽样分布的一侧尾部拒绝零假设。

许多统计学课本，尤其是老的版本，同时强调单尾检验和双尾检验。单尾检验的受重视程度在近些年降低了，这是由于统计软件（如 SPSS）通常将双尾显著性检验作为它们标准输出的一部分。

但是，仍然有一些情况是适合采用单尾检验的。我们将通过例子概括地讨论单尾检验与双尾检验的区别。需要强调的是，变化仅在于陈述假设的方式和在什么位置查 t 分布表，幸运的是，到现在为止所给出的公式都没有任何变化。

假设一位教育研究者想检验一个特殊的数学补习项目是否会显著地提高数学能力。她决定采用事前-事后设计，9 名被选定的年轻人参与了一次数学测验，在参加了这个数学补习项目 6 个月后又参与了一次同样的数学测验。我们前面所讨论的方法（双尾检验）将按下面的方式建立假设：

零假设（$\mu_1=\mu_2$）：补习前与补习后的数学能力没有差异

研究假设（$\mu_1\neq\mu_2$）：补习前与补习后的数学能力不同

研究假设包含两种可能的结果，即学生们的数学能力提高了（事后的平均分要高于事前的平均分）和学生们的数学能力降低了（事后的平均分要低于事前的平均分）。但是，在评估这个数学补习项目是 *253*
否有价值（即对数学能力有显著的提升作用）的过程中，这位研究者不会因表现上的显著降低而激动。

当研究者只关心在某个特定方向上的变化（如同一样本两次测量的检验）或差异（在两个独立样本之间）时，或者研究者想估计变化或差异的方向时，适合采用单尾检验。例如，想要显示黑人被告比白人被告受到更严厉的判决时就需要采用单尾检验。但是，如果研究者只是想要寻找判决上的种族差异，看是否黑人或白人会受到更严厉的判决，那么他应该采用双尾检验。

在数学补习项目那个例子中，研究者应该采用下面的单尾检验的假设：

零假设（$\mu_1\geqslant\mu_2$）：补习后的数学能力没有提高

研究假设（$\mu_1<\mu_2$）：补习后的数学能力提高了

要十分注意这个假设与前面的假设的差异。在这个假设中，零假设包括临界值右侧的整个抽样分布，研究假设只包括一个方向上的变化。这转换成 t 分布中只有单侧尾部的临界域。更进一步说，这个尾部大于双尾检验的尾部，因为整个面积（例如，$\alpha=0.05$）都被置于一侧尾部而不是被分成了两个部分。因此，表中所给出的用来判定是否拒绝零假设的 t 值要相对小一些，从而也相对容易达到。但是，在另一个方向上的任何 t 值——无论有多么极端——都不能被用来拒绝零假设。

单尾检验与双尾检验之间的差异在图 7－9 中得到了概括。作为一般的法则，要从双尾检验的概率中得到单尾检验的值，只需在表中查双尾检验的面积的两倍所对应的值即可。因此，双尾检验中 $\alpha=$ *254*
0.10 所对应的临界值与单尾检验中 $\alpha=0.05$ 所对应的临界值相等。不过，为了方便，在表 C 中单独给出了单尾检验的临界值。

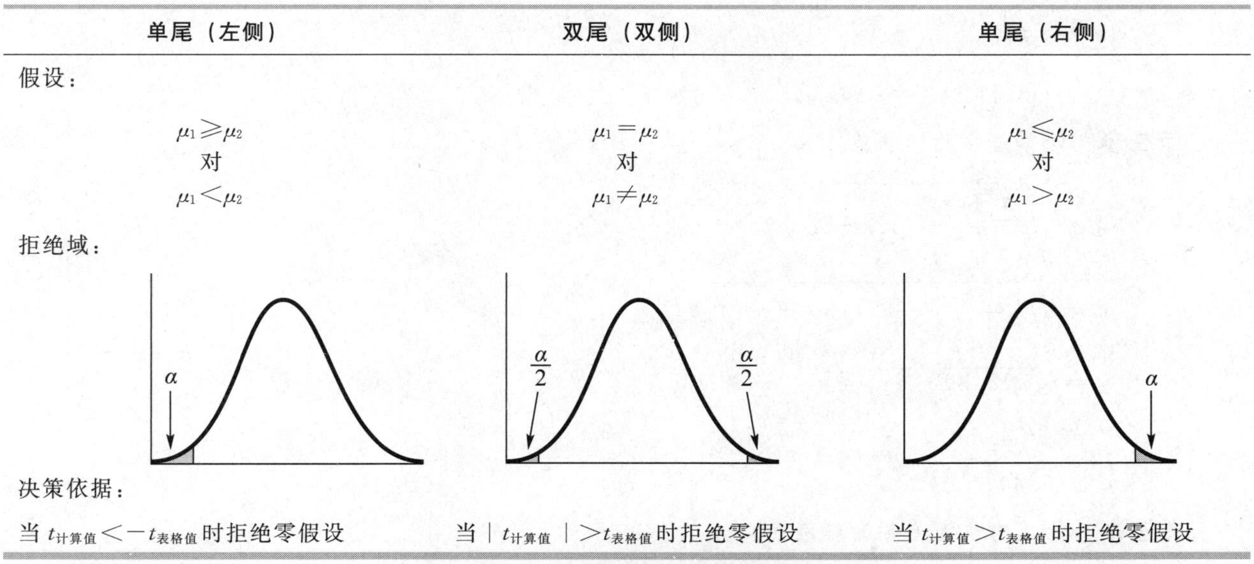

图 7－9　单尾检验和双尾检验

逐步演示 7.5　同一样本两次测量的均值的单尾检验

注意，当我们采用单尾检验时，我们在例子中给出的计算 t 值的方法是没有变化的。例如，假设一个由 9 名接受补习的学生组成的样本的事前-事后数学测验分数如下：

学生	事前 (X_1)	事后 (X_2)	差异 ($D=X_1-X_2$)	差异^2 (D^2)
1	58	66	−8	64
2	63	68	−5	25
3	66	72	−6	36
4	70	76	−6	36
5	63	78	−15	225
6	51	56	−5	25
7	44	69	−25	625
8	58	55	3	9
9	50	55	−5	25
	$\sum X_1 = 523$	$\sum X_2 = 595$		$\sum D^2 = 1\ 070$

我们可以完全按照先前所做的那样计算 t 值，唯一的变化就是之前我们利用表 C 的第一页，而现在在单尾检验中我们要利用第二页。

第一步　分别计算事前、事后的测验成绩的均值。

$$\overline{X}_1 = \frac{\sum X_1}{N_1} = \frac{523}{9} = 58.11 \qquad \overline{X}_2 = \frac{\sum X_2}{N_2} = \frac{595}{9} = 66.11$$

第二步　计算差异的标准差。

$$s_D = \sqrt{\frac{\sum D^2}{N} - (\overline{X}_1 - \overline{X}_2)^2}$$

$$= \sqrt{\frac{1\ 070}{9} - (58.11 - 66.11)^2}$$

$$= \sqrt{118.89 - 64}$$

$$= \sqrt{54.89}$$

$$= 7.41$$

255 **第三步**　计算均值间差异的标准误。

$$s_{\overline{D}} = \frac{s_D}{\sqrt{N-1}}$$

$$= \frac{7.41}{\sqrt{9-1}}$$

$$= \frac{7.41}{2.83}$$

$$= 2.62$$

第四步 将样本均值的差异转换成以均值间差异的标准误为单位。

$$t = \frac{\overline{X}_1 - \overline{X}_2}{s_{\overline{D}}}$$

$$= \frac{58.11 - 66.11}{2.62}$$

$$= \frac{-8.00}{2.62}$$

$$= -3.05$$

第五步 计算自由度。

$$\text{df} = N - 1$$

$$= 9 - 1$$

$$= 8$$

第六步 将计算出的 t 值与表 C 中的 t 值进行比较。

计算出的 $t = -3.05$

表中的 $t = -1.86$

$\alpha = 0.05$

由于我们假设事后的平均分要高于事前的平均分，t 值应该为负，因此，我们采用负的 t 值。因为计算出的 t 值（-3.05）比表中的 t 值（-1.86）更加极端，所以我们拒绝零假设。因而，这个数学补习项目确实带来了统计上显著的数学能力的提高。

我们在这一章里所提到的所有的样本间差异的检验都能应用单尾检验。如果我们提到的那位研究男性和女性驾驶大型汽车的比例的研究者预计男性中驾驶大型汽车的比例要大一些，那么应该采用单尾检验。 256

同样的原理，在我们前面谈过的男性和女性对就业前景关注度的差异的检验中，如果理论显示出男性在一般水平上有更高的关注度，那么也应该采用单尾检验。变成单尾检验只会影响到假设和 t 分数的临界值，而不会影响到计算。零假设被替换为男性（第一组）并不比女性（第二组）有更高的关注度，或者用符号表示为 $\mu_1 \leqslant \mu_2$，研究假设则被替换为男性比女性有更高的关注度（$\mu_1 > \mu_2$）。在 0.05 的显著性水平下，以 60 的自由度来代替实际为 68 的自由度，从表 C 中可以查出临界值 $t = 1.67$。将 0.05 的拒绝域放在单侧尾部在一定程度上降低了表现出显著性所需的 t 的大小（从 2.00 降到了 1.67），但计算出的 t 值（$t = +1.394$，和之前一样）仍然是不显著的。

逐步演示 7.6　独立组的单尾检验

一位教授大学一年级新生英语必修课的教授假设从私立或教会中学毕业的学生比从公立中学毕业的学生在英语方面准备得更好。这位教授决定用她的班上的 72 名学生来检验她的假设。

在课程的第一周，这位教授进行了语法和词汇量的测试，她在测试中也询问了学生们是从哪种类型的学校毕业的，最后得知有 22 名学生是从私立或教会中学毕业的，有 50 名学生是从公立中学毕业的。她接下来分别计算了两个组的描述统计量：

私立/教会中学	公立中学
$N_1=22$	$N_2=50$
$\overline{X}_1=85$	$\overline{X}_2=82$
$s_1=6$	$s_2=8$

由于这位教授预期从私立或教会中学毕业的学生在测试中的分数会高过从公立中学毕业的学生，她设定了如下假设：

零假设（$\mu_1 \leqslant \mu_2$）：从私立或教会中学毕业的学生的英语准备并不强过从公立中学毕业的学生

研究假设（$\mu_1>\mu_2$）：从私立或教会中学毕业的学生的英语准备强过从公立中学毕业的学生

257 **第一步**　计算样本均值（这里分别给定为 85 和 82）。

$$\overline{X}_1=\frac{\sum X_1}{N_1}=85 \qquad \overline{X}_2=\frac{\sum X_2}{N_2}=82$$

第二步　计算样本标准差（这里分别给定为 6 和 8）。

$$s_1=\sqrt{\frac{\sum X_1^2}{N_1}-\overline{X}_1^2}=6 \qquad s_2=\sqrt{\frac{\sum X_2^2}{N_2}-\overline{X}_2^2}=8$$

第三步　计算均值间差异的标准误。

$$\begin{aligned}
s_{\overline{X}_1-\overline{X}_2}&=\sqrt{\left(\frac{N_1s_1^2+N_2s_2^2}{N_1+N_2-2}\right)\left(\frac{N_1+N_2}{N_1N_2}\right)}\\
&=\sqrt{\left[\frac{(22)(6)^2+(50)(8)^2}{22+50-2}\right]\left(\frac{22+50}{(22)(50)}\right)}\\
&=\sqrt{\left(\frac{(22)(36)+(50)(64)}{70}\right)\left(\frac{72}{1\ 100}\right)}\\
&=\sqrt{\left(\frac{3\ 992}{70}\right)\left(\frac{72}{1\ 100}\right)}\\
&=\sqrt{3.732\ 8}\\
&=1.93
\end{aligned}$$

第四步 将样本均值间差异表示为以标准误为单位。

$$t = \frac{\overline{X}_1 - \overline{X}_2}{s_{\overline{X}_1 - \overline{X}_2}}$$
$$= \frac{85 - 82}{1.93}$$
$$= \frac{3}{1.93}$$
$$= 1.55$$

第五步 确定自由度。 258

$$\text{df} = N_1 + N_2 - 2$$
$$= 22 + 50 - 2$$
$$= 70$$

第六步 将计算出的 t 值与表 C 第二页中的 t 值进行比较。

计算出的 $t=1.55$

表中的 $t=1.671$

$\text{df}=70$

$\alpha=0.05$

由于计算出的 t 值（1.55）并没有超出表中的 t 值（1.671），因此这位教授不能拒绝零假设。因此，尽管样本均值间的差异与她的期望是一致的（85 对 82），但是这个差异并不比她仅出于偶然所能观察到的差异大。进一步而言，采用单尾检验可以降低抽样分布的单侧 5%的临界域的临界值。但是，这位教授获得的结果在统计上仍然是不显著的。

效应规模

找到一个在统计上显著的均值间差异告知我们这是一个真实的差异，但这并不能为这种结果在总体中出现的程度提供依据。一个差异也许会因效应高而显著，但它也会受到样本容量的影响。哪怕是一个很小的均值间差异——倘若是在一个足够大的应答样本中被发现的——也可能会被认定为是统计上显著的。

除了显著性检验，我们还需要测量组间差异会在多大程度上出现在总体中。这就是效应规模（ES），即差异的量级，我们可以用科恩的 d 系数来计算，即用两个样本均值间的差异除以合并变量的测量值。我们所获得的 d 值越大，意味着可以被推广到总体的效应规模越大。更具体来说：

$$d = \frac{\overline{X}_1 - \overline{X}_2}{s_{合并}}$$

在这里，$\overline{X}_1$ = 第一个样本的均值，$\overline{X}_2$ = 第二个样本的均值。并且，$s_{合并}$ 是指联合样本的标准差： 259

$$s_{合并} = \sqrt{\frac{s_1^{\ 2} + s_2^{\ 2}}{2}}$$

逐步演示 7.7　科恩的 d 系数

假设一位研究者想要判定性别对于男女对阅读真实犯罪案例书籍的喜爱程度是否有影响。她调查了一个包括 1 000 名应答者的样本，其中有 530 名女性和 470 名男性，运用从 1（很不喜爱）到 7（非常喜爱）的量表来测定他们有多喜爱阅读真实犯罪案例书籍。结果显示，女性在喜爱程度上与男性有明显差异。具体来说，女性样本的 $\overline{X}_1=4.00$、$s_1=1.83$，男性样本的 $\overline{X}_2=3.71$、$s_2=1.71$，由此得到显著的 t 值为 2.12（$p<0.05$）。基于研究者的发现，我们可以放心地得出结论，女性比男性更倾向于喜爱阅读真实犯罪案例书籍，但是我们并不知道这种倾向的程度。

第一步　计算合并标准差。

合并两个样本的标准差，可以通过计算两个标准差平方的均值的平方根来实现，即将两个标准差的平方相加，除以 2，然后开方。因此，在这个男女对阅读真实犯罪案例书籍的喜爱程度的研究中：

$$
\begin{aligned}
s_{合并} &= \sqrt{\frac{s_1{}^2+s_2{}^2}{2}} \\
&= \sqrt{\frac{1.83^2+1.71^2}{2}} \\
&= \sqrt{\frac{3.35+2.92}{2}} \\
&= \sqrt{\frac{5.27}{2}} \\
&= 1.77
\end{aligned}
$$

第二步　计算科恩的 d 系数。

$$
\begin{aligned}
d &= \frac{\overline{X}_1-\overline{X}_2}{s_{合并}} \\
&= \frac{4.00-3.71}{1.77} \\
&= \frac{0.29}{1.77} \\
&= 0.16
\end{aligned}
$$

260 **第三步**　解释两组数据之间的重叠程度。

在正态分布中，效应规模可以被视为 z 分数。例如，在对阅读真实犯罪案例书籍的喜爱程度的性别差异的研究中，$d=0.16$，这意味着女性平均分数比男性平均分数高 0.16（约 1/6）个标准差。在表 A 的 a 栏中，我们看到分数的 6.36%落在均值与 $z=0.16$ 之间。因此，女性喜爱程度的分数（为 50%+6.36%=56.36%）高出男性喜爱程度的分数。

因此，就像 z 分数一样，距离均值的标准差越大，组间的差异也就越大。科恩的 d 系数的值越大，效应规模也就越大。从而效应规模 $d=0.0$ 就意味着一组分数中仅有一半落在另一组的平均水平之下，也就是说总体差异并不存在。相反，效应规模 $d=1.0$ 意味着一组分数中的 84%（50%+34%）落在另一组的平均水平以下。此外，一个非常大的效应规模 $d=3.0$ 意味着一组分数中的 99.87%（50%+49.87%）落在另一组的平均水平之下。如果该项喜爱程度的性别差异的研究得到 $d=3.0$（距离均值 3 个标准差），那么我们将总结得出与女性相比，几乎所有的男性都表现出了更低的喜爱程度。相反，我们的性别差异被发现是显著的或者说真实的，效应规模却非常小，如所列出的 $d=0.16$，这就意味着男女两性对阅读真实犯罪案例书籍的喜爱有很大程度上的重合。

均值间差异检验的要求

如我们将在本书的剩余部分一直看到的，每一种统计检验只有在社会研究者考虑了特定的要求、条件或者假设的情况下才可以被应用。采用不合适的统计方法会模糊研究议题和误导调查者。因此，当考虑选择用 z 分数还是 t 分数进行显著性检验时，应把下列要求牢牢记在心中：

（1）对两个均值进行比较。z 分数和 t 值被用来对来自独立样本或同一个样本前后两次测量（重复测量）的两个均值进行比较。

（2）定距数据。前提为我们拥有以定距等级测量的数据。因为我们不能用 z 分数或 t 值对定序数据或定类数据进行测量（参见第 1 章）。

（3）随机抽样。我们应该在随机的基础上从总体中抽取样本。

（4）正态分布。对于小样本的 t 检验要求我们所测量的样本的特性在潜在的总体中呈正态分布 261
（不符合这个假设对大样本的 t 检验影响很小）。通常，我们并不能确定总体是否为正态分布。在没有理由否认的情况下，许多研究者假定他们的样本特性是正态分布的。但是，如果研究者有充分的理由怀疑正态分布假设的真实性，而且样本规模并不大，那么 t 检验可能不是一种合适的检验方法。

（5）方差相等。独立样本的 t 检验假定两个独立样本的总体方差是相等的。当然，样本方差会因抽样而有所差异。样本方差之间的很小差异不会影响 t 检验的结果的有效性。但当样本方差的差异非常大（例如，一个样本方差是另一个的两倍）时，采用 t 检验就会不太合适。当样本方差不等时，可以使用调整后的标准误的计算公式。

▶ 小结

在第 6 章中，我们看到如何根据从单一样本中获取的信息来估计总体均值或比例。这一章我们则将注意力转向对样本均值间或比例间差异的假设检验（见图 7 - 10）。通过每次研究一个样本，我们关注均值的抽样分布的性质。正如我们在这一章中所看到的，也存在比较均值间差异的概率分布。均值间差异的抽样分布由大量随机抽取的均值间差异组成，作为抽样误差的结果，抽样分布近似于一条均值（均值间差异的均值）为 0 的正态曲线。

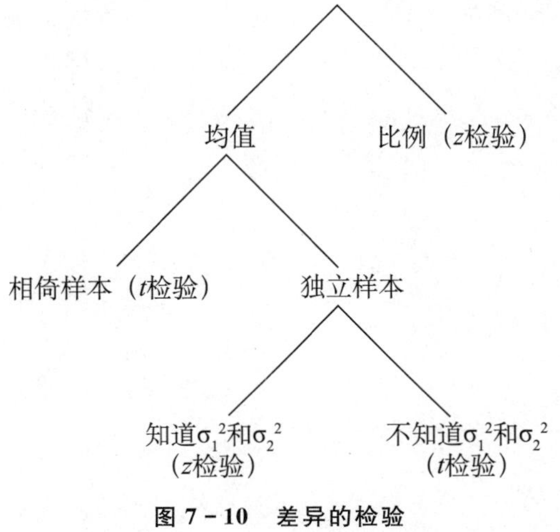

图 7 - 10　差异的检验

262 借助于这种抽样分布以及均值间差异的标准误（我们对抽样分布标准差的估计基于我们实际抽取的两个样本），我们可以对均值间差异的出现在概率意义上进行描述。我们提出了问题：当严格基于抽样误差时，我们从研究中获得的均值间差异有多大概率出现？如果这种差异落在接近抽样分布中心（接近于平均差异 0）的地方，那么我们保留零假设，并认为在总体中不存在均值间差异，我们的研究结果也只会被视为抽样误差的产物。然而，假如我们的均值间差异非常大且落在了距抽样分布的平均差异 0 有相当一段距离的地方，我们就拒绝零假设，并确认我们找到了总体间真实存在的差异。此时，我们的均值间差异太大而不能再用抽样误差来解释。但是，我们究竟在什么程度上保留或拒绝零假设呢？为了验证我们获得的样本差异能否代表总体差异（即成为统计上显著的差异），我们需要一个截止点来决定是保留还是拒绝零假设。为此，我们约定使用 0.05 的显著性水平（或更严格的 0.01 的显著性水平）。即，如果我们所得的样本差异从出现的概率上来说每 100 次中少于 5 次（或在 0.01 的显著性水平下每 100 次中少于 1 次），我们就愿意拒绝零假设。我们通过计算自由度及显著性检验 t 值来判定零假设是否可信，接着我们将计算得到的 t 值和附录 C 的表 C 中不同自由度下的 t 值进行比较。以同样的逻辑，我们也有比例间差异的显著性检验。不论在哪种情况中，研究者都必须根据他能否预测差异的方向来选择使用单尾还是双尾的显著性检验。

▶ 重要术语

Null hypothesis	零假设
Research hypothesis	研究假设
Sampling distribution of differences between means	均值间差异的抽样分布
Level of significance	显著性水平
0.05 level of significance	0.05 的显著性水平
0.01 level of significance	0.01 的显著性水平
t ratio	t 值
Type Ⅰ error	第一类错误
Type Ⅱ error	第二类错误
Standard error of the difference between means	均值间差异的标准误
Statistically significant difference	统计上显著的差异
Two-tailed test	双尾检验
One-tailed test	单尾检验
Effect Size	效应规模

▶ 课后习题

1. 保留零假设则意味着：
   a. 样本均值间没有差异
   b. 总体均值间没有差异
   c. 均值间的差异是显著的

d. 均值间的差异太大了，从而不可能是抽样误差的结果

2. z 分数越大：

a. 我们的均值间差异距零点的距离越大　　b. 我们越有可能拒绝零假设

c. 我们的结果越可能是显著的　　d. 以上都是

3. 当 $P=0.01$ 时，在一个抽样分布中的平均差异： 263

a. 在每 100 个平均差异中会有 1 个是由抽样误差造成的

b. 在每 100 个平均差异中会有超过 99 个是由抽样误差造成的

c. 会因抽样误差而发生频繁

4. 拒绝零假设的概率水平被称为：

a. 显著性水平　　b. 分布　　c. 自由度　　d. 以上都是

5. 我们的临界值落在分布的尾部越远的位置，我们犯什么错误的风险越大？

a. 第一类错误　　b. 第二类错误　　c. 第一类和第二类错误　　d. 第三类错误

6. 将会使得我们拒绝零假设的在分布曲线下的尾部的区域的大小被称为：

a. α 值　　b. P 值　　c. 差异的标准误　　d. 自由度

7. 均值间差异的标准误被定义为：

a. 我们抽取的两个样本的标准差

b. 我们从中抽取样本的两个总体的标准差

c. 我们估计的均值间差异的理论上的抽样分布的标准差

8. t 分数越大，我们越有可能：

a. 保留零假设

b. 拒绝零假设

c. 得出我们的结果在统计上不显著的结论

9. 以统计的术语来说，“显著”的意思是：

a. 重要　　b. 大

c. 真实　　d. 在总体中不太可能被发现

10. 当你预测结果会出现在某一个方向时（如，某种特殊疗法会减少复发），你将使用：

a. 单尾检验　　b. 双尾检验　　c. 三尾检验　　d. 无尾检验

11. 下面的哪个陈述对于进行 t 检验不是必需的？ 264

a. 对两个均值进行比较　　b. 随机抽样

c. 正态分布　　d. 定类数据

12. 在双尾显著性检验中：

a. 结果有一个特定的方向（如，临床治疗缓解症状）

b. 结果是不可能的

c. 结果是可能的

d. 结果可能在任一方向（如，临床治疗缓解或加重症状）

13. 当零假设为真时，得到一个结果的概率被称作：

a. α 值　　b. 第一类错误　　c. P 值　　d. 第二类错误

14. 标准化的 SAT 考试的总体均值 $\mu=500$，总体标准差 $\sigma=100$。假设一位研究者对包含 50 名男性和 50 名女性的随机样本进行了 SAT 测试，产生的样本均值分别为 511 和 541。基于这样的样本规

模，这位研究者计算出均值间差异分布的标准差（$\sigma_{\bar{X}_1-\bar{X}_2}$）为 20。根据表 A 中所给出的在正态曲线下的面积，找出获得一个其均值至少比男性样本的均值高 30 分的女性样本的概率。

15. 有两组对象参加了一个用来测验挫折对攻击性的影响的实验。由 40 名被试组成的实验组接受了一项很难的、令人产生挫折感的解谜测验；而由另 40 名被试组成的控制组则接受了一项容易的、不会令人产生挫折感的解谜测验。然后两组都被测验了攻击性水平。实验组（挫折）的平均攻击性得分 $\bar{X}_1=4.0$，标准差 $s_1=2.0$；控制组（无挫折）的平均攻击性得分 $\bar{X}_2=3.0$，标准差 $s_2=1.5$（平均分越高意味着攻击性越强）。利用这些结果，检验在挫折和无挫折情境下的攻击性无差异的零假设。这个检验的结果意味着什么？

16. 一位研究者想要了解准备读大学的高中生是否比不准备读大学的高中生更倾向于不抽烟。他设计了一份问卷，并且发现由准备读大学的 57 名高中生组成的样本每周平均吸烟数量 $\bar{X}_1=4.0$，标准差 $s_1=2.0$；而由 36 名不准备读大学的高中生组成的样本每周平均吸烟数量 $\bar{X}_2=9.0$，标准差 $s_2=3.0$。利用这些结果，检验准备读大学和不准备读大学的高中生在吸烟频率上无差异的零假设。这个检验的结果意味着什么？

265 17. 一位研究者想要了解拿到四年大学学士学位所要花费的平均时间是否存在性别差异。她抽取了一个包含 12 人的样本，其中男生 6 人、女生 6 人，并询问他们拿到学位所需要的时间。假设数据是呈正态分布的，检验男女学生在拿到学位的年数上没有差异的零假设。

男性	女性
4	5
4	6
4	4
6	7
4	5
5	3

18. 一位社会学家对于种族歧视对出生体重的影响感兴趣。他收集了一些非裔美国孩子的出生体重数据（单位为磅），并记录了这些孩子的母亲在怀孕期间自我感知到的种族歧视的经历。他将这些孩子按照其母亲汇报是否在孕期经历过种族歧视的相关事件分成两组。假设出生率呈正态分布，检验两组在出生体重上没有差异的零假设。

未曾经历种族歧视	曾经历种族歧视
7.2	5.4
8.4	6.3
7.6	6.8
6.9	7.2
9.2	6.1
8.7	5.9
6.9	6.8
7.3	7.6
	7.3
	7.4

19. 一位研究者想要了解大学教育对工资的影响。下面列出的是某一大型技术公司相同岗位上两组员工的工作时薪。这两组员工一组为专科毕业生，而另一组至少为本科毕业生，检验两组学历不同的员工在时薪上没有差异的零假设。要进行这个检验，研究者需要有哪些关于数据的假设呢？

专科学历	本科学历
\$10.75	\$10.75
\$11.25	\$12.25
\$11.05	\$11.60
\$10.00	\$9.80
\$9.70	\$9.40
\$11.00	\$12.60
\$10.10	\$11.80
\$9.40	\$10.40
\$9.20	\$11.90
\$11.10	\$12.70

266

20. 一位犯罪学家有兴趣研究判决的不公正是否基于被告的种族。他随机选取了18名被控入室行窃的被告作为样本，并比较了样本中的10名白人和8名黑人的刑期。白人和黑人被告的刑期（年）如下表所示。利用这些数据，检验入室行窃的白人和黑人被告的刑期没有差异的零假设。

白人	黑人
3	4
5	8
4	7
7	3
4	5
5	4
6	5
4	4
3	
2	

21. 在一项研究控制认知的影响的实验中，居住在护理中心的某一层的居民被给予了增加对他们生活的控制（例如，自由摆放他们的家具，决定如何度过自由时间，选择并照料植物）的机会，而另一层的居民则被如常对待，即由工作人员决定这些细节。这两组居民的自我感觉评价（20点量表）如下表所示。利用这些数据，检验居民的控制认知对其自我感觉没有影响的零假设。

增加控制	不增加控制
15	8
17	7
14	9
11	12
13	14

267 22. 为了检验女性比男性更经常对别人微笑的研究假设，研究者分别记录下了男性和女性在与别人交往时微笑的次数。通过下列在 5 分钟的交往中的微笑次数的数据，检验微笑次数没有性别差异的零假设。

男性	女性
8	15
11	19
13	13
4	11
2	18

23. 一位心理学家有兴趣研究十几岁少年的社会性程度的性别差异。以好朋友的数量为测量指标，他比较了 8 名女性和 7 名男性少年的社会性程度。检验男女之间的社会性程度不存在差异的零假设。这个检验结果意味着什么？

女性	男性
8	1
3	5
1	8
7	3
7	2
6	1
8	2
5	

24. 一位咨询师被雇研究病假工资福利对缺勤的影响。她随机选择了一些因病缺勤时不会取得报酬的小时工和享受病假工资的薪金制雇员作为样本。通过下面一年中缺勤天数的数据，检验小时工和薪金制雇员的缺勤天数无差异的零假设。这个检验结果意味着什么？

小时工	薪金制雇员
1	2
1	0
2	4
3	2
3	10
6	12
7	5
4	4
0	5
4	8

25. 一位教授正在设计一项关于记忆的研究。她向她的被试们（来自她的心理学概论课程的志愿者们）在电脑上展示一列词组，这些词组中的一些是食物名称，另一些则与食物完全不相关。接着她给被试们 30 秒时间回忆出尽可能多的词组，她认为被试们记住与食物相关的词组的情况要好于记住与食物不相关的词组的情况。下面列出了每一位被试能够回忆起的与食物相关和与食物不相关的词组的数量： 268

与食物相关	与食物不相关
6	0
5	1
4	4
7	3
9	5
3	2
5	1
3	4
6	3
7	2
5	7

检验被试能够记住的与食物相关和食物不相关的词组的数量没有差异的零假设。这个检验结果意味着什么？

26. 一位心理学家对于男性是否比女性更早表现出阿尔兹海默病症状感兴趣。下面展示的是一个阿尔兹海默病患者的样本中男女发病的年纪。检验男女在阿尔兹海默病发病的年龄上没有差异的零假设。

男性	女性
67	70
73	68
70	57
62	66
65	74
59	67
80	61
66	72
	64

27. 一些作为样本的共和党人和民主党人被询问其对公立学校的祷告制度的态度，他们需要完成一个 7 点量表，其中 1 表示非常反对公立学校的祷告制度，7 表示非常支持公立学校的祷告制度。根据如下数据，检验共和党人和民主党人在对公立学校的祷告制度的态度上没有差异的零假设。 269

共和党人	民主党人
5	1
7	2
4	1
3	4
6	3
5	1
7	4
3	5
6	1
5	2
4	2
6	

28. 一位社会学家基于涂尔干的理论计算出如下 10 个社会失范程度高和 10 个社会失范程度低的都市地区的自杀率（每 100 000 人口中的自杀人数，近似值取整）。失范表现为该地区存在大量的新移民或流动人口。

高失范	低失范
19	15
17	20
22	11
18	13
25	14
29	16
20	14
18	9
19	11
23	14

检验高失范都市地区并不比低失范都市地区自杀率高的零假设。这个检验结果意味着什么？

29. 一位教育学家对于合作性的和竞争性的班级活动感兴趣，因为它们可能会影响到学生与他们的同班同学交朋友的能力。基于随机原则，他将他的 20 名学生分为两组接受不同的教学方式：合作性的方法需要学生依靠其他人才可以取得分数，竞争性的方法则要求学生们独立学习以超过其他人。

270 运用下列关于学生同班同学中好朋友的个数的数据，来检验合作对学生们的友谊选择没有影响的零假设。这个检验结果意味着什么？

竞争	合作
3	7
4	4
1	6
1	3

续表

竞争	合作
5	10
8	7
2	6
7	9
5	8
4	10

30. 一家电脑公司开展了一门“入门与提升”课程，旨在培训其销售代表学习维修个人电脑。20 个参与培训者被随机分为两组，10 个参加常规课程，10 个参加改进后的新课程，6 周之后，20 个参加培训者参加了相同的考试。

根据下面的数据，检验新课程相对常规课程而言并没有更好地教授销售代表维修个人电脑（分数越高代表维修技术越好）的零假设。这个检验结果意味着什么？

常规课程	新课程
3	8
5	5
7	9
9	3
8	2
9	6
7	4
4	5
9	2
9	5

31. 一家大公司的一位雇员想知道她的雇主在涨薪一事上是否对女性有歧视，下列数据反映的是从该公司抽取的样本中男女在第一次涨薪之前的工作年限。利用这些数据，检验该公司男女雇员在涨薪方面没有差异的零假设。 271

男性	女性
1.00	3.25
2.50	2.00
1.50	3.50
3.25	1.00
2.00	2.25
2.50	3.50
1.00	3.25

续表

男性	女性
1.50	2.00
3.50	2.25
4.00	1.00
2.25	

32. 一位研究者对于去年工会工人所挣工资是否显著高于非工会工人所挣工资很有兴趣。她采访了 12 个工会工人和 15 个非工会工人，他们的工资如下表所示。检验工会工人和非工会工人在工资上没有差异的零假设。

工会工人（美元）	非工会工人（美元）
16.25	11.20
15.90	10.95
14.00	13.50
17.21	15.00
16.00	12.75
15.50	11.80
18.24	13.00
16.35	14.50
13.90	10.75
15.45	15.80
17.80	13.00
19.00	11.65
	10.50
	14.00
	15.40

33. 一位社会心理学家有兴趣了解抗抑郁药的使用将如何影响个体的社交生活。他设计了一个量表，其中 10 分代表“非常乐于交际”，1 分代表“非常不愿意交际”。接着这位心理学家请他的被试们在服用抗抑郁药之前和之后三个月分别回答若干问题。

272 下面的表格中列出了每一位被试的量表得分。检验抗抑郁药对个体的社交生活没有影响的零假设。

被试	之前	之后
A	4	7
B	5	5
C	3	4
D	1	6
E	6	7

续表

被试	之前	之后
F	7	8
G	4	3
H	2	4
I	3	5
J	1	7

34. 下列表格反映的是建立了社区监控项目的六个城区每月拨打 911 电话的平均次数。

城区	建立项目之前	建立项目之后
A	11	6
B	15	11
C	17	13
D	10	8
E	16	12
F	21	17

检验建立社区监控项目前后每月拨打 911 电话平均次数差异的显著性。

35. 8 名被判犯反亚裔仇恨罪的白人年轻人在观看一部旨在减弱他们种族主义态度的电影之前和之后被分别测量了种族歧视水平。利用来自这 8 名主体的反亚裔偏见量表的分数（分数越高说明偏见越强）来检验电影没能减弱他们的种族主义态度的零假设。这个检验结果意味着什么？

被试	之前	之后
A	36	24
B	25	20
C	26	26
D	30	27
E	31	18
F	27	19
G	29	27
H	31	30

36. 暴力研究中心想要判定在一个特定高中开展冲突消解课程是否可以改变学生们的攻击性行为。10 名学生在参加冲突消解课程前后被测量了其攻击性程度。他们的分数如下表所示（分数越高代表攻击性越高）。 *273*

参加前	参加后
10	8
3	3

续表

参加前	参加后
4	1
8	5
8	7
9	8
5	1
7	5
1	1
7	6

检验参加冲突消解课程并不会带来攻击性程度的差异这一零假设。这个检验结果意味着什么?

37. 通过测量 10 名学生在参加一个由曾经的药物成瘾者演讲的讲座之前和之后对药物滥用的态度，可以研究讲座对于学生对违禁药物的态度的短期影响。通过下面关于态度的分数（分数越高意味着更支持药物滥用），检验讲座对学生态度没有改变的零假设。这个检验结果意味着什么?

学生	之前	之后
A	5	1
B	9	7
C	6	5
D	7	7
E	3	1
F	9	6
G	9	5
H	8	7
I	4	4
J	5	5

274 38. 甚至在人类行为最黑暗的领域，我们也倾向于模仿英雄。一位研究自杀的专家研究了 5 个随机选取的中等规模的社区在一位著名歌手自杀的消息被公布前后的自杀发生次数。通过下面的自杀发生次数的数据，检验自杀消息的披露对自杀行为没有影响的零假设。

社区	之前	之后
A	3	6
B	4	7
C	9	10
D	7	9
E	5	8

39. 一位研究者相信，即使是合法限量的一半的酒精麻醉程度，即 0.05%而非 0.10%的血液酒精浓度，也会严重地影响驾驶能力。为了进行检验，他对 10 名志愿者进行了模拟驾驶测试，首先是在志愿者完全清醒的情况下，然后是在志愿者饮酒后把血液酒精浓度提高到 0.05%的情况下。这位研究者测量了驾驶者碰撞模拟障碍物的次数，并设定次数越高，驾驶能力越差。结果如下：

饮酒前	饮酒后
1	4
2	2
0	1
0	2
2	5
1	3
4	3
0	2
1	4
2	3

检验在饮酒至血液酒精浓度达到 0.05%之前和之后的驾驶能力没有差异的零假设（采用 0.05 的显著性水平）。

40. 一家民意调查机构对美国的成年人进行了一次电话调查，询问他们对总统的工作表现的看法。共有 990 人被调查，并被询问了在上一次总统选举中是否投了票。在 630 名在总统选举中投了票的人中，有 72%的人认为总统的工作表现好。在 360 名在总统选举中没有投票的人中，有 60%的人认为总统的工作表现好。检验对总统工作表现的评价的比例无差异的零假设（采用 0.05 的显著性水平）。

41. 一位民意调查专家通过电话在全美范围随机调查了 18 岁及以上的人对枪支控制的态度。通过下面的数据，检验男女之间支持更严格的枪支控制的比例的差异的显著性。 275

	男性	女性
支持	92	120
反对	74	85
N	166	205

42. 一位研究者对于飞行态度的性别差异有兴趣。通过对包含 100 名男性和 80 名女性的样本的调查，他发现有 36%的男性和 40%的女性害怕飞行。检验样本比例差异的显著性。

▶ 上机练习

1. 利用综合社会调查数据，判定在男性和女性（SEX）之间是否存在使用电子邮件时间上的差异（EMAILHR）。提示：ANALYZE，COMPARE MEANS，INDEPENDENT SAMPLES T TEST，将 SEX 设置为组变量，男性为“1”，女性为“2”。这里需要用到哪一种 t 检验？为什么？比较的结果是什么？

2. 利用综合社会调查数据，判定65岁以下和65岁以上（AGE）人群是否存在使用电子邮件时间上的差异（EMAILHR）。提示：ANALYZE，COMPARE MEANS，INDEPENDENT SAMPLES T TEST，将AGE设置为组变量，其中65岁为分界点。这里需要用到哪一种 t 检验？为什么？比较的结果是什么？

3. 在最高学历上是否存在性别差异？运用综合社会调查数据，探究最高学历（EDUC）是否因性别（SEX）而存在差异。

4. 运用综合社会调查数据，探究在过去30天中男性和女性自我报告的心理健康状况欠佳的情况是否存在统计上显著的差异（MNTLHLTH 和 SEX）。

5. 运用综合社会调查数据，探究在过去30天中男性和女性自我报告的身体健康状况欠佳的情况是否存在统计上显著的差异（PHYSHLTH 和 SEX）。

6. 运用综合社会调查数据，探究在过去一年中男性和女性自我报告的性生活频率是否存在统计上显著的差异（SEXFREQ 和 SEX）。注意你需要假设性生活频率 SEXFREQ 是一个从0（完全没有）到6（一周4次及以上）的定距变量。

7. 运用综合社会调查数据，探究男性和女性自我报告的收入状况是否存在统计上显著的差异（REALRINC 和 SEX）。

8. 运用综合社会调查数据，探究在过去一周中男性和女性自我报告的工作小时数是否存在统计上显著的差异（HRS1 和 SEX）。

第8章 方差分析

276

黑人和白人、男性和女性、自由派和保守派，这一类对两个样本的比较在上一章里占据了我们的注意力。但是，社会现实不可能总被方便地分成两组，被调查者也不会总以这么简单的方式对他们自己进行区分。

因此，社会研究者经常需要对 3 个、4 个、5 个甚至更多样本或组进行比较。例如，他们可能要研究种族（黑人、拉美裔、白人和亚裔）对工作歧视的影响，贫困程度（严重、中度和轻度）对青少年犯罪的影响，社会阶层（上层、中层、劳工阶层和下层）对成就动机的影响。

学生们会感到困惑：我们是否可以通过一系列的 t 值来对 3 个或更多的样本均值进行比较呢？例如，假设我们想要检验社会阶层对成就动机的影响，为什么我们不能成对地比较社会阶层所有可能的 277
组合并对每一个比较计算 t 值呢？采用这种方法，四个样本产生了 6 对组合，从而必须计算 6 个 t 值：

（1）上层和中层；

（2）上层和劳工阶层；

（3）上层和下层；

（4）中层和劳工阶层；

（5）中层和下层；

（6）劳工阶层和下层。

计算一系列的 t 值不仅需要大量的工作，还存在一个统计上的限制。这是因为它增加了犯第一类错误——当零假设应当被保留时却被拒绝的错误——的概率。

我们应该记得社会研究者通常愿意接受 5%的犯第一类错误的风险（0.05 的显著性水平）。他们因此期望在仅仅出于偶然的情况下，100 个样本均值差异中有 5 个会大到被认为是显著的。但是，我们所做的统计检验越多，我们也就越可能因抽样误差（而不是真正的总体差异）而得到统计上显著的结果，从而犯第一类错误。当我们进行大量的这类检验时，对结果的解释是有问题的。举一个极端的例子：我们应如何解释从 1 000 个这样的比较中得出的 t 值的显著性呢？我们知道至少有一些很大的均值差异是仅仅因抽样误差而出现的。

举一个更典型的例子，假设有一位研究者想要调查并比较 8 个地区（新英格兰地区、中大西洋地区、南大西洋地区、中西部、南部、西南部、落基山区和太平洋沿岸地区）的选举人对于总统的评价。比较地区性样本需要 28 个独立的 t 值（新英格兰地区对中大西洋地区、新英格兰地区对南大西洋地区、中大西洋地区对南大西洋地区等）。在 28 个单独的样本均值间差异的检验中，每个的显著性水平都是 0.05，从而 28 个检验中有 5%的检验——1～2 个（精确地说应是 1.4 个）检验——会仅仅因偶然或抽样误差而被认为是显著的。

假设从这 28 个差异的 t 值中，研究者得到了两个显著的 t 值（新英格兰地区对南部、中大西洋地区对山区），研究者应如何解释这两个显著的差异呢？他是应该冒险将它们都视为真实的总体差异，还是应该出于稳妥认为它们都可能是抽样误差的结果而回去收集更多的数据？他是否应该基于 t 值中有一个是因偶然而呈现出显著的判断，而认为这两个显著的 t 值中只有一个是有效的呢？如果这样做，那么两个显著的 t 值中哪一个是可信的？是 t 值更大的那一个，还是看上去更可靠的那一个？不幸的是，以上这些解决方法没有一个是特别好的。问题在于，随着独立检验的数量的上升，拒绝真实的零
278 假设的可能性（第一类错误）也同样上升。因此，尽管每个 t 值犯第一类错误的可能性只有 0.05，但总体上拒绝任何真实的零假设的概率要远大于 0.05。

为了克服这个问题并解释清楚结果，我们需要有一种统计检验，它可以把第一类错误保持在一个固定的水平上（如 0.05），并且在 3 个、8 个或者更多样本均值之间进行比较时，对是否存在显著性差异只需要做一次总的判断。这样的一种检验被称为方差分析。

方差分析的逻辑

为了进行方差分析（也被简称为 ANOVA），我们将一组数据的总方差分成两个部分：原始数据相对它们的组均值的距离或偏差，被称作组内方差；而各组均值之间的距离或偏差，被称作组间方差。

为了计算组内方差，四个社会阶层——下层、劳工阶层、中层、上层——的成就动机得分在图 8-1中以图形的形式得以展示，其中 X_1、X_2、X_3 和 X_4 为各自组中的任意原始分数，而$\overline{X}_1$、$\overline{X}_2$、$\overline{X}_3$ 和$\overline{X}_4$ 为组均值。用符号来表示，我们看到组内方差关注的是离差 $X_1-\overline{X}_1$、$X_2-\overline{X}_2$、$X_3-\overline{X}_3$ 和 $X_4-\overline{X}_4$。

我们也可以以图形的形式来表示组间方差。在图 8-2 中，我们看到成就动机的程度随着社会阶层而变化：上层的成就动机高于中层，中层的成就动机高于劳工阶层，而劳工阶层的成就动机高于下层。更具体地说，我们先计算出所有组联合后得到的全体样本的总体均值，表示为 $\overline{X}_T$，然后将四个组的组均值分别与总体均值进行比较。用符号来表示，我们看到组间方差关注的是离差$\overline{X}_1-\overline{X}_T$、$\overline{X}_2-\overline{X}_T$、$\overline{X}_3-\overline{X}_T$和$\overline{X}_4-\overline{X}_T$。

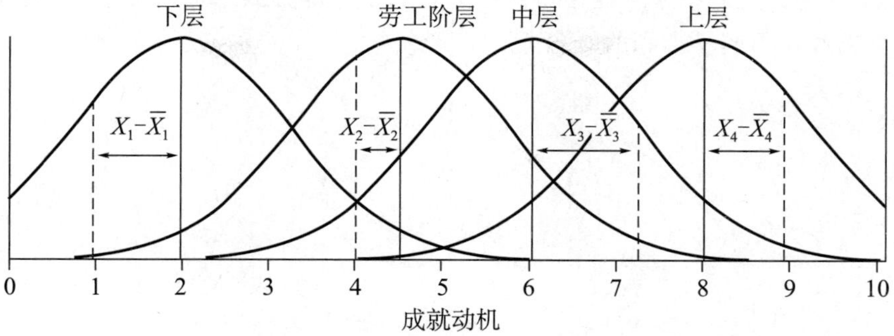

图 8-1　组内方差的图形表示

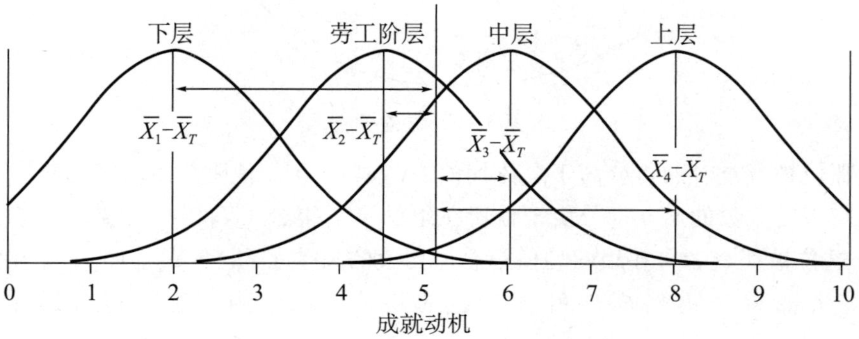

图 8-2　组间方差的图形表示 279

区分组内方差和组间方差并非只有在方差分析中才会出现。尽管没有这样称呼，但我们在 t 检验中实际上也遇到过同样的情况。在 t 检验中，我们用 $\overline{X}_1$ 与 $\overline{X}_2$ 之间的差异除以差异的标准误 $s_{\overline{X}_1-\overline{X}_2}$ ——各组内的差异的联合估计。因此：

$$t=\frac{\overline{X}_1-\overline{X}_2}{s_{\overline{X}_1-\overline{X}_2}}\quad \begin{matrix}\leftarrow \text{组间方差}\\ \leftarrow \text{组内方差}\end{matrix}$$

同样，方差分析产生了一个 F 值，它的分子代表被比较的各组之间的方差，而分母代表这些组内的方差。如我们将看到的，F 值指代的是组间差异的大小与组内差异的大小的相对值。同 t 值一样，F 值越大（组间方差相对于组内方差越大），拒绝零假设而接受研究假设的可能性也越大。

平方和

方差分析的核心是平方和的概念，它是测量总体方差以及组内方差和组间方差的第一步。令我们惊奇和高兴的是，只有"平方和"这个概念本身对我们来说是全新的。这个概念的内容在第 4 章中作为计算方差的一个重要步骤已经做过介绍。在那一部分，我们学会了将相对于分布的均值的离差取平方，然后把这些离差的平方加起来—— $\sum(X-\overline{X})^2$ ——而得到平方和。这个过程不仅消去了负号，而且给方差和标准差提供了一个良好的数学基础。

当我们进行组间比较时，这里有不止一类平方和，尽管每一类都代表距均值的离差的平方和。与总体方 280
差和它的两个部分相对应，我们有总体平方和（$SS_{总体}$）、组间平方和（$SS_{组间}$）、组内平方和（$SS_{组内}$）。

考察一下图 8-3 中的假想结果。注意，图中只显示了一部分数据，以帮助我们将注意力集中在总体平方和、组内平方和、组间平方和的概念上。

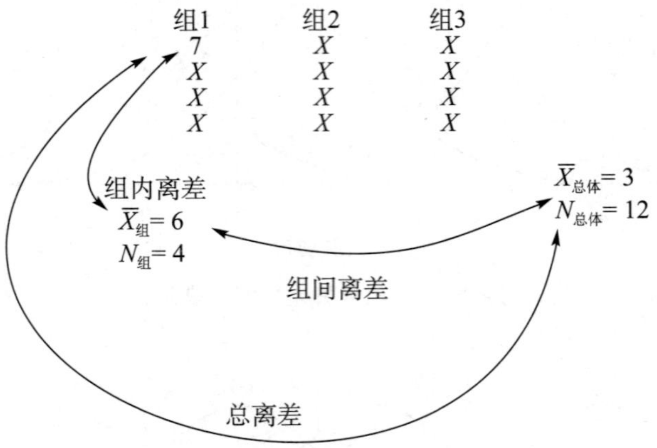

图 8-3　方差分析

得到 7 分的那位被调查者的得分高于总体均值（$\overline{X}_{总体}=3$）。他距总体均值的离差（$X-\overline{X}_{总体}$）$=4$。但是，这个令人高兴的分数的出现部分由于他所在组的平均得分（$\overline{X}_{组}=6$）要高过总体均值（$\overline{X}_{总体}=3$）。这就是说，这位被调查者所在组的均值距总体均值的离差（$\overline{X}_{组}-\overline{X}_{总体}$）$=3$。在考虑了组间差异后，这位被调查者的得分仍然高于他所在组的均值。在组内，他的得分距组内均值的离差（$X-\overline{X}_{组}$）$=1$。

正如我们很快将看到的，我们可以计算出这些离差（组内各值距总体均值的离差，各组均值距总体均值的离差，各组内各值分别距各组均值的离差），然后取平方，之后将它们加起来，从而得到 $SS_{总体}$、$SS_{组内}$ 和 $SS_{组间}$。

一个研究演示

让我们考虑一个各类平方和都可以计算的研究情境。假设有一位研究者有兴趣比较不同婚姻状态的成年人对生活的满意度。她想知道是未婚的人还是已婚的人对生活更满意，以及丧偶的人和离婚的人是否对生活有着更负面的态度。她针对下面 4 个类别分别随机选取了 5 个中年人：丧偶、离婚、未婚、已婚。然后，这位研究者对这 20 个人分别进行了一次包括 40 个项目的、用来测量对生活各方面满意与否的量表测试。这个量表的得分范围从代表对生活所有方面都不满意的 0 分到对生活所有方面都满意的 40 分。

281 这位研究者如下设定了她的假设：

零假设（$\mu_1=\mu_2=\mu_3=\mu_4$）：婚姻状态对生活的满意度没有影响

研究假设（存在 $\mu_i \neq \mu_j$）：婚姻状态对生活的满意度有影响

总体平方和被定义为各个原始分数距总体均值的离差的平方和，公式为：

$$\boxed{SS_{总体}=\sum(X-\overline{X}_{总体})^2}$$

在这里，X＝任意原始分数，$\overline{X}_{总体}$＝所有组联合的总体均值。

通过这个公式，我们将所有组的联合均值（$\overline{X}_{总体}$）与每个原始分数（X）相减，将得到的离差取平方，再相加。将这个公式应用到表 8-1 的数据中，我们将得到以下结果：

$$
\begin{aligned}
SS_{总体} &= (5-15.5)^2+(6-15.5)^2+(4-15.5)^2+(5-15.5)^2+(0-15.5)^2+(16-15.5)^2 \\
&\quad +(5-15.5)^2+(9-15.5)^2+(10-15.5)^2+(5-15.5)^2+(23-15.5)^2+ \\
&\quad (30-15.5)^2+(20-15.5)^2+(20-15.5)^2+(27-15.5)^2+(19-15.5)^2+ \\
&\quad (35-15.5)^2+(15-15.5)^2+(26-15.5)^2+(30-15.5)^2 \\
&= (-10.5)^2+(-9.5)^2+(-11.5)^2+(-10.5)^2+(-15.5)^2+(-0.5)^2+(-10.5)^2 \\
&\quad +(-6.5)^2+(-5.5)^2+(-10.5)^2+(7.5)^2+(14.5)^2+(4.5)^2+(4.5)^2+(11.5)^2 \\
&\quad +(3.5)^2+(19.5)^2+(0.5)^2+(10.5)^2+(14.5)^2 \\
&= 110.25+90.25+132.25+110.25+240.25+0.25+110.25+42.25+30.25+110.25 \\
&\quad +56.25+210.25+20.25+20.25+132.25+12.25+380.25+0.25+110.25 \\
&\quad +210.25 \\
&= 2\,129
\end{aligned}
$$

表 8-1　分婚姻状态对生活的满意度 282

丧偶			离婚		
X_1	$X_1-\bar{X}_1$	$(X_1-\bar{X}_1)^2$	X_2	$X_2-\bar{X}_2$	$(X_2-\bar{X}_2)^2$
5	1	1	16	7	49
6	2	4	5	−4	16
4	0	0	9	0	0
5	1	1	10	1	1
0	−4	16	5	−4	16
$\sum X_1=20$	$\bar{X}_1=\frac{20}{5}=4$	$\sum(X_1-\bar{X}_1)^2=22$	$\sum X_2=45$	$\bar{X}_2=\frac{45}{5}=9$	$\sum(X_2-\bar{X}_2)^2=82$
未婚			**已婚**		
X_3	$X_3-\bar{X}_3$	$(X_3-\bar{X}_3)^2$	X_4	$X_4-\bar{X}_4$	$(X_4-\bar{X}_4)^2$
23	−1	1	19	−6	36
30	6	36	35	10	100
20	−4	16	15	−10	100
20	−4	16	26	1	1
27	3	9	30	5	25
$\sum X_3=120$	$\bar{X}_3=\frac{120}{5}=24$	$\sum(X_3-\bar{X}_3)^2=78$	$\sum X_4=125$	$\bar{X}_4=\frac{125}{5}=25$	$\sum(X_4-\bar{X}_4)^2=262$
$\bar{X}_{总体}=15.5$					

组内平方和是各个原始分数距其组均值的离差的平方的和，其公式为：

$$SS_{组内}=\sum(X-\bar{X}_{组})^2$$

在这里，X=任意原始分数，$\bar{X}_{组}$ =原始分数所在组的均值。

通过这个公式，我们将组均值（$\bar{X}_{组}$）与每个原始分数（X）相减，将得到的离差取平方，再相加。将这个公式应用到表 8-1 的数据中，我们将得到以下结果：

$$\begin{aligned} SS_{组内} &= (5-4)^2+(6-4)^2+(4-4)^2+(5-4)^2+(0-4)^2+(16-9)^2+(5-9)^2+(9-9)^2 \\ &\quad +(10-9)^2+(5-9)^2+(23-24)^2+(30-24)^2+(20-24)^2+(20-24)^2+(27-24)^2 \\ &\quad +(19-25)^2+(35-25)^2+(15-25)^2+(26-25)^2+(30-25)^2 \\ &= (1)^2+(2)^2+(0)^2+(1)^2+(-4)^2+(7)^2+(-4)^2+(0)^2+(1)^2+(-4)^2+(-1)^2+ \\ &\quad (6)^2+(-4)^2+(-4)^2+(3)^2+(-6)^2+(10)^2+(-10)^2+(1)^2+(5)^2 \\ &= 1+4+0+1+16+49+16+0+1+16+1+36+16+16+9+36+100+100+1 \\ &\quad +25 \\ &= 444 \end{aligned}$$

283 注意，组内平方和可以通过将各组内的平方和合并而得到。因此，对于四个组的数据：

$$SS_{组内} = \sum (X_1-\overline{X}_1)^2 + \sum (X_2-\overline{X}_2)^2 + \sum (X_3-\overline{X}_3)^2 + \sum (X_4-\overline{X}_4)^2$$

因此，对于表 8-1，我们有：

$$\begin{aligned} SS_{组内} &= 22+82+78+262 \\ &= 444 \end{aligned}$$

组间平方和代表的是每个组的均值距总体均值的离差的平方和。因此，我们必须算出各组的均值与总体均值之间的差异（$\overline{X}_{组}-\overline{X}_{总体}$），然后把离差取平方，乘上各组所包含的分数的个数，再把得数相加。通过跨组相加，我们得到了如下计算组间平方和的公式：

$$\boxed{SS_{组间} = \sum N_{组} (\overline{X}_{组}-\overline{X}_{总体})^2}$$

在这里，$N_{组}$ = 某一组所包含分数的数量，$\overline{X}_{组}$ = 某一组的均值，$\overline{X}_{总体}$ = 所有组的联合均值。

将公式应用到表 8-1 的数据中，我们将得到：

$$\begin{aligned} SS_{组间} &= 5(4-15.5)^2+5(9-15.5)^2+5(24-15.5)^2+5(25-15.5)^2 \\ &= 5(-11.5)^2+5(-6.5)^2+5(8.5)^2+5(9.5)^2 \\ &= 5(132.25)+5(42.25)+5(72.25)+5(90.25) \\ &= 661.25+211.25+361.25+451.25 \\ &= 1\,685 \end{aligned}$$

因此，各平方和为：

$$SS_{总体} = 2\,129$$

$$SS_{组内} = 444$$

$$SS_{组内} = 1\,685$$

注意，总体平方和等于组间平方和与组内平方和的和。这个关系可被用来检验你的计算结果是否正确。

平方和的计算

总体平方和、组内平方和、组间平方和的定义公式基于离差的计算，既困难又费时。幸运的是，

284 我们可以采用下面的更简单的计算公式来获得与上述冗长的定义公式一样的结果（除了由舍入造成的误差以外）：

$$
\boxed{\begin{aligned}
SS_{总体} &= \sum X_{总体}{}^2 - N_{总体}\overline{X}_{总体}{}^2 \\
SS_{组内} &= \sum X_{总体}{}^2 - \sum N_{组}\overline{X}_{组}{}^2 \\
SS_{组间} &= \sum N_{组}\overline{X}_{组}{}^2 - N_{总体}{}^2\overline{X}_{总体}{}^2
\end{aligned}}
$$

在这里，$\sum X_{总体}{}^2$ =所有分数的平方和，$\overline{X}_{总体}$ =所有组的联合均值，$N_{总体}$ =所有组所包含的分数的总数量，$\overline{X}_{组}$ =某一组的均值，$N_{组}$ =某一组所包含的分数的数量。

为了应用上面的计算平方和的公式，我们将表 8－1 的数据在表 8－2 中重新进行了展示。注意，在应用公式之前，我们需要首先计算出分数的总和（$\sum X_{总体}$）、所有分数的平方和（$\sum X_{总体}{}^2$）、所有组所包含的分数的总数量（$N_{总体}$）和所有组的联合均值（$\overline{X}_{总体}$）：

表 8－2 生活满意度数据的计算

丧偶		离婚	
X_1	$X_1{}^2$	X_2	$X_2{}^2$
5	25	16	256
6	36	5	25
4	16	9	81
5	25	10	100
0	0	5	25
$\sum X_1=20$	$\sum X_1{}^2=102$	$\sum X_2=45$	$\sum X_2{}^2=487$
$\overline{X}_1=\frac{20}{5}=4$		$\overline{X}_2=\frac{45}{5}=9$	
未婚		**已婚**	
X_3	$X_3{}^2$	X_4	$X_4{}^2$
23	529	19	361
30	900	35	1 225
20	400	15	225
20	400	26	676
27	729	30	900
$\sum X_3=120$	$\sum X_3{}^2=2\ 958$	$\sum X_4=125$	$\sum X_4{}^2=3\ 387$
$\overline{X}_3=\frac{120}{5}=24$		$\overline{X}_4=\frac{125}{5}=25$	
$N_{总体}=20$	$\overline{X}_{总体}=15.5$	$\sum X_{总体}=310$	$\sum X_{总体}{}^2=6\ 934$

$$
\begin{aligned}
\sum X_{总体} &= \sum X_1 + \sum X_2 + \sum X_3 + \sum X_4 \\
&= 20 + 45 + 120 + 125 \\
&= 310
\end{aligned}
$$
285

$$\sum X_{\text{总体}}^2 = \sum X_1^2 + \sum X_2^2 + \sum X_3^2 + \sum X_4^2$$
$$= 102 + 487 + 2\ 958 + 3\ 387$$
$$= 6\ 934$$

$$N_{\text{总体}} = N_1 + N_2 + N_3 + N_4$$
$$= 5 + 5 + 5 + 5$$
$$= 20$$

$$\bar{X}_{\text{总体}} = \frac{\sum X_{\text{总体}}}{N_{\text{总体}}}$$
$$= \frac{310}{20}$$
$$= 15.5$$

接着，我们继续计算下列各平方和：

$$SS_{\text{总体}} = \sum X_{\text{总体}}^2 - N_{\text{总体}}\bar{X}_{\text{总体}}^2$$
$$= 6\ 934 - (20)(15.5)^2$$
$$= 6\ 934 - (20)(240.25)$$
$$= 6\ 934 - 4\ 805$$
$$= 2\ 129$$

$$SS_{\text{组内}} = \sum X_{\text{总体}}^2 - \sum N_{\text{组}}\bar{X}_{\text{组}}^2$$
$$= 6\ 934 - [(5)(4)^2 + (5)(9)^2 + (5)(24)^2 + (5)(25)^2]$$
$$= 6\ 934 - [(5)(16) + (5)(81) + (5)(576) + (5)(625)]$$
$$= 6\ 934 - (80 + 405 + 2\ 880 + 3\ 125)$$
$$= 6\ 934 - 6\ 490$$
$$= 444$$

$$SS_{\text{组间}} = \sum N_{\text{组}}\bar{X}_{\text{组}}^2 - N_{\text{总体}}\bar{X}_{\text{总体}}^2$$
$$= 6\ 490 - 4\ 805$$
$$= 1\ 685$$

此处得出的结果与通过定义公式计算得出的结果一样。

286

均方

如同我们在变异性测量中所预计的一样，随着变异性增加，平方和的值也倾向于变得更大。例如，SS＝10.9 也许代表着比 SS＝1.3 更大的变异性。但是平方和也会随着样本规模的变大而变大，所以 $N=200$ 将会比 $N=20$ 产生更大的平方和。因此，把平方和当作一个纯粹的测量变异性的指标是不能令人完全满意的，当然，除非我们能找到一种方法来控制它所涉及的分数的数量。

幸运的是，存在这样一种测量变异性的指标，我们称之为均方（或者方差），它通过将组间平方和或组内平方和除以对应的自由度得到。我们可以回忆起在第 4 章里，我们同样将 $\sum(X-\bar{X})^2$ 除以 N

而得到了方差。因此：

$$\boxed{MS_{组间} = \frac{SS_{组间}}{df_{组间}}}$$

在这里，$MS_{组间}$ =组间均方，$SS_{组间}$ =组间平方和，$df_{组间}$ =组间自由度。同时，

$$\boxed{MS_{组内} = \frac{SS_{组内}}{df_{组内}}}$$

在这里，$MS_{组内}$ =组内均方，$SS_{组内}$ =组内平方和，$df_{组内}$ =组内自由度。

但是我们还必须计算对应的自由度。对于组间均方：

$$df_{组间} = k - 1$$

在这里，k=组数。

而组内均方的自由度为：

$$df_{组内} = N_{总体} - k$$

在这里，$N_{总体}$ =所有组所包含的分数的总数量，k=组数。

以表 8-2 中的数据来演示，其中 $SS_{组间} = 1\ 685$，$SS_{组内} = 444$，我们计算它们对应的自由度如下： 287

$$df_{组间} = 4 - 1 = 3$$

同时，

$$df_{组内} = 20 - 4 = 16$$

接下来，我们如下所示计算均方：

$$MS_{组间} = \frac{1\ 685}{3} = 561.67$$

同时，

$$MS_{组内} = \frac{444}{16} = 27.75$$

以上两个值也分别是组间和组内方差。

F 值

方差分析通过将组间的变异性与组内的变异性相比而得出 F 值。我们接下来确定了以均方来测量的变异性的自由度。因此，F 值可以被当作组间均方相对于组内均方的大小的指标。

$$\boxed{F = \frac{MS_{组间}}{MS_{组内}}}$$

对于表 8-2 中的数据：

$$F = \frac{561.67}{27.75} = 20.24$$

在得到了 F 值以后，我们现在必须确定它是否大到足以拒绝零假设和接受研究假设。对生活的满
288 意度在不同婚姻状态之间有什么差异吗？我们计算出的 F 值越大（组间均方越大且组内均方越小），就越有可能得出统计上显著的结果。

但是我们如何精确判定一个 F 值是否显著呢？回忆第 7 章的内容，我们把计算出的 t 值与在 0.05 的显著性水平上及在一定的自由度下的表中的 t 值相比较。同样，我们必须将计算出的 F 值借助于附录C中的表D进行转换。表D包含一列 F 临界值——为了在 0.05 或 0.01 的显著性水平上拒绝零假设所必须得到的 F 值。如同 t 值一样，我们所必须得到的 F 值与它的自由度相关。因此，在使用表D时，我们必须看两个自由度，即组间自由度和组内自由度。分子的自由度（$df_{组间}$）在表的顶部列出，分母的自由度（$df_{组内}$）在表的最左边列出。表D的主体部分则列出了在 0.05 和 0.01 的显著性水平上的 F 临界值。

对于表 8-2 的数据，我们发现$df_{组间}=3$，$df_{组内}=16$。因此，在表D中从标着 df=3 的这一列向下移直到标着 df=16 的那一行。通过这种方式，我们发现一个显著的 F 值在 $\alpha=0.05$ 的水平上必须大于 3.24，在 $\alpha=0.01$ 的水平上必须大于 5.29。我们计算出的 F 值等于 20.24。因此，我们拒绝零假设而接受研究假设：婚姻状态对生活的满意度有影响。

方差分析的结果可以以表 8-3 所示的概括表的形式来呈现。以这种方式来概括方差分析已经成了一个标准化的过程。总体平方和（$SS_{总体}=2\ 129$）被分解成两个部分：组间平方和（$SS_{组间}=1\ 685$）与组内平方和（$SS_{组内}=444$）。平方和的各个来源除以各自的自由度而转换成均方。最终，计算出 F 值（组间均方除以组内均方），然后与统计表中的临界值相比以确定是否显著。

表 8-3　对于表 8-2 数据的方差分析

方差来源	SS	df	MS	F
组间	1 685	3	561.67	20.24
组内	444	16	27.75	
总计	2 129	19		

289 为了回顾迄今为止提到的一些概念，让我们看一下表 8-4，其显示了两个用来比较的情况。案例1和案例2都由三个样本（A、B和C）组成，样本均值分别为 $\bar{X}_A=3$、$\bar{X}_B=7$、$\bar{X}_C=11$，而且每个样本的 $N=3$。由于这两个数据集的均值相等，因此组间平方和是相等的（$SS_{组间}=96$）。

表 8-4　方差分析的两个例子

案例 1 的数据			方差分析概括表				
样本 A	样本 B	样本 C	方差来源	SS	df	MS	F
2	6	10	组间	96	2	48	48
3	7	11	组内	6	6	1	
4	8	12					
均值 3	7	11	总计	102	8		

续表

分布

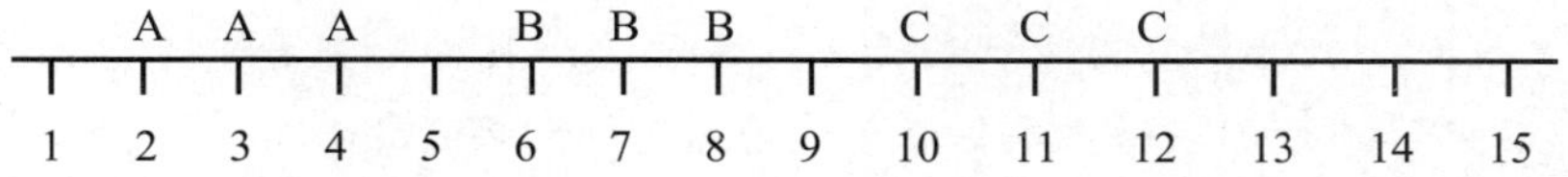

案例 2 的数据			方差分析概括表				
样本 A	样本 B	样本 C	方差来源	SS	df	MS	F
1	3	7	组间	96	2	48	3.2
3	5	12	组内	90	6	15	
5	13	14					
均值 3	7	11	总计	186	8		

分布

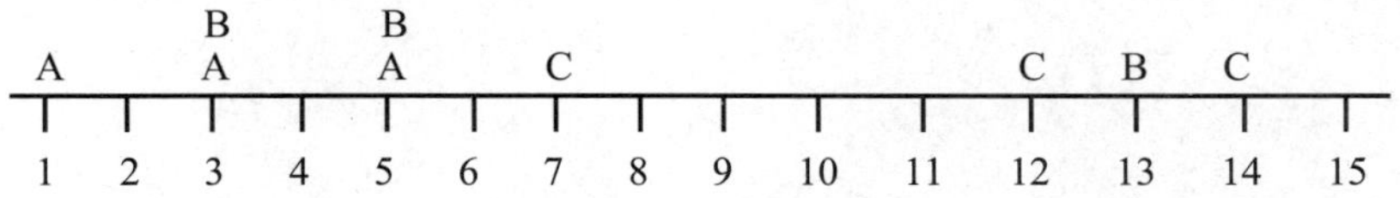

在案例 1 中，三个样本是差异明显的。从中我们似乎可以推断出总体均值是不同的。与组间变异性（样本均值的差异）相比，组内变异性是非常小的。事实上，组间均方与组内均方的比值达到了 48 比 1。因此，$F=48$ 是显著的，尽管案例 1 的样本均值和组间均方与案例 2 的相同，但案例 2 由于有更大的组内离散性，样本的重叠相当大。由于案例 2 中的样本不像案例 1 中的样本一样差异明显，因此看上去我们不可以将样本均值间的差异推广为总体均值间的差异。案例 2 的组内均方为 15，组间与组内均方的比值为 48 比 15，从而得出 F 值等于 3.2，并不显著。

在进入逐步演示之前，回顾一下平方和、均方和 F 值之间的关系将很有帮助。组内平方和代表样本数据到各自所属样本的均值的离差的平方之和，而组间平方和则代表各样本均值到所有组联合后得到的总体均值的离差的平方之和。均方是用组内或组间平方和除以各自对应的自由度。在第 6 章中，我们使用样本数据到样本均值的离差平方和除以自由度（对于一个样本来说等于 $N-1$），来估 290
计总体的方差。现在，我们面临组内和组间两个来源的方差，对于这两者，我们都通过将（组内或组间的）离差平方和除以对应的自由度来对总体（组内或组间的）方差进行估计。

最后，F 统计量是两个方差的比值，例如，组间方差（通过组间均方估计）除以组内方差（通过组内均方估计）。即使所有组的总体均值相等——正如零假设所设定的——由于抽样误差，各样本均值也不一定相等。因此，一方面，即使零假设为真，组间均方也仍然会反映抽样的变异性，但也仅反映抽样的变异性。另一方面，无论零假设是真还是假，组内均方仅反映抽样的变异性。因此，如果总体均值间没有差异的零假设成立，F 值应近似等于 1，其反映的是对抽样变异性的两种估计的比值。但是，随着各组均值间差异变大，F 值的分子也将变大，并推动 F 值的大小超过 1。F 值表说明了我们需要多大的 F 值——组间均方必须是组内均方的多少倍时——才能拒绝零假设。

逐步演示 8.1 方差分析

为了给方差分析提供一个逐步演示，假设一位对就业歧视问题感兴趣的社会研究者进行了一项简单的实验，来评估男性法学院毕业生相比女性法学院毕业生是否更受大型律师事务所的青睐。她要求 15 家大型律师事务所的招聘人依据背景和潜力对一组简历进行 0～10 分的评分，评分越高表明对求职者的兴趣越大。除了其中一份简历外，提供给 15 位被试的其他简历是相同的。在这份不同的简历里，姓名被更改以反映出是男性求职者（申请人姓名为“Jeremy Miller”）、性别模糊的求职者（申请人姓名为“Jordan Miller”）还是女性求职者（申请人姓名为“Janice Miller”）；简历的其他所有内容在所有条件下都是相同的。提供给 15 位被试的简历包中被随机分配了这份简历的其中一个版本，而包中的其他简历是相同的。这些其他简历被包含在内，是为了给实验提供一个更好的环境，但只有对 Jeremy / Jordan / Janice Miller 简历的评分才是有意义的。

研究者如下设定了假设：

零假设（$\mu_1 = \mu_2 = \mu_3$）：对求职者的评分在性别上没有差异

研究假设（存在 $\mu_i \neq \mu_j$）：对求职者的评分在性别上有差异

291 根据被分配到的关键简历中求职者的性别，15 位招聘人被随机分成 3 组，他们对关键简历的评分如下：

男性（$N_1=5$）		性别模糊（$N_2=5$）		女性（$N_3=5$）	
X_1	X_1^2	X_2	X_2^2	X_3	X_3^2
6	36	2	4	3	9
7	49	5	25	2	4
8	64	4	16	4	16
6	36	3	9	4	16
4	16	5	25	3	9
$\sum X_1=31$	$\sum X_1^2=201$	$\sum X_2=19$	$\sum X_2^2=79$	$\sum X_3=16$	$\sum X_3^2=54$

第一步 计算各个样本均值。

$$\bar{X}_1 = \frac{\sum X_1}{N_1} = \frac{31}{5} = 6.2$$

$$\bar{X}_2 = \frac{\sum X_2}{N_2} = \frac{19}{5} = 3.8$$

$$\overline{X}_3 = \frac{\sum X_3}{N_3} = \frac{16}{5} = 3.2$$

注意，差异确实存在。存在着似乎是男性的求职者比性别模糊的求职者和似乎是女性的求职者得到的评分更高的倾向。

第二步 计算分数的总和、平方和、样本的总规模以及所有组的联合均值。

$$\sum X_{总体} = \sum X_1 + \sum X_2 + \sum X_3 = 31 + 19 + 16 = 66$$

$$\sum X_{总体}^2 = \sum X_1^2 + \sum X_2^2 + \sum X_3^2 = 201 + 79 + 54 = 334$$ 292

$$N_{总体} = N_1 + N_2 + N_3 = 5 + 5 + 5 = 15$$

$$\overline{X}_{总体} = \frac{\sum X_{总体}}{N_{总体}} = \frac{66}{15} = 4.4$$

第三步 计算总体平方和。

$$SS_{总体} = \sum X_{总体}^2 - N_{总体}\overline{X}_{总体}^2 = 334 - (15)(4.4)^2 = 334 - (15)(19.36) = 334 - 290.4 = 43.6$$

第四步 计算组间平方和。

$$SS_{组间} = \sum N_{组}\overline{X}_{组}^2 - N_{总体}\overline{X}_{总体}^2 = [(5)(6.2)^2 + (5)(3.8)^2 + (5)(3.2)^2] - (15)(4.4)^2 = [(5)(38.44) + (5)(14.44) + (5)(10.24)] - (15)(19.36) = (192.2 + 72.2 + 51.2) - 290.4 = 315.6 - 290.4 = 25.2$$

第五步 计算组内平方和。

$$SS_{组内} = \sum X_{总体}^2 - \sum N_{组}^2\overline{X}_{组}^2$$

$$= 334 - [(5)(6.2)^2 + (5)(3.8)^2 + (5)(3.2)^2]$$
$$= 334 - [(5)(38.44) + (5)(14.44) + (5)(10.24)]$$
$$= 334 - (192.2 + 72.2 + 51.2)$$
$$= 334 - 315.6$$
$$= 18.4$$

第六步 计算组间自由度。

$$df_{组间} = k - 1$$
$$= 3 - 1$$
$$= 2$$

293 **第七步** 计算组内自由度。

$$df_{组内} = N_{总体} - k$$
$$= 15 - 3$$
$$= 12$$

第八步 计算组间均方。

$$MS_{组间} = \frac{SS_{组间}}{df_{组间}}$$
$$= \frac{25.2}{2}$$
$$= 12.6$$

第九步 计算组内均方。

$$MS_{组内} = \frac{SS_{组内}}{df_{组内}}$$
$$= \frac{18.4}{12}$$
$$= 1.53$$

第十步 计算 F 值。

$$F = \frac{MS_{组间}}{MS_{组内}}$$
$$= \frac{12.6}{1.53}$$
$$= 8.24$$

第十一步 将计算出的 F 值与附录 C 的表 D 中对应的 F 值相比较。

计算出的 F 值 $= 8.24$

表中的 F 值 $= 3.88$

$df = 2$ 和 12

$\alpha = 0.05$

如第十一步所示，为了在 0.05 的显著性水平、2 和 12 的自由度下拒绝零假设，我们计算出的 F 值必须超过 3.88。由于我们计算出的 F 值为 8.24，因此我们可以拒绝零假设而接受研究假设。具体来说，我们得出的结论为对律师事务所求职者的评分因性别不同而存在差异。

均值的多重比较

一个显著的 F 值告诉我们在研究的各组之间存在总体上的差异。如果我们研究的只是两个样本均值间的差异，那么不需要额外的分析来解释我们的结果。在这种情况下，我们所获得的差异在统计上是否显著，只取决于 F 值的大小。但是，当我们在三个或更多的均值间得出了显著的结论时，找出到底哪里存在显著性差异也许是非常重要的。例如，在前面的例子中，社会研究者揭示出对律师事务所求职者的评分在性别上有显著的差异。 294

由这个显著的 F 值带来的可能性有：对男性求职者与性别模糊的求职者的评分之间有显著差异，对男性求职者与女性求职者的评分之间有显著差异，对性别模糊的求职者与女性求职者的评分之间有显著差异。如在前面章节里解释过的，对每一对——$\overline{X}_1$ 与 $\overline{X}_2$、$\overline{X}_1$ 与 $\overline{X}_3$、$\overline{X}_2$ 与 $\overline{X}_3$——比较计算其 t 值，将会导致大量的工作，而且更重要的是，将会增加犯第一类错误的可能性。幸运的是，统计学家发展出了在得到一个显著的 F 值之后用来提出显著性差异到底在哪里的一些其他检验方法。我们将介绍图基的 HSD 检验（Tukey's HSD，真实显著差异）——一种用于均值的多重比较的非常有用的检验。图基的 HSD 检验只用于获得了一个显著的 F 值之后。按图基的方法，我们把任意两个均值间的差异与 HSD 统计量相比较。一个均值差异只有在超过了 HSD 统计量之后才是统计上显著的。HSD 的公式为：

$$\text{HSD} = q\sqrt{\frac{\text{MS}_{\text{组内}}}{N_{\text{组}}}}$$

在这里，q ＝在给定显著性水平上进行比较的组均值数目在附录 C 的表 E 中的值，$\text{MS}_{\text{组内}}$ ＝组内均方（从方差分析中得到），$N_{\text{组}}$ ＝每组的成员数（假定每组成员数相同）[①]。

不同于 t 值，HSD 统计量考虑了随着被比较的均值的数量的增长而导致犯第一类错误的机会增长的可能性。根据 q 的值，用来比较的组均值的数量越多，HSD 在拒绝零假设上变得越保守。因此，我们从 HSD 统计量那里将会获得比从 t 值那里更少的显著性差异。更进一步说，一个均值差异在三个均值的多重比较中比在四个或五个均值的多重比较中更有可能是统计上显著的。

逐步演示 8.2 **HSD 方差分析** 295

为了演示 HSD 的使用，让我们回到前面大型律师事务所的招聘人对不同性别的法学院毕业生的求职评分显著差异的例子（见逐步演示 8.1）。具体地说，我们在 3 组被试的评分均值——对男性求职者的简历评分 6.2、对性别模糊的求职者的简历评分 3.8、对女性求职者的简历评分 3.2——的差异间计算出了一个显著的 F 值。这些均值为：

$$\overline{X}_1 = 6.2$$

① 图基的方法也能用于规模不等的组之间的比较，在这种情况下，$N_{\text{组}}$ 为组规模的调和均值所替代。组规模的调和均值是样本大小的倒数的均值的倒数。即，$N_{\text{调和}} = \dfrac{k}{\dfrac{1}{N_1}+\dfrac{1}{N_2}+\cdots+\dfrac{1}{N_k}}$。其中，$k$ 为进行比较的组数，N_1，N_2，… N_k 为各组的样本大小。

$\overline{X}_2 = 3.8$

$\overline{X}_3 = 3.2$

第一步 建构一个排序后的均值间的差异表。

将均值按照从最小到最大的顺序排列为3.2、3.8和6.2。这些均值以表格的形式来呈现，以便将每一对均值之间的差异以矩阵的形式表示。因此，$\overline{X}_1$与$\overline{X}_2$之间的差异为2.4，$\overline{X}_1$与$\overline{X}_3$之间的差异为3.0，$\overline{X}_2$与$\overline{X}_3$之间的差异为0.6。当按顺序排列时，组均值的下标没有变化。因此，例如$\overline{X}_2$代表原始编号为2的这一组的均值，而不是数值按降序排第二的组的均值。

	$\overline{X}_3=3.2$	$\overline{X}_2=3.8$	$\overline{X}_1=6.2$
$\overline{X}_3 = 3.2$	—	0.6	3.0
$\overline{X}_2 = 3.8$	—	—	2.4
$\overline{X}_1 = 6.2$	—	—	—

第二步 在附录C的表E中查q的值。

在表E中查q的值，我们必须有$MS_{组内}$的自由度（df）、组均值的数量k，以及0.01或0.05的显著性水平。从方差分析中，我们已经得知$df_{组内}=12$。因此，我们从表E的左手这列开始直到自由度为12的这一列。由于我们在成对地比较3个均值，因此我们找到表E中组均值的数量（k）等于3的这一行。假定显著性水平为0.05，我们得出的$q=3.77$。

第三步 计算HSD。

$$\begin{aligned}HSD &= q\sqrt{\frac{MS_{组内}}{N_{组}}}\\ &= 3.77\sqrt{\frac{1.53}{5}}\\ &= 3.77\sqrt{0.306}\\ &= (3.77)(0.553)\\ &= 2.08\end{aligned}$$

296 **第四步** 将HSD与表中的均值间差异相比较。

如果要被认为在统计上是显著的，那么任何均值间差异都必须大于HSD（2.08）。对照表中的均值间差异，我们发现，$\overline{X}_3$（女性求职者）与$\overline{X}_1$（男性求职者）之间的评分均值差异3.0，以及$\overline{X}_1$（男性求职者）与$\overline{X}_2$（性别模糊的求职者）之间的评分均值差异2.4大于HSD。因此，我们得出结论说这些差异在0.05的显著性水平上是显著的。最后，$\overline{X}_3$（女性求职者）与$\overline{X}_2$（性别模糊的求职者）之间的评分均值差异0.6由于小于HSD，因此是不显著的。

双因素方差分析

方差分析可被用于同时检查两个或多个因素（或变量）的影响。假设研究者对特定药物对心率的影响感兴趣。他首先测量被试的脉搏并记录结果为 60 次/分（bpm）。然后，他将药物 A 应用于被试，并观察到被试的心率增加到 80bpm。因此，药物 A 的作用是 20bpm（80－60＝20）。在等到药物 A 的作用消失（直到心率恢复到 60）之后，研究者应用药物 B，观察到被试的心率增加到 70bpm。因此，药物 B 的作用是 10bpm（70－60＝10）。最后，研究者很好奇如果他同时给被试应用两种药物，那么结果会怎样？药物 A 的作用是 20bpm，药物 B 的作用是 10bpm。药物 A 和药物 B 的联合作用是否具有可加性——也就是说，同时应用药物 A 和药物 B 时，被试的心率是否会增加 20bpm＋10bpm＝30bpm，从而心率达到 90bpm 呢？但测试结果是研究者观察到被试的心率实际上猛增至 105bpm，比通过将药物的单独作用相加所预期的多 15bpm。

这个简单的例子说明了主效应和交互作用。主效应是药物 A 或药物 B 自身对心率的影响。在这里，药物 A 具有 20 的主效应，药物 B 具有 10 的主效应。交互作用是指两种药物在一起时的额外影响，超出它们的主效应的总和的部分。因此，药物 A 和药物 B 的交互作用为 15。对主效应和交互作用的说明如图 8-4 所示。纵轴表示心率，横轴表示药物 A 存在与否，单独的线段则表示药物 B 存在与否。如果两种药物的作用是具有可加性的（非交互性的），那么如图所示的线段间将是平行的。

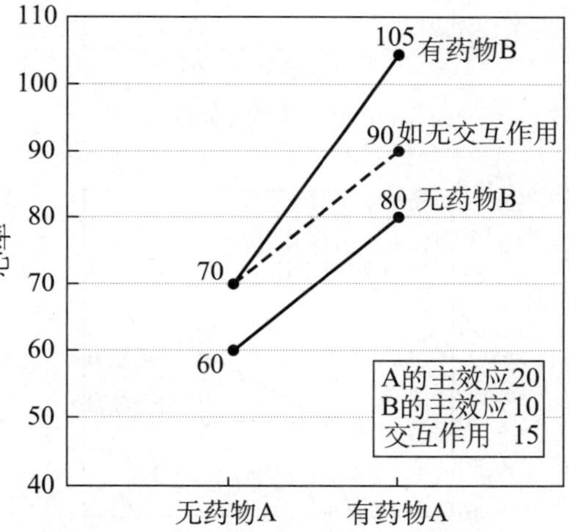

图 8-4　药物 A 和药物 B 对心率的影响

297

如图 8-5 所示，主效应和交互作用有许多不同的可能性。图 8-5（a）显示了没有任何效应时会发生什么。在所有四种情况下（没有药物，单独药物 A，单独药物 B，两种药物一起），被试的心率都为 60。图 8-5（b）显示了当只有药物 A 对心率有效应时会发生什么。无论药物 B 是否存在，被试的心率都会增加到 80。图 8-5（c）显示了当只有药物 B 对心率有效应时会发生什么。无论药物 A 是否存在，被试的心率都会增加到 70。图 8-5（d）显示了当两种药物都具有主效应但无交互作用时会发生什么。无论是否存在药物 B，药物 A 都会使被试的心率增加 20；无论是否存在药物 A，药物 B 都会使被试的心率增加 10。药物 A 和药物 B 一起将使心率增加 30，这是主效应的总和。图 8-5（e）显示了当只有交互作用但没有主效应时会发生什么。药物本身没有效果，但它们一起将导致被试的心率增加到 75，此时交互作用为 15。最后，图 8-5（f）显示了所有三种效应存在的情况：A 的主效应为 20，B 的主效应为 10，交互作用为 15。

图 8-5 中的图示旨在介绍确定主效应和交互作用的逻辑。然而，双因素方差分析的原理在两个重要方面偏离了我们假设的例子。首先，我们通过将特定治疗组合与对照条件（无药物）作为基线进行

比较，得出了图中所示的主效应和交互作用。但在随后的方差分析公式中，我们将治疗组合与所有组的总均值作为基线进行比较。其次，在实际研究环境中，研究者显然会观察不止一个被试，来获得可靠的结果。此外，研究者通常需要在不同的被试组——例如，仅应用药物 A 的组、仅应用药物 B 的组、同时应用药物 A 和药物 B 的组，还有对照组——之间进行比较。除了我们所关注的组均值间的差异外，关于主效应和交互作用的思考方式同样适用于被试组。例如，我们将分析仅应用药物 A 的组、仅应用药物 B 的组、同时应用药物 A 和药物 B 的组，以及未应用药物的组的平均心率。在本章中，我们只考虑独立群体，即在不同条件下的不同研究对象的情况。更高级的书籍会将这种方法扩展到重复
298 测量设计，即针对在不同条件下的相同研究对象。

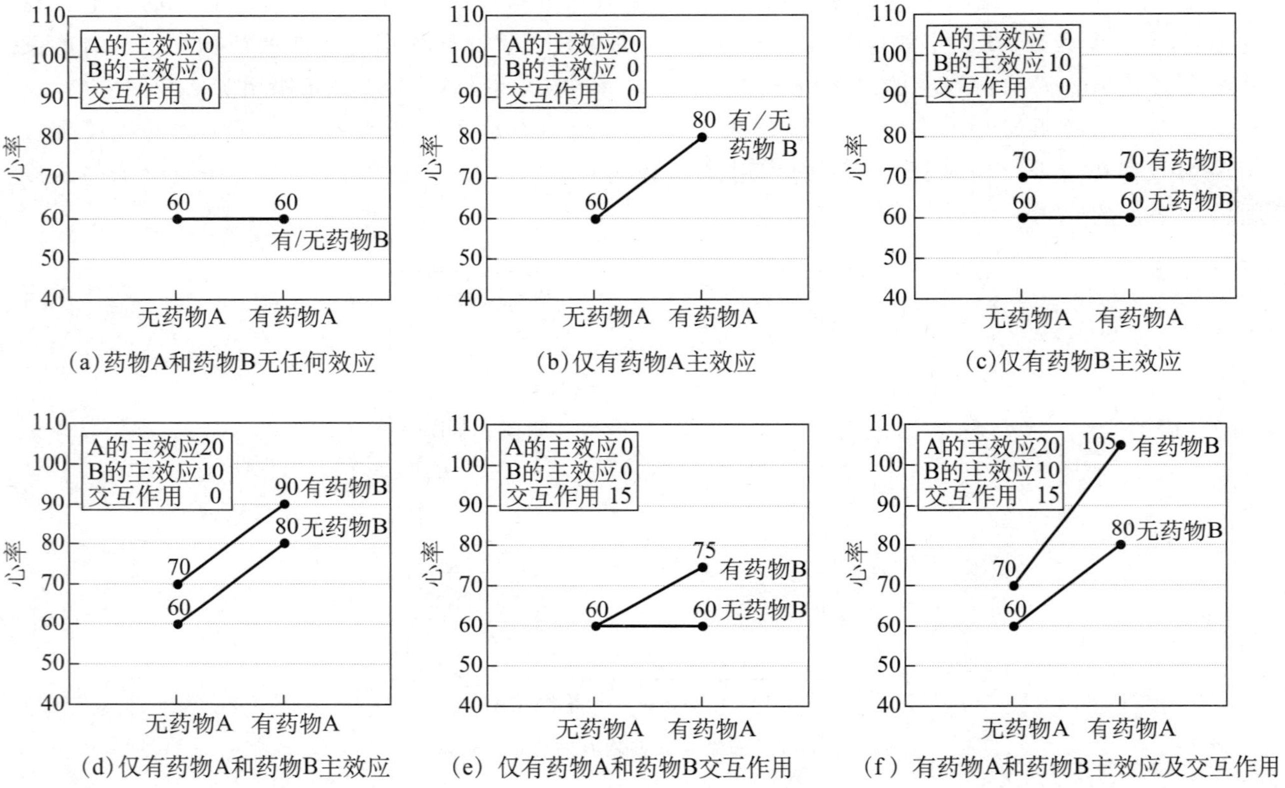

图 8-5　主效应和交互作用

299 正如我们在本章前面所述，方差分析可通过比较三个或更多样本的均值来检验群体间是否存在差异。实际上，前面讨论的是方差分析中最简单的类型，被称为单因素方差分析，因为它表示单个因素或自变量的不同类别或水平对因变量的影响。当我们在一个实验中同时研究两个因素或自变量（例如药物 A 和 B）的影响时，被称为双因素方差分析。

让我们考虑一个简单但更现实的例子。假设一位专门研究媒体效应的社会研究者想要确定电影中的性和暴力是否会影响观众的观念和态度。在获得本科媒体课程的 16 名学生的知情同意后，他将 16 名学生随机分为 4 组，每组 4 名学生。一组观看一系列非暴力的、无性相关内容的电影，一组观看一系列暴力的、无性相关内容的电影，一组观看一系列非暴力的、有性相关内容的电影，最后一组观看一系列暴力的、有性相关内容的电影。电影观看结束后，研究者对全部 16 名学生进行测试，以测量他们对强奸受害者的同理心，分数范围从 0（表示不同情）到 10（表示高度同情），不同电影内容组合后得到的同理心分数如表 8-5 所示。

表 8-5　不同电影内容组合后得到的同理心分数

非暴力		暴力	
无性相关内容	有性相关内容	无性相关内容	有性相关内容
8	9	6	2
10	5	4	1
7	7	8	1
9	7	6	2

有人可能倾向于使用单因素方差分析来分析这四组数据。然而，这意味着没有考虑到一组数据又为其他两种特征所分类的情况。也就是说，观看性暴力电影的组会受到暴力内容、性相关内容及其交互作用的影响。双因素方差分析允许我们对应地确定主效应和交互作用。

图 8-6 显示了用于计算暴力和性相关内容的主效应和交互作用对同理心水平的影响的组均值。不仅这两种类型的内容会降低观众的同理心，而且它们的组合会在更大程度上降低观众的同理心。当然，正如本书迄今所提到的任何解释差异的实验一样，我们仍然需要确定观察到的组均值间的差异——由此得到的主效应和交互作用——是否大于一次偶然获得的差异。与单因素方差分析一样，这涉及将总体平方和依据其来源分解为组间平方和与组内平方和。但在此处，我们将组间平方和进一步划分为暴力内容的主效应（A）、性相关内容的主效应（B），以及暴力和性相关内容的交互作用（AB）。

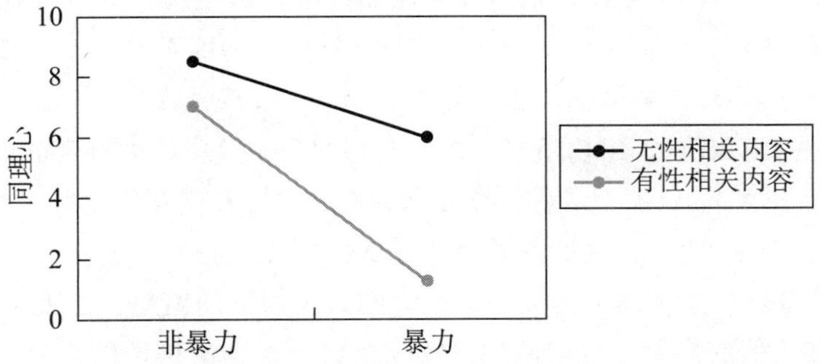

图 8-6　电影实验所得组均值的线图 300

分解总体平方和

在对单因素方差分析的介绍中，我们了解到，平方和是指到均值的离差的平方之和。对于单因素方差分析来说，总体平方和（$SS_{总体}$）被分为两个部分：组间平方和（$SS_{组间}$），表示自变量所导致的组均值之间的变异性；组内平方和（$SS_{组内}$），表示同一组内成员的取值之间的随机变化。总体平方和等于组内平方和与组间平方和之和。因此：

$$SS_{总体}=SS_{组间}+SS_{组内}$$

在双因素方差分析之下，我们仍可以将总体平方和划分为组内平方和与组间平方和两部分。然而，因为此时涉及多个自变量，所以我们可以进一步将组间平方和细分为：

$$SS_{组间}=SS_{A}+SS_{B}+SS_{AB}$$

在这里，SS_A＝基于因素 A 在不同水平下的差异而得到的 A 的主效应的平方和，SS_B＝基于因素 B 在不同水平下的差异而得到的 B 的主效应的平方和，SS_{AB}＝基于因素 A 和因素 B 的组合而得到的 A 和 B 的交互作用的平方和。

考虑图 8-7 所示的假设实验结果。请注意，为了帮助我们专注于总体、组内、主效应和交互作用平方和的概念，图中仅显示了数据集的一部分。为简洁起见，g 表示组，a 表示行中排列的因素的水平，b 表示列中排列的因素的水平，t 表示总体。

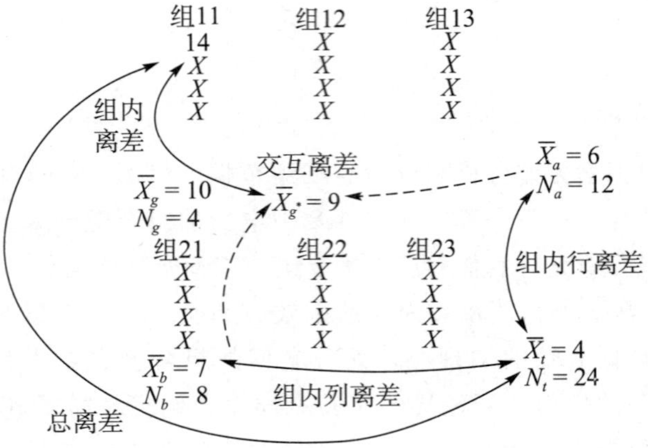

301 **图 8-7 双因素方差分析图解（g＝组，a＝行中水平，b＝列中水平，t＝总体）**

组 11 中的第一个被试的得分（在图 8-7 中为 14）显著高于研究的总体均值（$\bar{X}_{总体}=4$）。他到总体均值的离差为 10（$X-\bar{X}_{总体}=10$）。他的高分部分反映出他所在群体（他的因素 A 的水平）的表现优于平均水平，即 $(\bar{X}_a-\bar{X}_{总体})=2$；他的高分也部分反映出他所在群体（他的因素 B 的水平）的表现优于平均水平，即 $(\bar{X}_b-\bar{X}_{总体})=3$。注意由因素 A（2）和因素 B（3）引起的差异结合，将使组均值比总体均值高 5（$2+3=5$）个单位，即 $\bar{X}^*_{组}=4+5=9$（符号 $\bar{X}^*_{组}$ 用于表示在因素 A 和因素 B 之间没有任何交互作用时的组均值）。组均值（$\bar{X}_{组}$）到将两个主效应相加得到的值的离差是交互作用的结果，即 $\bar{X}_{组}-\bar{X}_a-\bar{X}_b+\bar{X}_{总体}=1$。最后，在考虑到由主效应和交互作用所引起的离差或差异后，被试的得分仍高于组均值。在组内，被试的离差为 $X-\bar{X}_{组}=4$。

所有这些离差——被试到总体均值的离差，被试到其组均值的离差，因素 A 均值到总体均值的离差，因素 B 均值到总体均值的离差，组均值到主效应相加后得到的预期的离差——都可以被平方后求和而得到$SS_{总体}$、$SS_{组内}$、SS_A、SS_B 和SS_{AB}。

$$SS_{总体}=\sum(X-\bar{X}_{总体})^2$$

$$SS_{组内}=\sum(X-\bar{X}_{组})^2$$

$$SS_A=\sum N_a(\bar{X}_a-\bar{X}_{总体})^2$$

$$SS_B=\sum N_b(\bar{X}_b-\bar{X}_{总体})^2$$

$$SS_{AB}=\sum N_{组}(\bar{X}_{组}-\bar{X}_a-\bar{X}_b+\bar{X}_{总体})^2$$

302 在这里，$\bar{X}_{总体}$＝所有组联合的总体均值，$\bar{X}_{组}$＝任意组的均值，$\bar{X}_a$＝因素 A 任意水平的均值，$\bar{X}_b$＝因素 B 任意水平的均值，$N_{组}$＝任意组包含的案例数，N_a＝因素 A 任意水平包含的案例数，N_b＝因素 B 任意水平包含的案例数。

与单因素方差分析的情况一样，使用基于原始数据的计算公式而不是基于离差的定义公式，通常更容易计算平方和。对于双因素方差分析，计算总体、组内、主效应和交互作用平方和的公式如下：

$$SS_{总体}=\sum X_{总体}{}^2-N_{总体}\overline{X}_{总体}{}^2$$

$$SS_{组内}=\sum X_{总体}{}^2-\sum N_{组}\overline{X}_{组}{}^2$$

$$SS_A=\sum N_a\overline{X}_a{}^2-N_{总体}\overline{X}_{总体}{}^2$$

$$SS_B=\sum N_b\overline{X}_b{}^2-N_{总体}\overline{X}_{总体}{}^2$$

$$SS_{AB}=\sum N_{组}\overline{X}_{组}{}^2-\sum N_a\overline{X}_a{}^2-\sum N_b\overline{X}_b{}^2+N_{总体}\overline{X}_{总体}{}^2$$

与单因素方差分析一样，每个平方和与自由度相关联，而自由度又用于计算均方。特别地：

$$df_{组内}=N_{总体}-ab$$

$$MS_{组内}=\frac{SS_{组内}}{df_{组内}}$$

$$df_A=a-1$$

$$MS_A=\frac{SS_A}{df_A}$$

$$df_B=b-1$$

$$MS_B=\frac{SS_B}{df_B}$$

$$df_{AB}=(a-1)(b-1)$$

$$MS_{AB}=\frac{SS_{AB}}{df_{AB}}$$

其中，a 是因素 A 不同水平的数量，b 是因素 B 不同水平的数量。

最后，如在单因素方差分析中一样，主效应和交互作用的均方通过分别除以组内均方来检验统计显著性。这会得到每种效应的 F 值，我们可以将计算得到的 F 值与附录 C 的表 D 中对应的自由度下的 303
值进行比较。即：

$$F_A=\frac{MS_A}{MS_{组内}}\quad 以\ a-1\ 和\ N_{总体}-ab\ 为自由度$$

$$F_B=\frac{MS_B}{MS_{组内}}\quad 以\ b-1\ 和\ N_{总体}-ab\ 为自由度$$

$$F_{AB}=\frac{MS_{AB}}{MS_{组内}}\quad 以\ (a-1)(b-1)\ 和\ N_{总体}-ab\ 为自由度$$

如果任何 F 值超过附录 C 的表 D 中的值，我们就可以得出结论，对应的主效应或交互作用具有统计显著性，即大于仅由偶然因素所能导致的值。

逐步演示 8.3　双因素方差分析

为了逐步演示双因素方差分析，让我们回到关于电影中暴力和性相关内容对观众对强奸受害者的同理心的影响的小实验。我们有 4 组，每组 4 位被试，其结果展示在下列的 2×2 的表中。行中排列的因素 A（暴力内容）的各个水平，列中排列的因素 B（性相关内容）的各个水平，以及每组中的各类总和及均值都已被算出。

		性相关内容（B）				总计	
		无性相关内容		有性相关内容			
暴力内容（A）	非暴力	X	X^2	X	X^2	$N=8$	$\overline{X}=7.75$
		8	64	9	81		
		10	100	5	25		
		7	49	7	49		
		9	81	7	49		
		34	294	28	204		
		$N=4$	$\overline{X}=8.5$	$N=4$	$\overline{X}=7.0$		
	暴力	X	X^2	X	X^2	$N=8$	$\overline{X}=3.75$
		6	36	2	4		
		4	16	1	1		
		8	64	1	1		
		6	36	2	4		
		24	152	6	10		
		$N=4$	$\overline{X}=6.0$	$N=4$	$\overline{X}=1.5$		
总计		$N=8$	$\overline{X}=7.25$	$N=8$	$\overline{X}=4.25$	$N=16$	$\overline{X}=5.75$

304 我们的目标是检验所有组的总体均值都相等的零假设，以及并非所有组的总体均值都相等的研究假设。即：

零假设（$\mu_1=\mu_2=\mu_3=\mu_4$）：电影中的暴力和性相关内容对观看者的同理心没有影响

研究假设（存在 $\mu_i \neq \mu_j$）：电影中的暴力和性相关内容对观看者的同理心有影响

第一步 计算各组均值。

$$\overline{X}_{组}=\frac{\sum X_{组}}{N_{组}}$$

$$=\frac{34}{4}=8.5 \quad（非暴力／无性相关内容）$$

$$=\frac{24}{4}=6.0 \quad（暴力／无性相关内容）$$

$$=\frac{28}{4}=7.0 \quad（非暴力／有性相关内容）$$

$$=\frac{6}{4}=1.5 \quad（暴力／有性相关内容）$$

第二步 计算总体均值。

$$\overline{X}_{总体}=\frac{\sum X_{总体}}{N_{总体}}$$

$$=\frac{96}{16}$$

$$=5.75$$

第三步 计算因素A各水平下的均值。

$$\overline{X}_A = \frac{\sum X_A}{N_A}$$

$$= \frac{62}{8} = 7.75(\text{非暴力})$$

$$= \frac{30}{8} = 3.75(\text{暴力})$$

第四步 计算因素B各水平下的均值。 305

$$\overline{X}_B = \frac{\sum X_B}{N_B}$$

$$= \frac{58}{8} = 7.25(\text{无性相关内容})$$

$$= \frac{34}{8} = 4.25(\text{有性相关内容})$$

第五步 计算总体、组内、主效应、交互作用的平方和。

$$\begin{aligned} SS_{总体} &= \sum X_{总体}{}^2 - N_{总体}\overline{X}_{总体}{}^2 \\ &= (294+204+152+10) - 16\,(5.75)^2 \\ &= 660 - 529 \\ &= 131 \end{aligned}$$

$$\begin{aligned} SS_{组内} &= \sum X_{总体}{}^2 - \sum N_{组}\overline{X}_{组}{}^2 \\ &= (294+204+152+10) - [4\,(8.5)^2 + 4\,(6.0)^2 + 4\,(7.0)^2 + 4\,(1.5)^2] \\ &= 660 - (289+144+196+9) \\ &= 660 - 638 \\ &= 22 \end{aligned}$$

$$\begin{aligned} SS_A &= \sum N_a\overline{X}_a{}^2 - N_{总体}\overline{X}_{总体}{}^2 \\ &= [8\,(7.75)^2 + 8\,(3.75)^2] - 16\,(5.75)^2 \\ &= (480.5+112.5) - 529 \\ &= 593 - 529 \\ &= 64 \end{aligned}$$

$$\begin{aligned} SS_B &= \sum N_b\overline{X}_b{}^2 - N_{总体}\overline{X}_{总体}{}^2 \\ &= [8\,(7.25)^2 + 8\,(4.25)^2] - 16\,(5.75)^2 \\ &= (420.5+144.5) - 529 \\ &= 565 - 529 \\ &= 36 \end{aligned}$$

$$SS_{AB} = \sum N_{组}\overline{X}_{组}^{2} - \sum N_a\overline{X}_a^{2} - \sum N_b\overline{X}_b^{2} + N_{总体}\overline{X}_{总体}^{2}$$
$$= [4(8.5)^2 + 4(6.0)^2 + 4(7.0)^2 + 4(1.5)^2] - [8(7.75)^2 + 8(3.75)^2] - [8(7.25)^2 + 8(4.25)^2] + 16(5.75)^2$$
$$= 638 - 593 - 565 + 529$$
$$= 9$$

306 **第六步** 计算组内、主效应、交互作用的平方和的自由度。

$$df_{组内} = N_{总体} - ab = 16 - 2(2) = 12$$

$$df_A = a - 1 = 2 - 1 = 1$$

$$df_B = b - 1 = 2 - 1 = 1$$

$$df_{AB} = (a-1)(b-1) = (2-1)(2-1) = 1$$

第七步 计算组内、主效应、交互作用的平方和的均方。

$$MS_{组内} = \frac{SS_{组内}}{df_{组内}} = \frac{22}{12} = 1.833$$

$$MS_A = \frac{SS_A}{df_A} = \frac{64}{1} = 64$$

$$MS_B = \frac{SS_B}{df_B} = \frac{36}{1} = 36$$

$$MS_{AB} = \frac{SS_{AB}}{df_{AB}} = \frac{9}{1} = 9$$

第八步 为主效应和交互作用计算 F 值。

$$F_A = \frac{MS_A}{MS_{组内}} = \frac{64}{1.833} = 34.909$$

$$F_B = \frac{MS_B}{MS_{组内}} = \frac{36}{1.833} = 19.636$$

$$F_{AB} = \frac{MS_{AB}}{MS_{组内}} = \frac{9}{1.833} = 4.909$$

第九步 将 F 值与附录 C 的表 D 中的适当值进行比较。

三个 F 值都以 1 和 12 为自由度，并且超过了 4.75（表 D 中显著性水平为 0.05 时所对应的 F 值）。

第十步 将计算结果整理在方差分析概括表中。

方差来源	SS	df	MS	*F*
暴力内容（A）	64	1	64	34.909
性相关内容（B）	36	1	36	19.636
交互作用（AB）	9	1	9	4.909
组内方差	22	12	1.833	
总方差	131	15		

基于这些结果，我们可以拒绝零假设，即拒绝电影中的暴力和性相关内容对观看者的同理心没有影响。此外，我们发现暴力和性相关内容存在显著的主效应和交互作用。换句话说，不仅两种内容都会降低观众的同理心，而且它们组合后产生的效果甚至大于两者主效应的和。 307

F 值的使用要求

研究者只有在考虑了下列要求后，才能进行方差分析：

（1）三个或更多独立均值之间的比较。F 值通常被用于比较来自独立样本的三个或更多均值。此外，当进行双样本比较时，可以计算 F 值而非 t 值。在双样本的情况下，$F = t^2$ ，两者的计算结果是相同的。然而，面板设计（在多个时间点研究同一组对象）下的单样本不能以这种方式检验。因此，例如，人们可能无法使用这种方法来研究经过三次考试后课程表现的提高。

（2）定距数据。为了进行方差分析，我们假定我们对结果或因变量已经达到了定距的测量水平。

定类或定序数据不应被当作因变量。然而，分组可以并且通常基于定类测量而完成。

(3) 随机抽样。我们应该从给定的总体数据中随机抽取样本。

(4) 正态分布。我们假定我们在组间和组内进行比较的特征正态地分布在潜在的总体中。或者说，如果我们从各组中抽取足够多的样本，那么正态分布假设将会成立。

(5) 方差相等。方差分析假定不同组所对应的总体方差都是相等的。当然，样本方差可能因抽样误差而有所不同。样本方差间存在中等差异不会使 F 检验的结果无效。但当这种差异极端时（例如，当其中一个样本方差比另一个大很多倍时），之前介绍的 F 检验便可能不再适用。

▶ 小结

方差分析被用于对三个或更多的样本均值进行比较。与仅比较两个样本均值的 t 值不同，方差分
308 析计算出 F 值，它的分子代表组间的变异性，分母则代表对组内变异性的估计。计算平方和是测量变异性的第一步。但是，它受样本规模的影响严重。为了克服这个问题，并控制样本规模的差异，我们把组间平方和与组内平方和除以对应的自由度而得到均方。F 值代表的是组间均方相对于组内均方的大小。F 值越大（即组间均方相对于组内均方越大），我们越可能拒绝零假设并将结果不仅仅归因于抽样误差。在第 7 章中，我们了解到，在研究两个样本均值之间的差异时，我们必须将计算出的 t 值与表（表 B 或表 C）中的 t 值进行比较。而为了研究三个或更多的样本均值间的差异，我们现在将计算出的 F 值与表 D 中对应的 F 值进行比较。在此基础上，我们判断是否存在显著差异——是保留还是拒绝零假设。在计算出显著的 F 值之后，我们可以应用用于均值多重比较的图基的 HSD 检验来确定显著差异出现在哪里。最后，方差分析可以扩展到对多因素的研究。在双因素方差分析中，我们区分和检验了每个因素的主效应及其交互作用。当两个因素组合时的效应不同于它们各自的（主）效应之和时，说明存在交互作用。

▶ 重要术语

Analysis of variance	方差分析	Mean square	均方
Sum of squares	平方和	F ratio	F 值
Within groups	组内平方和	Tukey's HSD	图基的 HSD 检验
Between groups	组间平方和	Main effect	主效应
Total	总体平方和	Interaction effect	交互作用

▶ 课后习题

1. 不采用一系列的 t 检验，而采用方差分析是因为：
   a. 方差分析将第一类错误保持在一个给定的水平上
   b. 做一系列的 t 检验工作量太大
   c. 方差分析增加了犯第一类错误的可能性

d. 方差分析做出了许多决策，而一系列的 t 检验只做出了一个总体的决策

2. 方差分析得到的 F 值的分母表示对什么的估计？

a. 总体平方和　b. 总体变异性　c. 组间变异性　d. 组内变异性

3. 为了让 F 值在统计上显著，组间均方必须：

a. 比总体平方和更大　b. 比组内均方更大

c. 比组内均方更小　d. 比组内平方和更小

4. 如果计算出的 F 值比表 D 中的对应值更大，那么这意味着什么？ 309

a. 组间存在显著性差异且拒绝零假设　b. 组间存在显著性差异且保留零假设

c. 组间不存在显著性差异且拒绝零假设　d. 组间不存在显著性差异且保留零假设

5. 要通过方差分析找到显著性差异，你希望将什么最大化？

a. 组间均方　b. 组内均方　c. 组内平方和　d. 组内变异性

6. 在什么时候 F 值会更大？

a. 组间均方更小时　b. 组内均方更小时　c. 均值间差异更小时　d. 以上都不正确

7. 当方差分析的结果如何时，需要进行均值的多重比较？

a. 两个均值之间的差异显著　b. 两个均值之间的差异不显著

c. 三个或更多的均值之间的差异显著　d. 三个或更多的均值之间的差异不显著

8. 下面哪个不是方差分析的要求？

a. 三个或更多的独立均值的比较　b. 随机抽样

c. 正态分布　d. 定序数据

9. 在下面的社会阶层的随机样本中，检验对邻里的友好程度不因社会阶层而不同的零假设。（注意：分数越高代表对邻里越友好。）

下层	劳工阶层	中层	上层
8	7	6	5
4	3	5	2
7	2	5	1
8	8	4	3

10. 一位研究者有兴趣研究居住类型对大学生的个人幸福感的影响。她抽取了住在大学宿舍、校外公寓以及家里的大学生作为样本，并要求 12 个被调查者给自己的幸福感打分，打分范围为 1（不幸福）～10（幸福）。请检验幸福感不因居住类型而不同的零假设。

大学宿舍	校外公寓	家里
8	2	5
9	1	4
7	3	3
8	3	4

11. 通过图基的 HSD 检验构建一个多重均值比较，来精确地确定问题 10 中的显著差异到底在哪里。 310

12. 一位儿科专家怀疑病人拜访他的诊所的次数受医疗保险的类型的影响。在一个解释性的研

究中，他随机抽取了15名病人：5名病人的父母属于一个健康维护组织（HMO），5名病人的父母有传统医疗保险，5名病人的父母没有医疗保险。通过下列每年就医次数的频数表，检验保险类型不会影响就医次数的零假设。

健康维护组织	传统医疗保险	没有医疗保险
12	6	3
6	5	2
8	7	5
7	5	3
6	1	1

13. 通过图基的HSD检验构建一个多重均值比较，来精确地确定问题12中的显著差异到底在哪里。

14. 使用下面的分邻里类型的死亡记录的随机样本，检验预期寿命（单位：年）不因社区邻里的社会经济状况而不同的零假设。

补贴住房邻里	劳工阶级邻里	中层邻里
74	82	89
64	71	70
73	76	79
69	80	87
73	79	68

15. 研究者对于就业状况对婚姻满意度的影响感兴趣。他选择了包含16名已婚成年人的随机样本，其就业状况被分为全职工作、兼职工作、临时失业或长期失业。他要求受访者评价自己对婚姻的满意度，评价范围为1（非常不满意）～7（非常满意）。使用下面的数据，检验就业状况不会影响婚姻满意度的零假设。

全职工作	兼职工作	临时失业	长期失业
7	4	5	2
5	6	4	0
7	5	4	3
6	4	5	1

16. 通过图基HSD检验构建一个多重均值比较，来精确地确定问题15中的显著差异到底在哪里。

311 17. 一名研究者进行了一项研究，以确定哪个恐怖组织——哈马斯、真主党还是“基地”组织——对无辜平民构成了最大危害。研究者随机选出了这些组织进行过的15次炸弹袭击，并计算了每次袭击造成的伤亡人数。使用下面的伤亡数据，检验这些恐怖组织中没有一个比其他恐怖组织更具危害性的零假设。

哈马斯	真主党	"基地"组织
6	9	9
2	10	15
3	14	16
7	11	12
8	9	18

18. 通过图基 HSD 检验构建一个多重均值比较，来精确地确定问题 17 中的显著差异到底在哪里。

19. 研究者希望确定每周至少锻炼三次能否比药物（抗抑郁药）或心理治疗更有效地解决心理健康问题。他将 20 名精神病患者随机分配以下四种治疗方法中的一种，之后让他们报告自己的抑郁程度，等级范围为 1（非常抑郁）～15（非常高兴）。使用下面的数据，检验对于解决心理健康问题，锻炼、抗抑郁药、心理治疗和控制组之间没有差异的零假设。

锻炼	抗抑郁药	心理治疗	控制组
9	9	10	7
10	10	11	6
8	14	7	8
6	11	12	6
13	9	8	11

20. 一个人的关系状态会影响他一年中休假的天数吗？使用从成年人样本中收集到的数据，检验关系状态不会影响休假天数的零假设。

单身	持续的关系	民事结合/已婚	分居	丧偶/离婚
11	11	16	23	3
13	33	27	2	21
17	24	18	8	13
9	17	9	8	7
23	29	14	9	2
14	23	24	10	14

21. 通过图基 HSD 检验构建一个多重均值比较，来精确地确定问题 20 中的显著差异到底在哪里。

22. 一位健康研究者想比较三种减肥方法：低热量减肥、低脂肪减肥、低碳水化合物减肥。她随 312
机选择了 30 个中度超重的对象，并把他们分成每 10 个一组，随机分派不同的减肥方法。下面为一个月之后观察到的体重减少（磅）的数据。

低热量减肥		低脂肪减肥		低碳水化合物减肥	
7	3	7	8	7	14
7	9	8	7	9	10
5	10	8	10	7	11
4	5	9	11	8	5
6	2	5	2	8	6

检验体重减少的程度不会因减肥方法而异的零假设。

23. 假设有一项实验研究饮酒和吸食大麻对驾驶的影响。5 名被随机选取的对象被要求在法律允许的程度下饮酒，然后进行模拟驾驶测验（分数从最高的 10 分到最低的 0 分）。另外 5 名被随机选取的对象被要求吸食大麻并进行同样的驾驶测验。最后，一个清醒的控制组也接受了同样的驾驶测验。通过下面给出的测验分数，检验下面各组均值的差异的显著性。

酒精组	大麻组	控制组
3	1	8
4	6	7
1	4	8
1	4	5
3	3	6

24. 通过图基 HSD 检验构建一个多重均值比较，来精确地确定问题 23 中的显著差异到底在哪里。

25. 以涂尔干的失范理论为基础，一位社会学家获得了在下列“高度失范”“中度失范”“低度失范”（“失范”以新迁入或流动人口的比例来代表）的五个城区中自杀率的数据（每 100 000 人口中自杀的数量，舍入为整数）：

高度失范	中度失范	低度失范
19	15	8
17	20	10
22	11	11
18	13	7
25	14	8

313 检验高度失范、中度失范、低度失范城区的自杀率并无不同的零假设。

26. 心理学家研究 A、B、C 三种不同的治疗方法对戒毒的相对有效性。下面的数据代表 15 个病人（每种治疗方法 5 人）在治疗结束后 3 个月中戒毒的天数。因此，更大的数字代表更长的戒毒期。

方法 A	方法 B	方法 C
90	81	14
74	90	20
90	90	33
86	90	5
75	85	12

检验这三种治疗方法的效果并无差异的零假设。

27. 通过图基 HSD 检验构建一个多重均值比较，来精确地确定问题 26 中的显著差异到底在哪里。

28. 女性患产后抑郁症的概率是否取决于她已经拥有的孩子数量？为了找到答案，研究者收集了四组女性的随机样本：第一组刚生下第一个孩子，第二组刚生下第二个孩子，依此类推。然后，研究者按 1～5 分（其中 5 分为最重度抑郁）对她们的产后抑郁状况进行评分。检验产后抑郁症的发生概率与女性先前生育的孩子数量无关的零假设。

第一个孩子	第二个孩子	第三个孩子	第四个孩子
3	3	5	4
2	5	5	3
4	1	3	2
3	3	5	1
2	4	2	5

29. 研究发现，对称的脸部比非对称的脸部更具吸引力。为了验证这一理论，精神科医生选择了一个随机抽取的样本，并向他们展示了三张不同的脸部照片：一张完全对称的脸，一张略微不对称的脸，以及一张高度不对称的脸。然后，她要求他们按照 1～7 的分数对三张照片的吸引力进行评分（其中 7 代表最具吸引力）。检验吸引力不因脸部对称性而不同的零假设。 314

完全对称	略微不对称	高度不对称
7	5	2
6	4	3
7	5	1
5	2	1
6	4	2
6	5	2

30. 通过图基 HSD 检验构建一个多重均值比较，来精确地确定问题 29 中的显著差异到底在哪里。

31. 政治理论家卡尔·马克思以其关于工人阶级最终会起来推翻剥削他们的社会上层、终结资本主义并建立共产主义社会的理论而闻名。根据马克思的理论，资本主义下工人不满的一个原因是，这些工人对他们的工作不会感到自豪，因为他们所做的工作和所生产的产品不属于他们，而属于他们为之工作的资本家。为了验证这一洞见，一位研究者前往一家大型工厂，采访了来自三个阶层的工作人员——工人、经理和厂主——以观察他们的工作自豪感是否存在差异。下面给出了研究得到的数据（较高的分数代表更多的工作自豪感），检验工作自豪感不因阶级而不同的零假设。

底层（工人）	中层（经理）	上层（厂主）
1	4	8
3	7	7
2	5	6
5	6	9
4	8	5
2	6	6
3	5	7

32. 通过图基 HSD 检验构建一个多重均值比较，来精确地确定问题 31 中的显著差异到底在哪里。

33. 精神科医生想知道某种特定类型的治疗方法是否比其他治疗方法对恐慌症患者更有益。她随机选择了曾使用过以下治疗方法的患者：认知治疗、行为治疗、药物治疗。她要求他们用 1～10 分（10 分表示症状减轻最多）评定治疗使症状减轻的程度。检验恐慌症的不同治疗方法对患者的帮助程度没有差异的零假设。

认知治疗	行为治疗	药物治疗
4	6	8
2	3	6
5	4	5
3	8	9
7	6	3
5	4	4
3	7	5

315 34. 母亲的受教育水平与母乳喂养孩子的时间之间是否存在关系？一位好奇的研究者选择了三个不同受教育水平的母亲样本，并确定了她们母乳喂养的时间（以月为单位）。检验受教育水平对母乳喂养孩子的时间没有影响的零假设。

高中以下	高中毕业	大学毕业
1.0	1.5	11.0
6.5	4.0	6.5
4.5	3.5	4.5
2.0	1.5	7.5
8.5	5.0	9.0

35. 通过图基 HSD 检验构建一个多重均值比较，来精确地确定问题 34 中的显著差异到底在哪里。

36. 一位研究者收集了来自不同种族背景的有高频性行为的青少年样本，并询问了他们在性行为中采取了保护措施的百分比。基于下面给出的研究数据，检验黑人、白人、拉美裔和亚裔青少年在采取保护措施的百分比方面没有差异的零假设。

黑人青少年	白人青少年	拉美裔青少年	亚裔青少年
50	75	65	80
55	60	55	65
65	55	60	80
75	60	50	60
45	70	40	75

37. 婚姻咨询师注意到，初婚似乎比再婚更持久。为了确定这是否属实，她从第一次、第二次和第三次婚姻中选择离婚夫妻的样本，并确定每对夫妻在离婚前婚姻持续的年数。检验第一次、第二次

和第三次婚姻（在离婚前）的婚姻持续长度没有差异的零假设。

第一次婚姻	第二次婚姻	第三次婚姻
8.50	7.50	2.75
9.00	4.75	4.00
6.75	3.75	1.50
8.50	6.50	3.75
9.50	5.00	3.50

38. 通过图基 HSD 检验构建一个多重均值比较，来精确地确定问题 37 中的显著差异到底在哪里。 316

39. 近年来，一些高中教师与学生发生性关系的案例已成为国家新闻。一位社会研究者对当事人的性别组合如何影响对不正当行为的看法感兴趣，他在一项关于教育问题的调查中询问了 40 名受访者，让他们对一名 32 岁的教师诱惑 16 岁学生的故事做出反馈。具体的故事被随机分配，1/4 的受访者被告知这是一名男教师和一名男学生的案例，1/4 的受访者都被告知这是一名男教师和一名女学生的案例，1/4 的受访者被告知这是一名女教师和一名男学生的案例，最后 1/4 的受访者被告知这是一名女教师和一名女学生的案例。所有受访者都被要求对案例的不正当程度在 0～10 的范围内进行评分（其中 0 表示没什么不正当，10 表示完全不正当）。调查结果如下：

男教师		女教师	
男学生	女学生	男学生	女学生
10	10	6	5
10	9	7	8
10	9	5	7
9	10	5	9
9	8	2	7
9	6	4	7
10	7	5	5
9	10	7	6
7	9	2	6
9	8	3	10

使用双因素方差分析，检验教师的性别、学生的性别，以及它们的交互作用对高中教师与学生性关系不正当程度的感知的效应。

40. 性别和职业声望如何影响可信度？公共卫生项目的研究生被要求评估一篇关于儿童肥胖健康风险的论文的可靠度。除了作者的姓名和学位被社会研究者人为调整外，所有 30 名学生评估者都被给予相同的论文进行评估。学生评估者被随机分成 6 个小组，每组收到一份作者信息由男性名字约翰·弗雷斯特（John Forrest）或女性名字琼·弗雷斯特（Joan Forrest），以及三个学位（医学博士 M. D.、注册护士 R. N.、博士 Ph. D.）之一组成的论文。研究者要求学评估者对论文的条理性、论证有力性和全面性分别在 1～5 分的范围内进行评分。6 个小组中每个学生评估者给出的总分（三个方面得分之和）如下：

约翰·弗雷斯特			琼·弗雷斯特		
医学博士	注册护士	博士	医学博士	注册护士	博士
12	10	10	15	11	11
15	11	8	10	8	11
13	7	13	12	9	12
15	8	12	14	11	8
14	8	9	12	7	8

317 a. 以横轴表示学位，纵轴表示得分，单独的线表示每个性别，在图上绘制出 6 个小组评分的均值。

b. 使用双因素方差分析，检验作者的性别、作者的学位，以及它们的交互作用对评分的效应。

41. 临床研究者希望确定抗抑郁药是否应与心理治疗联合使用，以解决退伍军人的创伤后应激障碍（PTSD）问题。她设计了一个有 16 名志愿者参与的实验，这些志愿者已经从军队中退役，并被诊断患有创伤后应激障碍。他们根据是否接受心理治疗和是否使用抗抑郁药被分组。在治疗一年后，研究者会测量他们的 PTSD 症状程度，其范围为 1（低）～15（高）。使用双因素方差分析，检验心理治疗和抗抑郁药对 PTSD 症状既无单独主效应也无交互作用的零假设。

无抗抑郁药		有抗抑郁药	
无心理治疗	有心理治疗	无心理治疗	有心理治疗
9	9	10	7
10	10	11	6
8	14	7	8
13	9	8	11

▶ 上机练习

1. 使用综合社会调查的数据，检验人们每天必须休息的小时数（HRSRELAX）是否因婚姻状况（MARITAL）而不同。提示：依次选择 ANALYZE，COMPARE MEANS，ONE - WAY ANOVA。请注意：按 Post Hoc 按钮后选择图基的 HSD 检验，按 Options 按钮后选择均值和标准差。

2. 基于综合社会调查的数据，检验过去 30 天内认为自己心理健康状况不佳的天数（MNTLHLTH）是否因婚姻状况（MARITAL）而不同。使用单因素方差分析和图基的 HSD 检验，选择均值和标准差作为选项。

3. 基于综合社会调查的数据，检验每周使用电子邮件的小时数（EMAILHRS）是否因年龄组（将 AGE 重新编码为新变量 AGEGRP）而不同。使用单因素方差分析和图基的 HSD 检验，选择均值和标准差作为选项。在进行分析之前，使用下面的分组将年龄重新编码为新变量（AGEGRP）：18～29 岁；30～44 岁；45～64 岁；65 岁及以上。

4. 从综合社会调查中选择两个变量并应用单因素方差分析进行分析。切记：因变量需要是定距/定比变量，而自变量需要有三个或更多的类别。

5. 重新分析本章介绍过的关于电影内容的示例。请注意：数据集是由范围为 0～10 的同理心得分

构成的。性相关内容是划分为无性相关内容和有性相关内容的定类变量。暴力内容则是划分为非暴力和暴力的定类变量。 318

同理心	电影内容	
	性相关内容	暴力内容
2	1	1
1	1	1
1	1	1
2	1	1
9	1	2
5	1	2
7	1	2
7	1	2
6	2	1
4	2	1
8	2	1
6	2	1
8	2	2
10	2	2
7	2	2
9	2	2

使用 SPSS 中的 GLM（一般线性模型）程序，进行双因素方差分析。提示：依次选择 ANALYZE，GENERAL LINEARMODEL，UNIVARIATE。其中因变量是同理心（EMPATHY），自变量作为固定因子输入。GLM 程序是计算双因素方差分析的最简单方法。它将估计所有主效应和交互作用。将 SPSS 输出的结果与本章中手工计算的结果进行比较，在舍入误差范围内，两个结果是否相同？

6. 使用 SPSS 中的 GLM（一般线性模型）程序，来检验受访者的收入（CONRINC）是否因婚姻状况（MARITAL）和性别（SEX）而不同。

a. 婚姻状况和性别的主效应显著吗？

b. 两者的交互作用显著吗？

319 # 第9章 非参数检验

如第 7 章和第 8 章所示，许多社会研究者通过 t 检验或方差分析来对其调查的各个组进行比较。要进行这些显著性检验有着一系列的要求，包括所研究的特性在一个特定的总体中呈正态分布，或样本分布足够大，使得样本均值的抽样分布接近正态分布等假设。另外，每一个检验都要求是定距等级的测量，以使每一个案例都可以被赋予一个数值。当进行显著性检验时——如 t 检验和方差分析——要求总体的正态性（或者至少是大样本，以使抽样分布是正态的）和定距等级的测量时，这种检验被称作参数检验。这个名称基于“参数”这个词，它指的是总体的某种特性。

那么，如果研究者不能进行参数检验又如何呢？这就是说，研究者既不能确定正态性假设，也没有包含大量案例的样本，或者数据不是在定距等级上测量的。例如，研究者面对的是一个偏态的分布，或者数据是分类统计的（定类数据）或按序排列的（定序数据）。研究者应如何不违反某个特定检验的
320 要求而对样本进行比较呢？幸运的是，统计学家们已经发展出了许多显著性的非参数检验的方法——这些检验方法所列出的要求中不再包括正态性或定距等级的测量。为了理解非参数检验在社会研究中的重要位置，我们必须理解“检验的功效”这一概念。所谓检验的功效，指的是当零假设实际上为假应该被拒绝时，确实拒绝了零假设的概率。

不同检验的功效也是不同的。功效最强的检验——那些当零假设为假时最有可能拒绝它的检验——是一些有着最强的或者最难满足的要求的检验。它们通常是参数检验，如 t 检验和 F 检验，其测量是在定距等级上的，而且所研究的特性在它们的总体中是呈正态分布的，或者它们是在足够大的

总体中进行抽样的。与之相比，非参数检验没有这么严格的要求，但其在显著性检验上的功效也要弱于参数检验。因此，在零假设为假（并将如样本规模等其他因素保持在固定水平上）的情况下，研究者若采用合适的 t 检验或 F 检验，将会比采用非参数检验更有可能拒绝零假设。从统计学的意义上而言，你付出了多少，就会得到多少。

可以理解，社会研究者们希望在零假设为假时能够拒绝它。因此，他们中的大多数宁愿采用参数检验，有时甚至会稍稍变通一下来求得满足参数检验的要求。例如，当定序变量为平均分布时，便会被近似看作定距变量，而且在数据既不呈正态分布也并非非常偏态的情况下，人们可能依然会采用参数检验。

但是，如前面所提到的，社会研究者不得不欺骗自己，因为有很多时候，参数检验的要求是不可能接近满足的。第一，大多数社会研究的数据是不会接近于定距等级的；第二，我们可能会发现所研究的变量在总体中是严重偏态的，并且可能不会有大的样本来作为弥补。

在统计检验的要求被严重违背的情况下，我们是不可能知道一个统计检验的功效的。因此，那些没有满足统计检验要求的结果是缺乏解释意义的。在这种情况下，社会研究者应明智地采取非参数检验。

在这一章里，我们介绍四种在定类或定序等级上最常用的非参数检验方法：卡方检验、中位数检验、曼-惠特尼 U 检验和克鲁斯凯-沃利斯检验。

单因素卡方检验

你曾在一个全是多项选择题的考试中试图揣摩你的老师吗？你可能会如此推理：“上两个答案都是 B，他不能连续 3 道题的正确选项都是 B。”或者你可能会想：“答案中的 D 太少了，我是否应该把一些我不能肯定的题的答案确定为 D。”当然，你是在假设你的任课老师试图把他的正确答案均匀地分布到从 A 到 E 的各个类别上。

假设你的老师发回了试卷并公布了答案。你列出了一个如下所示的 50 道题的正确答案的频数分布 321
表（见表 9-1）：

表 9-1　50 道题的正确答案的频数分布

A	12
B	14
C	9
D	5
E	10

这样，在 50 道题中有 12 道题的正确答案是 A，14 道题的正确答案是 B，如此等等。这些数字被称为观察频数（f_o）。所谓观察频数，指的是在一个实际的频数分布中的频数，即我们在实际的研究中得出的频数。

你可能会从这个分布中感到这位老师似乎喜欢把正确答案往前放，即放在 A 或 B 的位置。并且，他似乎倾向于避开选项 D，因为只有 5 道题的正确答案是 D。

从对这次考试的结果的观察中，我们能得出这位老师的什么倾向呢？他是否如此之远地偏离了答案的均匀分布，以至于显示出诸如不喜欢选项D这样的倾向呢？或者，能否用偶然的变异性说明这个结果？这就是说，如果我们观察这位老师的更多次测验，那么我们能否从长期的趋势中得出一致的结果呢？

这些是与我们在第7章和第8章中就样本均值所问的问题类型相同的问题，但是现在我们需要的是对频数进行检验。卡方（写作 χ^2 ）检验是最常使用的非参数检验，不但因为它相对容易，而且因为它适用于各种各样的研究问题。

单因素卡方检验能被用于确定我们前面所观察到的频数分布是否显著不同于均匀分布（或者我们所设定的任何其他分布）。在当前的例子里，零假设和研究假设分别如下：

零假设：这位老师在把正确答案从A到E分配时并没有显示出任何倾向

研究假设：这位老师在把正确答案从A到E分配时显示出一种特定的倾向

如果零假设为真，那么正确答案的频数分布表看上去应像什么样呢？因为这里一共有5个类别，所以每个类别应该各包含20%的正确答案。就50个问题而言，我们应该期望每类各有10个正确答案。

期望频数（f_e）是在零假设下我们所期望发生的频数。均匀分布假设下的期望频数如下：

A	10
B	10
C	10
D	10
E	10

322 卡方检验允许我们检验一组观察频数（f_o）与期望频数（f_e）之间差异的显著性。我们观察到的为A的正确答案有12个，但在零假设下我们期望的只有10个；我们观察到的为B的正确答案有14个，但在零假设下我们期望的只有10个；如此等等。很明显，观察频数与期望频数之间的差异越大，我们就越有可能获得一个显示出零假设不为真的显著性差异。

卡方统计量直接聚焦于观察频数是如何接近于在零假设下的期望频数的。只基于观察频数和期望频数，卡方的公式为：

$$\chi^2 = \sum \frac{(f_o - f_e)^2}{f_e}$$

在这里，f_o＝某一类别的观察频数，f_e＝某一类别的期望频数。

按照这个公式，我们必须将每个观察频数减去它所对应的期望频数，将差值取平方，再除以期望频数，然后把所有类别的商加起来得到卡方的值。

让我们深入考察一下卡方统计量与零假设之间的关系。如果在一个极端的情况下，所有的观察频数都等于它们各自的如零假设所期望的期望频数（所有的 $f_o = f_e$），那么卡方将等于0。如果所有的观察频数除了抽样误差以外与零假设一致，从而接近于它们的期望频数，那么卡方会很小。观察频数偏离于零假设下的期望频数越远，卡方也越大。从某些方面而言，观察频数与期望频数之间的差异会大到超出能归于抽样误差的范围。从这点上说，卡方值大到使我们拒绝零假设而接受研究假设。要确定在我们拒绝零假设前，卡方值应大到何种程度，我们无疑需要将计算得出的卡方值与表中的临界值进行比较。

正如同第7章和第8章中所提及的 t 检验和方差分析的例子一样，卡方的抽样分布可以被用来估计仅通过随机而非通过实际的总体差异来获取一个显著卡方值的可能性。然而，与显著性参数检验不同的是，卡方检验适用于比较频数而非比较均值。

如前所述，我们计算观察频数和期望频数的差值，将差值平方，再除以期望频数，从而得到卡方值，如表 9－2 所示： 323

表 9－2 用卡方值计算各数据

类别	f_o	f_e	f_o-f_e	$(f_o-f_e)^2$	$\frac{(f_o-f_e)^2}{f_e}$
A	12	10	2	4	0.4
B	14	10	4	16	1.6
C	9	10	−1	1	0.1
D	5	10	−5	25	2.5
E	10	10	0	0	0.0
					$\chi^2=4.6$

将各类别的最后一列（商）相加，我们得出 $\chi^2=4.6$ 。为了解释这个卡方值，我们确定其所对应的自由度：

$$\text{df}=k-1$$

在这里，k＝观察频数分布的类别。

在我们的例子中，一共有 5 个类别，因而：

$$\text{df}=5-1$$
$$=4$$

转到附录 C 的表 F，我们可以发现在 0.05 和 0.01 的水平上显著的一列卡方值。在 0.05 的显著性水平上，我们看到自由度为 4 时的卡方临界值为 9.488。这是我们在拒绝零假设时必须超过的值。由于我们计算出的卡方值为 4.6，小于表中的值，因此我们必须保留零假设而拒绝研究假设。观察频数与在正确答案均匀分布的零假设下的期望频数之间并没有足够的差异。因此，尽管我们并没有观察到一个完全均匀的分布（每个类别都为 10），但是不均匀的程度不足以让我们得出结论说这位老师在分配答案上有什么潜在的倾向。

逐步演示 9.1 单因素卡方检验

为了逐步概括计算单因素卡方的过程，我们假设有一位社会研究者有兴趣调查高中学生对大学学历的重要性的态度。她对一个包含 60 名高中学生的样本进行了调查，询问他们认为大学教育是变得更重要了，还是变得更不重要了，抑或是重要性没有变化。

我们可以如此设定我们的假设： 324

零假设：高中学生对大学教育重要性的变化的态度可以被分成大小相等的组

研究假设：高中学生对大学教育重要性的变化的态度可以被分成大小不相等的组

让我们假设 60 名高中学生中，35 人感到大学教育变得更重要了，10 人感到更不重要了，15 人感到重要性没有变化。

第一步 将数据以频数分布的形式呈现。

类别	观察频数（f_o）
更重要	35
更不重要	10
没有变化	15
总计	60

第二步 计算各类的期望频数。

期望频数（f_e）是在零假设下期望发生的频数。在零假设下，我们将期望学生的态度在三个类别上是平均分配的。因此，对于三个类别（$k=3$）和 60 名学生而言：

$$f_e = \frac{60}{3}$$
$$=20$$

类别	观察频数（f_o）	期望频数（f_e）
更重要	35	20
更不重要	10	20
没有变化	15	20
总计	60	60

第三步 建立卡方值的概括表。

类别	f_o	f_e	f_o-f_e	$(f_o-f_e)^2$	$\frac{(f_o-f_e)^2}{f_e}$
更重要	35	20	15	225	11.25
更不重要	10	20	−10	100	5.00
没有变化	15	20	−5	25	1.25
					$\chi^2=17.50$

325 **第四步** 计算自由度。

$$df = k-1$$
$$=3-1$$
$$=2$$

第五步 将计算出来的卡方值与表 F 中对应的卡方值相比较。

转到附录 C 中的表 F，我们看到在 0.05 的显著性水平上自由度为 2 时表现为显著的卡方临界值为 5.99。由于计算出的卡方值（$\chi^2=17.50$）大于表中的值，因此我们拒绝零假设。所以，这个发现显示，高中学生在对大学教育重要性的变化的态度上的分组大小是不同的。事实上，大多数学生（60 人中有 35 人）认为它变得更重要了。更进一步说，这个发现不能只被归因于抽样误差或偶然。

双因素卡方检验

到目前为止，我们考虑了如何检验在一个观察频数分布中类别之间的频数是否有明显的不同。为了达到这个目的，我们使用单因素卡方来检验一组观察频数是否显著地不同于一组在零假设下的期望频数。

卡方检验在社会研究中有着更广泛的用途，就主要的而言，它被用来检验一个观察频数分布是否显著不同于另一个观察频数分布。例如，我们前面所讨论的关于高中学生对大学教育重要性的变化的态度的调查可以进一步深化，检验男学生与女学生的态度是否有明显的不同。这时的卡方检验不再是拿一组观察频数（更重要、更不重要、没有变化）与假设的均匀分布相比较，而是比较男学生与女学生的观察频数（更重要、更不重要、没有变化）。

如我们在第 2 章所看见的，定类和定序变量通常以交互表的形式来呈现。具体地说，交互表用来比较一个变量（这个变量通常被称作因变量）的分布相对于一些变量（这些变量通常被称为自变量）的各个类别的变化。在交互表中，焦点集中在组间——例如男性和女性之间——在因变量上的差异，例如对大学教育重要性的变化的态度。

我们现在要准备考虑在交互表中的差异——例如对大学教育重要性的变化的态度的性别差异——是否在统计上是显著的。我们还记得，单因素卡方是通过将观察频数与零假设下的期望频数相比较来对一个单一的频数分布进行检验的。同样，双因素卡方也是通过将观察频数与零假设下的期望频数相比较来检验一个交互表的。

你将会非常高兴地得知这两种形式（单因素和双因素）的卡方检验在逻辑和过程上是非常类似的。事实上，唯一的主要差别在于如何计算期望频数。

双因素卡方的计算 326

卡方检验的零假设是总体在某一特性的频数分布方面没有差异，而研究假设讲的是样本差异反映了某一特性的相对频数在总体中存在真实的差异。为了演示如何计算频数数据（或可以化简成频数的比例）的双因素卡方，假设我们被要求调查政治取向与对大政府或小政府的倾向之间的关系。我们以二分法对我们的样本成员进行分类，这就是说，我们必须确定他们是偏好提供更多服务的大政府还是偏好提供更少服务的小政府。因此：

零假设：自由派偏好大政府的相对频数（或占比）与保守派偏好大政府的相对频数（或占比）是一样的

研究假设：自由派偏好大政府的相对频数（或占比）与保守派偏好大政府的相对频数（或占比）是不一样的

同单因素卡方检验一样，对交互表的双因素卡方检验实质上所关注的是观察频数与期望频数之间的差异。又一次，期望频数（f_e）指的是在零假设下，各组被期望相等的频数（或比例）。例如，如果某个确定百分比的自由派被期望是偏好大政府的，那么我们会期望有同样百分比的保守派是偏好大政府的。与之相对，观察频数（f_o）指的是通过研究我们所得到的实际结果，因此，各组之间也许会有差异。只有当期望频数与观察频数之间的差异足够大时，我们才会拒绝零假设并确定真实的总体差异的存在。

让我们考虑一个简单的例子，即我们有相等数量的自由派和保守派，以及相等数量的偏好大政府和偏好小政府的被调查者。假设有 40 人参加了我们的调查，交互表显示的各个单元格的观察频数（f_o）如下（见表 9－3）：

表 9－3　观察频数

政府偏好	政治取向		
	自由	保守	总计
大	13	7	20
小	7	13	20
总计	20	20	$N=40$

327 在这个交互表中，有 40 个被调查者和 4 个单元格。因此，为了计算期望频数（f_e），我们会期望每个单元格里有 10 个案例，其显示如下（见表 9－4）：

表 9－4　期望频数

政府偏好	政治取向		
	自由	保守	总计
大	10	10	20
小	10	10	20
总计	20	20	$N=40$

在这个交互表里直接计算期望频数的方法是可行的，这仅仅因为行和列的边缘频数是相等的（它们都等于 20）。不幸的是，在大多数研究中，交互表的行和列的边缘频数不是相等的。通过抽样技术，有可能控制自变量的分布——例如，获取同样多的自由派和保守派。但是，你不能控制因变量的分布——例如，偏好大政府和偏好小政府的被调查者的数量。因此，我们必须考虑使用更一般的方法来计算期望频数——一种无论行和列的边缘频数是否相等都可以使用的方法。

继续前面的例子，我们抽取了 20 名自由派和 20 名保守派，假设我们观察到被调查者中“偏好大政府”的人比“偏好小政府”的更多。因此，如表 9－5 所示，行边缘频数是不相等的。

表 9－5 的数据显示出在 20 名自由派中有 15 人偏好大政府，而在 20 名保守派中有 10 人偏好大政府。为了确定是否这些频数偏离期望频数仅仅出于偶然，我们需要确定在无差异的零假设下的期望频数。

表 9－5　政府偏好和政治取向的交互表的观察频数

政府偏好	政治取向		
	自由	保守	总计
大	15	10	25
小	5	10	15
总计	20	20	$N=40$

328 在表 9－6 中，观察频数和期望频数在每个单元格里都一起显示。期望频数是按零假设得出的，这

就是说，它们代表了如果无差异的零假设为真那么我们所期望看到的频数。因此，全体 40 名被调查者中有 25 人——或者说 62.5%——偏好的是大政府。按照零假设，自由派和保守派在这个问题上是没有差异的，所以会有 62.5%的自由派和 62.5%的保守派偏好大政府。转换成期望频数的形式，两个组中偏好大政府的被调查者应该占相同的百分比（或相对频数）。如果零假设为真，那么我们期望有 12.5 个自由派是偏好大政府的，以及有 12.5 个保守派是偏好大政府的。当然对于自由派和保守派，偏好小政府的频数都是 7.5，因为期望频数加起来必须等于边缘总计。最后，需要提醒的重要一点是，期望频数（下一章节我们将会学习如何用公式计算它）不一定是整数。

表 9-6　政府偏好和政治取向的交互表的观察频数和期望频数

政府偏好	政治取向：自由	政治取向：保守	总计
大	15 (12.5)	10 (12.5)	25
小	5 (7.5)	10 (7.5)	15
总计	20	20	N = 40

观察频数 → 15；期望频数 → (12.5)；列边缘总计 → 20；行边缘总计 → 15

正像前面讨论的那样，卡方检验聚焦于观察频数是如何接近于零假设下的期望频数的。以观察频数和期望频数为基础，双因素卡方与单因素卡方的计算公式是一样的。具体为：

$$\chi^2 = \sum \frac{(f_o - f_e)^2}{f_e}$$

在这里，f_o＝某一单元格的观察频数，f_e＝某一单元格的期望频数。

我们将每个观察频数减去它所对应的期望频数，将差值乘方，然后除以期望频数，再将所有单元 329
格的商加起来，最后得出卡方值。

将卡方公式应用于当前的数据（见表 9-7）：

表 9-7　用卡方值计算各数据

单元格	f_o	f_e	$f_o - f_e$	$(f_o - f_e)^2$	$\frac{(f_o - f_e)^2}{f_e}$
左上	15	12.5	2.5	6.25	0.50
右上	10	12.5	−2.5	6.25	0.50
左下	5	7.5	−2.5	6.25	0.83
右下	10	7.5	2.5	6.25	0.83
					χ^2 = 2.66

因此，我们得出 $\chi^2 = 2.66$ 。为了解释这个卡方值，我们还必须确定相应的自由度。对于任意行和列的表格，这一点可以通过下面的公式来实现：

$$\text{df} = (r-1)(c-1)$$

在这里，r=观察频数表的行数，c=观察频数表的列数。

由于表 9-6 是两行两列（2×2）的表，因此：

$$\begin{aligned}\text{df} &= (r-1)(c-1)\\ &= (1)(1)\\ &= 1\end{aligned}$$

转到附录 C 的表 F，我们可以看到在 0.05 或 0.01 的显著性水平上显著的一列卡方值。在 0.05 的显著性水平上，我们看到对于 1 个自由度的卡方的临界值为 3.84。这是我们要拒绝零假设所必须超出的值。由于我们计算出的卡方值只有 2.66，小于表中的值，因此我们必须保留零假设而拒绝研究假设。观察频数与由随机因素所导致的期望频数之间并没有足够大的差异，由此说明实际的总体差异并不存在。

计算期望频数

各个单元格的期望频数必须反映出在零假设下纯粹是由偶然因素所造成的结果。如果期望频数意味着所有样本的一致性，那么它们必须同它们的边缘总计——无论是行边缘总计还是列边缘总计——成比例。

330 为了得出某个单元格的期望频数，我们可以将其行边缘总计和列边缘总计相乘然后除以 N：

$$\boxed{f_e = \frac{(\text{行边缘总计})(\text{列边缘总计})}{N}}$$

对于表 9-6 的左上单元格（大政府自由派）：

$$\begin{aligned}f_e &= \frac{(25)(20)}{40}\\ &= \frac{500}{40}\\ &= 12.5\end{aligned}$$

同样，对于表 9-6 的右上单元格（大政府保守派）：

$$\begin{aligned}f_e &= \frac{(25)(20)}{40}\\ &= \frac{500}{40}\\ &= 12.5\end{aligned}$$

对于表 9-6 的左下单元格（小政府自由派）：

$$\begin{aligned}f_e &= \frac{(15)(20)}{40}\\ &= \frac{300}{40}\\ &= 7.5\end{aligned}$$

对于表 9-6 的右下单元格（小政府保守派）：

$$f_e = \frac{(15)(20)}{40}$$
$$= \frac{300}{40}$$
$$= 7.5$$

在表格 9-6 中，这些计算后的期望频数都被写在了观察频数旁。如我们下面将看到的，上面的这种计算 f_e 的方法能够被应用于任何必须计算期望频数的卡方检验。

逐步演示 9.2　双因素卡方检验 331

为了概括从一个交互表中计算卡方的逐步过程，让我们考虑一项关于催眠对提高犯罪案目击证人记忆力的效果的研究。假设如下：

零假设：催眠对犯罪案目击证人的识别记忆没有影响

研究假设：催眠对犯罪案目击证人的识别记忆有影响

为了在 $\alpha = 0.05$ 的显著性水平上检验零假设，所有的被试首先都看了一盘一个窃贼作案的录像。一星期以后，被试被随机分派到两个情境中。在实验组的被试被催眠，然后被要求从一队人中找出窃贼。在控制组的被试没有被催眠，然后被要求对同一队人进行识别。假设结果如下表。我们从结果可以看出催眠组确实在识别犯人的尝试中表现得要糟一些。在实验组中的 40 名被试中只有 7 人是正确的，而在控制组的 40 名被试中有 17 人做出了正确的选择。这个差异可能暗示了催眠确实是有影响的（尽管不是人们所希望的那类影响），但这个差异是显著的吗？

	催眠组	控制组
正确识别	7	17
错误识别	33	23
总计	40	40

第一步　以观察频数的 2×2 的表格形式重新编排数据。

	催眠组	控制组	
正确识别	7	17	24
错误识别	33	23	56
	40	40	$N = 80$

第二步　计算各个单元格的期望频数。 332

	催眠组	控制组	
正确识别	7 (12)	17 (12)	24
错误识别	33 (28)	23 (28)	56
	40	40	$N = 80$

左上：

$$f_e = \frac{(24)(40)}{80}$$
$$= \frac{960}{80}$$
$$= 12$$

右上：

$$f_e = \frac{(24)(40)}{80}$$
$$= \frac{960}{80}$$
$$= 12$$

左下：

$$f_e = \frac{(56)(40)}{80}$$
$$= \frac{2\ 240}{80}$$
$$= 28$$

右下：

$$f_e = \frac{(56)(40)}{80}$$
$$= \frac{2\ 240}{80}$$
$$= 28$$

333 **第三步** 构建一个概括表，此表显示了每一个单元格的观察频数和期望频数，将观察频数减去期望频数，并将差值乘方，除以期望频数，然后将这些商加起来以得到卡方值。

单元格	f_o	f_e	$f_o - f_e$	$(f_o - f_e)^2$	$\frac{(f_o - f_e)^2}{f_e}$
左上	7	12	−5	25	2.08
右上	17	12	5	25	2.08
左下	33	28	5	25	0.89
右下	23	28	−5	25	0.89
					$\chi^2 = 5.94$

第四步 确定自由度。

$$\text{df} = (r-1)(c-1)$$
$$= (2-1)(2-1)$$
$$= (1)(1)$$
$$= 1$$

第五步 将计算出的卡方值与附录C的表F中对应的卡方值进行比较。

计算出的 $\chi^2 = 5.94$

表中的 $\chi^2 = 3.84$

df=1

$\alpha = 0.05$

如第五步所指出的，为了在0.05的显著性水平、1个自由度下拒绝零假设，我们计算出的卡方值必须大于等于3.84。由于我们计算出的卡方值等于5.94，因此我们可以拒绝零假设而接受研究假设。这个结果显示出催眠组和控制组在识别窃贼的能力方面确实存在显著的差异。但是，在建议所有犯罪案目击证人都应该被催眠以前，你应该再看一下数据的具体情况。被催眠的被试在识别窃贼方面表现得更差，而非更加准确。这可能是在催眠状态下，被试被迫通过想象来填补记忆中的空隙导致的结果。

多组比较 334

到现在为止，我们的演示只限于2×2的情况。但是，应该强调的是，卡方检验经常被用于超过2×2的对多个组或类别进行比较的表格。对多个组进行比较的步骤实质上同2×2是一样的。让我们以一个3×3（三行三列）的问题来做演示，尽管使用任意数量的行和列都是可以的。

假设一位社会学家对不同的父亲角色类型会如何影响儿童教养方式感兴趣。具体来说，他对比了亲生父亲、继父和男性同居伴侣的样本，考察他们在对待自己妻子或伴侣的孩子时有多严格。他选取了三个随机样本，分别包含32位亲生父亲、30位继父和27位同居伴侣。此外，他将他们的儿童教养方式分成三类：放任、适中、权威。因此：

零假设：亲生父亲、继父和同居伴侣中放任、适中、权威类型的儿童教养方式的相对频数是一样的

研究假设：亲生父亲、继父和同居伴侣中放任、适中、权威类型的儿童教养方式的相对频数是不一样的

假设表9-8呈现的是社会学家获取的儿童教养方式的样本差异。从中我们可以看到，32位亲生父亲中有7人、30位继父中有9人、27位同居伴侣有14人的儿童教养方式是放任的。

为了确定表9-8中是否确实存在显著差异，我们必须应用我们在这一章里学到的卡方的公式：

$$\chi^2 = \sum \frac{(f_o - f_e)^2}{f_e}$$

表9-8　儿童教养方式与关系类型

儿童教养方式	关系类型		
	亲生父亲	继父	同居伴侣
放任	7	9	14
适中	10	10	8
权威	15	11	5
总计	32	30	27

335 **逐步演示 9.3** **多组比较**

这个卡方公式可以通过以下步骤应用于 3×3 的问题。

第一步 以 3×3 的表格的形式重新编排数据。

儿童教养方式	关系类型			总计
	亲生父亲	继父	同居伴侣	
放任	7	9	14	30
适中	10	10	8	28
权威	15	11	5	31
总计	32	30	27	89

列边缘总计　　观察频数　　行边缘总计

第二步 计算各单元格的期望频数。

左上：

$$f_e = \frac{(30)(32)}{89}$$

$$= \frac{960}{89}$$

$$= 10.79$$

中上：

$$f_e = \frac{(30)(30)}{89}$$

$$= \frac{900}{89}$$

$$= 10.11$$

右上：

$$f_e = \frac{(30)(27)}{89}$$

$$= \frac{810}{89}$$

$$= 9.10$$

336 左中：

$$f_e = \frac{(28)(32)}{89}$$

$$= \frac{896}{89}$$

$$= 10.07$$

中中：

$$f_e = \frac{(28)(30)}{89}$$

$$= \frac{840}{89}$$

$$= 9.44$$

右中：

$$f_e = \frac{(28)(27)}{89}$$

$$= \frac{756}{89}$$

$$= 8.49$$

左下：

$$f_e = \frac{(31)(32)}{89}$$

$$= \frac{992}{89}$$

$$= 11.15$$

中下：

$$f_e = \frac{(31)(30)}{89}$$

$$= \frac{930}{89}$$

$$= 10.45$$

右下：

$$f_e = \frac{(31)(27)}{89}$$

$$= \frac{837}{89}$$

$$= 9.40$$

第三步 构建一个概括表，此表显示了每一个单元格的观察频数和期望频数，将观察频数减去期望频数，并将差值乘方，除以期望频数，然后将这些商加起来以得到卡方值。 337

单元格	f_o	f_e	$f_o - f_e$	$(f_o - f_e)^2$	$\frac{(f_o - f_e)^2}{f_e}$
左上	7	10.79	−3.79	14.36	1.33
中上	9	10.11	−1.11	1.23	0.12
右上	14	9.10	4.90	24.01	2.64
左中	10	10.07	−0.07	0.00	0.00
中中	10	9.44	0.56	0.31	0.03
右中	8	8.49	−0.49	0.24	0.03
左下	15	11.15	3.85	14.82	1.33
中下	11	10.45	0.55	0.30	0.03
右下	5	9.40	−4.40	19.36	2.06
					$\chi^2 = 7.57$

第四步 确定自由度。

$$\begin{aligned} df &= (r-1)(c-1) \\ &= (3-1)(3-1) \\ &= (2)(2) \\ &= 4 \end{aligned}$$

第五步 将计算出的卡方值与表 F 中对应的卡方值进行比较。

计算出的 $\chi^2 = 7.57$

表中的 $\chi^2 = 9.49$

df=4

$\alpha = 0.05$

因此，要拒绝零假设，我们需要有 9.49 以上的卡方值。由于我们计算出的卡方值只有 7.57，因此我们必须保留零假设，并且将样本差异归因于偶然因素。我们并没有发现亲生父亲、继父和同居伴侣的儿童教养方式在统计上存在显著的差异。

338

对于过小期望频数的校正

卡方检验在社会研究者中如此流行的一个主要原因是它对数据的要求非常少。这就是说，卡方检验不需要 t 检验和方差分析所需要的一大堆前提。尽管有着相对自由的前提，但卡方检验同样不可以被无限制地使用。尤其注意的是，卡方检验对样本规模有一定的要求。尽管卡方检验不需要与参数检验一样大的样本，但如我们在下面将看到的，过小的样本有时会导致误导性的结果。

一般而言，当某些期望频数小于 5 时，使用卡方检验需要非常小心。关于有多少个低于 5 的期望频数会导致错误的结果，并没有硬性的规定。一些研究者主张所有的期望频数都至少为 5，而另一些研究者则相对放宽了要求，只坚持大多数的期望频数至少为 5。这个决定取决于过小的期望频数的单元格对卡方值的影响如何。

例如，看一下表 9-9 中关于 200 名凶杀案中的罪犯性别与杀人武器。“女性/其他”这一单元格的期望频数只有 2。对于这一单元格，观察频数为 6（女性比男性更倾向于使用毒药），所以它对卡方值的贡献为：

$$\frac{(f_o - f_e)^2}{f_e} = \frac{(6-2)^2}{2} = 8$$

无论其他 7 个单元格的情况怎样，“女性/其他”这个单元格的值将会使得零假设被拒绝。这是因为，对于一个 4×2 的表（df=3），表 F 中的临界值为 7.815，而“女性/其他”这一个单元格的数值，就已经超出了该临界值。我们会对仅仅因使用诸如毒药等其他武器的女性比期望频数多了 4 而拒绝零假设感到非常不舒服。这里的问题是将期望频数 2 作为分母会使得分类变得非常不稳定。即使作为分子的期望频数与观察频数之间的差异不太大，商也会因分母太小而暴涨。出于这个原因，我们要特别注意过小的期望频数。

表 9-9　杀人武器与罪犯性别的交互表（括号里为期望频数）

	男性	女性	总计
枪	100 (90)	20 (30)	120
刀	39 (45)	21 (15)	60
钝器	9 (9)	3 (3)	12
其他	2 (6)	6 (2)	8
总计	150	50	$N=200$

在期望频数小于 5 而导致问题出现的情况下，你应该忽略或合并一些类别，但你只有在符合逻辑的情况下才可以这样做。人们不会希望将实质上差别很大的类合并在一起。但在当前的例子里，我们可以将“钝器”和“其他”这两类合并，而仍标为“其他”。修改后的交互表见表 9-10。注意，在这个表里已不存在因期望频数过低而造成问题的单元格了。 339

表 9-10　修改过的杀人武器与罪犯性别的交互表（括号里为期望频数）

	男性	女性	总计
枪	100 (90)	20 (30)	120
刀	39 (45)	21 (15)	60
其他	11 (15)	9 (5)	20
总计	150	50	$N=200$

在 2×2 的表中，要求所有的期望频数都至少为 5 是非常重要的。另外，对于 2×2 的表，期望频数小于 10，也可能会导致问题的发生。但幸运的是，有一种针对 2×2 的表的期望频数大于 5 但小于 10 的非常简单的解决方法，被称为耶茨校正（Yates's correction）①。通过耶茨校正，观察频数与期望频数之间的差异被减少了 0.5。既然卡方值依赖于差异的大小，那么我们同样减少了卡方值的大小。下面的卡方值的校正公式被用于期望频数过小的情况：

$$\chi^2=\sum\frac{(|f_o-f_e|-0.5)^2}{f_e}$$

① 一些研究者建议将耶茨校正应用于所有的 2×2 的表，而不仅仅在期望频数不足的情况下。这在技术上是正确的，当所有的期望频数都非常大时，它几乎不会产生什么实际的差异。即，在期望频数很大的情况下，校正和未校正的卡方值是非常接近的。

在卡方的校正公式中，包围 $f_o - f_e$ 的竖线代表着我们必须将每个 $f_o - f_e$ 的绝对值（忽略负号）减去 0.5。

作为演示，假设靠近加拿大的一所美国大学的某位老师怀疑来自加拿大的学生比来自美国的学生更喜欢吸烟。为了检验这个假设，他询问了他的一节课上的 36 名学生的国籍和吸烟状态。其结果见表 9－11。

340 **表 9－11　吸烟状态和国籍的交互表**

吸烟状态	国籍	
	美国	加拿大
不吸烟	15	5
吸烟	6	10
总计	21	15

如果我们使用 2×2 的表的原始的卡方公式（$\chi^2 = 5.13$），那么我们将会得出结论说来自美国的学生和来自加拿大的学生之间的差异是显著的。但是，在得出这个结论以前，我们必须考虑过小的期望频数的潜在影响，而必须使用耶茨校正公式来计算。

将耶茨校正公式应用于 2×2 的表的过程如下（见表 9－12）：

表 9－12　用耶茨校正公式计算卡方值的各数据

f_o	f_e	$\lvert f_o - f_e \rvert$	$\lvert f_o - f_e \rvert - 0.5$	$(\lvert f_o - f_e \rvert - 0.5)^2$	$\frac{(\lvert f_o - f_e \rvert - 0.5)^2}{f_e}$
15	11.67	3.33	2.83	8.01	0.69
5	8.33	3.33	2.83	8.01	0.96
6	9.33	3.33	2.83	8.01	0.86
10	6.67	3.33	2.83	8.01	1.20
					$\chi^2 = 3.71$

如表所示，耶茨校正公式产生了一个比通过未校正公式计算出的卡方值（$\chi^2 = 5.13$）更小的卡方值（$\chi^2 = 3.71$）。在当前的例子中，我们对于零假设的决策取决于是否使用耶茨校正公式。使用耶茨校正公式，我们会保留零假设；不使用耶茨校正公式，我们会拒绝零假设。在如此不同的结果下，人们应该使用更保守的耶茨校正公式。

双因素卡方检验的要求

使用卡方检验只有很少的要求，这也部分地解释了它为什么会被使用得如此广泛。不同于 t 检验，卡方检验既不假定总体的正态性，也不要求定距等级的测量。但是，进行双因素卡方检验仍然需要考虑满足以下条件：

（1）对两个或多个样本进行比较。如前面的内容所演示的，双因素卡方检验用于对两个或多个独立样本进行比较。这要求我们至少有 2×2 的表（即表至少 2 行 2 列）。独立性的假设意味着卡方检验不能被应用于单一样本的事前-事后设计。我们至少应该有两个独立的被调查者样本。

（2）定类数据。卡方检验并不要求数据是定距或定序的，只要是频数就可以。

（3）随机抽样。我们应该从某个总体中随机地抽取样本。 341

（4）单元格的期望频数不宜太小。f_e 到底应该多大取决于具体的问题。对于 2×2 的情况，期望频数不应该小于 5。另外，对于 2×2 的情况，当期望频数小于 10 时应采用耶茨校正公式。对于多个组比较的情况（例如，3×3 或 4×5 的情况），对单元格的最小期望频数并没有硬性规定，但我们仍应对一些少于 5 个案例的单元格十分小心。在这种情况下，案例较少的类别应尽可能合并。

中位数检验

对定序数据而言，中位数检验是用来确定两个或更多的样本是否是从中位数相等的总体中抽取的非参数检验。实际上，中位数检验涉及对任意一个维度的数值是大于还是小于两组变量的联合中位数的交互表进行卡方检验。同前面一样，在 2×2（对两个样本进行比较）的情况下，当期望频数过小时应进行耶茨校正。

逐步演示 9.4　中位数检验

为了演示进行中位数检验的过程，假设一位调查者想要研究男性/女性对于社会窘迫情境的反应。为了引发窘迫，这位研究者要求只有一般歌唱水平的 15 名男性和 12 名女性在一个“歌唱专家”面前唱难度很高的歌曲（包括国歌）。下面的表格显示了每位被试停止表演的顺序（1＝第一个停止；27＝最后一个停止；更小的数字意味着更窘迫）。

男性	女性
4	1（第一个停止）
6	2
9	3
11	5
12	7
15	8
16	10
18	13
19	14
21	17
23	20
24	22
25	26
27（最后一个停止）	

第一步　找出两个样本的联合中位数。 342

$$\text{中位数的位置}=\frac{N+1}{2}$$

$$= \frac{27+1}{2}$$

$$= 14$$

第二步 计算每个样本中大于中位数和不大于（小于或等于）中位数的人数（中位数=14）。

	男性	女性
大于中位数	10	3
不大于中位数	5	9
	$N=27$	

如上所示，2×2 的频数表反映了每个样本中大于和不大于唱歌时间中位数的人数。在这个表中，我们看到在 15 名男性中有 10 人、在 12 名女性中只有 3 人的唱歌时间大于将两组作为一个整体而得出的中位数时间。

第三步 进行显著性的卡方检验。如果不存在唱歌时间（及它所代表的社会窘迫）的性别差异，那么对于每个样本我们将期望相同的中位数，所以会有一半的男性和一半的女性大于这个中位数。为了确定所获得的性别差异到底是统计上显著的还是只是抽样误差的结果，我们进行了卡方检验（进行了耶茨校正，因为期望频数小于 10）。下表显示了观察频数和期望频数。

	男性	女性
大于中位数	10 (7.22)	3 (5.78)
不大于中位数	5 (7.78)	9 (6.22)
	$N=27$	

$$\chi^2 = \sum \frac{(|f_o - f_e| - 0.5)^2}{f_e}$$

343 以表格的形式计算：

f_o	f_e	$\lvert f_o - f_e \rvert$	$\lvert f_o - f_e \rvert - 0.5$	$(\lvert f_o - f_e \rvert - 0.5)^2$	$\frac{(\lvert f_o - f_e \rvert - 0.5)^2}{f_e}$
10	7.22	2.78	2.28	5.20	0.72
3	5.78	2.78	2.28	5.20	0.90
5	7.78	2.78	2.28	5.20	0.67
9	6.22	2.78	2.28	5.20	0.84
					$\chi^2=3.13$

参照附录 C 中的表 F，我们得知卡方值必须超过 3.84（df=1）才能在 0.05 的显著性水平上被认为是显著的。由于我们得到 $\chi^2 = 3.13$，因此我们不能拒绝零假设。基于我们的结果，我们没有足够的证据认为对于社会窘迫情境的反应存在男女差异。

在上面的例子中，我们比较了定序等级的两组变量。我们通过构建一个分组（在这个例子中，是性别组）的 2×2 的交互表（样本大于中位数和不大于中位数）来完成这个任务。

如果我们想比较三组定序等级的变量，那么我们将应用多组比较的卡方检验。这就是说，我们先计算各组合起来的联合中位数，然后构建一个分组的 2×3 的交互表（样本大于中位数和不大于中位数)，最后计算出显著性检验的卡方值。

中位数检验的使用要求

在将中位数检验应用于研究问题时，下面的条件必须满足：

(1) 对两个或多个中位数进行比较。中位数检验用于比较两个或多个独立样本的中位数。

(2) 定序数据。为了进行中位数检验，我们假定至少应是定序等级的测量。对定类数据不能使用中位数检验。

(3) 随机抽样。我们应该从一个给定总体中随机地抽取样本。

曼-惠特尼 U 检验 344

尽管中位数检验可以被用于检验某些定序测量中两个或更多组数据的差异，但它有一个很严重的不足，使得其拒绝无差异的错误零假设的能力受到限制。中位数检验不能充分利用现有的数据，它忽略了具体数据的排列顺序，而仅仅关注最中间的那个数据以及其他数据落在这个中间数的上方还是下方。

假设有标记为 X_1 和 X_2 的两组数据，从每组中各取出 6 个数据，组成一个共包含 12 个数据的集合，将它们依照数值从高到低的顺序排列如下：

高 X_1 X_1 X_1 X_2 X_2 X_2 | X_1 X_1 X_1 X_2 X_2 X_2 低

中位数

在这样极端的例子当中，每个组有一半的数据大于中位数，有一半的数据小于中位数。因此，尽管这些样本在排列顺序上差别很大，但是中位数检验产生的卡方值为零，这意味着这两组数据之间没有差异。

要比较两个样本，有一种更有效也更强大的非参数检验方法，叫曼-惠特尼 U 检验。和中位数检验一样，当涉及定序数据时，曼-惠特尼 U 检验是一种合适的替代 t 检验的方法。当总体分布是否为正态分布无法确定，且样本量太小，并不足以产生一个正态的样本分布来确定不同样本均值之间的差异时，曼-惠特尼 U 检验对定距数据来说也是合适的替代选择。曼-惠特尼 U 检验相对于中位数检验的一个巨大优势在于它考察了所有数据的排列顺序。具体地说，即它考量了某个变量值的顺序是否在两个样本中均匀地分布。

曼-惠特尼 U 检验的计算方法实际上包括了两个镜像方程式：

$$U_a = N_1 N_2 + \frac{N_1(N_1+1)}{2} - \sum R_1$$

$$U_b = N_1 N_2 + \frac{N_2(N_2+1)}{2} - \sum R_2$$

其中，N_1 和 N_2 是两个组中各自取出的数据的个数，$\sum R_1$ 和 $\sum R_2$ 则是两个组中各自排列序数的总和。按照这种计算方法，U_a 和 U_b 中较小的那个将被用来检验两组之间的差异。如果 U 比从附录 C 的表 G 中查找到的与样本大小 N_1 和 N_2 以及所使用的显著性水平 α 对应的 U 的临界值要小，那么无差异的零假设将会被拒绝。

345 **逐步演示 9.5　曼-惠特尼 U 检验**

为了演示曼-惠特尼 U 检验的用法，设想一位研究者正在研究压力对大学生考试分数的影响。研究者随机创建了两个独立的组：一个是由 9 名大学生组成的实验组，他们将在经历一场实验性地制造压力的情境后参加一次包含 25 道题目的考试；而另外一个由 9 名大学生组成的控制组则在没有经历压力的情况下参加同样的考试。两个组的考试分数如下表所示。尽管考试分数代表的是一次在定距等级对学生表现的测量，但数据呈现出的明显偏态（高分段的几个极端数值）和较小的样本规模使得我们必须谨慎决定是否使用 t 检验来判断均值之间的差异。

有压力	无压力
12	23
15	11
4	24
7	18
8	18
16	6
20	9
10	8
8	21

第一步　按顺序排列分数。

从最小的分数开始，将两个组的所有分数依次排序。所有的分数都应当按从低到高的顺序排列（序数 1 应当对应最小的值，序数 2 应当对应第二小的值，以此类推）。当分数大小相同时，取次序的均值，也就是将相同值的次序加起来，然后除以相同值的数量。在给出的例子当中，有 3 名大学生的分数都是 8，他们对应的次序分别是 4、5 和 6，因此我们将他们 3 个人的序数都定为次序的均值 5。有两个学生的分数都是 18，因此我们将他们两个人的序数都定为 13.5，也就是他们各自对应的次序 13 和 14 的均值。

有压力		无压力	
分数	序数	分数	序数
12	10	23	17
15	11	11	9
4	1	24	18
7	3	18	13.5
8	5	18	13.5
16	12	6	2
20	15	9	7
10	8	8	5
8	5	21	16

346 **第二步**　计算每个组序数的总和。

$$\sum R_1 = 70 \qquad \sum R_2 = 101$$

第三步 代入公式得到 U_a 和 U_b。

$$U_a = (9)(9) + \frac{9(9+1)}{2} - 70$$
$$= 81 + 45 - 70$$
$$= 56$$
$$U_b = (9)(9) + \frac{9(9+1)}{2} - 101$$
$$= 81 + 45 - 101$$
$$= 25$$

第四步 将 U_a 和 U_b 中较小的值和查表得到的 U 值进行比较。

将第三步中获得的两个 U 值中较小的值，与附录 C 的表 G 中与 N_1、N_2 以及所使用的显著性水平对应的合适的 U 的临界值进行比较。要想在 $\alpha=0.05$ 时拒绝零假设，那么计算所得的 U 值（在这个例子中为 25）必须小于查表所得的 U 值（在这个例子中为 18）。我们因此可以保留零假设。我们无法证明压力会影响大学生的考试分数。

要注意，表 G 只适用于样本规模小于 20 的情况。当样本规模超过表 G 的限制时，我们便可以认为 U 呈正态分布，并使用 z 值。在计算出 U_a 和 U_b 之后，我们可以将较小的那个 U 值代入下面的 z 公式，然后与标准正态分布进行比较。

$$z = \frac{U - \frac{N_1 N_2}{2}}{\sqrt{\frac{N_1 N_2 (N_1 + N_2 + 1)}{12}}}$$

假设在某个例子当中，我们得到 $U=202$，而 $N_1 = 20$、$N_2 = 45$。那么 z 值则为：

$$z = \frac{202 - \frac{(20)(45)}{2}}{\sqrt{\frac{(20)(45)(20+45+1)}{12}}}$$

若要在 $\alpha=0.05$ 时显著，那么 z 值必须大于表 G 中的临界值 ± 1.96。因此，我们拒绝零假设，并且可以得出两组数据之间的差异是显著的这一结论。

克鲁斯凯-沃利斯检验 347

克鲁斯凯-沃利斯检验是一种序数单因素方差分析。它是单因素方差分析（F 值）的非参数替代方案。它可以被用于比较数个独立样本，但只需要定序等级的数据。克鲁斯凯-沃利斯检验还可以被用于非正态分布且个数太少无法保证组均值呈正态分布的定距等级数据。

要应用克鲁斯凯-沃利斯检验，我们取如下所示的 H 值：

$$\boxed{H = \frac{12}{N(N+1)} \sum \frac{\left(\sum R_i\right)^2}{n_i} - 3(N+1)}$$

在这里，N=数值的总个数，n_i =给定样本中数值的个数，$\sum R_i$ =给定样本序数的总和。

H 值符合卡方分布。因此，通过比较 H 值与附录 C 的表 F 中卡方的临界值，我们可以用克鲁斯凯-沃利斯检验来检验差异的显著性。

348 **逐步演示 9.6　克鲁斯凯-沃利斯检验**

为了演示序数单因素方差分析的应用步骤，设想一个观察学习对攻击性的影响的研究。随机分配三个电影片段中的一个给一些幼儿园孩子观看。在第一个片段中，一个小孩攻击另一个小孩，并且表现出非常享受的样子（奖励攻击组）。在第二个片段中，一个小孩同样攻击另一个小孩，但另一个小孩反击并击退了攻击者（惩罚攻击组）。在第三个片段中，两个小孩一起玩耍，充满活力，并且没有攻击行为（非攻击控制组）。在观看了这些电影片段之后，孩子们随后在自由玩耍的情景下接受研究者的观察，研究者记录下了孩子们出现的攻击行为数量。

研究者可以确定，更多的攻击行为数量代表着更高的攻击性，所以，研究者可以对孩子们的攻击性进行排序。然而，研究者并不认为攻击性分数之间的相对差异代表了连贯的攻击性量度，也就是说研究得到的数据天然不是定距的，而是定序的。以下是得到的结果：

奖励攻击组	惩罚攻击组	非攻击控制组
20	14	12
15	8	11
17	11	9
13	10	5
18	6	6
16	9	7

第一步　按顺序排列三组所有的数值。

所有的数值都应按照从最低到最高的顺序排列。在下面的表格中，数值的序数从第 1（代表 5 次攻击行为）排到了第 18（代表 20 次攻击行为）。如果存在一样的分数，那么序数的确定可以参考曼-惠特尼 U 检验中用到的方法。

第一组	R_1	第二组	R_2	第三组	R_3
20	18	14	13	12	11
15	14	8	5	11	9.5
17	16	11	9.5	9	6.5
13	12	10	8	5	1
18	17	6	2.5	6	2.5
16	15	9	6.5	7	4

第二步　计算每个样本序数的总和。

$\sum R_1 = 92 \qquad \sum R_2 = 44.5 \qquad \sum R_3 = 34.5$

第三步 代入公式得到 H。

$$H=\frac{12}{N(N+1)}\sum\frac{(\sum R_i)^2}{n_i}-3(N+1)$$

$$=\frac{12}{18(19)}(\frac{(92)^2}{6}+\frac{(44.5)^2}{6}+\frac{(34.5)^2}{6})-3(19)$$

$$=\frac{12}{342}(\frac{8\ 464}{6}+\frac{1\ 980.25}{6}+\frac{1\ 190.25}{6})-57$$

$$=68.04-57$$

$$=11.04$$

第四步 确定自由度，即用组数减去 1。

$$\text{df}=k-1$$

$$=2$$

第五步 将 H 值与表 F 中对应的卡方值进行比较。

当 df=2 且 $\alpha=0.05$ 时，χ^2 的临界值为 5.991。因为 $H=11.04$，大于 5.991，所以我们拒绝组间序数无差异的零假设，并接受研究假设。我们的研究结果表明，幼儿园孩子的攻击性在不同的观察学习条件下存在显著差异。

▶ 小结

349

我们并不总是能够满足诸如 t 检验或方差分析之类参数显著性检验的要求。幸运的是，统计学家们发展了一些非参数检验的方法，它们不要求正态分布或定距等级的测量。尽管在功效上比不上 t 检验和 F 检验这样的参数检验，但非参数检验可以被应用于更广泛的研究情境。当研究者处理定序或定类数据时，或处理数据量较小但分布高度不对称的数据时，非参数检验显得尤为有用。卡方检验是最为常用的非参数显著性检验方法，它被广泛地用于在频数而非均值之间进行比较。在单因素卡方检验中，一个变量的各个类别的观察频数被检验，以确定其是否不同于一组假设的频数。但卡方检验同样可以被应用于两个变量的交互表。在双因素卡方检验中，当期望频数（在零假设条件下期望的频数）与观察频数（当我们做研究时实际获得的频数）之间的差异足够大时，我们拒绝零假设并接受存在实际的总体差异的研究假设。卡方检验设定所有的期望频数都至少为 5。当对多个组进行比较时，如果期望频数比较小，那么可以分解或合并一些类别。在 2×2 的表中，我们通常使用耶茨校正来对过小的期望频数进行校正，特别是当期望频数小于 10 的时候。卡方检验只需要定类（频数）数据。中位数检验基于卡方检验的原理，可以确定两个或多个独立样本的中位数之间是否存在显著差异。中位数检验需要定序或定距数据。最后，曼-惠特尼 U 检验可以作为 t 检验的替代，用于检验两组数据之间的差异，而克鲁斯凯-沃利斯检验则能为多组数据提供非参数比较。

▶ 重要术语

Parametric test	参数检验	Expected frequencies	期望频数

Nonparametric test	非参数检验	Yates's correction	耶茨校正
Power of a test	检验的功效	Median test	中位数检验
One-way chi-square	单因素卡方检验	Mann-Whitney U test	曼-惠特尼 U 检验
Two-way chi-square	双因素卡方检验	Kruskal-Wallis test	克鲁斯凯-沃利斯检验
Observed frequencies	观察频数		

▶ 课后习题

1. 对于参数检验，下面哪个是不正确的？
   a. 它们要求定距数据　　b. 它们要求总体正态分布
   c. 它们比非参数检验有更小的效能　　d. 以上所有都不正确
2. 在卡方检验中，期望频数：
   a. 是在零假设下期望发生的频数　　b. 是在研究假设下期望发生的频数
   350 c. 指的是从研究结果中观察到的实际频数　　d. 永远不会被研究者知道
3. 在比较两个组时，双因素卡方检验可被用作什么样的替代性非参数检验？
   a. 置信区间　　b. 标准差　　c. t 检验　　d. 方差分析
4. 在卡方检验中，观察频数与期望频数之间的差异越大，就越可能：
   a. 接受零假设　　b. 拒绝零假设
   c. 采用 t 检验或其他参数检验
5. 下面哪个不是双因素卡方检验的要求？
   a. 两个或多个均值的比较　　b. 定类数据
   c. 随机抽样　　d. 单元格的期望频数不能太小
6. 为了进行中位数检验，你必须能够：
   a. 比较均值　　b. 设定正态分布
   c. 比较三个或更多独立样本　　d. 对一组案例排序
7. 卡方检验比较的是：
   a. 某一时刻两组数据均值的差异　　b. 两组以上数据均值的差异
   c. 一组数据的方差和其他组数据的方差　　d. 期望频数与观察频数之间的差异
8. 要使一个卡方值在统计上显著，以下哪一项必须成立？
   a. 一组数据的中位数必须和其他组数据的差不多
   b. 一组数据的均值必须和其他组数据的差不多
   c. 观察频数必须和期望频数差得足够大
   d. 观察频数必须和期望频数差不多
9. 中位数检验应当用于：
   a. 确定一个样本的中位数的确不等于“0”的可能性
   b. 确定从总体中获得的两个或更多随机样本有同样的中位数的可能性
   c. 确定数据中一个定序变量的观察频数与另一个定序变量的观察频数不同的可能性
   d. 探究样本标准正态分布并不能准确反映总体标准差的可能性

10. 一位研究者有兴趣研究“社会距离”现象，即人们不愿意与其他民族/种族的人交往的现象。她设计了一个实验，要求选修讲演课的所有学生选择一个讨论组（都在同一个时间和同一个建筑物里），学生们只基于助教们的带有民族/种族色彩的名字进行选择。 351

组	助教	房间	选择数
A	程（Cheng）	106	10
B	舒尔茨（Schultz）	108	24
C	戈德堡（Goldberg）	110	10
D	罗德里格斯（Rodriguez）	112	16

通过选择数，采用单因素卡方检验，检验民族/种族色彩的名字对学生们选择讨论组不造成差异的零假设。

11. 一些政治家报怨“自由派新闻”。为了确定新闻是否在事实上为左翼作家所控制，一位研究者评估了包含 60 名记者的随机样本的政治取向。他发现有 15 名是保守派，18 名是中间派，27 名是自由派。检验这三种政治取向在印刷媒体中得到了同样的代表的零假设。

12. 一位研究者对当地交警在停车问话时是否对少数族裔歧视对待感兴趣。她随机获取了包含 250 份交警停车问话记录的样本，观察了被拦停司机的种族分布，如下表所示。她还从普查数据中得知当地的人口分布为 68%白人、22%黑人以及 10%其他人种。采用单因素卡方检验，检验样本中被拦停的司机种族分布符合社区中的居民人口分布的零假设。

司机种族	f	%
白人	154	61.6
黑人	64	25.6
其他	32	12.8
总计	250	100

13. 主办单位希望确保由某个商学院赞助的每项活动的参与者大致相同。就下面的样本进行一次单因素卡方检验，检验各项活动对参与者的吸引力都相同的零假设。

活动	参与人数
商界女性	24
全球化和贸易网络	28
企业管理伦理	17
职业辅导	15

14. 城市发展部门的一位政策制定者正面临着预算缩减，他需要选择拆除一个公共公园。面对这样艰难的抉择，他认为选择公园的最佳方法是看哪一个公共公园最少被家庭和儿童使用。他记录了每个公园在两个小时内进入的带孩子的家庭的数量，并确保每个公园都是在同一周的同一时间段被记录的。他意识到比如天气之类的特定因素可能会影响结果，所以他希望通过统计学来考察他的结果是否可靠。使用单因素卡方检验，判断以下零假设是否成立：进入各个公共公园的家庭数量是一样的。 352

公共公园	家庭数量
华盛顿公园	98
天文台公园	106
城市公园	92
齐士曼公园	97
冠沼公园	101
哈佛峡谷公园	99
斯台普敦中心公园	100

15. 最近的几项研究表明，当母亲患有诸如牙周病之类的慢性口腔感染时，婴儿早产的可能性将会上升。一位感兴趣的研究者收集了如下所示的数据。在通过耶茨校正后，进行卡方检验来检验患有慢性口腔感染的怀孕女性并不会比没有患该类疾病的女性更易发生早产现象的零假设。

早产儿	患有慢性口腔感染	
	是	否
是	44	8
否	6	57

16. 一位对自杀感兴趣的研究者绘制了如下所示的 2×2 的交互表，反映的是性别和是否成功自杀的情况。使用耶茨校正检验女性成功自杀的相对频数和男性成功自杀的相对频数相同的零假设。其结果意味着什么?

性别	是否成功自杀	
	是	否
男	22	7
女	6	19

353 17. 下面的 2×2 的交互表反映了精神分裂症患者的性别和他们对药物的反应情况。通过耶茨校正，进行卡方检验。

是否对药物反应良好	性别	
	女	男
是	16	5
否	7	24

18. 下面的 2×2 的交互表反映了暴力犯罪青少年的性别和他们犯罪前是否为虐待受害者的情况。通过耶茨校正，进行卡方检验。

是否为虐待受害者	暴力犯罪青少年的性别	
	男	女
是	25	13
否	11	6

19. 下面的 2×2 的交互表反映了政客属于共和党还是民主党，以及他们是支持还是反对更严格的控枪法案。通过耶茨校正，进行卡方检验。

控枪法案	政党	
	民主党	共和党
支持	26	5
反对	7	19

20. 下面的 2×2 的交互表反映了一些高中生是否参加了驾驶课学习和在第一次申请驾照的道路考试中是否通过。通过耶茨校正，进行卡方检验。 354

考试结果	是否参加了驾驶课	
	是	否
通过	16	8
失败	7	11

21. 下面是对诸如《万圣节前夜》《黑色星期五》这样的暴力电影的偏好与被调查者的性别的 2×2 的交互表。通过耶茨校正，进行卡方检验。

电影偏好	被调查者性别	
	女	男
喜欢	8	12
不喜欢	10	15

22. 一家计算机公司进行了一次"入门及提高"课程培训，以培训它的服务代表学习修理个人电脑。100 名参加培训者被随机分成两组：50 人参加传统课程，50 人参加新课程。在 6 个星期后，100 名参加培训者参加了同样的考试。

通过卡方检验，检验新课程在培训服务代表修理个人电脑方面并不比传统课程更好的零假设。其结果意味着什么？

技能	传统课程	新课程
高于平均水平	15	19
平均水平	25	23
低于平均水平	10	8

23. 不同社会阶层的投票行为存在差异吗？为了对这个问题进行研究，一位政治学家抽取了一个包含 80 名登记选民的随机样本，询问他们在一次选举中是支持候选人 A 还是候选人 B。这位研究者询问了样本成员的社会阶层——上层、中层、劳工阶层或下层。其结果如下：

支持	社会阶层			
	上层	中层	劳工阶层	下层
候选人 A	14	9	8	6
候选人 B	10	9	11	13

通过卡方检验，检验投票行为不因社会阶层而异的零假设。其结果意味着什么？

355 24. 单亲家庭比双亲家庭更有可能贫困吗？一位家庭问题研究者在某个城市研究了一个包含 35 个单亲家庭的样本和一个包含 65 个双亲家庭的样本，以确定家庭总收入落在哪个水平上。通过对下列数据进行卡方检验，检验单亲和双亲家庭在贫困程度上无差异的零假设。

家庭总收入	家庭结构	
	单亲	双亲
贫困线下	24	20
非贫困线下	11	45

25. 学校电脑的网络内容是否应该接受审查？如今，所有学校都在越发广泛地使用电脑和互联网，学生是否应该拥有浏览互联网上的所有内容的权限是一个我们必须应对的普遍性问题。一位研究者想知道老师对此事的看法是否会因教授年级不同而有所不同，他询问了教授不同年级的 65 位老师是否同意学校电脑应当审查网络内容。结果如下：

网络审查	教学年级			
	一至四年级	五至八年级	高中	大学
同意	16	12	9	4
反对	1	4	5	14

使用卡方检验，检验老师对网络审查的态度不因他们教授的年级不同而不同的零假设。其结果意味着什么？

26. 在物质滥用者群体中，严重心理疾病发生的频率是否和他们滥用的物质种类有关？为了找到答案，一位精神病专家收集了一份随机物质滥用者样本（包括药物滥用者、酒精滥用者和两种均滥用者）的心理健康数据。他的数据如下所示：

是否患严重心理疾病	物质种类		
	药物	酒精	药物和酒精
是	12	8	16
否	31	33	35

356 使用卡方检验，检验严重心理疾病的出现和滥用物质的种类无关的零假设。

27. 一个由 118 名大学生组成的样本被询问是否参与校园活动。通过下面分大学所在地区的学生反应的交互表，进行地区差异的卡方检验。

地区	校园活动的参与	
	参与	不参与
东部	19	10
南部	25	6
中西部	15	15
西部	8	20

28. 重新回到第 12 题当中交警拦停司机种族分布的数据，研究者制作了记录 250 次拦停的随机样本中司机种族和交警种族情况的交互表。注意，由于既非白人又非黑人的交警的拦停数量太少，不足以单独划分一个“其他”类别，因此交警种族仅被归纳为两个类别（白人和非白人）。使用卡方检验，检验白人和非白人交警拦停的司机种族没有差别的零假设。

司机种族	交警种族		
	白人	非白人	总计
白人	96	58	154
黑人	48	16	64
其他	16	16	32
总计	160	90	250

29. 一位想调查其电台节目设置的电台经理收集了不同年龄听众的节目偏好的数据。通过下面的交互表，检验不同年龄组对节目的偏好无差异的零假设。

电台节目偏好	年龄组		
	青年	中年	老年
音乐	14	10	3
新闻/谈话	4	15	11
运动	7	9	5

30. 对表 9-9 和表 9-10 中的杀人武器与罪犯性别的交互表进行卡方检验。合并类别后产生了什么效果？ 357

31. 一个市场营销公司希望知道女性和男性是否偏好不同种类的含咖啡因饮料。使用双因素卡方检验，检验男性和女性在饮料偏好上没有差异的零假设。

性别	含咖啡因饮料		
	咖啡	拿铁	意式浓缩
女	8	16	4
男	24	4	14

32. 一座大城市的健康委员会希望知道选择不同种类医疗保险（健康维护组织、传统医疗保险或没有保险）的人在生病或受伤时是否会去不同种类的医院（私立医院、公立医院或免费诊所）。使用下面的数据，进行双因素卡方检验，检验医疗保险种类并不会影响对医院种类的选择的零假设。

医疗保险种类	医院种类		
	私立医院	公立医院	免费诊所
健康维护组织	17	6	4
传统医疗保险	24	30	9
没有保险	8	14	8

33. 两个样本的学生被要求阅读并评价一位新作者写的短篇小说。一半学生被告知作者是男性，另一半学生被告知作者是女性。评价结果如下（分数越高代表评价越高）：

被告知作者为女性	被告知作者为男性
6	6
5	8
1	8
1	2
3	5
4	6
3	3
6	8
5	6
5	8
1	2
3	2
5	6
6	8
6	4
3	3

358 通过中位数检验，确定这两组的中位数是否存在显著的差异。学生们对短篇小说的评价是否受作者性别的影响？

34. 一位关注种族公正的研究者怀疑，当受害者是白人而非黑人时，陪审员可能会认为犯罪的严重程度更大。她向一些模拟陪审员提供一些庭审的录像带（上面没有受害者的画面），然后随意地说受害者是白人或黑人。通过下面的严重程度得分（1 代表不严重，9 代表最严重），使用中位数检验来确定在受害者是白人或黑人时是否有显著的差异。

白人受害者		黑人受害者	
7	9	4	3
8	5	7	2
7	9	3	2
6	8	2	6
7	9	3	4
7	7	4	5
8	9	7	4
9	9	4	4
7		5	4
6		6	3
9		2	

35. 有多少注册选民会愿意选出一位女性总统？一位好奇的政治科学家选择了两个相当的选民样本。他向其中一组描述了一位虚拟的男性候选人，并且这位候选人在大多数重要议题上的立场比较主流。另一组听到的描述相同，不过他们被告知的虚拟的候选人为女性。两组选民要在1～5的尺度上选择他们是否可能给对应的候选人投票（1代表最不可能，5代表最可能）。以下是取得的分数：

被告知候选人为男性	被告知候选人为女性
5	3
4	2
3	1
5	3
5	1
4	2
3	2
4	4
3	3
5	4
4	2
3	3

使用中位数检验，确定两组数据的中位数之间是否有显著差异。这位虚拟的候选人获得选票的可能性是否受其性别的影响？

36. 一所大学的校长好奇本科生在另一个国家学习一个学期的兴趣。她推测，考虑到社会规范倾向于支持男性冒险的行为，男性学生可能比女性学生更希望出国学习。为了找到答案，她调查了校园里的男性学生和女性学生，请他们在1（很不感兴趣）～7（很感兴趣）的范围内给自己出国学习的意愿打分。应用以下数据进行中位数检验，检验男性学生和女性学生希望本科出国学习的意愿同样大的零假设。 359

男性	女性
4	4
5	3
7	6
2	7
3	5
2	7
5	6
6	4
1	6
4	6
3	5
4	3

37. 一个学生委员会希望知道学生活动经费收取是否合理。为了判断走读生和住校生在校园活动的参与上是否有区别，他们收集了以下关于每个学生参加的校园活动/社团数目的样本数据：

走读生	住校生
6	9
2	12
1	4
4	11
8	9
3	8
3	6
2	6
1	11
1	12
5	11
	10
	7
	9

使用曼-惠特尼 U 检验，检验走读生和住校生在参与校园活动/社团方面没有差异的零假设。

360 38. 一份大型的全国杂志对 200 座美国城市的宜居程度进行了排名。一位社会研究者随机选择了 10 座大城市和 10 座小城市，并希望检验城市大小的不同是否会导致宜居度的不同。杂志给被选中城市的排名如下表所示。

小城市	大城市
17	19
18	47
3	85
10	8
13	178
92	116
17	120
111	14
124	75
69	192

使用曼-惠特尼 U 检验，确定大、小城市在宜居度方面是否有显著差异。注意，你应当根据该杂志的排名对这些城市重新排序，范围为 1（最宜居）～20（最不宜居），从而反映样本内部的名次（例

如，样本中最宜居的城市杂志排名第 3，但它在样本中应排第 1，样本中最不宜居的城市杂志排名第 192，但它在样本中应排第 20)。

39. 第 38 题中的那位社会研究者随后关注不同地区宜居度的不同。他从全美各个地区分别随机选择了 8 个城市，并获取了如下的杂志排名信息。

东部城市	中西部城市	南部城市	西部城市
17	22	11	27
193	177	64	5
101	9	150	183
92	55	18	185
31	111	81	51
164	125	119	117
12	73	25	99
144	116	126	107

使用克鲁斯凯-沃利斯检验，确定不同地区在宜居度方面是否有显著差异。注意，你应当根据该杂志的排名对这些城市重新排序，范围为 1（最宜居）～32（最不宜居），从而反映样本内部的名次（例如，样本中最宜居的城市杂志排名第 5，但它在样本中应排第 1，样本中最不宜居的城市杂志排名第 193，但它在样本中应排第 32)。

40. 一位大学校长决定考察不同专业的毕业生在就业市场上的薪资情况。她从商学院和人文与科学学院学生组成的一个随机样本中收集了以下起薪数据。 361

商学院毕业生	人文与科学学院毕业生
$ 85 000	$ 24 500
$ 35 000	$ 31 000
$ 67 000	$ 27 000
$ 29 500	$ 36 000
$ 26 000	$ 29 000
$ 54 000	$ 41 500
$ 48 000	$ 46 000
$ 30 500	$ 33 500
$ 46 500	$ 30 500
$ 54 000	$ 53 000

由于样本规模较小，数据偏态分布，因此最好不要使用 t 检验，因为 t 检验默认样本呈正态分布。作为替代方案，使用曼-惠特尼 U 检验来确定商学院和人文与科学学院的毕业生之间是否存在显著的起薪差异。

41. 上一题中的大学的商学院院长决定考察该学院不同专业的毕业生在就业市场上的薪资情况，

他收集了以下起薪数据。

会计	市场营销	金融	管理	创业
$ 84 000	$ 24 500	$ 54 000	$ 41 500	$ 39 500
$ 35 000	$ 31 500	$ 47 000	$ 46 000	$ 27 500
$ 67 500	$ 28 000	$ 31 500	$ 33 500	$ 25 000
$ 32 500	$ 36 000	$ 46 500	$ 30 500	$ 32 500
$ 36 000	$ 29 000	$ 54 500	$ 53 000	$ 30 000

由于样本规模较小，数据偏态分布，因此最好不要使用 F 检验，因为 F 检验默认样本呈正态分布。作为替代方案，使用克鲁斯凯-沃利斯检验来确定商学院不同专业的毕业生之间是否存在显著的起薪差异。

▶ 上机练习

1. 运用综合社会调查数据进行卡方计算，从而检验人们对大麻是否应该合法化的看法（GRASS）与其婚姻状态（MARITAL）无关的零假设。提示：ANALYZE，DESCRIPTIVE STATISTICS，CROSSTABS，选择行和列的变量，在选项中选择列或行的百分比，然后在统计中选择卡方。

2. 运用综合社会调查数据进行卡方计算，检验以下假设：夜间害怕在自家附近行走（FEAR）的情况会因性别（SEX）不同而不同。

362 3. 运用综合社会调查数据进行卡方计算，检验以下假设：对死刑的看法（CAPPUN）会因性别（SEX）不同而不同。

4. 运用综合社会调查数据进行卡方计算，检验以下假设：2008 年总统选举的投票（奥巴马或麦凯恩）会因性别（SEX）不同而不同。

5. 运用综合社会调查数据进行卡方计算，检验以下假设：2008 年和 2004 年总统选举的投票（PRES08 和 PRES04）不会受候选人党派的影响（民主党：奥巴马和克里；共和党：麦凯恩和布什）。

6. 运用综合社会调查数据进行卡方计算，检验以下假设：对老年人与子女同住的意见（AGED）会因性别（SEX）不同而不同。将年龄（AGE）重新编码为一个新的变量（AGEGRP1），分成两组（18～64 岁和 65～89 岁），然后检验如下假设：对老年人与子女同住的意见（AGED）会因年龄组（AGEGRP1）不同而不同。

7. 运用综合社会调查数据进行卡方计算，检验以下假设：家中是否有枪（OWNGUN）会因你或你配偶是否打猎（HUNT）而不同。

8. 运用综合社会调查数据进行卡方计算，检验人们对因任何原因而堕胎的态度（ABANY）不会因年龄（AGE）不同而不同的零假设。

   a. 交互表将会有多大？（行×列＝单元格数量）________×________＝________
   （注意年龄范围是 18～89 岁）

   b. 期望频数较小的单元格所占的百分比是多少？

   c. 这个百分比可以被接受吗？请解释。

   d. 可以如何改善？请解释。

9. 通过使用 TRANSFORM 和 RECODE INTO DIFFERENT VARIABLES，将年龄重新编码为三个组（18～39 岁＝1，40～59 岁＝2，60 岁及以上＝3），并将新的变量命名为 AGEGRP3（年龄被分为三个类别）。事实上，新命名由你决定，但我们给出的这个名字是足够清楚的。重新计算上面问题的卡方。年龄分组后，测量等级是什么？应用卡方检验，检验对因任何原因而堕胎的态度（ABANY）不会因年龄组（AGEGRP3）不同而不同的零假设。

10. 运用综合社会调查数据进行卡方计算，检验对核能源的观点（NUKEELEC）不会因所属政党（PARTY）不同而不同的零假设。

a. 交互表将会有多大？(行×列＝单元格数量) ________ ×________ ＝________
(注意年龄范围是 18～89 岁)

b. 期望频数较小的单元格所占的百分比是多少？

c. 这个百分比可以被接受吗？请解释。

d. 可以如何改善？请解释。

详细演示 **差异性的检验** 363

到现在为止，我们有了吸烟和饮酒可能会因性别而异的想法。在第一部分的末尾，我们展示了分性别吸烟和饮酒的百分比的条形图，而在第二部分的末尾，我们从总体上以及分性别建构了吸烟者百分比和吸烟数量的置信区间。在男学生与女学生之间似乎确实存在着一些差异，现在，我们可以确定这些差异在统计上是否显著。

我们的零假设是在城市公立高中的男学生与女学生之间在吸烟者百分比、平均吸烟量和平均饮酒次数方面没有差异。下面的表格概括了比例的 z 检验（用于吸烟者百分比）和均值的 t 检验（用于吸烟者的每日吸烟数量以及所有学生的饮酒次数）的计算过程。

我们可以清楚地看出，样本中男性和女性吸烟者的百分比的差异已大到足以拒绝总体比例无差异的零假设。因此，在一个学生是否吸烟上确实存在显著的性别差异。而至于吸烟者的每日吸烟数量，我们可以看见男性与女性之间样本均值的差异没有大到足以拒绝零假设的程度。因此，没有证据表明在总体中存在实际的性别差异。但是，饮酒次数的样本均值间差异的 t 检验使得我们拒绝了在总体上男女之间无差异的零假设。即，男女之间在饮酒次数上存在显著的差异。组间差异性的检验数据如下表所示：

变量	统计量	分组	
		男性	女性
是否吸烟	N	127	123
	%	52.8	71.5
		SE＝6.14	
		z＝3.06	
		(显著)	

续表

变量	统计量	分组	
		男性	女性
每日吸烟数量			
	N	67	88
	均值	15.9	17.7
		SE=1.68 $t=-1.08$ （不显著）	
每月饮酒次数			
	N	127	123
	均值	1.80	1.36
		SE=0.14 $t=3.09$ （显著）	

另外，一些背景性的变量被分成两类以上。假设我们想比较白人、黑人、拉美裔和其他种族（在这个样本里，亚裔非常少，所以归到“其他”类）。通过方差分析，我们发现吸烟方面的种族差异（也就是说在吸烟群体中不同种族的吸烟数量）是不显著的（尽管白人看上去吸烟者更多）。这就是说，我们不能拒绝不同种族之间总体均值无差异的零假设。种族间饮酒次数的样本均值间的差异看上去非常小，似乎只是抽样误差的结果。在临界值为2.68的情况下，F检验没有大到足以表明在
364 饮酒次数上存在显著的种族差异。组间差异的方差分析检验数据已在下表列出：

变量	统计量	分组			
		白人	黑人	拉美裔	其他
每日吸烟数量	N	103	24	18	10
	均值	18.5	13.8	14.2	13.0
			df=3 151 $F=2.38$（不显著）		
每月饮酒次数	N	156	44	32	18
	均值	1.53	1.68	1.75	1.50
			df=3 246 $F=0.45$（不显著）		

注意，我们不能用方差分析估计学生中吸烟的百分比的种族差异，因为吸烟/不吸烟是定类变量。作为替代，我们可以构建一个是否吸烟与种族的交互表，然后进行卡方检验。尽管各个种族样本的吸烟百分比不同，但这些差异非常小，因此在统计上是不显著的。下面列出了种族与吸烟的交互表。

	吸烟	不吸烟
白人	103（66.0%）	53（34.0%）
黑人	24（54.5%）	20（45.5%）
拉美裔	18（56.2%）	14（43.8%）
其他	10（55.6%）	8（44.4%）

注：$\chi^2=2.88$，自由度为3（不显著）。

最后，我们可以检验如下所示的学生是否吸烟与父母中是否有人吸烟的交互表。父母吸烟的学生中有超过3/4的人也吸烟，而父母不吸烟的学生中只有57%的人吸烟。通过卡方检验，我们确定差异已大到足以让我们拒绝零假设。

	学生吸烟	学生不吸烟
父母吸烟	49（75.4%）	16（24.6%）
父母不吸烟	106（57.3%）	79（42.7%）

注：$\chi^2=6.68$，自由度为1（显著）。

在本书的第四部分，我们将讨论变量之间的相关关系。我们不仅可以确定被调查者与其父母之间相关的强度，也可以确定年龄与吸烟或饮酒之间相关的强度。

第四部分　从决策到相关

第10章 相关

367

年龄、智商、受教育程度这些特性因人而异，所以被称作变量。在前面的章节里，我们一直致力于确定任意两个变量——我们标为 X 和 Y——之间存在或不存在关系。例如，在年龄（X）和互联网使用频率（Y）之间，在智力水平（X）与成就动机（Y）之间，或者在受教育程度（X）与收入（Y）之间。借助于 t 检验、方差分析，或者如卡方检验这样的非参数检验，我们在前面试图确定在两个或更多的样本之间的差异在统计上是显著的——反映真实的总体差异——而不是抽样误差的结果。现在，我们将注意力转移到两个变量之间关系的存在性与程度，即它们之间的相互关系，或更简单地说，它们的相关性。

相关的强度

发现两个变量之间存在关系并不能揭示两个变量之间的关联（或者说相关）程度。许多关系在统计上是显著的，也就是说，比仅凭抽样误差得到的关系更强，但只有很少的关系表现为完全相关。例如，我们知道身高和体重是有关联的，因为一般一个人越高，倾向于越重。但是，这一条规则也存在很多例外。有一些个子高的人体重很轻，而有一些个子矮的人体重却很重。同样，年龄与资产净值之间的关系并不能排除许多年轻的成年人仅仅花数年就积累了比一些年老的成年人几十年积累的更多的资产。 368

相关的强度是有差异的。我们可以通过散点图来展现相关强度的差异。所谓“散点图”是显示任意两个变量 X 和 Y 的分布在可能的数值区域里的图形。按照惯例，X 变量表示在散点图的水平轴上，

Y 变量则表示在散点图的垂直轴上。

从图 10－1 中，我们可以看到两个散点图，每个都代表了受教育年限（X）与收入（Y）之间的关系。图 10－1（a）展示的是男性受教育年限与收入之间的关系，图 10－1（b）展示的是女性受教育年限与收入之间的关系。注意，在散点图上，每个点代表了两个数，即一名被调查者的受教育年限和收入。例如，在图 10－1（a）中，我们看到一名受了 9 年教育的男性的收入为 35 000 美元，一名受了 17 年教育的男性的收入为 60 000 美元。

我们可以说，散点图上的点越接近于图中一条想象的对角线，X 与 Y 之间相关的强度越大。虽并非必须包含在散点图中，但我们用灰色虚线画出了这条对角线，来说明相关强度如何转化为点与线的接近程度。事实上，我们会在第 11 章详细地讨论这条线。

可以清楚地看出，图 10－1（a）比 10－1（b）呈现更弱的相关强度，尽管这两个散点图都显示出随着受教育年限增多收入增加的倾向。这些数据确实支持了女性的收入与受教育年限的相关程度（与男性的相比）较高的观点。或者，这说明了与女性相比，影响男性收入水平的因素更多是教育以外的因素。

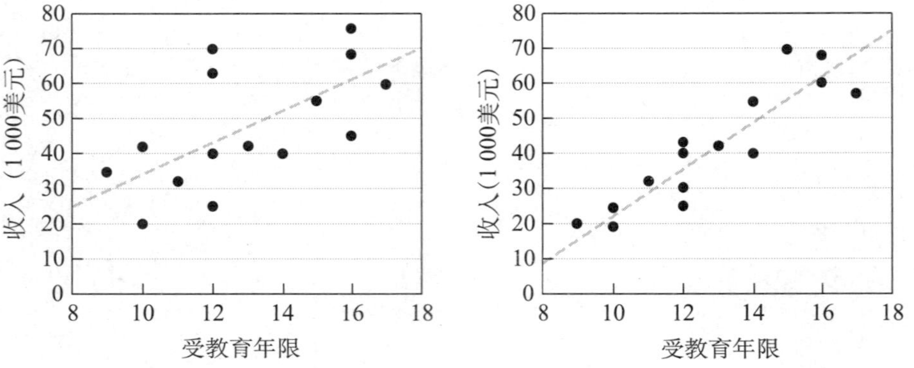

(a) 男性　　(b) 女性

图 10－1　代表男性和女性受教育年限与收入之间关系强度的散点图

369　相关的方向

相关通常在方向上被描述为正相关或负相关。正相关指的是被调查者在变量 X 上得分越高，在变量 Y 上的得分也倾向于越高的情况。反过来说，在变量 X 上得分越低，在变量 Y 上的得分也倾向于越低。正相关可以通过受教育年限与收入之间的关系来演示。如我们前面看到的，受教育年限更多的被调查者倾向于获得更高的年收入，而那些受教育年限较少的被调查者的年收入也倾向于较低。男性和女性受教育年限与收入的总体关系在图 10－2（a）中再一次出现，散点图中画出了一条假想的直线来说明相关的方向。

如果被调查者在变量 X 上得分越高，在变量 Y 上的得分倾向于越低，则是负相关。反过来说，被调查者在变量 X 上得分越低，在变量 Y 上的得分则倾向于越高。受教育年限与收入之间的关系不是负相关，因为受教育年限更多的被调查者没有倾向于获得更少的年收入。负相关的一个更近似的例子是受教育年限与对少数族裔歧视之间的关系。随着受教育年限的增加，歧视倾向于减少。因此，正如图 10－2（b）所示，只受过一点正规教育的个人倾向于有强烈的种族歧视，而受过较高教育的人倾向于有较低的种族歧视。

正相关和负相关代表的是一类直线关系。以图形来描述，散点图上的点倾向于在图的中央形成一条直线。如果是正相关，那么散点图上的点将会聚集在图 10-2（a）中的那条假想的直线周围。相反，如果是负相关，那么散点图上的点将会聚集在图 10-2（b）中的那条假想的直线周围。

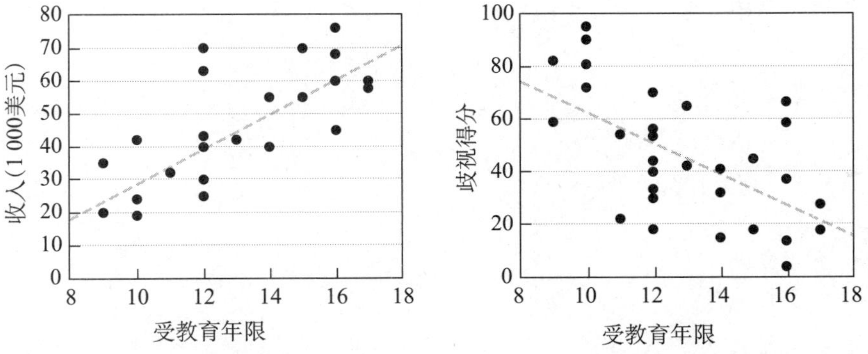

(a) 受教育年限与收入　　(b) 受教育年限与歧视

图 10-2　直线相关的相关方向

曲线相关 370

在大多数情况下，社会研究者试图在正方向或负方向上建立直线相关关系。但是，有非常重要的一点需要注意，不是所有的 X 与 Y 之间的关系都可以被看作直线关系，有许多曲线关系存在。例如，随着变量 A 增加，变量 B 也增加，然后关系发生逆转，变量 B 随着变量 A 增加而减少。这就是说，X 与 Y 之间由开始时为正的关系变成了后来为负的关系。为了演示曲线关系，考虑一下年龄与看电视的时间之间的关系。如图 10-3 所示，散点图上的点倾向于形成一条 U 形曲线而不是直线。因此，看电视的时间随着年龄增长而倾向于减少，直到 30 岁，然后倾向于随着年龄增加而增加。

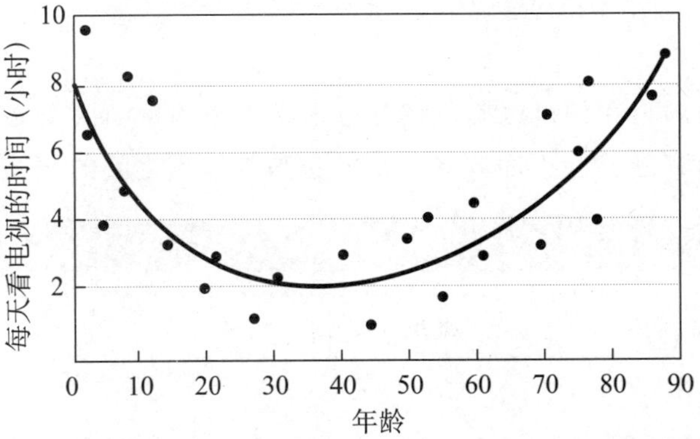

图 10-3　年龄（X）与看电视的时间（Y）之间的关系：曲线相关

相关系数

计算曲线相关超出了本书的范围。因此，我们转向集中讨论相关系数，它从数字上同时表示了直线相关的强度和方向。相关系数通常的取值范围为－1.00～＋1.00，具体如下：

－1.00←完全负相关
⋮
－0.60←强负相关
⋮
－0.30←中度负相关
⋮
－0.10←弱负相关
⋮
0.00←不相关
⋮
＋0.10←弱正相关
⋮
＋0.30←中度正相关
⋮
＋0.60←强正相关
⋮
＋1.00←完全正相关

我们从中可以看到，诸如－1.00、－0.60、－0.30和－0.10这样的负数代表负相关，而诸如＋1.00、＋0.60、＋0.30和＋0.10这样的正数代表正相关。在程度上，在两个方向上的绝对值越接近
371 于1，相关的强度就越大。由于相关的强度与方向无关，因此我们可以说－0.10和＋0.10的强度是相等的（都很弱）；－0.80和＋0.80的强度也是相等的（都很强）。

皮尔逊相关系数

借助皮尔逊相关系数（r），我们可以确定都是以定距等级测量的两个变量 X 与 Y 之间关系的强度和方向。例如，我们可能有兴趣检验下面8名儿童的身高与体重之间的相关程度（见表10－1）：

表10－1　8名儿童身高与体重之间的相关关系

儿童	身高（英寸）(X)	体重（磅）(Y)
A	49	81
B	50	88
C	53	87
D	55	99
E	60	91

续表

儿童	身高（英寸）(*X*)	体重（磅）(*Y*)
F	55	89
G	60	95
H	50	90

在图 10－4 的散点图中，可以预计身高（*X*）与体重（*Y*）之间事实上存在正相关关系。但是，要注意存在一些例外。儿童 C 比儿童 H 更高但体重更轻，儿童 D 比儿童 E 更矮但体重更重。这些例外不应该让我们感到奇怪，因为身高与体重之间的关系并不是完美的。但从整体上而言，“一个人越高也会越重”这条定律基本上是成立的：F 比 A 高也比 A 重，G 和 H 也如此。

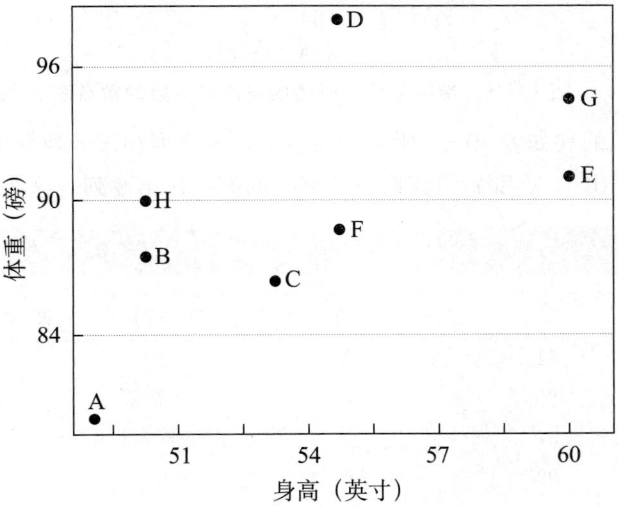

图 10－4　身高与体重的散点图 372

皮尔逊相关系数不仅考虑一个对象是否比另一个对象高或重，还精确地考虑高多少或重多少。皮尔逊相关系数所关心的是 *X* 和 *Y* 各偏离它们的均值多少。离差 $X-\overline{X}$ 告诉我们某个儿童比平均身高高多少或矮多少；离差 $Y-\overline{Y}$ 则告诉我们某个儿童比平均体重重多少或轻多少。

在计算皮尔逊相关系数时，我们将 *X* 和 *Y* 的离差的乘积相加，以确定是负乘积多还是正乘积多，以及它们相差多少。记住，正的乘积代表变量在同一个方向上（即，同时比平均水平高和重，或同时比平均水平矮和轻），负的乘积代表变量在相反的方向上（即，比平均水平高但比平均水平轻，或比平均水平矮但比平均水平重）。

在图 10－5 中，*X* 和 *Y* 的散点图上附加的虚线显示了平均身高（$\overline{X}=54$ 英寸）和平均体重（$\overline{Y}=90$ 磅）的位置。儿童 G 明显比平均水平要高得多和重得多。他在这两个变量上的离差分别为 $X-\overline{X}=60-54=6$（英寸）和 $Y-\overline{Y}=95-90=5$（磅），其乘积为＋30。儿童 A 比平均水平要矮得多和轻得多。其离差（－5 和－9）的乘积为＋45。但是，儿童 C 只比平均水平稍轻和稍矮，其离差的乘积［(－1)×(－3)＝3］远没有那么大。这正如我们凭直觉了解到的，一个儿童越是强烈地符合“一个人越高也会越重”这条定律，*X* 和 *Y* 的离差的乘积越大。最后，儿童 F 是一个小例外：他稍高于平均身高但稍轻于平均体重。从而，他在 *X* 上的离差为＋1，在 *Y* 上的离差为－1，其最终的乘积为负（－1）。

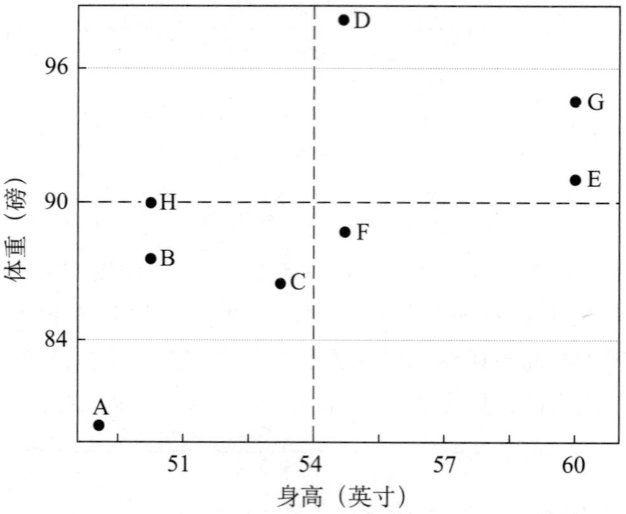

373 **图 10－5　带有平均值轴线的身高与体重的散点图**

我们可计算数据的乘积的和如表 10－2 所示。在表中，第 2 列和第 3 列列出了样本中 8 名儿童的身高和体重。第 4 列和第 5 列列出了 X 和 Y 距其均值的离差的值。在第 6 列，这些离差相乘然后相加。

表 10－2　数据的乘积的和

儿童	X	Y	$(X-\bar{X})$	$(Y-\bar{Y})$	$(X-\bar{X})(Y-\bar{Y})$	
A	49	81	－5	－9	45	$N=8$
B	50	88	－4	－2	8	$\bar{X}=54$
C	53	87	－1	－3	3	$\bar{Y}=90$
D	55	99	1	9	9	
E	60	91	6	1	6	
F	55	89	1	－1	－1	
G	60	95	6	5	30	
H	50	90	－4	0	0	
	$\sum X=432$	$\sum Y=720$			SP＝100	

最后一列的和（以 SP 表示，即乘积的和）为正，这意味着 X 与 Y 之间是正相关的。但如我们所知，相关系数的取值范围为－1～＋1。计算相关系数 r 的公式是将 SP 的值除以这两个变量的平方和（SS_X 和 SS_Y）的平方根的乘积。因此，我们需要在表格中加上两列，在这两列中，我们将 X 和 Y 的离
374 差取平方然后相加（见表 10－3）。

表 10－3　用皮尔逊相关系数计算各数据

X	Y	$(X-\bar{X})$	$(Y-\bar{Y})$	$(X-\bar{X})(Y-\bar{Y})$	$(X-\bar{X})^2$	$(Y-\bar{Y})^2$
49	81	－5	－9	45	25	81
50	88	－4	－2	8	16	4
53	87	－1	－3	3	1	9
55	99	1	9	9	1	81

续表

X	Y	$(X-\bar{X})$	$(Y-\bar{Y})$	$(X-\bar{X})(Y-\bar{Y})$	$(X-\bar{X})^2$	$(Y-\bar{Y})^2$
60	91	6	1	6	36	1
55	89	1	−1	−1	1	1
60	95	6	5	30	36	25
50	90	−4	0	0	16	0
$\sum X=432$	$\sum Y=720$			SP＝100	$SS_X=132$	$SS_Y=202$

计算皮尔逊相关系数的公式如下：

$$r=\frac{\sum(X-\bar{X})(Y-\bar{Y})}{\sqrt{\sum(X-\bar{X})^2\sum(Y-\bar{Y})^2}}=\frac{SP}{\sqrt{SS_X\,SS_Y}}$$

$$=\frac{100}{\sqrt{(132)(202)}}$$

$$=\frac{100}{\sqrt{26\ 664}}$$

$$=\frac{100}{163.3}$$

$$=+0.61$$

因此，如散点图所示，相关系数 r 显示出身高和体重在正方向上是强相关的。

皮尔逊相关系数的计算公式

通过离差计算相关系数将“相关”这一议题与我们前面所讨论的内容联系了起来。但是，前面的相关系数的公式需要冗长而费时的计算。幸运的是，有一个计算皮尔逊相关系数的替代公式，它直接通过原始数据计算，从而不需要计算 X 和 Y 的离差。同第 4 章中计算方差和标准差的公式一样，公式中包括 SP、SS_X 和 SS_Y：

$$SP=\sum XY-N\bar{X}\bar{Y}$$

$$SS_X=\sum X^2-N\bar{X}^2$$

$$SS_Y=\sum Y^2-N\bar{Y}^2$$

在我们计算皮尔逊相关系数的公式中应用这些表达式，我们获得了下面的计算公式： 375

$$r=\frac{\sum XY-N\bar{X}\bar{Y}}{\sqrt{(\sum X^2-N\bar{X}^2)(\sum Y^2-N\bar{Y}^2)}}$$

为了演示皮尔逊相关系数计算公式的运用，看一下父亲的受教育年限（X）和子女的受教育年限（Y）的例子。为了运用这个公式，我们必须首先计算出 X 和 Y 的和（为了计算均值），以及 X^2 、Y^2 和 XY 的和（见表 10－4）。

表 10 - 4　计算所需数据

X	Y	X^2	Y^2	XY	
12	12	144	144	144	$N=8$
10	8	100	64	80	$\sum X=84$
6	12	36	144	72	$\sum Y=92$
16	11	256	121	176	$\bar{X}=\frac{\sum X}{N}=\frac{84}{8}=10.5$
8	10	64	100	80	$\bar{Y}=\frac{\sum Y}{N}=\frac{92}{8}=11.5$
9	8	81	64	72	$\sum X^2=946$
12	16	144	256	192	$\sum Y^2=1\ 118$
11	15	121	225	165	$\sum XY=981$
84	92	946	1 118	981	

则皮尔逊相关系数：

$$r=\frac{\sum XY-N\bar{X}\bar{Y}}{\sqrt{(\sum X^2-N\bar{X}^2)(\sum Y^2-N\bar{Y}^2)}}$$

$$=\frac{981-8(10.5)(11.5)}{\sqrt{[946-8\ (10.5)^2][1\ 118-8\ (11.5)^2]}}$$

$$=\frac{981-966}{\sqrt{(946-882)(1\ 118-1\ 058)}}$$

$$=\frac{15}{\sqrt{(64)(60)}}$$

$$=\frac{15}{\sqrt{3\ 840}}$$

$$=\frac{15}{61.97}$$

$$=+0.24$$

376

皮尔逊相关系数的检验

皮尔逊相关系数给出了所研究的样本中的相关性的强度和方向的一个精确的测量。如果我们从一个特定总体中抽取一个随机样本，那么我们仍然会试图确定我们所计算出的 X 与 Y 之间的相关性真的存在于总体中，而不是抽样误差的结果。

为了检验相关性测量的显著性程度，我们通常设置在总体中不存在相关性的零假设。就相关系数而言，零假设是总体相关系数（ρ）为零。即：

$$\rho=0$$

而研究假设是：

$$\rho\neq 0$$

如前面章节的例子一样，我们选择 0.05 或 0.01 的 α 水平进行适当的显著性检验。为了检验相关系数的显著性，我们计算自由度为 $N-2$（N 为分值对的数量）的 t 值。为了达到这个目的，t 值可通过下面的公式计算：

$$\boxed{t=\frac{r\sqrt{N-2}}{\sqrt{1-r^2}}}$$

在这里，t= 检验皮尔逊相关系数统计显著性的 t 值，N= X 和 Y 分值对的数量，r= 计算出的相关系数的值。

回到前面的例子，我们可以检验父亲的受教育年限（X）与其子女的受教育年限（Y）之间的相关系数 +0.24 的显著性。

$$\begin{aligned}
t &= \frac{0.24\sqrt{8-2}}{\sqrt{1-(0.24)^2}} \\
&= \frac{0.24(2.45)}{\sqrt{1-0.057\,6}} \\
&= \frac{0.59}{\sqrt{0.942\,4}} \\
&= \frac{0.59}{0.97} \\
&= 0.61
\end{aligned}$$

然后回到附录 C 的表 C，我们得出在 $\alpha=0.05$ 的显著性水平下、自由度为 6 时的 t 检验的临界值为 2.447。由于我们计算出的 t 值远小于临界值，因此我们不能拒绝 $\rho=0$ 的零假设。尽管 +0.24 的相关系数 377
并不弱，但在样本规模为 8 的情况下，它远没有达到统计上显著的水平。这就是说，在样本规模为 8 的情况下，我们所得到的 +0.24 的相关系数非常有可能是抽样误差的结果。因此，至少在得到更多关于父亲与子女受教育年限之间的关系的数据之前，我们要被迫保留总体相关系数（ρ）为零的零假设。

相关系数显著性检验的简便方法

幸运的是，我们前面所演示的检验皮尔逊相关系数的过程被简化了，所以事实上我们不需要计算 t 值。相反，我们转到附录 C 的表 H，在其中我们可以找到在 0.05 和 0.01 的显著性水平上自由度为1～90 时的皮尔逊相关系数的临界值。直接将我们计算出来的相关系数的值与表中对应的值相比较，将会得出与我们直接计算 t 值一样的结果。一方面，如果计算出的皮尔逊相关系数的值（绝对值）没有超过表中对应的值，我们就必须保留 $\rho=0$ 的零假设；另一方面，如果计算出的皮尔逊相关系数比表中的值大，我们就拒绝零假设而接受 $\rho=0$ 的研究假设。

为了演示，让我们回到前面的相关系数等于 +0.24 且通过 t 检验在统计上不显著的那个例子。转到附录 C 的表 H，我们发现在 0.05 的显著性水平下、自由度为 6 时，相关系数必须至少为 0.706 7 才能拒绝零假设。因此，这种简便方法给了我们与计算 t 值这个更长的过程一样的结论。

逐步演示 10.1　皮尔逊相关系数

为了逐步演示计算皮尔逊相关系数（r）的过程，让我们检验一下包含 10 个移民的样本中受教育年限（X）与民族歧视（Y）之间的关系：

被调查者	受教育年限 (X)	民族歧视 (Y)[a]
A	10	1
B	3	7
C	12	2
D	11	3
E	6	5
F	8	4
G	14	1
H	9	2
I	10	3
J	2	10

[a] 民族歧视的分数（1～10）越高，代表歧视越强。

378 为了计算皮尔逊相关系数，我们必须遵循以下步骤：

第一步 计算 $\sum X$、$\sum Y$、$\sum X^2$、$\sum Y^2$、$\sum XY$、$\overline{X}$ 和 $\overline{Y}$ 的值。

X	**Y**	**X²**	**Y²**	**XY**	
10	1	100	1	10	
3	7	9	49	21	$N=10$
12	2	144	4	24	$\sum X = 85$
11	3	121	9	33	$\sum Y = 38$
6	5	36	25	30	$\overline{X}=\frac{\sum X}{N}=\frac{85}{10}=8.5$
8	4	64	16	32	$\overline{Y}=\frac{\sum Y}{N}=\frac{38}{10}=3.8$
14	1	196	1	14	$\sum X^2=855$
9	2	81	4	18	$\sum Y^2=218$
10	3	100	9	30	$\sum XY = 232$
2	10	4	100	20	
85	38	855	218	232	

第二步 将第一步中得出的值代入相关系数的公式。

$$r=\frac{\sum XY-N\overline{X}\overline{Y}}{\sqrt{(\sum X^2-N\overline{X}^2)(\sum Y^2-N\overline{Y}^2)}}$$

$$=\frac{232-10(8.5)(3.8)}{\sqrt{[855-(10)(8.5)^2][218-(10)(3.8)^2]}}$$

$$=\frac{232-323}{\sqrt{(855-722.5)(218-144.4)}}$$

$$= \frac{-91}{\sqrt{(1\ 325)(73.6)}}$$

$$= \frac{-91}{\sqrt{9\ 752}}$$

$$= \frac{-91}{98.75}$$

$$= -0.92$$

我们的结果显示出在受教育年限与民族歧视之间存在强烈的负相关关系。

第三步 计算自由度。 379

$$\begin{aligned} df &= N-2 \\ &= 10-2 \\ &= 8 \end{aligned}$$

第四步 将计算出的相关系数与表 H 中的相关系数的值相比较。

计算出的 $r=-0.92$

表中的 $r=0.631\ 9$

df=8

$\alpha=0.05$

如上所示，要在 0.05 的显著性水平下、自由度为 8 时拒绝 $\rho=0$ 的零假设，我们计算得到的相关系数必须超过 0.631 9。由于我们计算出的相关系数等于−0.92，因此拒绝零假设而接受研究假设。这就是说，我们的结果显示，从中抽取样本的移民总体中存在受教育年限与民族歧视之间的相关关系。

使用皮尔逊相关系数的要求

要正确地将皮尔逊相关系数作为测量变量 X 与 Y 之间相关性的一个指标，必须考虑以下要求：

(1) 线性关系。皮尔逊相关系数只被用于检测 X 与 Y 之间的线性相关关系。

(2) 定距数据。X 和 Y 必须在定距等级上测量，以便每个被调查者都能被算出一个分数。

(3) 随机抽样。样本成员必须是被随机地从一个用来进行显著性检验的总体中抽取的。

(4) 正态分布。对相关系数进行显著性检验要求 X 和 Y 在总体中都呈正态分布。在小样本中，不符合正态分布要求的情况将会严重影响检验的有效性。但是，当样本规模超过了 30 个案例时，这个要求就不那么重要了。

散点图的重要性

在我们的生活中，寻找捷径和省时的工具似乎是我们的本能。对社会研究者来说，高速计算机和简便的统计软件的发展就好像是自动洗衣机和清洁剂的出现对于家务劳动者的意义一样。不幸的是，这些 380 统计软件经常是在使用者没有对它们的适用性进行足够的考虑的情况下被运用的。这一点在相关分析中表现得尤为突出。

相关系数是一种功效强大的统计测量工具。更进一步说，对于包含多个变量的数据，我们只需要非常短时间（如几秒钟）的运行，就可以获得如表 10 - 5 这样的相关矩阵。

表 10 - 5　相关矩阵

	被调查者的年龄 $X1$	被调查者的受教育程度 $X2$	家庭收入 $X3$	配偶的受教育程度 $X4$
$X1$	1.00	−0.48	0.35	−0.30
$X2$	−0.48	1.00	0.67	0.78
$X3$	0.35	0.67	1.00	0.61
$X4$	−0.30	0.78	0.61	1.00

相关矩阵以简洁的形式同时呈现多个变量之间的关系。如表 10 - 5 所示，从左上角到右下角的对角线中是相关性为 1.00 的系列。这代表着每个变量与其自身的相关性一定是非常完美的，因此必定为 1.00。非对角线上的各项代表着变量间的相关关系。第二行第四列的这一项（0.78）给出了 $X2$ 与 $X4$（被调查者及其配偶的受教育程度）之间的相关程度。这个矩阵是对称的，即对角线以上的三角形区域与对角线以下的三角形区域是完全一样的。因而，第二列第四行的这一项也是 0.78。

计算机程序所给出的这样的结果使得研究者能够迅速地扫视大量的变量——例如 10 个变量——之间的相关程度，并迅速找到那些强相关的、引起研究者兴趣的相关系数。问题马上就来了，如我们在前面讨论方差分析时提过的，对大量变量的这样的考察可能会使得我们挑中的是仅出于偶然而表现为显著的相关系数。而更大的陷阱在于，这样一个粗略的过程可能会违背皮尔逊相关系数的一些基本要求。也就是说，相关矩阵只给我们提供了（线性）相关系数，它不能告诉我们两变量之间的关系是否是线性的或者说数据是否有一些值得引起注意的特殊性。为了避免落入特殊性数据的陷阱，我们在做出两变量相关的结论之前应首先考察一下散点图。

看相关矩阵的散点图是一个非常乏味的工作，因为我们一次只能看一对相关变量的图。例如，当考察 10 个变量之间的所有配对时，我们将会需要看 45 个散点图，这需要大量的时间和精力。由此，大多数的学生和研究者跳过了这一步，从而经常导致错误甚至灾难性的后果。有的时候，如我们将看到的，一些在扫视相关系数时被认为强相关的情况在看了散点图后会被证明为虚假相关。相反，真实的重要的关系也许会被一个简单的皮尔逊相关系数的值错误地抹杀。

381 例如，表 10 - 6 是新英格兰地区六个州的谋杀率和自杀率（每 100 000 人口）的数据：

表 10 - 6　新英格兰诸州的谋杀率和自杀率

州	谋杀率	自杀率
缅因州	3.2	14.3
新罕布什尔州	2.9	11.3
佛蒙特州	4.3	17.8
马萨诸塞州	3.6	8.9
罗得岛州	4.2	12.3
康涅狄格州	5.4	8.6

相关系数为−0.17，这代表着一个较弱的中度负相关关系。这一点好像支持了一些社会学家的观点：这两种形式的暴力（他人指向的和自我指向的）是此消彼长的，当一个升高时，另一个就降低。

但是，在我们为这个结果而感到激动之前，让我们先看一下图 10 - 6 的散点图。尽管散点图呈现出轻度的负相关关系，但右下角的点值得我们进一步思考。其对应的是康涅狄格州。我们有理由怀疑康涅狄格州与新英格兰其他诸州之间有着系统性差异。设想一下，为了讨论的目的，我们将康涅狄格州去掉而重新计算相关系数。当只利用其他 5 个州的数据时，$r=0.44$。事实上，康涅狄格州在新英格兰诸州中有着最高的谋杀率和最低的自杀率，从而似乎扭曲了实际的相关关系。

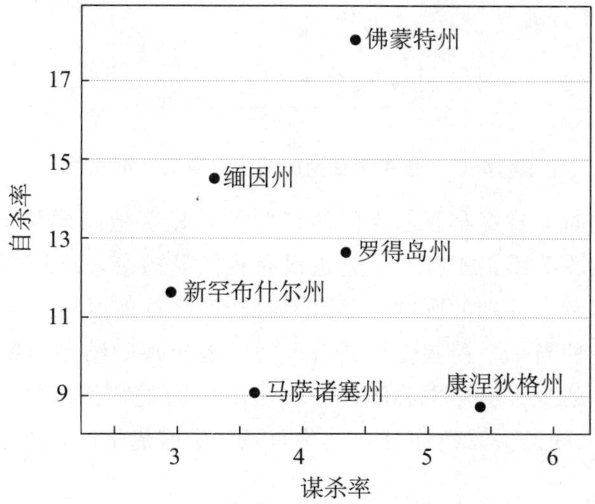

图 10 - 6　新英格兰诸州谋杀率和自杀率的散点图 382

虽然有专门的统计过程被用来确定某个或某些数据点是否应该被排除掉，但这已超出了本书的讨论范围。但无论如何，发现这些所谓的特异值是至关重要的。在事后发现只要去掉一个或两个能严重改变计算结果及解释的观测值就能大大提高某个相关系数的值，这实在是件令人沮丧的事情。

偏相关

在这一章里，我们讨论了一种研究两个定距变量之间相关关系的有效方法。有非常重要的一点需要考虑，这就是当控制了其他变量的时候，两个变量间的相关关系是否仍能成立。即：当考虑更广泛的相关因素时，我们对这两个变量相关关系的阐释是否有所改变？

为了最简单地说明这个问题，我们将再一次采用散点图。散点图以视觉的形式呈现了相关系数的所有信息，包括它的方向（通过各点的内在趋势）和强度（通过各点对假想的直线的接近程度）。我们可以通过对一个样本的不同子群体分别构建散点图，来考察在控制了子群体或控制变量时，从整个样本中观察出来的相关关系是否仍能成立。例如，近些年来一些社会心理学家对身体特性（如吸引力）与职业成就（如薪水或目标达成）之间的关系进行了研究。假设在对个人属性与薪水之间相关关系的研究中，一位社会心理学家偶然发现身高与薪水之间存在如图 10 - 7 所示的强正相关关系。这对社会心理学家们而言是说得通的，他们推想个子高的人倾向于更自信并易得到他人的尊敬，这对于薪水的提高是有促进作用的。

但如果这位社会心理学家没有将可能解释身高与薪水之间相关关系的因素纳入分析，那么他可能会被完全或部分误导。雇员的性别就是一个可能的因素。男性的身高倾向于比女性高，并且出于多种原因，男性的薪水要比女性高。这有可能全部或部分地解释身高与薪水之间的强相关关系。图 10 - 7

也分别提供了样本中男性和女性的散点图（有重要的一点需要注意：如果我们将男性和女性的散点图叠加起来，就将会得到原始的散点图）。

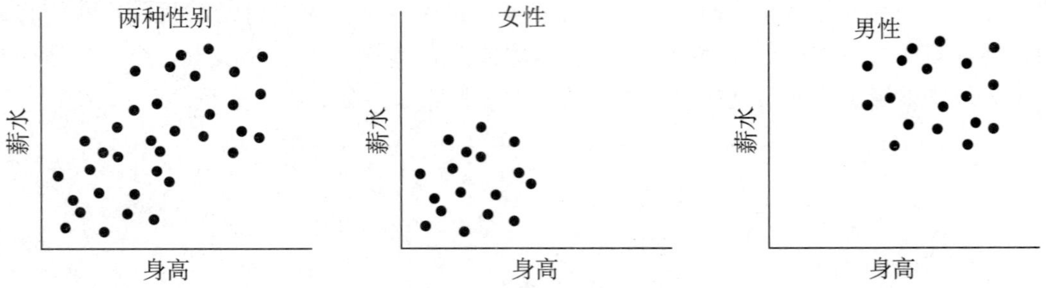

383 **图 10－7　控制了性别的薪水和身高的散点图**

很明显，当控制了性别时，身高与薪水之间的相关关系显著地减弱了——事实上是消失了。即使在两个分性别的散点图中相关关系仍然存在，它也没有我们最初在未控制的散点图中看到的那么强了。即，如果社会心理学家没有考虑性别的影响，那么他将会被严重地误导。

图 10－8 演示了另外一种当一个控制变量被引入时可能出现的结果。每个散点图都代表了 X 与 Y 之间的正相关关系。组 1 中的观察值用空心圈代表，组 2 中的观察值用实心圈代表，这使得我们需分别考察两个组中的 X 与 Y 之间的关系。注意，这些只是一个假想情况，在实际中，人们是不可能看到这样清楚划分的情况的。

在图 10－8（a）中，我们看到 X 与 Y 之间的相关关系在两个子群体中都是成立的。第一组在 X 和 Y 这两个变量上都超过了第二组，并且在这两组中，X 与 Y 之间仍然存在强烈的正相关关系。这就是说，控制分组变量并没有改变 X 与 Y 之间的关系。例如，受教育年限与收入之间的正相关关系对于白人和非白人都是成立的。如果研究者在检验了一系列控制变量（如种族、性别、年龄等）后都观察到这样的结果，那么他在将相关关系（如受教育年限与收入之间的关系）解释成因果关系时会更加自信。也就是说，他会认为更长的受教育年限会带来更高的收入。

图 10－8（b）演示了一个条件相关关系。即，在一个组内，变量 X 与 Y 之间有强相关关系，但在另一个组内，没有相关关系。如果忽略分组变量，X 与 Y 之间的相关系数将会被错误地用来代表组内的准确情形。

图 10－8（c）演示了一个虚假或误导相关关系。在所有的组内，X 与 Y 都是不相关的。从总体上说，组 1 倾向于在所有变量上都要高。因此，当忽略了组间的差别时，看上去 X 与 Y 好像是相关的。我们前面提到的身高与薪水之间的相关关系就是虚假相关的例子。虚假相关在实际生活中经常发生，我们应始终了解两个变量可能只因某一共同原因而相关。

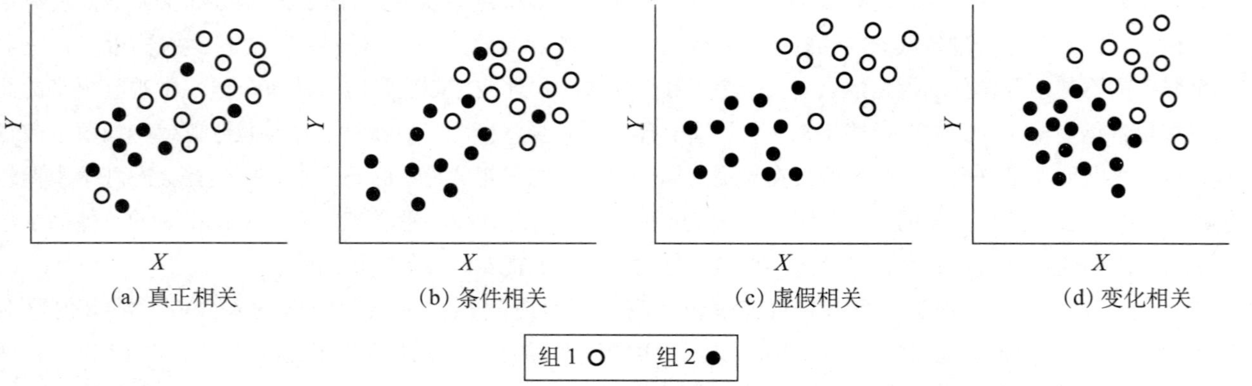

384 **图 10－8　控制了第三个变量**

最后，图 10－8（d）演示了当第三个变量被控制时相关关系的方向被改变的情况。即，X 与 Y 之间最初的正相关关系在组内变成了负相关关系。组 1 在 X 和 Y 两个变量上都远大于组 2，从而掩盖了各组内的负相关关系。虽然这一类情况在实际生活中很少发生，但我们仍然要了解一个表面的结果可能会与它实际的情况相反。

到目前为止，我们所讨论的情况都是控制变量为两分变量（两个类别）。同样的方法也可用于控制变量有三个或更多等级或类别的情况。例如，人们在研究宗教对两个变量之间关系的影响时，可能会分别计算新教徒、天主教徒和犹太教徒的皮尔逊相关系数。

我们应如何处理如年龄这样的定距等级的控制变量呢？我们可能会想到将年龄划分为若干子组（例如，18 岁以下、18～34 岁、35～49 岁、50 岁及以上），然后对每一个年龄组分别画散点图。但这样既缺乏效率又浪费信息（例如 18 岁与 34 岁之间的区别丢失了，因为这两个年龄被分到了同一个年 385
龄组里）。那么，我们也许会采用更狭窄的年龄组，但这样仍然不够精确。幸运的是，有一个简单的方法，可被用于校正当三个变量都是定距变量时，受到第三个变量影响的其他两个变量之间的相关关系。即，我们不需要对任何变量进行人工分类。

偏相关系数是在去掉（或排除）了第三个变量的共同影响以后，两个变量之间的相关系数。同简单相关系数一样，偏相关系数的取值范围为－1～＋1，并且与简单相关系数的解释方法完全一样。控制了 Z 的 X 和 Y 的偏相关系数的公式为：

$$\boxed{r_{XY.Z}=\frac{r_{XY}-r_{XZ}r_{YZ}}{\sqrt{1-r_{XZ}^{2}}\sqrt{1-r_{YZ}^{2}}}}$$

在符号 $r_{XY.Z}$ 中，句点前的变量为相关变量，句点后的变量为控制变量。偏相关系数依赖于三个量来计算：X 与 Y 之间的相关系数、X 与 Z 之间的相关系数、Y 与 Z 之间的相关系数。

例如，看一下表 10－7 的身高（X）、体重（Y）和年龄（Z）的相关矩阵。身高和体重不仅是正相关的，而且都会随着年龄的增长而增长。那么，人们可能想知道，在身高和体重的相关系数中（$r=0.90$），有多少是由于年龄的共同影响，在年龄的影响被控制了以后还余下多少。

表 10－7　相关矩阵

	身高（X）	体重（Y）	年龄（Z）
身高（X）	1.00	0.90	0.80
体重（Y）		1.00	0.85
年龄（Z）			1.00

$$\begin{aligned}
r_{XY.Z}&=\frac{r_{XY}-r_{XZ}r_{YZ}}{\sqrt{1-r_{XZ}^{2}}\sqrt{1-r_{YZ}^{2}}}\\
&=\frac{0.90-(0.80)(0.85)}{\sqrt{1-(0.80)^{2}}\sqrt{1-(0.85)^{2}}}\\
&=\frac{0.90-0.68}{\sqrt{1-0.64}\sqrt{1-0.7225}}\\
&=\frac{0.22}{\sqrt{0.36}\sqrt{0.2775}}\\
&=\frac{0.22}{(0.60)(0.5268)}
\end{aligned}$$

$$= \frac{0.22}{0.3161}$$

$$= +0.70$$

386 因此，当年龄的影响被去除了以后，身高与体重之间的强相关（$r_{XY}=0.90$）被大大地减弱了（$r_{XY.Z}=0.70$）。

在图 10-8 中，我们看到当控制了第三个变量时，存在多种可能的模式。同样，偏相关系数可能小于、等于或大于两个变量间的简单相关系数。例如，让我们看一下表 10-8 的受教育年限（X）、薪水（Y）和年龄（Z）之间的相关矩阵。

表 10-8 控制了第三个变量后的相关矩阵

	受教育年限（X）	薪水（Y）	年龄（Z）
受教育年限（X）	1.00	0.40	−0.30
薪水（Y）		1.00	0.50
年龄（Z）			1.00

受教育年限与薪水的简单相关系数为 0.40，但控制了年龄变量的受教育年限与薪水的偏相关系数要更高：

$$r_{XY.Z} = \frac{r_{XY} - r_{XZ}r_{YZ}}{\sqrt{1-r_{XZ}^2}\sqrt{1-r_{YZ}^2}}$$

$$= \frac{0.40-(-0.30)(0.50)}{\sqrt{1-(-0.30)^2}\sqrt{1-(0.50)^2}}$$

$$= \frac{0.55}{\sqrt{0.91}\sqrt{0.75}}$$

$$= \frac{0.55}{(0.9539)(0.8660)}$$

$$= \frac{0.55}{0.8261}$$

$$= +0.67$$

因此，忽略年龄将会抑制受教育年限与薪水之间的相关关系。年轻的雇员会由资历低而薪水低，尽管他们可能会有更高的学历。因此，在简单相关系数中受教育年限的影响被弱化了，因为那些受过高等教育的雇员，你认为他们应获得比实际更高的薪水，但现实并不如你所期望的那样，因为他们大多是较年轻的新雇员。通过控制年龄，我们就排除了年龄的影响，发现了受教育年限对薪水的独立影响。

偏相关系数是发现虚假相关关系的非常有用的统计工具，如在这里所演示的这个关于“消失”了的相关关系的经典案例[①]一样。美国 49 个州（阿拉斯加州在暴力强奸案上是一个例外，所以被排除了）
387 在 1982 年的暴力强奸犯罪率（每 100 000 人）与 1979 年《花花公子》的发行量（以 100 000 为单位）的相关系数 r 为+0.40。由于这个相关关系，许多人要问：如果《花花公子》对暴力强奸犯罪有这样的影响，那么黄色杂志将会有多大的伤害呢？

这样的忧虑源于对相关关系意味着因果关系的不正当的假设。在做出这样的跨越之前，我们需要考虑是否有第三个变量作为这两个变量的共同原因，从而造成了虚假相关。

① 我们对罗德尼·斯塔克和认知发展公司提供数据表示感谢。

如其所显示的，暴力强奸犯罪率和《花花公子》的订阅率都同没有成年女性的家庭的比率（每1 000个家庭）相关：对于暴力强奸犯罪率（Y）和没有成年女性的家庭的比率（Z），$r_{YZ}=+0.48$；对于《花花公子》的订阅率（X）和没有成年女性的家庭的比率（Z），$r_{XZ}=+0.85$。很明显，这两种性发泄方式（一种非法，一种合法）的出现都与家庭中缺乏成年女性有关。

为了确定在控制了没有成年女性的家庭的比率（Z）的情况下，暴力强奸犯罪率（X）与《花花公子》的订阅率（Y）之间的偏相关系数：

$$
\begin{aligned}
r_{XY.Z} &= \frac{r_{XY}-r_{XZ}r_{YZ}}{\sqrt{1-r_{XZ}^{2}}\sqrt{1-r_{YZ}^{2}}} \\
&= \frac{0.40-(0.85)(0.48)}{\sqrt{1-0.85^{2}}\sqrt{1-0.48^{2}}} \\
&= \frac{0.40-0.41}{\sqrt{1-0.722\,5}\sqrt{1-0.230\,4}} \\
&= \frac{-0.01}{\sqrt{0.277\,5}\sqrt{0.769\,6}} \\
&= \frac{-0.01}{(0.53)(0.88)} \\
&= \frac{-0.01}{0.47} \\
&= -0.02
\end{aligned}
$$

最后的结果是，在控制了一个共同变量之后，最终的相关关系消失了。

检验偏相关的显著性

在本章的前面部分，我们利用检验总体相关系数为零的零假设检验了皮尔逊相关系数（非偏系数r）。同样，在偏相关的情况下，我们寻求一个其在总体中的大小的显著性检验。偏相关的显著性检验和前者一样，可以用附录C的表H中的简便方法或表C中的t检验，而只需要一些微小的修改。因为 388
涉及了三个变量——两个相关变量和第三个控制常量，所以我们需要$N-3$个自由度。因此，我们能将我们计算出的$r_{XY.Z}$和表H中的对应于$N-3$个自由度的在期望的显著性水平之下的临界值相对比。或者，我们可以使用将$N-2$个自由度改成$N-3$个自由度的t检验公式：

$$
t=\frac{r_{XY.Z}\sqrt{N-3}}{\sqrt{1-r_{XY.Z}^{2}}}
$$

为了演示，让我们看一下检验受教育年限与薪水和控制常量年龄之间的偏相关的显著性。我们确定了$r_{XY.Z}=0.67$，在排除了年龄的影响后，受教育年限与薪水之间仍存在强相关关系。如果样本规模$N=25$，那么我们会得到：

$$
\begin{aligned}
t &= \frac{0.67\sqrt{25-3}}{\sqrt{1-0.67^{2}}} \\
&= \frac{0.67(22)}{\sqrt{0.55}} \\
&= \frac{14.74}{0.74} \\
&= 19.9
\end{aligned}
$$

查找附录C的表C（在自由度为22、显著性水平为0.05的情况下），我们发现t检验的双尾临界值是2.074。因此，我们可以很容易地拒绝零假设，认为在控制年龄常量的情况下，总体中受教育年限与薪水之间不存在偏相关关系。

▶ 小结

在本章中，我们超出了确定两个变量之间关系存在或不存在的讨论范围。在相关关系中，社会研究者对两个变量之间的相关度十分感兴趣。在皮尔逊相关系数的帮助下，我们能准确地测量两个定距变量之间相关的强度（从0到1）和相关的方向（正相关或负相关）。而且，如果研究者采取随机抽样的方法，那么他还可以利用查找表中的临界值或计算t值来确定所获得的变量X与Y之间的关系在总体中真的存在，而非仅仅由于抽样误差。另外，偏相关系数使研究者可以控制第三个变量对其他两个变量相关性的影响。

389 ▶ 重要术语

Variable	变量
Correlation	相关
Strength	相关的强度
Direction（positive versus negative）	相关的方向（正相关和负相关）
Curvilinear versus straight line	曲线相关和直线相关
Correlation coefficient	相关系数
Correlation matrix	相关矩阵
Scatter plot	散点图
Pearson's correlation coefficient	皮尔逊相关系数
Partial correlation coefficient	偏相关系数

▶ 课后习题

1. 当散点图中的点聚集在那条假想的直线周围时，相关关系为：

   a. 弱　　b. 强

   c. 正　　d. 负

2. 当SAT分数高的被调查者在大学中的成绩也倾向于较好，SAT分数低的被调查者在大学中的成绩也倾向于较差时，有理由认为：

   a. SAT分数与大学成绩正相关　　b. SAT分数与大学成绩负相关

   c. SAT分数与大学成绩零相关　　d. 以上都不对

3. 相关系数以一个数字来表示：

   a. 相关的强度　　b. 相关的方向

   c. 相关的强度和方向　　d. 以上都不对

4. r＝－0.17 代表的相关关系是：

a. 强负相关　　b. 强正相关　　c. 弱负相关　　d. 弱正相关

5. 下面哪一条不是皮尔逊相关系数所必需的？

a. 直线关系　　b. 定类数据　　c. 随机抽样　　d. 正态分布

6. 说明下列相关统计量的强度和方向：

a. $r=0.951$　　b. $r=-0.232$　　c. $r=0.096$

d. $r=-0.738$　　e. $r=0.415$

7. 偏相关的目的是：

a. 检验相关关系的显著性　　b. 控制相关关系中的第三个变量

c. 在直线关系中加入曲线关系　　d. 计算部分样本的相关性

8. 下图描绘的是何种相关类型？ 390

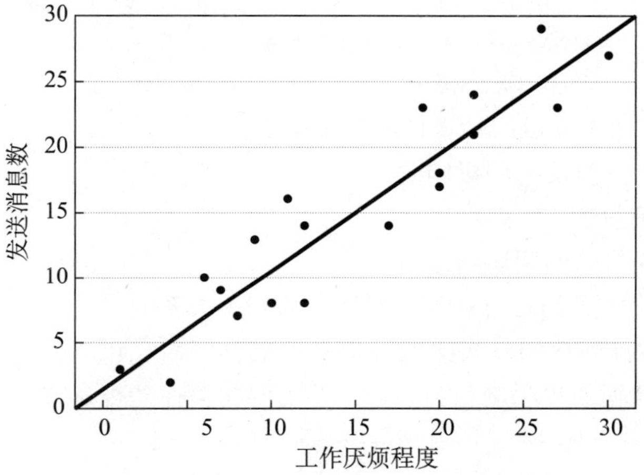

a. 强正相关　　b. 弱正相关　　c. 强负相关　　d. 弱负相关

9. 下图描绘的是何种相关类型？

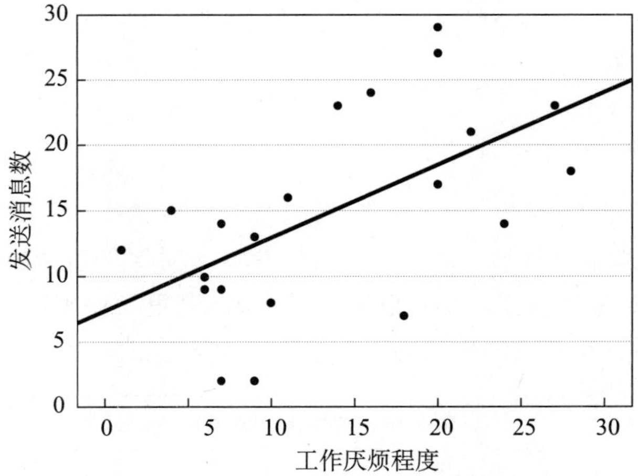

a. 强正相关　　b. 弱正相关　　c. 强负相关　　d. 弱负相关

391 10. 下图描绘的是何种相关类型？

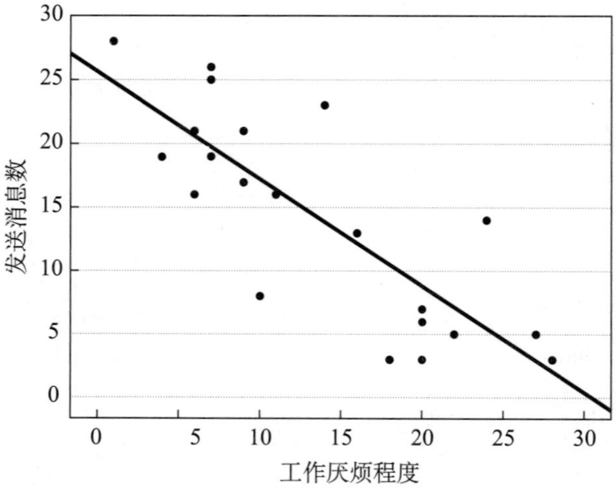

a. 强正相关　　b. 弱正相关　　c. 强负相关　　d. 弱负相关

11. 偏相关系数给出了两个变量间什么样的相关关系？

a. 在去除了第三个变量的共同影响之后

b. 在定距等级的测量上

c. 在引入第三个变量的共同影响之后

d. 当我们部分地确定它们之间并不存在真实的相关关系后

12. 下面是六名学生被询问他们对卖淫的合法性的态度（X）和对吸食大麻的合法性的态度（Y）所得到的结果。计算这些数据的皮尔逊相关系数，并确定相关性是否显著。

学生	X	Y
A	1	2
B	6	5
C	4	3
D	3	3
E	2	1
F	7	4

13. 一名高级中学的学监有兴趣研究离学校的远近程度与对课外活动的参与程度之间的关系。他收集了一个包含 10 名低年级学生的样本的家距学校的距离（英里）和加入俱乐部的数量的数据。

392 通过下面的数据，计算这些数据的皮尔逊相关系数，并确定相关性是否显著。

	家距学校的距离（英里）	加入俱乐部的数量
李（Lee）	4	3
朗达（Ronda）	2	1
杰斯（Jess）	7	5
伊夫林（Evelyn）	1	2

续表

	家距学校的距离（英里）	加入俱乐部的数量
穆罕默德（Mohammed）	4	1
史蒂夫（Steve）	6	1
乔治（George）	9	9
胡安（Juan）	7	6
齐（Chi）	7	5
戴维（David）	10	8

14. 一位有兴趣研究邻里关系的城市社会学家收集了 10 名成年人的样本数据，包括他们在某个地区居住了多少年（X）和邻居中有多少人被他们当作朋友（Y）。计算这些数据的皮尔逊相关系数，并确定相关性是否显著。

X	**Y**	**X**	**Y**
1	1	2	1
5	4	5	2
6	2	9	6
1	3	4	7
8	5	2	0

15. 一位经济学家有兴趣研究白领工人的失业时间与找工作时间之间的关系。他访问了包括 12 名失业的会计人员的样本，以星期为单位询问他们的失业时间（X）以及在过去一年里的找工作时间（Y）。计算这些数据的皮尔逊相关系数，并确定相关性是否显著。

会计人员	失业时间（**X**）	找工作时间（**Y**）
A	2	8
B	7	3
C	5	4
D	12	2
E	1	5
F	10	2
G	8	1
H	6	5
I	5	4
J	2	6
K	3	7
L	4	1

16. 一位精神病学家非常担心他的女儿，因为自从去年上了高中以来，她就饱受自卑与焦虑的折 393
磨。他想知道他女儿的同辈是否有这样的问题，因此他随机抽取了高中的女生并匿名询问她们在什么

程度上反对或赞同（在一个 7 点量表上，“1”代表“强烈反对”，“7”代表“强烈赞同”）以下说法：（X）“在我开始高中生活之前我对自己感觉更好”、（Y）“自从我上了高中，我感到非常焦虑”。计算这些数据的皮尔逊相关系数，并确定相关性是否显著。

X	**Y**
7	5
6	4
4	3
5	6
3	2
6	7
5	5

17. 一位高中特殊教育老师想知道阅读障碍与注意力障碍是否有关系。她收集了她的 6 个学生的阅读能力（X）和注意力能力（Y）的数据，分数越高表示变量所代表的能力越强。计算这些数据的皮尔逊相关系数，并确定相关性是否显著。

X	**Y**
2	3
1	2
5	3
4	2
2	4
1	3

18. 一位研究者想知道人们对双语教育的看法（X）与对是否允许生于外国的公民竞选总统的看法（Y）之间的关系。她收集了以下数据，两个变量都被用一个 9 点量表测量（“1”代表“非常反对”，“9”代表“非常赞同”）。

X	**Y**
2	5
5	2
8	6
6	9
1	3
2	1
8	5
3	1

计算这些数据的皮尔逊相关系数，并确定相关性是否显著。

19. 儿童中的肥胖问题是一大隐患，因为它会将儿童置于面临许多严重的医疗难题的危险中。一些研究者认为，与儿童肥胖相关的一个重要问题是近期的儿童花太多时间看电视而没有足够时间运动。基于一个年龄和身高大致相同的男孩的样本，研究者收集了儿童每天看电视时间和体重的数据。计算这些数据的皮尔逊相关系数，并确定相关性是否显著。 394

看电视时间（小时）	体重（磅）
1.5	79
5.0	105
3.5	96
2.5	83
4.0	99
1.0	78
0.5	68

20. 贫困率（在贫困线以下的人口百分比）和少女怀孕率（每 1 000 人中 15～17 岁的怀孕女性数）有关系吗？一位研究者随机选择了几个州并收集了以下数据。计算这些数据的皮尔逊相关系数，并确定相关性是否显著。

州	*X*	*Y*
A	10.4	41.7
B	8.9	38.6
C	13.3	43.2
D	6.9	35.7
E	16.0	46.9
F	5.2	33.5
G	14.5	43.3
H	15.3	44.8

21. 在一次考前准备中，一个班上的一些学生比另一些学生的学习时间多。下面列出了每名学生的以 10 分制计分的考试成绩以及考前的学习小时数：

	学习小时数	考试成绩
芭芭拉（Barbara）	4	5
鲍勃（Bob）	1	2
迪德拉（Deidra）	3	1
欧文（Owen）	5	5
查尔斯（Charles）	8	9
爱玛（Emma）	2	7
桑福德（Sanford）	7	6
路易斯（Luis）	6	8

计算这些数据的皮尔逊相关系数，并确定相关性是否显著。

395 22. 一位研究者想确定全国城市的自杀率与谋杀率是否相关。如果是，那么它们是相反变化的（负相关）还是一致变化的（正相关）？通过近些年的数据，他比较了包含 10 座城市的样本的自杀率和谋杀率（每 100 000 人口）：

城市	自杀率	谋杀率	城市	自杀率	谋杀率
A	20.2	22.5	F	21.4	19.5
B	22.6	28.9	G	9.8	13.2
C	23.7	15.4	H	13.7	16.0
D	10.9	12.3	I	15.5	17.7
E	14.0	12.6	J	18.2	20.8

这 10 座城市的样本的自杀率和谋杀率的相关系数的强度和方向是什么？检验总体中自杀率与谋杀率不相关的零假设。

23. 一位研究学生在学校缺席的时间随时间变化具有一致性问题的研究者研究了包含 8 名全部记录都可获得的学生的样本。这位研究者计算了每名学生在 6 年级和 10 年级时的缺席天数。他得到了以下结果：

学生	缺席天数（6 年级）	缺席天数（10 年级）
A	4	10
B	2	4
C	21	11
D	1	3
E	3	1
F	5	5
G	4	9
H	8	5

这些学生在 6 年级时的缺席天数与在 10 年级时的缺席天数之间的相关系数的强度和方向是什么？这个相关系数是否可以被推广到更大的学生总体中？

24. 在休闲时间中，阅读和看电视是否是相互竞争的？为了回答这个问题，一位传播学者访问了包含 10 名学生的样本，询问了他们在过去一年里读书的本数和平均每天看电视的小时数。其结果如下：

读书的本数	看电视的小时数
0	3
7	1
2	2
1	2
5	0
4	1
3	3
3	2
0	7
1	4

396

读书的本数与看电视的小时数之间的相关系数的强度和方向是什么？这个相关系数显著吗？

25. 一位教育专家对孩子在出生后前两年的识字数对高中时期的学业表现的影响十分感兴趣。为了验证他的想法，计算一个包含 6 名青少年的样本的“两岁时的识字数”和“高中平均绩点”的皮尔逊相关系数。相关的强度和方向是什么？

两岁时的识字数	高中平均绩点
20	3.52
14	3.14
18	3.96
8	2.82
7	2.34
17	3.67

26. 利用问题 25 所得出的相关系数结果，确定相关关系的统计显著性。可以拒绝零假设吗？或者说，这种相关关系在总体中也存在吗？

27. 一位研究种族与不平等之间关系的社会学家认为年轻人持有更加宽容的态度。为了验证这个假设，这位社会学家随机选取了 10 名白人（从青少年到老年人）作为样本，并用一个 10 点量表询问了他们关于非裔美国人的看法（“1”代表负面的接受信念，“10”代表正面的接受信念）。计算并解释皮尔逊相关系数的强度和方向，并检验该社会学家的关于年龄与种族刻板印象关系的观点是否正确。

年龄	关于非裔美国人的看法
16	9
18	10
20	7
29	8
34	6
46	3
51	5
65	4
69	5
82	3

28. 利用问题 27 所得出的相关系数结果，确定相关关系的统计显著性。可以拒绝零假设吗？或者说，这种相关关系在总体中也存在吗？

29. 除了找工作时间，白领工人的年龄也可能同失业时间的长短相关。假设年龄（Z）被加入问题 397
15 的两个变量：

会计人员	失业时间（X）	找工作时间（Y）	年龄（Z）
A	2	8	30
B	7	3	42
C	5	4	36

续表

会计人员	失业时间（X）	找工作时间（Y）	年龄（Z）
D	12	2	47
E	1	5	29
F	10	2	56
G	8	1	52
H	6	5	40
I	5	4	27
J	2	6	31
K	3	7	36
L	4	1	33

计算控制了白领工人的年龄后，找工作时间与失业时间之间的偏相关系数，并确定偏相关系数是否显著。

30. 除了学习时间外，智商也可能与在考试中的表现相关。假设智商（Z）也被加入问题 21 中的两个变量：

	学习小时数（X）	考试成绩（Y）	智商（Z）
芭芭拉	4	5	100
鲍勃	1	2	95
迪德拉	3	1	95
欧文	5	5	108
查尔斯	8	9	110
爱玛	2	7	117
桑福德	7	6	110
路易斯	6	8	115

计算在控制智商后，学习小时数与考试成绩之间的偏相关系数。

31. 下面是包含 50 个家庭的随机样本的家庭规模（X）、每周日用品账单（Y）以及收入（Z）的相关系数。

	X	Y	Z
X	1.00	0.60	0.20
Y	0.60	1.00	0.30
Z	0.20	0.30	1.00

a. 这些相关系数在 0.05 的显著性水平上显著吗？

b. 在保持收入不变的情况下，家庭规模与每周日用品账单之间的偏相关系数为多少？确定偏相关系数是否显著。

讨论简单相关系数 r_{XY} 与偏相关系数 $r_{XY.Z}$ 之间的差异。

32. 虽然可能是不准确的，但是人们已经普遍相信给婴儿演奏经典音乐可以促进他们的大脑发育、
398 空间意识和创造力。一位儿童发展专家想要检验是否接触了莫扎特的平缓的音乐确实会促进早期神经

发展。他随机抽取了一个包含 10 个孩子的样本，对他们进行了从婴儿时期到大学时期的追踪调查。当每一个研究对象年满 16 岁的时候，他都会对他们进行一次智商测试，然后将结果与研究对象在婴儿时期每年听莫扎特乐曲的小时数进行比较。计算皮尔逊相关系数，并解释结果的相关强度与方向。

智商得分	每年听莫扎特乐曲的小时数
128	68
104	51
96	18
107	26
106	36
99	47
91	10
111	72
131	94
117	48

33. 利用问题 32 所得出的相关系数结果，确定相关关系的统计显著性。可以拒绝零假设吗？或者说，这种相关关系在总体中也存在吗？

34. 关于前一题，许多社会学家和发展心理学家强调，本质上可能并不是听莫扎特的乐曲本身促进了儿童神经系统的发展，相反，他们认为，智商的提高很可能归因于父母有意地为婴儿播放音乐，因为这种音乐据说能促进婴儿的发展。这会指向一个不一样的假设：孩子的智商与父母的干预——而非干预的具体性质——之间有一个总体上的正相关关系。为了验证这另类的解说，研究者计算并解释了在控制了父母干预时长（Z，每周的小时数）之后，每年听莫扎特乐曲的小时数（Y）与 16 岁时的智商得分（X）之间的偏相关系数的方向和强度。一定要构造一个相关矩阵，它将会帮助你解决 $r_{XY.Z}$ 。

智商得分	每年听莫扎特乐曲的小时数	父母干预时长
128	68	14
104	51	6
96	18	4
107	26	7
106	36	7
99	47	5
91	10	2
111	72	9
131	94	14
117	48	12

35. 利用问题 34 所得出的相关系数结果，计算 X 与 Y 之间相关关系的统计显著性，以及计算在控制变量 Z 时 X 与 Y 之间相关关系的统计显著性。控制了变量 Z 是如何改变 X 与 Y 之间相关关系的显著性的？

399 ## ▶ 上机练习

1. 分析综合社会调查数据，生成一个可以让你检验下列零假设的相关矩阵：

零假设 1：过去 30 天内心理健康状况不佳的天数（MNTLHLTH）与过去 30 天内身体健康状况不佳的天数（PHYSHLTH）之间没有关系。

零假设 2：过去 30 天内心理健康状况不佳的天数（MNTLHLTH）与年龄（AGE）之间没有关系。

零假设 3：过去 30 天内身体健康状况不佳的天数（PHYSHLTH）与年龄（AGE）之间没有关系。

生成一个这三个变量的相关矩阵，说明皮尔逊相关系数的强度和方向。提示：ANALYZE，CORRELATE，BIVARIATE，然后选择变量。

2. 利用综合社会调查数据生成一个单独的相关矩阵来检验以下所有变量对之间没有关系的零假设。

职业满意度（JOBSAT1）与收入（REALRINC）

职业满意度（JOBSAT1）与受教育年限（EDUC）

收入（REALRINC）与受教育年限（EDUC）

过去 30 天内心理健康状况不佳的天数（MNTLHLTH）与职业满意度（JOBSAT1）

a. 生成一个相关矩阵。

b. 说明每个变量对的皮尔逊相关系数的强度和方向。

c. 使用同一个相关矩阵，还有哪些变量对能被检验？

3. 利用综合社会调查数据生成一个单独的相关矩阵来检验以下所有变量对之间没有关系的零假设。

第一个孩子出生时的年龄（AGEKDBRN）与出生年份（COHORT）

第一个孩子出生时的年龄（AGEKDBRN）与孩子数（CHILDS）

理想的孩子数（CHLDIDEL）与出生年份（COHORT）

另选一个变量与孩子数（CHILDS）

a. 生成一个相关矩阵。

b. 说明每个变量对的皮尔逊相关系数的强度和方向。

4. 利用综合社会调查数据，计算皮尔逊相关系数检验下列零假设：

零假设 1：受访者的最高受教育年限（EDUC）与他们父亲的最高受教育年限（PAEDUC）无关。

零假设 2：受访者的最高受教育年限（EDUC）与他们的个人收入（REALRINC）无关。

a. 生成一个相关矩阵。

b. 说明每个变量对的皮尔逊相关系数的强度和方向。

5. 从综合社会调查数据中挑选两个变量，生成并解释皮尔逊相关系数，并检验两个变量之间没有关系的零假设。

第11章 回归分析 400

对某些统计概念，诸如百分比和均值，我们在上统计课以前就已经很熟悉了。另外一些概念则是全新的，在统计学习的全过程中，你将会看到一些测量方法的用处。而在最初，你只是被“塞来”一个个公式并学习如何计算。这就好像我们学习一门外语的过程：最初我们需要一本词典来翻译词语，但后来词语的上下文也变得有意义了。

在第 4 章里，我们学习了一个新概念——方差。我们也看到在某些情况下它是比均值更重要的概念。但到现在为止，你仍然没有感受到方差的重要性，以及它在统计中的基本角色。在回归分析这一章中，方差的重要性将会变得清晰起来。

让我们再一次考虑第 4 章里提出来的关于犯罪的被告刑期长短的问题。假设有一位犯罪学家收集了违反《枪支管理法》的被告的刑期数据。按照这个法律，非法拥有枪支将会被判入狱一年。很明显，所有的刑期都是 12 个月。尽管知道有多少人在这个法律下被判刑可能有点意思，但平均为 12 个月的刑期将不会有任何分析上的价值：由于所有的刑期都是 12 个月，因此方差为零。

为了了解关于刑期的模型以及法官对刑期做出判定的倾向，这位犯罪学家最好聚焦于那些刑期不 401
同的犯罪。如果没有不同，就没有什么可以解释的。也就是说，研究的目的是解释变量为什么会不同。例如：为什么一些被告的刑期长，另一些被告的刑期短？我们能否确认被告的特性或其罪行的内容，从而解释这种刑期的长短差异？或者说，难道刑期的长短在某种程度上是随机的，从而是不可预测的？

假设某位法官——我们知道他有时候是喜怒无常的——给予了 10 名犯了袭击罪的被告下列刑期（以月为单位）：12，13，15，19，26，27，29，31，40，48。一些问题马上就出现了：为什么一个被告只被判了12个月的刑期？为什么另一个被告会被判48个月的刑期？这是罪有应得吗？是否因为后一个被告有更多的犯罪记录或其罪行更为邪恶？或者这是当天那位法官心情不好的结果？或者是更坏的情况，刑期更长可能与被告的种族或受害者的种族有关？

这些数据的均值为26个月。就这位法官所判的平均刑期来说，没有任何明显不合理的地方（既没有太严厉也没有太仁慈）。但我们关心的是他的判决的前后一致性，即是什么造成了他判决的差异。我们发现数据的方差为125（你应该自己算一算），这是对判决不一致程度的测量指标。这样的方差可能看起来太大了，但是更重要的是，它是否公正？比如说，在这个125的值中有多少是由被告所犯前科的数量决定的？

回归分析被用于回答这样的问题。我们每一个人都可能有一套关于哪些因素导致了更严厉的判决、哪些因素导致了宽大处理的理论。但是回归分析给予我们对任意给出的因素或者说变量的相对重要性进行精确量化的能力。因此，回归分析方法相比其他方法在社会科学中被应用得更多。

回归模型

虽然回归与我们所讨论的两个变量之间相关关系的强度——比如说，刑期的长短与前科的数量——有密切关系。但是，在回归中，我们还关心这种关系的具体本质。我们将一个变量作为因变量，将另一个变量作为自变量，即认为一个变量影响了另一个变量。在我们当前的例子中，刑期的长短为因变量，前科的数量为自变量。

在回归分析中，一个算术表达式被用来表达通过自变量（以 X 表示）来预测因变量（以 Y 表示）的值：

$$Y=a+bX+e$$

402 从数学上而言，这个等式说明了某名被告的刑期（Y）是3个部分的和：(1) 给所有被告的一个基准量（以 a 表示）；(2) 对每一次前科的增加量（以 b 表示）；(3) 某个具体案例独有的，不可预测的残差值（以 e 表示）。

a 被称作 Y 截距（也被认为是一个常数）。它指的是当 $X=0$（没有前科）时，Y 的期望水平。这个值是一个基准量，因为它是我们在考虑 X 的水平之前 Y 所应有的值。

b 被称作 X 的斜率（或回归系数）。它代表的是 X 的每一个单位的变化所引起的 Y 的变化（增加或减少）量。例如，某名被告在 $X=0$（没有前科）和 $X=1$（一次前科）时，刑期的差异的期望值为 b；而一名 $X=0$（没有前科）的被告和一名 $X=2$（两次前科）的被告的期望刑期的差异为 $b+b=2b$。

最后，e 被称为误差项或干扰项。它代表刑期中不能被归于 a 或 bX 的量。换句话说，e 代表某个被告的刑期对于他的基于前科数的期望值的偏离量。

让我们从几何上考虑这个模型。图11-1给出了表11-1中10名被告的刑期和前科数的散点图。

很清楚，X 与 Y 呈强烈的正相关关系。回归分析就是要在散点图中的点之间放置或者说拟合一条线：如果这条线画得准确，那么 a 的值（Y 截距）将会是这条线穿过 Y 轴的位置，b 的值（斜率）将会是这条线上 X 每一个单位的增加所对应的 Y 的增加或减少量。我们在第10章里学习过，所谓皮尔逊相关系数（r）就是用来测量一些点近似于一条直线的程度。这条直线我们称作回归直线。它在散点图中是离这些点位置最近的一条直线。

表 11-1　　10 名被告的刑期与前科

前科 (*X*)	刑期（以月为单位） (*Y*)
0	12
3	13
1	15
0	19
6	26
5	27
3	29
4	31
10	40
8	48

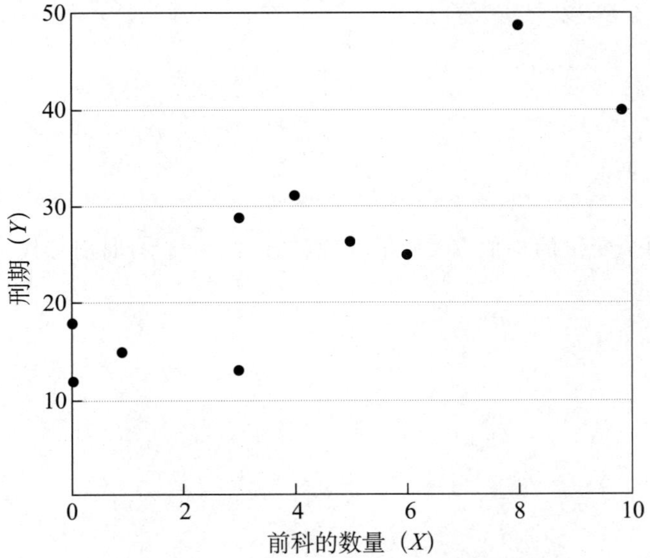

图 11-1　表 11-1 中刑期数据的散点图

由于回归与相关关系密切，因此它们的计算方法是近似的也就不奇怪了。事实上，几乎所有的回归的计算步骤同相关的计算步骤是一样的。

由数据所拟合出的 a 和 b： 403

$$b = \frac{\mathrm{SP}}{\mathrm{SS}_X}$$

或

$$\boxed{b = \frac{\sum (X-\bar{X})(X-\bar{Y})}{\sum (X-\bar{X})^2}}$$ 对于离差

或

$$\boxed{b = \frac{\sum XY - N\bar{X}\bar{Y}}{\sum X^2 - N\bar{X}^2}}\ 对于原始数据$$

而截距为

$$\boxed{a = \bar{Y} - b\bar{X}}$$

404 前面所给出的数据的必要的计算过程见表 11－2。

表 11－2 对表 11－1 中数据的回归计算

X	Y	$X-\bar{X}$	$Y-\bar{Y}$	$(X-\bar{X})$	$(Y-\bar{Y})$	$(X-\bar{X})^2$	$(Y-\bar{Y})^2$
0	12	−4	−14	56	16	196	
3	13	−1	−13	13	1	169	$\bar{X}=4$
1	15	−3	−11	33	9	121	$\bar{Y}=26$
0	19	−4	−7	28	16	49	SP = 300
6	26	2	0	0	4	0	$SS_X=100$
5	27	1	1	1	1	1	$SS_Y=250$
3	29	−1	3	−3	1	9	$r=+0.85$
4	31	0	5	0	0	25	$b=3$
10	40	6	14	84	36	196	$a=14$
8	48	4	22	88	16	484	
$\sum X=40$	$\sum Y=260$			SP = 300	$SS_X=100$	$SS_Y=1\ 250$	

首先，我们计算这两个变量的均值（$\bar{X}$=平均前科数，$\bar{Y}$=平均刑期月数）：

$$\bar{X} = \frac{\sum X}{N} = \frac{40}{10} = 4$$

$$\bar{Y} = \frac{\sum Y}{N} = \frac{260}{10} = 26$$

其次，计算乘积的和与乘方的和。基于表 11－2 中展示的计算，我们得出：

$$SP = \sum(X-\bar{X})(Y-\bar{Y}) = 300$$

$$SS_X = \sum(X-\bar{X})^2 = 100$$

$$SS_Y = \sum(Y-\bar{Y})^2 = 1\ 250$$

利用这些计算结果，我们计算 b 和 a： 405

$$
\begin{aligned}
b &= \frac{\mathrm{SP}}{\mathrm{SS}_X} \\
&= \frac{300}{100} \\
&= 3 \\
a &= \overline{Y} - b\overline{X} \\
&= 26 - (3)(4) \\
&= 26 - 12 \\
&= 14
\end{aligned}
$$

斜率（b）和 Y 截距（a）组成了回归直线的表达式。由于回归直线代表的是期望的或者说预测的刑期，而非实际的刑期，我们在等式的左边用 $\hat{Y}$（ˆ符号代表预测值）代表预测的刑期，与实际的刑期（Y）相对：

$$\hat{Y} = a + bX$$

$$\hat{Y} = 14 + 3X$$

下一步是在散点图中描绘回归直线。要这样做，我们只需要找到直线上的两个点然后将这两点连起来（两点之间只能有一条直线）。

第一个能确定的点为 Y 截距，即 a 为回归直线穿过 Y 轴的值。换句话说，回归直线总是经过点（$X=0$，$Y=a$）。下一个容易确定的点是两个均值的交汇点。它所蕴涵的意思是 Y 上的平均水平能够被 X 上的平均水平预测并代替。简而言之，回归直线总是经过点（$X=\overline{X}$，$Y=\overline{Y}$）。

那么，在我们的例子里，我们马上就能知道回归直线经过点（0，14）和（4，26）。在图 11－2 中，我们将这两个点连起来而形成回归直线。

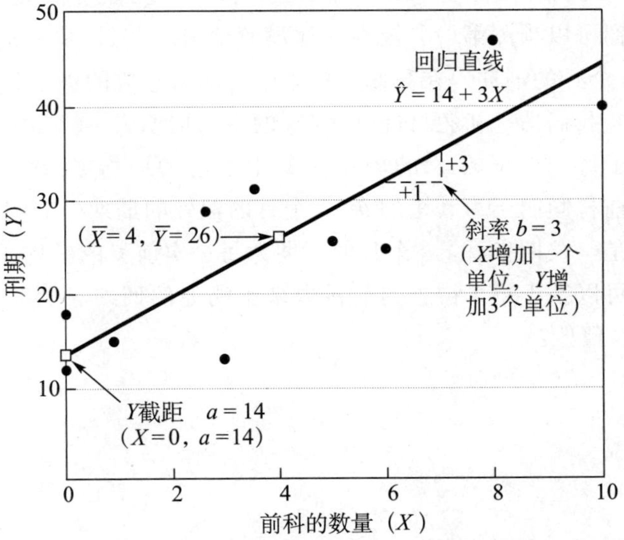

图 11－2　表 11－1 中刑期数据的回归直线

有的时候，这两个容易确定的点——Y 截距和两个均值的交汇点——非常靠近，以至于我们无法准确地画出回归直线。这就是说，当两个点太接近的时候，在它们之间画一条直线将会产生极大的误差。在这种情况下，需要选择一个与两个均值的交汇点不同的点。我们应该选择一个 X 较大的值（以使得这个点远离 Y 截距）代入等式。在我们的例子中，我们可以选择 $X=10$，从而：

$$
\begin{aligned}
\hat{Y} &= a + b(10) \\
&= 14 + (3)(10) \\
&= 14 + 30 \\
&= 44
\end{aligned}
$$

406 点（10，44）可用来和点（0，14）连成一条直线。将两个点尽可能选得远一些的好处除了使得作图比较容易以外，其他方面无论你如何选择都不会有什么改变——因为所有的预测值的点都会位于同一条线上。

回归分析的要求

回归分析隐含的前提条件与皮尔逊相关系数的一样，具体为：

（1）它假定所有的变量都是在定距等级上测量的。

（2）回归分析假设的是直线关系。如果情况不符合，那么将有不同的变换方法（这比本书的内容要高级得多）将关系转换成直线关系。另外，如果在散点图中观察到了特异的偏离值，那么你应该将其从分析中去掉。

（3）必须是随机地抽取样本，以便进行显著性检验。

（4）为了检验回归直线的显著性，必须假设所有的变量都是正态分布的，或者是有一个足够大的样本。

回归直线的解释

让我们考虑一下 a 和 b 的值在实际上意味着什么。Y 截距对应着当 X 等于 0 时 Y 的预测值。那么，在我们当前的例子里，我们可以预测第一名被告（他没有前科）将被判的刑期 $a=14$ 个月。当然，不是所有的初犯都会被判 14 个月的刑期，在我们的样本中，两名这样的被告分别被判了 12 个月和 19 个
407 月的刑期。但从长久来看，我们估计初犯（即 $X=0$）的平均刑期为 14 个月。

回归系数 b 指的是对于每个单位的 X 的增加在 Y 上引起的增加或减少的期望值。在当前的例子里，我们说被告的每一次前科倾向于为其增加 $b=3$ 个月的额外的刑期。如同截距一样，这条规则不会在每个案例上都成立。但是，长期来看，3 个月的刑期为每一次前科的平均成本。

根据这种思路，我们可以基于每名被告的前科数来预测他的刑期。例如，如果一名被告有 5 次前科（$X=5$），那么我们可以预计：

$$
\begin{aligned}
\hat{Y} &= a + b(5) \\
&= 14 + (3)(5) \\
&= 14 + 15 \\
&= 29
\end{aligned}
$$

换句话说，这名被告应该预计在基准的 14 个月的刑期上为他的 5 次前科中的每一次增加 3 个月的刑期。注意，（5，29）这个点也是在图 11-2 的回归直线上的。因而，我们可以简单地利用这条直线来预计任何被告的刑期，甚至是那些在我们的样本之外的被告——只要他们是我们从中抽样的总体的一部分（即同一位法官所审判的被控袭击罪的被告）。尽管我们不能完全精确地预测刑期，但回归直线

将会基于犯罪被告的前科数尽可能准确地预测刑期。

不幸的是，对于回归直线的解释并不会总是如同我们当前的例子一样直接而有意义，尤其是对 Y 截距而言。在我们的例子中，我们可以解释 Y 截距，是因为 $X=0$ 是有实际意义的。但如果我们用体重对身高做回归（即从身高预测体重），那么 Y 截距将代表身高为 0 的人的体重。这样的解释将会和假设存在这样一个人一样愚蠢。

无论有意义与否，Y 截距在回归直线里都是一个重要的组成部分，但它不像斜率一样有着更实际的重要性。在身高-体重的例子里，斜率指的是身高每增加一英寸所带来的体重增加的期望值。事实上，谚语“高一寸，重五磅”讲的就是回归的斜率。

回归方程经常被用于估计自变量（X）在超出样本范围时的影响。虽然在我们的样本中，没有前科超过 10 次的被告，但我们仍可以预计一个假想的有 13 次前科的被告被判的刑期（见图 11-3）：

$$\begin{aligned}\hat{Y} &= a + b(13)\\ &= 14 + (3)(13)\\ &= 14 + 39\\ &= 53\end{aligned}$$

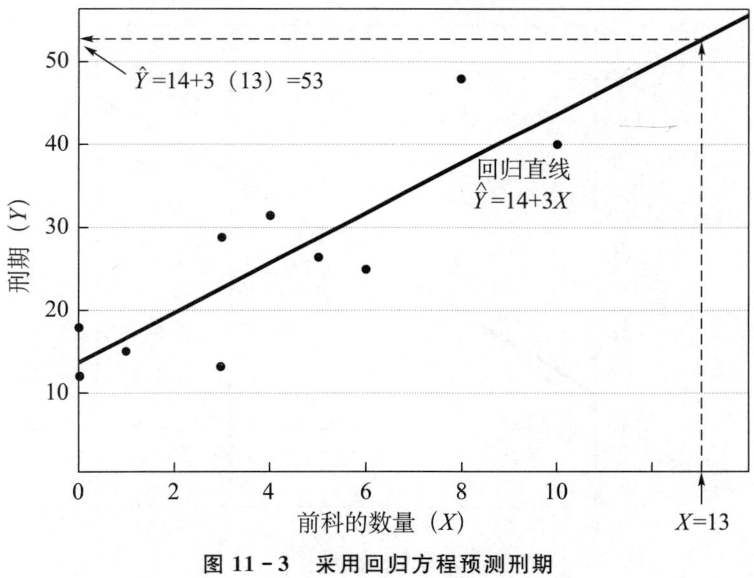

图 11-3　采用回归方程预测刑期

但我们在对远离样本数据的点进行预计时必须谨慎。使用身高-体重回归来预计一个 10 英尺高的人的体重将会是非常牵强的。同样，在我们的关于刑期的例子里，预计一个有 100 次前科的被告的刑期在数学上是有可能的： 408

$$\begin{aligned}\hat{Y} &= a + b(100)\\ &= 14 + (3)(100)\\ &= 14 + 300\\ &= 314\end{aligned}$$

虽然一名被告因犯袭击罪而被判刑 314 个月（超过 26 年）是非常荒唐的，但这是一名有 100 次前科的被告的刑期的期望值。一旦超出样本的取值范围太远，回归直线的预测能力就会丧失。由于样本中 X 的最大值为 10，因此当前科数大于像 15 这样的值时，主观判断在预计刑期时会更加重要。每一

次前科增加 $b=3$ 个月这条算术规则在这样长的犯罪记录下就不太可能还具有应用价值了。这时我们必定要考虑其他的影响因素，从而使得这个牵强的估计无效。

预测误差

409 在完全相关（$r=+1$ 或 -1）的案例中，所有的点都在回归直线上，所有的 Y 值都可以通过 X 来准确地预测。在更一般的案例中，这些实际的点只是接近于这条直线（相关越强，这些点越接近于这条直线）。

这些点（观察值）与回归直线（预测值）之间的差距被称为误差项或干扰项（e）：

$$e = Y - \hat{Y}$$

干扰项的概念在图 11－4 中给出了演示。e 为正值意味着这名被告的刑期大于基于其前科数的预测值。例如，有 8 次前科的被告的预测刑期为：

$$\begin{aligned}\hat{Y} &= 14 + (3)(8)\\ &= 14 + 24\\ &= 38\end{aligned}$$

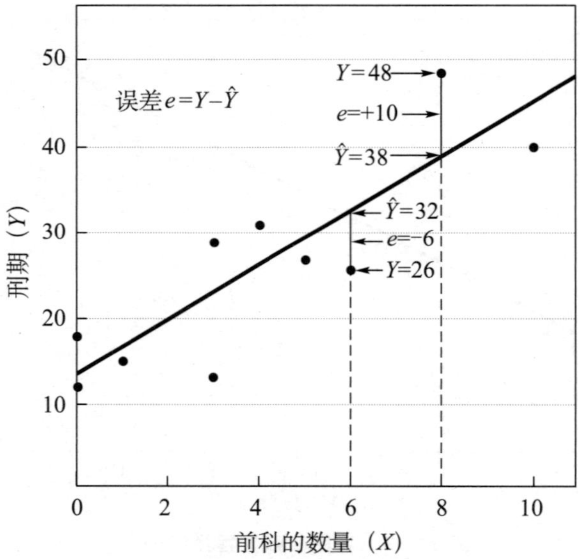

图 11－4　回归中的预测误差

他的实际刑期为 48 个月，从而产生的预测误差为：

$$\begin{aligned}e &= Y - \hat{Y}\\ &= 48 - 38\\ &= 10\end{aligned}$$

因此，只基于前科数，这名被告的刑期中有 10 个月是不可预期的。

当数据点位于回归直线之下时，会出现负的预测误差。即，只基于 X 的值，Y 被过高地估计了。例如，对于有 6 次前科的被告，我们预测的刑期为：

$$\begin{aligned}\hat{Y} &= 14 + (3)(6)\\ &= 14 + 18\\ &= 32\end{aligned}$$

而这名被告实际上只被判了 26 个月的刑期，所以预测误差为： 410

$$e = Y - \hat{Y}$$
$$= 26 - 32$$
$$= -6$$

回归直线的预测能力（如通过前科数来预测刑期）可以通过这些误差项的大小来评估。误差越大，回归直线的预测能力越差。

通过误差项来对预测能力进行测量似乎是理所当然的。但是，误差会正负相抵消，即 $\sum e = 0$。为了避免出现这样的情况，我们在相加之前将误差取平方，即所谓的误差平方和（或残差平方和），并用 $SS_{误差}$ 来表示：

$$SS_{误差} = \sum e^2$$
$$= \sum (Y - \hat{Y})^2$$

误差平方和的用处在于把它当作不用 X 进行预测的误差大小的测量。在不知道被告任何信息的情况下，你该如何预测他的刑期呢？最好的方法是将其猜为平均刑期，即 $\bar{Y}$。如果我们将每一个被告的刑期都猜为 $\bar{Y}$，那么其误差将会是对于均值的离差：

$$不知道 X 时的误差 = Y - \bar{Y}$$

不知道 X 时的离差或预测误差的平方和被称作总体平方和：

$$SS_{总体} = \sum (Y - \bar{Y})^2$$

回归方程中的预测值影响着它减少预测误差的能力，即 $SS_{误差}$ 小于 $SS_{总体}$ 的程度。两者之间的差异是可以用 X 来解释的平方和，被称为回归平方和（或解释平方和）。回归平方和为：

$$SS_{回归} = SS_{总体} - SS_{误差}$$

概括而言，总体平方和、误差平方和与回归平方和的关系如表 11-3 所示：

表 11-3　总体平方和、误差平方和与回归平方和的关系

	不知道 X	知道 X
实际值	Y	Y
预测值	$\bar{Y}$	$\hat{Y}=a+bX$
预测误差	$Y-\bar{Y}$	$Y-\hat{Y}$
平方和	$SS_{总体} = \sum (Y-\bar{Y})^2$	$SS_{误差} = \sum (Y-\hat{Y})^2$
差异	$SS_{回归} = SS_{总体} - SS_{误差}$	

现在，让我们计算这些刑期数据的平方和。从表 11-2 中，我们已经知道了总体平方和（前面被称为 SS_Y）： 411

$$SS_{总体} = \sum (Y - \bar{Y})^2$$
$$= 1\ 250$$

而要计算误差平方和，我们需要获得每名被告的刑期的预测值（$\hat{Y}$），将它与实际刑期（Y）相减，将差取平方，然后求和，结果如表 11-4 所示。

表 11-4 误差平方和的计算

X	Y	$\hat{Y}=a+bX$	$e=Y-\hat{Y}$	e^2
0	12	14	−2	4
3	13	23	−10	100
1	15	17	−2	4
0	19	14	5	25
6	26	32	−6	36
5	27	29	−2	4
3	29	23	6	36
4	31	26	5	25
10	40	44	−4	16
8	48	38	10	100
				$\sum e^2=350$

因此：

$$\begin{aligned}\text{SS}_{\text{误差}} &= \sum e^2 \\ &= 350\end{aligned}$$

从而：

$$\begin{aligned}\text{SS}_{\text{回归}} &= \text{SS}_{\text{总体}} - \text{SS}_{\text{误差}} \\ &= 1\ 250 - 350 \\ &= 900\end{aligned}$$

回归直线的预测能力可以用所谓的“消减误差比例”（PRE）来表示，即在预测误差中因知道了自变量的值而减少的比例。X 的消减误差比例为：

$$\begin{aligned}\text{PRE} &= \frac{\text{SS}_{\text{总体}} - \text{SS}_{\text{误差}}}{\text{SS}_{\text{总体}}} \\ &= \frac{\text{SS}_{\text{回归}}}{\text{SS}_{\text{总体}}} \\ &= \frac{900}{1\ 250} \\ &= 0.72\end{aligned}$$

412 因此，预测刑期的误差的 0.72 或 72%可以通过考虑前科数而被消除。换句话说，刑期的方差中有 72%能为被告的前科记录所解释。这正是我们一开始就试图获得的信息。

最小二乘法

在最初介绍概念的时候，我们把回归直线从总体上描述为在散点图中距离所有点最近的一条直线。重要的是，现在我们已更为具体地了解到了“距离最近”的意义。回归直线常常指的是最小二乘回归线。它反映出的事实是，最佳拟合的直线正是按照最小化点到线的距离的平方值而得出的距离所有点最近的那条直线。我们对使用距离的平方并不感到意外。在第 4 章中，我们就提到计算一组分数对均值的离差的最好方法就是将离差先平方再加总。运用相似的逻辑，最佳拟合直线正是使点到线的偏差的平方和最小的直线，而非直观上看到的使点到线的距离总和最小却不考虑方向的直线。因此，“最佳拟合”的直线是由 a 和 b 的值定义的，它使误差平方和 $\sum e^2$ 最小。

让我们来看看图 11－5 展示的例子。很明显，实线要比虚线拟合得更好，即使虚线正好经过了其中两点而实线没有经过任何一点。这条直线的目的是尽可能接近所有的点，而不是尽可能多地恰好落在点上。但是误差（到直线的距离）的关联表（见表 11－5）显示，直线 1 的距离总和（不考虑方向的误差）要比直线 2 的更小。然而，直线 2 对应的点到线的距离的平方和要更小一些（而且事实上比任何直线都尽可能小）。作为最小二乘回归线，直线 2 通过对全部三个点，而不仅仅是大多数点的调整，实现了最佳拟合。

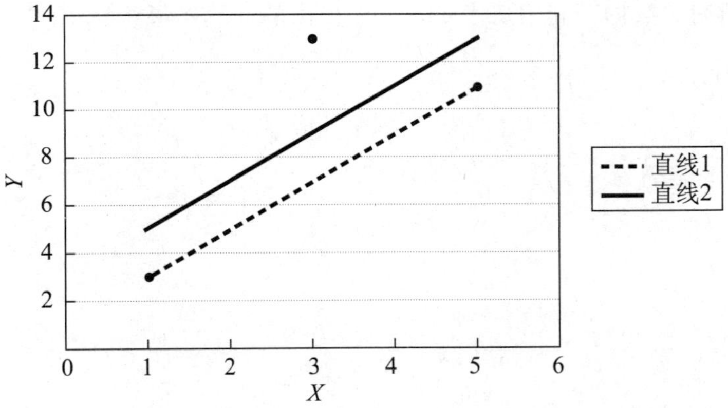

图 11－5　最小二乘回归线

表 11－5　误差关联表 413

数据		直线 1			直线 2		
X	**Y**	$\hat{Y}$	e	e^2	$\hat{Y}$	e	e^2
1	3	3	0	0	5	2	4
3	13	7	6	36	9	4	16
5	11	11	0	0	13	2	4
			$\sum e=6$	$\sum e^2=36$		$\sum e=8$	$\sum e^2=24$

注：误差项没有方向或符号。

回归与皮尔逊相关系数

我们根据为什么一些被告的刑期比另一些被告的要长这一问题提出了判决的不一致性问题。通过回归，我们知道被告的刑期的方差有 72%可以用其前科数来解释。得到回归方程——包括截距和斜率——非常简单。它可以直接从计算皮尔逊相关系数的过程中得出的一些中间量（SP、SS_X、SS_Y）计算出来。但是，计算 $SS_{误差}$ 和 $SS_{回归}$ 的步骤非常繁杂，因为它们牵涉对样本中每一个个体进行预测。通过计算消减误差比例，我们可以采用一种简单得多的方法。

如果 X 和 Y 是不相关的（即，相关系数 $r=0$），那么 $SS_{总体}$ 和 $SS_{误差}$ 将会是一样的，因为 X 在预测 Y 上没有帮助。相关系数 r 的值越大，$SS_{误差}$ 相对于 $SS_{总体}$ 的值将会越小。更准确地说，消减误差比例

是相关系数 r 的平方。

$$r^2 = \frac{SS_{总体} - SS_{误差}}{SS_{总体}}$$

相关系数的平方（r^2）被称作“决定系数”。这就是说，r^2 是 Y 的方差中能够为 X 所决定或解释的部分。r^2 可能的取值范围为 0～1。r^2 总会是正值，因为当取了平方以后，一个负相关系数也会变成正值。

决定系数的补值 $1-r^2$ 被称作“未决定系数”，即 Y 的方差中没有为 X 所决定或解释的部分。

$$1 - r^2 = \frac{SS_{误差}}{SS_{总体}}$$

对于上面的关于刑期的数据，利用从表 11－2 中得出的计算结果：

414

$$\begin{aligned} r &= \frac{SP}{\sqrt{SS_X SS_Y}} \\ &= \frac{300}{\sqrt{(100)(1\ 250)}} \\ &= \frac{300}{\sqrt{125\ 000}} \\ &= \frac{300}{353.55} \\ &= 0.85 \end{aligned}$$

则决定系数为：

$$\begin{aligned} r^2 &= (0.85)^2 \\ &= 0.72 \end{aligned}$$

因此，刑期的方差的 72％能够为前科数所决定或解释。这同上一部分中所采取的更复杂的计算消减误差比例方法得出的结果是一致的。

未决定系数为：

$$\begin{aligned} 1 - r^2 &= 1 - (0.85)^2 \\ &= 1 - 0.72 \\ &= 0.28 \end{aligned}$$

因此，刑期的方差的 28％没有为前科数所决定或解释。这个 28％的残差可能是与被告或者其罪行相关的其他因素。28％中的一部分甚至有可能是随机误差，即不能被归于任何因素的误差。在这一章的后面，我们将更详细地讨论这一点。

回归与方差分析

对于解释方差和未解释方差的讨论也许让大家想起了第 8 章中的方差分析。在那一章里，我们将总体平方和（$SS_{总体}$）分解成组间平方和（$SS_{组间}$）和组内平方和（$SS_{组内}$）。在回归分析中，我们将总体平方和分解成回归平方和（$SS_{回归}$）和误差平方和（$SS_{误差}$）。事实上，方差分析和回归分析有着很强的相似性。这两种方法都试图用一个变量来解释另一个变量。在方差分析中，自变量是分类变量（例如社会阶层或宗教信仰），而在回归分析中，自变量是定距变量（例如罪犯的前科数或身高）。

幸运的是，在将因变量的总体方差分解成可以被自变量解释的方差和不能被自变量解释的方差时，并不需要像先前一样计算每一个被调查者的预测值。采用决定系数和未决定系数作为解释方差和未解释方差的比例，我们可以通过下面的公式快速地分解总体平方和（$SS_{总体}$或 SS_Y）：

$$SS_{回归} = r^2 SS_{总体}$$
$$SS_{误差} = (1-r^2) SS_{总体}$$

正如在第 8 章中一样，方差分析概括表是呈现回归分析的结果的一种方便的方法。例如，在表 11-6 中，方差来源这一项被细分为刑期长短（因变量）对于前科数（自变量）的回归的“回归平方和”“误差平方和”和“总体平方和”。接下来是回归平方和与误差平方和的自由度。回归平方和只有一个自由度：

$$df_{回归} = 1$$

表 11-6 刑期数据的方差分析概括表 415

方差来源	SS	df	MS	F
回归	900	1	900.00	20.57
误差	350	8	43.75	
总体	1 250	9		

而对误差平方和来说：

$$df_{误差} = N-2$$

其中 N 为样本规模。

如在第 8 章中一样，我们接下来要通过将平方和除以它们各自的自由度来计算平均回归平方（$MS_{回归}$）和平均误差平方（$MS_{误差}$）：

$$MS_{回归} = \frac{SS_{回归}}{df_{回归}}$$
$$MS_{误差} = \frac{SS_{误差}}{df_{误差}}$$

最后，通过将平均回归平方除以平均误差平方，我们得到了用来检验回归的显著性，即回归是否解释了足够数量的方差的 F 值：

$$F = \frac{MS_{回归}}{MS_{误差}}$$

为了确定我们计算出的 F 值是否是显著的，F 值必须大于附录 C 的表 D 中的自由度为 1 和 $N-2$ 时的临界值。

对于表 11-6 中的刑期数据的结果：

$$F = \frac{900.00}{43.75} = 20.57$$

在表 D 中，我们发现在 $\alpha=0.05$、自由度为 1 和 8 的情况下，临界值 F 为 5.32。因此，被告的前 416
科数解释了足够比例的刑期方差[①]。

① 解释方差的 F 检验等价于在第 10 章中的皮尔逊相关系数的显著性检验。事实上，在我们当前例子中只有一个自变量的情况下，$F=t^2$。

逐步演示 11.1　回归分析

为了回顾回归分析的步骤，让我们再考虑一下第 10 章中的身高-体重的数据。在这个演示中，我们采用计算平方和的原始数据计算公式来简化计算过程。下表给出了 8 名儿童的自变量身高（X）、因变量体重（Y）、它们的平方以及乘积。

417

X	**Y**	$\boldsymbol{X^2}$	$\boldsymbol{Y^2}$	**XY**
49	81	2 401	6 561	3 969
50	88	2 500	7 744	4 400
53	87	2 809	7 569	4 611
55	99	3 025	9 801	5 445
60	91	3 600	8 281	5 460
55	89	3 025	7 921	4 895
60	95	3 600	9 025	5 700
50	90	2 500	8 100	4 500
432	720	23 460	65 002	38 980

$N=8$

$\sum X = 432$

$\sum Y = 720$

$\bar{X}=54$

$\bar{Y}=90$

$\sum X^2 = 23\ 460$

$\sum Y^2 = 65\ 002$

$\sum XY = 38\ 980$

第一步　计算 X 和 Y 的均值。

$$\begin{aligned}\bar{X} &= \frac{\sum X}{N}\\ &= \frac{432}{8}\\ &= 54\end{aligned}$$

$$\begin{aligned}\bar{Y} &= \frac{\sum Y}{N}\\ &= \frac{720}{8}\\ &= 90\end{aligned}$$

第二步　计算 SS_X、SS_Y 和 SP。

$$\begin{aligned}SS_X &= \sum X^2 - N\bar{X}^2\\ &= 23\ 460-(8)(54)^2\\ &= 23\ 460-23\ 328\\ &= 132\end{aligned}$$

$$\begin{aligned}SS_Y &= \sum Y^2 - N\bar{Y}^2\\ &= 65\ 002-(8)(90)^2\\ &= 65\ 002-64\ 800\\ &= 202\end{aligned}$$

$$\begin{aligned}SP &= \sum XY - N\bar{X}\bar{Y}\\ &= 38\ 980-(8)(54)(90)\end{aligned}$$

$$= 38\ 980 - 38\ 880$$
$$= 100$$

第三步　确定回归直线。

$$b = \frac{\text{SP}}{\text{SS}_X}$$
$$= \frac{100}{132}$$
$$= 0.76$$
$$a = \overline{Y} - b\overline{X}$$
$$= 90 - (0.76)(54)$$
$$= 48.96$$
$$\hat{Y} = 48.96 + 0.76X$$

第四步　确定相关关系并计算决定系数和未决定系数。

$$r = \frac{\text{SP}}{\sqrt{\text{SS}_X \text{SS}_Y}}$$
$$= \frac{100}{\sqrt{(132)(202)}}$$
$$= \frac{100}{163.29}$$
$$= 0.612\ 4$$

因而，

$$r^2 = (0.612\ 4)^2$$
$$= 0.375\ 0$$
$$= 38\%$$
$$1 - r^2 = 1 - (0.612\ 4)^2$$
$$= 1 - 0.375\ 0$$
$$= 0.625\ 0$$
$$= 62\%$$

第五步　计算 $\text{SS}_{总体}$、$\text{SS}_{回归}$ 和 $\text{SS}_{误差}$。

$$\text{SS}_{总体} = \text{SS}_Y$$
$$= 202$$
$$\text{SS}_{回归} = r^2 \text{SS}_{总体}$$
$$= (0.375\ 0)(202)$$
$$= 75.75$$
$$\text{SS}_{误差} = (1 - r^2)\text{SS}_{总体}$$
$$= (0.625\ 0)(202)$$
$$= 126.25$$

第六步　计算回归均方及误差均方。 418

$$\text{df}_{回归} = 1$$

$$\text{MS}_{\text{回归}} = \frac{\text{SS}_{\text{回归}}}{\text{df}_{\text{回归}}}$$

$$= \frac{75.75}{1}$$

$$= 75.75$$

$$\text{df}_{\text{误差}} = N - 2$$

$$= 8 - 2$$

$$= 6$$

$$\text{MS}_{\text{误差}} = \frac{\text{SS}_{\text{误差}}}{\text{df}_{\text{误差}}}$$

$$= \frac{126.25}{6}$$

$$= 21.04$$

第七步　计算 F 值并与表 D 中的临界值进行比较。

$$F = \frac{\text{MS}_{\text{回归}}}{\text{MS}_{\text{误差}}}$$

$$= \frac{75.75}{21.04}$$

$$= 3.60$$

$$\text{df} = 1,6$$

$$\alpha = 0.05$$

$$F = 5.99\text{(见表 D)}$$

由于计算出的 F 值小于临界值，因此身高并不能解释体重的显著差异。尽管相关性是相当强的（$r=+0.61$），但由于样本量太小，因此不能获得显著的结果。

第八步　构建方差分析概括表。

方差来源	SS	df	MS	F
回归	75.75	1	75.75	3.60
误差	126.25	6	21.04	
总体	202.00	7		

多元回归

前面我们试图通过被告的犯罪历史来解释刑期的方差，即通过被告的前科数来预测刑期的长短。
419 总的来说，方差中有 72%可以通过犯罪历史来解释，而有 28%不能通过犯罪历史来解释。这种方法被称作简单回归——一个自变量和一个因变量——正如皮尔逊相关系数经常被称作简单相关系数一样。

实际上，在分析刑期数据时，疑犯的前科数并不是唯一的相关因素。即使在可以解释 72%的方差的情况下，认为刑期长短只取决于唯一一个因素也是非常愚蠢的。我们可能需要检验包括诸如被告的年龄、被告是否认罪等变量的多因素理论模型。通过这样做，我们也许能够更好地解释刑期中28%的不能被解释的方差。

让我们考虑两个预测变量：前科和年龄。我们在数据集中加入另一个自变量，被告的年龄（Z），得到表11-7。

表11-7　10名被告的刑期与前科和年龄

前科 (X)	年龄 (Z)	刑期 (Y)
0	18	12
3	22	13
1	27	15
0	28	19
6	30	26
5	35	27
3	36	29
4	29	31
10	34	40
8	31	48

计算这三个变量的均值、方差、标准差和皮尔逊相关系数，得到表11-8：

表11-8　相关统计数据

	均值	方差	标准差	相关矩阵		
				前科 (X)	年龄 (Z)	刑期 (Y)
前科	4	10	3.16	1.00	0.59	0.85
年龄	29	29	5.39	0.59	1.00	0.69
刑期	26	125	11.18	0.85	0.69	1.00

人们可能会试图通过简单回归的方法来预测刑期，比如在被告年龄的基础上预测，然后将结果和之前用前科数做刑期回归的结果合并。不幸的是，这样将会导致错误的结果。通过将相关系数取平方，前科数解释了 $(0.85)^2=0.72=72\%$的刑期的方差，年龄解释了 $(0.69)^2=0.48=48\%$的刑期的方差。如果我们将这些百分比相加，那么结果将会超过100%，而这实际上是不可能的。

出现这样的问题在一定程度上是由于年龄和前科数在解释刑期的作用上是重叠的：年龄较大的被告会累积更多的前科数。因此，由于年龄和前科数本身是相关的（$r=0.59$），因此刑期的方差为前科所解释的百分比的一部分也为年龄所解释，反过来也一样。将它们各自所解释的百分比相加，有一部分就被重复计算了。

图11-6正是运用了重叠的圆圈来代表这三个变量以及它们共同的方差。前科数覆盖了刑期部分的72%，反映了它所解释的部分方差。年龄覆盖了刑期部分的48%，反映了它所解释的部分方差。但是有可能会发生的是，在某种程度上，前科数和年龄变量会有重叠。多元回归的目的就是确定刑期方 420

差中能被前科数和年龄共同解释的百分比——也就是说，刑期的圆中被前科数、年龄或者两者共同覆盖的百分比为多少。

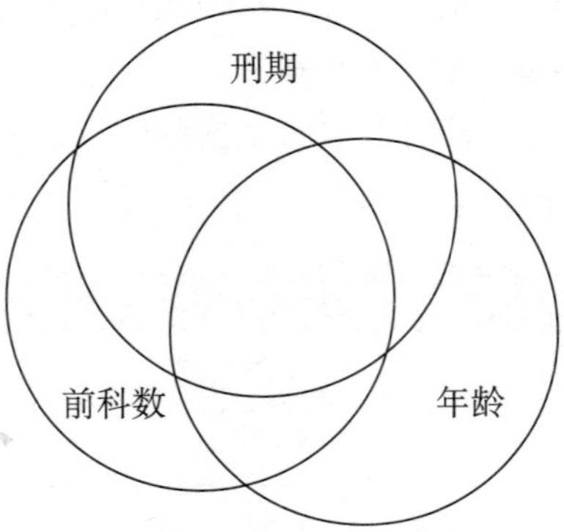

图 11-6　在解释方差时的重叠

多元线性回归（或多元回归）是在采用两个及两个以上预测变量时的对简单回归的推广。本章开头所介绍的由 X 预测 Y 的回归模型，可以扩展到由 X 和 Z 的线性组合来预测 Y：

$$Y = b_0 + b_1X + b_2Z + e$$

其中 b_0（而不是 a）表示 Y 截距，b_1 和 b_2 分别表示 X 和 Z 的斜率，e 表示残差项或误差项。与单一预测变量情况相似的是，对于因变量的预测值是：

$$\hat{Y} = b_0 + b_1X + b_2Z$$

Y 截距或常数项 b_0，是当 X 和 Z 都为 0 时 Y 的期望值。斜率 b_1 反映了在控制 Z 不变时，X 每增加一个单位所带来的 Y 的期望变化。与之相似，斜率 b_2 反映了在控制 X 不变时，Z 每增加一个单位所带来的 Y 的期望变化。

在采用两个及两个以上的预测变量时，估计多元回归系数的计算过程非常复杂，所以计算机这时是非常必要的。更进一步说，多元回归所带来的多方面的议题和复杂性已超出了本书的讨论范围。但是，计算机可以解决双预测变量的情况，当然也包括更加复杂的需要计算机操作的多元回归分析中的所有概念。

421 计算双预测变量（比如前科数和年龄）回归系数的公式有一点复杂。对每一个预测变量的回归系数（或斜率），我们都必须根据它是否与其他预测变量存在解释性的重叠来进行调整。这一调整与第 10 章中介绍的偏相关计算更为相似。

双预测变量的回归系数，包括 Y 截距，表示如下：

$$b_1 = \frac{s_Y}{s_X}\left(\frac{r_{YX} - r_{YZ}r_{XZ}}{1 - r_{XZ}{}^2}\right)$$

$$b_2 = \frac{s_Y}{s_Z}\left(\frac{r_{YZ} - r_{XY}r_{XZ}}{1 - r_{XZ}{}^2}\right)$$

$$b_0 = \overline{Y} - b_1\overline{X} - b_2\overline{Z}$$

基于均值、标准差，以及刑期、前科数、年龄（在前面给出）的相关系数，我们可以计算：

$$\begin{aligned} b_1 &= \frac{11.18}{3.16}\left[\frac{0.85 - (0.69)(0.59)}{1 - (0.59)^2}\right] \\ &= 3.54\left(\frac{0.443\,9}{0.651\,9}\right) \\ &= 3.54(0.679\,4) \\ &= 2.395 \end{aligned}$$

$$\begin{aligned} b_2 &= \frac{11.18}{5.39}\left[\frac{0.69 - (0.85)(0.59)}{1 - (0.59)^2}\right] \\ &= 2.07\left(\frac{0.188\,5}{0.651\,9}\right) \\ &= 0.605 \end{aligned}$$

$$\begin{aligned} b_0 &= 26 - 2.395(4) - 0.605(29) \\ &= -1.132 \end{aligned}$$

根据这些结果，基于前科数（X）和年龄（Z）预测刑期（Y）的回归方程如下：

$$\hat{Y} = -1.132 + 2.395X + 0.605Z$$

注意，这两个预测变量都有其回归系数或斜率。这些斜率代表的是在控制了其他预测变量的情况下，某个预测变量每增加一个单位所带来的相应因变量的期望变化。

基于这些结果，我们可以说在控制了被告的年龄（Z）的情况下，每额外增加一次前科（X）将会倾向于增加 2.395 个月的刑期（Y）。例如，如果两名被告的年龄相同，但是其中一名比另一名多两次 422
前科，那么这名被告将预期面临比另一名被告长大约 4.8（2×2.395）个月的刑期。

同样基于这个结果，我们可以说在控制了前科数（X）的情况下，每额外增加一岁（Z）将会倾向于增加 0.605 个月的刑期（Y）。如果两名被告的犯罪历史相同，但其中一名比另一名年长 5 岁，那这名被告将预期面临比另一名被告长大约 3（5×0.605）个月的刑期。

最后，Y 截距代表了基准线，或者在两个预测变量都等于 0 的情况下的预测刑期。这里 Y 截距为负（−1.132 个月），因此我们一点也不需要在这上面浪费精力，毕竟，我们能有多大的可能遇到一个刚出生且没有前科的被告呢？

真实的 Y 值与回归直线的预测值之间的总体的拟合度是由多元决定系数（多元系数的平方）给出的。以符号R^2 表示（与双变量关系中皮尔逊相关系数的r^2 相区别），多元决定系数是因变量的方差中为一组自变量结合起来所解释的部分。对于两个自变量（X 和 Z）：

$$R^2 = \frac{r_{YX}{}^2 + r_{YZ}{}^2 - 2r_{YX}r_{YZ}r_{XZ}}{1 - r_{XZ}{}^2}$$

基于前面的刑期、前科及年龄的相关系数：

$$\begin{aligned} R^2 &= \frac{(0.85)^2 + (0.69)^2 - 2(0.85)(0.69)(0.59)}{1 - (0.59)^2} \\ &= \frac{0.7225 + 0.4761 - 0.6921}{1 - 0.3481} \\ &= \frac{0.5065}{0.6519} \\ &= 0.78 \end{aligned}$$

因此，年龄和前科数一共解释了 78%的刑期方差。显然，将年龄引入只很少地增加了对刑期的总体预测能力。因为前科数自身就解释了 72%的刑期方差，增加一个年龄自变量只增加了 6%的解释力。

虚拟变量

我们之前提到的回归分析中使用的三个变量都是在定距等级上测量的，这是回归分析中的一种假设。正如本书中提到的其他参数工具一样，只要在连续统上的点大约是平均分隔的，正如从非常同意到非常不同意的 7 分量表一样，使用定序变量在一般情况下是安全的。定类变量不能作为预测变量被使用，除非它们被转换为一种特殊的变量，即虚拟变量，该变量只有两个取值，通常编码为 0 和 1。

为了说明这一点，假设我们纳入另一个变量——庭审（见表 11－9）。如果被告在无罪辩护之后经 423
过庭审被判罪名成立则编码为 1，如果被告在有罪辩护之后无需庭审直接被判刑则编码为 0。按照这种方式编码，庭审这一虚拟变量的系数将代表在控制其他预测变量不变的情况下，在进行无罪辩护与有罪辩护后被判刑的被告之间刑期的平均差距。

表 11-9	10 名被告的刑斯与前科、年龄和庭审		
前科 (*X*)	年龄 (*Z*)	庭审 (*D*)	刑期 (*Y*)
0	18	1	12
3	22	0	13
1	27	0	15
0	28	1	19
6	30	0	26
5	35	1	27
3	36	1	29
4	29	0	31
10	34	0	40
8	31	1	48

当出现两个以上的预测变量时，多元回归的计算过程会十分复杂，以至于如果不借助计算机或专门的统计软件（如 SPSS）是几乎不可能实现的。但是对结果的阐释则是在两个预测变量情况下的直接推广。

让我们检验一下 SPSS 基于前科、年龄和庭审所做的关于刑期的回归（或预测）结果中最重要的部分。表 11-10 记录了回归系数、它们各自的标准误、t 值和显著性水平。

表 11-10 刑期数据的多元回归

	未标准化系数		标准化系数	t	Sig.
	b	*Std. Error*	Beta		
常数项	0.469	10.986		0.043	0.967
前科	2.866	0.781	0.811	3.670	0.010
年龄	0.379	0.446	0.183	0.850	0.428
庭审	6.130	4.023	0.274	1.524	0.178

在第一列中，每一个回归系数（b）都代表了在控制其他预测变量不变的情况下，预测变量每增加一个单位所带来的 Y 的期望变化。在控制了年龄和庭审变量后，前科的系数是 2.866。因此，在控制了年龄变量和被告是否进入庭审环节的情况下，每增加一次前科将会使刑期增加 2.866 个月。例如，假设两名被告 A 和 B 同岁，并且进行了同样的辩护，但是 A 比 B 多一次前科，那么 A 的刑期将会比 B 的刑期多 2.866 个月。

424 其他两个系数可以用相似的方式来解释。在控制了前科和庭审变量的情况下，年龄每增加一岁将会使刑期增加 0.379 个月。最后，虚拟变量庭审的系数表示在控制其他两个变量不变的情况下，经过庭审后（如果判刑），获得的刑期倾向于比直接进行有罪辩护获得的刑期长 6.061 个月[①]。

t 值是通过将系数除以其对应的标准误计算得出的。t 值（自由度为 $N-k-1$，k 是预测变量的数量）能让我们检验回归系数是否显著区别于 0（无效的零假设）。我们可以将每一个 t 值和附录 C 的表 C 中当自由度为 6（$N=10$，$k=3$）、显著性水平为 0.05 时的 2.447 的临界值相比较。在这种情况下，

① 与表 11-10 中数据不符，原书如此。——译者注

只有前科对刑期长度有显著的影响。或者，大多数回归程序软件计算每个系数对应的确切的 p 值（标记为“Sig.”），表示当零假设为真时得到的回归系数至少为此的确切的概率。对于前科来说，这个确切的概率（$p=0.010$）很低，并且低于 0.05 的显著性水平。但对于另外两个预测变量而言，我们不能拒绝无效的零假设。

前科变量的系数（2.866）是显著的，但是一个更大的庭审变量的系数（6.130）却不显著，这可能看起来有些奇怪。这反映出的事实是，在刑事程序中，庭审每增加一个单位（从直接认罪到庭审后判刑）会造成重大的差异，但是每增加一次前科却没有如此大的影响。难以比较两个回归系数的数值的原因是底层变量的标准差（或大小）不同。

标准化系数（常被称为“beta”）所在的那一列提供了在同一（标准化）尺度下对每一个预测变量的效应的度量，这使得实质性的解释不再那么有意义。每一个标准化系数代表的是在控制其他预测变量不变的情况下，自变量每增加一个标准差所带来的因变量在标准差方面的期望变化。虽然未特别说明，但至少标准化系数的相对大小可以体现它们在预测因变量中的相对能力。前科变量的标准化系数 0.811 比另外两个变量的标准化系数大得多，这清楚地说明了这一变量在预测刑期长度时更为重要。

正如单预测变量回归一样，我们可以将因变量的总体平方和分成两部分（被一组预测变量解释的部分和未解释的部分），然后概括并用方差分析表检验结果（见表 11－11）。

表 11－11　刑期数据回归的方差分析表 425

	平方和	自由度	均方	F	Sig.
回归	1 047.843	3	349.281	10.367	0.009
误差	202.157	6	33.693		
总体	1 250.000	9			

之前，当我们只将前科作为预测变量时，我们能够解释所有平方和 1 250 中的 900。当我们使用三个预测变量时，这一数值提升到了 1 047.843，误差为 202.157（或者说刑期方差中未能被三个变量解释的部分）。像以前那样，我们通过将平方和除以它们对应的自由度来获得均方回归和均方差。最终，通过用均方回归除以均方差（或残差）得到的 F 值，可以与附录 C 的表 D 中的临界值（在分子自由度为 3、分母自由度为 6、显著性水平为 0.05 的情况下，临界值为 4.76）相比较。或者，我们可以简单地确定程序软件算出的确切的显著值（$p=0.009$）是否小于我们 0.05 的显著性水平。无论使用哪种方式，$F=10.367$ 在统计学意义上都是显著的，可以让我们在整个回归方程范围内拒绝无预测性的零假设。

最终像以前一样，平方和可以被用来计算多元决定系数或多重相关平方：

$$\begin{aligned} R^2 &= \frac{SS_{总体} - SS_{误差}}{SS_{总体}} \\ &= \frac{SS_{回归}}{SS_{总体}} \\ &= \frac{1\ 047.843}{1\ 250} \\ &= 0.838 \end{aligned}$$

因此，前科变量可以解释 72%的刑期方差，三个变量联合起来可以解释 84%的刑期方差。而且，基于方差分析表得出的 F 值（$F=10.367$），我们可以得出结论，方差中可以被回归模型（$R^2=0.838$）解释的部分在统计学意义上是显著的。

交互项

前科、年龄和庭审变量的回归系数反映的是在控制其他两个变量不变的情况下每一个变量独立或单独的作用。这些作用有时被称为主效应。变量也可能产生交互效应——也就是说，一个自变量对于因变量的作用的大小取决于另一个自变量的值。

为了说明主效应和交互效应的区别，让我们设想一项检验节食和运动对减重效果的研究。假设仅通过节食每周平均减重 2 磅，仅通过每天运动一小时每周平均减重 3 磅，那么如果将节食和运动结合起来会得到什么结果呢？会是节食和运动效果的总和，也就是 2+3=5 磅吗？如果没有交互作用的话，结果的确如此。如果说通过节食加运动每周平均减重 6 磅，那么交互作用是存在的。换句话说，节食的效果随运动的增加而提升，并且运动的效果也会随节食的增加而提升。

多元回归可以通过将变量的乘积纳入回归模型简单地合并和检验交互效果。例如，我们可以用前科数乘以庭审来创建一个新变量——前科×庭审。修正后的回归结果如表 11-12 所示。我们可以理解为在没有庭审环节的情况下（此时，庭审=0，交互变量为 0 且在方程中被消去），前科每增加一次都会使期望刑期增加 2.490 年。对于将面临庭审的被告而言，当庭审=1（此时，前科×庭审=庭审）时，每一次前科的作用即为 2.490+0.801=3.291。因此，虽然交互作用在统计学意义上并不显著，特别是在如此小的一个样本中，但面临庭审会使前科的每一次作用增加 0.801 年，即大约 9 个月。

426 表 11-12 交互作用下刑期数据的多元回归

	未标准化系数		标准化系数	t	Sig.
	b	***Std. Error***	**Beta**		
截距	2.591	12.028		0.215	0.838
前科	2.490	1.007	0.704	2.472	0.056
年龄	0.368	0.463	0.177	0.795	0.463
庭审	2.905	6.536	0.130	0.445	0.675
前科×庭审	0.801	1.262	0.193	0.635	0.554

多重共线性

多元回归的优势在于，它能识别出方程中除了其他项的效应之外，每一个预测变量对因变量的效应。因此，该方法可以被用于区分两个有相互关系的预测变量的效应，正如区分被告的年龄和前科数对刑期的效应一样。

然而，多元回归分析区分相关预测变量效应的能力有其局限性。毕竟，我们很难区别开两个极度重叠或冗余的预测变量。假设我们试图根据前科定罪数和前科被捕数对刑期做回归，基于表 11-13 中的数据：

表 11-13 刑期与前科定罪数、前科被捕数

定罪	被捕	刑期
0	2	12
3	7	13
1	4	15
0	1	19
6	8	26
5	8	27
3	7	29
4	6	31
10	11	40
8	13	48

不仅前科被捕数和前科定罪数与因变量刑期相关，而且它们之间也存在着强相关关系（$r=0.934$）。将二者都用作预测变量会强迫回归分析尝试着去区分几乎无法分离的两个变量的效应。 427

以下是三个替代回归模型（见表 11-14、表 11-15、表 11-16），分别将定罪、被捕，以及同时定罪和被捕作为刑期的预测变量。定罪或者被捕变量各自都可以很好地预测刑期，它们具有较大的 R^2 值和显著的回归系数。由于两个预测变量之间存在普遍冗余，因此同时将定罪和被捕纳入同一回归不会使方差中被解释的部分（R^2）增加太多。然而，尤其有问题的是，当两个预测变量被纳入同一回归时，两个变量的回归系数都不显著。

表 11-14 将定罪作为刑期的预测变量

预测变量	*b*	*Std. Error*	*t*	Sig.
截距	14.000	3.373	4.151	0.003
定罪	3.000	0.661	4.536	0.002
	$R^2=0.720$			

表 11-15 将被捕作为刑期的预测变量

预测变量	*b*	*Std. Error*	*t*	Sig.
截距	8.238	4.670	1.764	0.116
被捕	2.651	0.617	4.298	0.003
	$R^2=0.699$			

表 11-16 将定罪和被捕作为刑期的预测变量

预测变量	*b*	*Std. Error*	*t*	Sig.
截距	11.291	5.614	2.011	0.084
定罪	1.891	1.921	0.984	0.358
被捕	1.066	1.725	0.618	0.556
	$R^2=0.735$			

这种复杂的情形——回归中的预测变量自身之间存在强相关——被称作多重共线性。面对多重共线性问题，回归方法会尽可能地评定有多少刑期是由前科定罪数或者前科被捕数导致的，但由于许多误差的存在，这个结果必定是一个粗略的估计。当两个预测变量共同起预测作用，并且使标准误增大时，这种情况才会出现。虽然回归分析确定了两个重叠预测变量效应的最佳区分方式，但是其中不可靠性的程度是很高的。

如果我们的目标只是预测因变量，那么多重共线性不存在什么问题。多重共线性不影响在 R^2 度量下回归方程的整体拟合度。相反地，它只作用于整体的预测有多少取决于某个变量或另一个变量。因此，我们也许可以确定因变量方差在多大程度上能为一组自变量所解释，但不能特别确定重叠的每一个变量对方差的独立贡献。这就像我们可以轻易地辨认出合唱的美妙声音，但是很难识别出每一个成员的声音。

428

逻辑斯谛回归

很显然，多元回归在预测各种各样的特征（如罪犯的刑期、本科生专业考试成绩，以及节食人群和运动人群的减重情况，即包括了几乎任何一个可以在定距等级上测量的变量）时是一种极为有用的工具。但是当研究者想预测定类变量，尤其是二分变量时应该怎么做呢？比如，某个人对同性婚姻合法化是支持还是反对，参加总统竞选的两党候选人的谁能拿下更多的州，或者参与调查的受访者声称是否拥有手枪。虽然这类变量可以作为虚拟预测变量使用，但如果那是调查的目的，在线性回归中将这类变量作为因变量就会出现一些问题。

假设在某所大学中对申请者随机抽取一个样本获得了以下数据（见表 11－17），其中性别变量（Gender）将女性编码为 0、将男性编码为 1，高中平均成绩（HSavg）以 100 分为衡量尺度，录取结果（Decision）将被拒录编码为 0、将被录取编码为 1。

表 11－17　某所大学的申请者的相关数据

性别 (Gender)	高中平均成绩 (HSavg)	录取结果 (Decision)
1	76	0
0	78	0
1	81	0
1	83	0
1	84	0
1	85	0
0	86	0
0	87	0
0	86	1
1	87	1

续表

性别 (Gender)	高中平均成绩 (HSavg)	录取结果 (Decision)
1	88	0
1	89	1
0	89	0
1	90	0
1	90	1
0	91	1
1	92	0
1	93	0
0	92	1
0	94	0
0	96	1
0	97	1
0	98	1
1	98	1
0	99	1

让我们首先来关注高中平均成绩对录取结果的影响以及图 11－7 中的散点图。这张散点图看起来不太寻常：包括两条由点形成的水平线，上面那条线代表被录取的申请者，下面那条线代表被拒录的申请者。很明显，高中平均成绩在某种程度上可以预测录取结果。被录取的申请者的高中平均成绩（高中平均成绩的均值为 93.0）比被拒录的申请者的高中平均成绩（高中平均成绩的均值为 86.1）更倾向于居于右侧。然而，如果我们使用传统的回归方法，那么灰色的回归直线（如图11－7所示）将会产生一些奇怪的结果。 429

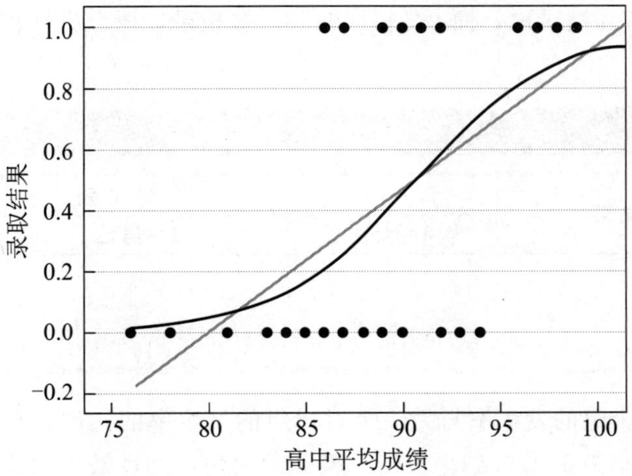

图 11－7　线性和逻辑斯谛回归

这条直线的斜率 $b=0.047$，表明高中平均成绩每增加 1 分会使录取结果增加 0.047。因为录取结果变量只有两个赋值（0 是拒录，1 是录取），所以我们可以从提高录取概率的角度来理解回归系数。具体来说，高中平均成绩每增加一个单位会使被录取的机会增加 0.047。按照这个逻辑，事实上一些高中平均成绩在 80 分以下的申请者，他们被录取的预期概率会落在 0 以下。虽然他们可能被录取的机会十分有限，但是说这种机会比没有还要小显然是不太合适的。在另一种极端情况下，一名高中平均成绩为 100 分的申请者几乎可以确定被录取了，但是从回归直线来看，预期被录取概率超过 1 是不可能的。

更为微妙的是，高中平均成绩增加带来的效应在所有水平上都相同是很不可信的。例如，我们也许会预料到从 85 分到 88 分的增长会比从 95 分到 98 分的增长更能提高录取的概率。高中平均成绩对录取可能性的正效应程度将会在某一个点开始减少。

问题在于线性回归并不适用于受限于赋值为 0 或 1 的因变量。一个更为合理的模型应该是，在某个高中平均成绩以下时，被录取的机会实质上为 0，然后在中间一段范围内，录取机会随着高中平均成绩的增加而增加，最后在高中平均成绩较高时，录取机会达到事实上肯定会出现的最大值。图 11-7 中展示的 S 形曲线，被称为逻辑斯谛曲线，体现了高中平均成绩与录取结果之间的关系。在预测像录取结果这样的二分变量时，逻辑斯谛回归是我们优先采用的方法。

430 在理解逻辑斯谛回归结果时，我们需要对发生率这一概念有基本的理解，且不能陷入数学上的一些细节。某个事件的发生率被定义为用事件发生的概率除以事件未发生的概率的比值：

$$\boxed{\text{发生率} = \frac{P}{1-P}}$$

在这里，P 是事件发生的通常概率。发生率常常以 1 为基准，如“几比 1”。因此，如果一个事件有 0.75 的概率发生，那么它的发生率是 3 比 1（0.75/0.25＝3）。或者，如果一个事件只有 0.25 的概率发生，那么它的发生率是 0.33 比 1（0.25/0.75＝0.33）。一种 50/50 的命题常常被称为“机会均等”，此时发生率为 1 比 1（0.50/0.50＝1）。

不同于概率问题，比如这种从 0 到 1 赋值的录取结果的概率，一个事件的发生率是没有上限或最大值的。发生率可以从 0（不可能）到无限大（事实上肯定会发生）。此外，发生率经常被用来在组与组之间做比较。例如，我们也许可以对比表 11-18 分性别录取结果交叉表中男性与女性被录取的发生率。在 12 名女性申请者中，7/12＝58.33%被录取，而 5/12＝41.67%被拒录，所以女性被录取的发生率为 0.583 3/0.416 7＝1.4，或更直接地用被录取的人数除以被拒录的人数：7/5＝1.4。在 13 名男性申请者中，4/13＝30.77%被录取，而 9/13＝69.33%被拒录，所以男性被录取的发生率是 0.307 7/0.693 3（或 4/9）＝0.44。

表 11-18　分性别录取结果交叉表

录取结果	性别		
	0＝女性	1＝男性	总计
0＝被拒录	5	9	14
1＝被录取	7	4	11
总计	12	13	25

发生率比的定义是一个组的发生率与另一个对比组的发生率的比值。在这里，女性被录取的发生率除以男性被录取的发生率为 1.4/0.44＝3.15。换一种说法，女性被录取的发生率是男性的 3.15 倍。当然，这引出的问题便是：为什么女性被录取的发生率会比男性的三倍还多？或者：是否女性申请者

被录取的发生率更高反映的是她们学术经历上的不同而非只是性别因素的影响?

发生率比的方法在比较两组的时候效果很好，例如将女性被录取的发生率和男性被录取的发生率做对比。然而，当我们在检查几个不同变量（包括定距预测变量）同时作用于某个事件发生率的效果（例如，性别和高中平均成绩如何影响被录取的发生率）时，回归方法将是我们的首选。

和多元线性回归对定距等级的结果有效一样，逻辑斯谛回归对二分因变量完成了相同的目标。最大的差异在于逻辑斯谛回归模拟了发生率的自然对数，所以有了“logistic”中的 log。因变量由此转化为对数概率单位（logit），记为 L。 431

$$L=\log\left(\frac{P}{1-P}\right)$$

对数概率 L 没有任何界限，它的范围从无穷小（几乎不可能发生）到正无穷大（事实上肯定会发生）。此外，L 值为负反映的是小于均等机会，L 值为 0 反映的是机会均等，L 值为正反映的是大于均等机会。

幸运的是，除了知道逻辑斯谛回归涉及预测因变量的对数概率（比如基于自变量的线性联合预测录取结果）之外，我们还认识到为了运用这一方法不必使用对数。例如，两个预测变量的逻辑斯谛回归方程是：

$$L=b_0+b_1X_1+b_2X_2+e$$

在这里，b_0 是常数项（或在对数概率方面的 Y 截距），b_1 和 b_2 分别是预测变量 X_1 和 X_2 的系数，e 是残差项或误差项。预测的对数概率会看起来与上面的公式十分相似，但是没有误差项：

$$\hat{L}=b_0+b_1X_1+b_2X_2$$

最终，方程两边取反对数，我们得到发生率的预测结果：

$$\text{预测的发生率}=e^{b_0+b_1X_1+b_2X_2}=e^{b_0}e^{b_1X_1}e^{b_2X_2}$$

在这里，$e=2.718$ 被称作欧拉数，它是一种特殊的常数项。此外，任何一名申请者被录取的概率都可以通过高中平均成绩和性别来预测：

$$\hat{P}=\frac{e^{b_0+b_1X_1+b_2X_2}}{1+e^{b_0+b_1X_1+b_2X_2}}$$

这一看似令人生畏的方程实际上为我们提供了预测录取结果的 S 形曲线。

其实理解这一包含了对数和反对数的代数操作并不重要。此外，估计逻辑斯谛回归系数 b_0、b_1 和 b_2 的过程就像解释它们一样复杂。我们真正需要确定的是它们在统计学意义上是否显著。然而，预测发生率的方程中这些系数的乘方（e^b）为我们理解每个预测变量的效应提供了一个相当直接的方法。

表 11-19 从基于高中平均成绩和性别对录取结果的预测中为我们提供了逻辑斯谛回归的估计。系数（b）和它们的标准误（SE）被用来确定每个自变量的统计学意义。瓦尔德统计量（W）可以被用来判断统计学意义上的显著性，它是通过用逻辑斯谛回归系数除以它的标准误再平方计算得到的：

$$W=\left(\frac{b}{\mathrm{SE}_b}\right)^2$$

表 11-19　预测录取结果的逻辑斯谛回归 432

自变量	b	SE	Wald	df	Sig.	Exp（b）
常数项	−24.105	10.911	4.881	1	0.027	0.000
高中平均成绩	0.269	0.120	5.019	1	0.025	1.309
性别	−0.562	1.011	0.309	1	0.578	0.570

当总体中无效的零假设被拒绝的时候，W 被当作一个用于评估的卡方值（自由度为 1）。表中的显著值是在总体的真实效应为 0 的情况下，获得一个至少和仅靠偶然获得的估计值一样大的逻辑斯谛回归系数的概率。从表中我们可以得出，高中平均成绩在 0.05 的显著性水平（$p=0.025$）上是一个显著的预测变量。然而，性别变量的系数在统计学意义上并不显著（$p=0.578$），因为将获得一个像 -0.562 一样大的 b 值的可能性仅仅作为抽样误差的结果太高了（$p=0.578$）。因此，一旦高中平均成绩这一变量被纳入逻辑斯谛回归，最初女性相对于男性产生的优势就会在很大程度上消失。

无论显著与否，我们都仍无法对估计的系数 b 进行简单解释，因为它代表的是对数概率的变化。但是，表中最右一列给出了取幂后的系数，我们可以从一个变量对因变量发生率产生效应的角度来理解，就像我们之前单独分析性别对录取结果产生的影响一样。具体来说，e^b 的值——在表格中写作 Exp (b) ——表明在控制其他变量不变的情况下，自变量每增加一个单位使得因变量的预测发生率产生变化的乘数或倍数。

如果 $b>0$，那么 $e^b>1$，因此便放大了发生率（乘以一个大于 1 的因数）。但是，如果 $b<0$，那么 $e^b<1$，因此便缩小了发生率（乘以一个小于 1 的因数）。最后，如果 $b=0$，那么 $e^b=1$，因此发生率保持不变（乘以 1）。

设想表 11－19 中包含的结果。在高中平均成绩方面，$e^b=1.309$，表明高中平均成绩每增加 1 分，会倾向于使被录取的发生率扩大到 1.309 倍，也就是有大约 30%的增长。同时，高中平均成绩每增加
433 2 分，将使被录取的发生率扩大两次 1.309 倍，也就是说，被录取的发生率会扩大到 $(1.301)^2=1.693$ 倍，或有接近 70%的增长。高中平均成绩每增加 5 分，比如说从 85 分增加到 90 分，会使被录取的发生率扩大五次 1.301 倍，也就是说，被录取的发生率扩大到 $(1.301)^5=3.733$ 倍，即几乎 4 倍。

对于性别变量而言，只有两种可能的值，0 代表女性而 1 代表男性。发生率的乘数，$e^b=0.570$，意味着男性被录取的发生率低于女性，因为在乘以一个小于 1 的数时发生率便降低了。具体来说，一名男性申请者被录取的发生率倾向于比与他平均成绩相同的女性申请者低 43%（乘以 0.57 会使其降低 43%）。虽然这一结果会令许多申请者不安，但别忘了我们估计的性别变量的系数在统计学意义上是不显著的，所以很大的可能是如此明显的性别差异仅仅是抽样误差的结果。最后，在控制高中平均成绩不变的情况下，即使在同一方向上，性别的效应也远远小于我们之前仅将性别作为自变量计算的结果。

最终，从自变量的统计显著性来看我们得到的复杂的结果，这一模型在整体上有多好地预测了录取结果呢？不幸的是，正如在线性回归中一样，我们没有确切的统计量 R^2 可以表明因变量方差中为联合的自变量所解释的百分比。然而，逻辑斯谛回归的确在评价整体拟合度时为我们提供了多种选择，最广为应用的是内戈尔科 R^2，0 代表不拟合而 1 代表完全拟合。在我们的例子中，SPSS 计算的结果显示内戈尔科 $R^2=0.442$，反映出一个相当不错的拟合，即使我们只有两个自变量。如果我们纳入其他预测变量，例如 SAT 或 ACT 成绩，那么预测的拟合程度很可能会提升。

▶ 小结

这一章将皮尔逊相关系数的概念扩展到了一个变量（自变量）对另一个变量（因变量）的影响的情况。虽然皮尔逊相关系数 r 测量出了相关的强度和方向，但是回归直线——包括了斜率和 Y 截距——指明了自变量对因变量的影响力的确切性质。在回归分析中，我们基于自变量（表示为 X）预测因变量的值（表示为 Y）。Y 的方差被分解成能够被 X 解释的部分（决定系数）和不能被 X 解释的部分（未决定系数）。因为多元回归同时包含了两个及两个以上的预测变量，所以它的步骤要比本章介

绍过的简单回归方法的步骤更为复杂。在这种情况下，回归系数（斜率）表示在控制模型中其他预测变量不变时，自变量对因变量产生的效应。另外，多元决定系数评价的是因变量方差中被联合的自变量解释的比例。虽然多元回归在整体上使用的是定距变量，但是二分变量——如虚拟变量——也可以被很好地包含进来。除此之外，交互作用可以通过将预测变量相乘来实现。最后，逻辑斯谛回归使预测二分变量的回归得到了有效的扩展。逻辑斯谛回归关注一个事件的发生率，以及多种预测变量在何种程度上增加或减少一个结果相对于另一个结果的发生率。 434

▶ 重要术语

Regression analysis	回归分析	Error sum of squares	误差平方和
Coefficient of nondetermination	未决定系数	Dummy variable	虚拟变量
Y-intercept	Y 截距	Regression sum of squares	回归平方和
Mean square regression	回归均方	Multicollinearity	多重共线性
Slope（regression coefficient）	斜率（回归系数）	Coefficient of determination	决定系数
Mean square error	误差均方	Odds and odds ratio	发生率和发生率比
Multiple regression	多元回归	Logit	对数概率单位
Error term	误差项	Logistic regression	逻辑斯谛回归
Regression line	回归直线		

▶ 课后习题

1. 在回归分析中，我们是基于什么从 X 预测 Y 的？
   a. 显著的相关系数　　b. 一个算术方程
   c. 一个弱正相关系数　　d. 一个正态曲线
2. 下面哪个代表 X 的回归系数或斜率？
   a. Y 截距　　b. a　　c. 误差项　　d. b
3. 由 X 的单位变化所导致的 Y 的期望减少或增加值被称作：
   a. Y 截距 a　　b. 误差项 e　　c. 回归系数 b　　d. PRE
4. 在代表着 Y 的方差中为 X 所解释的比例的测量指标被称作：
   a. 未决定系数　　b. 决定系数　　c. 多元回归　　d. 斜率
5. 当采用两个或更多的预测项时，我们是进行了：
   a. 简单回归　　b. 多元回归　　c. 偏相关　　d. 皮尔逊相关
6. 假设一位研究者收集了以下 10 个已婚成年人样本的受教育年限（X）和子女数（Y）的数据： 435

X	**Y**	**X**	**Y**
12	2	9	3
14	1	12	4
17	0	14	2
10	3	18	0
8	5	16	2

a. 画出数据的散点图。

b. 计算回归斜率和 Y 截距。

c. 在散点图中画出回归直线。

d. 预测一个有 11 年受教育年限的成年人的子女数。

e. 计算出决定系数和未决定系数。它们意味着什么?

f. 构建一个方差分析表，对回归的显著度进行 F 检验。

7. 同是这位研究者，她从至少有一个子女的 8 个家庭中每家随机选择了一名子女，来研究子女的数量（X）对儿童的幸福感（Y）的影响。假设幸福感是定距变量，范围为 1（非常不幸福）～10（非常幸福）。她得到了以下数据：

X	**Y**
1	5
0	3
2	4
4	7
2	5
3	9
1	8
1	4

a. 画出数据的散点图。

b. 计算回归斜率和 Y 截距。

c. 在散点图中画出回归直线。

d. 预测独生子女家庭和有两个子女的家庭的儿童的幸福感。

e. 计算出决定系数和未决定系数。它们意味着什么?

f. 构建一个方差分析表，对回归的显著度进行 F 检验。

8. 一位法律研究者想测量案件审理期的长短对陪审团的讨论期长短的影响。他观察了随机选取的 10
436 个庭审的样本。审理期的长短（以日为单位）和陪审团讨论期的长短（以小时为单位）的数据如下：

X （天数）	**Y** （小时数）
2	4
7	12
4	6
1	4
1	1
3	4
2	7
5	2
2	4
3	6

a. 画出数据的散点图。

b. 计算回归斜率和 Y 截距。

c. 在散点图中画出回归直线。

d. 预测当审理期持续了 6 天时，陪审团讨论期的长短。

e. 计算出决定系数和未决定系数。它们意味着什么？

f. 构建一个方差分析表，对回归的显著度进行 F 检验。

9. 一位拥有一家大型会计公司的专家有兴趣研究资历（在一家公司工作的年限）对文员的时薪的影响。她随机选取了 10 名文员，比较了他们在公司的工作年限（X）以及时薪（Y）：

X	**Y**
0	12
2	13
3	14
6	16
5	15
3	14
4	13
1	12
1	15
2	15

a. 画出数据的散点图。

b. 计算回归斜率和 Y 截距。

c. 在散点图中画出回归直线。

d. 预测一名被随机选出的在公司工作了 4 年的文员的时薪。

e. 计算出决定系数和未决定系数。它们意味着什么？

f. 构建一个方差分析表，对回归的显著度进行 F 检验。

g. 基于这些结果，说出典型的初始时薪是多少，以及工作年限每增加一年所带来的时薪的典型增加额是多少。

10. 犯罪相关影视节目经常将抓捕罪犯的警察描绘成“凌驾于法律之上”，暗示为了完成任务，警 437
察必须绕过法院保护罪犯的公民自由的严格规定。那么这些节目的观众会不会认为政府过于保护罪犯的权利呢？为了回答这个问题，一位研究者在人群中随机选择了一个样本，询问他们每周观看犯罪相关影视节目的小时数（X）和他们在多大程度上同意政府过于保护罪犯权利这一说法（Y）（测量范围为 1～9，1 代表“非常不同意”，9 代表“非常同意”）。收集的数据如下：

X	**Y**
2.0	3
5.5	4
9.5	6
12.0	8
0.0	1
10.5	9
1.5	2
3.0	3
2.0	3

a. 画出数据的散点图。

b. 计算回归斜率和 Y 截距。

c. 在散点图中画出回归直线。

d. 预测一个每周看 7.5 小时犯罪相关影视节目的观众对政府的态度。

e. 计算出决定系数和未决定系数。它们意味着什么？

f. 构建一个方差分析表，对回归的显著度进行 F 检验。

11. 心理学家艾里克森（Erik Erikson）提出个体的一生会经历 8 个发展阶段。他认为在第 8 阶段（65 岁至去世）中，更年长的人对死亡的态度是恐惧还是接受取决于当他们回首一生时感到满意的程度：一个对自己的一生满意的人会平静接受死亡，而一个回首自己的一生时看到的都是失败与沮丧的人会惧怕死亡。为了验证这一理论，一位精神病学家对 65 岁及以上的人随机进行了访问，并记录下了他们对人生的满意度（X）和对死亡的恐惧程度（Y）（两个变量的测量范围都是 1～10，分数越高代表越满意或越恐惧）：

X	**Y**
7	4
5	6
2	8
9	2
2	7
10	3
6	3

a. 画出数据的散点图。

438 b. 计算回归斜率和 Y 截距。

c. 在散点图中画出回归直线。

d. 预测一个人生满意度得分为 3 的人对死亡的恐惧程度。

e. 计算出决定系数和未决定系数。它们意味着什么？

f. 构建一个方差分析表，对回归的显著度进行 F 检验。

12. 一位精神病学家想知道夜晚睡眠如何影响一个人的警觉程度和反应时间。她随机抽取了一个样本，询问他们前一晚睡了几个小时（X），然后用一种简单的检测确定他们以秒为单位的反应时间（Y）。得到的结果如下：

X	**Y**
5.0	13
10.5	8
4.0	15
6.0	12
7.5	11
6.5	13
2.5	21
6.0	10
4.5	17

a. 画出数据的散点图。

b. 计算回归斜率和 Y 截距。

c. 在散点图中画出回归直线。

d. 预测一个每晚睡 8.5 小时的人的以秒为单位的反应时间。

e. 计算出决定系数和未决定系数。它们意味着什么？

f. 构建一个方差分析表，对回归的显著度进行 F 检验。

13. 如果一名女性停止避孕且开始尝试受孕，她的避孕年限（X）是否对受孕所需时长（Y）有影响？一位研究者从曾经使用过避孕手段的孕妇的随机样本那里收集到了以下数据：

避孕年限	受孕所需时长（天数）
7.5	25
10.0	31
3.5	42
4.0	36
7.0	13
2.5	22
5.0	56

a. 画出数据的散点图。 439

b. 计算回归斜率和 Y 截距。

c. 在散点图中画出回归直线。

d. 预测一个避孕 8 年的女性一旦停止避孕需要多久才能受孕成功。

e. 计算出决定系数和未决定系数。它们意味着什么？

f. 构建一个方差分析表，对回归的显著度进行 F 检验。

14. 一位教育研究者有兴趣研究学生在高中的学业表现对其在大学里学业表现的影响。她查询了来自同一所中学的 12 名大学毕业生的学校记录。通过计算高中的累积平均分（X）和大学的累积平均分（Y），得到的结果如下：

X	**Y**	**X**	**Y**
3.3	2.7	3.7	3.1
2.9	2.5	3.8	4.0
2.5	1.9	3.5	2.9
4.0	3.3	2.7	2.0
2.8	2.7	2.6	3.1
2.5	2.2	4.0	3.2

a. 画出数据的散点图。

b. 计算回归斜率和 Y 截距。

c. 在散点图中画出回归直线。

d. 预测一个高中累积平均分为 3.0 的学生在大学的累积平均分。

e. 计算出决定系数和未决定系数。它们意味着什么？

f. 构建一个方差分析表，对回归的显著度进行 F 检验。

15. 对于第 10 章中的问题 30，计算多元决定系数（以 Y 为因变量）。

16. 对于第 10 章中的问题 31 的相关矩阵，计算每周日用品账单（Y）的方差中分别为家庭规模（X）和收入（Z）所解释，以及为家庭规模和收入所联合解释的比例。

17. 一位研究者希望能基于大一新生在高中班级位居前列（10%）的百分比和班级规模在 20 人以下的百分比，预测该样本中 240 名大学生的毕业率。毕业率（GRADRATE）、在高中班级位居前列的大一新生的百分比（TOPFRESH），以及大学班级规模小于 20 人的百分比（SMALLCLS）的相关矩阵如下：

	GRADRATE	**TOPFRESH**	**SMALLCLS**
GRADRATE	1.000	0.613	0.544
TOPFRESH	0.613	1.000	0.404
SMALLCLS	0.544	0.404	1.000

440 a. 毕业率（GRADRATE）的方差被每一个预测变量解释的百分比分别是多少？

b. 毕业率（GRADRATE）的方差被两个预测变量联合解释的百分比是多少？

c. 为什么问题 b 的答案不等于问题 a 的答案的总和？

18. 以下是一个多元回归中方差分析表的一部分，该多元回归基于学生的高中平均成绩（HSAVG）和性别（GENDER）对他们的 SAT 数学成绩（QSAT）做出预测：

方差来源	**SS**	**df**	**MS**	***F***
回归	127 510	2	?	?
误差	82 990	53	?	
总体	?			

a. 补全标有问号的部分。

b. 样本规模（N）是多少？

c. SAT 数学成绩（QSAT）中被两个预测变量联合解释的百分比是多少？

d. 评价结果的整体显著性。

19. 假设一位急诊室医生想了解成年患者的性别、年龄和痛感之间的关系。她抽取了 57 份关于患者自述痛感分数的医院档案，分数从 0（代表没有不适）到 10（代表能够想象到的最严重的疼痛），档案内容还包括了患者的年龄和性别（1 代表男性，0 代表女性）。她基于年龄和性别对疼痛预测的回归分析结果如下表所示：

变量	***b***	**SE**	***t***	**Sig.**
常数项	1.321	0.239	5.527	0.000
年龄	0.065	0.041	1.585	0.119
性别	0.857	0.665	1.289	0.203

a. 解释常数项（Y 截距）的意义。

b. 解释年龄和性别的回归系数的意义。

c. 请指出这两个变量中哪一个是痛感分数的显著预测变量（如果有的话）。

20. 假设一个住房倡导组织想了解是什么在影响住房价格，所以他们在州内的 351 个县收集数据，并将一个四居室的合理市价与以下分县数据进行对比：人口密度（每平方英里人口数），人均收入，家中使用非英语语言的人口的百分比（ESL），以及最低学历为大学本科的人口的百分比。回归结果如下表所示：

变量	*b*	SE	*t*	Sig.
常数项	301.765	66.260	4.554	0.001
人口密度	0.033	0.009	3.498	0.001
人均收入	0.054	0.004	13.274	0.001
ESL（%）	0.989	1.975	0.501	0.617
大学学历（%）	−15.723	2.600	−6.047	0.001

a. 若有的话，指出哪些变量是住房价格的显著预测变量。 441

b. 如果某县人口密度为每平方英里 550 人，人均收入为 30 000 美元，ESL 为 8%，40%的人拥有大学学历（注意：不要将“百分数”转化为小数；例如，“10%”等于 10，而非 0.10），那么请预测该县住房的合理市价。

c. 解释人口密度和大学学历的回归系数的意义。

21. 一位学生住房咨询服务中心的管理员想推行一个关于酗酒问题的知识普及性项目，所以他收集了 39 名本科生的数据，包括每周饮酒次数、年龄、性别（0＝男性，1＝女性）、目前修读的课程数，以及他们是否认为周四晚上就是周末的开始（0＝不是，1＝是）。影响学生每周饮酒次数因素的回归结果如下所示：

变量	*b*	SE	*t*	Sig.
常数项	9.174	4.051	2.265	0.030
年龄	0.028	0.174	0.159	0.875
女性	0.569	0.691	0.823	0.417
课程数	−1.536	0.387	−3.971	0.001
周四晚上＝周末的开始	4.523	0.791	5.715	0.001

a. 若有的话，指出哪些变量是学生饮酒行为的显著预测变量。

b. 如果有一名 19 岁的女生，每周上 5 节课且不认为周四晚上是周末的开始，请预测她的每周饮酒次数。

c. 解释年龄和女性的回归系数的意义。

22. 下表是一次关于同性婚姻支持度调查的结果，并将受访者态度与受访者所属的党派进行了比较：

所属党派	对同性婚姻所持态度		总计
	支持	反对	
民主党	45	64	109
共和党	21	72	93
无党派	24	60	84
总计	90	196	286

a. 计算每种党派类别下支持同性婚姻的发生率。

b. 计算每种党派类别下支持与反对同性婚姻的发生率比。

442 23. 让我们回到问题 19，同样的医生用以下三个变量——痛感、年龄和性别——来预测患者是应该被医院急诊科接收（被医院急诊科接收＝1）还是应该返回家中（返回家中＝0）。她使用了逻辑斯谛回归，结果如下所示：

变量	b	SE	Wald	Sig.	e^b
常数项	－11.236	0.239	2 210.2	0.000	0.000
年龄	0.054	0.022	6.134 2	0.013	1.056
性别	－0.020	0.018	1.259 7	0.262	0.980
痛感	0.263	0.043	37.447	0.000	1.301

a. 这位医生为什么使用逻辑斯谛回归而不是多元回归？

b. 解释三个变量下每一种结果的意义。

24. 保险公司的研究人员想了解与心脏病相关的风险因子，所以他们收集了 240 人的数据。他们询问了患者是否曾因为心脏问题住院治疗（0＝没有，1＝有），并以此作为因变量。同时，他们也收集了患者的其他信息，包括性别（0＝女性，1＝男性）、体重（以磅为单位）、吸烟状况（每周吸烟的盒数），以及运动状况（每周小时数）。通过分析，他们得出了下面的逻辑斯谛回归表：

变量	b	SE	Wald	Sig.	e^b
常数项	－23.499	10.699	4.824	0.028	0.000
性别	4.523	2.552	3.142	0.076	92.149
体重	0.143	0.061	5.524	0.019	1.154
吸烟状况	－0.495	0.316	2.448	0.118	0.610
运动状况	－0.132	0.175	0.576	0.448	0.876

a. 研究人员为什么使用逻辑斯谛回归而不是多元回归？

b. 解释五个变量下每一种结果的意义（需要特别注意的是 e^b 和统计学意义上的显著性）。

▶ 上机练习

1. 根据综合社会调查数据，收入与受教育程度之间有直接的联系吗？检验受访者收入（REALRINC）和他们的最高受教育年限（EDUC）之间没有关系的零假设。提示：ANALYZE，REGRES-

SION，LINEAR，然后指定变量。收入是因变量。

a. 运用回归检验中的方差分析。结果显著吗？

b. 回归的斜率和截距是多少？

c. 如果有一人的最高受教育年限为 12 年，另一人为 16 年，请预测他们的收入情况（2000 年）。

d. 计算出决定系数。它意味着什么？

2. 成年人扫盲在美国是一个重要的社会问题。分析综合社会调查数据，检验词语拼写正确数（WORDSUM）与每天看电视小时数（TVHOURS）之间没有关系的零假设。词语拼写正确数是因变量。 443

a. 运用回归检验中的方差分析。结果显著吗？

b. 回归的斜率和截距是多少？

c. 如果有一人每天看电视 4 小时，请预测此人的词语拼写正确数。分别对两个变量运行频率分布以查看每一侧的值。

d. 计算出决定系数。它意味着什么？

3. 同时基于每天看电视小时数（TVHOURS）和最高受教育年限（EDUC）两个变量，采用回归分析预测词语拼写正确数（WORDSUM）。

a. 在控制最高受教育年限的情况下，将词语拼写正确数与每天看电视小时数无关作为零假设并检验。

b. 回归的斜率和截距是多少？

c. 哪个变量在 0.05 的显著性水平上是显著的？

d. 计算出多元决定系数（R^2）。它意味着什么？它是否增加了双变量回归模型中被解释的部分？

e. 如果一个人每天看电视 2 小时且最高受教育年限为 14 年，预测此人词语拼写正确数是多少？（在进行计算之前记得查看每一侧的值。）

4. 采用回归分析确定是什么因素影响了过去 30 天中心理健康状况良好的天数（MNTLHLTH）。将年龄（AGE）、身体健康状况（PHYSHLTH）、工作满意度（SATI），以及收入（REALRINC）作为自变量加入回归分析。

a. 运用回归检验中的方差分析。结果显著吗？

b. 回归的斜率和截距是多少？

c. 哪个变量在 0.05 的显著性水平上是显著的？

d. 计算出多元决定系数（R^2）。它意味着什么？

5. 利用综合社会调查数据，将性别（SEX）不影响犯罪引起的恐惧感（FEAR）作为零假设，并采用逻辑斯谛回归分析进行检验。提示：ANALYZE，REGRESSION，BINARY LOGISTIC，选择变量，然后说明自变量是否为定类变量。

a. 逻辑斯谛回归的斜率和截距是多少？

b. 计算出性别变量（SEX）e^b 的数值。它意味着什么？

444 第12章 相关性的非参数测量

前面我们看到，在检验定类变量与定序变量之间的差异时，采用替代 t 检验和 F 检验的非参数方法是必须的。同样，在皮尔逊相关的要求不能被满足时，我们需要使用相关性的非参数测量方法。具体地说，这些测量被用在我们拥有的是定类或定序变量，或者我们不能假定总体正态分布的时候。这一章介绍了一些最常用的相关性的非参数测量方法：斯皮尔曼（Spearman）等级相关系数、古德曼（Goodman）和克鲁斯凯（Kruskal）的 γ 系数、φ 系数、列联系数，以及克雷默（Cramér）的 V 系数。

斯皮尔曼等级相关系数

现在，我们把问题转向寻找定序数据之间的相关程度。所谓定序数据，指的就是某一给定特性表现出来的等级或顺序。

从社会研究中举一个例子，让我们考虑个人电脑拥有者的社会经济地位与每个月上网时间之间的
445 关系。对上网时间可以清楚地进行定距测量，社会经济地位却是定序的，所以需要利用定序数据的相关系数。假设包含 8 名被调查者的样本排序如表 12－1 所示。

表 12-1 按社会经济地位和上网时间排序的样本

被调查者	按社会经济地位（X）排序	按上网时间（Y）排序
马克斯（Max）	1 ←社会经济地位最高	2
弗洛里（Flory）	2	1 ←上网时间最多
唐（Tong）	3	3
米恩（Min）	4	5
朱厄妮塔（Juanita）	5	4
琳达（Linda）	6	8
卡罗尔（Carol）	7	6
史蒂夫（Steve）	8	7

如上表所示，马克斯的社会经济地位排序（秩①）第一，但在上网时间上排序第二；弗洛里的社会经济地位排序第二，但在上网时间上排序第一；如此等等。

为了确定社会经济地位与上网时间的相关程度，我们采用斯皮尔曼等级相关系数（r_s），其公式为：

$$r_s = 1 - \frac{6\sum D^2}{N(N^2-1)}$$

在这里，r_s=等级相关系数，D=变量 X 和 Y 的秩的差异，N=样本容量。

如表 12-2 所示，我们对数据应用等级相关系数公式：

$$\begin{aligned} r_s &= 1 - \frac{(6)(10)}{(8)(64-1)} \\ &= 1 - \frac{60}{(8)(63)} \\ &= 1 - \frac{60}{504} \\ &= 1 - 0.12 \\ &= +0.88 \end{aligned}$$

表 12-2 社会经济地位与上网时间之间的关系 446

被调查者	社会经济地位（X）排序	上网时间（Y）排序	D	D^2
马克斯	1	2	−1	1
弗洛里	2	1	1	1
唐	3	3	0	0
米恩	4	5	−1	1
朱厄妮塔	5	4	1	1
琳达	6	8	−2	4
卡罗尔	7	6	1	1
史蒂夫	8	7	1	1
				$\sum D^2=10$

① 样本在某一给定变量上的排序在统计学上被称为样本的“秩”。——译者注

与皮尔逊相关系数 r 一样，斯皮尔曼等级相关系数的范围也是 $-1\sim 1$。因此，我们发现了社会经济地位与上网时间之间具有强烈的正相关关系（$r_s=+0.88$）。社会经济地位高的被调查者倾向于更多地使用互联网，社会经济地位低的被调查者倾向于更少地使用互联网。

对排序打结情况的处理

在实际中，我们并不总能避免我们的被调查者因排序相同而打结的情况。例如，我们可能发现有两个或者更多的被调查者的上网时间相同，两名或多名学生的学术表现不可区分，或者有一些被调查者的智商得分相同。

为了演示在排序打结的情况下如何计算等级相关系数，假设我们要确定一个毕业班学生的班级名次与智商分数之间的相关程度。那么我们将一个包含 10 名毕业生的样本的班级名次和智商分数列举如表 12 - 3 所示：

表 12 - 3　10 名毕业生的智商分数和班级名次

被调查者	班级名次（X）	智商分数（Y）
吉姆（Jim）	10 ←（最后一名）	110
特雷西（Tracy）	9	90
勒罗伊（Leroy）	8	104
迈克（Mike）	7	100
马里奥（Mario）	6	110
肯尼（Kenny）	5	110
米切尔（Mitchell）	4	132
明尼（Minny）	3	115
科里（Cori）	2	140
库迈科（Kumiko）	1 ←（第一名）	140

447 在遵循计算等级相关系数的标准过程之前，让我们首先对这 10 名毕业生的智商分数排序，结果如表 12 - 4 所示：

表 12 - 4　10 名毕业生的智商分数排序

被调查者	智商分数	智商分数排序	
吉姆	110	7	
特雷西	90	10	
勒罗伊	104	8	第7、第6、第5是打结的
迈克	100	9	
马里奥	110	6	
肯尼	110	5	
米切尔	132	3	
明尼	115	4	
科里	140	2	第1和第2是打结的
库迈科	140	1	

表 12－4 中显示科里和库迈科获得了最高的智商分数，从而第 1 和第 2 是打结的。同样，肯尼、马里奥和吉姆的智商分数都是 110，从而第 5、第 6 和第 7 处于三重打结的状态。

为了确定打结情况下的确切位置，我们必须把打结的秩相加，然后除以打结的数量。因此，智商 140 分的排序分别为第 1 和第 2，得到的平均秩为：

$$\frac{1+2}{2}=1.5$$

同样，我们得出智商 110 分的秩为：

$$\frac{5+6+7}{3}=6.0$$

在得到每个智商分数的秩后，我们就可以处理接下来的问题了，过程如表 12－5 所示。

表 12－5　班级名次与智商分数之间的关系　448

被调查者	班级名次（X）	智商分数（Y）	D	D^2
吉姆	10	6	4.0	16.00
特雷西	9	10	－1.0	1.00
勒罗伊	8	8	0.0	0.00
迈克	7	9	－2.0	4.00
马里奥	6	6	0.0	0.00
肯尼	5	6	－1.0	1.00
米切尔	4	3	1.0	1.00
明尼	3	4	－1.0	1.00
科里	2	1.5	0.5	0.25
库迈科	1	1.5	－0.5	0.25
				$\sum D^2=24.50$

我们得到表 12－5 中数据的等级相关系数如下：

$$\begin{aligned} r_s &= 1-\frac{(6)(24.50)}{(10)(100-1)} \\ &= 1-\frac{147}{990} \\ &= 1-0.15 \\ &= +0.85 \end{aligned}$$

等级相关系数的结果显示出班级名次与智商分数之间存在强烈的正相关关系。这就是说，智商分数高的学生在班上排名靠前，智商分数低的学生在班上排名靠后。

等级相关系数的显著性检验

我们应如何检验等级相关系数的显著性呢？确定 ρ_s，即总体当中的等级相关的过程是什么？例如，我们该如何确定能否将计算出的班级名次与智商分数之间的＋0.85 的相关系数推广到超出这 10 名学生的更大的总体中去？为了检验等级相关系数的显著性，我们需要借助于附录 C 中的表Ⅰ，在这个表中，我们可以找到在 0.05 和 0.01 的显著性水平上等级相关系数的临界值。注意，我们直接参照分数对（N）的数量，而不是自由度的具体数值。在当前的例子里，当 $N=10$ 时，在 0.05 的显著性水平上等级相关系数必须大于 0.648 才是显著的。我们因此拒绝 $\rho_s=0$ 的零假设，而接受班级名次与智商分数在我们从中抽样的总体中确实相关的研究假设。

表 I 仅适用于 30 个案例以下的样本。如果 N 超过这个数，那么我们该怎么办？让我们来看一个观察量较大的例子。通过使用前述平均秩的方法解决了排序打结的问题后，表 12－6 提供了美国人口普查局根据婴儿死亡率和每十万居民拥有的医生数得出的各州排名。

449 **表 12－6　婴儿死亡率及每十万居民拥有的医生数的州排名**

州	婴儿死亡率	每十万居民拥有的医生数	D	D^2	州	婴儿死亡率	每十万居民拥有的医生数	D	D^2
亚拉巴马州	4	39	－35	1 225	蒙大拿州	29	34	－5	25
阿拉斯加州	11.5	44	－32.5	1 056.25	内布拉斯加州	27.5	28	－0.5	0.25
亚利桑那州	26	41	－15	225	内华达州	42	46	－4	16
阿肯色州	10	43	－33	1 089	新罕布什尔州	50	16	34	1 156
加利福尼亚州	45.5	14	31.5	992.25	新泽西州	30	7	23	529
科罗拉多州	40	25	15	225	新墨西哥州	31	32	－1	1
康涅狄格州	34.5	4	30.5	930.25	纽约州	40	2	38	1 444
特拉华州	1	20	－19	361	北卡罗来纳州	9	23	－14	196
佛罗里达州	21.5	24	－2.5	6.25	北达科他州	6	29	－23	529
佐治亚州	8	36	－28	784	俄亥俄州	14.5	19	－4.5	20.25
夏威夷州	32.5	9	23.5	552.25	俄克拉何马州	21.5	49	－27.5	756.25
爱达荷州	32.5	50	－17.5	306.25	俄勒冈州	45.5	22	23.5	552.25
伊利诺伊州	14.5	11	3.5	12.25	宾夕法尼亚州	23.5	8	15.5	240.25
印第安纳州	17	37	－20	400	罗得岛州	27.5	6	21.5	462.25
艾奥瓦州	43	45	－2	4	南卡罗来纳州	5	31	－26	676
堪萨斯州	19	35	－16	256	南达科他州	19	42	－23	529
肯塔基州	37	33	4	16	田纳西州	7	18	－11	121
路易斯安那州	3	12	－9	81	得克萨斯州	37	38	－1	1
缅因州	34.5	15	19.5	380.25	犹他州	49	40	9	81
马里兰州	11.5	3	8.5	72.25	佛蒙特州	44	5	39	1 521
马萨诸塞州	48	1	47	2 209	弗吉尼亚州	16	13	3	9
密歇根州	13	27	－14	196	华盛顿州	40	17	23	529
明尼苏达州	47	10	37	1 369	西弗吉尼亚州	23.5	30	－6.5	42.25
密西西比州	2	48	－46	2 116	威斯康星州	25	21	4	16
密苏里州	19	26	－7	49	怀俄明州	37	47	－10	100
									$\sum D^2=24\ 466$

根据这些数据，

$$r_s = \frac{6\sum_{D}^{2}}{N(N^2-1)}$$

$$= 1 - \frac{6(24\ 466)}{50(2\ 500-1)}$$

$$= -0.175$$

负相关表明，每十万居民拥有的医生数越多，婴儿死亡率越低。虽然这个结果是可信的，但斯皮尔曼等级相关系数的值是否已经大到足以被认为具有统计学意义？当然，表Ⅰ提供了 N 在 30 以下时 r_s 的临界值。

对于大样本（$N>30$）来说，下列表达式趋于正态分布，可以与 z 的临界值进行比较：

$$z = r_s\sqrt{N-1}$$

在我们的例子中，

$$z = -0.175\sqrt{50-1}$$

$$= -0.175(7)$$

$$= -1.225$$

在 0.05 的显著性水平上，z 没有达到 1.96 的临界值。因此，我们必须保留在总体中婴儿死亡率 450
与每十万居民拥有的医生数（医生可得性）之间没有关系的零假设。

逐步演示 12.1　斯皮尔曼等级相关系数

我们借助对志愿协会参与程度与好友数量之间关系的研究来概括如何逐步地获取等级相关系数。6 名被调查者的关系数据如下：

被调查者	志愿协会参与程度（X）排序	好友数量（Y）
A	1 ←（参与最多）	6
B	2	4
C	3	6
D	4	2
E	5	2
F	6 ←（参与最少）	3

为了确定志愿协会参与程度与好友数量之间的相关程度，我们采取了以下步骤：

第一步　对被调查者在 X 和 Y 变量上排序。

如上表所示，我们就变量 X——志愿协会参与程度——对被调查者进行排序。将参与最多的被调查者排序为 1，将参与最少的被调查者排序为 6。

我们也必须就变量 Y——好友数量——对被调查者进行排序。在当前的例子中，我们遇到了排序打结的情况，具体情况如下：

好友数量（Y）	排序（秩）	
6	1	
4	3	第 1 和第 2 打结
6	2	
2	5	第 5 和第 6 打结
2	6	
3	4	

451 为了转换打结的秩，我们对打结的秩取均值。对于第 1 和第 2 名：

$$\frac{1+2}{2}=1.5$$

对于第 5 和第 6 名：

$$\frac{5+6}{2}=5.5$$

因此，对于秩而言，X_R 和 Y_R 分别代表 X 和 Y 的秩：

X_R	Y_R
1	1.5
2	3.0
3	1.5
4	5.5
5	5.5
6	4.0

第二步 为了计算 $\sum D^2$，我们必须计算 X 和 Y 的秩的差（D），将每个差取平方（D^2），然后将这些平方相加（$\sum D^2$）：

X_R	Y_R	D	D^2
1	1.5	−0.5	0.25
2	3.0	−1.0	1.00
3	1.5	1.5	2.25
4	5.5	−1.5	2.25
5	5.5	−0.5	0.25
6	4.0	2.0	4.00
			$\sum D^2=10.00$

第三步 将第二步得出的结果代入等级相关系数的公式。

452

$$r_s = 1 - \frac{6\sum D^2}{N(N^2-1)}$$
$$= 1 - \frac{(6)(10)}{(6)(36-1)}$$
$$= 1 - \frac{60}{210}$$
$$= 1 - 0.29$$
$$= +0.71$$

第四步 将计算出的等级相关系数与表Ⅰ中的 r_s 的临界值进行比较。

计算出的 $r_s=0.71$

表中的 $r_s=0.886$

$N=6$

$\alpha=0.05$

由于 N 在 30 以下，因此我们可以用附录 C 中的表Ⅰ来检验显著性。我们已得知，要在 0.05 的显著性水平上、样本规模为 6 的情况下拒绝零假设，相关系数必须达到 0.886。因此，尽管我们发现在志愿协会参与程度与好友数量之间有强相关关系，但我们必须保留总体相关系数 $\rho_s=0$ 的零假设。我们的结果不能推广到我们从中抽取样本的总体中去。

使用等级相关系数的要求

当下列条件被满足时，才能使用等级相关系数：

(1) 定序数据。X 和 Y 都必须是按序排列的。

(2) 随机抽样。样本成员必须是从一个大的总体中被随机抽取的，以进行显著性检验。

古德曼和克鲁斯凯的 γ 系数

如我们在等级相关系数的计算中所看到的，不可能总能避免定序变量的秩打结的情况。事实上，我们在社会研究中经常会遇到大量秩打结的定序数据。最常见的情况是定序变量按类排列，如高、中、低。当两个这样的变量以列联表的形式呈现时，古德曼和克鲁斯凯的 γ 系数（G）被专门用来测量其相关性。

γ 系数的基本公式为：

453

$$\boxed{G=\frac{N_a-N_i}{N_a+N_i}}$$

在这里，N_a＝一致对的数量，N_i＝相反对的数量。

一致与相反可以通过 X 和 Y 变量的相关性的方向来理解。完全的一致代表着完全的正相关（＋1.00）：所有被研究对象在两个变量上的顺序正好是完全一样的。与之相反，完全的相反代表的是完全的负相关（－1.00）：所有被研究对象在两个变量上的顺序是完全相反的。

一致、相反以及打结都可以通过下面的列联表（见图 12－1）来演示，表中的频数辅以被调查者的名字：

		X		
		高	中	低
Y	高	$f=2$ 萨姆 玛丽	$f=1$ 安	$f=0$
	低	$f=2$ 亚历克斯 杰克	$f=3$ 保罗 约翰 莉萨	$f=2$ 休 鲍勃

图 12－1　一致、相反和打结的演示

玛丽和约翰这一对是一致的，因为玛丽在两个变量上都比约翰要高。同样，萨姆和休这一对也是一致的，因为萨姆在两个变量上都处在比休高的水平上。总的来说，表中有 12 个一致对（$N_a=12$），你能找出这 12 对吗？

相反，亚历克斯和安这一对是相反对，因为亚历克斯在 X 上高于安，但在 Y 上低于安。总的来说，表中有 2 个相反对（$N_i=2$），你能找出这两对吗？

最后，在任意一个或两个变量上都相等的对代表着打结对。例如，亚历克斯和杰克在两个变量上都是打结的（这就是说，他们处在同一个单元格里）。进一步而言，尽管亚历克斯在 X 上高于休，但在 Y 上他们处于一样的水平（即他们在同一行），因而他们也被算作打结对。幸运的是，在计算古德曼和克鲁斯凯的 γ 系数时你可以忽略打结的情况，因为它们没有被包含在公式中。

逐步演示 12.2　古德曼和克鲁斯凯的 γ 系数

借助于一个较大的样本，让我们演示一下通过定序变量的列联表来获取 γ 系数的过程。假设某位社会研究者想要检验社会阶层（X）与对本地警察公正性的信任度（Y）之间的关系，他通过对 80 名城市居民的问卷调查获得了如下数据：在 29 名处于上层的被调查者中，15 名对警察高度信任、10 名对警察中度信任、4 名对警察低度信任；在 25 名处于中层的被调查者中，8 名对警察高度信任、10 名对
454 警察中度信任、7 名对警察低度信任；在 26 名处于下层的被调查者中，7 名对警察高度信任、8 名对警察中度信任、11 名对警察低度信任。注意，在每一个位置上，秩都是打结的。例如，在 X 变量的最高秩——上层——有 29 名被调查者。

第一步　以交互表的形式重新编排数据。

对本地警察公正性的信任度（Y）	社会阶层（X）		
	上层	中层	下层
高	15	8	7
中	10	10	8
低	4	7	11
	29	25	26
		$N=80$	

注意，上面的表是 3×3 的交互表，包含 9 个单元格（3 行×3 列=9）。为了确保 γ 系数的符号能够准确地以正或负来表示，X 变量必须从左至右按列以降序来展示。例如，在例子中，社会阶层就从左列到右列分别为上层、中层和下层。同样，Y 变量也必须从上至下按行以降序来展示。在例子中，对本地警察公正性的信任度，就是从上到下按高、中、低依次降低的。

第二步 计算 N_a。

为了计算 N_a，从左上角的单元格（$f=15$）开始。将单元格的频数乘以在这个单元格的右下方的所有单元格的频数的和（不包括行总计和列总计）。从左往右看，我们可以看到在 15 的右下方的所有频数为 10、8、7、11。然后依次对每一个在其右下方有单元格的单元格频数重复这一过程。如表中所示从左到右为：

上层/对警察高度信任	(15)(10+8+7+11)=(15)(36)=540
中层/对警察高度信任	(8)(8+11)=(8)(19)=152
上层/对警察中度信任	(10)(7+11)=(10)(18)=180
中层/对警察中度信任	(10)(11)=110

（注意，上面列联表中的一些单元格——首行的 7，第二行的 8，底行的 4、7、11 没有在其右下方的单元格。）

N_a 为上表的各个乘积的和，因此：

$$N_a = 540+152+180+110$$
$$=982$$

第三步 计算 N_i。 455

当计算 N_i 时，与计算一致对的方法相反，我们从右上角的单元格（$f=7$）开始。这一次，每个单元格中的频数要乘以在这个单元格的左下方的所有单元格的频数的和。从右往左看，我们可以看到在这个单元格的左下方的所有单元格的频数为 10、10、7、4。与前面一样，依次对每一个在其左下方有单元格的单元格频数重复这一过程。

如表中所示从右到左为：

下层/对警察高度信任	(7)(10+10+7+4)=(7)(31)=217
中层/对警察高度信任	(8)(10+4)=(8)(14)=112
下层/对警察中度信任	(8)(7+4)=(8)(11)=88
中层/对警察中度信任	(10)(4)=40

（注意，上面列联表中的其他单元格——首行的 15，第二行的 10，底行的 11、7、4 没有在其左下方的单元格。）

N_i 为上表的各个乘积的和，因此：

$$N_i = 217+112+88+40$$
$$=457$$

第四步 将第二步与第三步的结果代入公式。

$$
\begin{aligned}
G &= \frac{N_a - N_i}{N_a + N_i} \\
&= \frac{982 - 457}{982 + 457} \\
&= \frac{525}{1\ 439} \\
&= +0.36
\end{aligned}
$$

γ 系数为 $+0.36$ 代表着社会阶层与对本地警察公正性的信任度之间中度的相关性。我们的结果意味着一致对占优势的中度相关关系。（注意，-0.36 的 γ 系数代表着相反对占优势的中度相关关系。）

在继续往下之前，让我们再看一看 γ 系数在交互表中是如何起作用的。例如，考虑一下在社会阶层与对本地警察公正性的信任度的交互表中居中的单元格（中层-中度信任）。在这个单元格右下方的
456 单元格中的案例都是一致对，因为它们在两个变量上都低；在这个单元格左下方的单元格中的案例都是相反对，因为它们在 Y 变量上低、在 X 变量上高。为什么在以居中的单元格为参照时不把“高层-高度信任”这个单元格里的 15 个案例算作一致对呢？因为尽管它们确实是一致的，但它们已经被计算过了：当把“高层-高度信任”作为参照时，有 15 个“中层-中度信任”的单元格被算作一致对。在计算一致对或相反对时，都是只朝向交互表的底端的，这样做是为了避免重复计算的错误。

γ 系数的显著性检验

为了检验 X 和 Y 在总体中不相关——$\gamma=0$——的零假设，我们将计算出的 γ 系数通过下面的公式转换为 z 分数：

$$
z = G\sqrt{\frac{N_a + N_i}{N(1-G^2)}}
$$

在这里，G＝计算出的 γ 系数，N_a＝一致对的数量，N_i＝相反对的数量，N＝样本容量。

在前面的逐步演示中，我们得出了社会阶层与对本地警察公正性的信任度之间的相关系数 $G=0.36$。为了检验我们结果的显著性，我们将其代入公式：

$$
\begin{aligned}
z &= (0.36)\sqrt{\frac{982 + 457}{(80)[1-(0.36)^2]}} \\
&= (0.36)\sqrt{\frac{1\ 439}{(80)(0.87)}} \\
&= (0.36)\sqrt{\frac{1\ 439}{69.60}} \\
&= (0.36)\sqrt{20.68} \\
&= (0.36)(4.55) \\
&= 1.64
\end{aligned}
$$

转到附录 C 的表 A（或表 B 和表 C 的底端），我们可以发现要在 0.05 的显著性水平上拒绝零假设，z 分数必须大于 1.96。由于我们计算出的 z 分数（1.64）小于表中的临界值，因此我们必须保留对本地警察公正性的信任度与社会阶层不相关（$\gamma\neq0$）的零假设。我们计算出的社会阶层与对本地警察公正

性的信任度的样本相关性（$G=+0.36$）不能推广到从中抽取样本的总体中去。尽管在我们包含 80 名受访者的样本中观察到社会阶层较高的人对本地警察的公正性更有信心，但我们不能排除这一结果所反映的只是抽样误差的结果的可能性。

457

采用 γ 系数的要求

在采用 γ 系数作为测量交互表的相关性的指标时，必须考虑以下要求：

(1) 定序数据。X 和 Y 都必须是按序排列的。

(2) 随机抽样。为了检验零假设（$\gamma=0$），样本成员必须是从一个特定的总体中被随机抽取的。

2×2 的表中定类数据的相关系数

在第 9 章，我们介绍了一种被称为卡方检验的针对频数数据的显著性检验方法。作为卡方检验的一种简单扩展，我们现在可以计算两个定类等级的变量的相关程度。让我们再看一下零假设：美国大学生中吸烟者所占的比例与加拿大的大学生中吸烟者所占的比例是一样的。

在第 9 章里，这个零假设是通过同一所大学里的 21 名美国学生和 15 名加拿大学生的样本来进行检验的。最后，研究者确定在 21 名美国学生中有 15 名、在 15 名加拿大学生中只有 5 名是不吸烟的。因此，我们得到了表 12－7。

在第 9 章中，大学生的国籍与吸烟状态之间的关系通过 2×2 的交互表进行了展示，并应用以下卡方公式进行了检验（进行了过小期望频数下的耶茨校正），所得结果如表 12－8 所示。

$$\chi^2=\sum\frac{(|f_o-f_e|-0.5)^2}{f_e}$$

表 12－7　美国和加拿大吸烟的大学生：基于表 9－11 的数据

吸烟状态	国籍		总计
	美国	加拿大	
不吸烟	15	5	20
吸烟	6	10	16
总计	21	15	$N=36$

458

表 12－8　卡方检验结果

f_o	f_e	$\|f_o-f_e\|$	$\|f_o-f_e\|-0.5$	$(\|f_o-f_e\|-0.5)^2$	$\frac{(\|f_o-f_e\|-0.5)^2}{fe}$
15	11.67	3.33	2.83	8.01	0.69
5	8.33	3.33	2.83	8.01	0.96
6	9.33	3.33	2.83	8.01	0.86
10	6.67	3.33	2.83	8.01	$\chi^2=3.71$

在得出卡方值为 3.71 后，我们可以借此算出 φ 系数，它是测量 2×2 的表的相关性的一个指标。其公式为：

$$\boxed{\varphi=\sqrt{\frac{\chi^2}{N}}}$$

在这里，φ＝φ 系数，χ^2＝计算出的 χ^2 值，N＝样本容量。

将上述公式应用于我们当前的问题：

$$\begin{aligned}\varphi&=\sqrt{\frac{3.71}{36}}\\&=\sqrt{0.1031}\\&=0.32\end{aligned}$$

我们得出的 φ 系数等于 0.32，意味着在国籍与吸烟状态之间存在着中度相关。

φ 系数的显著性检验

幸运的是，φ 系数能很容易地通过卡方值来检验。这个值已经被计算出来了，而临界值则可以从附录 C 的表 F 中查到：

计算出的 $\chi^2=3.71$

表中的 $\chi^2=3.84$

df＝1

$\alpha=0.05$

由于计算出的卡方值 3.71 小于表中的临界值，因此我们保留不相关的零假设而拒绝国籍与吸烟状态在总体中相关的研究假设。因此，虽然得到的 φ 系数大小适中，但它并不具有统计学意义。

459

采用 φ 系数的要求

要采用 φ 系数作为测量变量 X 与 Y 之间相关性的一种指标，我们必须考虑以下条件：

(1) 定类数据。X 和 Y 都必须是频数数据。

(2) 2×2 的表。数据必须能以 2×2 的表的形式（两行两列）进行转换，φ 系数不适用于在多个组或类别间进行比较的大于 2×2 的表。

(3) 随机抽样。为了检验 φ 系数的显著性，样本成员必须是从一个大的总体中被随机抽取的。

大于 2×2 的表中定类数据的相关系数

到目前为止，我们考虑的是以 2×2 的表的形式呈现的定类数据的相关系数。如我们在第 9 章所看见的，有时候定类数据会在多个类别和组之间被比较。为了演示，让我们看一下下面的零假设：在亲生父亲、继父和男性同居伴侣中，放任、适中和权威的儿童教养方式所占的比率是一样的。

在第 9 章里，这个假设通过如表 12－9 所示的 3×3 的表来进行检验。通过表 12－9 的概括表，运用卡方公式来检验儿童教养方式与关系类型之间的关系，所得结果如表 12-10 所示。

表 12-9　儿童教养方式与关系类型的交叉表

儿童教养方式	关系类型			总计
	亲生父亲	继父	同居伴侣	
放任	7	9	14	30
适中	10	10	8	28
权威	15	11	5	31
总计	32	30	27	89

表 12-10　卡方检验结果

f_o	f_e	f_o-f_e	$(f_o-f_e)^2$	$\frac{(f_o-f_e)^2}{fe}$
7	10.79	−3.79	14.36	1.33
9	10.11	−1.11	1.23	0.12
14	9.10	4.90	24.01	2.64
10	10.07	−0.07	0.00	0.00
10	9.44	0.56	0.31	0.03
8	8.49	−0.49	0.24	0.03
15	11.15	3.85	14.82	1.33
11	10.45	0.55	0.30	0.03
5	9.40	−4.40	19.36	2.06
				$\chi^2=7.58$[a]

[a] 与本书 275 页表格中 χ^2 的值不一致，原书如此。——译者注

当前，我们要试图确认关系类型（X）与儿童教养方式（Y）之间的相关程度。在一个大于 2×2 的表中，我们可以通过对卡方检验进行简单的扩展，即通过列联系数（C）来确定相关程度。计算列联系数 C 的公式如下： 460

$$C=\sqrt{\frac{\chi^2}{N+\chi^2}}$$

在这里，C=列联系数，N=样本容量，χ^2=计算出的 χ^2 值。

计算关系类型与儿童教养方式之间的相关程度：

$$C=\sqrt{\frac{7.58}{89+7.58}}$$

$$=\sqrt{\frac{7.58}{96.58}}$$

$$=\sqrt{0.0785}$$

$$=0.28$$

我们得出的列联系数 0.28 意味着关系类型与儿童教养方式之间的相关程度是相当弱的。变量之间是有关的，但存在着太多的例外。

列联系数的检验

正如 φ 系数的例子一样，列联系数在统计上是否显著可以很容易地通过卡方值来确定。在我们当前的例子中，我们发现关系类型与儿童教养方式的相关性是不显著的，因此只能局限于我们的样本中。这是因为我们计算出的卡方值 7.58 要小于表中的临界值：

计算出的 $\chi^2=7.58$

表中的 $\chi^2=9.49$

$\text{df}=4$

$\alpha=0.05$

列联系数的一个替代指标

尽管列联系数在社会研究中应用广泛，但它有一个重要的缺点：卡方表中行和列的数目将会影响
461 C 的最大值。即，列联系数的值不会总是位于 0 和 1.0 之间（尽管它永远不会超过 1.0）。在特定的情况下，C 的最大值可能是 0.94；在另外的情况下，C 的最大值可能是 0.89；如此等等。这种情况在非对称表（表的行数与列数不同，如 2×3 的表、3×5 的表等等）中尤其麻烦。

为了避免 C 的这个缺点，我们可以采用另一种相关系数，即克雷默的 V 系数，它表示在大于 2×2 的表格中两个定类等级的变量间的相关程度。这个系数不依赖于卡方表的大小，而且与列联系数的要求一样（它适用于所有的表，而不仅仅是对称表）。其公式为：

$$\boxed{V=\sqrt{\frac{\chi^2}{N(k-1)}}}$$

在这里，V＝克雷默的 V 系数，N＝样本容量，k＝行数或列数中较小的那一个（如果行数和列数相等，如 3×3、4×4 或 5×5，那么行数和列数中的任意一个都可被用于表示 k）。

让我们回到如表 12-9（3×3 的表）所示的关系类型与儿童教养方式之间的关系：

$$V=\sqrt{\frac{7.58}{(89)(3-1)}}=\sqrt{\frac{7.58}{(89)(2)}}=\sqrt{\frac{7.58}{178}}=\sqrt{0.0426}=0.21$$

从结果可见，克雷默的 V 系数等于 0.21，显示出关系类型与儿童教养方式之间微弱的相关关系。与 φ 系数和列联系数一样，关系的显著性由卡方检验决定。

采用列联系数或克雷默的 V 系数的要求

为了正确应用列联系数或克雷默的 V 系数，我们必须了解下列要求：

（1）定类数据。只能用于频数数据。这些数据可以 2×2 的表或更大的表的形式呈现。对于非对称表，克雷默的 V 系数更适合。

（2）随机抽样。为了检验列联系数的显著性，样本成员必须是从一个大的总体中被随机抽取的。

462 深入讨论

在第 10 章里，我们讨论了偏相关系数，当控制了第三个变量时，两个变量之间的关系会发生巨大的变化。基于交互表的非参数的相关系数同样也会因引入了第三个因素而发生变化。当一位智者说

“事情不会总如它们乍看上去那样”时，他已经意识到了这一点。一位社会心理学家最近通过对观看肥皂剧的一个很小的研究获取了一些经验。

在春假期间，这位教授花费了大量的时间观看肥皂剧。尽管沉浸于剧情中，但他仍然保持着学者的视野。在看剧的过程中，他注意到节目中存在着明确的反堕胎的倾向。尽管剧中的角色确实进行了堕胎，但她们通常会因这样的选择而受到身体的、情感的或社会的惩罚。出于研究者的本能，这位教授设计了一个研究，以检验看肥皂剧与反对堕胎是否相关。

这位社会心理学家通过随机抽取电话号码的方法对200名被访者进行了电话调查。在诸多问题中，被访者们被询问是否有规律地看肥皂剧以及是否赞成必要的堕胎。由于这位教授把看肥皂剧当作自变量，所以在列联表中他采用了列百分比（表12-11）。

表12-11　对于堕胎的态度与看肥皂剧的状态的交互表

对堕胎的态度	看肥皂剧的状态		
	是	否	总计
赞成	32 46%	68 52%	100 50%
反对	38 54%	62 48%	100 50%
总计	70 100%	130 100%	200 100%

这位教授对于结果并不感到奇怪，因为结果支持了看肥皂剧将会导致对堕胎的负面态度的假设。他发现看肥皂剧的人中反对堕胎的比例（54%）比不看肥皂剧的人中反对堕胎的比例（48%）要高。如你所预计的，我们的故事并没有在此结束。这位教授接下来想搞清楚看肥皂剧与对堕胎的态度之间的关系在男性与女性中是否是一样的。所以，在交互表中，他把男性与女性分开了。表12-12被称作3因素交互表，即频数表同时牵涉3个变量。具体而言，它是在控制了性别的情况下显示看肥皂剧与对堕胎的态度的关系。通过这种方法，我们知道在两个子表内性别是不变的。左边的子表只包含女性，而右边的子表只包含男性（之所以被叫作子表，是因为它们是通过将整个表按照性别划分而获得的）。

表12-12　控制了性别的对于堕胎的态度与看肥皂剧的状态的交互表 463

女性				男性			
对堕胎的态度	看肥皂剧的状态			对堕胎的态度	看肥皂剧的状态		
	是	否	总计		是	否	总计
赞成	20 40%	20 40%	40 40%	赞成	12 60%	48 60%	60 60%
反对	30 60%	30 60%	60 60%	反对	8 40%	32 40%	40 40%
总计	50 100%	50 100%	100 100%	总计	20 100%	80 100%	100 100%

这是一个深入的过程。它通过控制或固定一个或一些可能有影响的变量，来更深入地探查自变量与因变量之间的关系。通过将男性与女性分开，我们深化了最初忽略性别而得到的发现。

表 12－12 中的结果，由于控制了性别，明显地不同于表 12－11。在女性当中，看肥皂剧与不看肥皂剧的人对于堕胎的态度并没有明显的差别：两个群体中都有 40％的人支持必要的堕胎。在男性当中，看肥皂剧与不看肥皂剧的人对于堕胎的态度也并没有明显的差别：两个群体中都有 60％的人支持必要的堕胎。

我们现在获得了一个非常奇怪的结果。看肥皂剧与对堕胎的态度之间在男性或女性被调查者内部实际上是并不相关的。但是，当我们将这两个群体合并起来后（如表 12－11），看肥皂剧的人却比不看肥皂剧的人更倾向于反对堕胎。

如表 12－11 所示的，看肥皂剧与对堕胎的态度之间的关系被称作虚假相关（非本质的）。即，看肥皂剧并不影响对堕胎的态度，而对堕胎的态度也不会影响个人看电视的习惯。相反，这两个变量都受另一个共同因素——被访者的性别的影响。

首先，女性比男性更倾向于看肥皂剧：在表 12－12 的子表的列边缘分布中，我们看到 100 名女性中有 50 名（50％）、100 名男性中有 20 名（20％）看肥皂剧。其次，女性比男性更少地支持堕胎：按照行边缘分布，40％的女性和 60％的男性支持必要的堕胎。因此，看上去好像是看肥皂剧的人比不看肥皂剧的人更倾向于反对堕胎，但这只是因为看肥皂剧的人和反对堕胎的人都倾向于是女性，非肥皂剧观众和支持堕胎者都倾向于是男性。总之，看肥皂剧与反对堕胎之间的关系基于被调查者的性别，因而是虚假相关的，当我们如表 12－12 一样引入性别作为控制变量时，如表 12－11 一样的两个变量之间的原始关系就被揭示出来了。

由于当性别被控制的时候，看肥皂剧与对堕胎的态度之间的相关关系就消失了，因此你可能会形成我们在玩数字花招，或者说在变统计戏法的印象。如果是这样的话，那么你只对了一半。我们承认
464 表 12－11和表 12－12 的数据是专门设计来演示一个完美的虚假相关关系的。但我们毕竟应该了解可能存在改变两个变量间初始相关关系的因素的可能性。在现实的数据中，虽然相关关系不会完全地消失，但它们确实会发生明显的改变。

▶ 小结

正如我们在第 9 章中看到的显著性检验，当关于正态分布或定距测量的假设不合适时，可以使用非参数检验来代替 t 检验和 F 检验。同样，当皮尔逊相关系数的要求不能被满足时，非参数替代方案对试图测量两个变量之间相关程度的社会研究者来说就变得具有吸引力了，特别是当两个变量不是在定距等级上被测量的或者有大量非正态的数据时。为了确定两个定序等级变量的相关系数，研究者可以应用斯皮尔曼等级相关系数（r_s）。要使用这个相关性的测量指标，变量 X 和 Y 必须按序排列。当定序变量以交互表的形式呈现以及存在排序打结时，古德曼和克鲁斯凯的 γ 系数（G）是非常有用的相关系数。以交互表的形式呈现的定类等级的变量，可以使用第 9 章中的一些非参数相关性检验和卡方检验的扩展。具体来说，φ 系数可以被用来测量 2×2 交互表中相关性的强度。列联系数 C 和克雷默的 V 系数则可以被用于测量大于 2×2 的表；其中，当行数和列数不相等时，克雷默的 V 系数更适用。最后，我们还介绍了当控制了第三个变量时，对两个变量在交互表中所体现的关系的变化进行深入分析的逻辑。

▶ 重要术语

Spearman's rank-order correlation coefficient	斯皮尔曼等级相关系数
Contingency coefficient	列联系数
Goodman's and Kruskal's gamma	古德曼和克鲁斯凯的 γ 系数
Cramér's V	克雷默的 V 系数
Phi coefficient	φ 系数
Elaboration	深入分析

▶ 课后习题

1. 当皮尔逊相关系数的条件不能满足时，我们可以采用：
   a. t 检验　　b. 相关性的参数测量
   c. 相关性的非参数测量　　d. 以上都不是
2. 为什么我们要检验等级相关系数、G 系数、列联系数的显著性？
   a. 为了测量它们的强度
   b. 为了测量它们的方向
   c. 为了确定能否将它们推广到从中抽取样本的总体中去
   d. 为了确定我们是否真的满足了进行检验的条件
3. φ 系数和列联系数是哪一种检验的扩展？ 465
   a. 皮尔逊相关系数　　b. 斯皮尔曼等级相关系数
   c. 卡方检验　　d. γ 系数
4. 要使用斯皮尔曼等级相关系数，数据必须满足：
   a. 在定距等级上被测量　　b. 在定类等级上被测量
   c. 正态分布　　d. 按某种特性的程度排序
5. 对于斯皮尔曼等级相关系数，如果两个（或更多）位置打结（排序相同），你必须这样调整数据：
   a. 用方差分布除以样本容量计算“差异”
   b. 把打结的秩相加，然后除以打结的数量来计算平均秩
   c. 给列表中第一个出现的秩更高的排名，给第二个出现的秩较低的排名
   d. 对打结的取值都给予相同的、可能的最高排序
6. 为了检验斯皮尔曼等级相关系数（r_s）在样本量大于 30 时的统计显著性，我们会计算：
   a. z 统计量　　b. t 统计量　　c. χ^2 统计量　　d. F 统计量
7. 古德曼和克鲁斯凯的 γ 系数用于：
   a. 样本量小，并且收集了定距数据　　b. 样本量小，并且收集了定序数据
   c. 定序数据中有大量打结的秩　　d. 定类数据中有大量打结的秩

8. 下面是 5 名学生在一次考试中的完成时间的排序（1＝第一个完成，2＝第二个完成，以此类推）以及老师给的考试分数。检验成绩（X）与考试用时（Y）之间不相关的零假设（即，计算等级相关系数并指出其是否是显著的）。

X	**Y**
53	1
91	2
70	3
85	4
91	5

9. 在第 10 章里，我们提供了 10 名学生的家距学校的距离（X）以及加入俱乐部的数量（Y）的数据，并计算了其皮尔逊相关系数。其中一名学生（戴维）以前住在距学校 10 英里的地方，现在搬家到
466 距学校 17 英里的地方。由于这个极端值造成的偏斜，皮尔逊相关系数会被极大地扭曲。因此，作为替代，计算以下数据的斯皮尔曼等级相关系数，并指出它是否是显著的。

	家距学校的距离（英里）	**加入俱乐部的数量**
李（Lee）	4	3
朗达（Rhonda）	2	1
杰斯（Jess）	7	5
伊夫林（Evelyn）	1	2
穆罕默德（Mohammed）	4	1
史蒂夫（Steve）	6	1
乔治（George）	9	9
胡安（Juan）	7	6
希（Chi）	7	5
戴维（David）	17	8

10. 一位医学社会学家调查了疾病的严重程度（X）与留院时间（Y）之间的关系。他随机抽取了 8 名病人，对他们的疾病的严重程度进行了排序，并确定了他们的留院时间。其结果如下：

病人	**X**	**Y**
A	6	12
B	4	19
C	1	18
D	8	3
E	3	21
F	2	21
G	7	5
H	5	10

计算等级相关系数，并指出 X 与 Y 之间的关系是否是显著的。

11. 一位人口学家有兴趣研究人口密度（X）与生活质量（Y）之间的关系。在对 10 个主要城市的这两个变量进行排序后，他得到了以下结果：

城市	X	Y
A	8	2
B	1	7
C	3	8
D	7	1
E	4	5
F	10	3
G	2	10
H	5	6
I	6	9
J	9	4

计算等级相关系数，并指出 X 与 Y 之间的关系是否是显著的。 467

12. 一位研究者对政治参与（X）与受教育年限（Y）之间的关系很感兴趣。他从 18 岁以上的人群中随机抽取样本，对他们的政治参与程度进行了排序，并确定了他们的受教育年限。他得到了以下结果：

受访者	X	Y
A	5	16
B	9	9
C	1	20
D	4	15
E	6	8
F	2	17
G	8	15
H	3	18
I	7	7

计算等级相关系数，并指出 X 与 Y 之间的关系是否是显著的。

13. 一位心理学教授决定在每节课开始时做一个测验，希望能鼓励学生阅读指定材料。然而，在进行了几次测试之后，她开始怀疑，她的测试是真的能将阅读过指定材料的学生与没有阅读过指定材料的学生区分开来，还是仅仅在惩罚那些阅读了指定材料却不理解的学生。为了找出答案，她要求学生在测验上写下他们花了多少时间阅读指定材料。然后，她根据阅读指定材料的时间（X）和测试成绩（Y）对他们进行排名，结果如下：

学生	X	Y
A	3	6
B	7	11
C	2	1

续表

学生	X	Y
D	10	8
E	8	12
F	1	4
G	9	10
H	11	7
I	4	5
J	12	9
K	5	2
L	6	3

计算等级相关系数，并指出 X 与 Y 之间的关系是否是显著的。

468 14. 一位社会工作者注意到，她的一些最焦虑的客户经常在见她的时候拿着咖啡杯。为了弄清楚他们的焦虑程度（X）是否与他们的咖啡因摄入量（Y）有关，她随机抽取了 10 名客户，并在这两个变量上对他们进行了排序。研究结果如下：

客户	X	Y
A	4	3
B	1	2
C	5	6
D	10	9
E	8	10
F	2	4
G	9	8
H	3	1
I	7	7
J	6	5

计算等级相关系数，并指出 X 与 Y 之间的关系是否是显著的。

15. 某电视网制作人担心，对性暴力的敏感度可能会对节目收视率产生负面影响，所以他根据观众数量对该电视网的节目收视率进行了排名，然后制作了一个量表来对观众对性暴力的敏感度进行排序。检验对性暴力的敏感度与节目收视率排名无关的零假设。

节目收视率排名	对性暴力的敏感度
1	5
5	8
9	2

续表

节目收视率排名	对性暴力的敏感度
4	4
8	1
6	6
7	7
2	3
3	9

16. 一位准妈妈正在寻找最好的医院来帮她生产。她看了一份根据无并发症分娩的总人数对医院进行的排名。作为一个眼光敏锐的人，她也想确保医院有最好的产后护理病房。

利用以下数据，检验无并发症分娩人数排名与产后护理排名相关的假设。 469

无并发症分娩人数排名	产后护理排名
12	11
5	5
7	6
10	9
8	7
11	8
1	2
9	10
13	13
6	12
2	1
4	3
3	4

17. 一位社会学家对慈善事业和公民社会很感兴趣，因此她以 7 位富有的捐赠者为样本，研究了捐赠金钱与捐赠时间之间的关系。因为她担心人们可能更倾向于捐钱而不是时间，所以她将这 7 位慈善家按照他们捐赠给慈善机构的金钱的数量进行排序，然后根据他们为慈善机构做义工的时间长短对他们进行排序。使用她的数据，检验这两个变量无关的零假设。

捐赠金钱	捐赠时间
1	7
2	5
3	6
4	4
5	1
6	2
7	3

18. 一位社会工作者对髋关节置换康复计划的难度与该计划完成后患者的满意度之间的关系感兴趣。
470 根据 64 名患者的样本，使用下面的交互表，计算 γ 系数，以确定康复计划难度（X）与完成后的满意度（Y）之间的关系，并指出这种关系是否显著。关于这两个变量，你能得出什么结论？

完成后的满意度	康复计划难度		
	困难	适中	简单
非常满意	11	4	10
满意	7	7	3
不满意	14	6	2

19. 一位有兴趣研究社会阶层与读书数量之间关系的社会学家调查了一个由社会经济背景不同的 105 名儿童组成的样本，询问他们去年在校外一共读了多少本书。请利用以下数据，计算社会经济背景（X）和读书的数量（Y）的 γ 系数，以确定相关性的程度，并指出这种关系是否显著。

读书的数量	社会经济背景			
	下	中下	中上	上
没有	15	12	6	5
一本	12	8	10	8
超过一本	4	6	9	10

20. 一位研究者有兴趣研究工作满意度与上班时间的长短是否相关。他访问了某家公司的 185 名雇员，调查了他们的上班时间（X）以及工作满意度（Y）。请利用以下数据，计算上班时间和工作满意度的 γ 系数，并指出 X 与 Y 之间的关系是否显著。

工作满意度	上班时间（分钟）			
	60 及以上	30～59	15～29	15 以下
非常满意	8	12	25	22
一般满意	9	20	23	11
不满意	13	18	17	7
		$N=185$		

471 21. 下面的 96 名学生被按照他们的酒精消费量（X）和日大麻使用量（Y）进行了排序。请利用以下数据，计算酒精消费量和日大麻使用量的 γ 系数，并指出 X 与 Y 之间的关系是否显著。

日大麻使用量	酒精消费量		
	高	中	低
高	5	7	20
中	10	8	15
低	15	6	10
		$N=96$	

22. 一位研究者有兴趣确定妻子和丈夫的政党归属间的相关性。对于下面的交互表，计算卡方和 φ 系数，并指出是否具有显著性。

丈夫的政党归属	妻子的政党归属	
	民主党	共和党
民主党	24	6
共和党	8	22

23. 一位研究者对种族如何影响美国人对种族主义的看法很感兴趣，所以他选取了 120 名黑人或白人作为样本，询问他们是否认为种族歧视在美国仍然是一个问题。请利用以下数据，构造一个卡方分布并确定 φ 系数。

种族	是否认为种族歧视在美国仍然是一个问题	
	是	否
黑人	48	11
白人	24	37

24. 一位对政治社会学感兴趣的研究生偶然发现了一项研究，该研究认为，一个地区某些类型的自然资源的存在可能会导致不同形式的政治暴力。为了验证这一假设，她研究了 119 个发生族群间冲突的不同地区，并创建了一个交互表，指出了三种主要的自然资源——石油、钻石和钶钽铁矿（一种被用于大多数主要电子设备的珍贵矿物）——以及三种可能的冲突类型：族群冲突、州内冲突和州际冲突。请利用以下数据，计算列联系数和克雷默的 V 系数，并指出是否具有显著性。 472

冲突类型	自然资源		
	石油	钻石	钶钽铁矿
族群冲突	9	16	7
州内冲突	3	30	13
州际冲突	31	6	4

25. 一个好奇的研究生想要确定成功的竞选资金筹集与选举中的政治成功之间的关系程度。以下交互表显示了她收集到的关于资金筹集和政治成功的数据：

资金筹集	政治成功		
	高	中	低
高	12	4	2
中	6	6	4
低	1	2	9

计算列联系数，并确定是否具有显著性。

26. 一位研究者有兴趣确定妻子和丈夫的政治倾向的相关性。对于下面的交互表，计算列联系数，并确定是否具有显著性。

丈夫的政治倾向	妻子的政治倾向		
	自由	中间	保守
自由	10	6	4
中间	7	11	5
保守	3	5	9

473 27. 一位医学社会学家对被视作危险的行为之间有什么关系感到好奇。他收集了 162 名病人的使用安全带和吸烟的记录。对于下面的交互表，计算克雷默的 V 系数，并确定是否具有显著性。

安全带的使用	是否吸烟	
	吸烟	不吸烟
总是	10	32
通常	30	26
很少	46	18

28. 为了收集性别歧视的证据，一位大学教授的样本按照学术级别和性别进行了分类。对于下面的交互表，计算克雷默的 V 系数，并确定是否具有显著性。

学术级别	性别	
	男性	女性
教授	8	2
副教授	10	6
助理教授	25	20

29. 出生顺序会影响孩子对父母的顺从性吗？对于下面的交互表，计算克雷默的 V 系数，并确定是否具有显著性。

出生顺序	顺从性	
	顺从	不顺从
第一个孩子	11	14
第二个孩子	15	12
第三个孩子	17	20

30. 一名研究者收集了 198 人的政治倾向数据，以及他们是否支持恢复攻击性武器禁令。对于下面的交互表，计算克雷默的 V 系数，并确定是否具有显著性。

政治倾向	是否支持恢复攻击性武器禁令	
	是	否
自由	56	7
中间	33	28
保守	11	63

31. 为了了解较富裕的女性是否比较贫穷的女性更倾向于剖宫产，近期一项针对母亲的抽样调查 474
按照社会经济地位和她们是否通过剖宫产生产进行了分类。对于下面的交互表，计算克雷默的 V 系数，并确定是否具有显著性。

社会经济地位	是否通过剖宫产生产	
	是	否
高	14	8
中	9	12
低	3	23

▶ 上机练习

1. 利用 SPSS 分析综合社会调查数据，考察受访者对患者医疗费用援助（HELPSICK）的态度是否与他们对穷人医疗费用援助（HELPPOOR）的态度相关。利用斯皮尔曼等级相关系数检验零假设。提示：要获得斯皮尔曼等级相关系数，点击 ANALYZE、CORRELATE、BIVARIATE，并选中斯皮尔曼（Spearman）的复选框［要获得较少的输出，请不要选中"皮尔逊（Pearson）"］。

2. 一位研究者想知道人们是否会根据情况对堕胎问题给出不同的答案。特别是，她想知道当问题是在被强奸后堕胎（ABRAPE）或在任何情况下堕胎（ABANY）时，人们的答案是否会不同。使用综合社会调查数据，计算列联系数以检验人们关于在被强奸后堕胎和在任何情况下堕胎的回答没有区别的零假设。提示：列联系数在交互表中是可选的统计量。

3. 一位研究者怀疑，政治观点（POLVIEWS）与对国家对外援助（NATAID），军事、军备和国防（NATARMS）以及儿童保育援助（NATCHLD）等问题的支持态度可能存在关联。用综合社会调查数据来检验她是否正确。使用 γ 系数检验政治观点与其他变量之间没有关系的零假设。提示：γ 系数在交互表中是可选的统计量。

4. 综合社会调查包括了关于美国人晚上可能进行的活动的一系列问题。使用 γ 系数检验不同的夜间活动（SOCBAR、SOCOMMUN、SOCFREND、SOCREL）之间没有关系的零假设。

5. 男性比女性更有可能注射过毒品吗？计算 φ 系数来检验注射过毒品（EVIDU）与性别（SEX）之间没有关系的零假设。提示：φ 系数在交互表中是可选的统计量。

6. 利用综合社会调查数据计算克雷默的 V 系数，检验关于大麻是否应合法（GRASS）的观点并不因婚姻状况（MARITAL）不同而不同的零假设。提示：φ 系数和克雷默的 V 系数在 SPSS 中在相同的地方。将你对这个问题的回答与对第 9 章上机练习题 1 的回答进行比较。

详细演示　相关性的测量 475

在本书的上一部分，我们讨论了对组间差异性的检验。例如，通过对比例的 z 检验，我们检验了学生吸烟的分性别的百分比。通过 t 检验和方差分析，我们估测了分性别和种族的平均吸烟和饮酒水平的差异。通过卡方检验，我们也检验了吸烟者中的组间百分比的差异（种族以及父母是否吸烟）。在本书的最后一部分，我们集中确定变量间相关性的程度，而非组间的差异。

让我们看一下吸烟与饮酒水平之间的相关性。这两种消费形式是否有某种程度的关联呢？从下面的吸烟和饮酒的散点图中我们可以看出这两个变量相关的趋势。对于很少饮酒的学生来说，那些点倾向于集中在很少吸烟的这一端。对于那些经常饮酒的学生来说，那些点散布在广泛的吸烟水平上，尤其集中在高端。这两个变量的皮尔逊相关系数 $r=+0.34$，呈中度正相关。在 $N=155$ 的情况下（只包括吸烟者），相关性是显著的（$t=4.47$，自由度为 153）。因此，对于总体而言，我们得出的结论是饮酒的学生也倾向于吸烟。

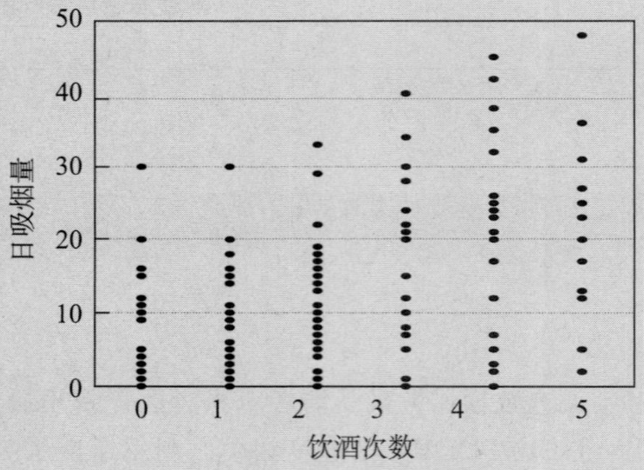

下一步，我们考虑饮酒与年龄间的关系。按照法律，这些学生中不应有人饮酒，但很清楚的是，他们中有一些已经饮酒了。是否接近于合法饮酒年龄的学生比年龄小的学生更倾向于经常饮酒呢？如$r=+0.62$ 的相关系数所显示的，年龄大的学生更倾向于饮酒。由于这个相关性是显著的（$t=12.44$，自由度为 248），因此我们可以得出年龄与饮酒之间在学生总体中相关的结论。

最后，我们转到对体育运动的参与与吸烟之间的相关性。我们以以下交互表的形式呈现数据，并计算克雷默的 V 系数——一种为非方表设计的相关性的测量指标。不同于年龄和饮酒的关系，在体育运动和吸烟的关系中很难确定哪个变量是自变量，哪个变量是因变量。到底是参加体育运动的人更不可能吸烟，还是吸烟的人更少参加体育运动？这个问题通过当前的方法是不可能被解决的（尽管有更高级的技术和研究设计有可能解决这个问题）。

参加体育运动	是否吸烟	
	吸烟	不吸烟
很频繁	8	35
经常	48	39
很少	65	16
从不	34	5

注：$\chi^2=58.0$，自由度$=3$（显著），克雷默的 V 系数$=0.48$。

第五部分 统计应用

第13章 针对研究问题选择统计方法 479

研究情境　　解决方案

从早期阶段的描述统计到社会科学数据统计分析最常用的一些技术，本书的各个章节无疑是一段漫长的，有时甚至是艰难的旅程。在第 1 章中，我们试图提供一个路线图来说明在这个过程中你将遇到的主要主题。在这最后一站，回顾一下这次旅行的亮点和你在旅途中学到的东西可能会有所帮助。

第 1 章介绍了有关变量的一些基本概念，它们是统计配方中使用的原料。最重要的是，变量有三种类型，这取决于测量的精度和复杂性。定类变量（例如，上周六晚上的约会是“看电影”“去俱乐部”还是“参加派对”）可以进行分类和计数。定序变量（例如，上周六晚上的约会是“极好”“很好”还是“不好”）同样可以进行分类和计数，但它们也可以从一个极端到另一个极端（例如，从最好到最差）进行排序。最后，定距变量（例如，上周六晚上的约会持续了多长时间）可以进行分类、计数、排序，并在固定的数字范围内得到分数（例如，以小时为单位的时长）。

第 2 章给出了变量的制表和制图方法——作为总结和描述变量分布的第一步。频率分布和饼图或条形图帮助我们更清楚地了解我们的数据。例如，我们可以总结一下一组 40 个学生上周六晚上的约会经历——去看电影的百分比，或者对约会感到满意的百分比。分组频率分布也有助于将定距变量（如约会时长）总结成一些可管理的类别（例如，“2 小时以下”“2～4 小时”“4～6 小时”和“6 小时到通宵”）。频数多边形图也被用来探索一个分布的形状，例如，40 个约会时长的分数分布是趋于对称的还是偏态的。

在对变量的分布做了基本的总结后，第 3 章和第 4 章介绍了精确描述分布特征的方法。具体来说，测量集中趋势的三种方法，根据研究目的和测量水平，为“平均”提供了不同的视角。对于这 40 名学
生的约会经历，我们可以计算出（最常见的）约会类型的众数是“参加派对”。我们还可以确定约会质 480
量的中位数（或最中间的）是“很好”，以及约会时长的均值为 4.3 小时。

当然，分数的分布不仅仅是众数、中位数和均值。对可变性的测量（全距、方差和标准差）可被用来描述数据是如何散布在分布中心周围的。得出 40 名学生的平均约会时长为 4.3 小时只是故事的一半。当得知他们的约会时长是从 1.5 小时到 12.0 小时不等时，人们不禁会问他们相处得如何，在一起做了些什么。

第 5 章着重于正态曲线。它是一种特殊的分布形式（对称的钟形），大多数案例落在中间，少数案例落在高或低的极端或尾部。尽管它对于那些“在曲线上”被评分的人来说很熟悉，但实际上，拥有

这种正态分布的变量（如智商、SAT 分数、身高和体重）相当少。尽管如此，正态曲线在帮助我们从样本到总体进行推断方面仍然发挥着非常关键的作用。

第 6 章为我们如何从样本推广到总体提供了理论基础。例如，我们如何将 40 名学生的平均约会时长推广到整个学生群体——如果不是推广到全国范围内所有大学生的话。也许最重要的关于统计学的“真理”是，样本均值（如果案例足够多的话）是正态分布的，无论均值所依据的原始分数的分布如何。

40 名学生的样本也许产生了 4.3 小时的平均约会时长，而抽取的另一个同样包括 40 名学生的样本可能产生了更短的平均约会时长（如 4.1 小时）——如果其中没有“通宵”的话。或者另一个样本的均值可能是 4.8 小时。实际得到的样本均值在一定程度上取决于运气。

在实践中，我们在只抽取一个样本（例如，$N=40$）的情况下，对 40 名学生的所有可能的约会时长的样本均值（正态形状）使用抽样分布理论，来推断总体中的约会时长均值可能是怎样的。在实践中，我们使用样本均值及其标准误来构造一个区间，该区间代表 95%的所有可能的样本均值的范围。也就是说，我们可以在 95%的置信水平上得出结论，真实总体的均值是在约会时长样本均值的误差范围内的，例如，4.15～4.45 小时。第 6 章还提出了一种基于样本的估计总体比例的方法，例如，总体中所有周六晚上的约会类型为“看电影”的比例。

第 7 章介绍了在对两组进行比较的背景下检验假设的逻辑。例如，在周六晚上的约会中，是住校生还是走读生在外逗留的时间更长呢？我们也许可以在 0.05 的显著性水平上，检验总体中住校生和走读生的平均约会时长无差异的零假设。t 值提供了一种方法，用于确定独立抽取的 65 名住校生样本和 48 名走读生样本之间的平均约会时长的差异是否大到足以拒绝零假设的程度。我们可以得到住校生的
481 约会时长均值为 4.39 小时，走读生的约会时长均值为 4.13 小时；t 检验帮助我们评估样本均值差异（4.39 小时 − 4.13 小时 = 0.26 小时）是否只是抽样误差的结果。

第 7 章还提出了一种测试同一样本两次测量后均值之间的差异的方法。例如，我们可以比较 20 名学生第一次和第二次约会的平均约会时长，看看第二次约会的时长是否会变长。第 7 章还提出了一种测试组间比例差异的方法。例如，我们可以比较住校生和走读生的约会样本，以其包含“去俱乐部”的约会类型的百分比来检验零假设，即住校生和走读生在周六晚上去俱乐部约会的可能性方面没有总体差异。

第 8 章将均值比较的方法扩展到了多个组，即来自三个或更多总体的样本。通过方差分析，我们可以检验商科、理科、人文科学和社会科学专业的学生的平均约会时长是否相等。我们可以得到的样本均值分别为 4.4 小时、4.1 小时、4.3 小时和 4.8 小时。然后，我们检验这四组均值之间的变异性是否大于我们在总体均值相等的情况下的随机期望。

第 9 章介绍了非参数技术。虽然 t 检验和方差分析对数据的性质，特别是定距等级上的分数（如以小时为单位的约会时长）和分布的正态性做出了强有力的假设，但非参数方法侧重于计数或频率和百分比——所有类型的变量的基本特征。因此，非参数检验的适用范围更广，但其功能也更弱，也就是说，当零假设为假时，非参数检验拒绝零假设的能力更弱。

卡方检验用于对交互表数据进行分析。从本质上讲，卡方的焦点在于某个变量的频率分布是否与为其他变量所界定的组之间存在显著差异。例如，我们可以检验约会类型（看电影、去俱乐部或参加派对）是否因专业类型不同而不同。卡方检验能评估在交互表中观察到的频率是否与组间（专业类型）无差异的零假设下所预期的约会类型分布中的频率不同。

第 10 章将重点转移到测量变量之间的相关性。第 7～9 章集中讨论了由另一个变量定义的组之间某些变量的均值或比例的差异，第 10～12 章中提出的相关性测量方法考虑了两个变量相关的程度。

第 10 章介绍了皮尔逊相关系数对两个定距变量之间线性相关性的测量。皮尔逊相关系数检验了两个变量朝相同或相反方向移动的程度——一个变量的变化是否在统计学上倾向于与另一个变量的变化

相关联。例如，我们可以将学生的年龄与约会时长联系起来，以确定在周六晚上的约会中，是年龄大的学生还是年龄小的学生待在外面的时间更长。此外，第 11 章中阐述的回归分析，允许我们测量年龄（自变量）对约会时长（因变量）的影响。0.40 的斜率表明，在大学生中，年龄每增加一岁，约会时长会增加 0.4 小时（或 24 分钟）。

最后，第 12 章将测量相关性的方法扩展到定距等级以下的变量。斯皮尔曼等级相关系数专门用于比较两个定序变量的排序。例如，你可以根据受欢迎程度和约会时长对你的同学进行排序，并使用斯皮尔曼等级相关系数来检验它们之间的联系。受欢迎的学生会比不受欢迎的学生约会时长更长吗？此外，γ 系数（用于定序测量）和 φ 系数、列联系数和克雷默的 V 系数（用于定类测量）可被用于评估以交互表形式呈现的数据的相关性强度。 482

正如全书所一直强调的，每一种统计方法在其适用范围内都有一套假设。在选择统计方法的时候，每一个研究者都必须考虑下面的一些因素：

（1）研究者是要检验差异的统计显著性还是计算相关性的程度，抑或是两者都要。

（2）研究者所研究的变量是定类等级的、定序等级的，还是定距等级的。

（3）所研究的变量在从中抽样的总体中是否是正态分布的（并且，如果不是，样本容量是否足够大到可以放宽这一要求）。

本章提供了多种确定了上述条件的假想研究情境。你要从下面所列出的在本书的第三和第四部分提到的研究方法中针对每一个研究情境选取一种最合适的方法：

（1）t 检验。

（2）方差分析。

（3）卡方检验。

（4）中位数检验。

（5）曼-惠特尼 U 检验。

（6）克鲁斯凯-沃利斯检验。

（7）皮尔逊相关系数及回归。

（8）斯皮尔曼等级相关系数。

（9）古德曼和克鲁斯凯的 γ 系数。

（10）φ 系数。

（11）列联系数。

（12）克雷默的 V 系数。

表 13-1 列出了每一种方法在其适用范围内所必须考虑的重要条件。看一下表中的各列，我们所面临的第一个决定牵涉到选择何种统计方法：我们是要确定一种关系是否存在吗（第 7～9 章所讨论的显著性检验可以被用来确定所获得的样本差异是否真实地反映了总体差异）？或者，我们是要确定两个变量之间相关关系的强度或方向吗（这个关于相关性的问题可以通过第 10～12 章的统计方法来解决）？

表 13-1　选择合适的统计方法 483

测量水平	差异的检验（第 7～9 章）	相关性的测量（第 10～12 章）
定类变量	卡方检验（比较两个或更多样本的非参数检验）	φ 系数（2×2 的表的非参数检验） 列联系数、克雷默的 V 系数（大于 2×2 的表的非参数检验）

续表

测量水平	差异的检验（第 7～9 章）	相关性的测量（第 10～12 章）
定序变量	中位数检验（比较两个样本的非参数检验） 曼-惠特尼 U 检验（两组比较的非参数检验） 克鲁斯凯-沃利斯检验（两组比较的非参数检验）	斯皮尔曼等级相关系数（定序数据的非参数检验） 古德曼和克鲁斯凯的 γ 系数（交互表的非参数检验）
定距变量	t 检验（比较两个样本或同一个样本测量两次的参数检验） 方差分析（比较三个或更多样本的参数检验）	皮尔逊相关系数和回归（数值的参数检验）

表 13-1 的各行将关注点集中在变量的测量水平上。如果我们获得的是定距等级的变量，那么我们可能要考虑采用 t 检验、F 检验以及皮尔逊相关系数这样的参数检验。但是，如果我们所获得的是定类或定序等级的变量，那么我们的选择就局限在了几种非参数的统计方法上。最后，相关性的问题牵涉到不同测量等级的变量，此时应采用两个变量中较低测量水平的变量对应的相关性测量方法。例如，斯皮尔曼等级相关系数能用于测量定距和定序等级的变量的相关系数；克雷默的 V 系数则能用于测量定类或定序等级的变量的相关系数。

对于下面各种研究情境的解决方案可在本章的末尾找到。

研究情境

研究情境 1

一位研究者做了一个实验，以确定演讲者的年龄对学生听其演讲的意愿的影响。在一个班级中，20 名学生被告知管理方想了解他们对即将到来的演讲系列的偏好程度。具体地说，他们被要求对一位“即将访问校园”的教授进行评价。这位教授的基本情况被以同样的方式对学生进行了描述，除了以下方面：一半学生被告知这位教授为 65 岁，另一半学生被告知这位教授为 25 岁。然后所有的学生都被
484 要求给出他们听这位教授演讲的意愿（高分代表更高的意愿），其结果如表 13-2 所示：

表 13-2　20 名学生听这位教授演讲的意愿

X_1（被告知教授为 25 岁的学生的分数）	X_2（被告知教授为 65 岁的学生的分数）
6	9
3	2
4	9
8	4
9	8
9	5
8	5
9	6
9	2
7	1

你将采用哪一种统计方法来确定这两组学生听演讲的意愿的差异是否显著？

研究情境 2

一位研究者做了一个实验，以确定演讲者的年龄对学生听其演讲的意愿的影响。在一个班级中，30 名学生被告知管理方想了解他们对即将到来的演讲系列的偏好程度。具体地说，他们被要求对一位“即将访问校园”的教授进行评价。这位教授的基本情况被以同样的方式对学生进行了描述，除了以下方面：1/3 的学生被告知这位教授为 75 岁，1/3 的学生被告知这位教授为 50 岁，另外 1/3 的学生被告知这位教授为 25 岁。然后所有的学生都被要求给出他们听这位教授演讲的意愿（高分代表更高的意愿），其结果如表 13－3 所示：

表 13－3　30 名学生听这位教授演讲的意愿

X_1（被告知教授为 25 岁的学生的分数）	X_2（被告知教授为 50 岁的学生的分数）	X_3（被告知教授为 75 岁的学生的分数）
5	4	5
8	7	2
9	7	4
4	5	6
7	8	2
8	8	5
6	7	3
9	8	4
6	7	4
8	8	2

你将采用哪一种统计方法来确定这三组学生听演讲的意愿的差异是否显著？ 485

研究情境 3

为了调查拼写与阅读能力之间的关系，一位研究者对从本科生总体中随机抽取的 20 名学生进行了拼写和阅读能力测验。其结果如表 13－4 所示（得分越高代表能力越强）：

表 13－4　20 名学生的拼写和阅读得分

学生	X（拼写得分）	Y（阅读得分）
A	52	56
B	90	81
C	63	75
D	81	72
E	93	50
F	51	45
G	48	39
H	99	87

续表

学生	X (拼写得分)	Y (阅读得分)
I	85	59
J	57	56
K	60	69
L	77	78
M	96	69
N	62	57
O	28	35
P	43	47
Q	88	73
R	72	76
S	75	63
T	69	79

你将采用哪一种统计方法来确定拼写得分与阅读得分之间的相关程度?

研究情境 4

为了确定某个阅读能力测验的效度，研究者对一个由 20 名学生组成的，其阅读能力已经被其老师
486 事先评定了的学生样本进行了测验。测验得分和老师对每名学生的阅读能力的评级列于表 13-5 中：

表 13-5　20 名学生的阅读得分和老师评级

学生	X (阅读得分)	Y (老师评级)
A	28	18
B	50	17
C	92	1
D	85	6
E	76	5
F	69	10
G	42	11
H	53	12
I	80	3
J	91	2
K	73	4
L	74	9
M	14	20
N	29	19
O	86	7
P	73	8
Q	39	16
R	80	13
S	91	15
T	72	14

你将采用哪一种统计方法来确定阅读得分与老师评级之间的相关程度？

研究情境 5

为了调查为陌生人提供帮助的地区差异，一位研究者在美国的东北部、南部、中西部和西部地区的邮箱附近丢弃了 400 把钥匙（每一把钥匙都附上了邮票并标明了返还地址）。分地区的钥匙返还数（以此作为帮助的指标）如表 13－6 所示：

表 13－6　分地区的钥匙返还数

	地区			
	西部	东北部	南部	中西部
返还	55	69	82	61
未返还	45	31	18	39
总计	100	100	100	100

你将采用哪一种统计方法来确定地区差异在统计上是否是显著的？

研究情境 6

为了检验权威主义与偏见之间的关系，一位研究者对全美 950 名成年人样本施行了权威主义量表（*F* 量表）测量和偏见测量（一个包含加在非裔美国人身上的负面形容词的列表）。所获的结果为：在 500 名权威主义的被试中，350 名是有偏见的，150 名是宽容的。在 450 名非权威主义的被试中，125 名是有偏见的，325 名是宽容的。 487

你将采用哪一种统计方法来研究权威主义与偏见之间的相关程度？

研究情境 7

为了调查在校时间与平均绩点之间的关系，一位研究者调查了从某所大学的本科生总体中随机抽取的 186 名学生的学业记录。所获的结果如表 13－7 所示：

表 13－7　186 名学生的学业记录

平均绩点	在校时间			
	第一年	第二年	第三年	第四年
A－及以上	6	5	7	10
B－～B＋	10	16	19	18
C－～C＋	23	20	15	7
D＋及以下	15	7	6	2
总计	54	48	47	37

你将采用哪一种统计方法来确定在校时间与平均绩点之间的相关程度？

研究情境 8

为了调查挫折对攻击性的影响，10 名被试接受了一系列漫长而困难的考试（作为挫折情境）。他们在接受考试之前和之后都被要求指出五种与攻击性相关的陈述（例如，“如果某人挑衅我，我可能会打他”）在多大程度上适用于他们。研究者从“一点儿也不像我”到“完全像我”的5点量表中获得了表13-8中的结果（从5分到25分，得分越高代表攻击性越强）：

表13-8　10名被试在挫折性考试之前和之后的攻击性得分

被试	挫折性考试之前的攻击性得分	挫折性考试之后的攻击性得分
A	22	21
B	10	15
C	11	24
D	15	18
E	9	9
F	17	22
G	6	10
H	15	17
I	8	12
J	12	13

488 你将采用哪一种统计方法来确定在挫折性考试之前和之后的攻击性差异在统计上是否是显著的？

研究情境9

为了调查被调查者的职业地位与其主观社会阶层（即被调查者自身的社会阶层认同），677名被调查者被要求指出其自身的职业和其所属的社会阶层。在190名从事上等职业（专业、技术或管理人员）的被调查者中，56人认为自身属于上层，122人认为自身属于中层，12人认为自身属于下层；在221名从事中等职业（销售、秘书，以及熟练体力劳动者）的被调查者中，42人认为自身属于上层，163人认为自身属于中层，16人认为自身属于下层；在266名从事下等职业（半熟练或不熟练体力劳动者）的被调查者中，15人认为自身属于上层，202人认为自身属于中层，49人认为自身属于下层。

你将采用哪一种统计方法来确定职业地位与其主观社会阶层之间的相关程度？

研究情境10

为了调查大学毕业生的主修专业对其起薪的影响，研究者们了解了机械、文学艺术和商业管理专业最新一批毕业生第一份工作的情况。21名被调查者的起薪如表13-9所示：

表13-9　21名大学毕业生的起薪

机械	文学艺术	商业管理
$48 500	$35 000	$40 500
$42 300	$31 000	$38 000
$44 000	$35 000	$33 000
$39 500	$32 000	$34 300
$39 000	$30 500	$48 500
$38 500	$29 500	$50 000
$37 500	$38 000	$31 000

你将采用哪一种统计方法来确定不同专业的被调查者的起薪差异是否是显著的？ 489

研究情境 11

为了调查大学毕业生的主修专业对其起薪的影响，研究者们了解了文学艺术和商业管理专业最新一批毕业生第一份工作的情况。16 名被调查者的起薪如表 13－10 所示：

表 13－10 16 名大学毕业生的起薪

文学艺术	商业管理
$ 35 000	$ 40 500
$ 31 000	$ 38 000
$ 35 000	$ 33 000
$ 32 000	$ 34 300
$ 30 500	$ 48 500
$ 29 500	$ 50 000
$ 38 000	$ 31 000

你将采用哪一种统计方法来确定文学艺术专业与商业管理专业的毕业生的起薪差异是否是显著的？

研究情境 12

一位研究者做了一个实验，以确定演讲者的年龄对学生听其演讲的意愿的影响。在一个班级中，130 名学生被告知管理方想了解他们对即将到来的演讲系列的偏好程度。具体地说，他们被要求对一位“即将访问校园”的教授进行评价。这位教授的基本情况被以同样的方式对学生进行了描述，除了以下方面：一半学生被告知这位教授为 65 岁，另一半学生被告知这位教授为 25 岁。然后所有的学生都被要求给出他们听这位教授演讲的意愿。在被告知教授为 65 岁的学生中，22 人表示愿意听他的演讲，43 人表示不愿意；在被告知教授为 25 岁的学生中，38 人表示愿意听他的演讲，27 人表示不愿意。

你将采用哪一种统计方法来确定在不同组的学生之间听这位教授演讲的意愿的差异是否显著？

研究情境 13

为了研究教师的期望对学生的表现的影响，在告诉教师他的学生因智商高而都很有才能之前与之后 6 周，一个三年级班级的 15 名学生被施予了成就测验。事实上，学生们的实际智商代表了广泛的智 490
商水平，就像在大多数课堂上通常的样子，但是教师被引导去相信她有一个非常聪明的学生群体。学生成就得分如表 13－11 所示（得分越高代表成就越高）：

表 13－11 15 名学生的成就得分

学生	X_1（教师获得期望之前的学生成就得分）	X_2（教师获得期望之后的学生成就得分）
A	98	100
B	112	113
C	101	101

续表

学生	X_1 (教师获得期望之前的学生成就得分)	X_2 (教师获得期望之后的学生成就得分)
D	124	125
E	92	91
F	143	145
G	103	105
H	110	115
I	115	119
J	98	99
K	117	119
L	93	99
M	108	105
N	102	103
O	136	140

你将采用哪一种统计方法来确定在教师获得期望之前和之后的学生成就差异是否是显著的?

研究情境 14

为了调查邻里关系与参与志愿组织之间的关系，一位研究者对随机选取的 500 名公租屋租户进行了问卷调查，问题涉及他们与邻里共度的时间（邻里关系的强度为高度/中度/低度），以及他们参与的志愿组织的数目（对志愿组织高度/中度/低度参与）。问卷调查的结果如下：在 150 名邻里关系的强度为高度的房客中，60 人对志愿组织高度参与，50 人对志愿组织中度参与，40 人对志愿组织低度参与；在 180 名邻里关系的强度为中度的房客中，45 人对志愿组织高度参与，85 人对志愿组织中度参与，50 人对志愿组织低度参与；在 170 名邻里关系的强度为低度的房客中，40 人对志愿组织高度参与，50 人对志愿组织中度参与，80 人对志愿组织低度参与。你将采用哪一种统计方法来确定邻里关系与参与志愿组织之间的相关程度?

研究情境 15

为了确定特殊的标签对于教师对学生能力判断的影响，一位研究者要求由 40 名小学老师组成的样
491 本对一个要进入 6 年级的 11 岁女孩的学术潜力进行评价。每名老师都被提供了一份由一位“教育心理学家”提供的报告，这份报告以同样的内容描述了这个女孩，除了以下方面有所不同：1/4 的老师被告知这个女孩情绪不稳定，1/4 的老师被告知这个女孩有智力障碍，1/4 的老师被告知这个女孩学习无能，1/4 的老师则没有被告知特殊的标签。在阅读了报告之后，所有的老师都被要求完成一项 60 分的多项目评分量表，评估他们认为这个女孩的学业进展会有多成功（分数越高代表情况越乐观）。所获的分数如表 13－12 所示：

表 13-12　40 名小学老师的评分

X_1（情绪不稳定的标签下的评分）	X_2（有智力障碍的标签下的评分）	X_3（学习无能的标签下的评分）	X_4（无标签下的评分）
23	29	25	42
29	42	46	51
41	32	53	31
36	25	56	37
37	37	44	40
56	48	41	43
45	42	38	55
39	28	32	52
28	30	50	42
32	32	43	24

你将采用哪一种统计方法来确定不同组的老师对学生的评价的差异是否是显著的？

研究情境 16

作为测量与迁移到一个新的城市相关联的紧张感的间接方法，有人收集了特定地区在过去一年里迁入人口的百分比和抗酸剂的销量。在过去一年里，某些特定地区迁入人口的百分比和抗酸剂的销量排序如表 13-13 所示：

表 13-13　某些地区在过去一年里迁入人口的百分比和抗酸剂的销量排序

城市	X（在过去一年里迁入人口的百分比）	Y（抗酸剂的销量排序）
A	10	1
B	4	6
C	2	3
D	1	7
E	6	4
F	5	2
G	8	5

你将采用哪一种统计方法来确定在过去一年里迁入人口的百分比与抗酸剂的销量的相关程度？ 492

研究情境 17

为了研究男女大学生的闲聊，一位研究者坐在校园的中心区无干扰地倾听学生间的闲聊。这位研究者可以把学生间的闲聊的基调归结为负面的（对第三者的不利评论）、正面的（对第三者的有利评论）和中性的。最终的结果如下：在 125 次女学生间的闲聊中，40 次是正面的，36 次是负面的，49 次是中性的；在 110 次男学生间的闲聊中，36 次是正面的，32 次是负面的，42 次是中性的。

你将采用哪一种统计方法来确定男女大学生闲聊的基调之间的差异是否是统计上显著的？

研究情境 18

为了调查音乐类别偏好与食物类别偏好之间的关系，包含 331 人的随机样本被询问了他们最喜欢哪类音乐（古典、爵士、摇滚）和哪个国家（中国、法国、意大利）的食物。在 80 名喜好古典音乐的人中，8 人喜欢中国菜，52 人喜欢法国菜，20 人喜欢意大利菜。在 112 名喜好爵士音乐的人中，55 人喜欢中国菜，18 人喜欢法国菜，39 人喜欢意大利菜。在 139 名喜好摇滚音乐的人中，47 人喜欢中国菜，8 人喜欢法国菜，84 人喜欢意大利菜。

你将采用哪一种统计方法来确定被调查者的音乐类别偏好与食物类别偏好之间的相关程度？

研究情境 19

一位对单身男性比例与强奸率之间的关系有兴趣的研究者收集了以下 8 个城市在一年内的强奸率（每 100 000 人中强奸案的发生频数）和总体中单身男性比例的数据（见表 13－14）：

表 13－14　8 个城市在一年内的强奸率和总体中单身男性比例

城市	单身男性比例	强奸率
A	29	55
B	26	40
C	19	37
D	27	34
E	30	48
F	31	42
G	16	31
H	24	51

493 你将采用哪一种统计方法来确定这 8 个城市的强奸率与单身男性比例之间的相关程度？

研究情境 20

为了研究班级大小对于学生对课程的评价的影响，一位研究者随机地将 20 名大学生分派到由同一名老师上的同一门课程的两个班级中：一个是大班（50 人以上），一个是小班（25 人以下）。在学期末，研究者得到了表 13－15 中的对课程的评价（以 4 点量表计分，1 分代表很差，4 分代表很好）：

表 13－15　20 名大学生对课程的评分

大班	小班
3	5
3	2
1	3
4	3
2	4
1	5
2	3
3	3
5	3
3	4

你将采用哪一种统计方法来确定在大班与小班之间存在的对课程的评价的差异是否是显著的？

研究情境 21

一位研究者有兴趣研究失范——一个社会体系里的规范缺失或被破坏——的影响。她收集了 5 个高度失范、5 个中度失范、5 个低度失范的城市的自杀率数据（每 100 000 人口中自杀的数量），其结果如表 13－16 所示：

表 13－16　15 个城市的自杀率

高度失范	中度失范	低度失范
19.2	15.6	8.2
17.7	20.1	10.9
22.6	11.5	11.8
18.3	13.4	7.7
25.2	14.9	8.3

你将采用哪一种统计方法来确定不同失范水平下的自杀率是否存在显著的差异？ 494

研究情境 22

一位研究者进行了一个检验年龄对贫困状态的影响的研究。具体地说，她想要比较在贫困线以下的老年人（65 岁及以上）、中年人、青年人以及儿童的数量。她所获得的结果如下：在 200 名老年人中，36 人生活在贫困线以下；在 350 名中年人中，50 人生活在贫困线以下；在 240 名青年人中，40 人生活在贫困线以下；在 250 名儿童中，51 人生活在贫困线以下。

你将采用哪一种统计方法来确定不同年龄组的贫困水平之间是否存在显著的差异？

研究情境 23

在一个对生理健康状况与心理健康状况之间关系的研究中，由 250 名病人组成的随机样本被询问了他们的抑郁症症状（如失眠、注意力不集中、自杀想法），并接受了生理检验以揭示他们是否存在生理疾病（如高血压、心电图异常、高胆固醇）。在 100 名被归为“生理健康状况优秀”的病人中，只有 5 人表现出抑郁症的症状；在 110 名被归为“生理健康状况良好”的病人中，有 14 人表现出抑郁症的症状；在 40 名被归为“生理健康状况较差”的病人中，有 20 人表现出抑郁症的症状。

你将采用哪一种统计方法来确定抑郁症与生理疾病之间的相关程度？

研究情境 24

在一个对性别与生理健康状况之间关系的研究中，由 200 名病人——100 名男性和 100 名女性——组成的随机样本被进行了生理检验，以揭示他们是否存在生理疾病（如高血压、心电图异常、高胆固醇）。在 100 名男性中，37 人被归为“生理健康状况优秀”，43 人被归为“生理健康状况良好”，20 人被归为“生理健康状况较差”。在 100 名女性中，52 人被归为“生理健康状况优秀”，35 人被归为“生理健康状况良好”，13 人被归为“生理健康状况较差”。

你将采用哪一种统计方法来确定性别与生理疾病之间的相关程度？

研究情境 25

在辛普森案审判结束之后，民意调查专家调查了美国的白人和黑人，询问他们是否同意陪审团的裁决。在类似研究中，一位研究者询问了 150 名被调查者——75 名白人、75 名黑人——认为辛普森是有罪的还是无罪的。他发现有 51 名白人以及只有 25 名黑人同意陪审团的有罪裁决。

你将采用哪一种统计方法来确定美国的白人和黑人在对陪审团的裁决同意与否上的差异是否显著？

495

研究情境 26

在一个对生理与心理健康之间关系的研究中，由 15 名病人组成的随机样本被询问了他们的抑郁症症状（如失眠、注意力不集中、自杀想法），并接受了生理检验以揭示他们是否存在生理疾病（如高血压、心电图异常、高胆固醇）。所有的病人都被按照一个分数范围为 0～5 的抑郁症鉴定表进行了打分，打分取决于该病人表现出了多少抑郁症症状。同时，所有的病人也都被按照一个分数范围为 1～10 的生理疾病表进行了打分，打分代表了该病人在体检中的表现（分数越高代表越不健康），结果如表 13 - 17 所示：

表 13 - 17　15 名病人的抑郁和生理疾病得分

病人	抑郁	生理疾病
A	2	0
B	0	2
C	5	7
D	1	1
E	3	8
F	0	2
G	1	3
H	2	5
I	2	3
J	0	2
K	4	5
L	1	5
M	3	6
N	1	3
O	2	3

你将采用哪一种统计方法来确定抑郁症与生理疾病之间的相关程度？

研究情境 27

为了调查种族或民族是否会对宗教虔诚度产生影响，一组研究者随机抽取了一些受访者，对他们进行了一系列调查，包括他们参加宗教仪式的频率和祈祷的频率。在收集了这些数据之后，研究者利用这些回答建立了一个得分范围为 1～7 的宗教虔诚度量表，其中 7 分表示最虔诚。在使用此量表对受访者的宗教虔诚度进行评分后，研究者得到的结果如表 13 - 18 所示：

表 13-18 受访者的宗教虔诚度得分		
黑人	白人	拉美裔
3	5	7
5	2	3
1	6	2
7	4	6
	4	5
	7	
	2	

你将采用哪一种统计方法来确定这几组受访者之间是否在宗教虔诚度上存在显著的差异？ 496

研究情境 28

一名政治学研究生想知道，2012 年总统初选第一次辩论在多大程度上影响了人们对共和党总统候选人米特·罗姆尼（Mitt Romney）的支持。她随机挑选了一组独立选民，在第一次辩论之前，让他们对投票给罗姆尼的可能性从 1 到 9 打分（1＝肯定会，5＝尚未决定，9＝肯定不会）。样本中的选民在观看了第一次辩论后，会被再次问及同样的问题。研究结果如表 13－19 所示：

表 13-19

选民	X_1（在第一次辩论前的打分）	X_2（在第一次辩论后的打分）
A	2	4
B	5	8
C	1	1
D	7	9
E	2	1
F	5	5
G	9	7
H	3	8
I	5	2
J	9	9

你将采用哪一种统计方法来确定在第一次辩论之前和之后，选民对米特·罗姆尼的支持是否存在显著的差异？

研究情境 29

一组 250 名男性运动员在大型比赛前接受了一系列的药物和心理测试，其中 78 人类固醇检测呈阳性。在这 78 名运动员中，46 人被划定为“高攻击性”，21 人被划定为“中等攻击性”，42 人被划定为“低攻击性”。在 172 名类固醇检测未呈阳性的运动员中，34 人被划定为“高攻击性”，96 人被划定为“中等攻击性”，42 人被划定为“低攻击性”。

497 你将采用哪一种统计方法来确定类固醇的使用与攻击性之间的相关程度？

研究情境 30

在一项关于季节与抑郁之间的关系的研究中，一位加拿大研究者收集了过去一年中他所在城市的自杀人数的数据（包括完成和未遂），以及发生自杀事件当周的平均日照时间。研究结果如表 13－20 所示：

表 13－20　过去一年中的自杀人数和其当周的平均日照时间

平均日照时间	自杀人数
18	6
17	5
16	9
15	11
14	13
13	12
12	15
11	18
10	24
9	35

你将采用哪一种统计方法来确定平均日照时间与自杀人数之间的相关程度？

研究情境 31

一位研究电视节目发展趋势的研究者挑选了 20 个新节目来研究节目类型与收视率之间的关系。其中 11 部是喜剧，9 部是戏剧[①]。在“黄金周”期间，所有节目的收视率排名（分数越低代表受欢迎程度越高）如表 13－21 所示：

表 13－21　20 个新节目的收视率排名

喜剧	戏剧
42	3
51	10
4	14
17	40
22	21
15	5
39	7
31	18
8	
13	
11	

498 你将采用哪一种统计方法来确定喜剧与戏剧之间在收视率上是否存在显著的差异？

① 表 13－21 中只有 8 部戏剧，原书如此。——译者注

研究情境 32

一位研究电视节目发展趋势的研究者挑选了 6 个游戏节目、6 个真人秀节目和 6 个选秀节目，以确定这些节目类型的相对受欢迎程度。在“黄金周”期间，所有节目的收视率排名（分数越低代表受欢迎程度越高）如表 13 - 22 所示：

表 13 - 22　18 个节目的收视率排名

游戏节目	真人秀节目	选秀节目
46	4	7
50	12	2
34	6	19
61	30	16
38	53	24
47	57	23

你将采用哪一种统计方法来确定这三种节目类型之间在收视率上是否存在显著的差异？

研究情境 33

为了研究住院患者在接受朋友和家人的频繁探望后，是否恢复得更快，一组研究者随机抽取了包含 160 名患者的样本，收集了他们的恢复速度和被探望次数的数据。表 13 - 23 为结果：

表 13 - 23

恢复速度	被探望次数			
	经常	有时	很少	从不
快	33	8	6	5
中等	12	25	11	3
慢	6	16	26	9
总计	51	49	43	17

你将采用哪一种统计方法来确定被探望次数与恢复速度之间的相关程度？

研究情境 34

一位研究者想知道，一个为期四周的公开演讲课程是否真的能帮助人们克服在观众面前演讲的焦
虑。在第一节课之前，她随机挑选了一组因焦虑问题而来上课的人，让他们按照自己对公开演讲的焦 499
虑程度在 1～10 的范围内进行打分。在最后一节课结束后，被调查者会再次被问及同样的问题。研究者获得的结果如表 13 - 24 所示（分数越高表明焦虑程度越高）：

表 13 - 24　9 名被调查者的焦虑程度分数

被调查者	第一节课之前的焦虑程度	最后一节课之后的焦虑程度
A	10	6
B	9	5

续表

被调查者	第一节课之前的焦虑程度	最后一节课之后的焦虑程度
C	10	8
D	7	3
E	9	5
F	8	6
G	10	6
H	9	4
I	10	7

你将采用哪一种统计方法来确定在公开演讲课程前后的焦虑程度是否存在显著的差异?

研究情境 35

一位婚姻顾问想知道，那些因不忠（丈夫、妻子或双方都有）而向她寻求帮助的夫妻是否比那些因不忠以外的原因向她寻求帮助的夫妻更容易离婚。她查阅了自己的档案，并从 90 对夫妻中随机抽取了以下数据（见表 13 - 25）：

表 13 - 25　90 对夫妻的数据

结果	婚姻咨询原因		
	不忠	不忠以外	总计
离婚	31	24	55
未离婚	17	18	35
总计	48	42	90

你将采用哪一种统计方法来确定两组夫妻的离婚率之间是否存在显著的差异?

解决方案

针对研究情境 1 的解决方案（t 检验）

研究情境 1 代表的是对两个独立的学生样本的分数进行比较。t 检验（第 7 章）被用于当数据为定
500 距等级时对两个均值进行比较。曼-惠特尼 U 检验（第 9 章）是一种当我们怀疑变量在总体中不是正态分布的，或者是变量不是在定距等级上被测量的时候替代的非参数统计方法。

针对研究情境 2 的解决方案（方差分析）

研究情境 2 代表的是对三个独立的学生样本的分数进行比较。F 检验（方差分析——第 8 章）被用于当数据为定距等级时对三个或三个以上的均值进行比较。中位数检验或克鲁斯凯-沃利斯检验（第 9 章）是一种当我们怀疑变量在总体中不是正态分布的，或者是变量不是在定距等级上被测量的时候替代的非参数统计方法。

针对研究情境 3 的解决方案（皮尔逊相关系数）

研究情境 3 是一个相关性问题，因为它询问的是变量 X（拼写得分）与变量 Y（阅读得分）之间的相关程度。当两个变量都是定距等级的变量时，皮尔逊相关系数（第 10 章）被用于探索变量 X 与变量 Y 之间的线性关系。如果变量 X 和变量 Y 在总体中不是正态分布的，那么我们可以考虑采用诸如斯皮尔曼等级相关系数（第 12 章）这样的非参数统计方法作为替代。

针对研究情境 4 的解决方案（斯皮尔曼等级相关系数）

研究情境 4 是一个相关性问题，它涉及的是变量 X（阅读得分）与变量 Y（老师评级）之间的相关程度。当两个变量都是定序等级的变量时，斯皮尔曼等级相关系数（第 12 章）被用于探索变量 X 与变量 Y 之间的关系。不能采用皮尔逊相关系数是因为它要求 X 和 Y 都为定距变量。在当前的例子中，阅读得分（X）必须在计算等级相关之前按 1～20 进行排序，以得到它的秩。

针对研究情境 5 的解决方案（卡方检验）

研究情境 5 代表的是对 4 个组（东北部、南部、中西部、西部）内部的频数（返还和未返还）进行比较。卡方检验（第 9 章）被用于对两个或更多的样本进行比较。它要求数据必须是定类变量。当前的结果可以 2×4 的表呈现，表现为 2 行 4 列。注意，返还率（X）与地区（Y）之间的相关程度也可以用克雷默的 V 系数（第 12 章）来确定。但是，也要注意不能采用列联系数，因为当前的列联表不是方表。

针对研究情境 6 的解决方案（φ 系数）

研究情境 6 是一个关于变量 X（权威主义）与变量 Y（偏见）之间相关程度的问题。当频数或定类变量能以 2×2 的表（2 行 2 列）的形式呈现时，φ 系数（第 12 章）是一种测量相关性的方法。

在当前的问题中，表的形式如表 13－26 所示： 501

表 13－26 权威主义和偏见水平

偏见水平	权威主义水平	
	权威主义	非权威主义
偏见	350	125
宽容	150	325
	$N=950$	

针对研究情境 7 的解决方案（古德曼和克鲁斯凯的 γ 系数）

研究情境 7 是一个关于变量 X（平均绩点）与变量 Y（在校时间）之间的相关程度的问题。当变量都是定序变量且以交互表的形式呈现时，古德曼和克鲁斯凯的 γ 系数（第 12 章）适用于探索 X 与 Y 之间的关系。在当前的问题中，平均绩点按从 A 到 D 排列，在校时间按从第一年到第四年排列。列联系数（C）和克雷默的 V 系数（第 12 章）是在当变量为定类变量时对 γ 系数计算的替代方法。但是，由于当前的变量是定序变量，因此 γ 系数更合适。

针对研究情境 8 的解决方案（t 检验）

研究情境 8 代表了对单一样本在两个不同时点进行测量的事前-事后比较。t 检验（第 7 章）可被用于对一个事前-事后固定样本设计中的单一样本的两个均值进行比较。

针对研究情境 9 的解决方案（古德曼和克鲁斯凯的 γ 系数）

研究情境 9 是关于变量 X（职业地位）与变量 Y（主观社会阶层）之间的相关程度的问题。当两个变量都是定序变量且以交互表的形式呈现时，古德曼和克鲁斯凯的 γ 系数（第 12 章）尤其适用于探索变量 X 与变量 Y 之间的关系。在当前的问题中，职业地位和主观社会阶层都按上、中、下排列，产生了非常大的打结秩（例如，有 221 名被调查者为中等职业地位）。为了计算列联系数，数据必须按如下交互表的形式呈现（见表 13－27）：

表 13－27　职业地位与其主观社会阶层的交互表

主观社会阶层（Y）	职业地位（X）		
	上	中	下
上	56	42	15
中	122	163	202
下	12	16	49
总计	190	221	266

502 列联系数（C）和克雷默的 V 系数（第 12 章）是在当变量为定类变量时对 γ 系数计算的替代方法。但是，由于当前的变量是定序变量，因此 γ 系数更加合适。

针对研究情境 10 的解决方案（方差分析）

研究情境 10 代表的是对三个独立样本的得分进行比较。F 检验（第 8 章）被用于当数据为定距等级时对三个或三个以上的均值进行比较。克鲁斯凯-沃利斯检验（第 9 章）是一种当我们怀疑变量在总体中不是正态分布的，或者是变量不是在定距等级上被测量的时候替代的非参数统计方法。

针对研究情境 11 的解决方案（t 检验）

研究情境 11 代表的是对两个独立样本的得分进行比较。t 检验（第 7 章）被用于当数据为定距等级时对两个均值进行比较。曼-惠特尼 U 检验（第 9 章）是一种当我们怀疑变量在总体中不是正态分布的，或者是变量不是在定距等级上被测量的时候替代的非参数统计方法。

针对研究情境 12 的解决方案（卡方检验）

研究情境 12 代表的是对两组学生（被告知教授为 65 岁的一组和被告知教授为 25 岁的一组）内部的频数（愿意和不愿意）进行比较。当数据为定类变量或频数时，卡方检验（第 9 章）被用于对两个或两个以上的样本进行比较。当前的问题可以 2×2 的表的形式呈现，表现为 2 行 2 列（见表 13－28）：

表 13－28　演讲者的年龄与学生听其演讲的意愿的交互表

学生的意愿	实验条件	
	学生被告知教授为 65 岁	学生被告知教授为 25 岁
愿意	22	38
不愿意	43	27

针对研究情境 13 的解决方案（*t* 检验）

研究情境 13 代表了对单一样本在两个不同时点进行测量的事前-事后比较。*t* 检验（第 7 章）可被用于对一个事前-事后设计中的单一样本的两个均值进行比较。

503

针对研究情境 14 的解决方案（古德曼和克鲁斯凯的 γ 系数）

研究情境 14 是关于变量 *X*（邻里关系）与变量 *Y*（参与志愿组织）之间的相关程度的问题。当两个变量都是定序变量且以交互表的形式呈现时，古德曼和克鲁斯凯的 γ 系数（第 12 章）尤其适用于探索变量 *X* 与变量 Y 之间的关系。在当前的问题中，邻里关系和参与志愿组织都是按从高到低排列的。列联系数（*C*）或克雷默的 *V* 系数（第 12 章）是在当变量为定类变量时对 γ 系数的替代方法。

针对研究情境 15 的解决方案（方差分析）

研究情境 15 代表的是对四个独立样本的得分进行比较。*F* 检验（第 8 章）被用于当数据为定距等级时对三个或三个以上的均值进行比较。克鲁斯凯-沃利斯检验（第 9 章）是一种当我们怀疑变量在总体中不是正态分布的，或者是变量不是在定距等级上被测量的时候替代的非参数统计方法。

针对研究情境 16 的解决方案（斯皮尔曼等级相关系数）

研究情境 16 是关于变量 *X*（在过去一年里迁入人口的百分比）与变量 *Y*（抗酸剂的销量）之间的相关程度的问题。当两个变量都为定序等级时，斯皮尔曼等级相关系数（第 12 章）被用于探索变量 *X* 与变量 *Y* 之间的关系。不能采用皮尔逊相关系数是因为它要求 *X* 和 *Y* 都是定距变量。在当前的例子中，在过去一年里迁入人口的百分比必须在计算等级相关之前按 1 到 7 进行排序，以得到它的秩。

针对研究情境 17 的解决方案（卡方检验）

研究情境 17 代表的是对男女学生内部的频数（负面的、正面的和中性的基调）进行比较。当数据为定类变量或频数时，卡方检验（第 9 章）被用于对两个或两个以上的样本进行比较。当前的问题可以 2×3 的表的形式呈现，表现为 2 列 3 行（见表 13－29）：

表 13－29　学生的性别与闲聊的基调的交互表

闲聊的基调	学生的性别	
	女性间的闲聊	男性间的闲聊
负面的	36	32
正面的	40	36
中性的	49	42

504

针对研究情境 18 的解决方案（列联系数）

研究情境 18 是一个关于两个定类变量（第 12 章）——音乐类别偏好和食物类别偏好间非参数相关程度的问题。列联系数是对定类等级上的多组或多类进行比较以测量相关性的方法，尤其是当它们被排列在方表中时。要计算列联系数（C）或克雷默的 V 系数，数据必须按如下的频数表（见表 13－30）的形式排列：

表 13－30　音乐类别偏好和食物类别偏好的频数表

音乐类别偏好（Y）	食物类别偏好（X）		
	中国菜	法国菜	意大利菜
古典	8	52	20
爵士	55	18	39
摇滚	47	8	84

针对研究情境 19 的解决方案（皮尔逊相关系数）

研究情境 19 是一个相关性问题，因为它询问的是总体中单身男性比例与强奸率之间的关联程度。当两个变量都为定距等级时，皮尔逊相关系数（第 10 章）被用于探索变量 X 与变量 Y 之间的线性关系。如果强奸率和单身男性比例在各城市总体中不是正态分布的，那么我们可以考虑采用诸如斯皮尔曼等级相关系数（第 12 章）这样的非参数统计方法作为替代。

针对研究情境 20 的解决方案（t 检验）

研究情境 20 代表的是对两个独立的学生样本对课程的评价进行比较。t 检验（第 7 章）被用于当数据为定距等级时对两个均值进行比较。曼-惠特尼 U 检验（第 9 章）是一种当我们怀疑变量在总体中不是正态分布的，或者是变量不是在定距等级上被测量的时候替代的非参数统计方法。

针对研究情境 21 的解决方案（方差分析）

研究情境 21 代表的是对三种不同失范水平——低、中、高——的城市的自杀率进行比较。F 检验（第 8 章）被用于当数据为定距等级时对三个或三个以上的均值进行比较。克鲁斯凯-沃利斯检验（第 9 章）是一种当我们怀疑变量在总体中不是正态分布的，或者是变量不是在定距等级上被测量的时候替代的非参数统计方法。

505

针对研究情境 22 的解决方案（卡方检验）

研究情境 22 代表的是对四个年龄组（老年、中年、青年、儿童）内部的频数（低于贫困线和未低于贫困线）进行比较。当数据为定类变量或频数时，卡方检验（第 9 章）被用于对两个或两个以上的样本进行比较。当前的问题可以 4×2 的表的形式呈现，表现为 4 列 2 行（见表 13－31）：

表 13－31　年龄和贫困状态的交互表

贫困状态	被调查者的年龄			
	老年	中年	青年	儿童
低于贫困线	36	50	40	51
未低于贫困线	164	300	200	199

针对研究情境 23 的解决方案（古德曼和克鲁斯凯的 γ 系数）

研究情境 23 是关于以定序等级测量的变量 X 和 Y——生理健康状况与是否抑郁——之间的相关程度的问题（请注意，存在一个潜在的顺序，尽管只指出了两种抑郁级别）。当两个变量都是定序变量且以交互表的形式呈现时，γ 系数（第 12 章）尤其适用（见表 13-32）：

表 13-32　生理健康状况和抑郁的交互表

是否抑郁	生理健康状况		
	优秀	良好	较差
抑郁	5	14	20
不抑郁	95	96	20

克雷默的 V 系数（第 12 章）是在比较定类等级的几组或几种分类时对 γ 系数的替代方法，尤其是针对大于 2×2 的非方表。

针对研究情境 24 的解决方案（克雷默的 V 系数）

研究情境 24 是关于两个变量的相关程度的非参数测量（第 12 章）的问题，一个变量（性别）是以定类等级测量的，另一个变量（生理健康状况）是以定序等级测量的。当交互表的行数与列数不同时，克雷默的 V 系数是一种在定类等级上对多组或多类进行相关测量的方法。当变量以两个不同的等级测量时，通常采用适用于较低测量水平变量的统计方法。例如，斯皮尔曼等级相关系数可以适用于当 X 为定距变量而 Y 为定序变量时。同样，克雷默的 V 系数可以适用于 X 为定类变量而 Y 为定序变 506
量的情况。为了计算克雷默的 V 系数，数据必须按如下频数表的形式呈现（见表 13-33）：

表 13-33　生理健康状况和性别的频数表

性别	生理健康状况		
	优秀	良好	较差
男	37	43	20
女	52	35	13

针对研究情境 25 的解决方案（卡方检验）

研究情境 25 代表的是对两组美国人——白人和黑人——内部的频数（有罪和无罪）进行比较。当数据为定类变量或频数时，卡方检验（第 9 章）被用于对两个或两个以上的样本进行比较。当前的问题可以 2×2 的表的形式呈现，表现为 2 行 2 列（见表 13-34）：

表 13-34　种族和是否认为有罪的交互表

是否认为有罪	被调查者的种族	
	黑人	白人
有罪	25	51
无罪	50	24

针对研究情境 26 的解决方案（皮尔逊相关系数）

研究情境 26 是一个相关性问题，因为它询问的是变量 X（抑郁）与变量 Y（生理健康）之间的关联程度。当两个变量都为定距等级时，皮尔逊相关系数（第 10 章）被用于探索变量 X 与变量 Y 之间的线性关系。如果抑郁症症状和生理健康不是正态分布的，那么我们可以考虑采用诸如斯皮尔曼等级相关系数（第 12 章）这样的非参数统计方法作为替代。

针对研究情境 27 的解决方案（方差分析）

研究情境 27 代表的是对三个独立样本的得分进行比较。F 检验（第 8 章）被用于当数据为定距等级时对三个或三个以上的均值进行比较。中位数检验（第 9 章）是一种当我们怀疑变量在总体中不是正态分布的，或者是我们只有定序变量的时候替代的非参数统计方法。

507

针对研究情境 28 的解决方案（t 检验）

研究情境 28 代表了对单一样本在两个不同时点进行测量的事前-事后比较。t 检验（第 7 章）可被用于对一个事前-事后设计中的单一样本的两个均值进行比较。

针对研究情境 29 的解决方案（列联系数）

研究情境 29 是一个关于以 2 行（使用类固醇或未使用类固醇）3 列（高、中等或低攻击性）的表格形式出现的两个变量间非参数相关程度的问题（第 12 章）。克雷默的 V 系数是一种在研究者处理频数数据时对多组或多类进行相关测量的方法。克雷默的 V 系数尤其适用于以大于 2×2、行数和列数不相等的表格形式——如 2×3 的表或 3×4 的表——出现的数据。

针对研究情境 30 的解决方案（皮尔逊相关系数）

研究情境 30 是一个相关性问题，因为它询问的是变量 X（平均日照时间）与变量 Y（自杀人数）之间的关联程度。当两个变量都为定距等级时，皮尔逊相关系数（第 10 章）被用于探索变量 X 与变量 Y 之间的线性关系。作为一种非参数替代方法，斯皮尔曼等级相关系数（第 12 章）同样可以被考虑。

针对研究情境 31 的解决方案（曼-惠特尼 U 检验）

研究情境 31 最好使用曼-惠特尼 U 检验来处理，这是一种在比较两组排序（定序）数据时对 t 检验的非参数替代方法。由于收视率排名无法获得定距等级的测量，因此计算每组的均值或对均值之间的差异采用 t 检验是不合适的。

针对研究情境 32 的解决方案（克鲁斯凯-沃利斯检验）

研究情境 32 最好使用克鲁斯凯-沃利斯检验来处理，这是一种在比较三组或更多排序（定序）数据时对 F 检验的非参数替代方法，用于根据排序（序号）数据比较三个或更多组。由于收视率排名并不构成一个定距等级的测量，因此计算三种节目类型的均值或使用方差分析来计算组间均值差异都是不合适的。

针对研究情境 33 的解决方案（古德曼和克鲁斯凯的 γ 系数）

研究情境 33 是关于 160 名住院患者样本中被探望次数与恢复速度之间的相关程度的问题。当两个变量都是定序变量且以交互表的形式呈现，并且产生了大量打结秩时，γ 系数（第 12 章）尤其适用于探索 X 与 Y 之间的关系。在当前的问题中，被探望次数被排序为经常、有时、很少和从不，恢复速度被排序为快、中等和慢。克雷默的 V 系数（第 12 章）是在假定只有定类数据以大于 2×2 的表的形式呈现时，对 γ 系数的替代方法。 *508*

针对研究情境 34 的解决方案（t 检验）

研究情境 34 代表了对单一样本在两个不同时点进行测量的事前-事后比较。t 检验（第 7 章）可被用于对一个事前-事后设计中的单一样本的两个均值进行比较。

针对研究情境 35 的解决方案（卡方检验）

研究情境 35 代表的是对两组夫妻（不忠的一组和不忠以外的一组）内部的频数（离婚和未离婚）进行比较。当数据为定类变量或频数时，卡方检验（第 9 章）被用于对两个或两个以上的包含定类或频数数据的样本进行比较。

附　录

附录A SPSS和GSS的使用

511

本书每一章的最后几道题都使用了SPSS软件。为了帮助大家使用这个工具，本附录包括：

- 对从同步网站中获取教学使用的SPSS数据集的说明。
- IBM SPSS 20.0的基本电脑命令。

另外，这些特色需要：

- 有SPSS软件。SPSS是一种很受欢迎的程序，许多大学和院校的计算机实验室提供使用它的网站许可途径。其他想要在自己家中的电脑上使用SPSS软件的学生可以购买短期的站点许可证以便下载这个程序。关于获得学生在家中使用SPSS的其他细节在本书的网站上有描述。

数据集的网站

教学使用的SPSS数据集作为莱文、福克斯和福德教科书的补充在网上都能获得。你可能需要用一个浏览器，如IE浏览器或火狐浏览器连接网络。

- 获得闪存驱动器（便携式驱动器或记忆棒）。
- 进入同步网站，点击链接并将每个文件保存到你用于储存数据的设备。

有一个要下载的SPSS数据文件。这个SPSS数据文件里有一个备好的pdf格式的编码本（需要Adobe Acrobat Reader）：

- GSS 2010 for 12E. sav.——2010年综合社会调查的一个变量子集。

SPSS的介绍 512

SPSS是一个被广泛使用的数据程序，因为它相对容易使用。使用这个程序，人们能够进行许多基础和复杂的统计计算。这个附录将会向你展示一些SPSS的基础步骤，以便你能使用SPSS的下拉菜单：

- 打开一个电脑现存的数据集。
- 导入你自己的数据。
- 打开SPSS文件。

- 重新编码或折叠类别。
- 分析数据。
- 选择案例。
- 权衡案例。
- 制作图表。
- 保存计算机的输出。

打开一个电脑现存的数据集

有许多方法能检索 SPSS 的数据文件。让我们假设你已经在一台电脑上用微软窗口平台启动了 SPSS 程序。当 SPSS 20.0 启动时对话框弹出（18、19 和 20 版十分相似）。在默认情况下，它会问你是否希望“运行教程”。在其他时间你可能希望这样做，但现在你应该选择“打开一个现存的数据源”。用鼠标点击那个圆点，它将出现阴影。此外，请注意，你可以看到可通过单击文件名访问的文件名列表。

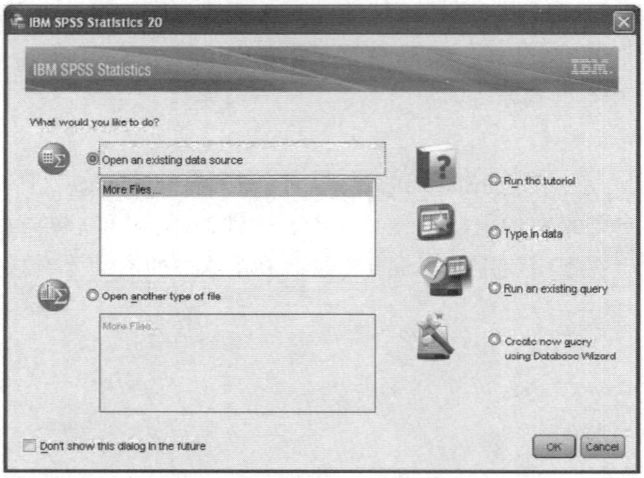

513 点击屏幕底部的“OK”键，打开现存的数据文件，下一个对话框将会弹出。在打开的对话框中，改变“Look in”（对话框的顶部）的位置使其变为你下载或者储存数据集的地方。在下面这种情况下，该文件被储存在一个名为“Levin”的文件夹内的便携式闪存驱动器上。

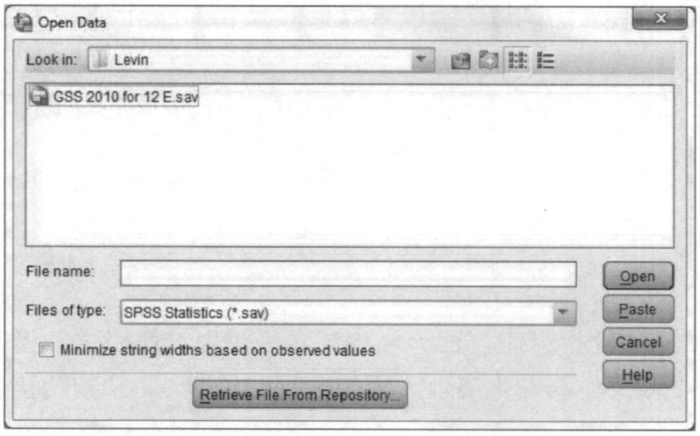

文件夹内的 SPSS 数据文件列表将会在屏幕上显现出来。注意你可以在屏幕底部改变文件类型。屏幕底部显示 SPSS 数据文件默认的结尾是“.sav”。双击你想要打开的文件夹，它会将文件信息显示

在“File name”框中，然后打开文件。如果你没看见 SPSS 数据文件显示在这个窗口，那么确保你的闪存驱动器插入端口，或者点击“My Computer”，检索正确的端口。你必须明确正确的文件位置。当你成功运行 SPSS 数据文件时，会出现一个输出屏幕，数据窗口能够进行分析。

本书的教学数据集被设定为“SPSS 数据（*.sav)”文件。我们双击能打开“The GSS 2010 for 12E. sav”文件。

输入你自己的数据

这本书的一些练习需要你在 SPSS 中输入你自己的数据。如果一个数据集非常大，那么这将会是一个枯燥的工作，虽然重要的是你应该理解你所使用的每一个数据集都是由某人创建的。让我们拟造一个假设数据作为示例，假设 6 个人回答一个关于他们性别和对犯罪的恐惧的调查。我们将会记录这个人是男性（1)、女性（2）还是未知（0)。我们会使用一个已经在全国犯罪受害者调查中多次包含的问题来询问对犯罪的恐惧这个问题：“当你夜晚独自走在自己的社区时，你感觉有多安全?”可能的回答是“非常安全”(我们将其编码为 4)、“安全”(我们将其编码为 3)、“不安全”(我们将其编码为 2)、“非常不安全”(我们将其编码为 1)，以及“无法回答”(我们将其编码为 0)。

以下是 6 个人对这个问题的回答： 514

男性，安全　　1，3
女性，不安全　　2，2
女性，安全　　2，3
男性，非常安全　　1，4
女性，非常不安全　　2，1
男性，无法回答　　1，0

这个例子使用的是 SPSS 20.0 版。16～20 版的 Windows 窗口十分相似。SPSS 20.0 版的屏幕可能看起来和 16～20 版有一点不同，但它们的特征在本质上相同。在 Windows 窗口中，点击开始按钮，接着向上移动到程序，最后移动到 SPSS 的 Windows 20.0 图标。成功的启动将带你到默认弹出窗口，它询问你：“你想做什么?”点击“Type in data”的圆圈，然后点击“OK”。这样，一个新的、未命名的 SPSS 数据文件将会生成。变量名和案例数是空的。

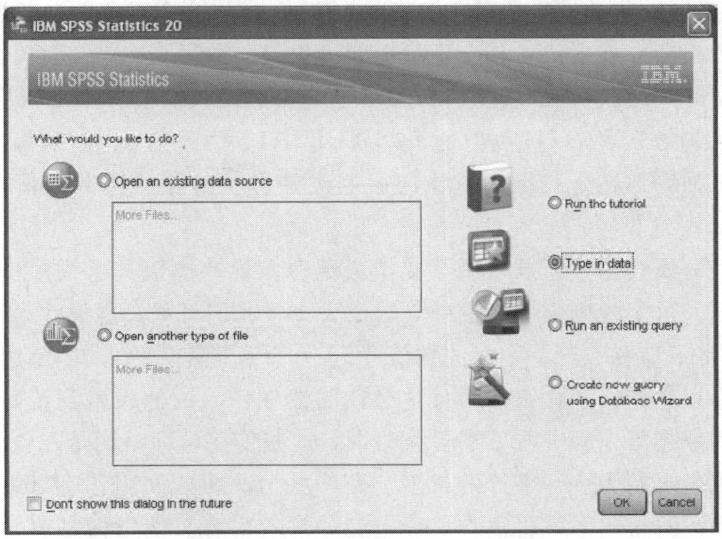

在 SPSS 20.0 中，在数据编辑屏幕底部有“Data View”和“Variable View”表。我们将生成两个变量并给每个变量添加一些数据。我们需要定义变量，设定一个格式，给所有变量添加标签！一开始，
515 点击“变量视图”表，然后在“Variable View”对话框的左上的框中输入“性别”。

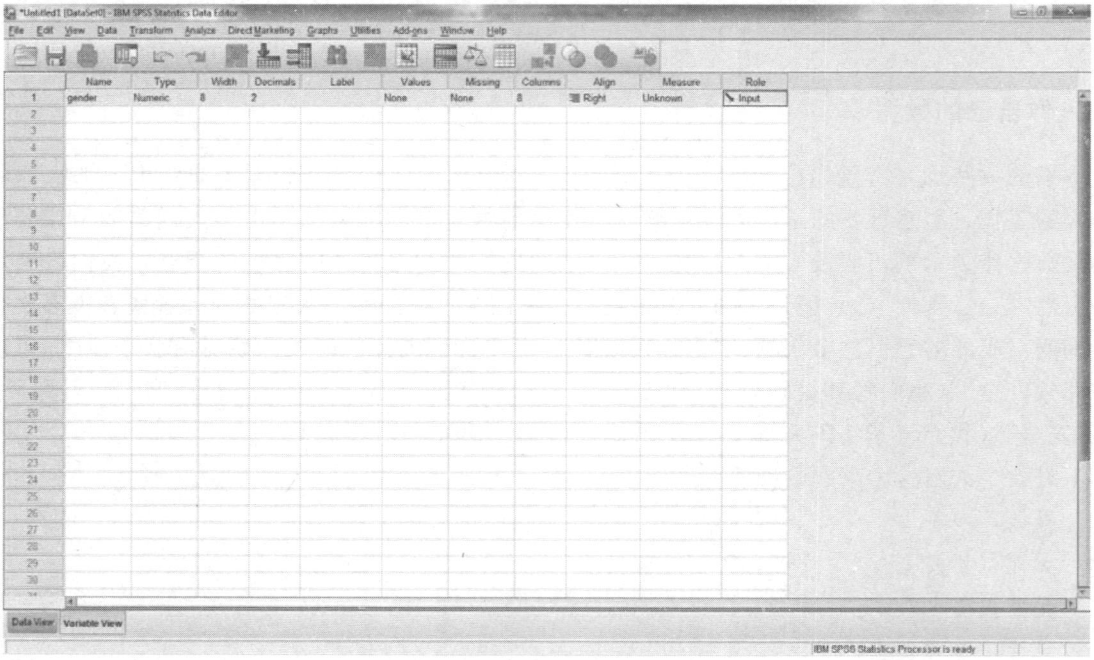

注意我们可能需要对变量的所有方面进行设定。现在，性别已经被设定为没有标签、数值型、8 位宽、两位小数点、没有缺失值等默认设置。让我们将每种选项变成它合适的类别。

在第 1 章中，我们讨论了测量等级。注意，在变量视图中显示（在 MEASURE 之下）的测量等级包括定距（距离/比率）、定序和定类等级。用户可以指定 SPSS 适用于变量测量水平的程序。如果你这么做，SPSS 会尽力帮你选择合适的统计方法。接下来，在这个对话框中还有一些十分重要的设定：类别、标签和缺失值。

变量的格式有很多种。最常见的格式是数值型，也就是我们在这里将使用的。数值型的格式利用 x、y 的代码来定义，其中 x 是数字的数目，y 是小数位数。SPSS 中默认的数值型数据是 8.2。看我们的例子。性别有多少种可能？或者说，这个变量能取多少值？数字 0～9 的宽度为 1，10～99 的宽度为 2，100～999 的宽度为 3，等等。性别变量没必要有小数位数。我们会简单地将男性编码为 1，女性编码为 2。因此，我们想要改变 WIDTH 为数值 1，DECIMALS 为数值 0。在这篇附录中，SPSS 命令以大写字母显示，以此来强调你在下拉框中查找的命令或单词。点击 WIDTH 框，把它改成 1.0，改变 DECIMALS 为 0。

516 变量的标签和它们的属性是数据录入的重要组成部分。标签应该具有描述性，每个属性都应该有一个标签，包括缺失值。这个规则唯一的例外是数值大小，我们可能只想标注最小值和最大值（例如，从非常满意［1］到非常不满意［7］，中间的数值［2］～［6］是空的）。尽量避免使用缩写或首字母缩略，因为你可能会忘记它们代表什么，而且这会让阅读你作品的他人感到费劲。你将会在这本书中看到在综合社会调查的数据集中有一些首字母缩略词，这些首字母缩略词是在很久之前被挑选使用的，那时候电脑软件将标签名限制为 8 个字符的长度。在一些情况中，使用首字母缩略词是明确的，但是在其他的情况中，如果不看编码簿就将很难解释电脑的输入内容。使用标签的一大目标是使电脑输出

让你和其他人可读、可理解。

一个变量有两种标签：变量标签和值标签。变量标签应该提供对变量基本内容的描述。点击性别的 LABEL 框，输入“受访者的性别”。

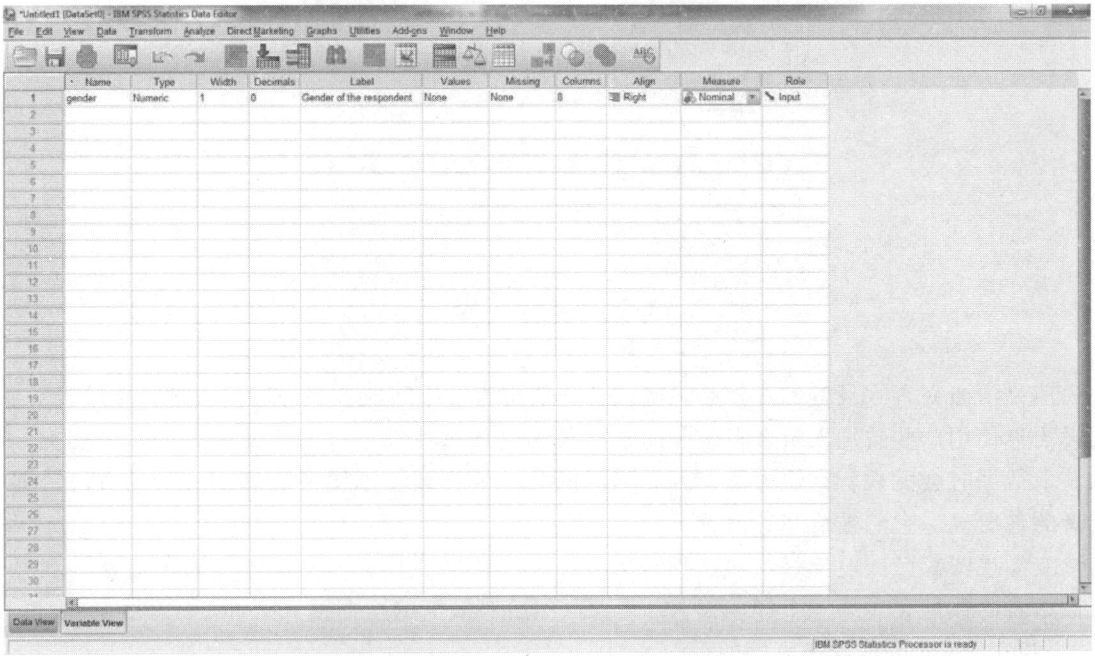

接下来，我们需要给每个值/类别加标签。点击 VALUES 下方的框，框的右边会出现三个点，点击这些点就会出现 VALUE LABELS 对话框。当输入值和标签时，这些标签就被输入了，然后点击 ADD。性别每一个可能的值——包括无应答（我们将其编码为 0）——都应该被设置标签。当所有的值都被输入时，点击 OK。对每个变量都重复这些程序。 517

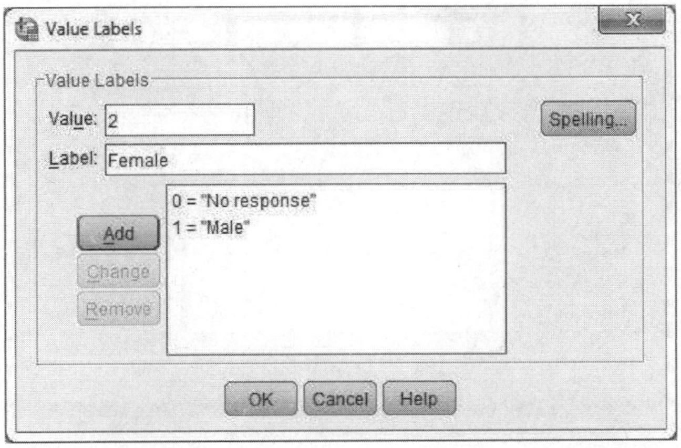

定义数据的第三个重要的特点是变量的值可能被设置为有效值，也可能被设置为缺失值。统计分析将计算一个变量有效情况的数量。例如，人们可能会拒绝回答一个问题，或者他们不知道答案，或者该问题并不适用于他们。研究者想要知道回答问题的人的均值，并知道自己的统计分析的缺失值数量。统计软件必须对缺失值进行回应，这通过点击变量视图中的 MISSING 标签就能完成。缺失值可能被指定为特定的数字或者数字范围。在这个例子中，我们想要设置 0 为性别的一个离散的缺失值。

通过设置一个缺失值，软件将会分辨有效案例（信息已知）和缺失案例（信息未知）。在这个例子中，我们想要排除应答者的性别未知（被编码为0）的情况。

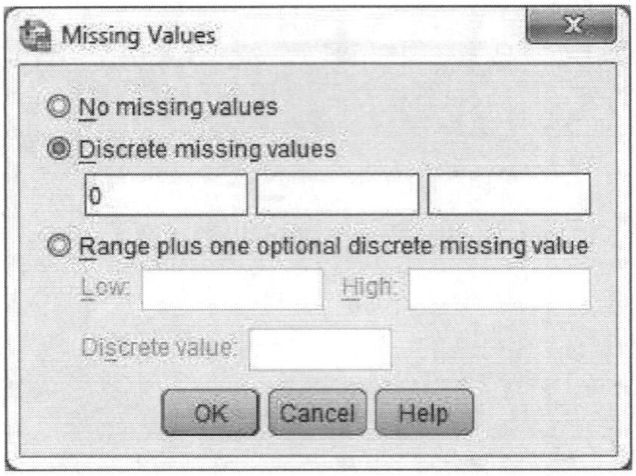

缺失值是由研究者来设置的。你必须确认特殊值是否被排除或者是否应该被排除在统计分析之外。不要假设当你使用这些被别人组合在一起的数据集的时候这些都已被恰当地设置好。事实上，一些研究者在获取数据时会无视所有缺失值，因为不同的统计软件会有不同的处理缺失值的方法。但是，作为研究者的你要确保它们被恰当地设置。

518 既然变量视图都已被设定好，就让我们从屏幕底部转换到数据视图，即进入包括性别和恐惧程度的6位被访者的数据。对第一个样本输入1和3，然后对剩下的样本输入2和2、2和3、1和4、2和1，以及1和0。你的屏幕现在应该如下图。

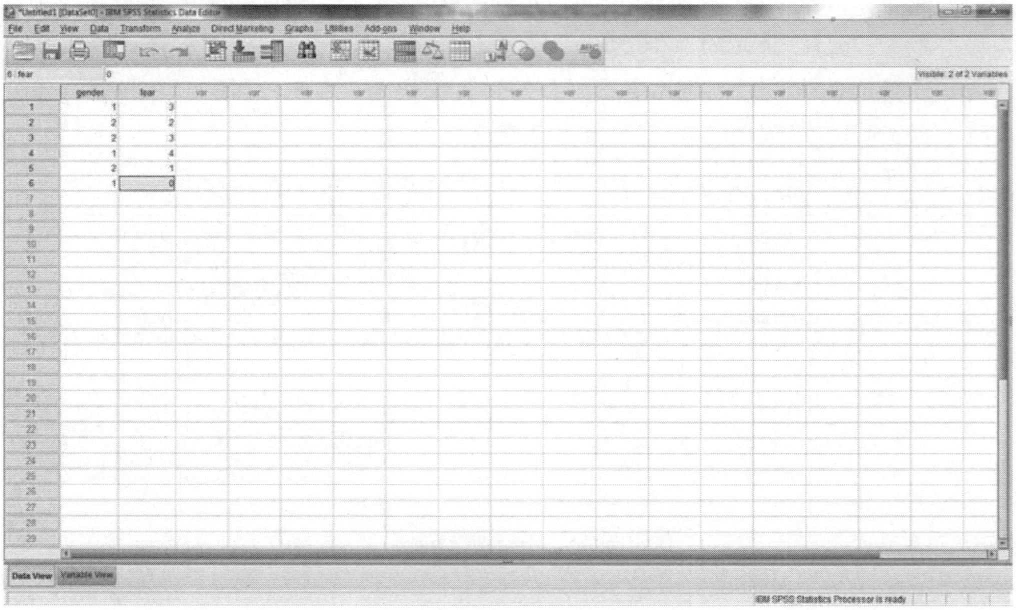

对是否正确输入数据和相关信息的真正的检测来自当你生成一个频数分布表的时候。这时候所有变量都应该被设置了标签，所有缺失值都应该被处理了。生成一个频数分布表的最基本的步骤是点击下拉菜单的ANALYZE、DESCRIPTIVE STATISTICS和FREQUENCIES，然后选择变量。我们马上就会更加详细地回顾整个数据分析的过程。电脑输出的界面如下：

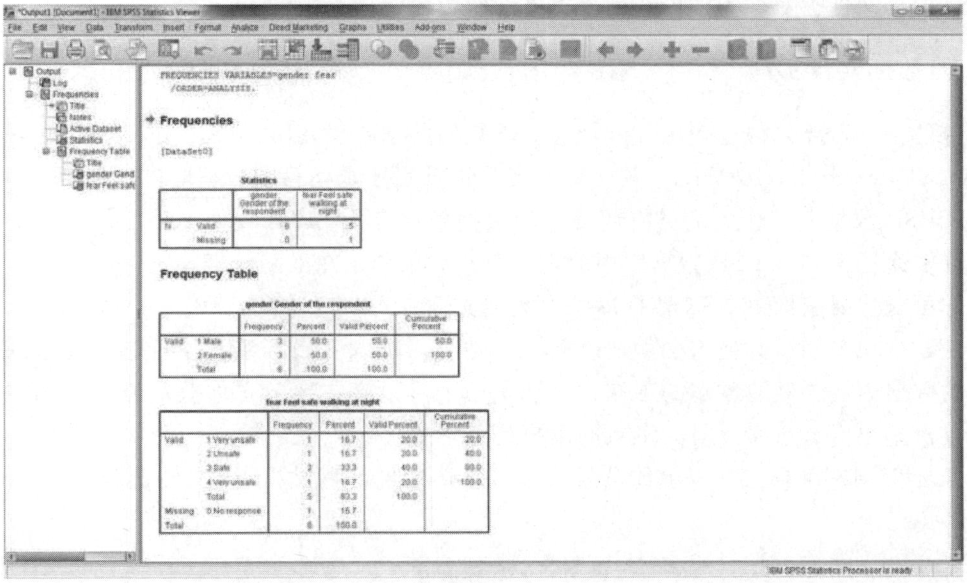

这些频数分布表十分“干净”，每个变量和值都带有标签。检查电脑输出和修正出现的问题是数据输入的一个正常部分。合成一个数据集是一项巨大的工程。因此，你可能想保存你的数据文件，这可以通过点击数据编辑窗口的“未命名”数据文件，然后点击保存来实现。你将急需点击数据文件来保存它。在大多数 Windows 应用程序中，你可以在屏幕底部单击它。你还可点击 SPSS 菜单顶部的 WINDOW，然后移动到你想要的窗口。如果你想要保存数据，那么你必须在数据窗口中。你也可以保存电脑输出的文件。 519

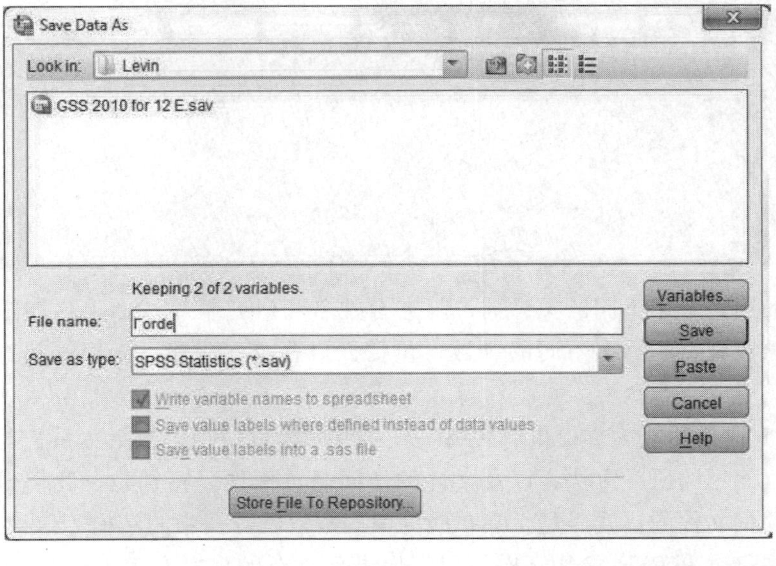

SPSS 的默认文件夹是一个名为“SPSS”的文件夹。在大多数大学计算机实验室中，默认文件夹在电脑桌面。但是，你可能想要保留你的文件。作为众多可能的解决方法之一，我通过将文件的位置移动到我创建的名为“Levin”的跳转驱动器上的文件夹来实现这一点。文件还可以通过改变保存的文件夹从 SPSS 被保存到一个跳转驱动器（E:）里。默认的文件类型是 SPSS 文件（. sav）。为了保存文件，你需要给它命名。给文件取一个描述性的名字是一个好习惯，这样你可以给它们编目，以便之后

的使用。在这里，文件被命名为“Forde”（本书的作者之一）。

ICPSR 的数据文件

数据文件的一个重要来源是美国校际社会科学数据共享联盟（Inter-University Consortium for Political and Social Research，ICPSR）。许多联邦的资助项目要求项目的数据应该被以他人可以访问的格式来存档。ICPSR 数据库工作人员已将调查者的数据集保存为 SPSS 数据文件。他们的辛苦工作意味着你能通过许多途径得到 ICPSR 数据库中的数据集。如果你正在酝酿学期论文、毕业论文或高级研究项目，那么你可能想要获取 ICPSR 数据库中的数据文件。

520 重要的是，你现在知道其他人必须花时间录入数据，加入变量标签和值标签，设置缺失值。准备一个数据库的数据集需要做非常多的工作，但这是一个可以潜在地节省你获取原始数据时间的有价值的资源，而且价格很低（事实上对大多数的用户是免费的）。

ICPSR 位于美国密歇根大学安娜堡分校。你可以访问它的网站 http：//icpsr. umich. edu。其网站首页如下：

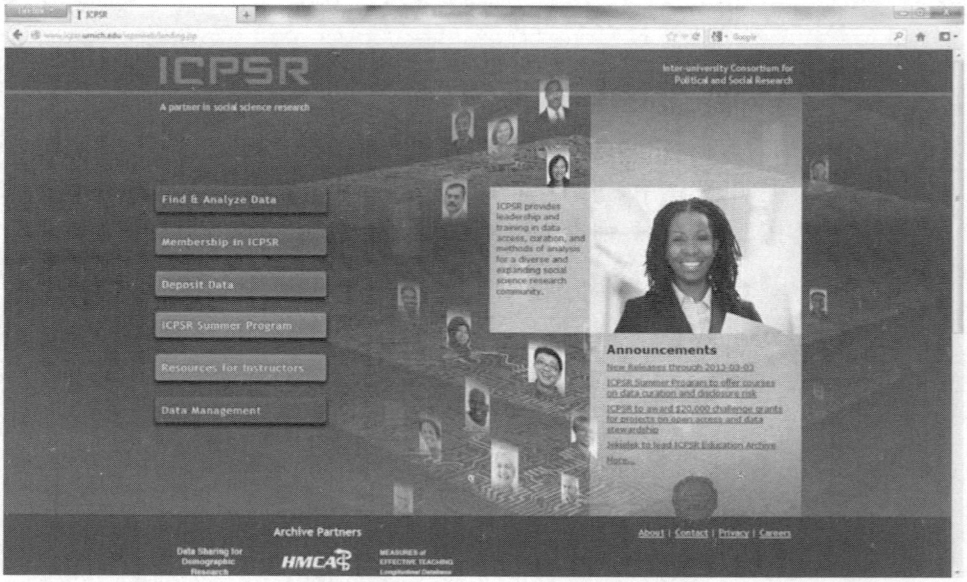

你可以在他们的网站上用不同的关键词、调查者姓名和研究编号（如果你知道的话）搜索不同类型的数据集。主题档案覆盖了许多不同的领域，包括人口普查、犯罪、健康、教育、选举和许多其他主题。

注意 ICPSR 研究的说明能为你提供有关每一项研究的大量信息，包括由谁进行这项研究、哪个机构资助了这项研究、使用的研究方法，以及文件的访问与可用性。特别是，我们想知道这项研究是关于什么的，并了解数据文件的格式、是否有在线的编码本以及数据集的结构等信息。

一些研究的数据仅供 ICPSR 成员机构使用。如果你所在的大学是 ICPSR 的成员，那么学校的图书馆可能会告诉你如何获得这些数据文件。

综合社会调查

综合社会调查是美国最重要的关于社会趋势信息的资源之一。它的网站（http：//www3. norc. org/GSS+Website/）首页如下：

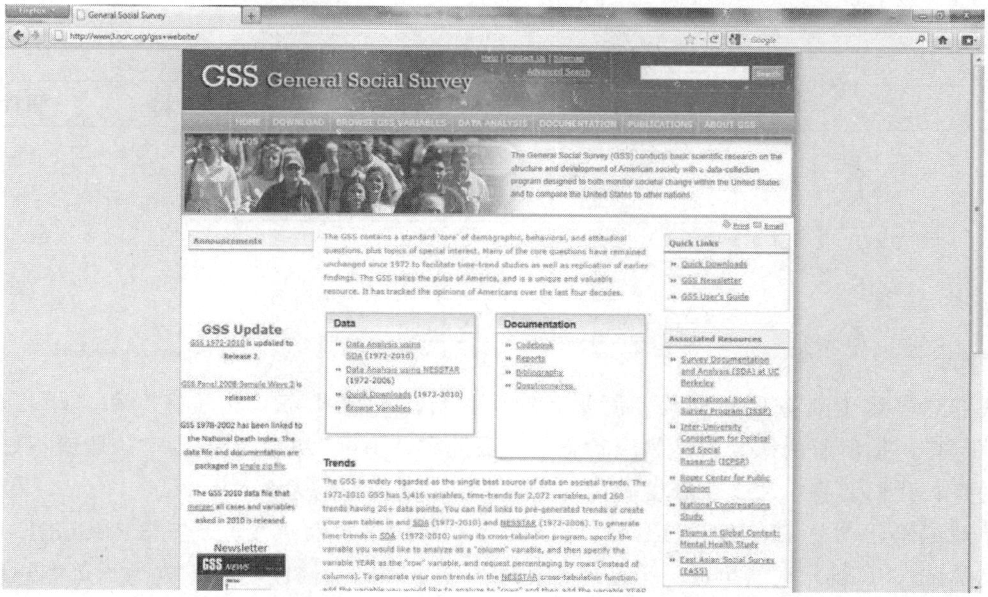

要了解变量如何被操作化，并获取关于 GSS 调查问题的准确描述，登陆 GSS 网站浏览变量是非常 521
有用的。本书的教学数据只是 2010 年综合社会调查中的小部分变量。当你完成了本书每章节末尾的统计分析练习之后，你可能想登陆 GSS 的网站浏览数据。GSS 数据集及其有关信息是对大众免费开放的。

给变量重新编码

当你更加熟悉数据分析的时候，你可能会希望回到给变量重新编码这部分。无论你正在处理一个别人处理过的数据还是一个你自己收集的数据，在数据文件中的变量都经常需要被编码，或者说在某种程度上被修改，或者新变量的值需要根据老变量的变化来计算。以下是一些重要的给变量编码的原因：

- 你可能想改变类别的顺序，使数值从最低到最高排列。
- 你可能有两个具有相似变量但是编码主题不同的研究。你可能需要对它进行编码，使它们尽可能具有可比性。
- 你可能想对变量进行编码，以便你能使用一个不同的统计方法或者程序。
- 你可能想对变量进行编码，使大量的类别折叠或者将变量重新分为少数的几个类别。
- 重新编码和计算能让你查看几个变量的组合。

让我们看一个综合社会调查中测量人们对自己健康状况的看法的例子，这是一个定序变量，类别 522
如表 A－1 所示：

表 A－1　人们对自己健康状况的看法

		健康状况（Health）			
		频数	百分比	有效百分比	累计百分比
有效	1 非常好	345	16.9	27.0	27.0
	2 好	584	28.6	45.8	72.8
	3 一般	274	13.4	21.4	94.2
	4 不好	74	3.6	5.8	100.0
	总计	1 276	62.4	100.0	

续表

健康状况					
		频数	百分比	有效百分比	累计百分比
缺失	0 IAP	765	37.4		
	8 DK	2	0.1		
	9 NA	2	0.1		
	总计	768	37.6		
总计		2 044	100.0		

假如我们想将这个变量重新编码，使所有的认为自己健康状态“非常好”和“好”的人合并为“极好或好”(1)，把所有的认为自己健康状态“一般”和“不好”的人合并为“一般或不好”(2)。为了做到这一点，我们要将1和2重新编码为1，将3和4重新编码为2。

为了重新编码，点击TRANSFORM（位于屏幕顶部的下拉菜单中)，点击RECODE INTO DIFFERENT VARIABLES。重新生成一个新变量比在原变量基础上修改更好，因为你可能想保存原变量以便进行其他分析，而且你必须确保这个改动是正确的。

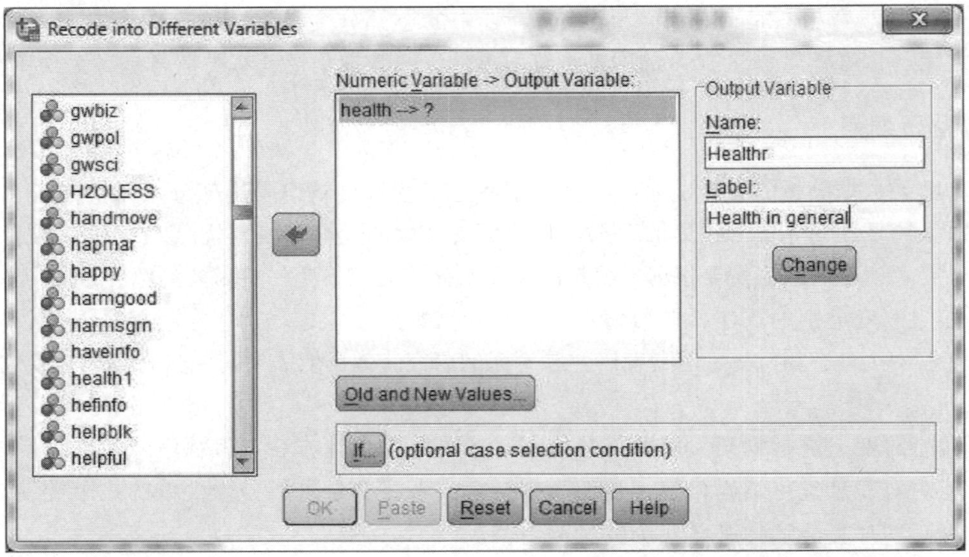

523 原始的变量是Health，我给新变量命名为Healthr（代表被重新编码后的健康变量)。我同时给它加了一个标签来表示健康。点击CHANGE输入生成的变量名。

接下来，我们需要输入老变量和新变量。我已经添加了1和2变成新的值1，我正在输入3和4变成新的值2。看范围（在屏幕左侧）部分，老变量的范围为3～4，新变量的值为2。点击ADD，这个范围会被添加到重新编码的值的列表中。最后点击CONTINUE，重新编码就完成了。

重新编码成一个不同的变量的过程会生成一个你定义的名为“Healthr”的新变量。你可能也想给新变量添加变量标签和值标签。给变量加标签的程序在本附录前部分有详细描述。

重新编码后的变量的频数分布表（见表A-2）显示，72.8%的美国人觉得自己的健康状态为“极好或好”。验证来自“极好”(27%）和“好”(45.8%）的组合信息等于记录的总数（72.8%）是一个很好的做法。总数是正确的，因为我们将健康状况重新编码为一个拥有两种类别的定类变量。我还通

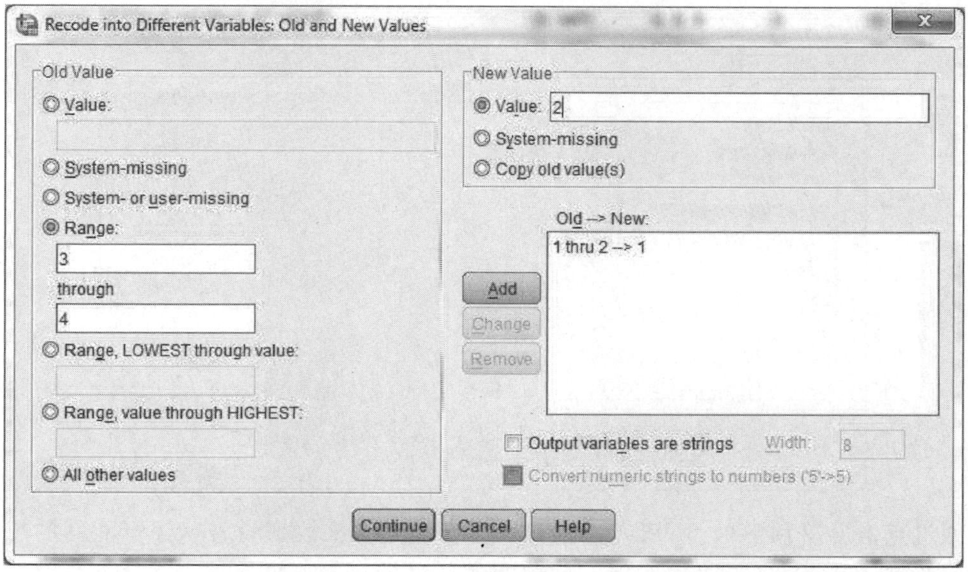

过进入数据窗口，点击变量视图，添加标签，改变变量的宽度（将其改为 1）以及小数点的位数来重新给每个类别加标签。最后，注意表 A－2 中有 768 个样本被认定为系统缺失（在数据集中没有值且以“.”的形式出现）。这些样本包括没有回答这个问题的人、拒绝回答这个问题的人，以及对这个问题回答不知道的人。所有这些值在原始变量中都被设置为“缺失”，且所有这些值都被组合归入了系统缺失值一类。为了我们的目的，我们已经完成了给变量重新编码为两类的任务，这能够使我们只对比那些回答了关于他们健康状态的问题的人。

表 A－2 重新编码后变量的频数分布表 524

健康状况（Healthr）

		频数	百分比	有效百分比	累计百分比
有效	1 极好或好	928	45.4	72.8	72.8
	2 一般或不好	347	17.0	27.2	100.0
	总计	1 276	62.4	100.0	
缺失	系统	768	37.6		
总计		2 044	100.0		

给变量重新编码经常被用来简化复杂变量，让我们能够恰当地在不同的统计过程中使用它们。作为社会科学家，我们经常想要将变量重新编码为更少的类别。

数据分析

在 SPSS 中，统计分析的第一步通常是点击屏幕顶部的 ANALYZE，然后选择你的统计分析方法。例如，在 SPSS 中生成频数分布表可以通过首先点击 ANALYZE，其次点击 DESCRIPTIVE STATISTIS，最后点击 FREQUENCIES 来实现。我电脑上的下拉框如下图所示。我已经设置好了让变量名（而不是标签）在数据文件中按照顺序呈现。其他人可能喜欢以标签、首字母缩略词的字母列表，或者变量的测量等级为顺序。

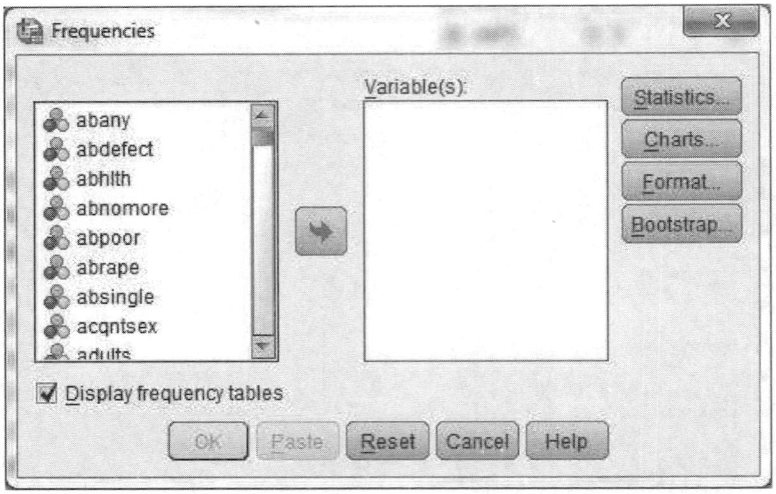

你可以通过点击屏幕顶部的 EDIT，然后选择 OPTIONS 来改变设置（你可能真的想要这么做）。
525 每次在公共实验室的计算机上进行操作时，你都需要这样做。但如果你是在你自己的电脑上进行操作的，那么你只需要改变一次。我也把输入的标签变为“变量名和标签”和“变量值和标签”。当完成这些改变后，点击 Apply（或者关掉 SPSS 后重启）。

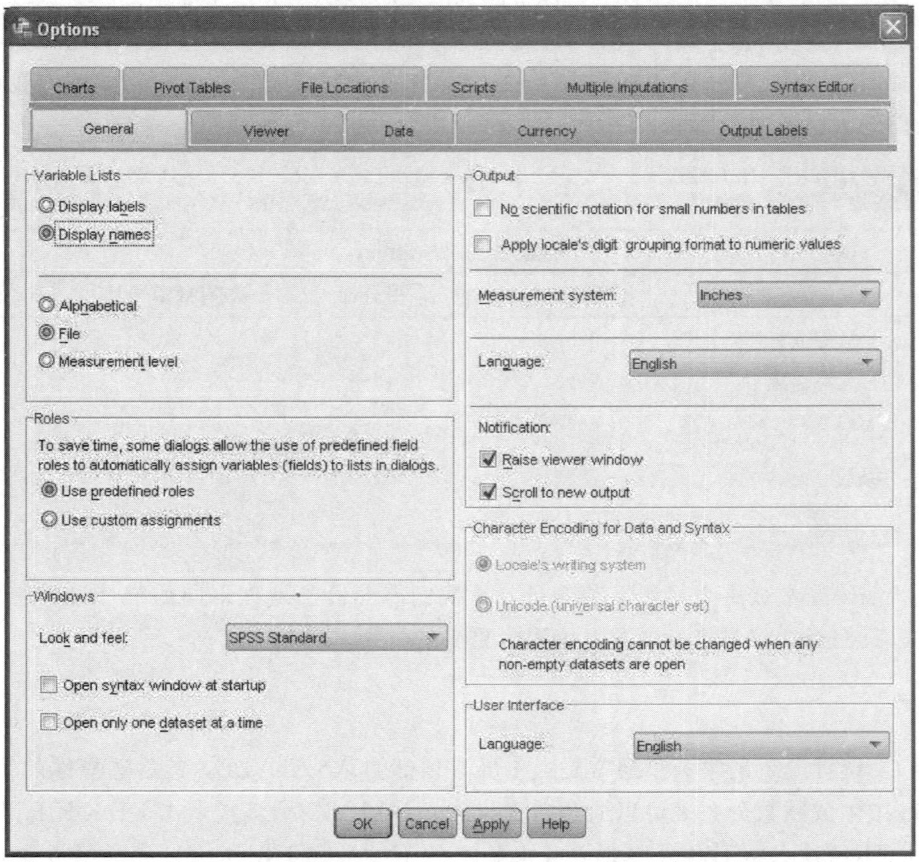

改变选项可能会让你读取输出的数据和在数据文件中储存变量更加方便。尝试一下，你就会发现这并不太复杂。不过，没有这些改变，分析也可以进行下去。

回到“Frequencies”窗口，选择变量点击箭头（你可以通过按 Control 键同时选择多个变量的变量名），将变量从左边的列表中添加到右边，以此生成一个频数分布表。下面的框要求一个变量的频率分布，该变量表示女性受访者是否出于任何原因想要堕胎（ABANY）。

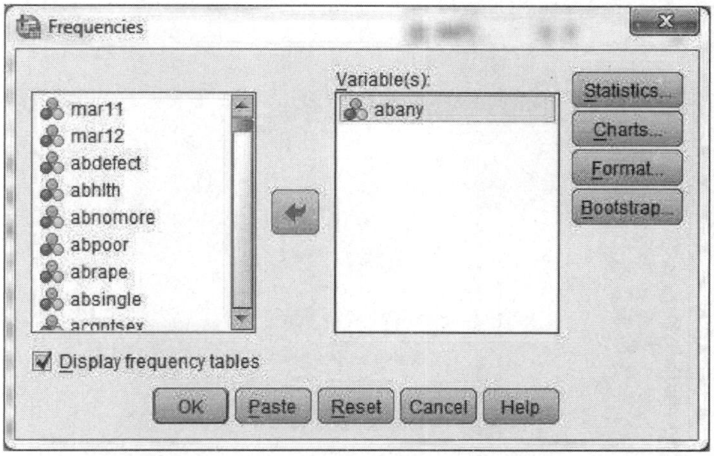

制作频数表是通过单击上框左下方的“OK”来运行的。如果你希望获得这个变量的其他特点，那 526
么你可以点击 STATISTICS，接着会打开一个框，你可以在其中选择更多的统计方法（如下所示）。点击 CONTINUE 退出这个框。

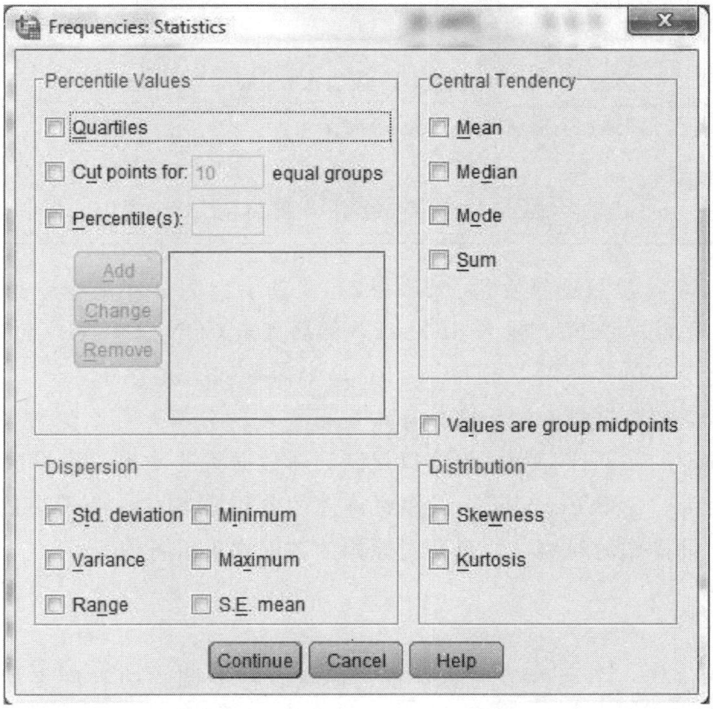

有太多的统计方法以至于不能在一篇短短的附录中全部呈现出来。本书要求你完成的大多数任务包括打开一个数据集，点击 Analyze，选择一种统计程序及其选项。制作频数分布表的过程是点击 527
ANALYZE、DESCRIPTIVE STATISTICS，然后点击 FREQUENCIES。问题集将提供关于下拉菜单中统计过程的位置的提示。

选择样本

许多时候研究者希望就数据集中的一小部分样本进行研究。例如，你可能只想对女性进行一些统计分析。SPSS 可以选择样本来进行统计分析。为了完成这个操作，点击 DATA，之后选择 SELECT CASES，打开以下菜单。

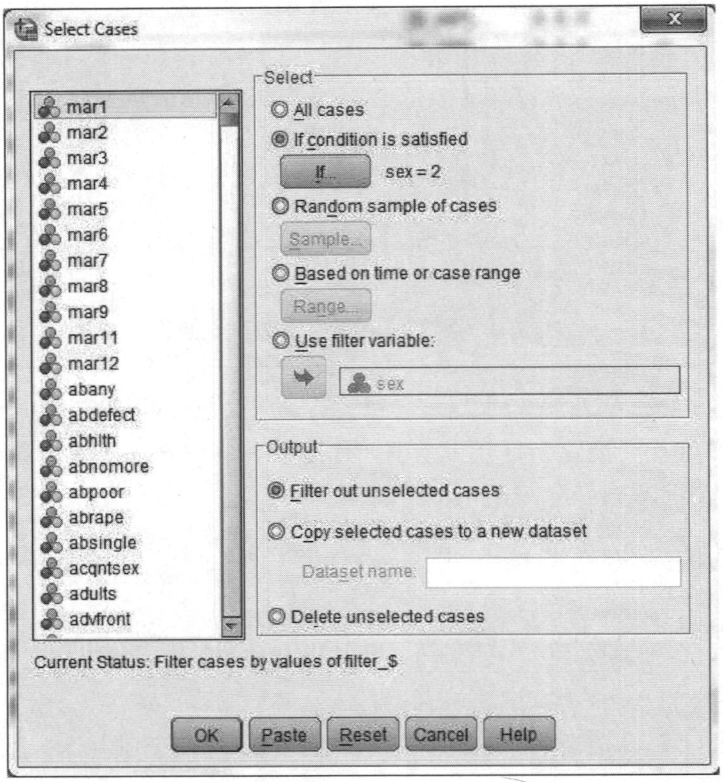

性别变量可以被用来设置只选择女性（Sex＝2）受访者，为了完成这个操作，点击 IF CONDITION IS SATISFIED 下面的“IF”。输入 SEX＝2，然后点击 CONTINUE。点击 OK 后，这个筛选就被激活了。重新打开这个菜单，然后点击 RESET，这个命令就能被关闭。

528 如果你想对一个较大的数据集中的小部分样本进行重复的分析，那么这种“挑选样本”的功能非常实用。你还可以将选定的实例保存为从该窗口复制到新数据集的输出。我将这个由 GSS 的女性受访者组成的新数据集命名为“GSS Female”。当你想将你的分析限制在一个子集的时候，你可能会进行这种操作。当你进行这种操作的时候，注意要对原始的数据集进行备份。

加权观测

许多复杂的数据集包括一个加权观测的变量。在综合社会调查中有许多加权的变量，其中之一（WTSSALL）是我们教学数据集的一部分。对数据进行加权有许多不同的原因。例如，在一项调查中男性的应答率可能比较低，因此样本中的男性比例就比总体中的低。为了纠正这个样本偏差，一个加权变量可以给男性回答较大的权重而给女性回答较小的权重，这样加权后的应答率总计为已知的总体的总数。GSS 网站有一个对如何计算加权变量的详细说明。

如果你希望使用加权的样本进行统计分析，点击 DATA 和 WEIGHT CASES 可以激活这一操作。

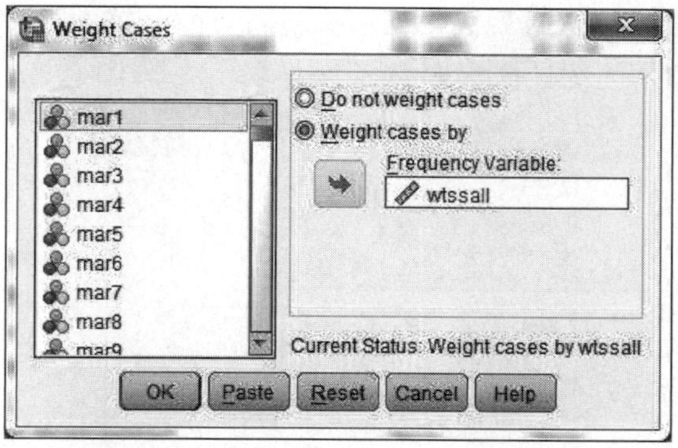

对于综合社会调查，我选择了 WTSSALL，这个变量被用来作为原始数据集的加权变量。点击“OK”，现有当前状态会变成 WTSSALL 加权状态。注意数据编辑器右下角会显示“Weight on”。

图表

图提供了一种将表格信息用视觉方式呈现的方法，可以强调重要的统计数据或趋势。SPSS 可以生成许多类型的图。第 2 章讨论了饼图、条形图和折线图的基础知识。当你在 SPSS 中制作图时，记住 529
有许多方法能把表格变成图，因此你需要考虑你的选择能否有效地提供恰当的标题、标签等信息。

交互式图表构建器是一个下拉框，可以通过单击数据屏幕顶部的 GRAPHS 访问。我们可以用它制作一个 ATTEND 条形图，以显示美国人参加宗教活动的频率。虽然图表构建器使用十分方便，但它假设每个变量的测量等级已经被设定好。在数据窗口点击变量视图。注意数据集中每个变量都被默认为定类变量。如果你想给一个变量制图，那么你需要将变量设置成恰当的测量等级。我将“ATTEND”设定为定序变量，这样我能生成一个条形图。

首先，我点击左侧的条形图。其次，我把简单的条形图拖拽到图表预览区。为了选择ATTEND，我向下滚动屏幕左侧的变量列表，右键单击 ATTEND，然后将其拖拽至 x 轴的框中。

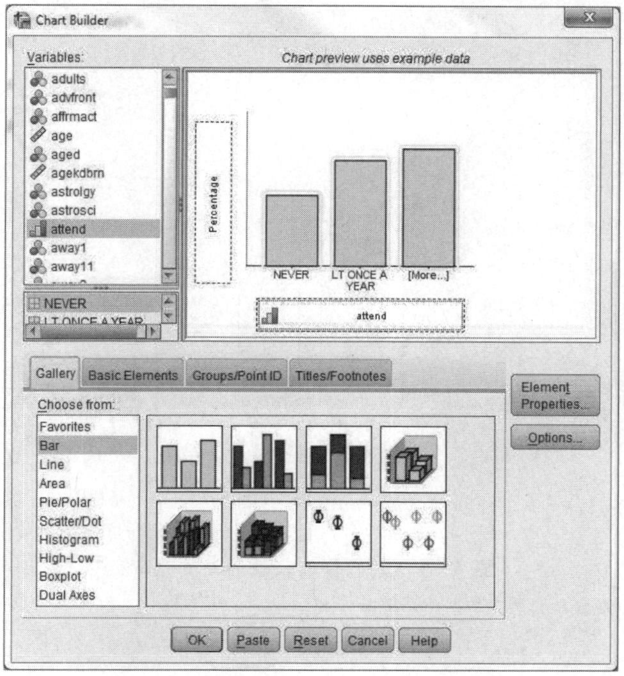

最后，我利用“Element Properties”的统计部分将图表的 y 轴的计数改成百分比。当图表构建器打开时，此框显示为屏幕最左侧的统计信息下的一个选项。

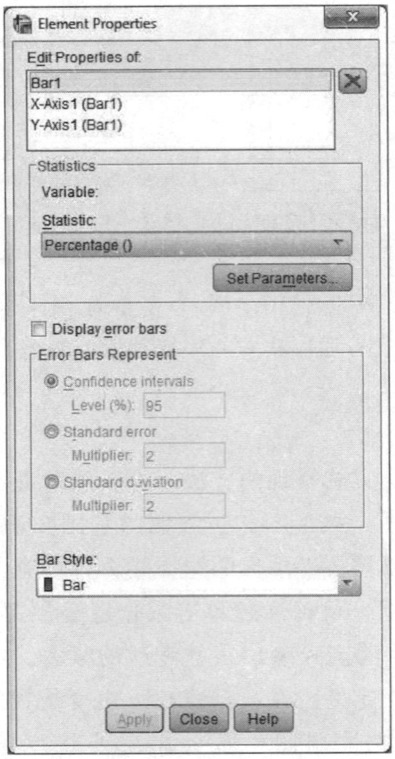

530 可以通过单击图表构建器中的标题和脚注的选项卡，来将它们添加至图表中。最后，点击“OK”，图表就会生成。SPSS 生成的 ATTEND 的条形图如图 A-1 所示：

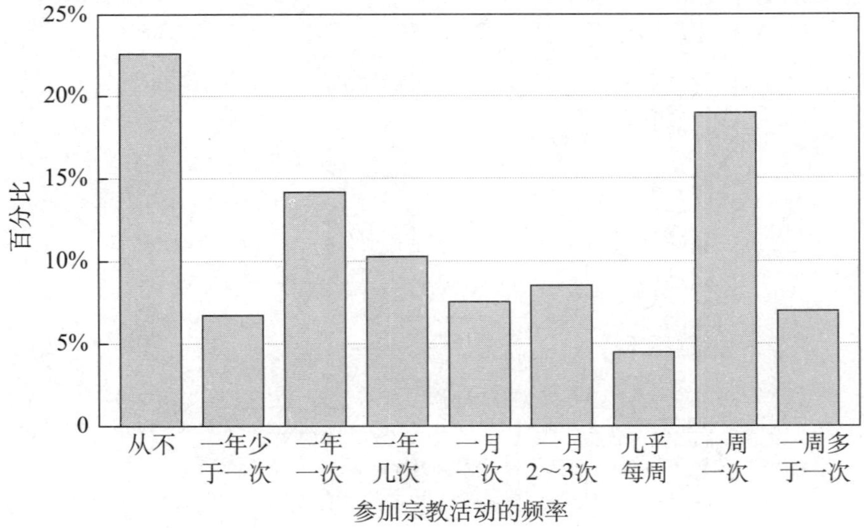

图 A-1　人们参加宗教活动的频率

资料来源：作者基于 2010 年综合社会调查数据计算得出。

用 SPSS 完善图表信息，双击它，“图表编辑器”就会打开。在这个编辑器中，你可以点击脚注 531
（或点击脚注应该在的地方）来编辑它，单击每一个标签来编辑和改变选项、标题、填充效果或者其他。你可以将你的图表保存在闪存驱动器中，同时使用 SPSS 进行额外更改，与进行修订时使用常规文字处理文件所做的更改类似。你可能也会将完整的图表复制成一张图片并添加到一个文字处理器（如 Microsoft Word）中。（小提示：你可以使用整洁的图表来让你的报告给你的教授留下深刻印象。）

计算机输出

SPSS 可以被用来生成数量众多的计算机输出。你能通过点击 FILE 和 SAVE AS，然后给其命名并选择储存位置（在你的电脑或者闪存驱动），将计算机输出保存之后使用。如果你不需要保存计算机输出，那么通过点击它然后按下删除键，你可以删除任何输出。你还可以通过直接关掉文件将整个文件删除。如果你这么做，那么在你下一次分析变量时，SPSS 会生成一个新的输出文件。

将 SPSS 的数据输出复制到其他计算机软件（比如 Microsoft Word）中同样是可行的。经过一些练习，你的包括统计输出和图表的报告将会让你的教授眼前一亮。这个附录提供了一个对 SPSS 非常简略的介绍。要获取更多的信息，可以访问 http：//www-01.ibm.com/software/analytics/spss/。同时，计算快乐！

附录 B StatCrunch

关于 StatCrunch

StatCrunch 是一款基于网页运行的统计软件包，可用于数据分析。访问 http：//www. statcrunch. com 网站便可使用 StatCrunch。本附录可作为一份简单的 StatCrunch 使用介绍，包括了大多数学生在初级统计课程中将会遇到的操作。如果你需要比本附录更加详细的介绍，可以参考 statcrunch. com 网站上的帮助链接。

Data > Load data > from file

1. 选择 My Computer 载入本地系统中的数据文件，或选择 WWW 载入网络上的数据文件。

2. 选定文本文件（. txt、. csv 等等）或 Excel 文件的位置。

3. 如果你选择的文件的第一行不包括列名称，那么关闭 Use first line as column names 选项。

4. 对于文本文件（Excel 文件不需要），选定数据值的分隔符。比如，一个 . csv 文件的分隔符是逗号。

5. 点击 Load File 按钮上传数据文件。

示例：从本地文件系统或网络地址中打开一个 Excel 文件。

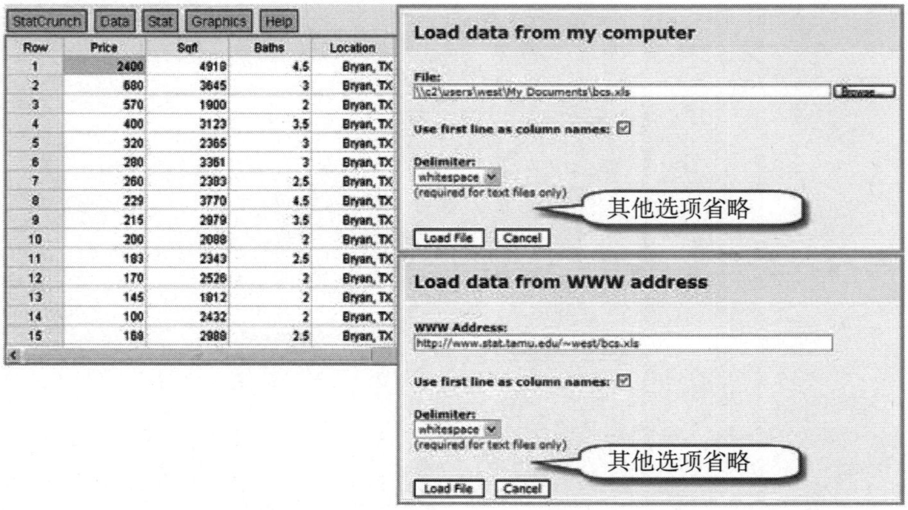

关于这份数据：我们使用的这份数据包含 2008 年 12 月一次针对得克萨斯州布莱恩和大学城大都会区 30 套待售的四室房屋进行随机抽样获得的信息。数据包括每一套房的以千美元为单位的出售价格(Price)、建筑面积（Sqft)、卫生间数量（Baths）和地理位置（Bryan，TX 或 College Station，TX)。目前这份数据可以从 StatCrunch 网站上获取：http：//www. statcrunch. com/5. 0/in dex. php? dataid=359673。 533

Data > Compute Expression

1. 在 Expression 输入框中输入一个数学表达式或布尔表达式。
2. 或者，使用 Y、X、a、b 和 Function 菜单构建表达式。然后，点击 Set Expression。
3. 点击 Compute，表达式的结果将会以一个新列的形式被添加到你的 StatCrunch 数据表中。

注意：在许多 StatCrunch 操作步骤中，布尔（真/假）表达式可以被用作 Where 选项，从而排除异常值，或关注某一组子数据。以下例子解释了这个特色功能。

示例：计算数学表达式 1 000* （价格/面积）。

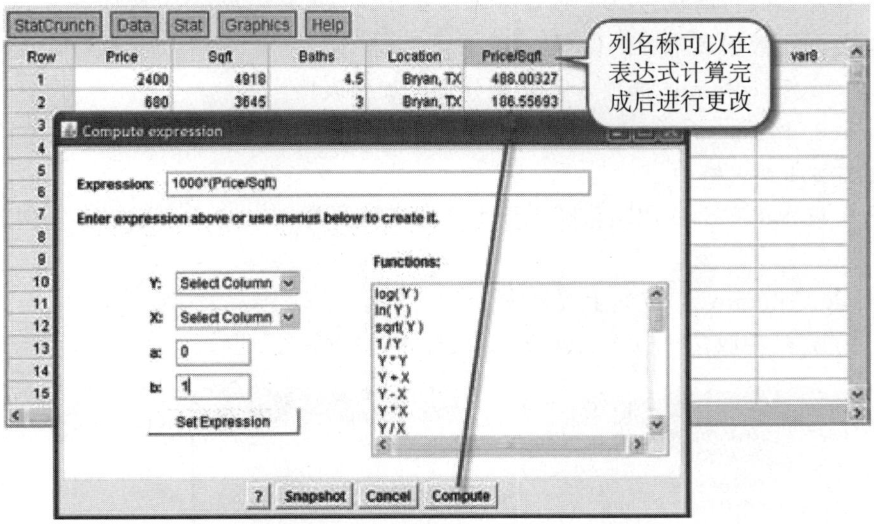

Data > Simulate data

1. 从菜单栏中选择想要的分布名称（比如二项分布、正态分布)。
2. 选定符合所要模拟的分布参数的行列数量。
3. 选定模拟的数据在数据表格中的存放方式。

a. 选择 Split across columns 选项，将模拟数据的各列分别添加到表格当中。

b. 选择 Stacked with a column id 选项，将模拟的全部数据依次放置在表中的一整列当中。包含各列对应序数号码的新列也会被添加到表格中。

示例：从一个标准正态分布中模拟 100 个大小为 10 的样本。

4. 选择 seeding 选项生成随机数。 534

a. Use preset generator 选项会使用默认的随机数生成器，起始的种子在每次 StatCrunch 载入时都是一样的。

b. Use single dynamic seed 选项会使用基于当前时钟时间的随机数生成器。如果目标是保证每次数据模拟过程产生的结果都不一样，那么这个选项是最适合的。

c. Use single fixed seed 选项可以被用于保证某一具体的分布在经过同样的步骤后，只要用户选定的种子是固定的，结果就会保持一样。

5. 点击 Simulate 生成伪随机数据值。

Data > Sample columns

1. 从表格中选择要抽样的列。
2. 选定要使用的样本量。
3. 选定要收集的样本个数。
4. 如果要进行重置抽样，那么勾选 Sample with replacement 选项。在默认情况下，抽样是不重置的。
5. 如果要收集多变量的样本并保持原始列的行关联，那么勾选 Sample all columns at one time 选项。
6. 如果要保存样本的行序数号码，那么勾选 Save row ids for samples 选项。
7. 选定样本数据在数据表格中的保存方式。

a. 选择 Split across columns 选项，将样本分别添加到表格当中。

b. 选择 Stacked with a sample id 选项，将样本依次放置在表中的一整列当中。包含样本对应序数号码的新列也会被添加到表格中。

8. 注意在这个过程中将会使用默认随机数生产器来选择样本。这一生成器在每次载入 StatCrunch 时都会重置。
9. 点击 Sample Column(s) 按钮生成样本。

示例：从 Height 列中收集 100 个大小为 10 的样本进行替换。

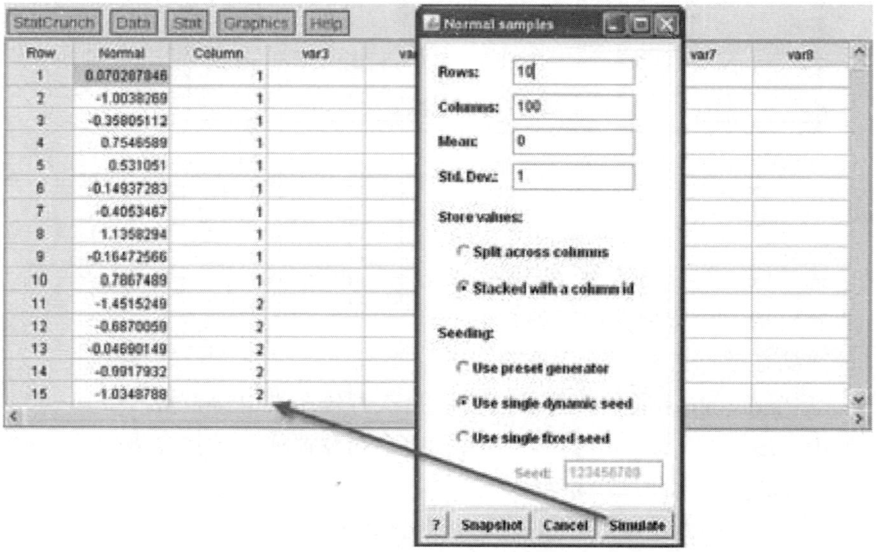

535

Graphics > Bar plot

1. 选择 with data 选项，使用数据表格中的结果绘图。

a. 选择要展示的列。

b. 输入可选的 Where 语句，确定要包括哪几行数据。

c. 选择可选的 Group by 列，绘制并列的条形图。

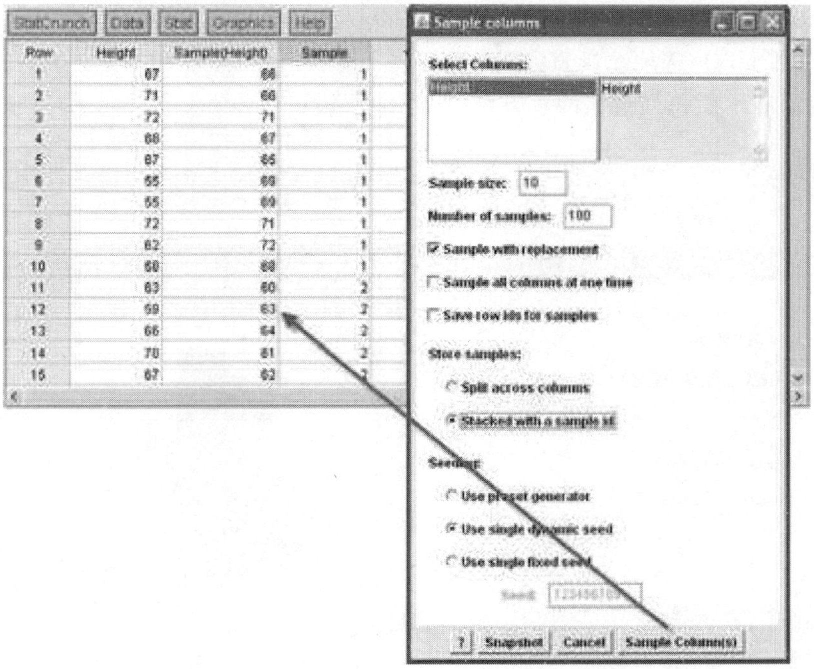

2. 选择 with summary 选项，使用包括类别和计数的总结信息绘图。

a. 选择包含类别信息的列。

b. 选择包含计数信息的列。

3. 点击 Next，设置额外选项，如 Type（频数或相对频数）。

4. 点击 Create Graph! 选项绘制条形图。

示例：绘制一幅展示各地拥有三个及以上卫生间的房屋数量的条形图。

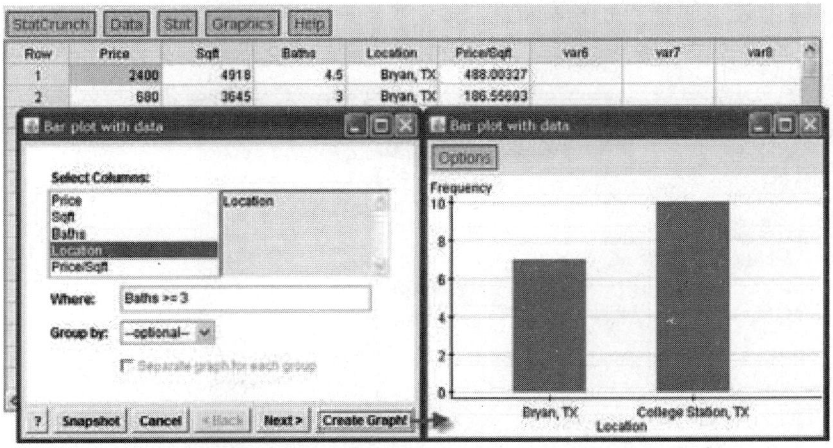

Graphics > Histogram

1. 选择要展示的列。

2. 输入可选的 Where 语句，确定要包括哪几行数据。
3. 选择可选的 Group by 列，绘制带颜色标记的直方图。
4. 点击 Next，设置额外选项，例如方格的起始值和方格宽度。
5. 再点击 Next，选定可选的密度选项以确定是否要重叠覆盖直方图。
6. 点击 Create Graph！选项绘制直方图。

示例：绘制一幅展示面积列数据的直方图。

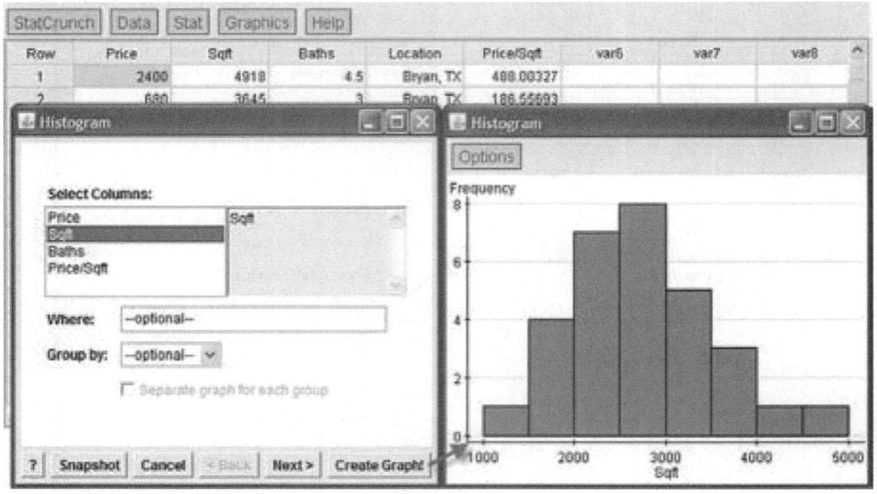

Graphics > Boxplot

1. 选择要展示的列。在默认情况下，各列的箱图会在同一张图中显示。
2. 输入可选的 Where 语句，确定要包括哪几行数据。
3. 选择可选的 Group by 列，在同一幅图中比较不同组的箱图。
536 4. 点击 Next，选择是否要在箱图中使用分割栏。在默认情况下，会使用五数概括法。
5. 点击 Create Graph！选项绘制箱图。

示例：绘制一幅比较不同地点价格的箱图。

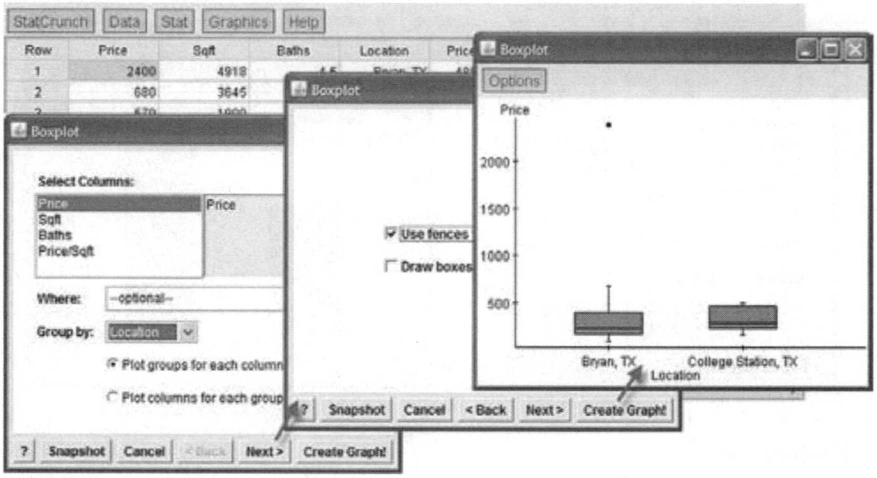

Graphics > Scatter Plot

1. 选择要绘图的 X variable（自变量）和 Y variable（因变量）。
2. 输入可选的 Where 语句，确定要包括哪几行数据。
3. 选择可选的 Group by 列，给点添加颜色标记。
4. 点击 Create Graph！选项绘图。

示例：绘制一幅按照地点上色的价格-面积散点图。

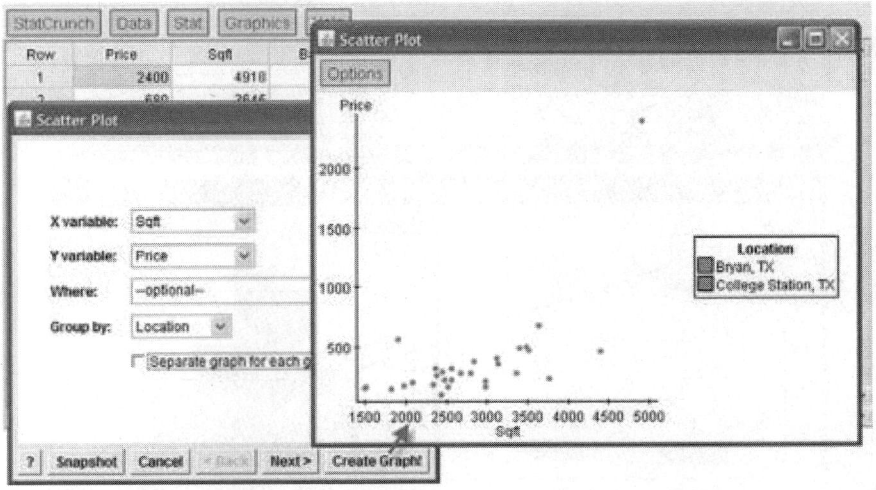

Graphics > QQ Plot

1. 选择要展示的列。
2. 输入可选的 Where 语句，确定要包括哪几行数据。
3. 选择可选的 Group by 列，为不同的分组绘制单独的图。
4. 点击 Create Graph！选项绘图。

示例：绘制一幅按地点分组的面积列数据 QQ 图。

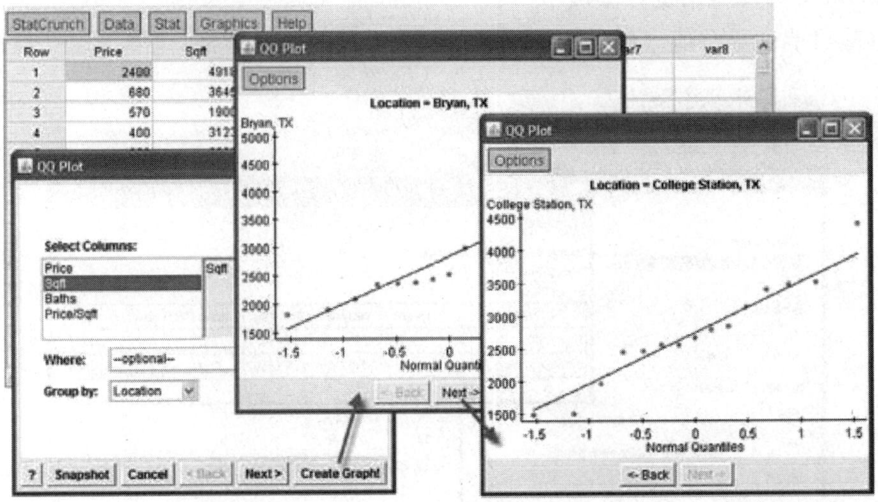

图表交互

1. 在图表内容附近点击并拖动鼠标，绘制一个矩形，就可以框选住内容使其高亮显示。
2. 数据表格和其他所有图表中对应的行也会被高亮标出。
3. 可以通过点击数据表格中的行编号开关高亮显示。
4. 如果要取消所有行的高亮显示，那么只需要点击表格中第一列上方的 Row 标题。

537 5. 如果要按照类别或数字范围高亮数据列，那么使用菜单的 Data＞Row selection＞Interactive tools 选项。

示例：高亮显示箱图中的异常值。

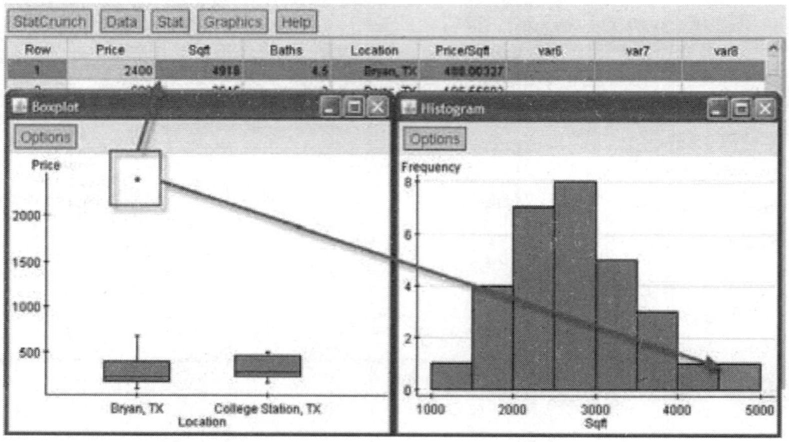

Stat > Summary Stats > Columns

1. 选择要计算的概括统计量对应的列。
2. 输入可选的 Where 语句，确定要包括哪几行数据。
3. 选择可选的 Group by 列，比较不同组的数据。
4. 点击 Next，设置额外选项，例如要计算的统计量。
5. 点击 Calculate 计算概括统计量。

示例：当移除可能的异常值之后，比较布莱恩和大学城的房屋价格。

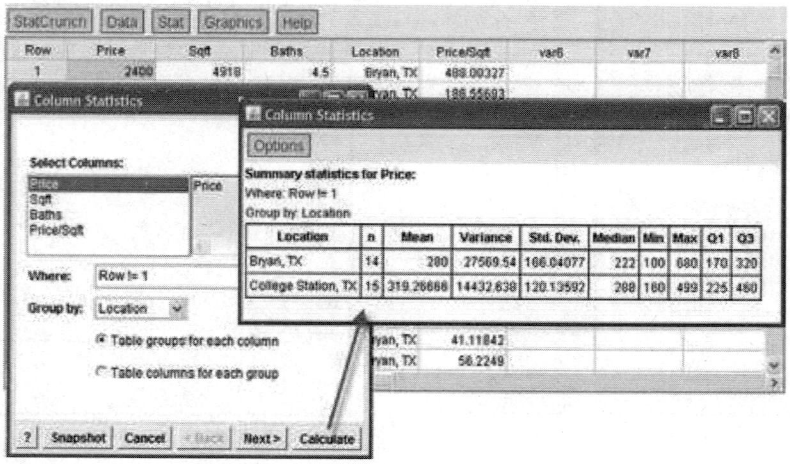

Stat > Tables > Frequency

1. 选择要计算的频率表对应的列。
2. 输入可选的 Where 语句，确定要包括哪几行数据。
3. 点击 Calculate 计算频率表。

示例：制作卫生间数量的频率表。

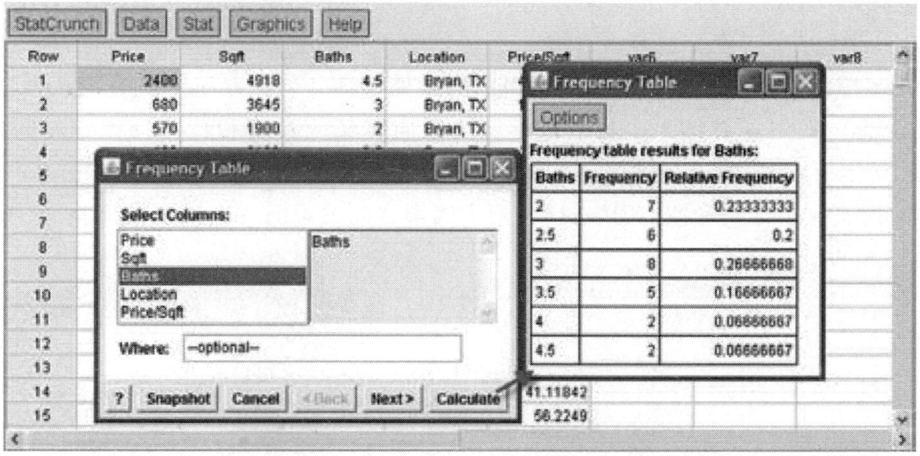

Stat > Tables > Contingency > with summary

1. 选择 with summary 选项，使用已经在数据表格中输入的双向交叉分类。
a. 选择包含汇总计数的列。
b. 选择包含行标签的列。
c. 输入列变量的名称。
2. 点击 Next，添加要显示在单元格中的额外信息（行、列和带预期计数的总百分比）。
3. 点击 Calculate 查看结果。

示例：以上所示的是使用汇总计数交叉列表显示性别与背部症状两个因素之间关系的独立性。注意，背部症状变量是由数据表中的第二和第三列表示的。

538

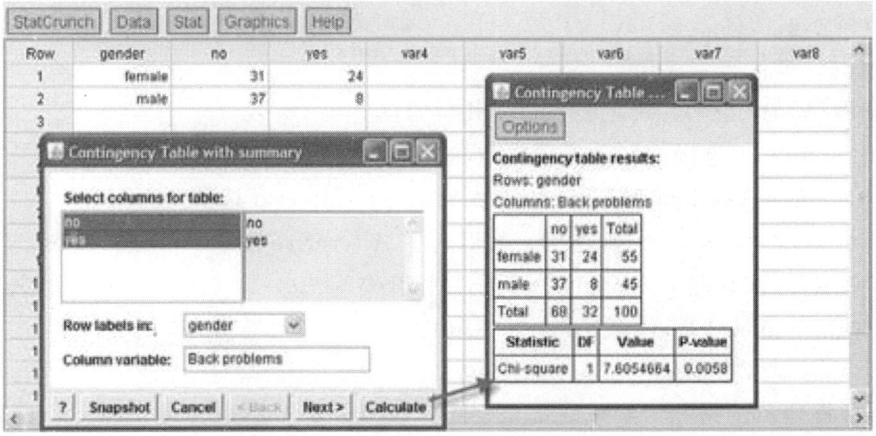

Stat > Tables > Contingency > with data

1. 如果数据表格包含原始结果，并且需要交叉分类至二维表中，则选择 with data 选项。

2. 选择包含要按照表格中的行进行行分类的值的列。

3. 选择包含要按照表格中的列进行列分类的值的列。

4. 输入可选的 Where 语句，确定要包括哪几行数据。

5. 选择可选的 Group by 列来给结果分组，Group by 列中每个独立的值都会生成一个单独的二维表。

6. 点击 Next 按钮，添加要显示在单元格当中的额外信息（行、列和带预期计数的总百分比）。

7. 点击 Calculate 按钮查看结果，其中包括一个双向交叉分类表和行与列内容之间独立性的卡方检验。

示例：交叉列表显示性别和拥有 iPad 情况两个因素之间关系的一次独立性检验。

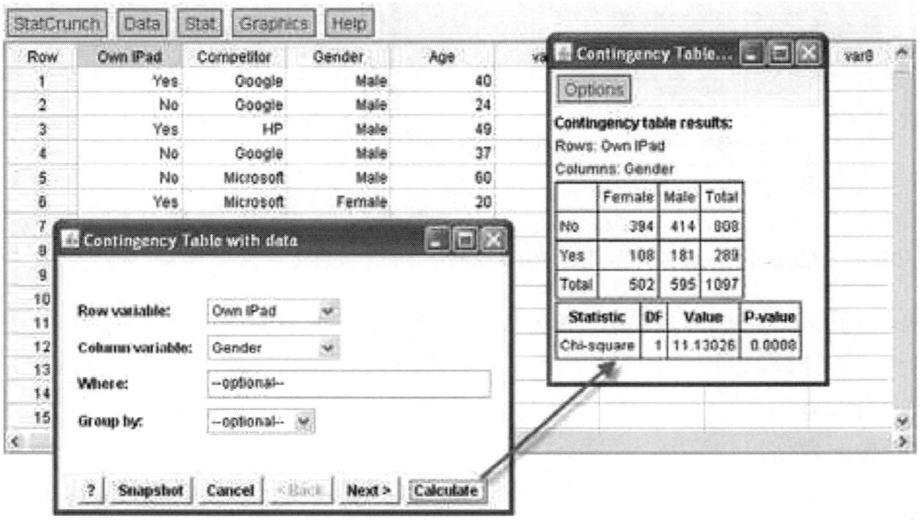

Stat > Proportions > One sample

1. 选择 with data 选项，使用数据表格中的数据。

a. 选择包含样本值的列。

b. 确定怎样的结果代表“成功”。

c. 输入可选的 Where 语句，确定要包括哪几行数据。

539 2. 选择 with summary 选项，输入成功次数和总观察次数。

3. 点击 Next，然后选择 hypothesis test 或 confidence interval 选项。

a. 若要进行假设检验，输入 Null 比例，然后选择 Alterntive 的≠、<或>情况。

b. 若要确定置信区间，输入 0 到 1 之间的一个值作为 Level（0.95 意味着 95%置信区间）。在 Method 选项中选择 Standard-Wald 或 Agresti-Coull。

4. 点击 Calculate 查看结果。

示例：这组数据显示的是北卡罗来纳州 998 例分娩当中每 1 例是否是早产。95%置信区间下北卡罗来纳州所有分娩中不是早产的比例如下图所示。

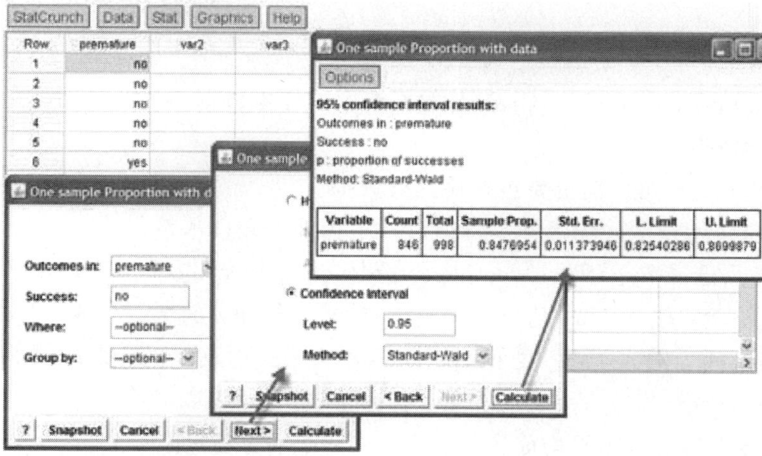

Stat > Proportions > Two sample

1. 选择 with data 选项，使用 StatCrunch 数据表中的样本数据。

a. 选择含有第一和第二个样本的列。

b. 确定两个样本中怎样的结果代表“成功”。

c. 输入可选的 Where 语句，确定两个样本中要包括哪几行数据。如果两个样本在不同的列中，那么这一步通常不做要求。

2. 选择 with summary 选项，输入两个样本的成功次数和总观察次数。

3. 点击 Next，然后选择 hypothesis test 或 confidence interval 选项。

a. 若要进行假设检验，输入 Null 比例，然后选择 Alternative 的≠、<或>情况。

b. 若要确定置信区间，输入 0 到 1 之间的一个值作为 Level（0.95 意味着 95%的置信区间）。

4. 点击 Calculate 查看结果。

示例：在一次皮尤研究中心的调查中，“每周至少参加一次”礼拜的 336 人中有 181 人称使用折磨手段对待有嫌疑的恐怖分子“常常”或“有时”是合理的。而“很少或从不参加”礼拜的 168 人中只有 71 人同意这一观点。使用这一汇总信息进行双边假设检验，比较这两个总体中持这一观点的人的比例。

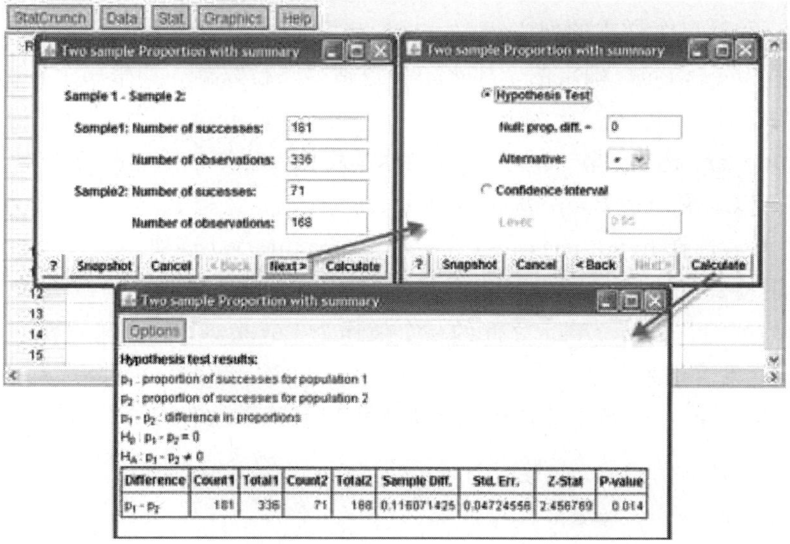

540

Stat > T statistics > One sample

1. 选择 with data 选项，使用 Stat Crunch 数据表中的样本数据。

a. 选择包含样本值的列。

b. 输入可选的 Where 语句，确定要包括哪几行数据。

2. 选择 with summary 选项，输入样本均值、样本标准差和样本量。

3. 点击 Next，然后选择 hypothesis test 或 confidence interval 选项。

a. 若要进行假设检验，输入 Null 比例，然后选择 Alternative 的≠、<或>情况。

b. 若要确定置信区间，输入 0 到 1 之间的一个值作为 Level（0.95 意味着 95%的置信区间）。

4. 点击 Calculate 查看结果。

示例：检验大学城出售的房屋平均面积是否大于 2 000 平方英尺①。

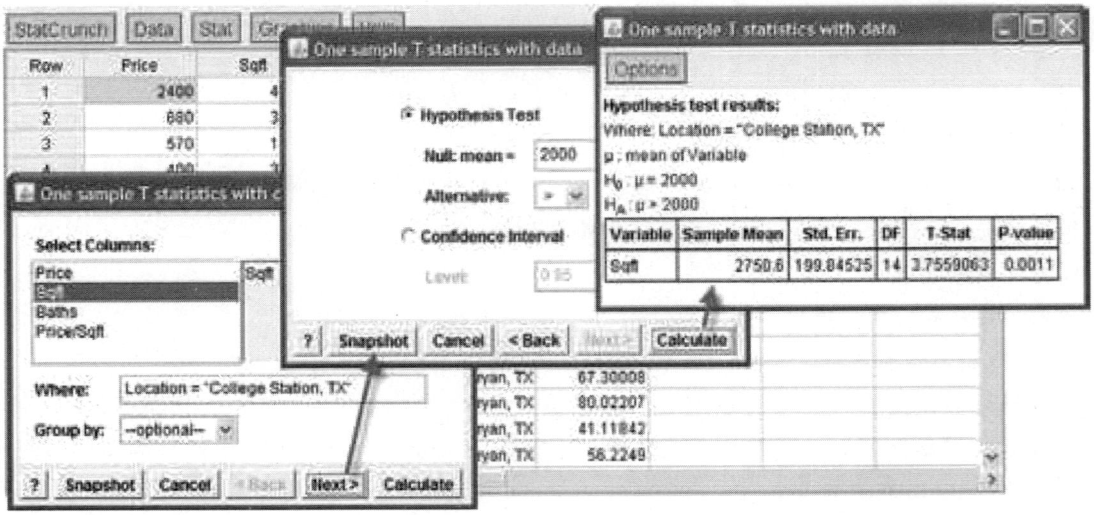

Stat > T statistics > Two sample

1. 选择 with data 选项，使用 StatCrunch 数据表中的样本数据。

a. 选择含有第一和第二个样本的列。

b. 输入可选的 Where 语句，确定两个样本中要包括哪几行数据。如果两个样本在不同的列中，那么这一步通常不做要求。

2. 选择 with summary 选项，输入两个样本的样本均值、样本标准差和样本量。

3. 如果需要，可以取消勾选 Pool variance 选项。

4. 点击 Next，然后选择 hypothesis test 或 confidence interval 选项。

a. 若要进行假设检验，输入 Null 比例，然后选择 Alternative 的≠、<或>情况。

b. 若要确定置信区间，输入 0 到 1 之间的一个值作为 Level（0.95 意味着 95%的置信区间）。

5. 点击 Calculate 查看结果。

示例：进行包括异常值在内的比较布莱恩和大学城房屋价格的假设检验。

---

① 1 平方英尺约为 0.09 平方米。——译者注

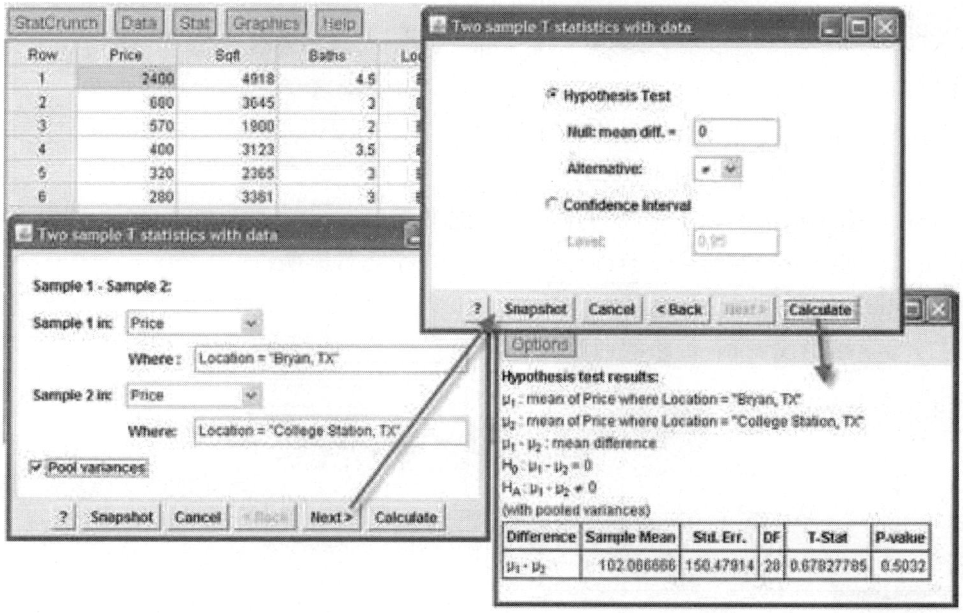

541

Stat > T statistics > Paired

1. 选择含有第一和第二个样本的列。
2. 输入可选的 Where 语句，确定要包括哪几行数据。
3. 点击 Next，然后选择 hypothesis test 或 confidence interval 选项。

a. 若要进行假设检验，输入 Null 比例，然后选择 Alternative 的≠、<或>情况。

b. 若要确定置信区间，输入 0 到 1 之间的一个值作为 Level（0.95 意味着 95%的置信区间）。

4. 点击 Calculate 查看结果。

示例：对四所大学进行随机抽样，在 95%的置信区间下考察四所大学全日制和非全日制学生毕业率的平均差异。

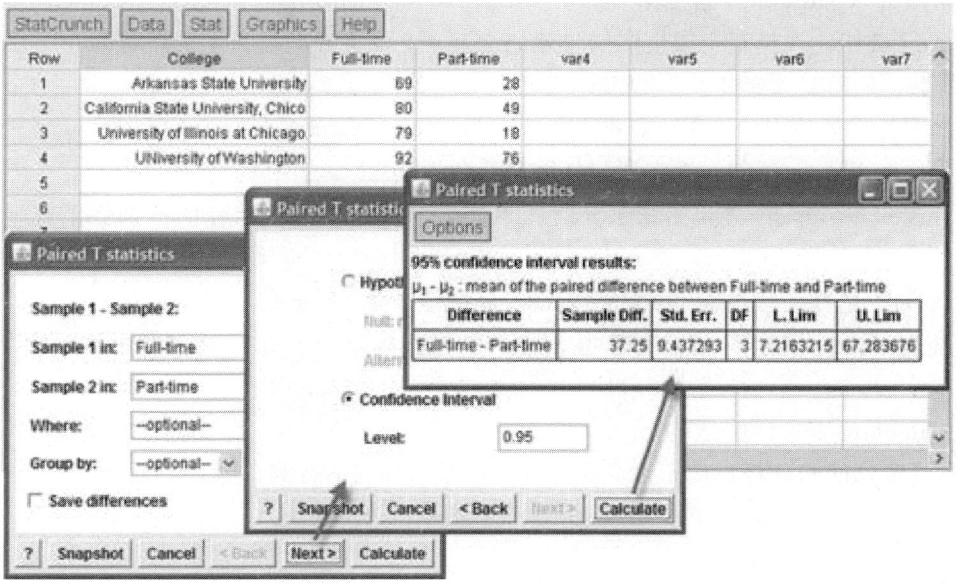

Stat > Regression > Simple Linear

1. 选择回归的 X variable（自变量）和 Y variable（因变量）。

2. 输入可选的 Where 语句，确定要包括哪几行数据。

3. 选择可选的 Group by 列，比较不同组的数据。

4. 点击 Next，确定可选的用于预测的 X 值，并选择是否保存残差和拟合值。

5. 点击 Next，选择可选的绘制拟合线图、考察残差等绘图选项。

6. 点击 Calculate 查看结果。

示例：进行大学城房屋面积-价格的回归分析。

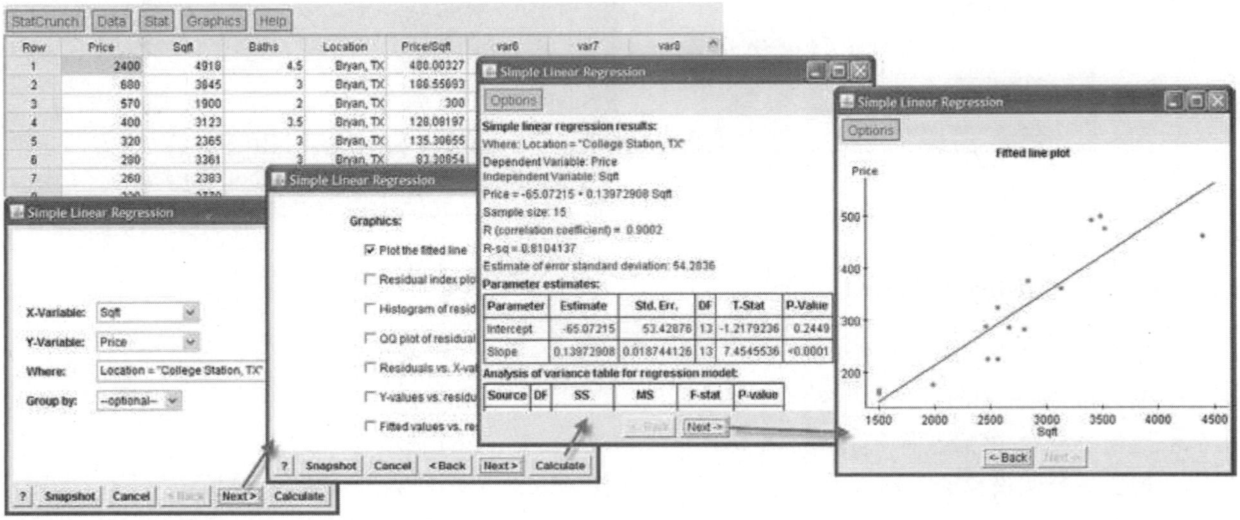

542

Stat > Regression > Multiple Linear

1. 选择回归的 Y variable（因变量）。

2. 选择回归的 X variable（自变量）。

3. 点击 Add 按钮，选择两个或更多变量建立交互项。交互项将会在右边的区域中显示。要删除一条相互作用关系，只需要选择并点击 Delete 按钮。

4. 若要集中各交互项中的变量，打开 Center interaction terms 选项。

5. 输入可选的 Where 语句，确定要包括哪几行数据。

6. 选择可选的 Group by 列，给结果分组。Group by 列中的每个独立的值都会生成一个单独的回归分析。

7. 点击 Next，选择变量选取选项，比如逐步或最佳子集。

8. 再次点击 Next，确定可储存于数据表格中的输出模型，比如残差、预测值、预测区间、DF-FITS 等。

9. 点击 Calculate 查看回归结果。

示例：通过多元回归分析，使用身高和性别预测某人伴侣的身高。

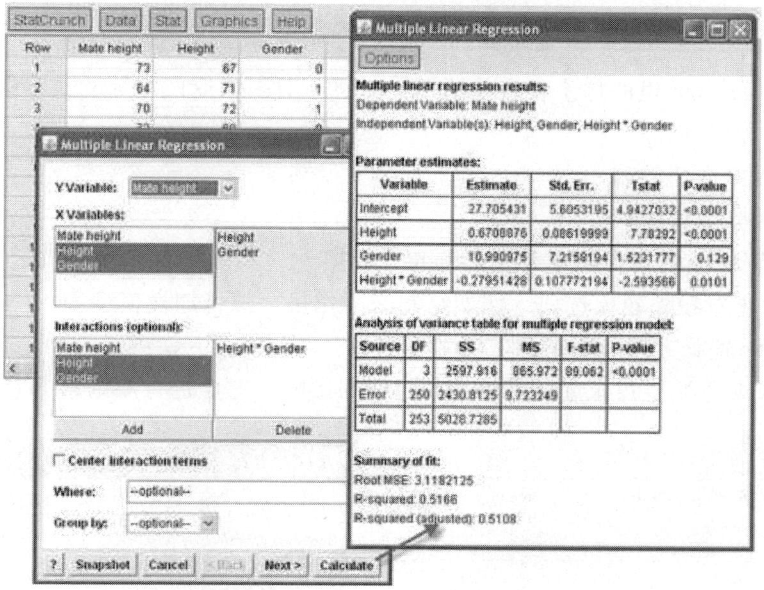

Stat > ANOVA > One way

1. 选择下列选项之一：

a. 若样本在不同列，选择 Compare selected columns 选项，然后选择包含样本的各列。

b. 若样本在同一列，选择 Compare values in a single column 选项，然后指定包含样本的列（Responses In）和包含总体标签的列（Factors）。

2. 输入可选的 Where 语句，确定要包括哪几行数据。

3. 选择 Turkey HSD 选项，指定一个置信水平进行事后均值分析。默认取值 0.95 会生成对于所 543
有成对均值差异的 95%的置信区间。

4. 点击 Calculate 查看结果。

示例：打电话的人在三种不同的对待方式下，挂断前停留多少分钟，对此进行方差分析。

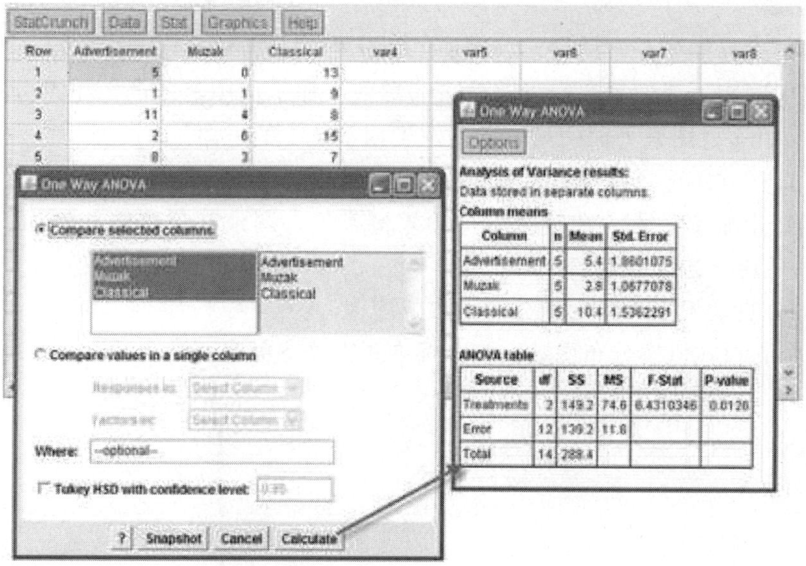

Stat > ANOVA > Two way

1. 请注意，StatCrunch 里的这个程序仅适用于对每一对因素返回相等的数字的对称的设计。
2. 选择包含返回值的列。
3. 选择包含行因素取值的列。
4. 选择包含列因素取值的列。
5. 输入可选的 Where 语句，确定要包括哪几行数据。
6. 点击 Next 来查看额外建模选项，例如绘制交互作用、拟合加性模型等。
7. 点击 Calculate 查看方差分析结果。

示例：比较不同声音类型和音量对完成任务时间的影响，对此进行双因素方差分析。

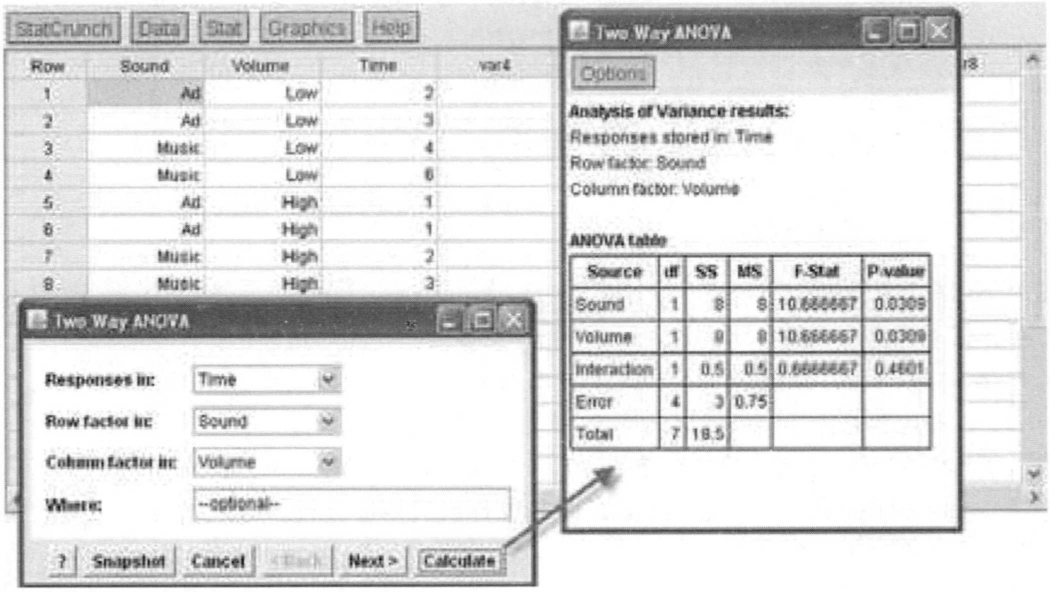

Stat > Calculators

1. 在菜单列表中选择期望分布的名字（例如二项分布、正态分布）。

2. 在计算窗口中图表下面的第一行指定分布的参数。如示例中显示的，正态分布指定均值、标准
544 差，二项分布指定 n 和 p。图表下面的第二行指定了期望概率的方向。

a. 要计算概率，在方向选择符号右边输入一个赋值，剩余部分留空［例如：P（X<3）=____］。

b. 要确定提供特定概率的点，在等号右边输入概率值，剩余部分留空［例如：P（X<____）=0.25］。这个选项只适用于连续的概率分布函数。

3. 点击 Compute 自动填空，并更新分布函数的图像。

示例：完成一个二项式概率分布函数、一个标准正态概率分布函数、一个 t（8）分位数。

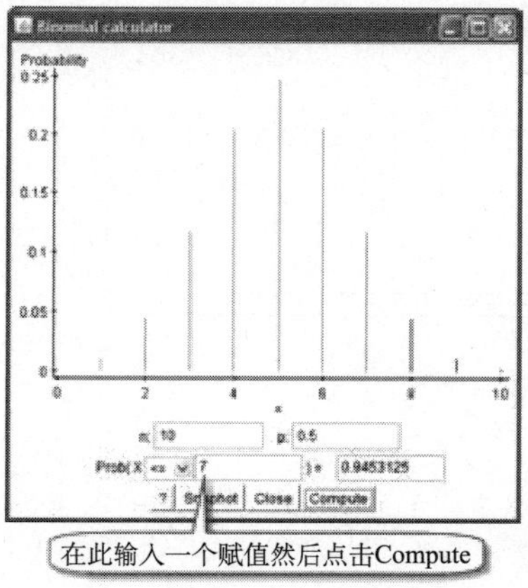

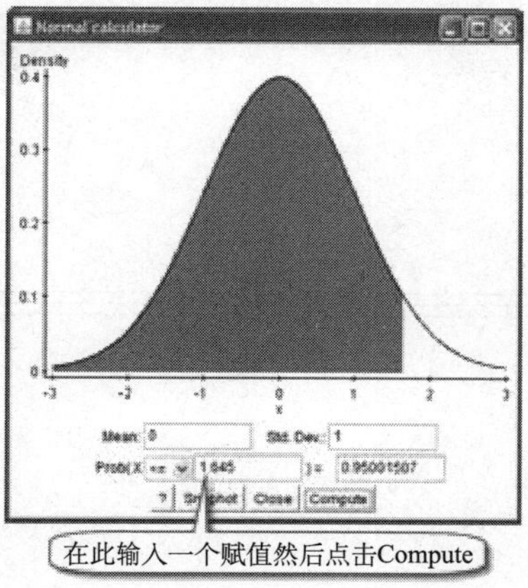

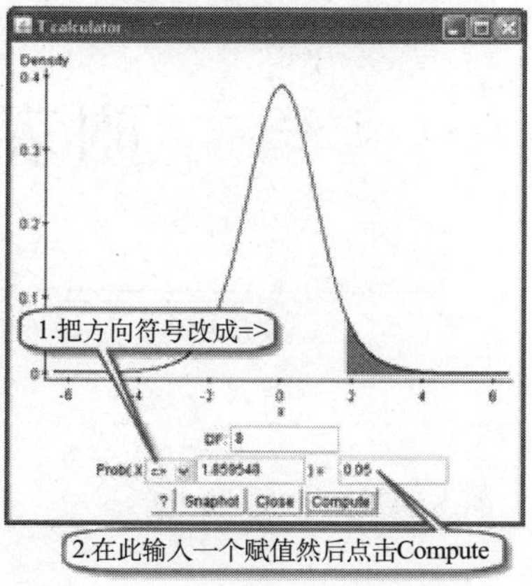

使用 StatCrunch 处理综合社会调查数据

StatCrunch 比 SPSS（在附录 A 中有提及）更容易使用，但它的功能比较少。例如，StatCrunch 中变量的标签更少，并且 StatCrunch 更难处理缺失的赋值和权重。

StatCrunch 可以读取 Excel 文件。因此，本教材的上机练习使用了命名为 GSS 2010 for 12E. xlsx 的 Excel 文件——来自 2010 年综合社会调查的一部分变量。请从 Pearson 网站上下载这个 Excel 文件并把它载入 StatCrunch。

有必要注意的是，使用 StatCrunch 分析 GSS 2010 得到的结果会与使用 SPSS 得到的不同，因为缺失的赋值会被归为一类，并且 StatCrunch 并不使用 GSS 的加权变量。因此，基于 StatCrunch 撰写的报告需要说明使用了未加权的数据。GSS 网站上提供了关于未加权与加权结果报告的说明。因为并未标明变量类别和赋值，为了确保正确解读它们，请查询 GSS 网站上 GSS 变量的编码本。

545 # 附录C 附表

表 A 正态曲线下面积的百分比

a 列以标准差为单位给出了距均值的距离（z）。b 列代表的是均值与给定的 z 之间的面积所占的百分比。c 列代表的是给定的 z 以外的面积所占的百分比。

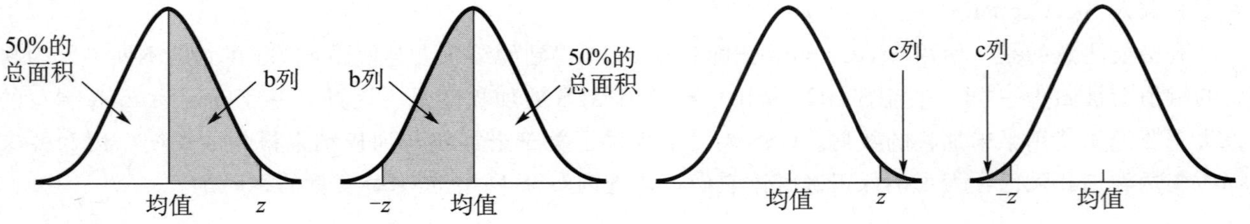

546

(a) z	(b) 均值与 z 之间的面积	(c) z 以外的面积	(a) z	(b) 均值与 z 之间的面积	(c) z 以外的面积
0.00	0.00	50.00	0.13	5.17	44.83
0.01	0.40	49.60	0.14	5.57	44.43
0.02	0.80	49.20	0.15	5.96	44.04
0.03	1.20	48.80	0.16	6.36	43.64
0.04	1.60	48.40	0.17	6.75	43.25
0.05	1.99	48.01	0.18	7.14	42.86
0.06	2.39	47.61	0.19	7.53	42.47
0.07	2.79	47.21	0.20	7.93	42.07
0.08	3.19	46.81	0.21	8.32	41.68
0.09	3.59	46.41	0.22	8.71	41.29
0.10	3.98	46.02	0.23	9.10	40.90
0.11	4.38	45.62	0.24	9.48	40.52
0.12	4.78	45.22	0.25	9.87	40.13

续表

(a) z	(b) 均值与 z 之间的面积	(c) z 以外的面积	(a) z	(b) 均值与 z 之间的面积	(c) z 以外的面积
0.26	10.26	39.74	0.59	22.24	27.76
0.27	10.64	39.36	0.60	22.57	27.43
0.28	11.03	38.97	0.61	22.91	27.09
0.29	11.41	38.59	0.62	23.24	26.76
0.30	11.79	38.21	0.63	23.57	26.43
0.31	12.17	37.83	0.64	23.89	26.11
0.32	12.55	37.45	0.65	24.22	25.78
0.33	12.93	37.07	0.66	24.54	25.46
0.34	13.31	36.69	0.67	24.86	25.14
0.35	13.68	36.32	0.68	25.17	24.83
0.36	14.06	35.94	0.69	25.49	24.51
0.37	14.43	35.57	0.70	25.80	24.20
0.38	14.80	35.20	0.71	26.11	23.89
0.39	15.17	34.83	0.72	26.42	23.58
0.40	15.54	34.46	0.73	26.73	23.27
0.41	15.91	34.09	0.74	27.04	22.96
0.42	16.28	33.72	0.75	27.34	22.66
0.43	16.64	33.36	0.76	27.64	22.36
0.44	17.00	33.00	0.77	27.94	22.06
0.45	17.36	32.64	0.78	28.23	21.77
0.46	17.72	32.38	0.79	28.52	21.48
0.47	18.08	31.92	0.80	28.81	21.19
0.48	18.44	31.56	0.81	29.10	20.90
0.49	18.79	31.21	0.82	29.39	20.61
0.50	19.15	30.85	0.83	29.67	20.33
0.51	19.50	30.50	0.84	29.95	20.05
0.52	19.85	30.15	0.85	30.23	19.77
0.53	20.19	29.81	0.86	30.51	19.49
0.54	20.54	29.46	0.87	30.78	19.22
0.55	20.88	29.12	0.88	31.06	18.94
0.56	21.23	28.77	0.89	31.33	18.67
0.57	21.57	28.43	0.90	31.59	18.41
0.58	21.90	28.10	0.91	31.86	18.14

续表

	(a) z	(b) 均值与 z 之间的面积	(c) z 以外的面积	(a) z	(b) 均值与 z 之间的面积	(c) z 以外的面积
	0.92	32.12	17.88	1.23	39.07	10.93
	0.93	32.38	17.62	1.24	39.25	10.75
	0.94	32.64	17.36	1.25	39.44	10.56
	0.95	32.89	17.11	1.26	39.62	10.38
547	0.96	33.15	16.85	1.27	39.80	10.20
	0.97	33.40	16.60	1.28	39.97	10.03
	0.98	33.65	16.35	1.29	40.15	9.85
	0.99	33.89	16.11	1.30	40.32	9.68
	1.00	34.13	15.87	1.31	40.49	9.51
	1.01	34.38	15.62	1.32	40.66	9.34
	1.02	34.61	15.39	1.33	40.82	9.18
	1.03	34.85	15.15	1.34	40.99	9.01
	1.04	35.08	14.92	1.35	41.15	8.85
	1.05	35.31	14.69	1.36	41.31	8.69
	1.06	35.54	14.46	1.37	41.47	8.53
	1.07	35.77	14.23	1.38	41.62	8.38
	1.08	35.99	14.01	1.39	41.77	8.23
	1.09	36.21	13.79	1.40	41.92	8.08
	1.10	36.43	13.57	1.41	42.07	7.93
	1.11	36.65	13.35	1.42	42.22	7.78
	1.12	36.86	13.14	1.43	42.36	7.64
	1.13	37.08	12.92	1.44	42.51	7.49
	1.14	37.29	12.71	1.45	42.65	7.35
	1.15	37.49	12.51	1.46	42.79	7.21
	1.16	37.70	12.30	1.47	42.92	7.08
	1.17	37.90	12.10	1.48	43.06	6.94
	1.18	38.10	11.90	1.49	43.19	6.81
	1.19	38.30	11.70	1.50	43.32	6.68
	1.20	38.49	11.51	1.51	43.45	6.55
	1.21	38.69	11.31	1.52	43.57	6.43
	1.22	38.88	11.12	1.53	43.70	6.30

续表

(a)	(b)	(c)	(a)	(b)	(c)	
z	均值与 z 之间的面积	z 以外的面积	z	均值与 z 之间的面积	z 以外的面积	
1.54	43.82	6.18	1.84	46.71	3.29	
1.55	43.94	6.06	1.85	46.78	3.22	
1.56	44.06	5.94	1.86	46.86	3.14	
1.57	44.18	5.82	1.87	46.93	3.07	
1.58	44.29	5.71	1.88	46.99	3.01	
1.59	44.41	5.59	1.89	47.06	2.94	
1.60	44.52	5.48	1.90	47.13	2.87	
1.61	44.63	5.37	1.91	47.19	2.81	
1.62	44.74	5.26	1.92	47.26	2.74	
1.63	44.84	5.16	1.93	47.32	2.68	
1.64	44.95	5.05	1.94	47.38	2.62	
1.65	45.05	4.95	1.95	47.44	2.56	
1.66	45.15	4.85	1.96	47.50	2.50	
1.67	45.25	4.75	1.97	47.56	2.44	
1.68	45.35	4.65	1.98	47.61	2.39	
1.69	45.45	4.55	1.99	47.67	2.33	
1.70	45.54	4.46	2.00	47.72	2.28	548
1.71	45.64	4.36	2.01	47.78	2.22	
1.72	45.73	4.27	2.02	47.83	2.17	
1.73	45.82	4.18	2.03	47.88	2.12	
1.74	45.91	4.09	2.04	47.93	2.07	
1.75	45.99	4.01	2.05	47.98	2.02	
1.76	46.08	3.92	2.06	48.03	1.97	
1.77	46.16	3.84	2.07	48.08	1.92	
1.78	46.25	3.75	2.08	48.12	1.88	
1.79	46.33	3.67	2.09	48.17	1.83	
1.80	46.41	3.59	2.10	48.21	1.79	
1.81	46.49	3.51	2.11	48.26	1.74	
1.82	46.56	3.44	2.12	48.30	1.70	
1.83	46.64	3.36	2.13	48.34	1.66	

续表

	(a) z	(b) 均值与 z 之间的面积	(c) z 以外的面积	(a) z	(b) 均值与 z 之间的面积	(c) z 以外的面积
	2.14	48.38	1.62	2.47	49.32	0.68
	2.15	48.42	1.58	2.48	49.34	0.66
	2.16	48.46	1.54	2.49	49.36	0.64
	2.17	48.50	1.50	2.50	49.38	0.62
	2.18	48.54	1.46	2.51	49.40	0.60
	2.19	48.57	1.43	2.52	49.41	0.59
	2.20	48.61	1.39	2.53	49.43	0.57
549	2.21	48.64	1.36	2.54	49.45	0.55
	2.22	48.68	1.32	2.55	49.46	0.54
	2.23	48.71	1.29	2.56	49.48	0.52
	2.24	48.75	1.25	2.57	49.49	0.51
	2.25	48.78	1.22	2.58	49.51	0.49
	2.26	48.81	1.19	2.59	49.52	0.48
	2.27	48.84	1.16	2.60	49.53	0.47
	2.28	48.87	1.13	2.61	49.55	0.45
	2.29	48.90	1.10	2.62	49.56	0.44
	2.30	48.93	1.07	2.63	49.57	0.43
	2.31	48.96	1.04	2.64	49.59	0.41
	2.32	48.98	1.02	2.65	49.60	0.40
	2.33	49.01	0.99	2.66	49.61	0.39
	2.34	9.04	0.96	2.67	49.62	0.38
	2.35	49.06	0.94	2.68	49.63	0.37
	2.36	49.09	0.91	2.69	49.64	0.36
	2.37	49.11	0.89	2.70	49.65	0.35
	2.38	49.13	0.87	2.71	49.66	0.34
	2.39	49.16	0.84	2.72	49.67	0.33
	2.40	49.18	0.82	2.73	49.68	0.32
	2.41	49.20	0.80	2.74	49.69	0.31
	2.42	49.22	0.78	2.75	49.70	0.30
	2.43	49.25	0.75	2.76	49.71	0.29
	2.44	49.27	0.73	2.77	49.72	0.28
	2.45	49.29	0.71	2.78	49.73	0.27
	2.46	49.31	0.69	2.79	49.74	0.26

续表

(a) z	(b) 均值与 z 之间的面积	(c) z 以外的面积	(a) z	(b) 均值与 z 之间的面积	(c) z 以外的面积
2.80	49.74	0.26	3.08	49.90	0.10
2.81	49.75	0.25	3.09	49.90	0.10
2.82	49.76	0.24	3.10	49.90	0.10
2.83	49.77	0.23	3.11	49.91	0.09
2.84	49.77	0.23	3.12	49.91	0.09
2.85	49.78	0.22	3.13	49.91	0.09
2.86	49.79	0.21	3.14	49.92	0.08
2.87	49.79	0.21	3.15	49.92	0.08
2.88	49.80	0.20	3.16	49.92	0.08
2.89	49.81	0.19	3.17	49.92	0.08
2.90	49.81	0.19	3.18	49.93	0.07
2.91	49.82	0.18	3.19	49.93	0.07
2.92	49.82	0.18	3.20	49.93	0.07
2.93	49.83	0.17	3.21	49.93	0.07
2.94	49.84	0.16	3.22	49.94	0.06
2.95	49.84	0.16	3.23	49.94	0.06
2.96	49.85	0.15	3.24	49.94	0.06
2.97	49.85	0.15	3.25	49.94	0.06
2.98	49.86	0.14	3.30	49.95	0.05
2.99	49.86	0.14	3.35	49.96	0.04
3.00	49.87	0.13	3.40	49.97	0.03
3.01	49.87	0.13	3.45	49.97	0.03
3.02	49.87	0.13	3.50	49.98	0.02
3.03	49.88	0.12	3.60	49.98	0.02
3.04	49.88	0.12	3.70	49.99	0.01
3.05	49.89	0.11	3.80	49.99	0.01
3.06	49.89	0.11	3.90	49.995	0.005
3.07	49.89	0.11	4.00	49.997	0.003

表 B 随机数表

行	列																																						
	1	**2**	**3**	**4**	**5**	**6**	**7**	**8**	**9**	**10**	**11**	**12**	**13**	**14**	**15**	**16**	**17**	**18**	**19**	**20**	**21**	**22**	**23**	**24**	**25**	**26**	**27**	**28**	**29**	**30**	**31**	**32**	**33**	**34**	**35**	**36**	**37**	**38**	**39**	**40**
1	0	6	9	0	6	2	8	5	3	6	9	6	4	3	3	2	8	1	2	0	1	3	8	9	9	9	7	9	9	2	8	5	4	1	5	3	9	8	2	3
2	4	9	6	8	5	5	3	0	7	8	9	2	9	2	2	1	0	1	1	0	2	3	0	9	3	4	8	5	2	0	6	3	2	6	0	4	5	0	0	1
3	9	4	6	2	2	3	8	6	7	8	4	0	1	1	1	7	0	3	7	0	0	2	5	2	8	4	8	0	1	0	5	2	8	5	0	5	0	3	0	6
4	9	5	0	4	6	2	2	4	6	4	0	9	6	7	4	8	0	0	7	4	5	3	2	1	5	8	1	9	3	3	0	5	9	2	3	7	6	1	7	3
5	2	0	3	2	7	6	6	2	3	9	7	5	1	4	8	8	7	9	7	5	7	9	5	2	4	5	4	2	2	2	4	3	1	0	1	7	4	4	8	9
6	7	1	4	1	1	1	7	6	3	7	0	2	8	8	9	9	7	5	2	2	7	2	3	0	2	5	3	4	9	8	7	6	3	8	4	3	1	2	4	9
7	1	3	7	0	9	3	3	0	0	2	5	7	3	2	9	0	7	6	6	9	2	9	0	9	0	6	0	0	0	3	8	7	5	8	4	4	6	4	4	5
8	5	9	6	2	2	3	3	3	4	7	4	5	3	7	8	9	1	3	1	7	7	1	5	6	4	1	4	9	4	5	8	1	2	6	7	1	6	1	2	7
9	3	6	5	9	1	6	2	0	7	3	3	2	8	5	0	1	2	3	5	3	3	6	5	3	2	9	6	1	8	9	2	4	3	8	9	1	1	9	1	8
10	3	4	4	3	6	8	5	5	1	5	2	1	1	2	6	6	7	3	1	6	5	9	6	7	4	3	6	5	8	3	3	5	5	4	7	3	1	1	8	9
11	2	1	7	1	4	3	3	7	8	2	2	7	4	6	7	5	6	2	3	8	2	4	0	4	4	3	1	8	8	9	8	2	3	6	1	4	7	9	4	4
12	8	3	7	9	5	9	0	6	5	9	9	8	2	3	7	5	6	6	9	0	4	7	1	6	6	4	6	4	7	0	7	3	0	7	2	8	1	9	9	9
13	8	8	2	3	4	8	6	8	4	0	1	1	7	7	4	4	8	8	5	2	4	0	8	8	9	4	5	7	1	6	0	5	8	1	3	5	6	4	9	4
14	0	4	4	7	5	3	2	9	8	4	9	6	5	8	9	9	1	1	6	9	9	3	4	1	6	5	0	3	4	8	4	7	7	5	9	5	3	3	8	3
15	3	4	3	4	4	8	3	0	8	2	0	1	6	5	2	2	5	8	3	5	9	3	8	9	5	2	5	1	6	8	7	4	4	8	8	9	0	8	8	5
16	6	9	7	1	0	6	6	2	5	7	2	3	3	9	9	1	0	0	9	5	5	5	9	2	3	1	6	1	7	4	7	9	7	6	7	4	7	7	0	2
17	0	5	7	9	7	9	2	5	3	0	9	3	7	1	3	7	2	8	7	5	9	8	2	6	2	0	2	6	5	0	9	0	0	0	1	6	8	7	0	4
18	3	6	6	8	0	0	9	4	9	1	7	1	9	4	1	0	3	9	8	6	8	0	1	0	9	4	4	5	3	2	0	8	3	0	7	6	8	0	1	9
19	7	1	2	2	2	7	2	6	8	7	9	3	1	5	5	3	6	9	4	6	0	4	6	0	2	9	1	4	3	2	1	5	5	4	3	3	2	0	6	6
20	3	4	4	1	0	3	6	4	0	2	4	8	4	1	3	3	7	8	9	5	6	6	5	2	4	4	8	1	7	7	3	0	2	7	1	3	8	0	1	8
21	4	1	8	9	3	9	9	7	6	6	5	9	6	2	0	9	0	5	3	8	4	0	2	1	7	9	4	5	8	2	1	7	5	3	2	3	7	5	9	8
22	8	9	2	7	0	6	5	2	8	0	2	3	6	6	1	6	4	3	3	7	8	3	2	0	7	5	0	7	8	8	5	0	5	7	5	7	5	1	0	9
23	3	5	2	6	3	7	2	3	1	6	5	9	6	4	2	1	5	7	9	7	4	3	8	8	3	1	6	4	1	7	0	5	1	2	0	0	5	3	4	4
24	5	4	8	5	4	9	7	0	7	5	4	6	5	1	8	5	1	6	1	5	7	0	3	4	1	9	5	8	6	9	3	6	3	8	2	1	2	5	6	7
25	7	4	5	4	9	2	1	5	5	0	1	5	6	0	3	9	2	7	2	5	8	1	6	6	9	7	4	8	1	9	2	3	1	7	4	1	6	4	5	5
26	5	0	2	6	7	7	8	4	0	8	6	9	2	4	1	8	2	4	5	9	9	0	3	3	1	2	4	3	2	7	9	1	0	4	9	2	0	5	4	8
27	3	6	4	3	0	9	1	9	4	0	8	7	2	6	3	5	7	7	2	4	9	0	1	1	2	9	2	1	7	9	0	7	4	5	4	7	4	9	2	7
28	8	2	3	7	4	6	9	9	9	1	9	3	1	4	0	2	7	3	0	4	1	4	9	2	3	9	9	6	4	6	1	3	0	2	5	0	4	3	1	2
29	7	9	2	1	7	5	6	0	3	1	0	2	1	5	8	5	6	7	0	0	1	0	4	5	7	1	0	8	0	5	4	5	0	0	1	4	8	9	1	3
30	9	0	6	5	1	2	1	1	5	8	3	5	8	0	1	4	9	2	9	6	6	0	4	6	9	3	0	8	4	8	1	9	3	6	6	5	0	3	0	9
31	8	8	0	2	3	0	1	1	1	9	7	4	8	7	1	3	9	5	0	0	0	9	3	5	1	2	1	0	0	6	0	9	8	8	6	5	6	4	4	0
32	4	4	0	9	2	6	5	6	5	9	7	4	7	7	6	5	4	7	6	4	9	0	9	5	2	6	1	3	0	5	4	3	2	2	8	3	2	2	1	5
33	5	1	6	6	6	6	1	4	1	2	6	3	6	8	1	6	7	4	4	6	2	1	1	1	8	3	0	4	3	5	8	4	8	8	2	2	8	3	6	7
34	2	5	6	7	4	8	3	5	2	6	3	6	9	9	0	1	5	9	9	4	8	2	4	9	4	2	5	5	7	2	3	1	9	8	1	7	3	5	9	6
35	6	0	0	4	3	1	8	7	2	6	3	5	0	0	0	9	3	0	9	9	4	8	8	5	8	3	7	0	4	7	1	1	6	0	7	3	5	7	3	5
36	8	9	7	7	0	8	5	0	3	7	6	9	8	2	1	2	5	0	5	3	6	6	8	9	0	3	2	8	7	0	7	7	2	3	5	8	4	0	6	7
37	2	9	7	6	9	4	3	8	5	8	9	7	4	3	6	7	9	1	0	0	3	2	6	6	3	3	8	8	8	1	6	4	0	3	9	7	5	5	8	8
38	0	5	0	7	3	8	2	4	1	6	9	0	3	4	0	4	5	2	9	1	1	7	9	8	1	0	0	5	7	0	8	3	9	4	2	6	2	5	9	2
39	8	9	9	4	4	6	8	9	3	1	7	9	2	8	0	1	2	7	4	4	7	0	6	3	6	2	4	7	9	2	9	6	6	3	3	2	8	0	5	4
40	8	6	0	2	0	9	4	2	9	6	4	9	0	1	8	3	4	1	8	9	6	6	6	0	7	8	1	7	2	5	9	8	9	9	6	5	7	2	6	3

对于不同的自由度（df），表中给出了对应于不同概率水平的 t 值。如果计算出的 t 值在给定的水平上大于表中的值（不考虑正负），那么其是显著的。

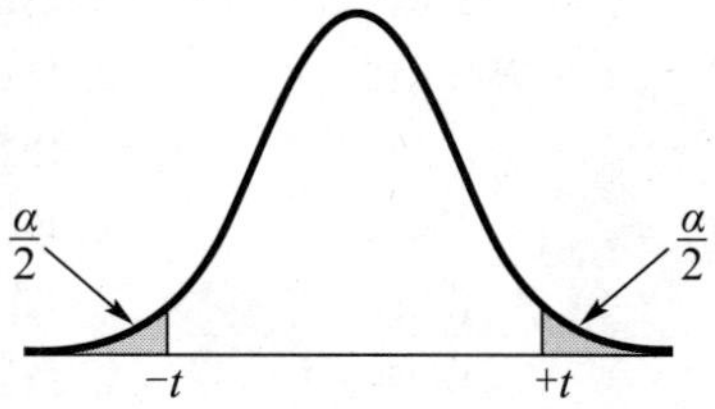

df	双尾检验的显著性水平（α）					
	0.20	0.10	0.05	0.02	0.01	0.001
1	3.078	6.314	12.706	31.821	63.657	636.619
2	1.886	2.920	4.303	6.965	9.925	31.598
3	1.638	2.353	3.182	4.541	5.841	12.941
4	1.533	2.132	2.776	3.747	4.604	8.610
5	1.476	2.015	2.571	3.365	4.032	6.859
6	1.440	1.943	2.447	3.143	3.707	5.959
7	1.415	1.895	2.365	2.998	3.499	5.405
8	1.397	1.860	2.306	2.896	3.355	5.041
9	1.383	1.833	2.262	2.821	3.250	4.781
10	1.372	1.812	2.228	2.764	3.169	4.587
11	1.363	1.796	2.201	2.718	3.106	4.437
12	1.356	1.782	2.179	2.681	3.055	4.318
13	1.350	1.771	2.160	2.650	3.012	4.221
14	1.345	1.761	2.145	2.624	2.977	4.140
15	1.341	1.753	2.131	2.602	2.947	4.073
16	1.337	1.746	2.120	2.583	2.921	4.015
17	1.333	1.740	2.110	2.567	2.898	3.965
18	1.330	1.734	2.101	2.552	2.878	3.922
19	1.328	1.729	2.093	2.539	2.861	3.883
20	1.325	1.725	2.086	2.528	2.845	3.850
21	1.323	1.721	2.080	2.518	2.831	3.819
22	1.321	1.717	2.074	2.508	2.819	3.792
23	1.319	1.714	2.069	2.500	2.807	3.767
24	1.318	1.711	2.064	2.492	2.797	3.745
25	1.316	1.708	2.060	2.485	2.787	3.725
26	1.315	1.706	2.056	2.479	2.779	3.707
27	1.314	1.703	2.052	2.473	2.771	3.690

续表

df	双尾检验的显著性水平（α）					
	0.20	**0.10**	**0.05**	**0.02**	**0.01**	**0.001**
28	1.313	1.701	2.048	2.467	2.763	3.674
29	1.311	1.699	2.045	2.462	2.756	3.659
30	1.310	1.697	2.042	2.457	2.750	3.646
40	1.303	1.684	2.021	2.423	2.704	3.551
60	1.296	1.671	2.000	2.390	2.660	3.460
120	1.289	1.658	1.980	2.358	2.617	3.373
∞	1.282	1.645	1.960	2.326	2.576	3.291

注：最底端的这一行（df=∞）等同于标准正态分布（z）的临界值。

553 对于不同的自由度(df)，表中给出了对应于不同概率水平的 t 值。如果计算出的 t 值在给定的水平上大于表中的值（不考虑正负），那么其是显著的。

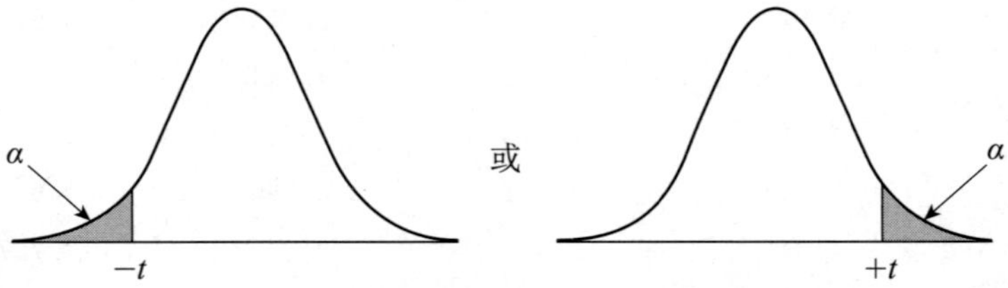

df	单尾检验的显著性水平（α）					
	0.10	**0.05**	**0.025**	**0.01**	**0.005**	**0.0005**
1	3.078	6.314	12.706	31.821	63.657	636.619
2	1.886	2.920	4.303	6.965	9.925	31.598
3	1.638	2.353	3.182	4.541	5.841	12.941
4	1.533	2.132	2.776	3.747	4.604	8.610
5	1.476	2.015	2.571	3.365	4.032	6.859
6	1.440	1.943	2.447	3.143	3.707	5.959
7	1.415	1.895	2.365	2.998	3.499	5.405
8	1.397	1.860	2.306	2.896	3.355	5.041
9	1.383	1.833	2.262	2.821	3.250	4.781
10	1.372	1.812	2.228	2.764	3.169	4.587
11	1.363	1.796	2.201	2.718	3.106	4.437
12	1.356	1.782	2.179	2.681	3.055	4.318
13	1.350	1.771	2.160	2.650	3.012	4.221
14	1.345	1.761	2.145	2.624	2.977	4.140
15	1.341	1.753	2.131	2.602	2.947	4.073
16	1.337	1.746	2.120	2.583	2.921	4.015
17	1.333	1.740	2.110	2.567	2.898	3.965
18	1.330	1.734	2.101	2.552	2.878	3.922
19	1.328	1.729	2.093	2.539	2.861	3.883

续表

df	单尾检验的显著性水平（*α*）					
	0.10	**0.05**	**0.025**	**0.01**	**0.005**	**0.0005**
20	1.325	1.725	2.086	2.528	2.845	3.850
21	1.323	1.721	2.080	2.518	2.831	3.819
22	1.321	1.717	2.074	2.508	2.819	3.792
23	1.319	1.714	2.069	2.500	2.807	3.767
24	1.318	1.711	2.064	2.492	2.797	3.745
25	1.316	1.708	2.060	2.485	2.787	3.725
26	1.315	1.706	2.056	2.479	2.779	3.707
27	1.314	1.703	2.052	2.473	2.771	3.690
28	1.313	1.701	2.048	2.467	2.763	3.674
29	1.311	1.699	2.045	2.462	2.756	3.659
30	1.310	1.697	2.042	2.457	2.750	3.646
40	1.303	1.684	2.021	2.423	2.704	3.551
60	1.296	1.671	2.000	2.390	2.660	3.460
120	1.289	1.658	1.980	2.358	2.617	3.373
∞	1.282	1.645	1.960	2.326	2.576	3.291

表 D　*F* 检验在 0.01 和 0.05 的显著性水平（*α*）上的临界值 554

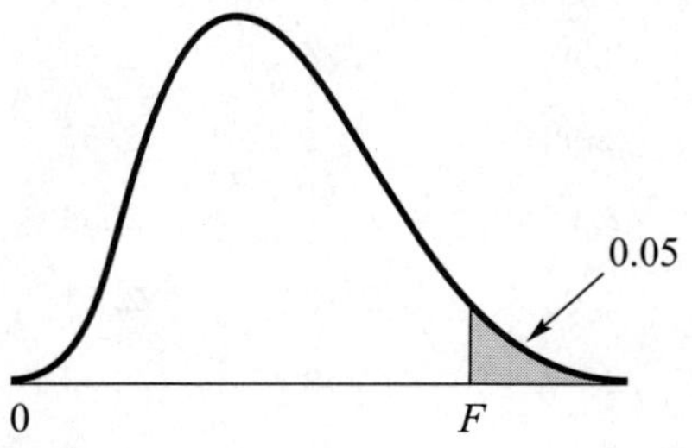

分母的自由度（df）	分子的自由度（df），*α*=0.05							
	1	**2**	**3**	**4**	**5**	**6**	**8**	**12**
1	161.4	199.5	215.7	224.6	230.2	234.0	238.9	243.9
2	18.51	19.00	19.16	19.25	19.30	19.33	19.37	19.41
3	10.13	9.55	9.28	9.12	9.01	8.94	8.84	8.74
4	7.71	6.94	6.59	6.39	6.26	6.16	6.04	5.91
5	6.61	5.79	5.41	5.19	5.05	4.95	4.82	4.68
6	5.99	5.14	4.76	4.53	4.39	4.28	4.15	4.00
7	5.59	4.74	4.35	4.12	3.97	3.87	3.73	3.57
8	5.32	4.46	4.07	3.84	3.69	3.58	3.44	3.28
9	5.12	4.26	3.86	3.63	3.48	3.37	3.23	3.07

续表

分母的自由度(df)	分子的自由度(df), α=0.05							
	1	2	3	4	5	6	8	12
10	4.96	4.10	3.71	3.48	3.33	3.22	3.07	2.91
11	4.84	3.98	3.59	3.36	3.20	3.09	2.95	2.79
12	4.75	3.88	3.49	3.26	3.11	3.00	2.85	2.69
13	4.67	3.80	3.41	3.18	3.02	2.92	2.77	2.60
14	4.60	3.74	3.34	3.11	2.96	2.85	2.70	2.53
15	4.54	3.68	3.29	3.06	2.90	2.79	2.64	2.48
16	4.49	3.63	3.24	3.01	2.85	2.74	2.59	2.42
17	4.45	3.59	3.20	2.96	2.81	2.70	2.55	2.38
18	4.41	3.55	3.16	2.93	2.77	2.66	2.51	2.34
19	4.38	3.52	3.13	2.90	2.74	2.63	2.48	2.31
20	4.35	3.49	3.10	2.87	2.71	2.60	2.45	2.28
21	4.32	3.47	3.07	2.84	2.68	2.57	2.42	2.25
22	4.30	3.44	3.05	2.82	2.66	2.55	2.40	2.23
23	4.28	3.42	3.03	2.80	2.64	2.53	2.38	2.20
24	4.26	3.40	3.01	2.78	2.62	2.51	2.36	2.18
25	4.24	3.38	2.99	2.76	2.60	2.49	2.34	2.16
26	4.22	3.37	2.98	2.74	2.59	2.47	2.32	2.15
27	4.21	3.35	2.96	2.73	2.57	2.46	2.30	2.13
28	4.20	3.34	2.95	2.71	2.56	2.44	2.29	2.12
29	4.18	3.33	2.93	2.70	2.54	2.43	2.28	2.10
30	4.17	3.32	2.92	2.69	2.53	2.42	2.27	2.09
40	4.08	3.23	2.84	2.61	2.45	2.34	2.18	2.00
60	4.00	3.15	2.76	2.52	2.37	2.25	2.10	1.92
120	3.92	3.07	2.68	2.45	2.29	2.17	2.02	1.83
∞	3.84	2.99	2.60	2.37	2.21	2.09	1.94	1.75

555

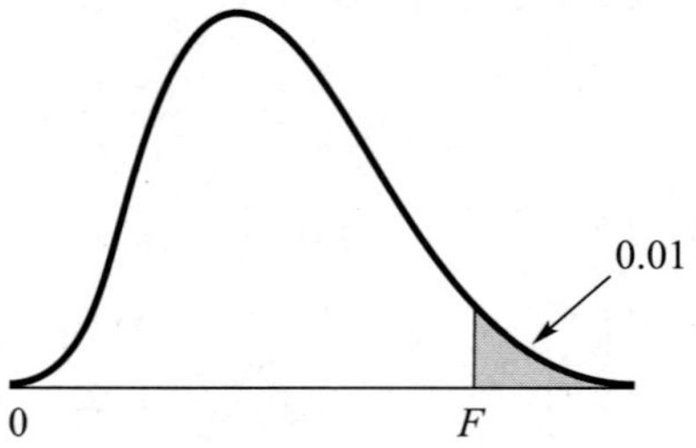

分母的自由度（df）	分子的自由度（df），$\alpha=0.01$							
	1	2	3	4	5	6	8	12
1	4 052	4 999	5 403	5 625	5 764	5 859	5 981	6 106
2	98.49	99.01	99.17	99.25	99.30	99.33	99.36	99.42
3	34.12	30.81	29.46	28.71	28.24	27.91	27.49	27.05
4	21.20	18.00	16.69	15.98	15.52	15.21	14.80	14.37
5	16.26	13.27	12.06	11.39	10.97	10.67	10.27	9.89
6	13.74	10.92	9.78	9.15	8.75	8.47	8.10	7.72
7	12.25	9.55	8.45	7.85	7.46	7.19	6.84	6.47
8	11.26	8.65	7.59	7.01	6.63	6.37	6.03	5.67
9	10.56	8.02	6.99	6.42	6.06	5.80	5.47	5.11
10	10.04	7.56	6.55	5.99	5.64	5.39	5.06	4.71
11	9.65	7.20	6.22	5.67	5.32	5.07	4.74	4.40
12	9.33	6.93	5.95	5.41	5.06	4.82	4.50	4.16
13	9.07	6.70	5.74	5.20	4.86	4.62	4.30	3.96
14	8.86	6.51	5.56	5.03	4.69	4.46	4.14	3.80
15	8.68	6.23	5.42	4.89	4.56	4.32	4.00	3.67
16	8.53	6.23	5.29	4.77	4.44	4.20	3.89	3.55
17	8.40	6.11	5.18	4.67	4.34	4.10	3.79	3.45
18	8.28	6.01	5.09	4.58	4.25	4.01	3.71	3.37
19	8.18	5.93	5.01	4.50	4.17	3.94	3.63	3.30
20	8.10	5.85	4.94	4.43	4.10	3.87	3.56	3.23
21	8.02	5.78	4.87	4.37	4.04	3.81	3.51	3.17
22	7.94	5.72	4.82	4.31	3.99	3.76	3.45	3.12
23	7.88	5.66	4.76	4.26	3.94	3.71	3.41	3.07
24	7.82	5.61	4.72	4.22	3.90	3.67	3.36	3.03
25	7.77	5.57	4.68	4.18	3.86	3.63	3.32	2.99
26	7.72	5.53	4.64	4.14	3.82	3.59	3.29	2.96
27	7.68	5.49	4.60	4.11	3.78	3.56	3.26	2.93
28	7.64	5.45	4.57	4.07	3.75	3.53	3.23	2.90
29	7.60	5.42	4.54	4.04	3.73	3.50	3.20	2.87
30	7.56	5.39	4.51	4.02	3.70	3.47	3.17	2.84
40	7.31	5.18	4.31	3.83	3.51	3.29	2.99	2.66
60	7.08	4.98	4.13	3.65	3.34	3.12	2.82	2.50
120	6.85	4.79	3.95	3.48	3.17	2.96	2.66	2.34
∞	6.64	4.60	3.78	3.32	3.02	2.80	2.51	2.18

表 E　全距 (q) 在 0.05 和 0.01 的显著性水平 (α) 上的百分位点上的临界值

组内均方自由度	k=均值的数量										
	α	2	3	4	5	6	7	8	9	10	11
5	0.05	3.64	4.60	5.22	5.67	6.03	6.33	6.58	6.80	6.99	7.17
	0.01	5.70	6.98	7.80	8.42	8.91	9.32	9.67	9.97	10.24	10.48
6	0.05	3.46	4.34	4.90	5.30	5.63	5.90	6.12	6.32	6.49	6.65
	0.01	5.24	6.33	7.03	7.56	7.97	8.32	8.61	8.87	9.10	9.30
7	0.05	3.34	4.16	4.68	5.06	5.36	5.61	5.82	6.00	6.16	6.30
	0.01	4.95	5.92	6.54	7.01	7.37	7.68	7.94	8.17	8.37	8.55
8	0.05	3.26	4.04	4.53	4.89	5.17	5.40	5.60	5.77	5.92	6.05
	0.01	4.75	5.64	6.20	6.62	6.96	7.24	7.47	7.68	7.86	8.03
9	0.05	3.20	3.95	4.41	4.76	5.02	5.24	5.43	5.59	5.74	5.87
	0.01	4.60	5.43	5.96	6.35	6.66	6.91	7.13	7.33	7.49	7.65
10	0.05	3.15	3.88	4.33	4.65	4.91	5.12	5.30	5.46	5.60	5.72
	0.01	4.48	5.27	5.77	6.14	6.43	6.67	6.87	7.05	7.21	7.36
11	0.05	3.11	3.82	4.26	4.57	4.82	5.03	5.20	5.35	5.49	5.61
	0.01	4.39	5.15	5.62	5.97	6.25	6.48	6.67	6.84	6.99	7.13
12	0.05	3.08	3.77	4.20	4.51	4.75	4.95	5.12	5.27	5.39	5.51
	0.01	4.32	5.05	5.50	5.84	6.10	6.32	6.51	6.67	6.81	6.94
13	0.05	3.06	3.73	4.15	4.45	4.69	4.88	5.05	5.19	5.32	5.43
	0.01	4.26	4.96	5.40	5.73	5.98	6.19	6.37	6.53	6.67	6.79
14	0.05	3.03	3.70	4.11	4.41	4.64	4.83	4.99	5.13	5.25	5.36
	0.01	4.21	4.89	5.32	5.63	5.88	6.08	6.26	6.41	6.54	6.66
15	0.05	3.01	3.67	4.08	4.37	4.59	4.78	4.94	5.08	5.20	5.31
	0.01	4.17	4.84	5.25	5.56	5.80	5.99	6.16	6.31	6.44	6.55
16	0.05	3.00	3.65	4.05	4.33	4.56	4.74	4.90	5.03	5.15	5.26
	0.01	4.13	4.79	5.19	5.49	5.72	5.92	6.08	6.22	6.35	6.46
17	0.05	2.98	3.63	4.02	4.30	4.52	4.70	4.86	4.99	5.11	5.21
	0.01	4.10	4.74	5.14	5.43	5.66	5.85	6.01	6.15	6.27	6.38

续表

组内均方自由度	k=均值的数量										
	α	**2**	**3**	**4**	**5**	**6**	**7**	**8**	**9**	**10**	**11**
18	0.05	2.97	3.61	4.00	4.28	4.49	4.67	4.82	4.96	5.07	5.17
	0.01	4.07	4.70	5.09	5.38	5.60	5.79	5.94	6.08	6.20	6.31
19	0.05	2.96	3.59	3.98	4.25	4.47	4.65	4.79	4.92	5.04	5.14
	0.01	4.05	4.67	5.05	5.33	5.55	5.73	5.89	6.02	6.14	6.25
20	0.05	2.95	3.58	3.96	4.23	4.45	4.62	4.77	4.90	5.01	5.11
	0.01	4.02	4.64	5.02	5.29	5.51	5.69	5.84	5.97	6.09	6.19
24	0.05	2.92	3.53	3.90	4.17	4.37	4.54	4.68	4.81	4.92	5.01
	0.01	3.96	4.55	4.91	5.17	5.37	5.54	5.69	5.81	5.92	6.02
30	0.05	2.89	3.49	3.85	4.10	4.30	4.46	4.60	4.72	4.82	4.92
	0.01	3.89	4.45	4.80	5.05	5.24	5.40	5.54	5.65	5.76	5.85
40	0.05	2.86	3.44	3.79	4.04	4.23	4.39	4.52	4.63	4.73	4.82
	0.01	3.82	4.37	4.70	4.33	5.11	5.26	5.39	5.50	5.60	5.69
60	0.05	2.83	3.40	3.74	3.98	4.16	4.31	4.44	4.55	4.65	4.73
	0.01	3.76	4.28	4.59	4.82	4.99	5.13	5.25	5.36	5.45	5.53
120	0.05	2.80	3.36	3.68	3.92	4.10	4.24	4.36	4.47	4.56	4.64
	0.01	3.70	4.20	4.50	4.71	4.87	5.01	5.12	5.21	5.30	5.37
∞	0.05	2.77	3.31	3.63	3.86	4.03	4.17	4.29	4.39	4.47	4.55
	0.01	3.64	4.12	4.40	4.60	4.76	4.88	4.99	5.08	5.16	5.23

表 F 卡方检验在 0.05 和 0.01 的显著性水平（α）上的临界值 557

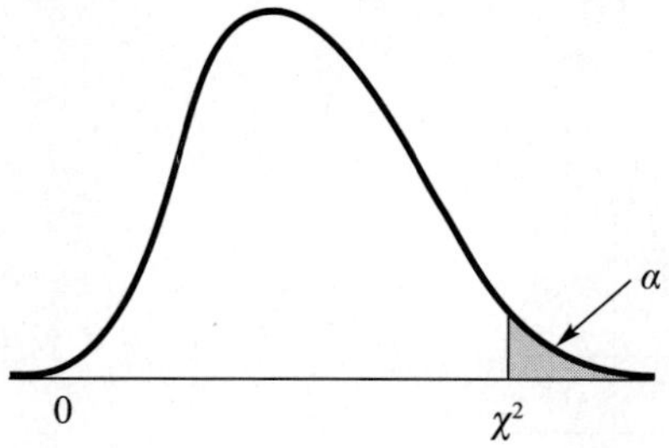

df	α		df	α	
	0.05	**0.01**		**0.05**	**0.01**
1	3.841	6.635	3	7.815	11.345
2	5.991	9.210	4	9.488	13.277

续表

df	α		df	α	
	0.05	0.01		0.05	0.01
5	11.070	15.086	18	28.869	34.805
6	12.592	16.812	19	30.144	36.191
7	14.067	18.475	20	31.410	37.566
8	15.507	20.090	21	32.671	38.932
9	16.919	21.666	22	33.924	40.289
10	18.307	23.209	23	35.172	41.638
11	19.675	24.725	24	36.415	42.980
12	21.026	26.217	25	37.652	44.314
13	22.362	27.688	26	38.885	45.642
14	23.685	29.141	27	40.113	46.963
15	24.996	30.578	28	41.337	48.278
16	26.296	32.000	29	42.557	49.588
17	27.587	33.409	30	43.773	50.892

558 表 G 曼-惠特尼 U 检验的临界值

较大样本	较小样本																	
	α	4	5	6	7	8	9	10	11	12	13	14	15	16	17	18	19	20
4	0.05	0																
	0.01	—																
5	0.05	1	2															
	0.01	—	—															
6	0.05	2	3	5														
	0.01	0	1	2														
7	0.05	3	5	6	8													
	0.01	0	1	3	4													
8	0.05	4	6	8	10	12												
	0.01	1	2	4	6	8												
9	0.05	4	7	10	12	15	17											
	0.01	1	3	5	7	9	11											
10	0.05	5	8	11	14	17	20	23										
	0.01	2	4	6	8	11	13	16										
11	0.05	6	9	13	16	19	23	26	30									
	0.01	3	5	7	10	13	16	18	21									

续表

较大样本	α	4	5	6	7	8	9	10	11	12	13	14	15	16	17	18	19	20
12	0.05	7	11	14	18	22	26	29	33	37								
	0.01	3	6	9	11	15	18	21	24	28								
13	0.05	8	12	16	20	24	28	33	37	41	45							
	0.01	3	7	10	13	16	20	24	27	30	34							
14	0.05	9	13	17	22	26	31	36	40	45	50	55						
	0.01	4	7	11	14	19	22	26	30	34	38	42						
15	0.05	10	14	19	24	29	34	39	44	49	54	59	65					
	0.01	5	8	12	16	20	24	29	33	37	42	46	51					
16	0.05	11	15	21	26	31	37	42	47	53	59	64	70	75				
	0.01	5	9	13	18	22	27	31	36	40	45	50	55	60				
17	0.05	11	17	22	28	34	39	45	51	57	63	69	75	81	87			
	0.01	6	10	15	19	24	29	34	39	44	49	54	59	65	70			
18	0.05	12	18	24	30	36	42	48	55	61	67	74	80	86	93	99		
	0.01	6	11	16	21	26	31	36	42	47	53	58	64	70	75	81		
19	0.05	13	19	25	32	38	45	52	58	65	72	78	85	92	99	106	113	
	0.01	7	12	17	23	28	34	39	45	51	57	62	68	75	81	87	93	
20	0.05	14	20	27	34	41	48	55	61	69	76	83	90	98	105	112	120	127
	0.01	8	13	18	24	30	36	42	48	54	60	67	73	80	86	92	99	105

表 H　皮尔逊相关系数（r）在 0.05 和 0.01 的显著性水平（α）上的临界值 559

df	α		df	α	
	0.05	0.01		0.05	0.01
1	0.996 92	0.999 877	12	0.532 4	0.661 4
2	0.950 00	0.990 000	13	0.513 9	0.641 1
3	0.878 3	0.958 73	14	0.497 3	0.622 6
4	0.811 4	0.917 20	15	0.482 1	0.605 5
5	0.754 5	0.874 5	16	0.468 3	0.589 7
6	0.706 7	0.834 3	17	0.455 5	0.575 1
7	0.666 4	0.797 7	18	0.443 8	0.561 4
8	0.631 9	0.764 6	19	0.432 9	0.548 7
9	0.602 1	0.734 8	20	0.422 7	0.536 8
10	0.576 0	0.707 9	25	0.380 9	0.486 9
11	0.552 9	0.683 5	30	0.349 4	0.448 7

续表

df	α		df	α	
	0.05	**0.01**		**0.05**	**0.01**
35	0.324 6	0.418 2	60	0.250 0	0.324 8
40	0.304 4	0.393 2	70	0.231 9	0.301 7
45	0.287 5	0.372 1	80	0.217 2	0.283 0
50	0.273 2	0.354 1	90	0.205 0	0.267 3

表 I　斯皮尔曼等级相关系数（r_s）在 0.05 和 0.01 的显著性水平（α）上的临界值

N	α		N	α	
	0.05	**0.01**		**0.05**	**0.01**
5	1.000	—	16	0.506	0.665
6	0.886	1.000	18	0.475	0.625
7	0.786	0.929	20	0.450	0.591
8	0.738	0.881	22	0.428	0.562
9	0.683	0.833	24	0.409	0.537
10	0.648	0.794	26	0.392	0.515
12	0.591	0.777	28	0.377	0.496
14	0.544	0.714	30	0.364	0.478

附录D 公式列表 560

名称	公式	原书页码	
比例	$P=\frac{f}{N}$	37	
百分比	百分比$=(100)\frac{f}{N}$	37	
比	比$=\frac{f_1}{f_2}$	38	
变化率	变化率$=(100)\left(\frac{f_{时间2}-f_{时间1}}{f_{时间1}}\right)$	40	
中位点	$m=\frac{最小值+最大值}{2}$	44	
累积百分比	$c\%=(100)\frac{cf}{N}$	46	
总体百分比	总体百分比$=(100)\frac{f}{N_{总体}}$	57	
行百分比	行百分比$=(100)\frac{f}{N_{行}}$	57	
列百分比	列百分比$=(100)\frac{f}{N_{列}}$	58	
中位数的位置	中位数的位置$=\frac{N+1}{2}$	83	561
样本均值	$\overline{X}=\frac{\sum X}{N}$	83	
离差	离差$=X-\overline{X}$	84	
简单频数分布的均值	$\overline{X}=\frac{\sum fX}{N}$	90	
全距	$R=H-L$	105	
四分位差	$IQR=Q3-Q1$	106	
方差	$s^2=\frac{\sum(X-\overline{X})^2}{N}$	109	

续表

名称	公式	原书页码
标准差	$s=\sqrt{\dfrac{\sum(X-\overline{X})^2}{N}}$	110
方差原始分数公式	$s^2=\dfrac{\sum X^2}{N}-\overline{X}^2$	111
标准差原始分数公式	$s=\sqrt{\dfrac{\sum X^2}{N}-\overline{X}^2}$	111
简单频数分布的方差	$s^2=\dfrac{\sum fX^2}{N}-\overline{X}^2$	113
简单频数分布的标准差	$s=\sqrt{\dfrac{\sum fX^2}{N}-\overline{X}^2}$	113
分组频数分布的方差	$s^2=\dfrac{\sum fm^2}{N}-\overline{X}^2$	123
分组频数分布的标准差	$s=\sqrt{\dfrac{\sum fm^2}{N}-\overline{X}^2}$	123
562 一个结果或事件的概率	概率 $=\dfrac{\text{结果或事件可能发生的次数}}{\text{任何结果或事件可能发生的总次数}}$	138
z 分数	$z=\dfrac{X-\mu}{\sigma}$	156
z 分数等价的原始分数	$X=\mu+z\sigma$	163
抽样分布的 z 值	$z=\dfrac{\overline{X}-\mu}{\sigma_{\overline{X}}}$	187
均值的标准误	$\sigma_{\overline{X}}=\dfrac{\sigma}{\sqrt{N}}$	188
95%的置信区间	95% 的置信区间 $=\overline{X}\pm 1.96\sigma_{\overline{X}}$	192
99%的置信区间	99% 的置信区间 $=\overline{X}\pm 2.58\sigma_{\overline{X}}$	193
均值的标准误	$s_{\overline{X}}=\dfrac{s}{\sqrt{N-1}}$	198
t 值	$t=\dfrac{\overline{X}-\mu}{s_{\overline{X}}}$	199
置信区间	置信区间 $=\overline{X}\pm ts_{\overline{X}}$	201
比例的标准误	$s_P=\sqrt{\dfrac{P(1-P)}{N}}$	207
比例的 95%的置信区间	95% 的置信区间 $=P\pm 1.96s_P$	207
独立样本均值差的 t 检验	$z=\dfrac{\overline{X}_1-\overline{X}_2}{\sigma_{\overline{X}_1-\overline{X}_2}}$	230
均值差的标准误（合并）	$s_{\overline{X}_1-\overline{X}_2}=\sqrt{\left(\dfrac{N_1s_1{}^2+N_2s_2{}^2}{N_1+N_2-2}\right)\left(\dfrac{N_1+N_2}{N_1N_2}\right)}$	237

续表

名称	公式	原书页码	563
独立样本均值差的 t 检验	$t=\frac{\overline{X}_1-\overline{X}_2}{s_{\overline{X}_1-\overline{X}_2}}$	238	
均值差的标准误（不合并）	$s_{\overline{X}_1-\overline{X}_2}=\sqrt{\frac{{s_1}^2}{N_1-1}+\frac{{s_2}^2}{N_2-1}}$	242	
相关样本差值的标准误	$s_D=\sqrt{\frac{\sum D^2}{N}-(\overline{X}_1-\overline{X}_2)^2}$	245	
相关样本均值差的标准误	$s_{\overline{D}}=\frac{s_D}{\sqrt{N-1}}$	245	
相关样本均值差的 t 检验	$t=\frac{\overline{X}_1-\overline{X}_2}{s_{\overline{D}}}$	246	
样本比例差值的 z 检验	$z=\frac{P_1-P_2}{s_{P_1-P_2}}$	250	
合并的样本比例	$P^*=\frac{N_1P_1+N_2P_2}{N_1+N_2}$	250	
样本比例差值的标准误	$s_{P_1-P_2}=\sqrt{P^*(1-P^*)\left(\frac{N_1+N_2}{N_1N_2}\right)}$	250	
分割平方和	$SS_{总体}=SS_{组间}+SS_{组内}$	280	
离差的总体平方和	$SS_{总体}=\sum(X-\overline{X}_{总体})^2$	281	
离差的组内平方和	$SS_{组内}=\sum(X-\overline{X}_{组})^2$	281	
离差的组间平方和	$SS_{组间}=\sum N_{组}(\overline{X}_{组}-\overline{X}_{总体})^2$	283	
原始分数的总体平方和	$SS_{总体}=\sum {X_{总体}}^2-N_{总体}{\overline{X}_{总体}}^2$	284	
原始分数的组内平方和	$SS_{组内}=\sum {X_{总体}}^2-\sum N_{组}{\overline{X}_{组}}^2$	284	
原始分数的组间平方和	$SS_{组间}=\sum N_{组}{\overline{X}_{组}}^2-N_{总体}{\overline{X}_{总体}}^2$	284	564
组间均方	$MS_{组间}=\frac{SS_{组间}}{df_{组间}}$	286	
组内均方	$MS_{组内}=\frac{SS_{组内}}{df_{组内}}$	286	
F 值	$F=\frac{MS_{组间}}{MS_{组内}}$	287	
图基的 HSD	$HSD=q\sqrt{\frac{MS_{组内}}{N_{组}}}$	294	
离差平方和的主效应	$SS_A=\sum N_a(\overline{X}_a-\overline{X}_{总体})^2$；$SS_B=\sum N_b(\overline{X}_b-\overline{X}_{总体})^2$	301	
离差平方和的交互项	$SS_{AB}=\sum N_{组}(\overline{X}_{组}-\overline{X}_a-\overline{X}_b+\overline{X}_{总体})^2$	301	
原始分数平方和的主效应	$SS_A=\sum N_a{\overline{X}_a}^2-N_{总体}{\overline{X}_{总体}}^2$；$SS_B=\sum N_b{\overline{X}_b}^2-N_{总体}{\overline{X}_{总体}}^2$	302	
原始分数平方和的交互项	$SS_{AB}=\sum N_{组}{\overline{X}_{组}}^2-\sum N_a{\overline{X}_a}^2-\sum N_b{\overline{X}_b}^2+N_{总体}{\overline{X}_{总体}}^2$	302	

续表

名称	公式	原书页码
检验主效应和交互效应显著性的 F 值	$F_{A}=\frac{MS_{A}}{MS_{组内}};F_{B}=\frac{MS_{B}}{MS_{组内}};F_{AB}=\frac{MS_{AB}}{MS_{组内}}$	303
卡方检验	$\chi^2=\sum\frac{(f_o-f_e)^2}{f_e}$	322
卡方检验的耶茨校正	$\chi^2=\sum\frac{(\lvert f_o-f_e\rvert-0.5)^2}{f_e}$	339
曼-惠特尼 U 检验	$U_a=N_1N_2+\frac{N_1(N_1+1)}{2}-\sum R_1$； $U_b=N_1N_2+\frac{N_2(N_2+1)}{2}-\sum R_2$	344
565 曼-惠特尼 U 检验的 z 值	$z=\frac{U-\frac{N_1N_2}{2}}{\sqrt{\frac{N_1N_2(N_1+N_2+1)}{12}}}$	346
克鲁斯凯-沃利斯检验	$H=\frac{12}{N(N+1)}\sum\frac{(\sum R_i)^2}{n_i}-3(N+1)$	347
皮尔逊相关系数 r	$r=\frac{SP}{\sqrt{SS_X SS_Y}}$	374
离差的皮尔逊相关系数 r	$r=\frac{\sum(X-\bar{X})(Y-\bar{Y})}{\sqrt{\sum(X-\bar{X})^2\sum(Y-\bar{Y})^2}}$	374
原始分数的皮尔逊相关系数 r	$r=\frac{\sum XY-N\bar{X}\,\bar{Y}}{\sqrt{(\sum X^2-N\bar{X}^2)(\sum Y^2-N\bar{Y}^2)}}$	375
检验 r 的显著性的 t 值	$r=\frac{r\sqrt{N-2}}{\sqrt{1-r^2}}$	376
偏相关系数	$r_{XY.Z}=\frac{r_{XY}-r_{XZ}r_{YZ}}{\sqrt{(1-r_{XZ}^2)(1-r_{YZ}^2)}}$	385
偏相关的 t 值	$t=\frac{r_{XY.Z}\sqrt{N-3}}{\sqrt{1-r_{XY.Z}^2}}$	388
回归模型	$Y=a+bX+e$	401
回归系数	$b=\frac{SP}{SS_X}$	403
离差的回归系数	$b=\frac{\sum(X-\bar{X})(Y-\bar{Y})}{\sum(X-\bar{X})^2}$	403
原始分数的回归系数	$b=\frac{\sum XY-N\bar{X}\bar{Y}}{\sum X^2-N\bar{X}^2}$	403
Y 截距	$a=\bar{Y}-b\bar{X}$	403
566 回归直线	$\hat{Y}=a+bX$	405
误差项	$e=Y-\hat{Y}$	409

续表

名称	公式	原书页码	
误差平方和	$SS_{误差} = \sum (Y - \hat{Y})^2$	410	
总体平方和	$SS_{总体} = \sum (Y - \overline{Y})^2$	410	
回归平方和	$SS_{回归} = SS_{总体} - SS_{误差}$	410	
决定系数	$r^2 = \frac{SS_{总体} - SS_{误差}}{SS_{总体}}$	413	
未决定系数	$1 - r^2 = \frac{SS_{误差}}{SS_{总体}}$	413	
均方回归	$MS_{回归} = \frac{SS_{回归}}{df_{回归}}$	415	
均方误差	$MS_{误差} = \frac{SS_{误差}}{df_{误差}}$	415	
检验回归显著性的 F 值	$F = \frac{MS_{回归}}{MS_{误差}}$	415	
双变量的回归系数	$b_1 = \frac{s_Y}{s_X}\left(\frac{r_{YX} - r_{YZ} r_{XZ}}{1 - r_{XZ}^2}\right); b_2 = \frac{s_Y}{s_Z}\left(\frac{r_{YZ} - r_{YX} r_{XZ}}{1 - r_{XZ}^2}\right)$	421	
双变量的 Y 截距	$b_0 = \overline{Y} - b_1 \overline{X} - b_2 \overline{Z}$	421	
多重决定系数	$R^2 = \frac{r_{YX}^2 + r_{YZ}^2 - 2 r_{YX} r_{YZ} r_{XZ}}{1 - r_{XZ}^2}$	422	
发生率	$发生率 = \frac{P}{1 - P}$	430	
对数概率单位	$L = \log\left(\frac{P}{1 - P}\right)$	431	567
斯皮尔曼等级相关系数	$r_s = 1 - \frac{6 \sum D^2}{N(N^2 - 1)}$	445	
检验斯皮尔曼相关显著性的 z 值	$z = r_s \sqrt{N - 1}$	449	
古德曼和克鲁斯凯的 γ 系数	$G = \frac{N_a - N_i}{N_a + N_i}$	452	
检验 γ 显著性的 z 值	$z = G\sqrt{\frac{N_a + N_i}{N(1 - G^2)}}$	456	
φ 系数	$\varphi = \sqrt{\frac{\chi^2}{N}}$	458	
列联系数	$C = \sqrt{\frac{\chi^2}{N + \chi^2}}$	460	
克雷默的 V 系数	$V = \sqrt{\frac{\chi^2}{N(k - 1)}}$	461	

注：原书页码即本书边码。——译者注

附录E

568 # 数学基础知识

对于需要回顾基础代数和算术知识的统计专业的学生，这一附录涵盖了小数、负数以及求和符号的相关处理问题。

小数的计算

当加减小数时，要确保将数字的小数点置于另一个数字的小数点的正下方。例如，将 3 210.76、2.541 和 98.3 相加：

```
  3 210.76
      2.541
  +  98.3
 ──────────
  3 311.601
```

用 876.62 减去 34.1：

```
  876.62
  －34.1
 ───────
  842.52
```

当将小数相乘时，要确保你的答案中包含的小数位的数量与被乘数和乘数相加的数量相等。例如：

被乘数→	63.41	2.6	0.000 3	0.5
乘数→	×0.05	×1.4	×0.03	×0.5
乘积→	3.170 5	3.64	0.000 009	0.25

569 在计算除法之前，要消去除数的小数位，即通过将小数点尽可能地向右移动使除数成为一个整数。对被除数的小数位也要做出相应的调整（也就是说，如果将除数的小数点移动两位，那么也必须将被除数的小数点移动两位）。这个过程将会体现所得答案中小数位的数量。

$$\frac{2.44}{0.02} = 122$$

$$\frac{0.88}{0.4} = 2.2$$

$$\frac{10.10}{0.10} = 101$$

$$\frac{1\ 010}{0.10} = 10\ 100$$

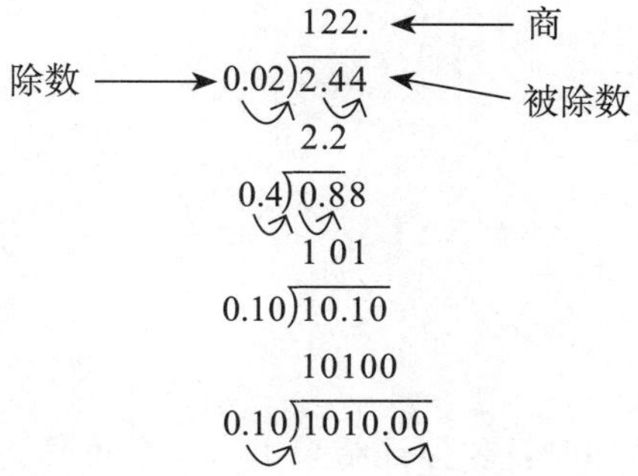

算术的计算过程产生的结果常常以小数形式出现，例如 2.034、24.7 和 86.001。随之而来的问题是我们的结果中将会有几位小数。一个简单的法则就是尽可能方便地完成每一中间步骤的进位计算，然后将最终结果舍入到比原始数字的小数位多两位。

举个例子，如果数据来源于一组原始的整数（例如，12、9、49 或 15），那么我们也许可以计算出三位小数（到千分位），但是将最后的结果表示为最接近的百分位数。例如：

3.889 = 3.89

1.224 = 1.22

7.761 = 7.76

舍入到最接近的小数位的操作大致如下：如果最后一位小数小于 5 就舍去（在以下例子中，最后一位小数是千分位小数）：

小于 5

26.234 = 26.23

14.891 = 14.89

1.012 = 1.01

如果最后一位小数等于 5 或大于 5，就给前一位小数加 1（在以下例子中，前一位小数是百分位小数）：

等于 5 或大于 5

26.236 = 26.24

14.899 = 14.90

1.015 = 1.02

以下是舍入到最接近的整数的操作： 570

3.1 = 3

3.5 = 4

4.5 = 5

4.8 = 5

以下是舍入到最接近的十分位数的操作：

3.11 = 3.1

3.55 = 3.6

4.45 = 4.5

4.17 = 4.2

以下是舍入到最接近的百分位数的操作：

3.328 = 3.33

4.823 = 4.82

3.065 = 3.07

3.055 = 3.06

负数的计算

当将一系列负数相加时，要保证结果中有一个负号。例如：

$$\begin{array}{r} -20 \\ -12 \\ -6 \\ \hline -38 \end{array} \qquad \begin{array}{r} -3 \\ -9 \\ -1 \\ \hline -13 \end{array}$$

当将包含正数和负数的一系列数相加时，首先将所有负数和所有正数分别列为一组，然后将两组数分别相加后把两个总和相减（余下的结果采用较大的数的正负号）。例如：

$$\begin{array}{r} -6 \\ +4 \\ +2 \\ -1 \\ -3 \\ \hline -4 \end{array} \qquad \begin{array}{r} +4 \\ +2 \\ \hline +6 \end{array} \qquad \begin{array}{r} -6 \\ -1 \\ -3 \\ \hline -10 \end{array} \qquad \begin{array}{r} +6 \\ -10 \\ \hline -4 \end{array}$$

571 减去一个负数，必须首先赋予它一个正号，然后按照额外的步骤操作。余下的结果采用较大的数的正负号。例如：

$$\begin{array}{r} 24 \\ -(-6) \\ \hline 30 \end{array}$$

减去−6 得到一个正号因此与 24 相加。因为正数（24）是更大的值，所以余下的结果（30）是正数。

$$\begin{array}{r} -6 \\ -(-24) \\ \hline 18 \end{array}$$

减去−24 得到一个正号因此与 6 相减。因为正数（记住−24 的符号已经变化）是更大的值，所以余下的结果（18）是正数。

$$\begin{array}{r} -24 \\ -(-6) \\ \hline -18 \end{array}$$

减去−6 得到一个正号因此与 24 相减。因为负数（−24）是更大的值，所以余下的结果（−18）是负数。

当两个同正负的数相乘（或相除）时，要给它们的乘积（或商）前加一个正号。例如：

$(+8)\times(+5)=+40$

$$\begin{array}{r} +8 \\ +5\overline{)+40} \end{array} \qquad \begin{array}{r} +8 \\ -5\overline{)-40} \end{array}$$

$(-8)\times(-5)=+40$

当两个数的正负号不同时，要给它们的乘积（或商）前加一个负号，例如：

$(-8)\times(+5)=-40$ $\qquad \begin{array}{r} -8 \\ +5\overline{)-40} \end{array}$

求和符号

希腊字母 $\sum$ 在统计学中被用于象征一组数字的总和。因此，例如，如果变量 X 的取值如下：

3　6　8　5　6

那么：

$$\sum X = 3+6+8+5+6$$
$$= 28$$

求和符号 $\sum$ 是对任一总和或总体的一种非常方便的表示方式。然而，还有一些基本规则能够让我们在计算多种统计量时更正确地使用它。在计算带有求和符号的复杂公式的过程中，任一涉及指数（比如乘方）、乘法或除法的操作都需要在求和之前进行，除非有括号指出了其他情况。（在数学中，括号总是优先进行，意味着要首先计算括号内的情况。） 572

运用这些规则，$\sum X^2$ 表示先将 X 的分数平方再相加。相反，$\left(\sum X\right)^2$ 表示先将 X 的分数相加再将总和平方。让我们设定之前的 X 值和它们以列的形式表现的平方，然后计算这两种表示式。

X	**X²**
3	9
6	36
8	64
5	25
6	36
$\sum X = 28$	$\sum X^2 = 170$

因此，$\sum X^2 = 170$，$\left(\sum X\right)^2 = 28^2 = 784$。需要留意的是，这种区别贯穿了本书中的许多计算过程。

除了平方以外，我们还可以使用乘法来表明同样的概念，让我们将 X 值和另一变量 Y 相加：

8　2　1　0　3

我们现在可以得出三列数据：一个是 X，一个是 Y，一个是它们的乘积（XY）。

X	**Y**	**XY**
3	8	24
6	2	12
8	1	8
5	0	0
6	3	18
$\sum X = 28$	$\sum Y = 14$	$\sum XY = 62$

因此，鉴于 $\sum XY = 62$，$\left(\sum X\right)\left(\sum Y\right) = (28)(14) = 392$，与我们从平方计算中发现的类似，乘积的和与和的乘积是非常不同的。

术语表

方便抽样（accidental sampling）：研究者将最方便的案例纳入样本的一种非随机的抽样方法。

加法法则（addition rule）：任意多个不同的结果发生的概率等于它们各自的概率的和。

α（alpha）：犯第一类错误的概率。

方差分析（analysis of variance）：一种被用于确定三个或更多的样本均值之间的差异是否显著的统计检验。

正态曲线下的面积（area under the normal curve）：在任意的正态分布中，正态曲线与水平轴之间包含的100％的面积或全部的案例。

条形图（bar graph）：一种以矩形代表类别的频数或百分比的图示法。

组间平方和（between-groups sum of squares）：各组样本的均值与样本总均值之间的离差平方和。

双众数分布（bimodal distribution）：拥有两个或更多众数的频数分布。

箱图（box plot）：一种能同时展示分布的数种特性的图示法。

集中趋势（central tendency）：一组数据最平均或最典型的特征；通常是位于分布的中部或中心的值。

卡方（chi-square）：将期望频数与观察频数相比较的非参数检验方法。

组距（class interval）：在分组分布中包含一个以上分值的类别。

组限（class limit）：相邻组距的中点，用以弥补相邻组距间的空档。

决定系数（coefficient of determination）：等于皮尔逊相关系数的平方，是因变量的方差中可以为自变量所解释的部分的比例。

未决定系数（coefficient of nondetermination）：等于1减去皮尔逊相关系数的平方，是因变量的方差中不可以为自变量所解释的部分的比例。

变异系数（coefficient of variation）：一种独立于测量单位的变异性测量。它通过将数值分布的标准差除以均值来计算。

科恩的d系数（Cohen's d）：根据样本均值和标准差得到的对效应量的一种估计。

列百分比（column percent）：在交互表中，将频数在各列的单元格进行划分而得到的频率。交互表的各列的列百分比的和等于100％。

置信区间（confidence interval）：相对于实际的总体均值（比例），样本均值（比例）可能落在的区间。

内容分析（content analysis）：研究者试图对以前产生的信息内容进行描述的一种研究方法。

列联系数（contingency coefficient）：在卡方值的基础上，一种对以大于2×2的表的形式呈现的定类数据的相关程度进行测量的方法。

逆法则（converse rule）：一个事件不发生的概率等于1减去这个事件发生的概率。

相关（correlation）：两个变量关系的强度与方向。

相关系数（correlation coefficient）：一个可以同时表示相关的强度与方向的数，通常取值范围为－1.0～＋1.0。

克雷默的 *V* 系数（Cramér's *V*）：一种可替代列联系数的对以大于 2×2 的表格形式呈现的定类数据的相关程度进行测量的方法。

临界域（拒绝域）（critical region/rejection region）：在抽样分布中使得研究假设被拒绝的尾部的区域。

交互表（cross-tabulation）：将两个或更多的变量合在一起表示其频数和百分比的表格。

累积频数（cumulative frequency）：小于或等于给定数值的案例的数量。

574 **累积频数多边形图（cumulative frequency polygon）**：一种表示累积频数或累积百分比的图示法。

累积百分比（cumulative percentage）：小于或等于给定数值的案例的百分比。

曲线相关（curvilinear correlation）：变量 X 与变量 Y 之间首先是正相关或负相关关系，然后相关关系改变了方向。

十分位数（deciles）：将 100 个单位分成 10 份的百分比等级。

自由度（degrees of freedom）：在小样本的比较中，由于假设抽样分布为正态分布引起的差异而对它所做的统计上的补偿。

离差（deviation）：任何原始数相对于均值的距离及方向。

虚拟变量（dummy variable）：一个只有两个取值的特殊变量，通常被编码为 0 和 1，在多重回归中用作预测变量。虽然是分类变量，但虚拟变量可以被用于定距等级的测量。

效应规模（effect size）：对两个总体均值差异大小的测量。

深入分析（elaboration）：控制了额外的变量而利用交互表对两个变量进行分析的方法。

误差项/干扰项（error term/disturbance term）：一个数值不能为自变量所预测的剩余部分，也是某一点距回归直线的距离。

期望频数（expected frequencies）：在卡方检验的零假设成立的情况下某一个单元格的频数。

实验（experiment）：研究者实际操纵一个或多个自变量的一种研究方法。

***F* 值（*F* ratio）**：是方差分析的结果，也是一种表示组间均方相对于组内均方大小的统计量。

5%（0.05）的显著性水平［five percent（0.05）level of significance］：一个概率水平，在这个水平上，如果样本差异发生的概率小于等于 5%，则零假设会被拒绝。

频数分布（frequency distribution）：一个包含类别、分值、组距及其发生的频数的表。

频数多边形图（frequency polygon）：以一系列放在数值或组距的中位点之上的点表示频数，将这些点连起来成为一条折线，折线的两端落在水平轴上。

古德曼和克鲁斯凯的 γ 系数（Goodman's and Kruskal's gamma）：一种替代等级相关系数的用来测量定序等级的变量的相关程度的统计方法。

分组频数分布（grouped frequency distribution）：一个用来表示落在每个组距内部的案例频数的表格。

直方图（histogram）：一种以矩形代表数值段的频数或百分比的图示法。

假设（hypothesis）：可通过系统研究加以检验的关于社会现实本质的想法。

独立事件（independent outcomes）：如果一个事件发生的概率不会受另一个事件发生与否的影响，那么这两个事件为独立事件。

交互作用（interaction effect）：两个因素相结合的效应不同于它们各自（主要）效应的总和。

四分位差（inter-quartile range）：第一和第三四分位数之间的距离（或差异）。该范围包含分布的中位数的 50%。

定距等级的测量（interval/ratio level of measurement）：对案例赋值的过程，以使得它们之间的差异是可知且有意义的。

判断抽样/目的抽样（judgment sampling/purposive sampling）：一种通过逻辑、常识和判断力来选择样本，以保证样本的代表性的非随机抽样方法。

克鲁斯凯-沃利斯检验（Kruskal-Wallis test）：是 F 值的非参数替代，可用于比较几个独立样本，但仅限于定序数据。

峭度（kurtosis）：分布的峰度。

置信水平（level of confidence）：我们对一个置信区间覆盖了实际的总体均值（或比例）的确信程度。

显著水平（level of significance）：一个在其上零假设被拒绝、研究假设被接受的概率水平。

线图（line chart）：一种用来表示组间差异或时间趋势的图形。

逻辑斯谛回归（logistic regression）：一种基于一个或多个自变量预测二分因变量的统计过程。

对数概率单位（logit）：一个事件的可能性的对数。

主效应（main effect）：在方差分析中，一种因素具有独立于其他因素的影响。

曼-惠特尼 U 检验（Mann-Whitney U test）：是 t 值的非参数替代，可用于比较两个独立样本，但仅限于定序数据。

边缘误差（margin of error）：当估计总体均值或比例时的不精确程度，通过将标准误乘以统计表中的 z 值或 t 值而得到。

575 **边缘分布（marginal distribution）**：在交互表中边缘的一组频数和百分比，用来表示表中各变量的分布。

均值（mean）：用一组数的总和除以这组数的数量，是一种对集中趋势的测量。

均方（mean square）：在 F 检验中用来测量变异性的方法，其通过将组内平方和或组间平方和（在方差分析中），或者是将回归平方和或误差平方和（在回归分析中）除以所对应的自由度来获取。

测量（measurement）：在研究的数据分析阶段对数字的使用。

中位数（median）：在频数分布中最居中的点，是一种对集中趋势的测量。

中位数检验（median test）：一种用来确定两个样本从具有相同中位数的总体中抽取的概率的非参数检验。

元分析（meta-analysis）：一种研究方法，即研究者将在以前的一些研究中得到的结果结合起来，并对所有这些研究结果进行统一的统计检验。

中位点（midpoint）：在一个组距中最居中的数值。

众数（mode）：一个分布中最典型、最普通、频数最高的值。

多重共线性（multicollinearity）：在多元回归中预测变量之间存在的强相关性，这限制了测量它们对因变量的单独影响的能力。

多元决定系数（multiple coefficient of determination）：因变量的方差中为一组自变量合起来所解释的部分所占的比例。

多元回归（multiple regression）：一种基于几个自变量对因变量进行预测的统计方法。

乘法法则（multiplication rule）：独立事件联合发生的概率等于它们各自发生概率的乘积。

多阶抽样（multistage sampling）：从一些被清晰划分的区域（初级抽样单元）随机抽取样本的随机抽样方法。

互斥事件（mutually exclusive outcomes）：如果一个事件的发生排斥了另一个事件发生的可能性，则这两个事件为互斥事件。

负相关（negative correlation）：相关的方向，在这种相关下，个体在变量 X 上得分高则在变量 Y 上得分低，在变量 X 上得分低则在变量 Y 上得分高。

负向偏斜分布（negatively skewed distribution）：一个取值或分值高的个体比取值或分值低的个体多的分布，从而使得这个分布在左侧有一个较长的尾巴。

95%的置信区间（95% confidence interval）：对均值（比例）的估计区间，真实的总体均值（比例）会有95%的可能落在这个区间内。

99%的置信区间（99% confidence interval）：对均值（比例）的估计区间，真实的总体均值（比例）会有99%的可能落在这个区间内。

定类等级的测量（nominal level of measure-

ment)：将案例归入各类别并计算其发生的频率的过程。

非参数检验（nonparametric test）：对研究的变量在总体中的分布不做要求，并且要求只能是定类或定序变量的统计方法。

非随机抽样（nonrandom sampling）：总体中的每一个成员进入样本的概率不相等的抽样方法。

正态曲线（normal curve）：一种平滑的、对称的、单众数的钟形曲线。

零假设（null hypothesis）：与总体均值相等的假设。任何观察到的样本差异都被视作抽样误差的结果。

观察频数（observed frequencies）：在卡方检验中所观察到的实际的结果。

发生率（odds）：事件发生的概率与事件未发生的概率的比值。

发生率比（odds ratio）：一个组的发生比与某个对比组的发生比的比值。

1%（0.01）的显著性水平[one percent (0.01) level of significance]：一个概率水平，在这个水平上，如果样本差异发生的概率小于等于1%，则零假设会被拒绝。

单尾检验（one-tailed test）：一种能在一个方向上因差异太大而将零假设拒绝的检验方法。

定序等级的测量（ordinal level of measurement）：将案例按照给定的特性排序的过程。

参数检验（parametric test）：要求所研究的特性在总体中为正态分布，而且数据为定距数据的统计方法。

偏相关系数（partial correlation coefficient）：在一个或更多的变量被控制了的情况下两个变量间的相关系数。

参与观察（participant observation）：一种研究者积极参与研究对象的日常生活的研究方法。

皮尔逊相关系数（Pearson's correlation coefficient）：一种定距变量的相关系数。

576 **百分比（percentage）**：一种代表每100个案例中某个类别发生的频数的标准化的方法。

百分比分布（percentage distribution）：一组数值或组距发生的相对频数。

百分比等级（percentile rank）：用来表示在一个分布中大于或等于给定数值的案例的百分比。

φ 系数（phi coefficient）：在卡方值的基础上，对于以 2×2 的表的形式呈现的定类数据的相关性的测量。

饼图（pie chart）：一种各块加起来等于100%的圆形图。

总体（population /universe）：共同拥有某种特性的所有个体。

正相关（positive correlation）：相关的方向，在这种相关下，个体在变量 X 上得分高则在变量 Y 上得分也高，在变量 X 上得分低则在变量 Y 上得分也低。

正向偏斜分布（positively skewed distribution）：一个取值或分值低的个体比取值高的个体多的分布，从而使得这个分布在右侧有一个较长的尾巴。

检验的功效（power of a test）：指一种统计检验当零假设为假应该被拒绝时而拒绝它的能力。

初级抽样单元（primary sampling unit/cluster）：在多阶抽样中，通过可以在全部总体中发现的特性而清晰划分的区域。

概率（probability）：任何事件发生的相对频率，一般以百分比的形式给出。

比例（proportion）：一个分布中任意给定类别的案例数相对于全部案例数的规模大小的标准化表示方法。

四分位点（quartiles）：将100个单位平均分成25个一组的百分比等级。

配额抽样（quota sampling）：一种样本中各特性的比例与其在总体中一致的非随机抽样方法。

随机抽样（random sampling）：一种每一个总体成员都具有相等的被抽入样本的机会的抽样方法。

全距（range）：一个分布中最大值和最小值的差异，是一种对离散趋势的测量。

比率（rate）：一个代表真实案例相对于可能案例的比值。

比（ratio）：一种将落在一个类别中的案例数与落在另一个类别中的案例数进行比较的标准化方法。

回归分析（regression analysis）：一种通过一个变量（X）预测另一个变量（Y）的技术。

回归直线（regression line）：在散点图上的一条直线，用来代表用 X 预测 Y 时拟合得最好的情况。

研究假设（research hypothesis）：认为任何观察到的样本差异反映的都是真实的总体差异而非仅仅是抽样误差的结果的假设。

行百分比（row percent）：在交互表中，将频数在各行的单元格进行划分而得到的频率。交互表的各行的行百分比的和等于 100%。

样本（sample）：从总体中抽取的较少的个体（出于可以将其推广到从中抽样的总体的目的）。

均值间差异的抽样分布（sampling distribution of differences between means）：从一个总体中抽取的大量随机样本的均值的差异的频数分布。

均值的抽样分布（sampling distribution of means）：从同一个总体中抽取的大量随机样本的均值的频数分布。

抽样误差（sampling error）：仅由偶然所造成的随机样本与其总体之间不可避免的差异。

散点图（scatter plot）：一种显示任意两个变量 X 和 Y 可能的散布区域的图形。

二手资料分析（secondary analysis）：一种研究者研究以前由他人收集或汇编的资料信息数据集的研究方法。

简单随机抽样（simple random sampling）：通过随机数表来选取代表更大的总体的样本的随机抽样方法。

偏度（skewness）：偏离对称的程度。

斜率（slope）：在回归分析中，变量 X 每一单位的变化所引起的在回归直线上的变化。斜率被解释成与每一个单位的 X 的变化所对应的 Y 的变化。

斯皮尔曼等级相关系数（Spearman's rank-order correlation coefficient）：一种按某种特性而排序的变量之间的相关系数。

虚假相关（spurious relationship）：仅由第三个变量的共同影响所造成的两个变量间的非因果关系。当第三个变量被控制时，这种相关关系就消失了。

标准差（standard deviation）：一个分布中相对于均值的离差的平方的均值的平方根，是一种反映了相对于均值的典型偏差的变异性的测量方法。

均值间差异的标准误（standard error of the difference between means）：基于两个样本的标准差而对差异的抽样分布的标准差的估计。 577

均值的标准误（standard error of the mean）：基于一个样本的标准差而对均值的抽样分布的标准差的估计。

比例的标准误（standard error of the proportion）：基于一个样本的比例而对比例的抽样分布的标准差的估计。

统计上显著的差异（statistically significant difference）：反映了真实的总体差异而非仅仅是抽样误差的结果的样本差异。

直线相关（straight-line correlation）：正相关或是负相关，使得散点图上的点近似于形成一条直线。

分层抽样（stratified sampling）：先将总体分成同质性的子群体，然后在其中抽取简单随机样本的随机抽样方法。

相关的强度（strength of correlation）：两个变量之间相关的程度。

平方和（sum of squares）：距均值的离差的平方的和。

调查（survey）：一种将自变量对因变量造成的影响记录下来的研究方法。

系统抽样（systematic sampling）：总体中每隔 N 个成员有 1 个被纳入样本的随机抽样方法。

t 值（t ratio）：一个样本均值以标准误为单位所落的位置相对于 0 的方向和距离。

总体百分比（total percent）：在交互表中，将各个单元格的案例除以样本中的所有案例。在交互表中，总体百分比加起来等于100%。

总体平方和（total sum of squares）：每个原始数据相对于总体均值的离差的平方的和。

图基的HSD［Tukey's HSD（honestly significant difference）］：在算出了F值以后对均值进行多种比较的一种方法。

双尾检验（two-tailed test）：一种能在两个方向上因差异太大而将零假设拒绝的检验方法。

第一类错误（Type Ⅰ error）：当零假设为真时而拒绝了它所犯的错误。

第二类错误（Type Ⅱ error）：当零假设为假时而接受了它所犯的错误。

单众数分布（unimodal distribution）：只有一个众数的频数分布。

观察单位（unit of observation）：观察或研究的要素。个体是最常见的观察单位，但有时集合或群体，比如家庭、人口普查区、国家也是观察单位。

变异性（variability）：数值相对于分布的中心的散布方式，也被称作离散性。

变量（variable）：将个体彼此区分开的特性，假设通常包含一个自变量（因）和一个因变量（果）。

方差（variance）：是一个分布中相对于均值的离差的平方的均值，是一种对于分布变异性的测量方法。

加权均值（weighted mean）：根据分组大小调整的“均值的均值”。

组内均方（within-groups sum of squares）：每个原始数据相对于各自组均值的离差的平方的和。

Y截距（Y-intercept）：在回归分析中，回归直线与Y轴相交的点。Y截距是X为0时Y的预测值。

耶茨校正（Yates's correction）：在卡方分析中，用过小的期望频数减少对卡方值的过高估计而得出一个较保守的结果（只适用于2×2的表）。

z分数/标准分数（z score/standard score）：在一个分布中，以标准差为单位表示任意原始数据偏离于均值的值。

样本均值差异的z分数（z score for sample mean differences）：以标准差为单位表示任意样本均值的差异偏离于0（差异的抽样分布的均值）的值。

部分课后习题答案

第1章

1. d
2. d
3. a
4. b
5. b
6. c
7. b
8. 定类变量，定距变量，定序变量，定距变量
9. 定类变量，定类变量，定序变量，定距变量，定序变量，定类变量
10. b
11. (a) 内容分析，自变量＝性别，因变量＝对“超级碗”的描述中包含的侵略性；(b) 实验，自变量＝运动类型，因变量＝游戏中的侵略性；(c) 参与式观察，自变量＝队伍的赢或输，因变量＝争吵和斗殴的程度；(d) 调查，自变量＝进攻性，因变量＝偏好的体育赛事
12. (a) 定类变量；(b) 定距变量；(c) 定距变量；(d) 定序变量；(e) 定距变量；(f) 定类变量；(g) 定序变量；(h) 定类变量；(i) 定距变量（假定各级别次序点间的间距相等）
13. (a) 定距变量；(b) 定距变量；(c) 定序变量；(d) 定类变量；(e) 定类变量；(f) 定序变量；(g) 定距变量；(h) 定序变量
14. (a) 二手资料分析；(b) 调查；(c) 参与式观察；(d) 实验
15. b
16. a
17. (a) 定序变量；(b) 定距变量；(c) 定距变量（假定各级别次序点间的间距相等）；(d) 定类变量
18. d
19. (a) 调查；(b) 参与式观察；(c) 内容分析

第2章

1. a
2. e
3. d
4. a
5. d
6. a
7. c
8. c
9. c
10. (a) 50.8%；(b) 26.6%；(c) $P=0.51$；(d) $P=0.27$
11. (a) 53.1%；(b) 73.9%；(c) $P=0.53$；(d) $P=0.74$
12. (a) 14.9%；(b) 6.6%；(c) $P=0.15$；(d) $P=0.07$；(e) 左撇子在男性中更为普遍
13. (a) 性别是自变量，饮酒程度是因变量；(b) 50.6%；(c) 34.8%；(d) 34.7%；(e) 19.4%；(f) 10.7%；(g) 14.6%
14. (a) 职位是自变量，遇袭情况是因变量；(b) 31.2%；(c) 36.7%；(d) 11.1%
15. (a) 社会阶层是自变量，新车购买情况是因变量；(b) 23.3%；(c) 30.3%；(d) 22.2%；(e) 7.7%；(f) 社会阶层越高，在过去一年中购买新车的比率就越高
16. 156.25
17. $15/20=3/4$
18. 每1 000名育龄妇女会生产85.71名活产婴儿
19. 66.67%

20. 15.63%

21. (a) 2；(b) 5.5～7.5，3.5～5.5，1.5～3.5，−0.5～1.5；(c) *m*：6.5，4.5，2.5，0.5；(d)%：31.1，37.8，15.6，15.6；(e) *cf*：45，31，14，7；(f) *c*%：100，69.0，31.2，15.6

22. (a) 5；(b) 34.5～39.5，29.5～34.5，24.5～29.5，19.5～24.5，14.5～19.5；(c) *m*：37，32，27，22，17；(d)%：13.5，9.5，29.7，31.1，16.2；(e) *cf*：74，64，57，35，12；(f) *c*%：100，86.5，77.0，47.3，16.2

23. (a) 社会阶层是自变量，住房拥有状态是因变量；(b) 77.5%，22.5%，100.0%，42.7%，57.3%，100.0%，22.0%，78.0%，100.0%，50.0%，50.0%，100.0%；(c) 50.0%；(d) 50.0%；(e) 22.5%；(f) 42.7%；(g) 下层；(h) 上层；(i) 社会阶层越高，就越倾向于拥有自己的住房而非租房

24. (a) 这里没有自变量或因变量，因为这两种观点中的任何一种都显然不是另一种的结果；(b) 35.0%，16.1%，51.1%，38.9%，10.0%，48.9%，73.9%，26.1%，100.0%；(c) 73.9%；(d) 51.1%；(e) 35.0%；(f) 10.0%；(g) 55.0%；(h) 支持死刑的人更有可能反对安乐死，而反对死刑的人则更有可能支持安乐死

25. (a) 这里没有自变量或因变量，因为性别并不决定性取向；(b) 81.3%，89.9%，85.8%，13.1%，7.6%，10.2%，5.6%，2.5%，4.0%，100.0%，100.0%，100.0%；(c) 85.8%；(d) 4.0%；(e) 4.0%；(f) 38.7%；(g) 无论男性还是女性都倾向于异性恋

26. (a) 6.8%，10.5%，3.1%，0.9%，21.3%，32.1%，23.3%，19.3%，4.0%，78.7%，38.9%，33.8%，22.4%，4.8%，100.0%；(b) 21.3%；(c) 78.7%；(d) 19.3%；(e) 6.8%；(f) 已婚

27. 画一张饼图

28. 画一张条形图

29. 画一张直方图和一张频数多边形图

30. 画一张直方图和一张折线图

31. (a) 规模大小＝50；中位点：775，720，670，620，570，520，470，420，370；上下组限：745～805，695～745，645～695，595～645，545～595，495～545，445～495，395～445，345～395；*cf*：38，37，35，32，27，17，9，5，2；%：2.6，5.3，7.9，13.2，26.3，21.1，10.5，7.9，5.3；*c*%：100，97.5，92.2，84.3，71.1，44.8，23.7，13.2，5.3；(b) 画一张直方图和一张频数多边形图；(c) 画一张累积频数多边形图

32. 使用一张空白地图来展示失业率

第3章

1. a

2. a

3. c

4. b

5. c

6. b

7. a

8. c

9. (a) R；(b) R；(c) 因为变量没有在定距等级上被测量

10. IQ：均值＝105.5；性别：众数＝男；种族：众数＝白人；年龄：均值＝31；出现频率：中位数＝在“有时”与“很少”之间

11. 年龄：均值＝78.7；健康状况：中位数＝尚可；虐待类型：众数＝经济虐待；虐待持续时间：均值＝5.4个月

12. (a) 10磅；(b) 10磅

13. (a) 2次；(b) 2.55次

14. (a) 3年；(b) 4年；(c) 11年；(d) 中位数，因为分布的偏度

15. (a) 12美元；(b) 14美元；(c) 14.57美元

16. (a) 12美元；(b) 15美元；(c) 15.75美元

17. (a) 0次；(b) 2.5次；(c) 2.5次

18. (a) 众数＝7；中位数＝5；均值＝4.7

(b)

家庭户数	*f*
9	2
8	1
7	3
6	2
5	2
4	2
3	2
2	2
1	2
0	1

众数＝7；中位数＝5；均值＝4.7

19. 到均值的离差：−7，−6，−8，−8，29。这些

580

离差说明了分布是偏态的

20. $X=18$；离差$=+3.43$；比平均水平每小时多得到3.43美元

$X=16$；离差$=+1.43$；比平均水平每小时多得到1.43美元

$X=20$；离差$=+5.43$；比平均水平每小时多得到5.43美元

$X=12$；离差$=-2.57$；比平均水平每小时少得到2.57美元

$X=14$；离差$=-0.57$；比平均水平每小时少得到0.57美元

$X=12$；离差$=-2.57$；比平均水平每小时少得到2.57美元

$X=10$；离差$=-4.57$；比平均水平每小时少得到4.57美元

这些离差表示一个大致对称的分布

21. (a) 众数=2；中位数=2；均值=2.2

(b)

孩子数量	*f*
6	1
5	1
4	2
3	3
2	6
1	4
0	3

众数=2；中位数=2；均值=2.2

22. (a) 4.23；(b) 4

23. (a) 3；(b) 4；(c) 3.82

24. (a) 5.6；(b) 7.2；(c) 8.21

25. (a) 409；(b) 446.2

26. $\overline{X}_w=18.21$

27. (a) 4；(b) 4；(c) 3.8

28. (a) 4；(b) 4；(c) 4.23

29. 众数=上层；中位数=中上层

30. (a) 4；(b) 4；(c) 3.7

31. (a) 7；(b) 4.5；(c) 4.25。假定各级别次序点的间距相等

32. (a) 6；(b) 6；(c) 6.26

33. (a) 8，7.5，6.8；(b) 5，5.5，5.6；(c) 知识

34. 众数=高中毕业；中位数=高中毕业；无法计算均值，因为数据是定序的

第4章

1. d

2. b

3. d

4. c

5. a

6. c

7. a

8. b

9. (a) A学生；(b) B学生

10. (a) A=5，B=3；(b) A=4，B=2.5；(c) A=1.89，B=1.11。A班级在态度得分上有更大的变异性

11. (a) 7；(b) 5；(c) $s^2=6.00$，$s=2.45$

12. (a) 6；(b) 3.5；(c) $s^2=3.24$，$s=1.80$

13. (a) 7；(b) 3；(c) $s^2=4.41$，$s=2.10$

14. (a) 9；(b) 4；(c) $s^2=7.35$，$s=2.71$

15. (a) 13；(b) 10；(c) $s^2=22.16$，$s=4.71$

16. (a) 16；(b) 7.5；(c) $s^2=20.44$，$s=4.52$

17. (a) 14；(b) 18.22；(c) 4.27

18. (a) 4；(b) 1.50；(c) 1.22

19. (a) 136.65；(b) 11.69；(c) 11.7

20. (a) 750；(b) $s^2=56\,931.25$；(c) $s=238.60$

21. (a) 3.6；(b) 1.15；(c) $s^2=0.78$，$s=0.88$

22. $s^2=4.34$；$s=2.08$

23. $s=1.19$

24. $s^2=2.37$；$s=1.54$

25. $s^2=3.89$；$s=1.97$ 581

26. $s^2=3.44$；$s=1.86$

27. $s^2=2.66$；$s=1.63$

28. $s^2=1.55$；$s=1.25$

29. (a) 0，1.5，2.0；(b) 3.70，1.92

30. 41.9；16.87

第5章

1. c

2. b

3. c

4. b

5. $P=0.26$

6. (a) $P=0.17$；(b) $P=0.33$；(c) $P=0.5$；(d) $P=0.83$

7. c

8. (a) 34.13%；(b) 68.26%；(c) 47.72%；(d) 99.74%

9. a

10. b

11. a

12. b

13. (a) 0.5；(b) 0.6；(c) 0.7；(d) 0.8

14. (a) 0.4；(b) 0.4；(c) 0.6；(d) 0.4

15. (a) 0.7；(b) 0.4；(c) 0.33；(d)0.2

16. (a) 0.84；(b) 0.59

17. (a) 0.75；(b) 0.06

18. 0.03

19. (a) 0.50；(b) 0.20；(c) 0.10；(d) 0.40；(e) 0.40；(f) 0.10

20. (a) 0.11；(b) 0.11；(c) 0.89；(d) 0.01；(e) 0.04；(f) 0.000 5

21. (a) 0.50；(b) 0.30；(c) 0.70；(d) 0.027

22. (a) 0.019；(b) 0.038；(c) 0.077；(d) 0.50；(e) 0.231；(f) 0.308；(g) 0.308

23. (a) 0.533；(b) 0.467；(c) 0.336；(d) 0.145；(e) 0.049；(f) 0.039

24. (a) 0.4；(b) 0.36

25. (a) 0.98；(b) 0.96；(c) 0.94；(d) 0.92

26. (a) 34.13%；(b) 68.26%；(c) 47.72%；(d) 95.44%

27. (a) 34.13%；(b) 68.26%；(c) 47.72%；(d) 95.44%；(e) 15.87%；(f) 2.28%

28. (a) 0；(b) −1；(c) 1.5；(d) 0.7；(e) 2.5；(f) −1.2

29. (a) 50%；(b) 15.87%；(c) 43.32%；(d) 24.20%；(e) 98.76%；(f) 88.49%

30. (a) 40.82%；(b) 0.408 2；(c) 28.81%；(d) 0.288 1；(e) 25.14%；(f) 0.251 4；(g) 0.063；(h) 95.25%（第 95 百分位数）

31. (a) 11.51%；(b) 0.115 1；(c) 28.81%；(d) 0.288 1；(e) 34.46%；(f) 0.344 6；(g) 0.423 8；(h) 0.25；(i) 0.075

32. (a) 0.152 5；(b) 0.022 8；(c) 0.000 000 27

33. (a) 52.22%；(b) 0.522 2；(c) 48.38%；(d) 0.483 8；(e) 0.21%；(f) 0.002 1；(g) 0.000 004（第 1 百分位数）

34. (a) 0.105 6；(b) 0.000 013；(c) 可以断定他们的声明是假的，因为我们正好随机选出五辆表现不佳的车的概率小于 0.05

35. (a) 34.13%；(b) 68.26%；(c) 95.44%；(d) 15.87%；(e) 2.28%；(f) 99.74%

36. (a) −4.25；(b) 0.8；(c) −0.58；(d) −7.48；(e) 5.5；(f) 0.03

第 6 章

1. c

2. d

3. d

4. c

5. c

6. d

7. a

8. 1.8

9. (a) 9.47～16.53；(b) 8.36～17.64

10. (a) 1.73；(b) 9.32～16.68；(c) 7.92～18.08

11. 0.27

12. 1.42

13. 0.29

14. (a) 95%的置信区间＝1.29～2.47；(b) 99%的置信区间＝1.08～2.68

15. 0.46

16. (a) 95%的置信区间＝13.14～15.02；(b) 99%的置信区间＝12.81～15.35

17. 0.35

18. (a) 95%的置信区间＝5.09～6.50；(b) 99%的置信区间＝4.84～6.74 582

19. 0.34

20. (a) 95%的置信区间＝3.43～4.79；(b) 99%的置信区间＝3.20～5.02

21. (a) 0.24；(b) 95%的置信区间＝5.51～6.49；(c) 99%的置信区间＝5.35～6.65

22. 16.17～17.43

23. 35.09～40.92

24. 2.65～3.35

25. 2.71～3.29

26. 2.57～3.03

27. (a) 1.23；(b) 39.47～44.53；(c) 38.57～45.43

28. (a) 0.03；(b) 0.29～0.43；(c) 0.27～0.45

29. (a) 0.02；(b) 0.63～0.73；(c) 0.62～0.74

30. (a) 0.01；(b) 0.42～0.48；(c) 0.41～0.49

31. (a) 0.04；(b) 0.53～0.70；(c) 0.50～0.73

32. 不，民意调查者的说法不合理，因为 0.50 落在 95%的置信区间内

33. (a) 0.04；(b) 0.27～0.44；(c) 0.24～0.46

34. (a) 0.03；(b) 0.20～0.32；(c) 0.18～0.34

第7章

1. b

2. d

3. a

4. a

5. b

6. a

7. c

8. b

9. c

10. a

11. d

12. d

13. a

14. 0.066 8

15. $t=2.5$，df=78，在0.05的显著性水平上拒绝零假设

16. $t=-9.5$，df=91，在0.05的显著性水平上拒绝零假设

17. $t=-0.75$，df=10，在0.05的显著性水平上保留零假设

18. $t=2.90$，df=16，在0.05的显著性水平上拒绝零假设

19. $t=-2.19$，df=18，在0.05的显著性水平上拒绝零假设

20. $t=-0.93$，df=16，在0.05的显著性水平上保留零假设

21. $t=2.43$，df=8，在0.05的显著性水平上拒绝零假设

22. $t=-2.98$，df=8，在0.05的显著性水平上拒绝零假设

23. $t=-1.90$，df=13，在0.05的显著性水平上保留零假设

24. $t=-1.52$，df=18，在0.05的显著性水平上保留零假设

25. $t=3.11$，df=20，在0.05的显著性水平上拒绝零假设

26. $t=0.41$，df=15，在0.05的显著性水平上保留零假设

27. $t=4.64$，df=21，在0.05的显著性水平上拒绝零假设

28. $t=4.76$，df=18。高失范都市地区的自杀率显著地高于低失范都市地区。在0.05的显著性水平上拒绝零假设

29. $t=-2.85$，df=18。在合作态度下的学生的友谊选择显著地不同于在竞争态度下的学生的友谊选择。在0.05的显著性水平上拒绝零假设

30. $t=2.05$，df=18。新课程与常规课程没有显著的差异。在0.05的显著性水平上保留零假设

31. $t=-0.30$，df=19，在0.05的显著性水平上保留零假设

32. $t=-5.22$，df=25，在0.05的显著性水平上拒绝零假设

33. $t=-2.93$，df=9，在0.05的显著性水平上拒绝零假设

34. $t=9.55$，df=5，在0.05的显著性水平上拒绝零假设

35. $t=3.12$，df=7。电影导致了种族主义态度的显著减弱。在0.05的显著性水平上拒绝零假设

36. $t=4.02$，df=9。由于参与了冲突消解课程，攻击性程度有了显著不同。在0.05的显著性水平上拒绝零假设 583

37. $t=3.43$，df=9。反药物滥用讲座对学生的态度产生了显著的影响。在0.05的显著性水平上拒绝零假设

38. $t=-6.00$，df=4，在0.05的显著性水平上拒绝零假设

39. $t=-3.75$，df=9，在0.05的显著性水平上拒绝零假设

40. $z=3.88$，在0.05的显著性水平上拒绝零假设

41. $z=-0.60$，在0.05的显著性水平上保留零假设

42. $z=-0.55$，在0.05的显著性水平上保留零假设

第8章

1. a

2. d

3. b

4. a

5. a

6. b

7. c

8. d

9. $F=2.72$，df=3，12，在0.05的显著性水平上保留零假设

10. $F=46.33$，df=2，9，在0.05的显著性水平上拒绝零假设

11. HSD=1.71，所有均值间差异都是显著的

12. $F=6.99$，df=2，12，在0.05的显著性水平上拒绝零假设

13. HSD=3.59，显著性差异存在于健康维护组织

(1) 与没有医疗保险 (3) 之间

14. $F=2.25$，df=2，12，在0.05的显著性水平上保留零假设

15. $F=16.52$，df=3，12，在0.01的显著性水平上拒绝零假设

16. HSD=2.05，在0.01的显著性水平上，长期失业与全职工作、兼职工作和临时失业之间存在统计上的差异

17. $F=12.57$，df=2，12，在0.05的显著性水平上拒绝零假设

18. HSD=4.72，在0.05的显著性水平上，哈马斯与真主党和"基地"组织之间存在统计上的差异

19. $F=1.59$，df=3，16，保留零假设

20. $F=3.87$，df=1，4，在0.05的显著性水平上拒绝零假设

21. HSD=11.64，在0.05的显著性水平上，持续的关系与分居和丧偶/离婚之间存在统计上的差异

22. $F=2.82$，df=2，27，在0.05的显著性水平上保留零假设

23. $F=11.41$，df=2，12，在0.05的显著性水平上拒绝零假设

24. HSD=2.54，显著性差异存在于大麻组 (2) 与控制组 (3)，以及酒精组 (1) 与控制组 (3) 之间

25. $F=19.73$，df=2，12，在0.05的显著性水平上拒绝零假设

26. $F=122.85$，df=2，12，在0.05的显著性水平上拒绝零假设

27. HSD=13.43，显著性差异存在于方法C (3) 与方法A (1)，以及方法C (3) 与方法B (2) 之间

28. $F=0.75$，df=3，16，在0.05的显著性水平上保留零假设

29. $F=33.87$，df=2，15，在0.05的显著性水平上拒绝零假设

30. HSD=1.36，所有组间的差异都是显著的

31. $F=16.67$，df=2，18，在0.05的显著性水平上拒绝零假设

32. HSD=1.84，显著性差异存在于工人 (1) 与经理 (2)，以及工人 (1) 与厂主 (3) 之间

33. $F=1.38$，df=2，18，在0.05的显著性水平上保留零假设

34. $F=4.60$，df=2，12，在0.05的显著性水平上拒绝零假设

584

35. HSD=4.14，显著性差异存在于高中毕业 (2) 与大学毕业 (3) 之间

36. $F=3.17$，df=3，16，在0.05的显著性水平上保留零假设

37. $F=24.98$，df=2，12，在0.05的显著性水平上拒绝零假设

38. HSD=2.02，所有组间的差异都是显著的

39. 教师性别的效应：$F=44.13$，显著

学生性别的效应：$F=3.72$，不显著

交互作用：$F=10.33$，显著

40. (a) 组均值：13.8，8.8，10.4，12.6，9.2，10.0

(b) 性别的效应：$F=0.38$，不显著

学位的效应：$F=14.62$，显著

交互作用：$F=0.50$，不显著

41. 心理疗法的效应：$F=0.055$，不显著

抗抑郁药的效应：$F=2.673$，不显著

交互作用：$F=0.491$，不显著

第9章

1. c
2. a
3. c
4. b
5. a
6. d
7. d
8. c
9. b

10. $\chi^2=8.81$，df=3，在0.05的显著性水平上拒绝零假设

11. $\chi^2=3.90$，df=2，在0.05的显著性水平上保留零假设

12. $\chi^2=4.94$，df=2，在0.05的显著性水平上保留零假设

13. $\chi^2=5.24$，df=3，保留零假设

14. $\chi^2=1.09$，df=6，保留零假设

15. $\chi^2=62.34$，df=1，在0.05的显著性水平上拒绝零假设

16. $\chi^2=12.46$，df=1，在0.05的显著性水平上拒绝零假设

17. $\chi^2=12.49$，df=1，在0.05的显著性水平上拒绝零假设

18. $\chi^2=0.052$，df=1，在0.05的显著性水平上保留零假设

19. $\chi^2=16.55$，df=1，在0.05的显著性水平上拒绝零假设

20. $\chi^2=2.18$，df=1，在 0.05 的显著性水平上保留零假设

21. $\chi^2=0.09$，df=1，在 0.05 的显著性水平上保留零假设

22. $\chi^2=0.78$，df=2，在 0.05 的显著性水平上保留零假设

23. $\chi^2=3.29$，df=3，在 0.05 的显著性水平上保留零假设

24. $\chi^2=13.19$，df=1，在 0.05 的显著性水平上拒绝零假设

25. $\chi^2=20.92$，df=3，在 0.05 的显著性水平上拒绝零假设

26. $\chi^2=1.69$，df=2，在 0.05 的显著性水平上保留零假设

27. $\chi^2=17.74$，df=3，在 0.05 的显著性水平上拒绝零假设

28. $\chi^2=6.27$，df=2，在 0.05 的显著性水平上拒绝零假设

29. $\chi^2=10.96$，df=4，在 0.05 的显著性水平上拒绝零假设

30. 表 9-9：$\chi^2=18.31$，df=3，在 0.05 的显著性水平上拒绝零假设；表 9-10：$\chi^2=11.91$，df=2，在 0.05 的显著性水平上拒绝零假设。当类别被合并时，χ^2 的值会减小

31. $\chi^2=18.70$，df=2，拒绝零假设

32. $\chi^2=9.92$，df=4，拒绝零假设

33. 中位数=5，$\chi^2=2.07$（耶茨校正），df=1，在 0.05 的显著性水平上保留零假设

585 34. 中位数=6，$\chi^2=19.57$（耶茨校正），df=1，在 0.05 的显著性水平上拒绝零假设

35. 中位数=3，$\chi^2=4.29$（耶茨校正），df=1，在 0.05 的显著性水平上拒绝零假设

36. $\chi^2=0.67$（耶茨校正），df=1，保留零假设

37. $U=8$，拒绝零假设

38. $U=32$，保留零假设

39. $H=0.38$，保留零假设

40. $U=28.5$，保留零假设

41. $H=11.52$，拒绝零假设

第 10 章

1. b
2. a
3. c
4. c
5. b
6. 解释如下：

a. $r=0.951$：“强关系，正相关”

b. $r=-0.232$：“弱关系，负相关”

c. $r=0.096$：“弱关系，正相关”

d. $r=-0.738$：“强关系，负相关”

e. $r=0.415$：“中等强度关系，正相关”

7. b
8. a
9. b
10. d
11. a
12. $r=0.86$，df=4，在 0.05 的显著性水平上显著
13. $r=0.84$，df=8，在 0.05 的显著性水平上显著
14. $r=0.62$，df=8，在 0.05 的显著性水平上不显著
15. $r=-0.69$，df=10，在 0.05 的显著性水平上显著
16. $r=0.68$，df=5，在 0.05 的显著性水平上不显著
17. $r=-0.08$，df=4，在 0.05 的显著性水平上不显著
18. $r=0.56$，df=6，在 0.05 的显著性水平上不显著
19. $r=0.98$，df=5，在 0.05 的显著性水平上显著
20. $r=0.98$，df=6，在 0.05 的显著性水平上显著
21. $r=0.68$，df=6，在 0.05 的显著性水平上不显著
22. $r=0.70$，df=8，在 0.05 的显著性水平上拒绝零假设
23. $r=0.61$，df=6，在 0.05 的显著性水平上不显著（无法被推广）
24. $t=-0.73$，df=8，在 0.05 的显著性水平上显著
25. $r=0.90$，强正相关
26. $t=4.40$，df=4，拒绝零假设
27. $r=-0.85$，强负相关
28. $t=-4.50$，df=8，拒绝零假设
29. $r_{XY}=-0.69$，$r_{XZ}=0.85$，$r_{YZ}=-0.61$，$r_{XY.Z}=-0.42$
30. $r_{XY}=0.68$，$r_{XZ}=0.47$，$r_{YZ}=-0.87$，$r_{XY.Z}=0.63$
31. (a) r_{XY} 和 r_{YZ} 在 0.05 的显著性水平上显著；(b) $r_{XY.Z}=0.58$。简单相关 r_{YZ} 只关注了 X 与 Y 之间的相关性，而没有考虑其他变量；偏相关系数 $r_{XY.Z}$ 关注了 X 与 Y 之间在控制了第三个变量 Z 的影响后的相关性
32. $r=0.85$，强正相关
33. $t=4.49$，df=8，拒绝零假设
34. 相关矩阵：

	智商得分	每年听莫扎特乐曲的小时数	父母干预时长
智商得分（X）	1.000	0.846	0.821
每年听莫扎特乐曲的小时数（Y）		1.000	0.988
父母干预时长（Z）			1.000

$r_{XY.Z}=0.39$

35. $t_{XY}=4.49$，在 0.05 的显著性水平上拒绝零假设；$t_{XY.Z}=1.31$，在 0.05 的显著性水平上保留零假设

第 11 章

1. b
2. d
3. c
4. b
5. b

586 6. (a) 画出散点图；(b) $b=-0.41$，$a=7.58$；(c) 画出回归直线：$\hat{Y}=7.58-0.41X$；(d) $\hat{Y}=3.03$；(e) $r^2=0.75$，$1-r^2=0.25$；(f)

方差来源	SS	df	MS	F
回归	17.78	1	17.78	24.43（显著）
误差	5.82	8	0.73	
总体	23.60	9		

7. (a) 画出散点图；(b) $b=0.98$，$a=3.91$；(c) 画出回归直线：$\hat{Y}=3.91+0.98X$；(d) $\hat{Y}=3.91$，$\hat{Y}=5.87$；(e) $r^2=0.35$，$1-r^2=0.65$；(f)

方差来源	SS	df	MS	F
回归	11.01	1	11.01	3.16（不显著）
误差	20.87	6	3.48	
总体	31.88	7		

8. (a) 画出散点图；(b) $b=1.03$，$a=1.91$；(c) 画出回归直线：$\hat{Y}=1.91+1.03X$；(d) $\hat{Y}=8.09$；(e) $r^2=0.41$，$1-r^2=0.59$；(f)

方差来源	SS	df	MS	F
回归	34.03	1	34.03	5.45（显著）
误差	49.97	8	6.25	
总体	84.00	9		

9. (a) 画出散点图；(b) $b=0.46$，$a=12.66$；(c) 画出回归直线：$\hat{Y}=12.66+0.46X$；(d) $\hat{Y}=\$14.50$；(e) $r^2=0.40$，$1-r^2=0.60$；(f)

方差来源	SS	df	MS	F
回归	6.73	1	6.73	5.30（不显著）
误差	10.17	8	1.27	
总体	16.90	9		

(g) 典型的初始时薪为 12.66 美元，而典型的时薪每年增加额为 0.46 美元

10. (a) 画出散点图；(b) $b=0.59$，$a=1.30$；(c) 画出回归直线：$\hat{Y}=1.30+0.59X$；(d) $\hat{Y}=5.73$；(e) $r^2=0.93$，$1-r^2=0.07$；(f)

方差来源	SS	df	MS	F
回归	55.81	1	55.81	93.20（显著）
误差	4.19	7	0.60	
总体	60.00	8		

11. (a) 画出散点图；(b) $b=-0.67$，$a=8.62$；(c) 画出回归直线：$\hat{Y}=8.62-0.67X$；(d) $\hat{Y}=6.62$；(e) $r^2=0.83$，$1-r^2=0.17$；(f)

方差来源	SS	df	MS	F
回归	26.22	1	26.22	25.18（显著）
误差	5.21	5	1.04	
总体	31.43	6		

12. (a) 画出散点图；(b) $b=-1.50$，$a=22.08$；(c) 画出回归直线：$\hat{Y}=22.08-1.50X$；(d) $\hat{Y}=9.33$；(e) $r^2=0.78$，$1-r^2=0.22$；(f)

方差来源	SS	df	MS	F
回归	94.50	1	94.50	24.06（显著）
误差	27.50	7	3.93	
总体	122.00	8		

13. (a) 画出散点图；(b) $b=-1.32$，$a=39.58$；(c) 画出回归直线：$\hat{Y}=39.58-1.32X$；(d) $\hat{Y}=29.02$；(e) $r^2=0.06$，$1-r^2=0.94$；(f)

方差来源	SS	df	MS	F
回归	72.65	1	72.65	0.32（不显著）
误差	1 130.21	5	226.04	
总体	1 202.86	6		

14. (a) 画出散点图；(b) $b=0.79$，$a=0.29$；(c) 画 587

出回归直线：$\hat{Y}=0.29+0.79X$；(d) $\hat{Y}=2.66$；(e) $r^2=0.60$，$1-r^2=0.40$；(f)

方差来源	SS	df	MS	F
回归	2.37	1	2.37	14.84（显著）
误差	1.59	10	0.16	
总体	3.96	11		

15. $R^2=0.86$

16. $r^2_{XY}=0.36$，$r^2_{ZY}=0.09$，$R^2=0.39$

17. (a) TOPFRESH 单独解释 37.6%；SMALLCLS 单独解释 29.6%

(b) TOPFRESH 和 SMALLCLS 共同解释 48.1%

(c) TOPFRESH 和 SMALLCLS 被解释的方差中有重叠的部分

18. (a)

方差来源	SS	df	MS	F
回归	127 510	2	63 755.00	40.72
误差	82 990	53	1 565.85	
总体	210 500			

(b) $N=56$

(c) 60.6%

(d) 结果在 0.05 的显著性水平上显著

19. (a) 当两个变量都为 0 时，基础的疼痛水平 $b_0=1.321$

(b) 年龄每增加一岁，预期的疼痛水平增加 $b_1=0.065$（保持性别不变）；男性的预期疼痛水平比女性高出 $b_2=0.857$（保持年龄不变）

(c) 年龄和性别对疼痛水平都没有显著性的影响

20. (a) 人口密度、人均收入和最低学历为大学本科的人口的百分比是显著的预测变量

(b) 1 318.91 美元

(c) 每平方英里每增加一个人，一个四居室住房的租金就增加 0.033 美元；拥有大学学历的人口每增加一个百分比，租金就减少 15 723 美元

21. (a) 课程数，以及他们是否认为周四晚上就是周末的开始，是饮酒习惯的显著的预测变量

(b) 2.595 次

(c) 学生年龄每增加一岁，就会多喝 0.028 次；一名女学生会比男学生预期多喝 0.569 次

22. (a) 发生率：

民主党	0.70
共和党	0.29
无党派	0.40

(b) 发生率比：

民主党对共和党	2.41
民主党对无党派	1.76
共和党对无党派	0.73

23. (a) 因为因变量是一个二分变量（只有两个类别）

(b) 解释：

年龄：保持性别和痛感不变。年龄每增加一岁，ER 患者入院的发生率就变为原系数的 1.056 倍，也就是说，发生率增加了 5.6%。这一关系具有统计上的显著性（$p<0.05$）

性别：保持年龄和痛感不变。男性 ER 患者入院的发生率是女性的 0.980 倍，也就是说，男性入院的发生率比女性低 2%。然而这一关系不具有统计上的显著性

痛感：保持年龄和性别不变。自我汇报的痛感每增加一分，ER 患者入院的发生率就变为原系数的 1.301 倍，也就是说，自我汇报的痛感每增加一分就使发生率增加 30%。这一关系具有统计上的显著性（$p<0.05$）

24. (a) 因为因变量是一个二分变量 588

(b) 解释：

性别：保持其他变量不变。男性心脏病的发生率大约是女性的 92 倍。然而这一关系不具有统计上的显著性

体重：保持其他变量不变。体重每增加一磅，心脏病的发生率相比原系数就增加 0.154。这一关系具有统计上的显著性（$p<0.05$）

吸烟状况：保持其他变量不变。一周内每多吸一盒香烟，心脏病的发生率就会降低。然而这一关系不具有统计上的显著性

运动状况：保持其他变量不变。运动时间每增加一小时，心脏病的发生率就降低 12%（发生率乘积为 0.876 与降低 0.124 是相同的）。然而这一关系不具有统计上的显著性

第 12 章

1. c
2. c
3. c
4. d
5. b
6. a
7. c
8. $r_s=0.58$，$N=5$，在 0.05 的显著性水平上不显著
9. $r_s=0.84$，$N=10$，在 0.05 的显著性水平上显著

10. $r_s=0.83$，$N=8$，在 0.05 的显著性水平上显著

11. $r_s=-0.71$，$N=10$，在 0.05 的显著性水平上显著

12. $r_s=0.80$，$N=9$，在 0.05 的显著性水平上显著

13. $r_s=0.65$，$N=12$，在 0.05 的显著性水平上显著

14. $r_s=0.89$，$N=10$，在 0.05 的显著性水平上显著

15. $r_s=-0.33$，$N=9$，不显著；因此不能拒绝零假设——对性暴力的敏感度对节目收视率排名没有影响

16. $r_s=0.85$，$N=13$；因此拒绝零假设；在无并发症分娩人数排名与产后护理排名之间存在相关关系

17. $r_s=-0.85$，$N=7$；因此拒绝零假设；在捐赠金钱与捐赠时间之间存在负相关关系

18. $G=-0.34$，$z=-1.32$，不显著；计划的难度对完成后的满意度没有显著性影响

19. $G=0.35$，$z=1.92$，在 0.05 的显著性水平上不显著

20. $G=-0.30$，$z=-2.13$，在 0.05 的显著性水平上显著

21. $G=-0.39$，$z=-1.93$，在 0.05 的显著性水平上不显著

22. $\chi^2=17.14$，$\varphi=0.54$

23. $\chi^2=22.06$，df=1，统计上显著；$\varphi=0.43$，在种族与对歧视的感知之间存在中等强度的正相关

24. $\chi^2=46.25$，df=4，统计上显著；$C=0.53$；V=0.44

25. $\chi^2=16.78$，$C=0.52$

26. $\chi^2=8.42$，$C=0.35$

27. $\chi^2=23.53$，$V=0.38$，在 0.05 的显著性水平上显著

28. $\chi^2=2.08$，$V=0.17$，在 0.05 的显著性水平上不显著

29. $\chi^2=0.84$，$V=0.10$，在 0.05 的显著性水平上不显著

30. $\chi^2=75.05$，$V=0.62$，在 0.05 的显著性水平上显著

31. $\chi^2=14.12$，$V=0.45$，在 0.05 的显著性水平上显著

（译者说明：本书习题和答案中均存在少数讹误，如第 4 章第 20、29 题，第 6 章第 28 题，第 9 章第 36 题，等等，均系原书如此。）

索引

D

591 **E**

F

M

O

P

Q

594

T

U

V

596

W

Y

Z

符号表（以出现先后为序）

第 1～6 章

符号	含义
N	样本规模
f	频数
%	百分比
cf	累积频数
$c\%$	累积百分比
m	中位点
Mo	众数
Mdn	中位数
$\overline{X}$	均值
R	全距
IQR	四分位差
s^2	方差
s	标准差
μ	总体均值
σ^2	总体方差
σ	总体标准差
P	概率
z	z 分数（标准分）
CI	置信区间
$\sigma_{\overline{X}}$	样本均值的标准误（实际）
$s_{\overline{X}}$	样本均值的标准误（估计）

续表

符号	含义
α	显著性水平
df	自由度
t	t 值
P	样本比例
π	总体比例
s_p	比例的标准误

第 7～12 章

符号	含义
$\overline{X}_1 - \overline{X}_2$	样本均值的差
d	科恩的 d 系数
$\sigma_{\overline{X}_1-\overline{X}_2}$	均值间差异的抽样分布的标准差
$s_{\overline{X}_1-\overline{X}_2}$	均值间差异的标准误
s_D	事前与事后均值间差异的标准差
$s_{\overline{D}}$	事前与事后均值间差异的标准误
$s_{P_1-P_2}$	比例间差异的标准误
SS	平方和
MS	均方
F	F 值
HSD	真实显著差异
χ^2	卡方
U	曼-惠特尼 U 检验
H	克鲁斯凯-沃利斯检验
r	皮尔逊相关系数
ρ	总体相关系数
$r_{XY.Z}$	偏相关系数
a	Y 截距
b	斜率

续表

符号	含义
e	误差项
r^2	决定系数
$1-r^2$	未决定系数
R^2	多重决定系数
L	对数概率单位（logit）
r_s	斯皮尔曼等级相关系数
G	γ 系数
φ	φ 系数
C	列联系数
V	克雷默的 V 系数

译后记

译者对于其译作，就如同父母对于子女一样，有着终身的责任。开始翻译《社会研究中的基础统计学》还是在十几年前我回到校园开始学术生涯之初的事情，那时英文原书的版次是第 9 版。到这次修译时，已经是第 12 版。对于一个译者来说，颇有点看时间流转岁月变迁的感觉。

张爱玲说成名要趁早，我觉得学者译书也要趁早。当年动手译书，很大一部分原因是面对学术生涯之初的迷茫与困惑，需要一点切实而持续性的工作来沉淀自己，慢慢获得对学院生活的真实感。这些年来，看到很多年轻同事往往也在开始学术生涯的时候动手译书，而资深的同事们大多不以为然，认为这太浪费时间，应该把时间和精力用在更具成果性的事情上。而我认为，译书对于年轻的学人们慢慢进入角色是一个非常有效的手段。我们中有很多人，都是这样过来的。当年我译这本书花了半年多的时间，那时我规定自己每天必须译完两页。就是在这样一天天慢慢向前的推进中，我逐渐习惯了学院生活的平淡和坚持。这样的事情，也只在当年的情境下才有可能去做。

《社会研究中的基础统计学》这本教材能更新到第 12 版，体现了市场对它价值的检验和肯定。最初我译这本书时，觉得它有点过于简单。经过十几年的量化研究实践之后，我才认识到年轻时的短视和误区。做定量分析，简洁和优雅是至上的目标。用简单的模型和统计工具来解说数据的故事，最能挑战一个学者的能力。过于追求复杂且高深莫测的技术，往往是想隐藏分析和解释能力的虚弱。所以，对绝大多数想从量化的角度研究社会的人来说，《社会研究中的基础统计学》是一本非常好的教材。

参加此次修译工作的都是听过我“社会统计学”和“数据分析与软件应用”两门课的学生，他们分章比对了第 9 版和第 12 版的变动，初步提出了具体的修译建议。而由我最后审读各章，决定最终的修译稿。这些同学是：郑婕、林钰芳、赖雄弢、杨镓萁、王田和遨、纪若楠。我的研究助理高明畅在此次修译中做了大量的工作。

如在最开始所说的，我对《社会研究中的基础统计学》的中译本承担全部的责任。

王卫东

2020 年 10 月

图书在版编目（CIP）数据

社会研究中的基础统计学：第12版/（美）杰克·莱文（Jack Levin），（美）詹姆斯·艾伦·福克斯（James Alan Fox），（美）大卫·R. 福德（David R. Forde）著；王卫东等译. --北京：中国人民大学出版社，2021.8

（社会学译丛）

ISBN 978-7-300-29727-9

Ⅰ.①社… Ⅱ.①杰… ②詹… ③大… ④王… Ⅲ.①社会统计 Ⅳ.①C91-03

中国版本图书馆CIP数据核字（2021）第174192号

社会学译丛

社会研究中的基础统计学（第12版）

杰克·莱文

［美］詹姆斯·艾伦·福克斯 著

大卫·R. 福德

王卫东 等 译

Shehui Yanjiu zhong de Jichu Tongjixue

出版发行	中国人民大学出版社		
社　址	北京中关村大街31号	**邮政编码**	100080
电　话	010－62511242（总编室）		010－62511770（质管部）
	010－82501766（邮购部）		010－62514148（门市部）
	010－62515195（发行公司）		010－62515275（盗版举报）
网　址	http://www.crup.com.cn		
经　销	新华书店		
印　刷	北京联兴盛业印刷股份有限公司		
规　格	215 mm×275 mm　16开本	**版　次**	2021年8月第1版
印　张	33.25 插页2	**印　次**	2021年8月第1次印刷
字　数	886 000	**定　价**	129.00元

Pearson

尊敬的老师：

您好！

为了确保您及时有 效地申请培生整体教学资源，请您务必完整填写如下表格，加盖学院的公章后传真给我们，我们将会在2—3个工作日内为您处理。

请填写所需教辅的开课信息：

采用教材			□ 中文版 □ 英文版 □ 双语版
作 者		出版社	
版 次		ISBN	
课程时间	始于 年 月 日	学生人数	
	止于 年 月 日	学生年级	□ 专 科 □ 本科 1/2 年级 □ 研究生 □ 本科 3/4 年级

请填写您的个人信息：

学 校			
院系/专业			
姓 名		职 称	□ 助教 □ 讲师 □ 副教授 □ 教授
通信地址/邮编			
手 机		电 话	
传 真			
official email（必填） （eg：×××@ruc. edu. cn）		email （eg：×××@163. com）	
是否愿意接受我们定期的新书讯息通知： □ 是 □ 否			

系/院主任：______________（签字）

（系 / 院办公室章）

___年___月___日

资源介绍：

——教材、常规教辅（PPT、教师手册、题库等）资源：请访问 www. pearsonhighered. com/educator；（免费）

——MyLabs/Mastering 系列在线平台：适合老师和学生共同使用；访问需要 Access Code；（付费）

100013 北京市东城区北三环东路 36 号环球贸易中心 D 座 1208 室

电话：(8610) 57355003 传真：(8610) 58257961

Please send this form to：郭笑男（Amy）copub. hed@pearson. com/Tel：5735 5086